公诉制度教程

（第三版）

姜伟 钱舫 徐鹤喃 卢宇蓉 著

中国检察出版社

图书在版编目（CIP）数据

公诉制度教程/姜伟等著. —3 版. —北京：中国检察出版社，2014.8
ISBN 978-7-5102-1261-1

Ⅰ.①公… Ⅱ.①姜… Ⅲ.①公诉-制度-中国-教材 Ⅳ.①D925

中国版本图书馆 CIP 数据核字（2014）第 180701 号

公诉制度教程（第三版）

姜 伟 钱 舫 徐鹤喃 卢宇蓉 著

出版发行	中国检察出版社
社　　址	北京市石景山区香山南路 111 号（100144）
网　　址	中国检察出版社（www.zgjccbs.com）
电　　话	（010）68682164（编辑） 68650015（发行） 68650029（门市）
经　　销	新华书店
印　　刷	保定市中画美凯印刷有限公司
开　　本	720 mm×960 mm 16 开
印　　张	30.25 印张
字　　数	555 千字
版　　次	2014 年 8 月第三版 2014 年 8 月第四次印刷
书　　号	ISBN 978-7-5102-1261-1
定　　价	78.00 元

检察版图书，版权所有，侵权必究
如遇图书印装质量问题本社负责调换

出版说明

为了进一步贯彻和落实最高人民检察院《2004—2007年全国检察人员培训计划》和《2004—2008年全国检察人才队伍建设规划》的目标任务，适应"以加强执法能力建设为核心，加快推进检察官队伍专业化建设步伐"的具体要求，根据"十五"教育培训规划，我们组织编写了本套高级检察官培训教程。

本套教程采取开放的形式，根据检察工作的特点、规律和发展方向，结合检察人员在岗培训的特点，聘请在法学理论或检察理论研究领域具有较深造诣和在检察实践方面具有丰富实践经验的专家、学者撰写，内容覆盖了检察基本理论与制度、检察证据、检察管理及各部门业务知识，体现出"注重质量，讲求实效"的特点，适合于各类检察人员培训和自学之用。本套教程将陆续出版《检察制度教程》、《检察证据实用教程》、《职务犯罪侦查教程》、《公诉制度教程》、《检察官管理制度教程》等。

丛书编委会

二〇〇六年十一月

目 录

第一章　公诉制度的沿革 …………………………………（ 1 ）
第一节　公诉的概念 ……………………………………（ 1 ）
第二节　公诉的起源 ……………………………………（ 3 ）
第三节　公诉制度的基本类型 …………………………（ 7 ）
第四节　中国的公诉制度 ………………………………（ 8 ）
第五节　公诉制度的发展趋势 …………………………（ 12 ）
　　一、强化检察官公诉制度 ……………………………（ 12 ）
　　二、确定公诉机关的独立性 …………………………（ 12 ）
　　三、强化公诉机关的集中统一性 ……………………（ 13 ）
　　四、扩大检察官的自由裁量权 ………………………（ 13 ）
　　五、加强对公诉机关的监督制约 ……………………（ 14 ）
　　六、强化公诉意见对审判的制约作用 ………………（ 15 ）

第二章　公诉权 …………………………………………（ 17 ）
第一节　公诉权的性质 …………………………………（ 17 ）
　　一、公诉权是一种国家权力 …………………………（ 17 ）
　　二、公诉权是一种司法请求权 ………………………（ 18 ）
　　三、公诉权是一种犯罪追诉权 ………………………（ 18 ）
　　四、公诉权是一种程序性权力 ………………………（ 18 ）
第二节　公诉权的根据 …………………………………（ 19 ）
　　一、公诉权的法理根据 ………………………………（ 19 ）
　　二、公诉权的法律根据 ………………………………（ 24 ）
　　三、公诉权的事实根据 ………………………………（ 27 ）

第三节　公诉权的基本权能 ……………………………（28）
　　一、公诉权形式上的权能 ………………………………（29）
　　二、公诉权内容方面的权能 ……………………………（41）

第四节　公诉权的功能 …………………………………（43）
　　一、保护功能 ……………………………………………（43）
　　二、保障功能 ……………………………………………（43）
　　三、评价功能 ……………………………………………（43）
　　四、安抚功能 ……………………………………………（44）
　　五、教育功能 ……………………………………………（44）
　　六、恢复功能 ……………………………………………（44）

第三章　公诉机制 ………………………………………（45）

第一节　公诉权的行使 …………………………………（45）
　　一、公诉权的范围 ………………………………………（45）
　　二、公诉权的主体 ………………………………………（46）
　　三、公诉权的行使过程 …………………………………（50）

第二节　公诉权的制约 …………………………………（53）
　　一、提起公诉权的制约机制 ……………………………（53）
　　二、不起诉权的制约机制 ………………………………（54）

第三节　公诉权的救济 …………………………………（57）

第四章　公诉的价值 ……………………………………（59）

第一节　公诉的价值目标 ………………………………（59）
　　一、法律正义 ……………………………………………（60）
　　二、程序公正 ……………………………………………（62）
　　三、诉讼效益 ……………………………………………（65）

第二节　公诉的价值冲突 ………………………………（67）
　　一、法律正义与程序公正的冲突 ………………………（68）
　　二、法律正义与诉讼效益的冲突 ………………………（69）
　　三、程序公正与诉讼效益的冲突 ………………………（70）

第三节 公诉价值的衡平原则 （71）
　　一、兼顾原则 （71）
　　二、程序公正优先原则 （72）
　　三、尊重被告人意愿原则 （74）

第五章 公诉的原则与政策 （76）
第一节 国际刑事司法准则 （77）
第二节 公诉的法律原则 （80）
　　一、尊重和保障人权原则 （81）
　　二、罪刑法定原则 （86）
　　三、无罪推定原则 （89）
　　四、适用法律平等原则 （94）
　　五、客观公正原则 （96）
　　六、罪刑相适应原则 （99）
第三节 公诉的刑事政策 （102）
　　一、宽严相济政策 （102）
　　二、公共利益原则 （110）
　　三、公诉个别化原则 （119）
　　四、诉讼经济原则 （124）

第六章 公诉的程序意义 （128）
第一节 公诉与侦查 （128）
第二节 公诉与审判 （132）
第三节 公诉与监督 （135）

第七章 国家公诉人 （138）
第一节 公诉人的条件 （138）
　　一、公诉人的概念 （138）
　　二、公诉人的法定条件 （139）
　　三、公诉人的素质 （142）

第二节 主诉检察官 ……………………………………………（144）
一、主诉检察官制度的概念和意义 ……………………（144）
二、主诉检察官的权限 …………………………………（147）
三、主诉检察官的责任 …………………………………（150）
四、对主诉检察官的制约 ………………………………（152）
五、主诉检察官的奖惩机制 ……………………………（153）

第三节 公诉人的法律地位 ……………………………………（155）
一、公诉人与法官 ………………………………………（155）
二、公诉人与被告人 ……………………………………（157）
三、公诉人与辩护人 ……………………………………（158）
四、公诉人与被害人 ……………………………………（159）

第四节 公诉人的职责 …………………………………………（160）
一、公诉职责 ……………………………………………（160）
二、侦查职责 ……………………………………………（161）
三、监督职责 ……………………………………………（161）

第八章 公诉的条件与裁量 ……………………………………（163）

第一节 起诉法定主义与起诉便宜主义 ………………………（163）
一、起诉法定主义 ………………………………………（164）
二、起诉便宜主义 ………………………………………（167）
三、起诉原则的发展趋势 ………………………………（171）

第二节 公诉的条件 ……………………………………………（172）
一、各国检察机关提起公诉的条件 ……………………（172）
二、我国检察机关提起公诉的条件 ……………………（173）

第三节 公诉的裁量 ……………………………………………（174）
一、公诉裁量权的概念和特征 …………………………（174）
二、公诉裁量的根据 ……………………………………（178）
三、公诉裁量的因素 ……………………………………（180）
四、公诉裁量的范围 ……………………………………（181）

第九章 公诉的举证责任 ……………………………………（184）

第一节 举证责任 ……………………………………………（184）
一、举证责任的概念 ……………………………………（184）
二、公诉案件的举证责任 ………………………………（185）
三、举证责任的转移 ……………………………………（187）
四、举证责任的倒置 ……………………………………（188）

第二节 证据的收集 …………………………………………（189）
一、收集证据的概念 ……………………………………（189）
二、公诉中收集证据的一般要求 ………………………（189）

第三节 证据的审查 …………………………………………（192）
一、审查证据的一般方法 ………………………………（193）
二、对各种证据的审查方法 ……………………………（195）
三、证据的采用 …………………………………………（198）
四、证据的采信 …………………………………………（203）

第四节 公诉的证明标准 ……………………………………（205）
一、国外的公诉证明标准 ………………………………（205）
二、我国的公诉证明标准 ………………………………（207）
三、"两个基本"的理解 …………………………………（210）

第五节 公诉的证据体系 ……………………………………（211）
一、证据材料之间矛盾的排除 …………………………（211）
二、证据之间的联系 ……………………………………（212）
三、证据体系的要求 ……………………………………（212）

第十章 审查起诉 ……………………………………………（214）

第一节 审查起诉的概念和任务 ……………………………（214）
一、审查起诉的概念和特征 ……………………………（214）
二、审查起诉的任务 ……………………………………（215）

第二节 审查起诉的地位和意义 ……………………………（216）
一、审查起诉的地位 ……………………………………（216）
二、审查起诉的意义 ……………………………………（217）

第三节 审查起诉的内容 ………………………………………… (218)
  一、其他国家审查起诉的内容 ………………………………… (218)
  二、我国审查起诉的内容 ……………………………………… (219)

第四节 审查起诉的程序 ………………………………………… (226)
  一、审查起诉的模式 …………………………………………… (226)
  二、受理案件的条件 …………………………………………… (229)
  三、告知权利 …………………………………………………… (232)
  四、审阅案卷 …………………………………………………… (233)
  五、核实证据 …………………………………………………… (235)
  六、接待辩护人、诉讼代理人 ………………………………… (237)
  七、听取意见 …………………………………………………… (239)
  八、补充侦查 …………………………………………………… (241)
  九、审查起诉的期限 …………………………………………… (242)
  十、赃款、赃物的处理 ………………………………………… (243)

第五节 公诉案件审查报告 ……………………………………… (244)
  一、审查报告概述 ……………………………………………… (244)
  二、审查综合报告的内容 ……………………………………… (246)

第十一章 不起诉 …………………………………………………… (251)

第一节 不起诉的法律效力 ……………………………………… (251)
  一、不起诉的概念和类型 ……………………………………… (251)
  二、不起诉的法律效力 ………………………………………… (253)
  三、我国不起诉制度的特色 …………………………………… (255)
  四、不起诉制度的意义 ………………………………………… (256)

第二节 不起诉的适用 …………………………………………… (257)
  一、法定不起诉的适用条件 …………………………………… (257)
  二、酌定不起诉的适用条件 …………………………………… (260)
  三、证据不足不起诉的适用条件 ……………………………… (262)
  四、适用不起诉的基本程序 …………………………………… (264)

第三节 不起诉的公开审查 ……………………………………… (266)
  一、不起诉公开审查的必要性 ………………………………… (266)
  二、不起诉公开审查的形式 …………………………………… (268)

第四节　不起诉的制约机制 (270)

一、被害人的制约 (270)

二、被不起诉人的制约 (271)

三、侦查机关的制约 (272)

四、上级人民检察院的制约 (274)

五、人民法院的制约 (275)

六、人民监督员的制约 (275)

第五节　附条件不起诉 (276)

一、附条件不起诉的概念和特征 (276)

二、我国附条件不起诉制度的司法实践与立法 (278)

第十二章　提起公诉 (280)

第一节　提起公诉的条件 (280)

一、提起公诉的实体条件 (280)

二、提起公诉的政策条件 (282)

三、提起公诉的程序条件 (283)

第二节　提起公诉的程序与效力 (283)

一、提起公诉的程序 (283)

二、提起公诉的效力 (287)

第三节　简易程序的选择 (288)

一、简易程序的概念和特征 (288)

二、公诉案件适用简易程序的条件 (290)

三、简易程序的建议 (291)

四、简易程序的法庭审理 (292)

第四节　认罪案件简化审理的选择 (294)

一、认罪案件简化审理的概念和特征 (294)

二、公诉案件适用简化审理的条件 (297)

三、简化审理的建议 (298)

四、简化审理方式的法庭审理 (299)

第五节　庭前证据展示 (300)

一、庭前证据展示制度的概念和意义 (300)

二、庭前证据展示的实践 (304)

第六节 出庭前的准备 (308)
一、庭前准备的概念 (308)
二、庭前准备的主要工作 (309)

第七节 公诉的变更、追加和撤回 (321)
一、变更、追加、撤回起诉的根据 (321)
二、变更、追加、撤回起诉的条件 (323)
三、变更、追加、撤回起诉的程序 (324)
四、撤回起诉的效力 (325)

第十三章 出庭支持公诉 (326)

第一节 出庭支持公诉的任务 (326)
一、代表国家指控、揭露和证实犯罪，提请人民法院对被告人依法审判 (327)
二、提出量刑建议 (327)
三、对法庭审判活动是否合法进行监督 (329)
四、维护诉讼参与人的合法权利 (329)
五、结合案情进行法制宣传和教育 (329)

第二节 普通程序的法庭讯问和询问 (330)
一、法庭讯问、询问的概念 (330)
二、法庭讯问、询问的一般规则和要求 (333)
三、讯问被告人 (335)
四、询问证人、被害人、鉴定人 (339)

第三节 普通程序的举证与质证 (341)
一、举证 (341)
二、示证 (343)
三、质证 (349)

第四节 多媒体法庭示证 (354)

第五节 认罪案件简化审理和简易程序的出庭公诉 (356)
一、认罪案件简化审理与简易程序的区别 (356)
二、认罪案件简化审理的出庭公诉 (357)
三、简易程序的出庭公诉 (358)

目 录

第六节　法庭辩论的规律与方法 ……………………………………（359）
　　一、法庭辩论的概念 ………………………………………………（359）
　　二、法庭辩论的特点 ………………………………………………（360）
　　三、法庭辩论的一般规律和要求 …………………………………（361）
　　四、法庭答辩的方法 ………………………………………………（364）

第七节　公诉人申请延期审理 ………………………………………（365）

第八节　公诉人的诉讼异议 …………………………………………（367）
　　一、诉讼异议的概念和特点 ………………………………………（367）
　　二、诉讼异议的提出 ………………………………………………（367）

第十四章　死刑案件的检察工作 ………………………………（369）

第一节　概述 …………………………………………………………（369）
　　一、死刑案件检察工作的重大意义 ………………………………（369）
　　二、死刑案件检察工作的原则要求 ………………………………（370）

第二节　办理死刑案件的重点工作 …………………………………（371）
　　一、死刑政策的理解和运用 ………………………………………（371）
　　二、死刑案件的证据审查 …………………………………………（373）
　　三、死刑案件的出庭工作 …………………………………………（376）
　　四、死刑案件的法律监督 …………………………………………（377）

第三节　死刑案件检察工作的程序要求 ……………………………（378）
　　一、死刑案件第一审程序 …………………………………………（378）
　　二、死刑案件第二审程序 …………………………………………（379）
　　三、死刑复核程序 …………………………………………………（380）

第十五章　刑事抗诉 ………………………………………………（383）

第一节　刑事抗诉的概念 ……………………………………………（383）
　　一、刑事抗诉的概念和特征 ………………………………………（383）
　　二、刑事抗诉的意义 ………………………………………………（384）
　　三、刑事抗诉的种类 ………………………………………………（385）

第二节　第二审程序抗诉的条件和程序 ……………………………（386）
　　一、第二审程序抗诉的概念 ………………………………………（386）

二、第二审程序抗诉的条件 …………………………………… (387)
　　三、第二审程序抗诉的程序 …………………………………… (394)

　第三节　审判监督程序抗诉的条件和程序 ………………………… (397)
　　一、审判监督程序抗诉的概念 ………………………………… (397)
　　二、审判监督程序抗诉的条件 ………………………………… (398)
　　三、审判监督程序抗诉的程序 ………………………………… (399)

　第四节　出席抗诉案件法庭 ………………………………………… (402)
　　一、出席抗诉案件法庭的概念和范围 ………………………… (402)
　　二、出席抗诉案件法庭的任务 ………………………………… (404)
　　三、出席抗诉案件法庭的活动 ………………………………… (405)
　　四、出席抗诉案件法庭应当注意的问题 ……………………… (408)

第十六章　公诉的特别程序 …………………………………… (412)

　第一节　未成年人刑事案件诉讼程序 ……………………………… (412)
　　一、概述 ………………………………………………………… (412)
　　二、办理未成年人刑事案件的特别要求 ……………………… (413)
　　三、未成年人刑事案件的附条件不起诉制度 ………………… (416)
　　四、未成年人犯罪记录封存制度 ……………………………… (419)

　第二节　当事人和解的公诉案件诉讼程序 ………………………… (420)
　　一、概述 ………………………………………………………… (420)
　　二、当事人和解的公诉案件诉讼程序的具体适用 …………… (421)
　　三、适用公诉案件刑事和解程序应当注意的问题 …………… (423)

　第三节　违法所得的没收程序 ……………………………………… (426)
　　一、概述 ………………………………………………………… (426)
　　二、违法所得没收程序的具体适用 …………………………… (427)
　　三、适用违法所得没收程序应当注意的问题 ………………… (431)

　第四节　精神病人的强制医疗程序 ………………………………… (432)
　　一、概述 ………………………………………………………… (432)
　　二、精神病人的强制医疗程序的具体适用 …………………… (433)
　　三、适用精神病人的强制医疗程序应当注意的问题 ………… (437)

第十七章　公诉文书 (439)

第一节　制作公诉文书的基本要求 (439)
一、公诉文书的概念和特征 (439)
二、公诉文书的种类 (441)
三、制作公诉文书的基本要求 (442)

第二节　起诉书的制作 (443)
一、起诉书制作的一般要求 (443)
二、起诉书的基本格式 (445)
三、起诉书制作和适用中应当注意的问题 (448)

第三节　不起诉决定书的制作 (452)
一、不起诉决定书的基本格式 (452)
二、不起诉决定书制作和适用中应当注意的问题 (456)

第四节　刑事抗诉书的制作 (457)
一、刑事抗诉书的基本格式 (458)
二、刑事抗诉书制作和适用中应当注意的问题 (462)

后　记 (463)

修订版后记 (465)

第三版后记 (466)

第一章
公诉制度的沿革

公诉制度与其他法律制度一样，是一个历史的范畴，是人类社会发展到一定阶段的产物，是法治文明进步的结晶。尽管因政治体制、历史条件、文化传统等方面的差异，世界各国的公诉制度在运行机制上呈现出种种差异，但其演进过程都揭示了历史发展共同的必然规律。勾勒公诉制度的历史沿革及发展趋势，对于我们全面认识公诉的概念和本质具有重要的意义。

第一节 公诉的概念

刑事诉讼法所规定的是追诉犯罪、惩罚犯罪，行使刑罚权的法定程序。根据现代刑事诉讼"不告不理"的原则，起诉是启动刑事审判的必经环节。所谓起诉，是指法律规定的机关或者个人针对被告人所涉嫌的犯罪向审判机关提出控告，请求通过审判认定犯罪，追究犯罪人刑事责任的诉讼活动。

在诉讼法学理论上，根据指控犯罪的主体不同，可以把刑事起诉分为公诉与自诉两种形式。其中，公诉是指代表国家的专门机关依法指控被告人犯有罪行，请求法院开庭审判，追究犯罪人刑事责任的诉讼活动；自诉则是指公民个人提起的刑事诉讼，也称为私诉。因公诉是以国家名义提起刑事诉讼，所以也被称为国家追诉主义；因自诉是以被害人个人的名义提起刑事诉讼，也被称为私人追诉主义。从各国的诉讼立法看，代表国家行使公诉权的专门机关主要是检察机关。

公诉的本质是国家追诉主义。这不仅是因为国家法律授权检察机关作为提起刑事诉讼的专门机关,而且因为检察机关追诉被告人的犯罪行为是以国家名义进行的,换言之,是国家追诉犯罪。对此,各国法律的相关规定均予以确认。德国学者指出,"对犯罪行为进行追诉,是由犯罪行为追诉机关行使的、专属国家所有的权力和义务"。[1] 国家追诉主义的特征在英美法系国家表现得更为明确。如美国的刑事诉讼中,凡违反联邦法律构成犯罪的案件,就简称为"美利坚合众国诉……(被告人姓名+案由)案";凡违反各州法律构成犯罪的案件,简称如"亚利桑那州诉……(被告人姓名+案由)案"。在英国,公诉案件均以国家元首女王的名义起诉,称为"女王诉……案",充分表明公诉的国家意志和公益色彩。我国公诉人在出席法庭发表公诉意见时,也开宗明义地申明:"受本院检察长的指派,我作为×××一案的公诉人,代表国家出席法庭、参与诉讼,并履行法律监督职责。"

由国家起诉还是由个人起诉,涉及法律对犯罪追诉权的分配问题。从历史发展的进程来看,刑事诉讼由传统的私人追诉主义逐渐演化为国家追诉主义,有其历史的必然性。公诉与自诉是各国追诉犯罪的两种基本方式。目前,完全采用私人追诉主义的国家已经没有,而由国家垄断刑事诉讼起诉权的有日本、美国等国家,也称起诉一元主义,即只有公诉模式而不存在自诉。世界上多数国家包括我国,采用公诉为主、自诉(私诉)为辅的起诉模式,也称起诉二元主义。

公诉与自诉虽然只是刑事诉讼的起诉方式,但在诉讼过程中有种种区别:一是追诉主体不同。公诉是由国家专门机关行使追诉权;自诉是以个人名义主张追诉权。这里的个人包括被害人及其近亲属、法定代理人等。二是代表利益不同。公诉代表国家利益和公众利益;自诉只能代表被害人的利益。三是权力(利)性质不同。公诉与自诉都是对犯罪的追诉权,但公诉是国家专门机关的绝对权,既是权力,也是责任和义务,法律约束力比较强,违反规定不起诉的,公诉人员要受到追究;自诉则是公民个人的相对权,可以自由放弃,不起诉时没有责任。四是被害人的作用不同。公诉不取决于被害人的意志,没有被害人的控告,或者被害人不主张追究犯罪人,国家专门机关也可以自行决定起诉;自诉则完全取决于被害人的态度。被害人不控告的,审判机关不审理,国家也不干预。五是追诉程序不同。公诉案件一般经过专门的侦查阶段,并往往有独立的审查阶段,然后检察机关再决定是否向法院起诉,刑事诉讼过程非常完整;自诉案件没有独立的侦查、审查起诉的阶段,直接进入审判阶段。六是审理程序不同。法院审理自诉案件时充分尊重当事人的意志,允许双方和解,

---

[1] 参见李昌珂译:《德国刑事诉讼法典》,中国政法大学出版社1995年版,第15页。

允许原告撤诉，也允许被告向原告反诉，有的国家还允许对自诉案件进行调解；法官审理公诉案件时，自由处分的权力受到限制，起码不允许被告人向公诉人提出反诉。

应该指出，现代意义的公诉，与历史上曾经出现过的公诉和公共诉讼具有本质区别，不能混为一谈。在古雅典法律中，曾有公诉与私诉之分。私诉只能由被害人及其亲属提出；公诉是在无被害人时，由任何享有完全权利的公民提出。私诉当事人可以私下和解，公诉则必须由审判结案。古罗马时期，国家法律分为公法与私法。公法是有关罗马帝国政府的法律，私法是有关个人利益的法律。由此，犯罪也相应地分为公罪与私罪。对于私罪，由被害人及其亲属提起诉讼，称为私人诉讼；对于公罪，即侵犯国家或公众利益的犯罪，由社会公民提起诉讼，称为公共诉讼。其实，当时的公诉、公共诉讼并不是代表国家追诉犯罪，仍然是以公民个人的名义提起诉讼，只是起诉主体的范围发生了变化，本质上还属于私诉的范畴，不能与现代意义的公诉相提并论。

第二节　公诉的起源

虽然公诉与私诉均为刑事起诉的基本模式，但私诉的历史与刑事诉讼的历史一样久远，而公诉的起源则始于近代，经历了一个漫长的发展过程。

一般认为，现代意义的公诉制度源于欧洲，始于资产阶级革命胜利之后。在原始社会，生产力极为低下，没有国家，也没有犯罪与诉讼。在产生国家的早期，人类刚刚步出原始社会的蒙昧状态，旧有的习惯还束缚着人们对罪与罚的认识，仅仅把犯罪侵害视为私人之间的仇怨，国家没有专门的审理犯罪的人员及机构，允许被害方向犯罪方复仇，也允许犯罪方与被害方订立和解契约。随着统治意识的增强，统治阶级逐渐认识到私人复仇实际上会破坏社会利益。因此，国家开始主动干预犯罪行为，统一行使对犯罪的惩戒权。由此引发司法制度的第一次变革，国家设立具有审判功能的机构，国家权力介入私人纠纷，国家审判代替了私人复仇。但是，在追诉犯罪方面，各国在历史上曾长期实行私人追诉主义，一般采取弹劾式诉讼模式，根据"不告不理"的原则，国家不主动追究犯罪，控诉权由被告人及其亲属行使。随着人们对犯罪危害社会的本质的认识逐步深化，统治者不再将犯罪视为私人讼争，国家由完全被动地介入刑事诉讼转为较自觉地参与刑事诉讼，产生了公共诉讼的形式，即在被害人不告诉的情况下，只要犯罪侵害公共利益，任何公民都可以对犯罪行为提起控诉，国家对犯罪行为的审判和处罚也开始注重考察犯罪行为对公共利益的危害。当社会发展到中央集权的封建专制时代，随着阶级斗争的激化，统治阶级进一步认识到一切犯罪在本质上都是危害统治秩序的行为，国家加强了对犯罪的追诉和惩罚的职责，弹劾式诉讼演化为纠问式诉讼，引发司法制度的第二次变革。国家不仅将追究犯罪的权利从公民个人手中收归国有，而且把侦查、起诉、审判的诉讼职权交由法官一体行使，以便更有效地追究犯罪，维护统治。这时，刑事诉讼的开始与终结已不再取决于被害方及其他个人，而是拥有司法权的国家官吏。但是，这种司法与行政不分、控告与审判一体的诉讼体制，缺乏制约机制，违反了诉讼的客观规律，不能满足人们希望公正处理刑事案件的诉求，而且司法权力的滥用加剧了社会矛盾。于是，随着资产阶级革命的胜利，引发了司法制度的第三次变革，在国家权力内部导致审判权与控诉权的分离，产生专门行使刑事控告职能的国家官员。正是根据社会发展的客观需要，检察官公诉制度应运而生。

检察官的称谓始于14世纪初，当时的法兰西王国设立检察官代表国王处理包括追诉犯罪在内的法律事务。作为完整意义上的公诉制度则是由1808年颁布的《法国刑事诉讼法典》确立的。该法第22条至第25条具体规定，检察官有权侦查一切犯罪，有权要求警察协助其执行任务；有权向法院提起公诉，并在法庭上代表国家行使律师职务。由此，公诉制度最终形成。目前，世界上有100多个国家由检察官代表国家以公诉的方式追究犯罪，公诉是各国检察机关的基本职能。

追溯公诉产生的历史过程，可以看出，公诉最终取代私诉，成为刑事起诉的主要模式，是社会发展的必然产物，是国家统治意识增强、统治手段丰富、统治水平提高的法治结果。具体说来，公诉制度的产生主要源于以下成因：

第一，是国家对犯罪危害社会的本质的认识逐渐深化的结果。在国家的早期形态，认为犯罪就是侵害被害人的利益，是否追诉犯罪是被害人个人的权利。因此，国家在追诉犯罪的问题上处于消极被动的立场，取决于被害人的个人意志，被害人不控告，国家不追究。随着社会矛盾的激化，国家对犯罪的本质及侵害利益的多元性的认识逐步深化，认识到犯罪形式上是侵害社会的个体成员，实质上是侵害整个社会。任何犯罪都破坏了社会秩序，破坏了社会的安全状态，危害了国家政治、经济赖以存在的统治秩序以及社会赖以生存的法制条件，于是，国家便通过设立公诉制度，强化对追诉犯罪的主动权和控制权，以维护统治。

第二，是国家行使刑罚权的客观需要决定的结果。国家介入刑事诉讼的目的是保障统一行使刑罚权，避免社会成员之间进行个人复仇。但是，由于刑事案件的隐蔽性和复杂性，要查明案件真相并抓获犯罪人是一个非常困难的过程。由被害人个人提起自诉，难以承受收集证据需要的资源投入，也缺乏必要的手段、措施。所以，若将犯罪的追诉权皆由被害人行使，一方面，被害人及其亲属可能因无力查明犯罪，而无法提出具体的指控；另一方面，即使被害人提起刑事诉讼，也因证据有限，法官难以查明真相，不敢轻易追究被告人的刑事责任，可能会使犯罪人逍遥法外。刑事诉讼不同于民事诉讼，旨在解决被告人的刑事责任问题，国家的审判结果直接关系到剥夺被告人的人身权利、财产权利，甚至包括生命权利，因此，国家在刑事诉讼中要慎用刑罚权，对刑事案件的举证要求高于民事诉讼，这也是被害人个人难以承担的。显然，随着社会的发展，犯罪涉及的领域越来越广，个人没有能力与犯罪分子抗衡。要追诉犯罪必须收集证据，查明犯罪过程，公民个人既无侦查犯罪的能力，也缺乏追诉犯罪的经验，更难以在法庭上履行举证责任指控犯罪。因此，无论是侦查犯罪，还是指控犯罪，都需要由国家建立专门机构担负这些职责。另外，国家为了惩罚犯罪，维护统治秩序，也需要由专业人员承担追诉工作。检察官作为国家利益的代表，在追诉犯罪时，不仅站在被害人的立场上，考虑犯罪给被害人造成的侵害，也要站在国家的立场上，考虑犯罪对社会的危害，从兼顾国家利益与个人利益的角度决定是否起诉刑事被告人。显然，这一角色由被害人或普通公民担任均不合适。检察官以其专业素养为国家履行追诉职能提供了组织保证。犯罪的复杂化及刑事诉讼的专业性，是公诉制度产生的现实需要。在起诉模式上，私诉向公诉的转化是历史发展的必然趋势。

第三，是国家强化管理职能，权力体系科学分工的结果。国家的任务之一就是保护社会成员的合法权益，维护社会的法律秩序，发现犯罪并追诉犯罪，自然成为国家的职责。随着国家机器的日益强大及权力体制分工的日趋合理，最终形成公诉机制，是国家履行其保护公民责任的具体体现。

自人类社会进入国家时代以来，国家权力体系的内部结构就包含着立法、行政、司法等权力因素，整个社会一直是在各种权力因素的相互协调与制约中不断向前发展的。但是，在国家权力体系内部分工不明显的历史时期中，各种权力因素所处的地位以及所发挥的职能作用不尽相同。

在奴隶社会，生产力十分低下，社会分工粗略，国家管理相当简单，立法、行政、司法权力三位一体，在刑事诉讼领域采用了弹劾式诉讼。为镇压奴隶阶级的反抗，维护奴隶主阶级的统治，奴隶社会的国家权力行为主要表现为暴政。到了封建社会，生产力水平得到一定的发展，社会分工在一定程度上取得进步，国家管理也较之奴隶社会呈现一定的复杂性。但是，封建社会的国家权力体系仍然表现为诸权合一。封建统治者在行使国家权力的过程中，较多地倚重于行政权力，使国家的立法权力和司法权力等皆从属于行政权力。这就决定了封建国家权力行为必然表现为由行政权的专制与独裁形成的纠问式诉讼。

在资本主义形成和上升时期，资产阶级思想家在反对封建专制主义的斗争中提出了分权学说，促进了国家权力的分化。虽然分权思想萌芽于古希腊时代，但分权制度则是近代民主政治的产物。对国家权力进行系统、科学、合理的分工与配置，应当说是人类历史上一次深刻的社会革命。资产阶级的政治变革，不仅使人类社会迅速摆脱了封建制度的羁绊，而且也促使刑事司法领域发生了翻天覆地的变化。行政职能与司法职能不分的纠问诉讼模式被彻底废除，以司法独立、控审分离、控辩平等等为主要特征的混合式刑事诉讼制度最终确立。国家权力分立与制衡的实现，为司法权最终从行政权中独立出来提供了前提条件，从而也为刑事诉讼的近代化奠定了制度基础。而在刑事诉讼中独立承担控诉职能的公诉权的确立，是刑事诉讼制度近代化的重要标志。

从刑事诉讼结构演化的历史沿革来分析，在形式上导致公诉权及公诉职能产生的直接助因，是控审分离原则在刑事司法领域中的最终确立。

第四，是国家顺应人类追求法律公正的期望的结果。公正是诉讼的灵魂，是人类评价诉讼制度的永恒标准。刑事诉讼的目的就是恢复被犯罪破坏的社会秩序，实现社会正义。与公诉相比，私诉的起诉模式有种种弊端。受被害人复仇情绪、恐惧心理、追诉能力等因素的影响，有时国家的审判活动难以对犯罪实行公正和有效的惩治，有碍社会秩序的稳定及正义的实现。另外，在纠问式诉讼中，由于起诉权与审判权集中于同一主体，因缺乏制约机制，导致司法权的专制与滥用，冤、假、错案大量发生，不仅破坏了诉讼的公正性，践踏人类的正义理念，也难以建立稳定的社会秩序。公正地提起诉讼是公正裁判的前提条件。众所周知，公诉是由自诉发展而来的。人类社会早期的刑事诉讼制度为弹劾式诉讼结构类型，起诉属于私人的权利。随着社会的不断发展，社会矛盾不断深化，统治者意识到犯罪不仅仅与被害者个人有直接的利害关系，更主要的是侵犯了统治阶级所维护的社会关系，应当由代表国家意志的专门机关行使控诉权，而不应消极地等待公民的私诉。于是在废止弹劾式诉讼模式的基础上，开始了纠问式诉讼的历史。在今天看来，纠问程序的功绩在于使人们认识到追究犯罪并非完全是受害人的私事，而是国家的职责。其严重错误则在于将追诉犯罪的任务交给法官，从而使法官与当事人合为一体。法国资产阶级革命引发了刑事诉讼程序的变革，确立了以不告不理为核心内容的控审分离原则，产生了专司公诉职能的人员——检察官。检察官的产生，一方面表明国家不再消极地仲裁案件，而是主动地追诉犯罪；另一方面也使检察官成为防止法官和警察滥用职权、保障人权、实现公正司法的中坚力量。公诉既可以避免私人起诉的种种局限，又可以防止控审不分的弊端，有利于实现刑事诉讼的正义观念。日本学者指出，由公正的不受报复感情及利害关系所左右的国家机关行使追诉权,是最为恰当的。① 检察官作为国家的代表,站在公益的立场,综合考虑各种因素,包括被害人的感情、被告人的情况及犯罪的事实情节,然后作出起诉或不起诉的决定,有利于保证起诉标准的统一,也符合法律正义的要求,体现了人类追求公正的期望。也可以说,公正的价值理念是公诉制度产生的思想动因。

公诉制度是关于国家追诉犯罪的法律制度,也是规范国家公诉权的法律制度,是刑事诉讼法的重要组成部分。公诉制度的最终确立,标志着人类社会的刑事诉讼步入一个崭新的法治阶段。

第三节 公诉制度的基本类型

在现代,没有完全采用公民自诉模式起诉犯罪的国家。一些国家是由专业人员垄断刑事起诉的,如日本、法国、美国等国家,在这些国家没有自诉案件。世界上绝大多数国家采用公诉为主、自诉为辅的起诉模式,即对极少数涉及公民个人私权的犯罪由公民自行向法院起诉,其他犯罪一律由国家起诉。我国便是这一类型国家的代表之一。

一般说来,代表国家指控犯罪的职能皆由检察官承担,所以,公诉制度是检察制度的有机组成部分。但是,由于各国的历史传统、法律体制、诉讼理念等方面的差异,在如何承担公诉权的问题上,有五种模式:

第一,由检察官垄断公诉权。由检察官代表国家履行公诉职能是现代国家的主流,检察机关统一行使公诉权的国家在世界上占主导地位。如在德国,检察机关是唯一代表国家提起公诉的机关,其他国家机关、社会组织没有公诉权。德国的这种公诉模式对世界影响最大,日本、中国等国家都属于这一模式。

第二,由检察官和预审法官共同行使公诉权。根据法国法律的规定,检察官履行公诉的职能,但是,对刑事被告人是否提起公诉,不完全由检察机关自行决定。法国把犯罪分为重罪、轻罪、违警罪,对于轻罪和违警罪一般由检察官起诉至法院。而对于重罪及其他犯罪(未成年人犯罪)则要经过预审法官及预审法庭的审查,决定是否起诉。法国的预审法官主要是指挥侦查活动。预审法官介入侦查的案件,由预审法官决定是否起诉,再由检察官制作起诉书,以检察官的名义起诉到法院。对于重罪的起诉还要经上诉法院起诉庭审查,经

---

① 参见陈光中等主编:《诉讼法论丛》(第 5 卷),法律出版社 2000 年版,第 18—19 页。

起诉庭批准起诉以后，再由检察官将该案件起诉到重罪法院。尽管法国是公诉制度的发祥地，但其公诉制度比较繁杂，对检察官的公诉权有诸多限制，因此，法国的公诉模式对其他国家影响不大。

第三，由检察院和大陪审团分别行使公诉权。实行这种公诉模式的主要是美国。美国采用两种公诉方式：一种是检察官代表国家提起公诉，另一种是大陪审团代表公众提起公诉。对于轻罪，由检察官单独行使公诉职能；对于重罪，检察官的起诉要经过大陪审团的批准，并以大陪审团的名义提起公诉。当然，大陪审团决定公诉的案件，也由检察官制作起诉书，并出庭支持公诉。所以，大陪审团只是对检察官起诉的审查机制。

第四，由检察官和警察分别行使公诉权。在某些国家因检察官的人数较少，无力承担全部公诉案件的起诉任务，便责成警察承担一部分轻罪的公诉职能。如芬兰、挪威等北欧国家，由地方警察局局长代表国家出席初审法院，指控轻罪案件。检察官主要在重罪法院及上诉法院履行公诉职责。

第五，由检察官与律师共同行使公诉权。英国检察官的职责主要是审查起诉。决定起诉的案件，检察官只能在治安法院支持公诉。检察官不能在审判重罪案件的刑事法院出庭，必须另外雇请大律师代表检察官出庭支持公诉。

第四节　中国的公诉制度

中国是社会主义国家。由于我国特殊的历史及政治、经济条件，公诉制度的产生及其发展，经历了一个十分独特的历史过程。

众所周知，中国自秦汉以来，一直实行司法与行政不分、控审合一的高度集权的封建专制司法制度。只是到了清朝末年的1906年，清政府模仿资本主义国家"三权分立"的原则，建立了行政权、立法权、司法权的分立体制，并按照大陆法系的法律结构模式来改造传统的法律体系：原刑部改为法部，掌管全国司法行政，不再兼理审判；改大理寺为大理院，为最高审判机关并负责解释法律，监督各级审判。同时，各级审判厅相应地设立各级检察厅，由检察机关专门行使公诉权。晚清检察机关的职权，主要规定于1907年颁布的《高等以下各级审判厅试办章程》中，主要包括如下内容：（1）刑事提起公诉；（2）收受诉状，请求预审及公判；（3）指挥司法警察官逮捕犯罪者；（4）调查事实，收集证据；（5）充当民事案件的诉讼当事人和公益代表人；（6）监督审判，纠正违误；（7）监视判决的执行。这是中国司法制度史上首次实现控审分离，中国现代意义上的公诉组织机构——检察院从此应运而生。

晚清的司法改革尽管由于清王朝的迅速覆灭而未发挥作用，但对以后的北

第一章 公诉制度的沿革

洋政府产生了深刻影响,这些改革的成果后来成为北洋政府司法制度的基础,其中检察制度大都为北洋政府所采纳。清朝末期的法制变革成为中国法律近代化转型的开端,因而在中国法律发展史上具有划时代的历史意义。从历史的角度来分析,中国公诉制度形成的初始阶段,明显受到西方法学理念的直接影响。

1911年,孙中山先生领导的辛亥革命推翻了统治中国两千多年的封建君主专制制度,建立了具有资产阶级性质的中华民国,揭开了中国法制近代化的新篇章。不过,辛亥革命后仍然沿用清末的法律制度,对检察机关的职权未作变动。在国民党政府统治时期,尽管曾就检察机关存废问题展开过争论,但并没有在实质上影响检察机关的作用和地位,对检察机关的职权也未作太大的变动,仍然沿袭晚清变革以来的司法传统。

中国公诉制度的形成还经历了一个十分特殊的历史时期。新民主主义革命时期,中国共产党在革命根据地创建的检察制度,为新中国检察权理论的形成积累了丰富的经验。1931年,中国共产党在江西瑞金成立了中华苏维埃共和国,并开始建立检察机关。当时检察机关的基本职责是:(1)管理案件的预审;(2)作为代表国家的原告,行使追诉权;(3)抗议权,即检察员对两审后仍有不同意见的案件,可向司法机关提出抗议,再行审判一次;(4)检察政治保卫局办理案件的情况。抗日战争时期,陕甘宁、晋察冀边区抗日根据地的抗日民主政府也设立了检察机关,主要职责是:(1)案件之侦查;(2)案件之裁定;(3)证据之收集;(4)提起公诉,撰拟公诉书;(5)协助担当自诉;(6)为诉讼当事人,或公益代表人;(7)监督判决之执行;(8)在执行职务时,如有必要,得咨请当地军警帮助。[①] 在这一历史时期,人民检察制度还是较多地借鉴了自晚清以来所取得的司法改革成果和经验。解放战争时期,检察机关的组织建设得到新的发展,各级检察机关的职权主要是:(1)检举一切破坏民主政权、侵犯民主权利的违法行为;(2)检举各级公务员触犯行政法规的行为;(3)检举违反政策的事项。这三项检察结果属于犯罪的,有权向法院提起公诉;违法错误应作行政处分的,呈请边区政府核办等。[②] 很显然,由于当时正处于战争时期,各地检察机关的组织建设和职权范围并不统一,且实行"审检合署"的制度,公诉制度尚不完备,但十多年的公诉实践仍为新中国公诉制度的创建积累了一些经验。

新中国检察制度的发展并不是一帆风顺的,经历了从照搬苏联的一般监督

---

① 参见《中国检察制度资料汇编》。
② 参见钟海让:《法律监督论》,法律出版社1993年版,第322页。

模式到后来注重借鉴外国经验与中国实际相结合的模式；从着手基础性建设到十年浩劫被扼杀中断，再至"文革"后的恢复重建。这是一个相当艰难曲折的过程，但检察机关作为国家公诉机关及法律监督机关的职能一直延续至今。

中华人民共和国成立后，1949年12月颁布的《最高人民检察署试行组织条例》确立了检察机关的法律地位，明确了其对刑事案件行使公诉权的基本职能。1954年通过的《中华人民共和国宪法》及《中华人民共和国人民检察院组织法》在肯定人民检察院是国家法律监督机关的同时，进一步明确规定，检察机关是国家唯一的公诉机关。"文革"期间，受极"左"思潮的冲击，1974年通过的宪法取消了检察机关的设置，检察机关的各项职权由公安机关行使，公安机关成为当时的公诉机关。

1978年我国通过的第三部宪法规定重新设置人民检察院，1979年通过的《中华人民共和国刑事诉讼法》和《中华人民共和国人民检察院组织法》，进一步确定了检察机关作为法律监督机关的法律地位，明确规定检察机关是代表国家行使追诉犯罪权的公诉机关，从此，中国公诉制度逐步走向完备。1996年修正的《中华人民共和国刑事诉讼法》进一步完善了我国的公诉制度及检察制度，由此形成我国目前的公诉制度。

中国的诉讼制度经历了独特的发展过程，既受到世界各国诉讼制度的影响，也源于中国司法实践的具体经验。中国的公诉制度与其他国家相比既有相同或相似之处，也有自身的特点：

第一，公诉与法律监督相统一。根据我国宪法、人民检察院组织法的规定，人民检察院是国家法律监督机关，并承担公诉的职能。所以，我国检察官在刑事诉讼中具有双重身份，既是法律监督者，又是国家公诉人；人民检察院对刑事犯罪进行追诉、提起公诉的过程，也是实施法律监督的过程。两项职能、两个过程密不可分。集法律监督权与公诉权等权能于一身，是我国公诉制度及检察制度最具中国特色的部分。

第二，检察机关是唯一的公诉机关。根据我国刑事诉讼法的规定，人民检察院垄断公诉权，独立行使公诉权，其他机关、团体和个人无权提起公诉。而且，无论是对案件的起诉，还是不起诉，皆由检察机关自行决定，其他机关无权干预。由于我国检察机关是独立的国家机关，不隶属于政府或法院，为检察机关独立行使公诉权提供了组织保证与制度保障。

第三，公诉人不是诉讼当事人。我国的检察官作为公诉人出席法庭支持公诉，尽管与被告人有平等应对权，参与法庭调查和法庭辩论，但并不属于当事人，而是代表国家行使公诉权和法律监督权的独立诉讼主体，其职权及权利比当事人要广泛得多。

第四，公诉人与警察、法官之间是相互配合、互相制约的关系。在西方国家，警察是检察官追诉犯罪的辅助人员，听从检察官的指挥；法官是裁判者，不受检察官的监督。在我国，刑事诉讼实行分工负责、相互配合、相互制约的原则，公安机关负责侦查，检察机关负责审查起诉，公安机关对检察机关的不起诉决定有要求复议、提请复核的权利；法院负责审判，检察机关对法院确有错误的裁判可以抗诉，对法院裁判的活动可以进行监督并提出纠正意见。

第五，检察官属于司法人员。在国外，关于检察机关是属于司法机关还是行政机关的问题，一直存有争议，目前尚无定论。依据我国宪法、人民检察院组织法、刑法、刑事诉讼法的有关规定，我国的检察官属于司法工作人员，不属于国家公务员（行政机关工作人员）。这表明我国检察官的诉讼活动是司法活动，代表国家提出公诉的活动具有司法的属性，应该符合开放性、公正性、独立性等司法要求。

第六，公诉与自诉的相互救济关系。我国的刑事起诉采用了公诉为主、自诉为辅的二元模式。这种分工既有利于发挥国家的职能，也有利于调动公民个人追诉犯罪的积极性，使犯罪案件及时得到适当的处理。我国刑事诉讼法规定的自诉案件主要有两种：一是告诉才处理的案件；二是被害人有证据证明的轻微刑事案件。但是，公诉与自诉的范围并不是绝对的，两者可能存在交叉，在一定条件下可以相互转化。公诉可以转化为自诉，自诉也可能转化为公诉。由于两种起诉方式固有的局限性，我国刑事诉讼法确立了在一定条件下公诉与自诉相互救济的原则。

因犯罪直接侵害被害人的合法权益，被害人要求追诉犯罪的请求最为强烈。国家追诉机关基于某种原因可能忽略被害人的利益，未追究被告人的刑事责任，或者决定对被告人不起诉。为了维护被害人的合法权益，我国新《刑事诉讼法》第176条、第204条规定，某些案件可以由公诉转为自诉，即被害人对某些公诉案件，在公安机关、检察机关不予追诉的情况下，可以直接向人民法院起诉。而对某些自诉案件，被害人无力收集证据或者因某种原因不敢起诉时，为维护被害人的合法权益，保障社会秩序，国家也要进行干预。我国《刑法》第98条指出："本法所称告诉才处理，是指被害人告诉才处理。如果被害人因受强制、威吓无法告诉的，人民检察院和被害人的近亲属也可以告诉。"所以，自诉案件也可以向公安机关控告，经公安机关立案侦查，由检察机关提起公诉，即自诉转为公诉。可见，公诉与自诉相互转化、相互救济的基点在于维护被害人的合法权益。

第五节　公诉制度的发展趋势

世界各国的公诉制度是不断发展的，各国公诉制度之间也互相影响和借鉴，取长补短，择善而从。如日本的公诉制度始采法国模式，1881年后受德国影响，演变为法、德混合式。第二次世界大战以后，其控辩审结构更多地受到美国司法制度的影响，又倾向于美国模式，英国从1985年起也由传统的私诉转而效仿大陆法系国家，选择和建立了独立、垂直的检察系统。在经济全球化、信息网络化的影响下，不同法系之间互相渗透，彼此融合，是公诉制度发展的必然趋势。从世界各国公诉改革的情况看，公诉制度的发展趋向有如下几个特征：

一、强化检察官公诉制度

英国一向是以自诉为传统的国家，刑事起诉主要由警察承担，大多数警察局设有起诉律师。检察官、政府部门、公共机构、国营企业、国内税收部门和海关等，也都可以提出刑事起诉。检察官一般只对重大案件，如可能判处死刑的犯罪案件提起公诉。这与大陆法系国家公诉机关垄断或基本垄断刑事起诉是不同的。1985年，英国公布了《检控犯罪法》，从1986年1月1日起在英格兰和威尔士普遍建立公诉机关，其主要职责是在警察决定指控被告人后，由皇家检察官复审案件，并负责决定是否提起公诉、出席法庭和支持公诉，还有权对警察调查案件提出意见，基本上实行了与大陆法系国家相同的检察官公诉制度。在德国，1975年修改的刑事诉讼法取消了预审调查制度，使检察官的职责作用得到了强化。

二、确定公诉机关的独立性

为了充分发挥公诉机关的作用，改变了公诉机关附设于法院的体制结构，使公诉机关与审判机关分离，增强了公诉机关的独立性。例如，日本检察厅曾是附设于裁判所的一个机构。第二次世界大战以后，日本的新宪法比旧宪法更加明确规定了司法权和行政权分离，彻底改变了审检合署的体制，单独设置了各级检察厅。阿根廷于20世纪90年代将检察机关独立于司法部，以更有效地履行公诉职能。检察机关的独立是独立行使公诉权的组织保障。另外，对公诉机关检控犯罪的机构、组织、职责、手段和方式，各国都予以健全和完善。公诉机关独立办案及检察官身份保障和待遇等制度，也在一些国家的法律中相继确立和巩固。

三、强化公诉机关的集中统一性

为保障司法的集中统一性，上下级公诉机关之间应当严格按照检察一体化原则的要求，建立隶属关系的体制。上级公诉机关直接领导、指挥和监督下级公诉机关，纠正其工作中的差错，从而也保证了公诉机关避免来自其他行政机关的横向干扰。在美国，近年来强调了全国各州地方检察官办事处应该保持检控政策协调统一，并且在有的案件涉及"全州利益"或该案可能创立一个重要的先例而受到关注时，检察官应听取州检察长的意见和劝告。1971 年美国律师协会通过的检控准则提出，在每一个州应建立一个州检察官委员会，以协调地方检察官办事处的检控政策，改进司法活动和在各州统一实施刑法。在美国联邦司法部内还设有起诉复核委员会，随时应承办案件的检察官请求而组成。该检察官要向起诉复核委员会报告案情，并接受其广泛而严格的质询。然后，起诉复核委员会客观地评价由检察官调查、提起公诉的案件的功过得失，提出是否起诉案件的指令性意见。这对于一向各行其是的美国检察官来说，正朝着集中统一方面前进了一大步。泰国设有公诉行政委员会。波兰在总检察院设立由高级官员和专家组成的顾问委员会，对检察院的重大政策提供咨询意见。这些机构在咨询、决策方面发挥了重要作用。英国改革公诉制度也体现了这一特点。

四、扩大检察官的自由裁量权

在刑事诉讼中，对某些刑事案件采用起诉便宜主义原则及时终止诉讼，这是许多国家公诉制度的重要内容。随着犯罪案件的增加，以及保障人权特别是保护刑事被告人权益观念的增强，为节省诉讼资源，减少讼累，一些国家自觉或不自觉地扩大了检察官的自由裁量权。在德国，检察官具有停止起诉、不予起诉、暂缓起诉等权力，甚至允许检察官放弃开庭审判、申请法官直接签发处罚令，避免将证据不足的案件或大量轻罪案件起诉到法院。1990 年以来，德国检察机关起诉到法院的案件仅占其受理案件的 13% 左右。[①] 法国允许检察官

---

① 参见陈光中等主编：《诉讼法论丛》（第 4 卷），法律出版社 2000 年版，第 180—182 页。

采用起诉替代措施,如刑事调解、赔偿损害、延期决定等。这些起诉替代措施可以使检察官及时采取适合刑事被告人的措施。在美国,检察官与被告律师进行辩诉交易更是其自由裁量权的集中体现。如果被告人满足控方提出的认罪要求,检察官可以根据案件的具体情况作出三种处理:一是撤销某一项指控;二是降低指控;三是要求法院从轻判刑。这种辩诉交易的结果对法官的判决有直接影响。目前,美国绝大多数的刑事案件通过辩诉交易解决。一些欧洲大陆法系国家,如意大利,也开始借鉴"认罪交易"制度。从各国的公诉实践看,不起诉的适用有逐渐扩大的趋向,有的国家(如德国、荷兰、日本)不起诉案件的比例已经超过起诉的案件。

五、加强对公诉机关的监督制约

在实行起诉垄断主义的国家,检察官对起诉、不起诉案件有广泛的自由裁量权,一旦检察官独断专行或是为某种外部力量所左右,就会使案件发生偏差。因此,对检察官行使公诉权需要监督和制约,以防止这种偏差,这是各国公诉制度要解决的共同问题。基于起诉法定主义,为保护被害人的利益,这种制约机制主要表现在严格审查检察官的不起诉决定。除赋予被害人、控告人申诉权或请求起诉权外,有的国家法律规定检察机关必须进行复议、复查,有的规定法院可以裁定案件必须提起公诉,有的规定被害人可以向法院提起自诉,有的设立专门机构审查检察机关的不起诉决定,如德国刑事诉讼法对检察官的不起诉决定曾规定了由法官审查的强制起诉程序。在日本,为了防止检察官滥用不起诉权,并使公诉权的行使能够反映民意,于1984年开始在各地方法院及其分院所在地设置检察审查会,并制定了检察审查会法。被害人不服不起诉决定,可以向检察审查会申诉。检察审查会有权对检察机关的不起诉决定进行审查,并就其认为不当的不起诉决定提出纠正建议。对检察机关决定不起诉的案件,被害人也可以自行向有管辖权的裁判所(即法院)提起诉讼。不起诉制约机制,在法律观念上主要强调犯罪与刑罚之间的必然联系,主张充分实现刑法在控制犯罪方面的机能和作用。

随着时代发展、社会变化和观念更新,对起诉进行制约的必要性也日益凸显。首先是人们对法的地位和作用的认识进一步深化。从资产阶级革命胜利时起,法治的观念深入人心,法律的地位和作用迅速提升,成为调整社会关系的最重要的手段。但是,对法的地位和作用的过分强调削弱了道德、宗教、文化和价值观念等在调整社会关系方面的积极作用,一定程度上还导致了社会调整的机械和僵化。在强调法治的前提下,刑事追究往往被视为对付犯罪最有效的手段。通过长期的实践，人们逐步认识到，法律在控制犯罪方面的作用是有限的。要解决犯罪这种极为复杂的社会问题，不能只采取法律追究的手段，甚至不应把法律手段作为主要的手段，因此对犯罪进行刑事追究的社会价值还必须重新认识。与依法治国转向以道德、文化、价值观念治国的发展趋势相适应，对起诉进行制约将越来越重要。

其次是人们对犯罪原因的认识逐步深化，认为追诉犯罪的目的是矫治犯罪人、预防犯罪而不是惩罚犯罪，追诉犯罪的过程更应重视犯罪嫌疑人的人权，达到教育、挽救、改造犯罪人的目的。例如，对一些偶犯、未成年人犯罪，以其他手段往往可以取得矫治和预防的更好效果，追究刑事责任反而可能有负效应，检察机关就不应片面地强调起诉。各国立法上，一方面对起诉的条件有更高的要求；另一方面赋予检察机关更多自由裁量的余地。一些国家对法律的修改，包括不再将一些行为规定为犯罪，对起诉规定更严格的条件等，就体现了这种价值取向。

此外，人们还日益重视犯罪控制的成本—效益关系，强调通过使用有限的司法资源获得控制犯罪的最佳效益。如果对一项犯罪行为进行刑事追究的代价过高，那么刑事追究本身的社会意义将会十分有限，而且司法资源的运用过于分散，势必导致控制犯罪的整体效益降低。集中司法资源，有选择地追究一部分犯罪，在犯罪态势严重、司法资源相对短缺的情况下，是一种符合实际并能取得良好效果的选择。日益强调对起诉的制约，也是这种成本—效益关系的规律性要求。

出于制约起诉的需要，一些国家规定检察机关只能提出起诉的意见，而没有提起公诉的最终决定权，从而使检察机关的起诉权能受到了限制。例如在法国，对于重罪案件是否提起公诉，由上诉法院起诉庭审查决定，检察官无权独立提起公诉。在英国，除法律另有规定以外，检察官对刑事案件提起公诉，必须先经过治安法院预审。在美国联邦和一些州实行大陪审团审查起诉的制约形式。美国的大陪审团是由法院确定的有法定资格的公民组成的一个审查案件的团体，通常由12名到23名成员组成，各州人数不尽相同。大陪审团的职责就是根据检察官提出的案件情况，确定检察官控告犯罪嫌疑人的理由是否成立，决定是否对被告人提起公诉。这种制约机制的特点是，检察官无权直接向法院提起公诉，而必须经过法院这一特定机构审查决定。

六、强化公诉意见对审判的制约作用

传统上出于制约审判权的需要，公诉意见对审判的对象、范围、方式和程序等具有限制作用。例如对检察机关没有起诉的犯罪事实，法院不得进行审判。随着公诉价值的逐步提升，公诉意见对审判的制约作用也越来越大。由于在提起公诉的过程中，检察机关已经充分考虑和贯彻了法律的原则、精神和刑事政策，法院应当对公诉意见给予充分的尊重。在一些实行当事人主义诉讼模式的国家，检察机关起诉时不仅可以提出指控的罪名，而且可以明确提出量刑建议，法院只能就指控的罪名是否成立进行审判，并在检察机关量刑建议的范围内量刑。特别是在美国，控辩双方达成的辩诉交易几乎使审判成为形式。在实行职权主义诉讼模式的国家，法院虽然一般可以改变起诉的罪名并自主量刑，但检察机关关于定罪量刑的公诉意见对审判也具有越来越重要的意义。

第二章
公 诉 权

公诉权在本质上是一种国家追诉权，在程序意义上是一种司法请求权，是实现国家刑罚权的前提。公诉权的确立，有着深刻的理论、制度与现实基础。正确理解和把握公诉权的性质、根据、内容和功能，对保障依法行使公诉权具有重要的意义。

第一节 公诉权的性质

公诉权，是专门机关依法代表国家主动追究犯罪，并将犯罪诉至审判机关，请求予以定罪处罚的一种诉讼权能。对公诉权的性质，可以从以下几个方面理解：

一、公诉权是一种国家权力

刑事诉讼制度发展初期，犯罪被认为是损害个人利益的行为，对犯罪进行追究的主要方式是私人追诉。在实行私人追诉的情况下，对犯罪的追究和惩罚在很大程度上受个人意志的左右，国家处于消极被动的地位，一旦个人出于各种原因不愿或不敢行使追诉权，国家就因为不能审判而无法实现刑罚权。但是，犯罪不仅是侵害个人权益的行为，也侵害了社会公共利益和国家利益。随着对犯罪性质认识的提高和国家权力、国家机器的强化，在刑事起诉方式上出现了由私人追诉向国家追诉发展的趋势，国家追诉的范围不断扩大，私人追诉的范围日益萎缩。现代法治国家一般实行国家追诉原则，或者以国家追诉为主、私人追诉为辅的原则。国家追诉的方式就是公诉，即由特定机关或者人员代表国家对犯罪进行追诉，因而在实质意义上公诉权是一种国家权力，其基本属性是国家追诉权，以追究被告人刑事责任，恢复被破坏了的法律秩序为使命。根据我国法律的规定，国家将公诉的权力赋予了检察机关。在法庭上，公诉人全称应是国家公诉人，代表国家指控被告人犯有某一罪行。在美国，由联邦检察官起诉的案件，其案由表述中美利坚合众国为一方，被告人为另一方，如美利坚合众国诉摩里斯抢劫案，公开申明案件的国家公诉特征。

二、公诉权是一种司法请求权

公诉权属于诉权，是请求启动审判的诉讼权力。在现代法治国家，为制约审判权，要求法院不得主动地追究犯罪，审判的发动以起诉为前提，即无起诉就无审判。公诉权在形式上表现为请求法院对案件进行审判并作出裁判的权力，但在绝大多数国家，公诉的提起实质上必然启动审判。

三、公诉权是一种犯罪追诉权

检察机关提起公诉的目的是请求法院确认被告人有罪。只有确认被告人有罪，才能追究其刑事责任，提起公诉的前提就是认为被告人涉嫌犯罪而要求法院予以确认，因而公诉权既包含了有罪判决请求权，也包含判处刑罚请求权。国家刑罚权可分为制刑权、求刑权、量刑权和行刑权。诉审分离原则要求刑罚不能直接由审判主动适用，必须以刑罚请求的存在为前提。求刑权通过起诉的方式行使，公诉则是行使求刑权的主要方式。可见，公诉权作为一种司法请求权，具体包含了审判请求权、有罪判决请求权和刑罚请求权三项内容。

四、公诉权是一种程序性权力

就其作用而言，公诉权的行使可以推动诉讼程序的发展，使犯罪受到追究，虽然对国家刑罚权的实现具有重要意义，但本身不能解决定罪的实体问题和进行最终处置，因而与同为公权力的行政权和审判权不同，只是一种诉讼权即程序性权力。公诉权以刑罚权为基础，就具体案件而言，公诉权的存在必须以符合一定的实体条件和程序条件为前提，因犯罪的发生而产生，也因被告人死亡、时效完成、赦免等情况而消灭。

第二节 公诉权的根据

公诉权的确立有着深刻的理论、制度与现实基础，这些决定和制约公诉权行使及发展方向的主要因素，我们称为公诉权的根据。对公诉权的根据进行深入的思考，有助于丰富公诉理论、培养现代诉讼意识，正确地推进公诉实践的发展。

一、公诉权的法理根据

公诉权的实质是在特定的犯罪案件中，国家垄断对犯罪行为进行控告的权力。这种权力不具有实体处分的性质，仅仅是一种请求权。在诉讼发展史上，公诉权经历了由当事人的主张权，发展至国家权力，从审判权中分离出来，成为一种国家诉权的发展过程。现代社会中，公诉权成为国家司法制度的重要元素，并且公诉制度呈现日趋严密的发展态势。审视公诉权，我们面临的问题是，国家为什么会控制诉权？它是根据什么发展的？现实社会中，我们能期待公诉权发挥怎样的作用？这些问题涉及一个根本性的概念，即公诉权的法理根据，其主要体现在以下三方面：

（一）国家确立公诉权以维护统治秩序为根本目的

公诉权的确立与犯罪现象的存在密切相关。从普遍意义上讲，人类对犯罪性质的认识有一个不断深化的历史过程。随着社会政治、经济、文化的发展，社会形态的更迭，阶级斗争形式的变化，统治阶级开始用法律来固定和保护统治阶级的利益和统治秩序。严重违反法律的行为往往被视为犯罪，犯罪行为不再仅仅被看作对特定的个人利益的侵害，而是被看作对社会秩序和国家利益的严重挑战。这样，统治者需要借助于国家的强制力量介入私人纠纷，于是由国家审判代替私人复仇，乃至后来司法制度进一步发展，国家参与或者垄断追诉犯罪的权利，公诉制度在世界范围内不断加强。这个过程表明，确立公诉权的出发点和根本目的皆在于维护国家利益。尽管对国家利益和个人利益的不断平衡是公诉制度发展的内在动因，但是，从根本上讲，公诉权作为一种国家权力，它的行使和发展必须体现国家意志，它是国家统治的工具。这也是我们可以对世界各国不同的公诉制度加以相互比较、借鉴的前提和基础。

受法律文化传统的影响，对犯罪现象及其危害的认识方面，存在国别差异。在大陆法传统的国家，国家被视为通过社会契约建立的、代表法律和正义的唯一来源的集合体，这个集合体是人民利益的集中代表。犯罪行为除少数情况被当作个人之间的冲突,而允许被害人自主行使诉权外,绝大部分被看作对社会秩序和国家利益的严重侵犯,是个人对法律秩序和国家力量的挑战。因而,国家有责任代表人民集中力量对付犯罪,通过设立专门的公诉机关,积极地行使起诉权,甚至实行国家垄断起诉的制度。而英美法系国家,存在另一种法律文化。如在英国,传统理论认为,犯罪是私人之间的纠纷,起诉是私人性质。19世纪以前,起诉一直主要由被害人或其代理人承担。19世纪以后,警察机关日益成为有组织的机构,并且逐渐承担起提起和处理诉讼的责任,但起诉仍然是私诉的性质。1985年英国颁布《刑事起诉法》,建立了统一的检察官起诉制度,以加强对犯罪的追诉机制。但是,公诉的提起直接表现为政府与当事人,特别是与被告人的对立。基于三权分立的理论,英美国家认为,国家拥有被限制的主权,政府通过法律统治国家。所以,公诉权是与当事人的权利平等的一种诉权,公诉方是一方当事人。受不同的传统影响,公诉权发挥作用的渠道也存在差别。比如,大陆法系国家,公诉的裁量是在较严格和明确的法律规定的框架内存在和发展的,受到国家意志的控制。而在英美法系国家,理论上存在完全的起诉裁量权,[①]警察、检察官的裁量权相对比较大,并且对它的限制不像大陆法系国家那样具体、明确。这就是说,尽管从国家与法产生的历史的角度分析,各个国家对于公诉权的本质的规定和期待是一致的,但其具体表现形式也是带有国别差异的。

公诉权确立的根本目的既然是维护国家统治秩序,便向公诉实践提出了一个要求,即随着社会的进步,犯罪现象不断发展、演化,在公诉过程中如何具体体现和维护国家利益,在具体案件中如何理解和确定国家利益,这是公诉人员无法回避且必然要解决的问题,也是决定公诉发展方向的根本性问题。

(二)刑罚权理论是赋予公诉权实质性机能的根据

公诉权与审判权具有密切的亲缘关系。严格来讲,没有审判权,就不会有公诉权,先有国家对于犯罪的认定和判刑权,才会有国家对于犯罪的追诉权。这是一种逻辑上的衍生关系,抑或属于一种历史考察的话题。这里,我们要探讨的是公诉权所具有的机能。所谓机能,是指公诉权的行使在社会生活中可能发挥的积极作用。而实质性的机能,意指公诉权作为一种法律权能所具有的实体方面的效能,是公诉权得以维护国家利益的重要功能。要探讨公诉权实体机能的来源或根据,必然涉及公诉权与刑罚权的关系。

刑罚问题,历来是刑法理论的核心问题。日本学者西原春夫称,"所谓刑

---

① 参见江礼华主编:《外国刑事诉讼制度探微》,法律出版社2000年版,第134页。

法，如文字所示，是规定'刑罚'的法律"和"处罚人的法律"。① 也正因如此，在重视刑罚的欧洲大陆诸国，常常把刑法称为 penal law，即刑罚法。我国学者也称"整个刑法就是一部规定什么行为应该处以刑罚，以及处何种刑罚的法律"。② 而刑事诉讼是适用和实现刑法规定的过程，特别是公诉权直接启动了要求追究被告人刑事责任的审判程序，为刑罚的适用提供了可能性。在这个过程中，公诉权与刑罚权之间存在一种内在的、客观的联系。

公诉权与刑罚权的关系是法学理论中的一个重要问题，理论上有各种观点。如德国有"不同公权论"，认为公诉权与刑罚权为彼此独立、各自意义不同但又存在客观联系的两种公权力；还有"主观的刑事诉讼权"说，认为刑罚权是随犯罪而发生的客观存在的、对犯罪人的处罚权，而公诉权是为实现这种追究而存在的"主观的刑事诉讼权"。③ 日本有的学者主张公诉权来源于刑罚权的观点。④ 法国有人将公诉称为"为适用国家刑罚之公诉"⑤ 等。这些观点分别从不同的角度考察二者的关系。我国学界这方面的论述并不多见，主要是从探讨刑罚权的内容的角度，对此有所涉及。大致有两种观点：一种观点认为，刑罚权是国家对犯罪人适用刑罚，借以惩罚犯罪人的权力，它包括制刑权、求刑权、量刑权与行刑权四个方面的内容。制刑权是国家创制刑罚的权力，属于国家刑事立法权的一部分；求刑权也称起诉权，是请求对犯罪人予以刑罚惩罚的权力，它主要表现为公诉形式，在个别犯罪中表现为自诉形式；量刑权是国家审判机关裁量并决定刑罚的权力。⑥ 另一种观点认为，刑罚权是指国家的制刑权、量刑权与行刑权。认为，由于求刑权不具有实体性，而且有些情况下私人也可行使（自诉案件中），而刑罚权具有国家垄断的特性，因此，把求刑权也作为刑罚权，"就与刑罚权只能由国家行使相矛盾"。⑦ 可见，公诉权与刑罚权的关系在刑法理论中，也是探求刑罚权内容时的一个关键问题。我们认为，就权能而言，公诉蕴含了求罪和求刑两项权能，而求刑包括了国家求刑和个人求刑两种，就国家求刑的机能而言刑罚权确实包括了公诉权。所以，

---

① 参见［日］西原春夫：《刑法的根基与哲学》，上海三联书店1991年版，第1页。
② 谢望原：《刑罚价值论》，中国检察出版社1999年版，第16页。
③ 参见孙谦等主编：《检察论丛》（第1卷），法律出版社2000年版，第243页。
④ 参见［日］田口守一：《刑事诉讼法》，法律出版社2000年版，第114页。
⑤ 参见［法］卡斯东·斯特法尼等：《法国刑事诉讼法精义》，法律出版社1999年版，第119页。
⑥ 参见赵秉志主编：《新刑法教程》，中国人民大学出版社1997年版，第394页。
⑦ 参见马克昌主编：《刑罚通论》，武汉大学出版社1995年版，第17页。

将上述第二种观点修正为刑罚权包括了国家求刑权等四项内容似乎严谨一些。

就公诉权的根据而言，从刑事司法的目的和功能的角度分析，公诉权与刑罚权之间存在机能上的内在联系。从刑事司法系统的角度看，刑事司法的目的是查明并惩治犯罪，适用刑法，保护人权和国家利益。设立刑罚权，同时垄断部分犯罪的诉权，这是实现司法目的的需要，是刑事司法发展的结果。公诉权的设立与刑罚权一样，具有共同的目的。无论是从法律规定还是从实践效能方面看，诉权一经成为公诉权，就具有了自诉权所不具有的强制性、主动性、统一性以及与刑罚权的距离进一步拉近等特性，由此决定了公诉权是一种国家用以加强对犯罪惩治的具有实质性机能的公权力。

通常，我们说公诉不具有实体效力，但是实际上公诉权的效力并不仅仅限于形式上的效力。公诉权的行使有保护功能、保障功能、教育功能、预防功能等法律效能。现实生活中，提起公诉的决定可以发挥对犯罪嫌疑人、被告人的震慑作用，对社会成员的警戒作用和一般预防作用。公诉权何以具有如此的社会效能和法律效能呢？我们说，这种实质性的机能的来源在于刑罚权。

公诉权与刑罚权之间具有一种机能上的趋同性联系。它体现在两方面：一方面，两者具有一系列的一致性。首先，两者都具有强制力，在大多数国家，特别是大陆法系国家，公诉权的行使、刑罚权的行使都体现国家意志，不属于私权处分的范畴；其次，两者的效能来源皆为国家强制力，即有国家强制力和物质条件作保障和支持；再次，两项权能的行使主体是具有大体相同的法律意识和执法传统的特定国家机关，即检察机关与审判机关；最后，更主要的是，两项权力的行使都受到国家特定时期的刑事政策的调整和指导。这四点一致，决定了公诉权与刑罚权对外部而言呈现出同样的司法特质，即代表国家对犯罪的追诉态度。另一方面，在权能的实现上，公诉权与刑罚权互为条件。公诉权包含求刑权，没有国家的刑罚权，就不会有公诉权存在的必要。而公诉权的独立价值或者说它对于刑罚权的特殊贡献在于，没有公诉就没有对公诉案件的刑罚权，现代意义的公诉权为刑罚权的实现提供了一种现实可能性和合理性保障。上述两方面——特质上的一致性和程序上的连接性——相结合的结果表明，公诉权与刑罚权之间具有一种亲和关系和某种共同的实体指向——实现国家对犯罪的惩治。公诉权的行使意味着实现刑罚权的极大的可能性。仅此一点，足以使公诉权具有一种实体方面的司法机能——震慑力、惩罚力等。公诉权实现刑罚权的更大的现实性和可能性是自诉权所无法具备的实体效能。在具体的司法实践中，行为人的行为具有可罚性是犯罪的本质特征之一。不具有处罚条件的案件，公诉机关不得提起诉讼。可见，无论是理论上，还是在实践中，刑罚权都是公诉权的根据。

（三）程序正义是公诉权具有程序性机能的根据

公诉权的价值不仅仅在于使国家刑罚权能够实现，还在于它为刑罚权的实现提供了现实的合理性。

正义，是法律制度的最高理想，也是人们用来评价和判断一种法律制度具有正当根据的价值目标。人们一般认为法律正义可表现为实体正义和程序正义两种形式。实体正义是法律对实体权利、义务和责任进行确定时所要遵循的价值目标，主要体现为结果的正义，比如刑罚的适用是否公正。而程序正义是指法律程序在具体运作过程中所要实现的价值目标，是一种过程正义。一项法律程序本身是否符合程序正义的标准，主要看它是否使那些受程序结果影响的人受到了应得的待遇。程序具有保障实体结果的公正性的功能。关于程序正义，西方学者根据传统的自然法和自然权利的理论，提出了十分古老的程序公正标准，这就是著名的"自然正义"原则。该原则在现代以及在不同的国家有所发展。它的基本要求有两项，即（1）任何人不得做自己案件的法官；（2）应当听取双方当事人的意见。根据这一要求，刑事诉讼中裁判者应当保持中立，受裁判影响的各方应当充分地、平等地参与诉讼过程。这一理论反映在诉讼结构上，就是要求诉讼应当保障控辩双方的权利对等。起诉，特别是国家起诉职能应当与审判职能分立，并且保持一种合理的距离。公诉权的确立，是实现这种程序正义的途径之一，并且依据这个价值取向的要求发展。

司法发展的过程已经说明了公诉权以程序正义为确立和发展的根据之一。国家垄断刑事追诉权之初，科学的司法机制开始建构。为了反对封建的、专制的审判制度，避免作为被告的个人演化成为诉讼的客体和国家强制力的猎物，控诉与审判职能分离。公诉权的独立行使，在形式上保证了诉讼的公平和合理，这就是公诉权实现程序正义的体现。现代世界各国的公诉实践的进一步发展，体现了公诉权程序性机能的推动作用。英国一向有着私诉传统，在探索司法改革的过程中，皇家刑事程序委员会对起诉制度提出的批评是，起诉与侦查不分，起诉带有私人性、地方性和自由裁量性，以及缺乏统一的全国性的标准等。于是，建议对于警方已决定起诉的案件，实施一种独立的起诉控制。根据1985 年的《刑事起诉法》英国建立了皇家检察署统一公诉的制度，并且为了寻求提供一种更为开放的和透明的原则，制定了指导公诉的《皇家检察官规则》。[①]

从普遍意义上讲，公诉权的确立和完善，进一步促进了刑事诉讼中的辩护

---

① 参见中国政法大学刑事法律研究中心组织编译：《英国刑事诉讼法》（选编），中国政法大学出版社 2001 年版，第 42—46 页。

制度、审判制度的发展，从而在更大的范围内实现了程序公正的价值目标。这也进一步说明，程序正义是公诉权发展的永久根据之一。

国家意志、刑罚权、程序正义三个方面是决定公诉权确立和发展的法理根据。三者是有机联系的整体，其中，国家意志是起决定性作用的发展依据，而后两项是公诉权的第二层面的并且相互依存的根据。公诉权的完善、公诉实践的发展、改革，从根本上是这三个根据互相促进的结果。这表明，公诉权是维护阶级统治、捍卫国家利益的重要工具，它的具体行使要以国家利益的需要为目的，国家的有关政策、方针，对公诉权有根本的影响；另外，公诉权的健康发展还要遵循和体现刑事诉讼规律的客观要求。

二、公诉权的法律根据

所谓公诉权的法律根据，是指公诉权的法律渊源及行使公诉权必须遵循的法律规范。主要包括：

（一）宪法依据

基于对公诉权重要性的认识，各国宪法均将公诉制度作为一项重要的国家制度加以规定。通常，公诉权的宪法根据包括两部分。首先，从广义上讲，作为国家的根本大法，宪法规定了国家生活中最根本、最重要的问题，包括国家的社会制度和国家制度的基本原则，这些规定是公诉权行使时必须遵循的法律规定。其次，宪法还规定了公诉权行使的直接的法律依据。狭义的宪法根据包括：国家对犯罪的追诉原则、专门的追诉机关的性质及其组织原则、行使公诉权的基本原则三方面。这些内容，作为国家基本的宪政原则，直接或间接地构成公诉权行使的宪法原则，是公诉活动必须遵循的法律规范，也制约着公诉权的发展与完善。

根据我国宪法的规定，公诉权的宪法根据包括：

1. 宪法规定了检察机关的性质、组织体系和原则。《宪法》第129条规定，中华人民共和国人民检察院是国家的法律监督机关。第130条规定，中华人民共和国设立最高人民检察院、地方各级人民检察院和军事检察院等专门检察院。人民检察院的组织由法律规定。第132条规定，最高人民检察院是最高检察机关。最高人民检察院领导地方各级人民检察院和专门检察院的工作，上级人民检察院领导下级人民检察院的工作。根据这一规定，我国自上而下设立四级检察机关行使公诉权。

2. 宪法规定了检察机关与权力机关的关系。宪法规定，中华人民共和国全国人民代表大会是最高国家权力机关。它的常设机关是全国人民代表大会常务委员会(第57条)。全国人民代表大会行使选举最高人民检察院检察长的职权(第62条),有权罢免最高人民检察院检察长(第63条),有权监督最高人民检察院的工作(第67条),最高人民检察院对全国人民代表大会和全国人民代表大会常务委员会负责。地方各级人民检察院对产生它的国家权力机关和上级人民检察院负责(第133条)。这些规定,既规定了检察机关与权力机关的关系,同时也是对公诉权与立法权关系的原则规定,公诉权的行使必须对立法权负责,受立法权制约。

3. 宪法规定了公诉权与审判权、侦查权的关系。《宪法》第135条规定,人民法院、人民检察院和公安机关办理刑事案件,应当分工负责、互相配合、互相制约,以保证准确有效地执行法律。这是我国国家制度的根本反映。我国不实行西方国家的三权分立的国家体制,检察机关、审判机关、公安机关共同对权力机关负责。公诉权与审判权,以及属于行政性质的侦查权在刑事诉讼中的关系,是一种互相配合、相互制约的平行关系。这是公诉权行使的基本原则之一。

4. 宪法规定了公诉权独立行使的原则。《宪法》第131条规定,人民检察院依照法律规定独立行使检察权,不受行政机关、社会团体和个人的干涉。这是诉讼规律在公诉权行使过程中的要求和体现,也是实现公诉目的的保障。

以上宪法根据,规定了我国刑事诉讼中的公诉权制度以及公诉权的最本质特征,也是我国公诉制度、公诉权有别于其他国家的主要方面。

(二)组织法依据

人民检察院组织法是规定检察机关的性质、任务、职能、组织体系、组织原则、工作原则以及机构设置和人员任免等内容的国家基本法律之一。这部法律既体现了公诉权及其行使的制度保障,也反映了公诉权在我国检察权中的地位。

就狭义的公诉权的根据而言,人民检察院组织法进一步明确了如下重要内容:

1. 明确了公诉权的主体及其全部职权。根据该法第5条的规定,各级人民检察院行使以下五项职权:对危害国家安全的重大案件行使检察权;对直接受理的刑事案件行使侦查权;审查批准逮捕、决定起诉与否和对侦查活动是否合法进行监督权;对刑事案件提起公诉和出庭支持公诉权以及对法院的审判活动是否合法进行监督的职权;对判决、裁定的执行活动以及监管改造场所的活动是否合法进行监督的职权等。从中可见,公诉权包括审查起诉权、提起公诉权、出庭支持公诉权等权能。可以说,公诉权是检察权的核心。检察机关还享有其他职权,这些职权与公诉权因由同一个机关行使,对公诉权必然会产生一定的联系和影响。因此,我们研究公诉权问题,必须采取系统论的观点和方法，而不能孤立地看问题。

2. 明确了行使公诉权的内部组织原则。根据《人民检察院组织法》第3条的规定，各级人民检察院检察长统一领导检察院的工作。各级人民检察院设立检察委员会，检察委员会有权讨论决定重大案件和其他重大问题。这一规定，既是检察权行使的内部组织原则，同样也是公诉权行使过程中必须遵循的组织原则。也就是说，在行使公诉权的过程中，检察长享有统一的组织、分配等领导权。就具体案件而言，检察委员会作为检察机关内部实行集体领导的组织形式，有权对重大案件进行讨论，其作出的决定，具有法律效力。公诉权作为检察权的有机组成部分，要受到"检察一体化"等原则的制约。

3. 规定了公诉权的活动原则。除宪法规定的依法独立行使职权原则以外，《人民检察院组织法》进一步规定了对一切公民在适用法律上一律平等的原则（第8条）；以事实为根据，以法律为准绳的原则（第7条）等活动原则。

4. 原则规定了公诉权行使的基本程序等问题。

（三）检察官法依据

作为保障检察权行使、实现对检察官科学管理的法律，《中华人民共和国检察官法》是全面规定检察官管理制度的国家基本法，也是公诉权行使的法律根据之一。该法主要补充规定了具体行使公诉权的主体。《检察官法》第2条规定，检察官是依法行使国家检察权的检察人员；第6条规定，检察官的职责之一是代表国家进行公诉。这一规定是独立行使检察权原则的保障和对公诉权行使的主体和组织原则的必要补充，对于探索公诉权行使规律，完善公诉实践活动，具有重要的意义。

（四）刑法依据

刑法是规定什么是犯罪及其刑罚标准的实体法律，而公诉是追诉犯罪的诉讼活动，在具备刑法规定的犯罪构成要件及刑罚基础的前提下，公诉权才得以行使。换言之，实体法的有关规定是公诉权产生和实现的直接的法律基础，决定了公诉权的事实基础和范围。

（五）刑事诉讼法依据

宪法和组织法规定了国家权力结构中的公诉权，为了保障公诉权的行使，刑事诉讼法对其作了程序法的转化，这就是公诉权的程序法根据。刑事诉讼法是公诉权的主要法律渊源。除了宪法和人民检察院组织法的上述有关规定之外，刑事诉讼法对公诉权主要作了如下规定：

1. 公诉权行使的基本原则，如公诉权专由检察机关行使的原则（第3条、第167条）、检察院依法对刑事诉讼实行法律监督的原则（第8条）、未经法院依法判决对任何人不得确定有罪的原则（第12条）、应当保障诉讼参与人依法享有的诉讼权利的原则（第14条）、遇有法定情形不予追究的原则（第15条）等。

2. 规定了公诉权的范围及其与自诉权的关系。对此，刑事诉讼法通过确立公诉为主，自诉为辅，公诉依法可以转化为自诉的起诉制度加以体现。

3. 规定了公诉的条件。主要体现在，公诉权行使必须符合一定的实体和程序方面的要求。其中包括：是否有权或应当对案件行使提起公诉或不起诉权，起诉是否符合审判管辖等受理案件的要求，是否达到了起诉的证据标准，公诉程序是否严格依法进行，有无严重违反诉讼法要求的行为等。

4. 规定了公诉程序，包括审查起诉、提起公诉、不起诉、出庭支持公诉以及抗诉的具体法律程序，同时确立了对检察机关行使这些公诉权能的制约机制。

5. 其他有关公诉权的内容。

由此可见，公诉权的法律根据是由宪法、组织法、实体法、诉讼法等多部法律构成的法律规范体系，体现了公诉活动必须遵循的刑事诉讼规律，反映了公诉权的多层次、多侧面的法律特征。

三、公诉权的事实根据

公诉权的事实根据，是指通过法定的手段、依据合法的证据证明确定的刑事案件事实，它是公诉权行使的客观基础，通常由国家的刑法以及刑事诉讼法直接加以规范。公诉权的事实依据，具有以下特点：

1. 公诉权的事实依据是指有一定的客观事实存在，这些事实的存在要符合法定的要求，主要包括四个方面。

（1）有犯罪行为发生。刑事起诉的目的是要求审判机关追究犯罪、惩罚犯罪，是实现国家刑罚权的活动。而国家刑罚权的发生首先取决于是否有犯罪行为存在。只有发生了破坏刑法所保护的社会关系的具有社会危害性、刑事违法性的行为，并且这种行为依据犯罪构成理论被刑法认为是犯罪的，国家才有主动追诉犯罪的客观基础和动力。这决定了公诉权是一种客观的权力，而不是主观的权力。

（2）有被告人。刑罚的对象和目的决定了行使公诉权的必要前提是有被告人。被告人必须符合法定的应负刑事责任的条件。达到刑事责任年龄、具有刑事责任能力的人，具有辨别是非、控制自己行为的能力，是适用刑罚、改造教育的对象，也是公诉权追诉的对象。因此，没有明确的被告人、被告人依法不负刑事责任，或者被告人在逃，都不能行使公诉权。

（3）有证据证明犯罪行为系被告人所为。现代诉讼建立在对犯罪的客观证明基础之上。客观上是否有证据,证据能否将犯罪行为与被告人联系起来,这是行使公诉权的关键。至于这种证明应达到何种程度,不同国家有不同的规定。

(4)案件事实是依法应当追究刑事责任的事实。在诉讼理论上,并非被告人的行为构成犯罪就一定提起公诉,这涉及适用刑罚的必要性或处罚条件问题。各国法律都规定了不予追究刑事责任的情形,如我国新《刑事诉讼法》第15条规定了六种不追究刑事责任的情形,遇有这些法定情形之一的,检察机关不能行使公诉权,即不能提起公诉。

2. 公诉权的事实依据是一种经过法律筛选、法律限制的事实,并不完全等同于客观事实,而表现为一种法律事实。

刑事诉讼是一种受到法定程序规范的发现事实的过程,它不同于一般的证明,证明的手段、证明的过程以及证明的程度受到程序法以及诉讼阶段,甚至人的认识能力和认识的局限性等因素的限制,因而,据以提起公诉的事实,只能是一种法律事实。这有三个意义:其一,要求我们充分关注程序的价值,自觉地运用法定程序查明公诉案件事实;其二,公诉事实是一种阶段性的案件事实,与判决事实既紧密联系,又可能存在一定差别;其三,公诉事实是一种代表公诉方认识结果的事实主张,这种认识可能受到不同的诉讼主体,特别是辩护方的质疑。当然,在法庭审理阶段,通过控辩双方的辩论,多角度地认识互相结合,法官认定的事实可以最大限度地接近客观事实。

总之,研究公诉权的根据,了解公诉权的特点和性质,既可以避免公诉权的制度设计和操作背离公诉权的本质,实现公诉制度运作的合理化与技术化,又可以帮助我们认识公诉权本身不是一项封闭的诉讼行为,它具有多维的价值,并受到多种因素的影响,指导检察人员全面正确地行使公诉权。

第三节 公诉权的基本权能

刑事公诉权是由诸多要素依照诉讼进程排列组成的、多层次的权力要素集合体,这些权力要素由公诉权派生、是公诉权的具体表现形式。我们认为,公诉权的表现形式可以分为提起公诉权(起诉权)、不起诉权、抗诉权(上诉权)三项,依据权力的内容可以包括定罪请求权、量刑请求权、程序适用的请求权等权能。研究公诉权的基本权能,对于研究、把握公诉权的运行规律,解决公诉实践中的问题,具有重要的现实意义。

一、公诉权形式上的权能

（一）提起公诉权

提起公诉权有广义和狭义之分。广义的提起公诉权，是指公诉机关代表国家将被告人提交人民法院审判，并出席法庭支持公诉主张，请求法院依法作出实体判决、对被告人追究刑事责任的诉讼权利。它包括若干具体权利，从形式上讲包括起诉权、出庭支持公诉权、变更起诉权，以下分别加以阐述。

1. 起诉权

起诉权，也称公诉提起权，属于狭义的提起公诉权，是指公诉机关代表国家将被告人提交法院审判的诉讼权利。这是公诉权的基础性权能，对于实现公诉任务意义重大。一方面，公诉指控是对侦查和起诉审查活动在法律意义上的总结，表明了检察机关对案件的基本认识和态度。起诉意味着一个诉讼的产生，即诉讼法律关系的成立，而在此之前刑事诉讼的法律关系只是一种诉讼准备性质的法律关系，性质上基本是一种行政性关系，即侦查程序法律关系。公诉的提起推进了诉讼程序，这是实现国家刑罚权的一个基本环节。另一方面，公诉提起权是其他权能存在的前提和基础，对支持公诉权、变更起诉权是如此，对不起诉权和抗诉权同样也是如此。尽管在实践中起诉与不起诉是两项独立的诉讼权利，但理论上讲，对公诉案件的起诉权的确定，是产生公诉权的最先动因，有了提起公诉权，不起诉权才相应产生。而抗诉权，不过是特殊情况下对公诉的继续和补充，是公诉权的救济性权能。所以，公诉提起权，是公诉权中最重要的基础权能，是公诉权理论的主要研究对象，也是公诉实践的基本环节。

起诉权的权利主体，在我国是人民检察院。我国新《刑事诉讼法》第167条规定，凡需要提起公诉的案件，一律由人民检察院审查决定。第172条规定，人民检察院认为犯罪嫌疑人的犯罪事实已经查清，证据确实、充分，依法应当追究刑事责任的，应当作出起诉决定，按照审判管辖的规定，向人民法院提起公诉，并将案卷材料、证据移送人民法院。据此，我国实行公诉权国家垄断原则，即检察机关依法垄断对公诉案件的提起公诉权，对公诉案件，只有检察机关有权提起诉讼。

起诉权的行使必须符合法定的条件，否则就是滥用公诉权。根据我国刑事诉讼法的规定，起诉的实体性条件和程序性条件包括两个方面。所谓实体性条件，主要指具备由一定的证据支撑的犯罪构成，即已获得的证据证实拟起诉的对象有较大的犯罪嫌疑，也就是新《刑事诉讼法》第172条规定的，犯罪嫌疑人的犯罪事实已经查清，证据确实、充分，依法应当追究刑事责任。至于证据确实、充分的标准是什么，法无明文规定，理论上有观点认为，是能够排除其他一切合理的怀疑。起诉的程序性条件，是指符合起诉的程序性要求，如管辖、时效、被告人在案等。根据我国新《刑事诉讼法》第172条、第181条的规定，人民检察院决定起诉，应当按照审判管辖的规定作出起诉的决定，制作起诉书，按照法定程序向有管辖权的人民法院提起公诉；提起公诉时应当将案卷材料、证据移送人民法院，人民法院对提起公诉的案件进行审查后，对于起诉书中有明确的指控犯罪事实的，应当决定开庭审判。这里的"案卷材料、证据"，是指与案件有关的全部案卷的材料和证据，既包括指控犯罪事实以及表明罪行严重程度对犯罪嫌疑人不利的材料、证据，也包括有从轻、减轻处罚情节等对犯罪嫌疑人有利的材料、证据。对共同犯罪的犯罪嫌疑人，原则上应当同案一并提起公诉，对有特殊情况不能同案起诉的，必须在起诉书中有关部分加以说明或者注明处理情况。

起诉权一经人民检察院依法行使，就产生一定的法律效力，这在理论上称为起诉的效力。起诉的效力包括三个方面：

第一，启动审判程序，产生诉讼系属关系。诉讼系属，又称诉讼拘束，指案件一经起诉，即脱离检察院而归属于法院的审判。如根据我国新《刑事诉讼法》第181条的规定，只要检察机关的提起公诉符合法定的程序性条件，受理案件的人民法院应当决定开庭审判。这种诉讼系属对内的效力是，案件一旦系属于法院，法院有对案件进行审判的权利和义务。对外而言，案件系属于一个法院后，对于同一案件不能重复起诉。诉讼的系属关系在诉讼法上产生的最直接、最主要的效果，在于禁止双重起诉。因而，案件因提起诉讼而产生的诉讼系属关系，经法院就该案件作出程序的或者实体的终局裁决而消灭。在法院作出判决前，案件已脱离人民检察院的主导权，一般而言，人民检察院不能作出不起诉等处理决定。也就是说，案件起诉以后，检察机关对案件作实质性的处理的前提是检察机关撤回起诉。

第二，起诉的第二个效力，是限制审判权的范围。人民法院只能针对公诉的被告人和公诉的犯罪事实进行审判，除检察机关变更起诉，人民法院不得对起诉机关指控的被告人之外的人或事实行使审判权，此系所谓"不告不理"原则的要求。

第三，明确证明责任。如前所述，公诉权在某种意义上是一种与当事人对等的事实主张权。检察机关对公诉主张负有提出证据、加以证明的义务，检察机关应当派员出庭支持公诉，证明公诉主张。

2. 出庭支持公诉权

所谓出庭支持公诉，是指在人民法院开庭审理公诉案件时，检察机关依法派员代表国家出席法庭，请求法院依法对被告人追究刑事责任的诉讼活动。出庭支持公诉权，就是指代表国家出席和参加法院对公诉案件的开庭审理活动，积极举证、论证公诉主张，反驳被告方的无理辩解，请求法庭依法确定被告人的刑事责任的诉讼权利。它是公诉权的重要表现，是起诉权的必要延伸。

出庭支持公诉权是检察机关的一项基本职权。它的作用因诉讼的结构和性质而有所不同。在审问式的诉讼形式下，法官在审判阶段发挥着关键性的作用。当公诉案件被诉至法院以后，法官采取积极活跃的方式，运用职权主动查明案情。开庭前的案卷移送制度使侦查和审判在了解案件事实方面直接连接起来，因此，法庭上检察官通常不需要进行十分积极的诉讼证明活动。相反，在具有对抗特征的控辩式诉讼中，由于排除了开庭前法官了解案件事实的可能性，法官在庭审中的地位保持中立，检察官作为诉讼的一方，必须在法庭上积极地直接举证并与拥有同样的举证权利的辩护方进行对抗，检察官必须在法庭上发挥对法官说服和影响的作用，否则公诉就会失败。这意味着，在这种诉讼结构中，支持公诉行为是积极而主动的，其进攻性和主动性大大增强，其对公诉的结果具有关键的影响。我国新刑事诉讼法改革了审判方式，在保留原有的审判方式的特征之后，引进了对抗制诉讼制度的因素，公诉方的举证与证明责任得到加强。因此，出庭支持公诉权的有效行使，对于实现公诉任务的重要性受到普遍的重视。

出庭支持公诉权的行使有以下特点：

第一，我国新《刑事诉讼法》第184条规定，人民法院审判公诉案件，人民检察院应当派员出席法庭支持公诉。根据这一规定，派员出席法庭支持公诉，既是人民检察院的法定权利，也是其法律义务。

第二，出庭公诉权的权利主体是人民检察院，执行主体是检察人员。根据我国法律的有关规定，检察人员行使检察权具有相对的独立性，在检察长统一领导下，以检察院的名义独立承担相应的职责。它不同于审判庭独立行使审判权。其中的界限以及权利与义务的分配是出庭支持公诉权运行中有待探讨的问题。

第三，出庭支持公诉权的行使方式要符合刑事诉讼法的规定。公诉人的活动必须遵循法定的审判步骤和服从审判人员的主持。

第四，出庭支持公诉权行使的诉讼阶段，包括整个公诉案件的审判阶段，直至生效判决确定。无论是检察机关因提出了抗诉而出席二审或再审，还是因为检察人员作为法律监督机关的代表而出席法庭，对公诉观点、立场的维护都是其始终的职责。依据我国现有法律的规定，检察机关派员出庭的案件都是公诉案件。

第五，出庭支持公诉权的内容，包含定罪请求权、量刑请求权、变更起诉权等具体权能，这是公诉权的本质决定的。出庭公诉权的行使，为法院提供了认定事实的依据，也是法院作出判决的程序性条件。

3. 变更起诉权

所谓变更起诉权，是指公诉机关对已经提起的公诉加以撤回、进行追加、补充或变更的权利，是公诉权的有机组成部分，是公诉机关对诉权进行处分的表现。

公诉机关是否拥有起诉变更权，受到不同诉讼制度的影响。在日本，有所谓的诉因变更制度，该国法律规定，在诉讼进展过程中，检察官查明存在与起诉书记载的诉因不同的犯罪事实，并认为法院不能预料该诉因事实存在时，可以请求变更当初的诉因。但是必须限定在"不损害公诉事实的同一性的限度内"，[①] 即法院接到检察官的请求时，在不损害公诉事实同一性的范围内，应当允许追加、撤回或变更起诉书中记载的诉因或处罚条款。《美国联邦地区法院刑事诉讼规则》第7条第5项规定，在庭审过程中如果就同一罪追加指控或者不对另一个罪提出指控，并且不损害被告人的实质性权利，在评决或裁决前的任何时候，检察官可以对起诉书进行变更。总的说来，英美国家对起诉的变更加以限制，大陆法系国家的检察官享有较大的公诉变更权。[②] 起诉变更权，反映了诉讼特有的复杂性，体现了公诉的酌定性，是实现准确有效公诉的保障。同时，它的确立和行使，对于诉讼当事人的权益、对于法院审判活动都有重要的影响。所以，如何规定、怎样行使起诉变更权，是公诉理论和实践中的重要问题。

（1）撤回起诉权。撤回起诉权，是指公诉提起以后因发现案件不具备起诉条件而向法院收回已提出的诉讼，引起法院撤销对案件的诉讼的一种诉讼权利。现代大多数国家都采取起诉法定主义与起诉便宜主义相结合的起诉政策，因而对公诉能否撤回都采取认同的态度。一般在法院作出最终裁决之前，公诉机关得依据一定的条件撤回公诉。如德国规定检察官提出公诉后，经检察长同意，在法院审判开始前可以随时撤销案件。这是公诉酌定的体现。

根据《人民检察院刑事诉讼规则（试行）》第459条的规定，在人民法院宣

---

① 参见宋英辉译：《日本刑事诉讼法典》，中国政法大学出版社2000年版，第312页。
② 参见［日］田口守一：《刑事诉讼法》，法律出版社2000年版，第166页。

告判决前，人民检察院发现不存在犯罪事实、犯罪事实并非被告人所为或者不应当追究被告人刑事责任等情况的，可以撤回起诉。据此，我国检察机关享有撤回起诉权。这一权利的行使，须符合一定的条件，通常由法律原则规定，再辅以必要的检察机关的裁量。我国新《刑事诉讼法》第15条规定了有法定不追究刑事责任的情形不予追究的原则，第172条规定了提起公诉的条件。根据《人民检察院刑事诉讼规则（试行）》第455条的规定，法庭审理中，发现事实不清、证据不足，或者遗漏同案犯罪嫌疑人，需要补充侦查或者补充提供证据的等特殊情况，公诉人可以建议法庭延期审理。法庭宣布延期审理后，人民检察院应当在补充侦查的期限内提请人民法院恢复法庭审理或者撤回起诉等。根据这些规定以及刑事诉讼法有关公诉权的其他规定，撤回起诉的条件应当包括下列情形之一：其一，不存在犯罪事实的；其二，犯罪事实并非被告人所为的；其三，情节显著轻微、危害不大，不认为是犯罪的；其四，证据不足或证据发生变化，不符合起诉条件的；其五，被告人因未达到刑事责任年龄，不负刑事责任的；其六，法律、司法解释发生变化导致不应当追究被告人刑事责任的；其七，其他不应当追究被告人刑事责任的。对于撤回起诉的案件，人民检察院应当在撤回起诉后30日以内作出不起诉决定。需要重新侦查的，应当在作出不起诉决定后将案卷材料退回公安机关，建议公安机关重新侦查并书面说明理由。

关于行使撤诉权的时间，刑事诉讼法无明确规定。根据《人民检察院刑事诉讼规则（试行）》以及最高人民法院《关于适用〈中华人民共和国刑事诉讼法〉的解释》关于在"宣告判决前，人民检察院要求撤回起诉的，人民法院应当审查撤回起诉的理由，作出是否准许的裁定"之规定，在人民法院作出并宣告判决以前，我国检察机关都可以撤回公诉。《人民检察院刑事诉讼规则（试行）》还规定，撤回起诉应当报检察长或检察委员会决定，并以书面的方式向人民法院提出。

撤回起诉权的效力涉及三个问题：其一，对人民法院而言，检察机关提出撤回起诉，是否中断法院对该案件的审理。换句话说，撤回起诉权的行使，是否要受法院的审查。根据现代刑事诉讼的理念，人民法院的审判应以诉之存在为前提。如同在自诉案件中自诉人有权处分自己的起诉权利一样，是否行使公诉权，应当是公诉权主体裁量的结果，而不宜由本是通过公诉权加以启动的审判权来决定。从这个意义上说，撤回起诉一经提出，应当具有中断审判的效力。从体现和发挥法院的职权作用这个角度，目前我国的做法是，公诉撤回须经法院裁定准许方发生效力。撤回起诉成立以后，对法院来讲，就丧失了对这一案件的继续审判的基础。其二，撤回起诉对检察机关意味着没有新的事实和证据不得再次起诉。根据有关司法解释，人民检察院撤回起诉后，没有新的事实或者新的证据不得再次起诉。人民法院对于没有新的事实、证据，人民检察院重新起诉的，人民法院不予受理。这是各国的通例，也是禁止重复追诉原则的要求。其三，对被告人的效力。撤回起诉不是一种实质性的终结诉讼的决定，只表明检察机关暂时放弃向法院起诉。诉讼的终结，取决于检察机关作撤销案件决定，还是不起诉决定。撤回起诉后，依据新的事实和证据，检察机关可以再次起诉。所以，撤回起诉权对被告人意味着暂时脱离诉讼，以及除非有新的事实和证据，不受第二次审判。

（2）追加起诉权。公诉的追加是指追加新诉，即从外延上扩大原诉的范围，一般是指在案件起诉后的审判程序中，公诉机关因发现其他应当追究刑事责任的人或其他遗漏罪行，需要追究刑事责任的，依法对其进行一并指控，而不必另行起诉的诉讼行为。许多国家的刑事诉讼法对此都有明确的规定。

所谓追加起诉权，是指在公诉案件的审判程序中，公诉机关对起诉书中未指控的犯罪嫌疑人或犯罪行为进行一并指控，而不另行起诉的权利。它是公诉权的一部分，实质是一种起诉后的合并公诉。其意义主要是有利于对案件的处理，使公诉权的运用和刑罚权的适用因考虑到了关联的情况而体现出适当性和合理性；也体现了公诉权适用的诉讼经济和效率原则。我国刑事诉讼法对起诉的追加权未作规定。根据最高人民检察院《人民检察院刑事诉讼规则（试行）》规定，在人民法院宣告判决前，人民检察院发现遗漏的同案犯罪嫌疑人或者罪行可以一并起诉和审理的，可以要求追加起诉。

追加起诉权的对象，是起诉书中未指控的人或事，实际就是行使对新发现的犯罪嫌疑人或犯罪事实的起诉权。它与起诉权在本质上没有区别，区别仅在于，起诉追加权因行使的时间和诉讼阶段的不同，而受到更严格的限制。这就涉及起诉追加权的条件问题。根据《人民检察院刑事诉讼规则（试行）》的规定，追加起诉必须具备两个条件：一是发现了遗漏的同案犯罪嫌疑人，或者遗漏的罪行；二是可以一并起诉和审理。这两个条件表明，拟追加的起诉必须与本诉有关联。这种关联性在日本称为"公诉事实的同一性"，它包括实体上的关联和程序上的关联。前者指系共同犯罪的共犯、同一被告人的犯罪事实，同一犯罪事实的牵连犯罪事实，如销赃罪、包庇罪等。后者指一并起诉和审理没有程序上的障碍，比如都是公诉案件，都未经起诉并符合提起公诉的条件，合并审理有实际上的可能性，包括新的被告人能够到案，没有其他正待侦查、审判的犯罪案件等。据此，追加起诉权通常的对象包括四种：其一，被告人的追加；其二，原诉被告人的犯罪事实的追加；其三，附带民事诉讼的追加；其四，牵连案件的追加。

起诉追加权的效力问题，主要涉及三方面：其一，对法院来讲，追加起诉意味着审判范围的扩大，法院因此取得对追加被告人或案件事实的审判权；其二，对当事人来讲，意味着被告人应诉范围的扩大或新被告人辩护权的行使；其三，对检察机关来讲，意味着起诉权的变通行使。所以，《人民检察院刑事诉讼规则（试行）》明确了行使追加起诉权的程序：人民检察院追加起诉应当报经检察长或者检察委员会决定，并以书面方式在人民法院宣告判决前向人民法院提出；追加起诉需要给予被告人、辩护人必要时间进行辩护准备的，公诉人可以建议合议庭延期审理。

（3）补充起诉权。补充起诉权，是检察机关在提起公诉以后，对犯罪事实不清、证据不确实、充分的案件加以查清充实的诉讼权利。我国新《刑事诉讼法》第 198 条规定："在法庭审判过程中，遇有下列情形之一，影响审判进行的，可以延期审理：……（二）检察人员发现提起公诉的案件需要补充侦查，提出建议的。"根据有关司法解释，人民法院在审理中发现新的事实，可能影响定罪的，应当建议人民检察院补充或者变更起诉；人民检察院不同意的，人民法院应当就起诉指控的犯罪事实，依法作出裁判。在法庭审理过程中，人民法院建议人民检察院补充侦查、补充起诉或者变更起诉的，人民检察院应当审查有关理由，并作出是否退回补充侦查、补充或变更起诉的决定。人民检察院不同意的，可以要求人民法院就起诉指控的犯罪事实依法作出裁判。这些规定，是我国检察机关享有和行使补充公诉权的法律依据。

根据法律的规定，我国检察机关行使补充起诉权的条件是：发现已经提起公诉的案件事实不清楚，或者发现了新的事实，可能影响定罪、量刑的。这表明，补充起诉不同于追加公诉，是在不改变公诉罪名、公诉被告人的情况下，对公诉的事实进行补充查清、补充提供证据的行为。这是公诉权的必要组成部分。它是在案件事实发生变化或者有问题的情况下，及时纠正、充实起诉根据，以保证起诉有效进行，保障法院顺利进行审理和判决。基于这一目的，补充起诉权可以通过人民法院建议行使，也可以由人民检察院主动行使，但最终都要由人民检察院自行决定是否行使这一权利。

补充起诉权的法理根据是，人民检察院审查提起公诉时对公诉案件的认识和结论，对于人民法院、被告人、辩护人等不具有约束力，有关方面可以对其进行质疑、审查等进一步调查和查明的活动，以确保法院发现客观真实情况。同样的道理，辩护方等提出的证据也不具有预决力，公诉方可以进行调查。法院有义务提醒检察机关，起诉事实可能影响定罪，建议补充起诉。

基于对案件客观真实的追求，法律规定了起诉后的补充起诉权等补救性的权利。当然，这一权利的行使，受到程序法的必要限制，如不得剥夺被告人的辩护权等合法权益，起诉的补充必须在法定期限内完成，并在法院宣告判决前提出等。

（4）变更起诉权。变更起诉权，指检察机关在提起公诉以后，对起诉的内容进行改变的权利。变更起诉权，是大多数国家检察机关，特别是大陆法系国家的检察机关共有的一项公诉权能，有的国家或地区的刑事诉讼理论认为检察机关不得就起诉的被告人或犯罪事实加以变更。变更起诉权的行使，介于重新起诉与追加、补充起诉之间，是公诉权的重要的权能。

我国《人民检察院刑事诉讼规则（试行）》规定，在人民法院宣告判决前，人民检察院发现被告人的真实身份或者犯罪事实与起诉书中叙述的身份或者指控的犯罪事实不符的；或者事实、证据没有变化，但罪名、运用法律与起诉书不一致的，可以要求变更起诉。变更起诉权在实体方面的条件主要是：发现起诉书对被告人的身份的叙述与真实情况不符，即被告人没有错，只是身份叙述有错误；发现指控的事实有错误；或者事实、证据没有变化，但罪名、运用法律与起诉书不一致的。变更起诉的实质是对原起诉的改变，而不是补充和追加。这种改变主要涉及三方面，被告人方面的变更，主要是身份等情况的改变，如果是对另外的被告人起诉，则应当另行起诉；犯罪事实方面的改变，一般认为是涉及定罪量刑的事实的改变；法律适用的改变，主要指罪名和影响定罪量刑的法律条款的改变。

我国刑事诉讼法对起诉的变更没有规定，根据《人民检察院刑事诉讼规则（试行）》规定，在法庭审理过程中，人民法院建议人民检察院变更起诉的，人民检察院应当审查有关理由，并作出是否变更起诉的决定。人民检察院不同意的，可以要求人民法院就起诉指控的犯罪事实依法作出裁判。变更起诉应当报经检察长或者检察委员会决定，并以书面的方式在宣判前向人民法院提出。需要给予被告人、辩护人必要的时间进行辩护准备的，公诉人可以建议合议庭延期审理。

（二）不起诉权

不起诉权是指公诉机关对案件进行审查后，认为不具备起诉条件，或者认为不适宜起诉时，可以作出决定不将案件移送法院进行审判并终止刑事诉讼的一种诉讼权利。不起诉权实际是公诉权的另一种表现形式。对不具备起诉条件的案件不起诉，是公诉权固有的内容，而对符合起诉条件的案件不起诉，即放弃起诉权，则是公诉权历史发展的产物，是公诉裁量权的体现。当今世界各国为了强调公诉的合理性和目的性，均赋予检察机关对符合起诉条件的案件是否起诉以自由裁量权，这已成为当今世界各国公诉制度乃至刑事诉讼制度发展的一大趋势。

不起诉权的确立是刑事起诉政策发展的结果。目前，世界各国刑事诉讼立法大多在明确规定起诉条件的同时，兼采起诉便宜主义，即允许检察官斟酌情形作不起诉处分，但实行的范围和程度有所不同。总的来说，不起诉分为两种类型：法定不起诉和裁量不起诉。其中，裁量不起诉根据其效力不同，又分为两种，无考验期的不起诉和暂缓生效的裁量不起诉（又称为暂缓起诉）。

法定不起诉，即法律明确规定不起诉的情形，检察官遇有这些法定情形时，必须作出不起诉决定。各国检察官大多具有这种权限。如《德国刑事诉讼法典》（以下简称《法典》）第 170 条规定，侦查结果提供了足够的提起公诉的理由时，检察院应当向对案件有管辖权的法院递交起诉书提起公诉，否则检察院应当停止程序。在日本刑事诉讼中，检察官的法定不起诉权又称为狭义的不起诉，是在案件的处理阶段判明案件不构成犯罪、没有犯罪证明或缺乏诉讼条件时作出的处分。这时检察官必须作出不起诉处分，没有起诉或不起诉的裁量权。所谓缺乏诉讼条件具体包括：（1）应当以判决宣告免诉的情形：已经判决确定的；依照犯罪后的法令已经废止其刑罚的；已经大赦的；时效已经完成的；（2）法定应当以判决宣告公诉不受理的：对被告人没有审判权的；违反第 340 条规定的撤回起诉后再起诉的条件的；已经提起公诉的案件，又在同一法院重新提起公诉的；由于提起公诉的程序违反规定而无效的；（3）法定应当以裁定宣告公诉不受理的：依照《法典》第 271 条第 2 款规定提起公诉之日起 2 个月以内没有送达起诉书副本，至公诉的提起丧失效力的；起诉书记载的事实虽属真实，但不包含任何可以构成犯罪的事实的；撤回公诉的；被告人死亡或者作为被告人的法人已不继续存在的；具有《法典》第 10 条、第 11 条规定的因同一案件系属数个法院而最终某一法院不得审判的。由此可见，法定不起诉的确定，是对起诉条件的重要补充，是对起诉权行使的必要的规制。对于检察官而言，法定不起诉，即不符合起诉条件的不起诉，与其说是一种权利，毋宁说是一种义务，是必须履行的责任。

裁量不起诉，是指检察官对于符合起诉条件的案件是否起诉，享有斟酌权，可以起诉，也可以不起诉。这种不起诉就是裁量不起诉。比较而言，英美法系国家检察官的裁量权要大于大陆法系国家检察官的裁量权。裁量不起诉从适用条件来看，可以分为三种类型：美国的以辩诉交易制度为支撑的裁量权、德国的微罪不起诉、日本的起诉犹豫。这三种类型不起诉的特点是：美国检察官的裁量权所受的条件限制很少、德国限于微罪、日本的检察官需要考虑三种

公诉制度教程

因素。而从裁量不起诉的效力来看，裁量不起诉可以分为两种类型：无考验期的裁量不起诉和暂缓起诉。

大多数国家的不起诉属于无考验期的决定，不起诉决定作出后立即生效。《日本刑事诉讼法》第248条规定，根据犯罪人的性格、年龄及境遇、犯罪的轻重及情节和犯罪后的情况，没有必要追诉时，可以不提起公诉。这称为起诉犹豫。起诉犹豫作为不起诉的一种形式，与不起诉在法律后果上并无区别。起诉犹豫也并无考验期，被起诉犹豫之人又犯新罪，只要原起诉犹豫正确，则检察官只能就新罪进行追究。德国的裁量不起诉适用的条件比较广，包括：（1）轻罪不起诉。《法典》第153条规定："处理轻罪的时候，如果行为人责任轻微，不存在追究责任的公共利益的，经负责开始审判程序的法院同意，检察院可以不予追究。对于尚未受到最低刑罚威胁，所造成后果显著轻微的罪决定不予追究时无须法院同意。"（2）对依法免除处罚的不起诉。《法典》第153条b规定，当发现依法免予处罚的前提条件成立，经负责审判的法院同意，检察院可以不起诉。（3）国外行为不起诉。《法典》第153条c规定，在该法有效范围外实施的犯罪行为或由在该法有效范围外实施的行为的共犯人在此范围内所实施的行为；在国内由外国人在外国船舶、飞行器上实施的犯罪行为；被指控人已经在国外被执行了刑罚，在国内可能的刑罚抵折外国刑罚后已失去意义，或者被指控人已经在外国被判决无罪，检察院可以不起诉。（4）出于政治原因不起诉。《法典》第153条d规定，如果启动起诉程序会给联邦德国造成严重的不利情况，或与其他重大公共利益相抵触时，联邦最高检察官可以对这类犯罪不起诉。（5）以行为自责不起诉。即犯罪人在行为之后被发觉之前，为消除有关联邦德国的存在或者安全或者法律秩序的危险有所贡献的，可以不起诉。（6）不重要的附加刑不起诉。（7）限制刑事追究不起诉。即当行为可以分割时，可对处罚是不重要的附加刑的部分不起诉。（8）被引渡、驱逐出境的案件不起诉。（9）胁迫、勒索罪之被害人不起诉。（10）对民法、行政法的先行问题不起诉。指《法典》第154条d规定的如果对轻罪是否提起公诉，取决于可以依照民法、行政法予以评断时，检察院可以规定出期限，在民事纠纷、行政纠纷中解决这一问题。期限届满后，检察院可以不起诉。（11）对诬告、侮辱行为的惩戒程序尚未结束时，不应提起公诉。

暂缓起诉，即规定一定的考验期和附加条件的暂时停止起诉程序，当被告人在规定的时间内履行了法定要求，则检察机关可作出不起诉处理，否则仍要追究其刑事责任。《法典》第153条a规定了这种不起诉。此条规定，经负责审理的法院和被指控人同意，检察院可以对轻罪暂时不起诉，同时要求被告人选择下述行为：（1）作出一定给付，弥补行为造成的损害；（2）向某公共设施或者国库交付一笔款额；（3）作出其他公益给付；（4）承担一定数额的赡养义务。对于这些要求，检察院对被指控人规定了一定的期限，前三项是6个月，后一项最多1年。被告人履行这些要求、责令时，对其行为不作为轻罪追究。被告人如果不履行这些要求和责令，不退还已经履行的部分，并且要作为轻罪追究。暂缓起诉是基于非刑罚化的考虑而作出的制度设计，对于改造罪犯、诉讼经济等方面具有一定的促进作用。

综合各国的情况来看，检察官的裁量权在解决刑事案件方面发挥着越来越大的作用。以公诉裁量权最具代表性的美国、德国为例，每年美国有将近90%的案件、①德国（1997年）有大约62.7%的案件②通过运用不同形式的公诉裁量权加以解决。就是在素有"精密司法"之称的日本，也有29%的案件以不起诉处分终结。③

我国刑事诉讼法规定检察机关享有对公诉案件的不起诉权，即人民检察院对公安机关侦查终结移送起诉的案件和自己侦查终结的案件进行审查，认为犯罪嫌疑人的行为不构成犯罪或依法不应追究刑事责任，或者其犯罪情节轻微，依照刑法规定不需要判处刑罚或者依法免除刑罚，以及对于补充侦查的案件，认为证据不足，不符合起诉条件的，可以作出不将犯罪嫌疑人诉交人民法院审判，进而终结诉讼的权利。此外，2012年新刑事诉讼法规定了未成年人犯罪案件的附条件不起诉制度。因此，我国不起诉权包括四种类型，即绝对不起诉权、相对不起诉权、存疑不起诉权和附条件不起诉权。分别适用于不同的法定情形。

绝对不起诉权，也称法定不起诉权，是指人民检察院对于具有法定不追究刑事责任情形的犯罪嫌疑人依法不予起诉的权利。检察机关行使这一权利不存在自由裁量的问题。遇有这些情形，必须作出不起诉处理。所以，这种绝对不起诉，是公诉法定主义的体现。

相对不起诉权，是检察机关对于犯罪情节轻微，依照刑法规定不需要判处刑罚或者免除刑罚的犯罪嫌疑人酌定不起诉的权利。因检察机关对这种情形行使不起诉权，不是法定的，是否起诉由检察机关斟酌决定，所以，也称为酌定不起诉权。这是典型的公诉裁量权。

存疑不起诉权，是检察机关对于经补充侦查的案件，仍然认为证据不足，

---

① 参见卞建林：《刑事起诉制度的理论与实践》，中国检察出版社1993年版，第168页。

② 参见陈光中等主编：《诉讼法论丛》（第4卷），法律出版社2000年版，第180页。

③ 参见［日］田口守一：《刑事诉讼法》，法律出版社2000年版，第107页。

不符合法定起诉条件的案件，可以决定不将犯罪嫌疑人诉至人民法院审判的权利。

附条件不起诉权，检察机关根据法律规定，对于某些已达到提起公诉标准的轻微刑事犯罪，基于未成年的犯罪嫌疑人的自身状况、刑事政策以及诉讼经济的考虑，决定对犯罪嫌疑人附加一定条件暂缓起诉，如果犯罪嫌疑人在考验期内履行了法定的义务，则作出终止诉讼决定的起诉裁量制度。这是刑事诉讼法根据中央司改要求，在总结以往司法机关关于附条件不起诉制度进行的改革探索和实践经验的基础上，作出的新规定，是具有中国特色的附条件不起诉制度。

不起诉权的法律效力问题，是关系到理论与实践的问题。其法律效力可以从两个方面说明。首先，在实体问题上，不起诉的效力等同于人民法院的无罪判决，无论是绝对不起诉，还是相对不起诉、存疑不起诉、附条件不起诉，都意味着犯罪嫌疑人是无罪的。这是刑事诉讼法关于未经人民法院依法判决，不得确定任何人有罪的原则的要求。其次，在程序意义上，这四种不起诉有所不同。总的来讲，不起诉意味着诉讼程序的终结，但是具备法定条件时，根据法律的具体规定，也可能重新起诉。

（三）抗诉权

抗诉权是检察机关认为原审法院的裁判有错误，依法向上一级法院提出，并要求对案件重新审判的一种诉讼权利。世界上绝大多数国家的检察机关都依法享有这项权利，有的国家称为上诉权。一般说来，抗诉权是公诉权的有机组成部分，是起诉权的延伸与继续。由于受诉讼结构的影响，各国对上诉权的规定并不一致。总的来说，英美法系国家基于一事不再理以及禁止重复追诉原则的要求，对控诉方的上诉权的范围、理由等限制较严格。而大陆法系国家基于职权主义的传统和发现真实的需要，检察官大多拥有广泛的上诉权。国外对上诉权基本定位为公诉权的救济性权能。检察机关为实现上诉目的，还拥有出席法庭支持上诉的权利。

我国检察机关在刑事诉讼中拥有较广泛的抗诉权，对原审人民法院的裁判认为有错误，具有向人民法院提出并要求重新审理的诉讼权利，包括上诉审程序的抗诉权和监督审程序的抗诉权两种。上诉审程序的抗诉权，是指地方各级人民检察院认为本级人民法院第一审的判决、裁定确有错误，依法向上一级人民法院提出抗诉，并要求对案件进行重新审理的诉讼权利。监督审的抗诉权，是最高人民检察院发现地方各级人民法院，或者上级人民检察院发现下级人民法院的已经发生法律效力的判决和裁定确有错误，依照审判监督程序向同级人民法院提出抗诉，并要求再审的诉讼权利。抗诉权是我国检察机关的重要职权。

关于两种抗诉权与公诉权的关系，我们认为，首先，从检察机关的法律监督性质和任务出发，抗诉权是法律监督机关对审判活动进行监督的体现，是法律监督的手段，所以其与公诉权同为法律监督权。其次，从权利职能的角度分析，抗诉权是公诉主体的一项基本权利，是控诉职能的一部分，所以，可以说它是公诉权的一种。最后，从权利行使的主要任务来看，抗诉权与公诉权的关系不能一概而论。总的来说，这是两种有交叉的权能。上诉审程序的抗诉，是检察机关对案件起诉和支持公诉以后，作为公诉方认为人民法院裁判在事实认定或法律适用方面有错误，不符合公诉立场或者认为没有实现公诉任务，进而向上级法院提出，并要求重新审判。这是一审公诉的继续，人民检察院出席二审法庭的任务正是这一职能的具体体现。这种抗诉是特殊情况下对公诉的继续，是公诉权的救济性权能。监督程序的抗诉权，当针对公诉案件抗诉并且维持一审的公诉主张不变时，它是公诉的继续，是公诉的基本权能；当上级检察机关发现人民法院的有罪判决是错误的，原审被告人是无辜的，也可以通过审判监督程序向人民法院提出抗诉。这种抗诉，不是指控原审被告人有罪，而是说明其无罪，显然对其不能从公诉权去理解，只能用法律监督权，从维护法制的尊严与统一的角度进行说明。此外，检察机关针对自诉案件抗诉时，其原本对案件不存在诉权，只是基于国家利益或公共利益的考虑，以法律监督机关的角度进行抗诉，这时，其抗诉权仅从诉讼职能的角度讲，与公诉没有直接关系。它至多体现了公诉权对自诉案件的干预，从法律上讲，还是一种法律监督权。这样，我国检察机关公诉权的基本权能包括抗诉权，但检察机关还拥有不属于公诉权的抗诉权。这是我国检察制度的特色。

根据刑事诉讼法的规定，我国检察机关的抗诉权利比较广泛。从抗诉权的对象上看，既包括判决未发生法律效力的案件，也包括已经发生法律效力的案件；既包括尚未执行的案件，也包括正在执行以及已经执行完毕的案件；既包括判决有罪的案件，也包括无罪判决的案件。抗诉的时间和次数，除上诉审抗诉受上诉期限的限制之外，监督审抗诉不受时间、次数的限制。两种抗诉一经提出，必然引起人民法院对案件的重新审判。这是我国刑事诉讼制度发现实体真实之目的的要求，也是我国检察机关性质决定的。

二、公诉权内容方面的权能

为了实现提起公诉的任务，公诉权包括定罪请求权、量刑请求权、程序适用的建议权等内容。

（一）定罪请求权

定罪请求权，是公诉机关请求法院判决认定被告人的行为构成犯罪并启动法院审判程序的诉讼权力。法律意义上的定罪请求权，不同于一般意义上的请求权，是一种具有法律约束力的请求权。普通公民、有关国家机关享有建议、请求法院判决确定某人有罪的权利是一种民主权利，对法院不具有约束力。法律意义上的定罪请求权是公诉权的内容之一，是一种国家权力。没有定罪请求权，就无法公诉，也就没有公诉。这一权力经法定的公诉机关行使，是引起审判程序的前提条件。行使这一权力既是公诉机关特有的权力，也是其法定的义务，除非依法律规定，不得随意处分。定罪请求权的行使要具备两个基础：事实基础，即有明确的指控犯罪事实；法律基础，即正确引用实体法律关于犯罪及其构成的规定和程序法关于管辖等问题的规定。

（二）量刑请求权

量刑请求权，是公诉机关请求审判机关对犯罪嫌疑人处以刑罚的诉讼权力。从理论上讲，这是公诉权产生的前提条件。公诉权与审判权分离的基础就是量刑请求权与处刑权的分离。从法律上讲，量刑请求权是公诉权的一部分。各国公诉机关大多享有这一权力。在具体诉讼中，量刑请求权不是专属的权力，辩护人、被告人都可以行使各自的对量刑的请求权。就公诉行为来讲，量刑请求是公诉内容的一部分，也是必要的部分。检察机关在提起公诉的同时，应对量刑提出适用的法律条款和量刑意见。至于公诉机关行使这一权利必须坚持法定原则，还是有裁量的余地，反映了各国公诉制度的特征。我国检察机关应当依法行使量刑请求权，当然，其对法院判决不具有约束力。

（三）程序适用的建议权

程序适用的建议权，是公诉权的附带性的权能，是指公诉机关提起公诉的同时，对于选择适用诉讼程序提出意见的诉讼权力，这也是公诉机关普遍享有的诉讼权能。它也是基于刑事诉讼程序的多样性，以及刑事案件适当分流的特点和需要，由公诉权派生出选择程序适用的权能。我国刑事诉讼法规定了三种诉讼程序，普通程序、简易程序和特别程序。公诉案件可以根据案件的不同情况分别依法适用这三种程序。例如，新《刑事诉讼法》第208条第2款规定，人民检察院在提起公诉的时候，可以建议人民法院适用简易程序。可见，我国检察机关对适用程序具有一定的建议权。其他国家的检察机关在这方面都有相应的权力。

第四节　公诉权的功能

功能即机能、效能、效用，是事务所孕育的作用。公诉权的功能，就是公诉权的行使在社会生活中可能发挥的积极作用。公诉权的功能与公诉效果不同。公诉权的功能是行使公诉权可能发挥的作用，具有潜在性和抽象性；而公诉效果是公诉权功能的实现状况，具有现实性和具体性。公诉权所具有的功能，是公诉活动中实现良好公诉效果的基础。

公诉权主要有下列功能：

一、保护功能

任何犯罪都破坏统治秩序，损害国家利益和社会公共利益。即使是对公民个人的犯罪，也危及其他社会成员的安全感，危及国家利益和统治秩序。检察机关代表国家行使公诉权，就是为了准确、及时、公正地惩罚犯罪，以保护国家利益、社会公共利益，保护社会成员的人身、财产安全和其他合法权益，维护良好的社会秩序，因而保护功能是公诉权的一项基本功能，也是公诉权存在的价值根据之一。

二、保障功能

公诉权的保障功能，是指公诉机关在刑事诉讼中对犯罪嫌疑人、被告人、其他诉讼参与人以及社会一般人的人权能够起到有效的保障作用。公诉权对侦查权、审判权的制约，特别是对审判范围、审判活动的限制，有利于避免无辜的公民受到刑事追究，保障犯罪嫌疑人、被告人受到公正审判。公诉机关代表国家参与刑事诉讼，有利于保障犯罪嫌疑人、被告人、被害人和其他诉讼参与人的法定诉讼权利。特别是在我国，承担公诉职能的检察机关具有法律监督机关的地位，负有监督刑事法律正确实施的职责，在防止、发现和纠正刑事诉讼中各种侵犯人权的现象，保障刑事诉讼依法进行方面，发挥着重要的作用。

三、评价功能

公诉机关提起公诉，前提是认为犯罪嫌疑人的行为已经构成犯罪、需要追究刑事责任。不论提起公诉，还是不起诉，公诉机关的决定都体现了国家对犯罪嫌疑人及其行为的评价。在提起公诉的情况下，这种评价还是初步的，需要通过交付审判作出进一步评价；在不起诉的情况下，这种评价具有终局性。两种情况下所体现的公诉权的评价功能，都从程序上保证了刑法的评价功能得以顺利实现。此外，公诉权的评价功能还表现为通过起诉、不起诉等公诉活动，对侦查活动的合法性、正确性给予适当的评价。

四、安抚功能

公诉权的安抚功能，是指公诉机关通过对犯罪嫌疑人及时、准确地提起公诉，能够在一定程度上满足被害人及其家属要求惩罚罪犯的强烈愿望，缓和犯罪给被害人以及社会其他成员造成的激愤情绪，使他们在心理上、精神上得到安抚，有助于避免报复性违法犯罪活动的发生，维护社会秩序的稳定。

五、教育功能

对犯罪提起公诉，不仅可以教育犯罪分子遵纪守法，而且对社会公众也具有警示功能和教育作用。犯罪嫌疑人在诉讼中会体验到刑事法律和国家追诉的严肃性、强制性和权威性，预见到其行为被追究的法律后果，心理上受到震慑，从而不敢重新犯罪。其他社会成员则可以从公诉活动中了解哪些行为将会受到国家追诉，明确合法行为、一般违法行为和犯罪行为的界限，从而自觉地遵守法律。社会上的不稳定分子，有的将因为受到震慑而不敢以身试法。我国的公诉人在出庭公诉中通常要从个案出发，进行有针对性的法制宣传和教育工作，目的就是要充分发挥公诉的教育功能，以预防和减少犯罪。

六、恢复功能

恢复，是指通过一系列的司法活动来努力恢复到犯罪前的社会秩序和个人的和谐状态。传统刑事司法制度主要是报应刑主义，一味地追求惩罚犯罪人，很少关注被害人和社会的利益，特别是忽视犯罪人的利益，被批评为"有害的正义"。随着时代的发展、法治的进步，检察机关的权能逐渐发生变化，愈加广泛地介入社会生活，由单纯的起诉犯罪演化为对国家权力的制约和公民权益的保障。公诉权的恢复功能，表现为行使公诉权要坚持法律效果与社会效果的统一，不仅要通过起诉、抗诉等法律手段惩罚与教育犯罪人，还要全面恢复因犯罪而给犯罪人、被害人和社会造成的损失，通过相对不起诉、刑事和解等法律途径和社会措施使受到破坏的法律关系和社会秩序恢复到以前的状态，即恢复公正。

第三章
公诉机制

所谓公诉机制，主要是指公诉权的运行系统及其工作原理，包括公诉权的行使、对公诉权的制约和救济三个方面。公诉机制是公诉活动有效进行，公诉目的顺利实现的关键问题，是一个国家的刑事司法制度基本特征的反映。公诉机制的确立受到多种因素的制约。一套科学的、合理的公诉运行机制的建立，是公诉实践不断发展和公诉理论不断完善的基础和目标。

第一节 公诉权的行使

在刑事诉讼中，根据对犯罪的追诉权的行使方式，可分为国家追诉和私人追诉两种。由国家的专门机关代表国家追诉犯罪而行使追诉权的，称为国家追诉主义；由被害人及其亲属或者其他个人，或者团体以个人的名义向审判机关提起诉讼而行使追诉权的，称为私人追诉主义。在现代各国有关刑事追诉权的理论和立法中，对犯罪的追诉权由国家控制，即实行刑事案件国家公诉主义，由国家设立的专门机关追诉犯罪，成为占主导地位的追诉方式。与此同时，大部分国家规定被害人对于少数轻微的案件，可以依法行使起诉权。

一、公诉权的范围

公诉权的范围，即公诉案件的范围，体现国家对犯罪的追诉态度和控制程度，主要涉及是否允许自诉，以及公诉权与自诉权的关系问题。关于公诉权的行使范围，世界各国大体有两种情况：一是国家垄断起诉权，即刑事案件统一由国家的专门机关行使，不允许公民个人起诉，这被称为"起诉垄断主义"或"起诉独占主义"。在这种类型中，检察官代表国家，作为唯一的专门机关对刑事案件行使起诉权。如《日本刑事诉讼法》第247条规定："公诉由检察官提起。"还有的国家采取由不同的机构或人员共同行使起诉权的公诉垄断方式，如美国。在这些国家中，没有所谓的自诉。二是公诉为主，自诉为辅的模式，即起诉权分散行使，不集中于国家，而是根据案件情况，规定被害人对少部分案件可以行使起诉权。大部分国家这样规定公诉范围。同时，一些国家还规定，特定情况下，被害人可以行使对部分公诉案件的起诉权，如德国的强制起诉程序和日本的准起诉程序等。

同世界各国一样，我国刑事诉讼法也确认了国家追诉的原则。依照刑事诉讼法的规定，对刑事案件的侦查权由公安机关行使，检察权由人民检察院行使；凡需要提起公诉的案件，一律由人民检察院审查决定。与此同时，为了维护被害人的合法权益，刑事诉讼法赋予了被害人起诉一些轻微的、侵犯个人权益的案件的诉讼权利。所以，在刑事诉讼理论上，可以将我国的公诉权范围概括为公诉为主，自诉为辅，公诉在特定情况下可以转为自诉的起诉制度。

二、公诉权的主体

公诉权的主体，是公诉制度中的重要问题。由于历史原因和司法制度、诉讼理念等方面的差异，各国的做法并不一致。但是，基于诉讼制度的共同规律的要求，包括我国在内的世界各国有关公诉权主体的制度，也呈现出一些共同的趋势。

（一）公诉权主体之比较

公诉主体的确定必须满足一定的专业性要求。所谓专业性要求，一方面指公诉主体应当是一个独立的系统，能够保障犯罪追诉政策的统一和追诉效果的有效性；另一方面，公诉主体应当是专门的机关和人员，保障提起公诉和支持公诉时，正确理解和运用刑事实体法律和程序法律的规定。所以，尽管参与行使公诉权的主体在世界各国表现为多元化，但国家公诉权统一由检察官行使是大多数国家的做法。

在日本、德国、俄罗斯、奥地利等国家，公诉的范围、检察机关的职权大小各不相同，但是有一点是相同的，即凡是公诉案件的提起控诉、出庭支持公诉，一律由作为国家专门机关的检察机关负责，其他任何机关和公民都无权行使和干预行使公诉权。检察机关根据侦查阶段查明的案件情况和取得的证据，确定被告人是否构成犯罪和有无追究刑事责任的必要，从而独立作出提起公诉或不起诉的决定。这种体制对于保证公诉质量，统一起诉标准，健全法制，以及确保控诉职能与审判职能的分离，发挥了重要的作用，已成为公诉权主体的主要发展趋势，甚至影响到了英国等具有私人和公共机构起诉传统的国家。

在另外一些国家，如美国、英国、法国等，公诉权主体呈现多元化的特征。但检察官作为公诉权主体，负责起诉、制作起诉文书、出席法庭等，仍是基本的做法。美国实行公诉垄断主义，对犯罪的追诉只存在公诉方式，被害人及其他个人有权向基层法院或警察局提出犯罪控告，但这种控告不具有正式起诉的效力。有权提起公诉，引起法院对案件的审判的有检察官和大陪审团，其中检察官起主要的作用。有些案件的起诉由检察官直接决定和提起。还有一些案件，主要是重罪案件和政治敏感案件，由大陪审团决定起诉。在联邦系统，选择大陪审团起诉是被告人的一项权利。在有的州，选择大陪审团起诉是被告人的权利。还有的州则规定，检察官有权选择通过大陪审团起诉。在程序上，对于法律规定需经大陪审团审查决定起诉的案件，由检察官将拟就的起诉书草案和有关案件材料提交给大陪审团进行审查。大陪审团认为具有充分理由证明被告人犯有检察官指控的罪行时，将以多数票认可检察官拟就的起诉书草案，批准对被告人正式发出起诉书。否则，大陪审团有权拒绝检察官的起诉请求并撤销案件。大陪审团起诉制度最早产生在英国，作为英殖民地国家，美国沿用了这一制度，并且逐渐形成了一种体现民主价值的观念，即通过大陪审团起诉是公民的一项基本权利。大陪审团起诉甚至成为保障民权和公众参与司法的一项重要措施规定在联邦宪法中。19世纪30年代，英国取消了大陪审团起诉制度，但美国仍然保留了这一制度。目前，美国司法实践中大陪审团管辖的案件范围正在逐步缩小，检察官直接提起公诉的情况日益增多，而且大陪审团决定起诉的案件，出庭支持控诉的仍是检察官，所以，检察官是公诉权的主要主体。

在法国和英国，根据法律规定，检察官是公诉案件的合法起诉人，但提起公诉并不完全由检察官决定，而是取决于法院的特定机构和人员，主要是预审法官或预审法庭的审查。在法国，依照现行《刑事诉讼法典》第1条第1款的规定："为适用刑罚之公诉由司法官或法律授权公诉的官员提起并进行。"即公诉权由检察机关和个别的行政部门，包括直接税征管部门、海关、路桥管理部门、林木水道管理部门行使。这些行政部门依法享有在刑事法院代表检察机关公诉的权力。① 一般来说，检察官有权对违警罪和轻罪案件作出起诉决定，但法律规定应当预审和检察官认为需要预审的除外。对重罪案件，检察官无权独立起诉，必须经过两级预审，由检察官和预审法官、预审法庭共同进行控诉。法律规定，凡需要预审的案件，检察官进行初步的审查以后，认为有犯罪嫌疑时，应向预审法官提出一份"提起公诉意见书"，要求预审法官对案件进行正式侦查并发动公诉。预审法官认为嫌疑人构成犯罪并应追究其刑事责任时，作出向法院移送案件的裁定。法院对刑事案件的审判，不仅要依据检察官的起诉书，还要依据预审法官的起诉裁定。英国虽然于1985年对检察制度进行了改革，加强了检察机关的职权，但由治安法院预审决定是否起诉的传统做法并未改变。② 这里应当区分公诉主体和公诉审查两个概念。应当说，在法国和英国，提起公诉和制作起诉文书、出庭公诉都由检察官负责。检察官是提起和支持公诉的主体，预审法官或治安法官只是对检察官是否公诉拥有审查决定权。

虽然现代各国在公诉权的行使上存在上述差别，但总体上看，检察机关作为国家专门机关要承担行使国家公诉权的任务，是各国共有的特征。从发展趋势上看，检察机关统一行使公诉权以及加强检察机关的公诉职能是公诉制度的发展方向之一。

公诉权主体方面的另一个发展趋势是，保障检察官在具体行使公诉权时的相对独立性。尽管各国的公诉制度有不同的模式，但各国检察官在行使公诉权时遵循着某些共同的规律。其中之一就是，检察官作为检察权的主体，在一定范围内享有相对的独立性。在大陆法系国家，检察院内部普遍实行检察长、主任检察官、检察官这样的权利配置方式，实行相对独立性与行政隶属性的协调统一。只不过在不同国家和地区，对独立性与行政隶属性的侧重不同。有的强调检察权行使的统一，从而重视检察官的隶属性；有的则强调检察权依法行使，因此注重限制检察长的指令权，保障检察官的独立性。日本、法国、德国、意大利、韩国等国家以及我国澳门地区，检察官行使公诉权的独立性较强。例如，日本检察官就是以自己的名义作出决定并为此承担责任。③ 总的来

---

① 参见［法］卡斯东·斯特法尼等：《法国刑事诉讼法精义》，中国政法大学出版社1999年版，第137页。

② 参见卞建林：《刑事起诉制度的理论与实践》，中国检察出版社1993年版，第83页。

③ 参见［日］佐藤荣树：《日本检察厅法逐条解释》，中国检察出版社1990年版，第44页。

看，检察官对一定范围内的公诉事项有处置权，而不仅仅是承办检察事务的检察官员，这一点应当说是共同的。[①]

(二) 我国的公诉权主体

与世界上大多数国家一样，我国的公诉权依法专由检察机关统一行使。根据刑事诉讼法的有关规定，人民检察院作为公诉权主体，在行使公诉权时，首先是作为一个整体统一行使公诉权。无论是提起公诉，还是支持公诉，都是以检察机关的名义进行，以检察机关整体身份参加诉讼。其次，在行使具体的公诉权时，体现检察一体原则，即下级检察机关必须服从上级检察机关的领导，检察官服从检察长的统一指挥。最后，我国检察机关独立拥有广泛的公诉权能。检察机关依法独立决定对案件是否提起公诉、是否变更公诉、是否抗诉等。这些特点，皆由我国宪法、检察院组织法以及刑事诉讼法等法律加以保障。

近年来，伴随着加强检察机关公诉权的发展趋势，我国检察机关在如何更好地解决公诉权的内部配置等方面进行了改革，"主诉检察官办案责任制"应运而生。这是公诉权行使的组织形式的完善，也是公诉机制的重大发展，在理论和实践两方面具有重要意义。

主诉检察官制度，是在检察长领导下，在审查起诉部门实行的以主诉检察官为主要责任人的检察官办案制度，主要是针对我国检察机关长期以来运用行政权的方式行使公诉权的现状进行的改革。长期以来，人民检察院办理刑事案件实行由公诉人承办，办案部门负责人审核，检察长或检察委员会决定的办案制度。这一公诉工作制度，形成了以上命下从的行政关系为主导的公诉运行机制，其不足之处是与公诉权的性质、运行规律有一定的冲突。我国刑事诉讼法修改以后，刑事诉讼的程序、结构进一步完善，增强了诉讼中的对抗制因素，强化了检察机关的公诉职能，特别是证明责任。这对公诉工作的质量、效率、责任等提出了更高的要求。为适应新的公诉工作需要，主诉检察官办案制度应运而生，并从 2000 年起在全国检察机关的公诉部门推行。这项制度的主要价值在于，通过取消办案部门负责人的案件审核权，适度放权给承办案件的主办检察官，探索检察机关公诉权的内部合理配置，保障检察机关独立行使检察权原则的进一步落实。主诉检察官办案制的推行，在实践中取得了显著的效果。从发展来看，有助于实现在检察一体化原则之下的检察官相对独立地具体行使公诉权的公诉机制。这正是各国检察官制度共同遵循的规律之一，即检察官是

[①] 参见张穹主编：《公诉问题研究》，中国人民公安大学出版社 2000 年版，第 150 页。

检察权具体行使的主体。

三、公诉权的行使过程

公诉是针对法定的刑事案件，启动审判程序，以确定是否行使国家刑罚权的活动。为了保证公诉的有效和准确进行，诉讼过程中，公诉权的行使被分解为几个阶段进行，并且通常由不同的主体分别进行，以确保起诉的独立和公正。总的来说，公诉权的行使过程包括公诉的建议、公诉的审查决定和公诉的执行等环节。不同的国家，公诉权的行使在环节设置和具体实施上，有不同的安排。

（一）公诉的建议

公诉的建议属于公诉发动或动议的行为。严格讲，公诉的动议包括公诉案件的立案侦查。因为公诉案件的立案侦查本身是公诉的必经程序，理论上，侦查职能从属于起诉职能。特别是在英美法系国家，侦查的程序就是作为起诉的准备程序设置的。但是，鉴于侦查过程的复杂性和侦查结果的不确定性，以及侦查阶段在诉讼中的独立性等因素，我们把侦查之后提出起诉建议作为公诉的动议加以研究。

所谓公诉的建议，是指法定的机关或人员依法提出对某一刑事案件行使国家追诉权的请求，并引起公诉审查程序的一种诉讼行为。公诉的建议，首先是一种有约束力的行为，已经依法提出公诉建议或意见，必然引起对是否公诉的审查和决定。其次，公诉的建议是法定机关和人员的职责和权限，只有依法享有公诉建议权的机关和人员提出的公诉建议才具有约束力，其他公民和机关的建议和请求只能作为侦查机关和公诉机关的案件材料线索加以使用，尚不具备必然启动公诉审查程序的效力。再次，公诉的建议必须是有法律和事实依据的建议，这是公诉建议作为一种诉讼行为的本质特征所决定的。缺乏法律与事实依据的公诉建议不应当得到支持。最后，公诉建议往往就是公诉案件的侦查结论。

在世界各国，有权提出公诉建议的主体包括三种情况：第一种是警察机关提出公诉建议。这是大多数国家的做法，主要是基于警察承担大部分刑事公诉案件的侦查任务，负有提出侦查结论的职责。在我国，有权提出公诉建议的机关包括公安机关、国家安全机关、检察机关侦查部门、军队保卫部门、监狱等，它们各自对负责侦查的公诉案件有权提出移送审查起诉的意见。第二种是调查机关提出公诉建议。在有些国家，除警察机关以外，法律规定其他机关有权对刑事案件行使调查权。如俄罗斯刑事诉讼法典规定，刑事公诉案件分为必须侦查的案件和非属必须侦查的案件（即应当调查的案件）。该法典第117条规定九类机关有权对特定的案件行使调查权，成为刑事诉讼中的调查机关，包括民警机关，部队、联队的指挥员和军事机关的首长，国家安全机关，劳动改造机关、侦查隔离所、医疗劳动防治所和教育——劳动防治所的首长，国家消防监督机关，税务调查总局和相应的税务调查分支机构，海关机构，远航中的海上船舶的船长和没有交通联系时期的过冬处所的首长等。该法典第124条规定，对于非属必须侦查的案件，调查应当以制作起诉书或者作出终止诉讼的决定而告终结。起诉书连同全部案件材料提请检察长批准。第三种是检察机关或检察官提出公诉建议。一般在检察机关享有侦查权的国家，或者法律规定必须由大陪审团审查起诉的国家，检察机关或检察官有权提出公诉建议。如在我国刑事诉讼中，检察机关的侦查部门对直接受理立案侦查的案件有权提出起诉意见书。在美国联邦和一些实行大陪审团制度的州，检察官负责提出起诉意见，连同材料一并提交给法院组织的大陪审团审查决定是否提起公诉。法国的重罪案件也是由检察官提出起诉建议。

(二) 公诉的审查和决定

公诉建议提出之后，诉讼进入审查阶段。对于是否提起公诉进行审查，通常有三种做法。第一种是由检察机关或检察官审查决定，这是大多数国家的做法，中国、日本、俄罗斯、德国等都如此。在法国，对于无须预审的轻罪、违警罪案件，检察机关有权直接向轻罪、违警罪法院起诉。受大陆法系国家的影响，英国也于1985年规定由检察官负责接管警察侦查后的案件，统一审查决定是否起诉。第二种是由法院审查决定。在法国，对于重罪案件，检察机关派驻上诉法院的检察长只能向上诉法院起诉庭提交起诉状以供审查，起诉庭同意起诉的，就制作起诉裁定书，由检察机关向重罪法院提起诉讼。第三种是由大陪审团审查决定是否起诉。如在美国联邦以及实行大陪审团制度的州，检察官对非重罪案件行使起诉权。对于重罪案件，检察官只有起诉的动议权和执行权。对检察官的重罪指控，经大陪审团审查同意后，才由检察官向法院起诉。

上述三种做法中，大陪审团审查制度仅存在于极少数国家，法国的做法也比较特殊。检察官审查决定是否公诉，对于统一起诉标准以及提高起诉的效率具有积极的促进作用，因而为大多数国家所采用。尽管有上述差别，在公诉审查环节也存在一些共同的价值追求，如增强审查起诉的独立性，加强对侦查的制约，提高起诉的效率，以及避免起诉审查与实体审判合二为一等。这些价值目标决定了公诉审查机制的完善和发展方向。

(三) 公诉的执行

公诉的执行，是指决定提起公诉后，代表国家或政府向管辖法院提出诉讼，要求追究被告人的刑事责任，并出席法庭证明诉讼主张的活动。公诉的执行是实现公诉目的的关键阶段，主要表现为出席一审法庭支持公诉等活动。从广义上讲，当公诉主张未被接受和支持时，公诉方的抗诉或上诉往往也是公诉的继续，因而也属于公诉的执行。但由于公诉任务主要是在一审阶段完成，并且公诉执行的方式主要都表现为出庭，而抗诉行为有时表现为公诉的救济行为，所以，这里公诉的执行主要指出席法庭支持公诉的活动。

　　理论上，在当今世界各国，出庭公诉都是检察机关的职责。在具体执行上，即由谁代表国家或政府具体执行出庭公诉的职责，还存在一定的差异，主要有三种情况，通行的做法是由检察官代表国家出席法庭支持公诉。特别是在大陆法系国家，检察机关传统的、主要的职能就是公诉职能，出席法庭支持公诉是其重要的工作内容和专有的诉讼职责。当提起公诉的决定作出后，派员出庭支持公诉是检察机关的法定义务和权利，除法定的情形以外，检察机关必须派员出庭。如我国刑事诉讼法规定，除适用简易程序审理的案件检察机关可以不派员出庭以外，其他公诉案件必须派员出庭支持公诉。第二种是英国由检察官和受检察官雇请的律师分别出庭执行公诉的做法。英国检察官的职责主要是审查起诉。对提起公诉的案件，检察官只能在治安法院出庭支持公诉，而不能在刑事法院出庭。治安法院只能对轻罪案件进行判决，最多可以判处6个月以下刑罚。重罪案件必须由刑事法院审判，检察官必须另外雇请出庭律师，代表检察官出席法庭履行公诉职责。此外，在北欧的一些国家如挪威，还有警察代表检察官出庭公诉的做法。尽管上述出庭公诉的具体执行人员有所不同，但检察机关作为公诉主体是共同的。并且，检察机关集中行使出庭公诉权的做法为大多数国家所采用。

　　出庭支持公诉的程序，与刑事审判程序的内容和特点密切相关。随着现代诉讼理念的发展和诉讼中人权保障的加强，审判程序的公开、公正和对抗性越发受到重视。与此相关，审判方式在世界范围内出现了审问式与控辩式相融合的趋势，证据规则越来越严密。在这样的背景下，公诉的执行程序面临新的挑战。如何切实地承担举证和证明责任，提高出庭支持公诉的水准，成为公诉执行环节的核心问题。

　　总之，公诉权的行使主要有两种类型：公诉权集中行使型和公诉权分散行使型。前者主要指公诉权统一由检察机关行使。后者又有两种情况：一是根据案件情况，公诉权由不同的机关共同行使；二是国家专门机关和民众机构共同行使公诉权。尽管公诉的提起和审查体现出多元化主体相互制约的特点，但检察机关集中行使公诉权制度的加强，是主要的发展趋势。

第二节 公诉权的制约

公诉机制的重要内容之一，就是公诉权的制约。任何权力都要制约，这是国家权力体系科学分工的基础。由于公诉权是一个权力集合体，其制约因素必将是多侧面的。为了便于阐述，我们把公诉权分为两部分，即积极的公诉权和消极的公诉权，也就是提起公诉权和不起诉权，依对其制约机制进行分析。

一、提起公诉权的制约机制

提起公诉权，即代表国家积极追诉犯罪的权力。现代各国在加强检察机关对犯罪的追诉权的同时，也注重防止公诉权的滥用，因此建立了相应的制约机制。

比较而言，对提起公诉权的制约要弱于对不起诉权的制约。提起公诉权的制约，主要是通过法定起诉条件、检察一体原则之下的上下级的制约，以及分解公诉权、建立预审制度等方面来实现的。主要做法有：（1）由判例确定公诉权的滥用。日本实行公诉垄断主义，理论上认为，公诉权的滥用包括三种类型：无嫌疑起诉、应酌定不起诉的起诉以及根据违法侦查的起诉。虽然日本现行立法中没有检察机关不当起诉的检查机制，但判例确立了检察官违背裁量权提起的公诉无效的原则。尽管针对性很有限，但学者们认为，根据法定诉讼条件以外的理由确定起诉无效，具有很大意义。[①]（2）预审法官或预审法庭审查决定提起公诉。如法国，一些案件通过预审法官的审查，才能决定是否提起公诉，以排除不当起诉，这是对提起公诉的有效制约。（3）公众分解起诉权。在美国，通过赋予大陪审团起诉的权利，以公众权利分解公诉权，实现对提起公诉的制约等。

根据我国法律的规定，提起公诉权的制约机制主要体现在以下几个方面：

（一）法定公诉范围和条件

根据我国新《刑事诉讼法》第18条、第204条的规定，除少数轻微的刑事案件法律规定可以由被害人自行起诉之外，绝大部分刑事案件属于公诉案件。新《刑事诉讼法》第167条规定，凡需要提起公诉的案件，一律由人民检察院审查决定。因此，对于公诉权首要的制约条件，就是法律规定的公诉案件的范围。对这些案件行使公诉权，既是检察机关的权力，也是义务，除非有

---

① 参见［日］田口守一：《刑事诉讼法》，法律出版社2000年版，第117页。

法律的特别规定，提起公诉权不得随意放弃或针对其他案件。

另外，新《刑事诉讼法》第172条、第181条明确规定了提起公诉的法定条件。这些条件既包括实体方面的条件：认为犯罪嫌疑人的犯罪事实已经查清，证据确实、充分，依法应当追究刑事责任；也包括程序方面的条件：向有管辖权的法院起诉，提供有明确指控犯罪事实的材料、证据目录、证人名单、主要证据复印件或照片。具备了这些法定条件，人民检察院才能提起公诉，否则提起公诉无效。人民法院对于不符合起诉条件的公诉案件可以不受理或者宣告无罪，事实上是对起诉的否定性评价，从而形成现实的制约因素。

（二）检察机关内部的制约

检察一体原则是大部分国家检察机关行使公诉权时的活动原则之一，特别是具有大陆法系传统的国家。我国法律虽然没有明确这一原则，但是，检察机关的内部领导体制以及刑事诉讼法的具体规定，对此有所体现。主要有：最高人民检察院领导地方各级检察院的工作，上级检察机关领导下级检察机关的工作，检察长统一领导本院检察工作，检察人员以检察院的名义提起公诉；刑事诉讼中，最高人民检察院拥有检察工作适用法律的解释权；上级人民检察院对下级人民检察院的决定，有权予以撤销或者变更，有权指令下级纠正已办结案件中的错误，有权移送、指令起诉管辖；上级检察机关有权支持或撤回下级检察机关的抗诉等。这些规定和行为，对提起公诉权的行使发挥了重要的制约作用。

（三）公开的诉讼程序和活动的制约

刑事诉讼程序是公诉权行使的保障，也是制约。这种制约体现在两方面：一方面，诉讼程序是对检察机关行使公诉权的制度性的制约，如刑事诉讼法规定了审查起诉的期限、方法，特别是规定应当讯问犯罪嫌疑人、听取被害人及其委托的人的意见等。另一方面，根据这些程序，犯罪嫌疑人、被告人、被害人等行使自己的诉讼权利，实现了对提起公诉活动的制约。特别是在审判阶段，被告人通过行使辩护权，从实体和程序以及适用法律等方面，对公诉进行反驳和质询。而审判机关也通过具体的审判活动查明公诉事实，判断公诉是否准确和充分，直至根据法庭判明的情况，而不是公诉请求的观点作出实体判决。

二、不起诉权的制约机制

不起诉权是检察机关对公诉权的自由裁量使用的结果。由于公诉权是国家权力，其唯一属于国家和社会，所以，对公诉权的消极行使，即放弃公诉权，受到各个国家的普遍重视，特别是大陆法系国家，对不起诉权的制约普遍存在。除了通过对检察官的任免和弹劾等间接的政治性程序制约不起诉决定之外，在诉讼程序方面，各国对不起诉大体有五种制约机制：（1）检察机关的监督纠正；（2）法院司法审查的制约，如德国的强制起诉程序；（3）管辖法院的同意，如德国的做法；（4）被害人的直接起诉权；（5）民意组织审查，如日本的检察审查会制度等。

根据我国法律的规定，对不起诉权的制约主要有以下六个方面：

（一）上级检察机关的制约

一是根据《人民检察院刑事诉讼规则（试行）》第407条的规定，省级以下人民检察院办理直接受理立案侦查的案件，拟作不起诉决定的，应当报请上一级人民检察院批准。二是根据有关规定，检察机关作出不起诉决定后，应当将不起诉决定书副本以及案件审查报告报送上一级人民检察院备案。上级检察机关认为下级检察机关的不起诉决定不当的，有权撤销下级检察机关的不起诉决定，并作出起诉决定，交由下级检察机关起诉。

（二）侦查机关的制约

侦查机关包括公安机关和国家安全机关。根据刑事诉讼法的规定，国家安全机关与公安机关在办理各自管辖的刑事案件时，行使相同的职权。因此，本书为论述方便，论及侦查机关时，主要以公安机关为例。下文皆同。新《刑事诉讼法》第175条规定，对于公安机关移送起诉的案件，人民检察院决定不起诉的，应当将不起诉决定书送达公安机关。公安机关认为不起诉决定有错误的时候，可以要求复议，如果意见不被接受，可以向上一级人民检察院提请复核。

（三）被害人的制约

对于有被害人的案件，人民检察院决定不起诉的，根据刑事诉讼法的规定，应当将不起诉决定书送达被害人。被害人如果不服，可以自收到决定书后7日内向上一级人民检察院申诉，请求提起公诉。被害人对人民检察院的不起诉决定不服，也可以直接向人民法院起诉。这是我国新刑事诉讼法新增加的内容，是对被害人权利的保障，也是对不起诉权的有效制约。为了实现被害人的制约，保证不起诉权的正确行使，听取被害人及其诉讼代理人的意见，在法律上被规定为审查起诉的必经程序，在实践中正逐渐发展成为不起诉公开审查制度。

（四）被不起诉人的制约

新《刑事诉讼法》第177条规定，被不起诉人对不起诉决定不服，可以自收到决定书后7日内向人民检察院申诉。人民检察院应当作出复查决定，通知被不起诉的人，同时抄送公安机关。

（五）人民法院的制约

被害人不服检察机关的不起诉决定，有权直接向人民法院起诉。但被害人的起诉并不必然启动人民法院对案件的审判程序，人民法院还要进行审查以决定是否受理。人民法院受理案件后，公诉转为自诉。经过审判，人民法院在事实认定和适用法律方面可能会作出与不起诉决定书不同的结论，这也体现了对不起诉的制约。

（六）人民监督员的制约

为了解决检察机关查办职务犯罪案件的某些环节外部监督的问题，强化和健全检察机关的外部监督机制，最高人民检察院于2003年9月部署开展了人民监督员制度试点工作，在全国各省、自治区、直辖市的部分检察院试行人民监督员制度。

根据有关规定，人民监督员应当具备以下条件：（1）拥护中华人民共和国宪法；（2）有选举权和被选举权；（3）年满23岁；（4）公道正派，有一定的文化水平和政策、法律知识；（5）身体健康。受过刑事处罚或者受到刑事追究、被开除公职或者开除留用的人员不得担任人民监督员。此外，因职务原因可能影响履行人民监督员职责的人员不宜担任人民监督员，包括党委、政府及其组成部门的负责人、人民代表大会常务委员会组成人员、人民法院、人民检察院、公安机关、国家安全机关、司法行政机关的在职人员，以及执业律师、人民陪审员等法律工作者。人民监督员由机关、团体、企业事业单位和基层组织经民主推荐、征得本人同意、考察后确认。

人民监督员以案件监督评议会的形式对检察机关查办的职务犯罪案件进行监督，参加案件监督工作的人数应当根据案情需要确定为3名以上、总人数为单数。公诉部门拟不起诉的职务犯罪案件，在作出决定前必须交由人民监督员评议并提出监督意见。人民监督员不同意公诉部门拟不起诉意见的，应报请检察长决定。检察长同意人民监督员意见的，公诉部门应当执行；不同意人民监督员意见的，应当提请检察委员会讨论决定。检察委员会的决定与人民监督员的意见不一致时，应当由人民监督员办公室向人民监督员作出说明。参加监督的多数人民监督员对检察委员会的决定有异议的，可以要求上一级检察机关复核。

第三节 公诉权的救济

公诉权是国家赋予检察机关的追究犯罪的权利。从根本上说，公诉权依法行使、不被滥用并促使审判机关及时作出判决，维护了国家的正常秩序，即实现了正常的公诉秩序。但是，公诉权在实际运行中会出现一些障碍，比如说公诉权系统自身出现问题，公诉不能有效地提出和支持；公诉权面临外在的障碍，使公诉目的的实现出现危机（后者更为重要和多见）。所谓公诉权的救济，就是指依法建立一种支持公诉权行使的权力系统，用以排除公诉权的障碍，保障公诉权发挥应有的作用，实现公诉目的。公诉权的救济机制的确立，以正确理解公诉的目的以及正确划分公诉权基本权能的作用为前提。简单地讲，国家设立公诉权的目的，一是追究犯罪，二是保障人权。为实现公诉目的，立法赋予检察机关起诉权、不起诉权、支持公诉权，立法同时规定了相应的制约机制。这两方面构成了公诉权有效运行的基本法律系统。但是，从另一个层面看，仅有这两方面的机制是不够的，还应当有补充性的权能来充实公诉权的力量。这些补充性的权能及其运作程序，构成了公诉权的救济机制。公诉权的救济主要体现在两方面：一是公诉裁量权，二是公诉权的补充。

公诉裁量权的确立，是在起诉法定主义政策之下，公诉权行使的一种必要的补充和救济，被用来纠正有罪必诉的不足。起诉便宜主义是这一救济机制的理论基础。依据这一理论，现代各国发展了公诉裁量权，包括酌定不起诉权、起诉变更权以及公诉案件程序适用的选择和建议权等。

现代各国均赋予公诉机关以上诉权或抗诉权，用来弥补一次起诉和支持公诉难以实现公诉主张和目的的不足。这种对公诉权的补充，也是对公诉权的重要救济手段。同时，许多国家规定了公诉机关指挥侦查机关的侦查、补充侦查等权利，这些都是对公诉权的加强和救济。

根据我国刑事诉讼法的规定，公诉权的救济机制主要体现在以下三个方面：

第一，检察机关拥有公诉裁量权。根据刑事诉讼法的规定，对于犯罪情节轻微，依照刑法规定不需要判处刑罚或者免除刑罚的，人民检察院可以作出不起诉决定。检察机关在提起公诉以后，人民法院宣告判决前，被告人的真实身份或者犯罪事实与起诉书中叙述的身份或者指控犯罪事实不符的，可以要求变更起诉；发现遗漏的同案犯罪嫌疑人或者罪行可以一并起诉和审理的，可以要求追加起诉；发现不存在犯罪事实、犯罪事实并非被告人所为或者不应当追究被告人刑事责任的，可以要求撤回起诉。这些公诉权的基本权能，从其效力来讲，均是公诉权的救济性权能。

第二，检察机关的抗诉权。我国检察机关依法享有提起上诉审的抗诉和监督审的抗诉的权利。提起抗诉的理由表明，抗诉是在检察机关的公诉观点、公诉主张未实现的情况下的补充性诉权，是公诉在特殊情况下的继续，属公诉权的救济性权能。

第三，检察机关对案件的补充侦查。侦查是公诉的前提和基础，公诉效果在相当程度上取决于侦查的质量。当侦查阶段所收集和固定的证据不足以有效提起公诉和支持公诉时，为了实现公诉目的，有必要赋予公诉机关补充侦查的权利和机制。根据我国刑事诉讼法的规定，检察机关在审查起诉、出庭支持公诉过程中，均有权将案件退回公安机关补充侦查。首先，在审查起诉阶段，对于证据不足的案件，检察机关视需要侦查的情况可以自行侦查，也可以决定将案件退回公安机关补充侦查，目的是正确有效地公诉。从这个意义上看，补充侦查是对起诉权的必要的救济。因为，没有这个权利，检察机关将只能作出证据不足的不起诉决定，而这既不符合"以事实为根据，以法律为准绳"的原则，也有损于公诉的严肃性和权威性。检察机关所具有的要求公安机关提供法庭审判所必需的证据材料的权利，也是对公诉权的一种补充救济。

第四章
公诉的价值

价值是经济学、伦理学、哲学、法学等众多科学研究的基本范畴。关于价值的含义，因学科的不同而有不同的理解。公诉的价值是指公诉活动能够满足国家与社会需求的积极有益的功能与效用。公诉在客观属性上具有众多功效，但国家与社会自觉追求的是最有意义的功效。对维护法律秩序、保障公共利益具有积极意义的功效，才是公诉的基本价值。

如何确定公诉的价值，是当前检察理论乃至刑事诉讼理论中引人注目的一个问题。我国正处于经济变革的重要时期，特别是在我国"入世"以后，如何调整我国的诉讼结构，推进司法改革，需要对公诉的价值进行理性的探讨。公诉的价值规定着公诉改革的思路及方向。

第一节 公诉的价值目标

公诉的价值目标是国家与社会通过公诉活动所追求的结果。价值的属性要求满足国家与社会的需求，而国家与社会的需求具有多重性，因此，公诉的价值目标也具有多元性。而且，公诉的价值还具有历史嬗变性，以适应社会需求的变化。在法治的发展进程中，公诉的价值取向曾由工具主义演进为效益主义，即由有罪必罚的报应刑思想支配的起诉法定主义，转向受预防主义的目的刑思想影响的起诉裁量主义。在现代社会，基于国际刑事司法准则，各国的诉讼价值目标已趋于一致。由国家权力而非冲突主体来解决社会冲突，是诉讼的本质所在。因诉讼过程的复杂性，诉讼主体之间利益的冲突性，诉讼秩序对公众的示范性，使公诉价值的形式具有多元性。我们认为，公诉的价值目标主要表现在三个方面：一是实现法律正义，这是公诉的外在价值，保证公诉结果的正确性；二是体现程序公正，这是公诉的内在价值（独立价值），突出公诉过程的公平性；三是注意诉讼效益，这是公诉的功利价值，强调公诉制度的社会性。

一、法律正义

正义是司法制度、包括公诉制度的永恒追求。在司法领域，正义有两层含义：一是实体正义，即司法结果的正义；二是程序正义，即司法过程的正义。我们在此讨论的法律正义是指公诉结果的正义，主要是实体的正义。正义对公诉结果的要求就是不枉不纵，即无罪的人不应受到刑事追究，有罪的人应受到刑事起诉。

"正义是社会制度的首要价值，正像真理是思想体系的首要价值一样。"[①]正义也是公诉制度的首要价值，是公诉制度建立的合理根据之一。稳定的社会秩序，是人类生产和生活得以维持的基本条件，犯罪是对社会秩序最严重的破坏。为维护社会秩序，国家必须惩治犯罪。公诉的本质是代表国家查明、证实犯罪的诉讼活动，诉讼争议的核心是确定被告人的刑事责任问题。这个问题包括两个方面：一是事实争议，即被告人是否实施了被指控的罪行；二是法律争议，即根据法律的规定被告人如何承担刑事责任。公诉既是查明案件真相的认识活动，又是解决争议依法确定被告人是否承担刑事责任的诉讼环节。国家启动公诉程序的内在目的是查明真相与解决争议，而解决争议的实体法律是刑法。内含于刑法中的犯罪与刑罚的实体正义理念，必须通过刑事诉讼，主要是公诉活动来实现。检察机关代表国家履行公诉职责，基于查明的事实，根据法律的规定使无罪的人及时得到解脱，使有罪的人接受法律的制裁，就意味着正义的实现。公诉制度的功能之一就是促进实体正义的实现，保障公诉结论最大限度地符合刑法的规定。可以说，实体正义是启动公诉程序的初衷，又是诉讼运行的归宿，舍弃法律正义的价值目标，公诉制度就成了无源之水、无本之木，丧失了存在的客观根据。

在公诉过程中，为实现法律正义，必须注意两个环节：一是发现真相，实现结果公正的关键是真实发现，这是国家据以惩罚犯罪，保护无辜，维护社会秩序的条件。只有查明案件的真实情况，分清是非曲直，才能为最终正确适用法律奠定客观基础；二是适用刑法，根据被告人的行为性质，坚持无罪不罚，

[①] ［美］罗尔斯：《正义论》，中国社会科学出版社1998年版，第1页。

有罪必罚，定罪准确，罚当其罪，才能伸张正义，维护法律权威，稳定社会秩序。在这两个环节中，公诉过程是实现实体正义的手段。从程序与结果的逻辑关系看，因实体结果产生于公诉程序，因此，没有程序正义就不可能有实体正义。为保障实体正义，公诉人在公诉过程中必须在严格遵守刑法规定的同时，也要根据刑事诉讼法的规定履行职责。

其一，要实现法律正义，在公诉工作中必须首先查清案件的事实真相，然后根据案件的事实正确地适用法律。事实没有查清，甚至认定事实出现错误，法律正义就丧失了根基。由于案件事实都是已经发生的事实，公诉中查明案件事实的途径，只能是借助具有客观性、合法性、关联性的证据来进行司法认定。要保证这种司法认定符合客观实际，最重要的一点就是全面地审查案情，正确地判断、运用证据。从事公诉工作的检察人员应当树立证据是查清案件事实的唯一桥梁的观念，既重视有罪的证据材料，又重视无罪的证据材料；既重视罪重的证据材料，又重视罪轻的证据材料。检察长、检察委员会在听取承办案件的检察官汇报案件的时候，应当要求承办案件的检察官客观全面地汇报证据情况，防止偏听偏信。审查判断和运用证据过程中存在的任何片面性，都可能导致事实认定和公诉决定方面的错误，从而妨碍法律正义的实现。可以说，查明案件事实真相是实现公诉价值目标的核心工作和基础工作。

其二，要实现法律正义，公诉人员不仅自己要客观公正地全面审查证据，而且要积极配合法官、律师查明事实真相。律师从辩护的角度收集、审查证据，也是帮助法庭查明案件真相的必要措施，与公诉人通过公诉发现真实的宗旨是一致的。所以，在起诉环节，要依法维护律师的诉讼权利，大力支持律师的调查活动，为律师收集证据、审查证据提供便利条件，有的地方试行的庭前证据开示制度，保证律师对控方证据的知情权，有利于全面审查证据，有利于查明案件事实真相，是实现法律正义应倡导的措施。在法庭上，公诉人要认真参与法庭调查，对被告人、律师对自己出示的证据提出的质证意见要客观地进行答辩；对律师提交法庭的证据要实事求是地质证，对客观真实的证据可以建议法庭采纳，对不真实的材料可以提出具体意见供法庭参考。凡是有利于查明案件事实的事，公诉人要多做；凡是不利于查明事实真相的事，公诉人不能做。查明案件事实不仅是公诉人一方的任务，也是法庭的任务，还是律师的任务。只有诉讼各方都查明案件事实，才能使公诉结果实现实体公正。

其三，要实现法律正义，必须在查明案件事实真相的基础上正确适用法律，主要是刑法。检察机关是国家的法律监督机关，必须坚持以事实为根据、以法律为准绳的诉讼原则，促使人民法院正确认定案件事实，准确惩罚犯罪。为此，在公诉实践中要切实贯彻罪刑法定、罪刑相适应和适用刑法平等的原则，特别要注意坚持有罪必罚、无罪不罚、重罪重罚、轻罪轻罚。对不构成犯罪的人要及时作出不起诉决定，使其早日解脱；对于构成犯罪的人，要依法起诉到人民法院。在法庭上，公诉人必须客观全面地揭示和证明影响定罪量刑的各种情节，包括有利于被告人的罪轻情节和不利于被告人的罪重情节，不能因为是控方，就只出示证明被告人有罪、罪重的证据材料，不出示罪轻的证据材料。在刑事抗诉工作中，既要重视对犯罪较重而量刑畸轻的案件提出抗诉，也要重视对犯罪畸轻而量刑畸重的案件提出抗诉。只有牢固树立这样的观念，才能全面履行公诉职责，实现法律正义。

二、程序公正

法律正义即实体正义是公诉制度追求的价值目标，但在诉讼过程中如果缺乏公正的程序，实体正义将难以实现。程序公正是刑事诉讼的又一价值目标，具有独立于结果公正的正义标准。西方的一句法律格言指出："正义不仅应得到实现，而且要以人们看得见的方式加以实现。"[1] 这里的正义就是法律正义即实体正义，"看得见的方式"，就是指诉讼过程的公平性与合理性。诉讼制度是具体实现正义的过程，法律正义的理想必须经由一个科学的运作程序才可转化为现实形态的正义。公诉是国家针对被告人涉嫌犯罪的行为进行追诉的活动，既是认识案件客观事实的审查过程，也是适用刑法认定被告人刑事责任的裁量过程，还是依法保障当事人诉讼权利的民主过程。程序公正不仅是实体公正的实现方式，而且是体现诉讼民主的有效形式，使当事人有机会主张他们的观点，提出证据说明法律理由，有利于增强社会包括当事人对公诉结果的认同性，增强公民对司法制度的信赖性。刑事诉讼要确定被告人的刑事责任问题，也要解决诉讼主体之间的争议问题。双方争议的解决不仅在于诉讼的结论如何，还在于诉讼过程是否符合冲突双方的公正期望。这种期望是诉讼公正观念产生的根据之一。美国杰克逊大法官指出："程序的公平性和稳定性是自由的不可或缺的要素，只要程序适用公平，不偏不倚，严厉的实体法也可以忍受。"[2] 诉讼包括公诉是解决争议的司法活动，在诉讼过程中必然涉及在诉讼主体之间分配程序性权利与实体法利益的问题，自然产生公正与公平的要求。可见，程序公正不仅源于对实体正义的保障性，而且取决于诉讼过程本身的民主性与公平性。

---

[1] 参见陈瑞华：《看得见的正义》，中国法制出版社2000年版，第2页。
[2] 参见宋冰编：《程序、正义与现代化》，中国政法大学出版社1998年版，第375页。

公正是司法制度的永恒标志与基本价值。一个公平的法律程序可以最大限度地增加作出公正决定的可能性。实践已经证明,一些公诉人员"重实体、轻程序"的观念导致在公诉过程中忽视当事人的诉讼权利,公诉结论难免具有随意性、片面性等弊端,损害了检察机关执法的权威性,也容易为社会作出不公正的示范。程序公正不仅有利于实现法律正义,而且可以增强人们对司法决定的认同与执行,还可以为社会提供积极的导向作用,强化社会公众的守法意识,从公正的程序中汲取公正的观念,获得公正的力量。英国学者斯坦指出:"实体规则可能是好的,也可能是坏的。人们所关心的只是这些规则的实施应当根据形式公平的原则进行。"① 为体现程序公正的要求,公诉制度应具有下列属性:一是公诉规则的科学性;二是公诉决定的客观性;三是公诉程序的公开性;四是当事人的参与性;五是公诉结论的制约性等。我国刑事诉讼法及检察机关制定的规范性文件,为公诉工作实现程序公正的价值目标提供了法律保障,关键在于公诉人员要增强程序公正的观念,自觉地遵循法律的规定,尊重当事人的诉讼权利,按照法定程序履行公诉职责。

其一,要在公诉活动中实现程序正义,就必须遵守法律规定的诉讼程序,尊重当事人的权益,使受程序结果影响的人受到应有的待遇。参与是程序公正的重要因素之一。在公诉环节,公诉人应当公正地对待被告人、被害人,充分听取他们的意见,尊重并保障他们的诉讼权利和合法权益。为此,检察机关和公诉人首先要保障当事人和其他诉讼参与人的诉讼权利,特别是被告人的诉讼权利。辩护权、辩解权,包括国外的沉默权,都是为了防止无辜者被定罪而设定的权利,必须依法予以保障。不尊重和保障被告人、被害人和其他诉讼参与人的诉讼权利,就是程序上的不公正,就难以保证案件得到正确处理。

其二,要重视审查证据的合法性。可信是影响社会公众对程序公正认识态度的一个因素。收集证据的合法性,不仅是证据的基本特征,也是公正程序的具体要求。如果允许非法取证,势必践踏被告人、诉讼参与人的权利,使人们对程序的公正性产生怀疑。非法取得的证据一般不能作为定案的根据,这是国际上通行的原则。联合国《关于检察官作用的准则》第16条规定:"当检察官根据合理的原因得知或认为其掌握的不利于嫌疑犯的证据是通过严重侵犯嫌疑犯人权的非法手段,尤其是通过拷打或者残酷的、非人道的或有辱人格的待遇或处罚或其他违反人权办法而取得的,检察官应拒绝使用此类证据来反对采用上述手段者之外的任何人或将此事通知法院,并应采取一切必要的步骤确保

---

① 参见[英]彼得·斯坦等:《西方社会的法律价值》,中国人民公安大学出版社1990年版,第93页。

将使用上述手段的责任者绳之以法。"确立并实施非法证据排除规则,体现了现代刑事诉讼对程序公正的尊重。我国新《刑事诉讼法》第 50 条中也规定,严禁刑讯逼供和以威胁、引诱、欺骗以及其他非法的方法收集证据。虽然在证据规则上,非法取得的证据是否一律不能使用,我国法律没有明确规定,但在我国法律界已经形成了一项共识,就是以刑讯逼供等非法手段获取的言词证据应当予以排除,即使反映的是案件的客观事实,也不能作为定案的根据,这也是检察人员审查判断和运用证据时为体现程序公正必须坚持的原则。

其三,要严格遵守必要的程序。程序意味着对国家权力的规制及对公民权利的保护,公诉必须以程序合法为前提,而违反法定程序往往是以牺牲公民权利为代价,与现代法治社会崇尚人权保障的理念相冲突。我国刑事诉讼法对公诉的程序作了一系列具体规定。在轻程序的观念指导下,有的检察人员在审查起诉中,不进行或不及时进行告知工作,不讯问犯罪嫌疑人,不听取被害人以及犯罪嫌疑人、被害人委托的人的意见等,这些做法都是错误和有害的。只有不折不扣地执行法律规定的诉讼程序,才能树立和维护检察机关的公正形象,也才能保证刑事案件的处理结果与社会正义的要求相符合。

其四,公诉人是刑事诉讼中的控方,但在审查起诉期间要站在客观公正的立场上,"中立"地分析案件事实,审查判断全部证据材料,包括有利于指控的材料与不利于指控的材料,在充分听取当事人意见的基础上依法形成公诉结论,这也是程序公正的要求。"由于人们通常都无法了解正确的结果是什么,因此他们着眼于证据,保证程序是公平的。……当不清楚什么是正确结果时,人们关注程序公正。同样,当不清楚什么是恰当结果时,人们重视中立。"[①]公诉人既不能先入为主,主观推测案件事实,盲目地提出公诉意见,也不能陷入当事人的角色,偏听偏信,片面地形成公诉结论,这都与程序公正的要求背道而驰。

其五,程序的公开性是求得社会对司法决定认同的基本方式。在公诉环节,要进一步落实检务公开的要求,对决定起诉的案件,通过公开审判,在法庭上充分阐述检察机关的指控主张,全面说明对被告人追究刑事责任的具体意见,接受社会的监督。对拟作不起诉的案件,各地检察机关也可以试行公开审查的方法,充分听取当事人及其委托的人的意见,公开征求有关单位及群众的意见,求得当事人及社会公众对检察机关不起诉决定的认同与理解,昭示程序公正的意义。

---

① 参见宋冰编:《程序、公正与现代化》,中国政法大学出版社 1998 年版,第 378 页。

三、诉讼效益

诉讼效益作为公诉的价值目标,是法律正义与程序公正的逻辑结果,是法律及公诉作用于社会的实际效应。正义是刑事诉讼最根本、最深层次的需求,对刑事诉讼的发展趋向具有关键性的作用。西方的法律谚语称"法忌迟延",其原因就是"迟到的正义等于非正义"。[①] 例如,某被告人因涉嫌犯罪被羁押审查,经过5年的侦查最终查明该被告人是无辜的,从公诉结论看,似乎符合法律正义的要求;从程序公正上讲,也充分尊重了被告人的诉讼权利,但长期的羁押毕竟损害了被告人的权益,所以说,审查时间过长,对当事人来讲是不公正的。因此,诉讼效率成为衡量诉讼制度优劣的重要条件。诉讼是解决社会争议的法律机制,必然对社会产生政治、伦理、心理等方面的影响。这些影响也是评价诉讼活动得失的参考因素。诉讼要耗费经济资源,而国家的资源是有限的,节省资源也是公诉参考的经济因素。可见,诉讼效益应是公诉的价值目标之一。

诉讼效益是公诉活动在实现法律正义、程序公正方面所达到的综合效果,是由法律正义、程序公正派生的价值目标,包括诉讼效率、诉讼效果两层含义,是效率与效果的有机统一。诉讼效益既有经济价值的内容,也有伦理价值的内容,还有法律价值、社会心理价值等方面的内容。诉讼效率指资源投入与所办案件数量与质量的关系,诉讼效果包括被告人的态度、被害人的态度,社会公众的态度,公诉活动对社会的影响和作用等。评价诉讼效益的高低主要有下列指标:(1)诉讼周期的长短;(2)诉讼程序的繁简;(3)诉讼成本与办案质量与数量的比例关系;(4)诉讼主体对公诉活动的满意程度;(5)公诉结论被法院采纳的情况;(6)公诉工作在社会舆论中的威信水平;(7)公诉意见被社会公众的认同程度等。检察机关为使公诉活动获取最大的诉讼效益,主要应注意以下几个问题:

其一,重视诉讼的及时性,缩短办案的周期。及时决定起诉或不起诉,不仅有利于国家利益,也有利于维护被告人的合法权益。从国家的利益看,及时公诉可以节省司法资源,还有利于维护社会秩序。对构成犯罪的人及时起诉,有助于实现刑罚的及时性原则,取得预防犯罪的良好效果。犯罪与刑罚是具有因果关系的法律现象,犯罪是刑罚的原因,刑罚是犯罪的结果。从刑事司法的社会效果看,对犯罪行为及时审判,才能使现时发生的犯罪与刑罚的联系更为

---

① 参见刘荣军:《程序保障的理论视角》,法律出版社1999年版,第155页。

紧密。可以使刑罚发挥更大的威慑与教育作用。法律正义在越短的时间内实现，社会效果就越好。贝卡里亚曾指出："诉讼本身应该在尽可能短的时间内结束"，"惩罚犯罪的刑罚越是迅速和及时，就越是公正和有益"，"犯罪与刑罚之间的时间隔得越短，在人们心中，犯罪与刑罚这两个概念就越突出、越持续，因而人们就很自然地把犯罪看做起因，把刑罚看作不可缺少的必然结果。""推迟刑罚尽管也给人们以惩罚犯罪的印象，然而，它造成的印象不像是惩罚，倒像是表演。"① 从维护被告人的合法权益看，拖延的诉讼，使无罪者不能及时解脱，长期处于被怀疑的审查状态，损害当事人的权益，即使对实施犯罪的人长期处于诉讼结论不确定的状态，对其身心健康也会造成不利影响。可见，公诉的及时性具有维护社会利益与被告人利益的双重作用。但是，应当指出，公诉的及时性也不是说公诉用的时间越少越好。为体现程序公正的要求，在公诉期间，不能为追求效率而忽视法定程序，更不能无视当事人及诉讼参与人的权益而盲目地赶时间、抢进度。如果损害了程序公正，及时的公诉毫无价值。所以，公诉延迟或过快都会损害法律公正。只有在维护程序公正的前提下，尽快地作出起诉或不起诉决定，才符合诉讼效益的价值追求。

其二，减少诉讼环节，提高诉讼效率。在经济学中，有一个经典性的原理，即以最少的成本谋取最大的效益。在司法资源有限的条件下，面对增长的犯罪趋势，公诉部门人员少、任务重、时间紧的矛盾越发突出。因此，节省人力、物力、财力资源，提高公诉效率是必然的选择。为什么各国的立法机关和司法实践都在寻求各种减轻司法机关负担的方法，因为刑事诉讼的进行要受到经济的制约。公诉部门要充分发挥人的主观能动性，积极探索提高工作效率的改革措施，减少诉讼环节，加快办案节奏，节约诉讼成本，争取多办案、办好案。具体可以采用以下措施：一是实行主诉检察官办案责任制，培养能独立办案的公诉人，减少上级领导的审批程序；二是案件繁简分流，依法适用简易程序提高办案效率；三是试行普通程序，简化审理程序，对被告人认罪的案件简化法庭审理程序，缩短开庭时间；四是适时介入侦查，指导公安机关侦查取证，保证办案质量，提高工作效率；五是采用各种手段改善工作方法，在保证案件质量的前提下，最大限度提高公诉效率。

其三，注重公诉的法律效果与社会效果的统一。法律是社会关系的调节器，与社会具有作用与反作用的关系。在公诉工作中，既要克服法律虚无主

---

① ［意］贝卡里亚：《论犯罪与刑罚》，中国大百科全书出版社1993年版，第56—57页。

义，也要反对法律至上观念，要避免法律评价与社会评价的冲突。首先，公诉要依法办案，绝不允许为迎合诉讼的社会效果而违法处理案件。违法办案是对法律公正、社会公正最大的破坏，不可能有好的社会效果。其次，公诉要在法律允许的范围内考虑社会效果。法律不是自动售货机，司法也不是机械地适用法律的过程。法律体系内也有一定的弹性，以适应社会上出现的各种复杂的情况。公诉人员就是要全面衡量案件的各种情况，既要考虑办案的法律效果，也要考虑到办案的社会效果，考虑到公诉结果对社会关系的稳定作用，考虑社会对公诉结论的认同程度，考虑到公诉结论的是非观念对社会有关方面的各种影响。社会效果是对公诉工作的综合评价，既包括公诉过程是否公正的评价，也包括公诉结论是否正确的评价，还包括公诉效果是否有利于社会、有利于当事人的评价。社会效果是一种复杂的现象，源于不同的群体可能会有不同的反应，如被害方的诉讼请求与被告人一方的诉讼意见可能是截然相反的。这时，公诉人要综合考虑各种因素，站在全局的高度，分析公诉结果的利弊，对于某些可诉可不诉的案件，就要根据社会的反应考虑是否起诉。联合国《关于检察官作用的准则》第18条指出："各国应充分探讨改用非刑事办法的可能性，目的不仅是减轻过重的法院负担，而且也可避免受到审前拘留、起诉和定罪的污名以及避免监禁可能带来的不利后果。"对于犯罪情节轻微、不需要判处刑罚的被告人，检察机关及时决定不起诉，社会效果就好；对于主观恶性较大的严重犯罪，公诉人在法庭上要充分揭露其犯罪的危害性、后果的严重性、情节的恶劣性，请求法庭依法严惩犯罪分子；对于未成年人等可宽恕的犯罪人，如果情节较重，即使诉上法庭，公诉人也要实事求是地阐明其犯罪过程，依法合情合理地分析应予考虑从宽情节，请求法院依法公正地判处。公诉人在法庭发表公诉意见时，一定要注意从起诉的个案中剖析原因，揭示犯罪规律，鉴别是非，伸张正义，提出对社会有教育意义的警示，呼唤社会的良知，达到教育被告人，教育广大公民的效果。

第二节 公诉的价值冲突

一般说来，公诉的各项价值目标是协调统一的，法律正义、程序公正、诉讼效益三者之间相互依存，是一个有机联系的整体。首先，法律正义是价值公正、诉讼效益的出发点和归宿，舍弃法律正义，程序公正、诉讼效益便丧失了价值内核。其次，程序公正是法律正义、诉讼效益的前提和保障，无视程序公正，法律正义、诉讼效益便迷失了价值方向。最后，诉讼效益是法律正义、程序公正的要求与结果，没有诉讼效益，法律正义、程序公正便丢失了价值基础。程序公正，有助于法律正义、诉讼效益实现；法律正义是诉讼效益的核心，程序公正的动因；诉讼效益是法律正义、程序公正的彻底实现的综合结果。理想的公诉模式是，在较短的诉讼期间，投入较少的诉讼资源，遵循公正的程序进程，充分实现法律正义，获取最大的社会效益。但是，由于刑事案件错综复杂，人类认识能力有限，加之，诉讼资源的缺乏，公诉的各项价值之间发生冲突的现象时有发生，值得我们注意。面临公诉的价值目标之间的冲突，便要进行选择。在难以两全之际，选择总是不愉快的，因为选择就要为此付出代价。

一、法律正义与程序公正的冲突

法律正义即实体正义与程序公正的冲突是某种情况下两种价值的对立。法律正义以追诉犯罪为动因，尽管其要求公诉人在诉讼过程中发现无罪者应及时终止诉讼，但是其价值取向是要追诉犯罪人，注重案件的发现。对犯罪人穷追不舍，体现有罪必罚的观念。而程序公正重视诉讼过程的公正，提倡保障被告人的诉讼权利。德国学者贝林指出："诉讼程序本身虽然本来是乞求发现真实，但有时也得将其放弃而为另外的利益服务。"[1] 程序价值取向是尊重当事人的权益，体现宁纵不枉的观念。其实，法律正义与程序公正的冲突主要是发现真实与发现手段不正当之间的矛盾。为实现法律正义，在诉讼实践中，确实发生一些警方违法收集证据的问题，如刑讯逼供的问题。也许这些非法证据的内容是客观真实的，能够证明被告人犯罪，但刑事诉讼法明确规定，严禁以非法的方法收集证据，这是程序公正的基本要求，而发现真实又是法律正义的客观基础。这时，便发生价值之间的冲突，如果强调法律正义，便要牺牲程序公正，以付出程序的价值换取实体的正义。一位欧洲调查官曾指出："只要真相能够得到，它是如何获得的并不重要。"[2] 这就意味着只要获取的证据是真实的，即便是违法取得的，公诉人也可以作为指控被告人有罪的证据。如果为了案件真相的发现，一切程序上的制约都可以忽略不计，刑讯逼供、搜查、扣押没有限制，那么，程序已经毫无价值。如果重视程序公正，就会影响法律正义的实现，可能放弃对犯罪人的追诉，以损害法律正义的追求维护程序公正的尊严。坚持程序公正，必然宣布违法取得的证据无效，因非法证据被排除便难以查明真相，阻碍法律正义的实现，可能使真正的犯罪人逃脱法网。英国大法官

---

[1] 转引自陈光中等主编：《诉讼法论丛》（第3卷），法律出版社1999年版，第46页。
[2] 转引自左卫民等：《刑事诉讼的理念》，法律出版社1999年版，第121页。

基尔穆尔曾说:"必须遵守关于审判活动的程序,即使——在一些例外的场合下——有损于事实真相,也在所不惜。"① 这就意味着为了体现程序公正的价值,可以放弃法律正义的需求,表明程序具有独立性,并不是依附于实体正义的形式。坚持程序公正,就会牺牲个案的法律正义。可见,法律正义与程序公正的冲突,涉及放弃哪一价值目标的问题,需要人们在两种价值中进行痛苦的选择。

二、法律正义与诉讼效益的冲突

法律正义的最高宗旨是不放纵一个犯罪人,又不冤枉一个无辜者。而诉讼效益要求在尽可能短的时间内,以较小的成本投入,终结诉讼程序,取得最大的诉讼效果。显然,公诉资源的有限性将限制对法律正义的追求。首先,根据实事求是的原则,法律正义要求彻底查明案件事实真相,最终解决被告人是否为犯罪人的问题。因刑事案件错综复杂,有些案件确实难以一时查明真相。这时,如果追求实现法律正义,可能需要无限期地侦查下去,投入大量的人力、物力、财力,直至发现真相为止。彻底实现法律正义,必然对每一个案件都要查个水落石出,将导致诉讼效率低下,公诉成本增加,难以取得好的诉讼效益。如果注重诉讼效益,节省诉讼资源,可能在某些案件未查明事实前便及时终止了诉讼,导致法律正义无法实现。其次,根据有罪必罚的法律正义观念,对构成犯罪的人无一例外都要起诉到法院,不仅增加诉讼负担,加大了成本的投入,违背诉讼经济原则,而且对某些轻微犯罪的被告人的教育改造效果不一定好。可见,有时实现了法律正义,诉讼效益并不好。反之,为避免案件积压、节省诉讼资源,获取对未成年人等被告人的教育效果,即使他们实施了某些轻微犯罪,公诉人也可能采取不起诉或其他非刑事措施。这样一来,诉讼效益提高了,却未对犯罪人追究刑事责任,损害了法律正义。基于诉讼经济原则,法律正义的实现是有限的。再次,诉讼效益要求诉讼时间越短越好,但是,诉讼时间越短,法律正义越难以实现。实现法律正义,特别是发现真实,需要一定的时间。有些复杂的案件短时间内无法查清,有时为了实现法律正义,必须适当加大诉讼成本的投入。片面强调诉讼效益,无视法律正义的需求是不合适的。最后,为实现法律正义,投入大量资源,长时间地审查被告人,最终可能证明被告人是无罪的。这时,法律正义的实现不仅牺牲了诉讼效益的价值,也损害了程序公正的价值。因为"迟来的正义等于非正义"。法律正义

---

① 转引自左卫民等:《刑事诉讼的理念》,法律出版社1999年版,第121页。

与诉讼效益的冲突实际是法律正义理想的无限性与诉讼资源的有限性之间的矛盾。有限的资源决定了法律正义的实现并不是绝对的。特别是在刑事案件逐年增加，而公诉人员与司法资源并未增加的情况下，要彻底实现法律正义是不现实的。

三、程序公正与诉讼效益的冲突

程序公正的本质是以当事人的诉讼权利限制司法机关的诉讼权力，以国家机关相互制约的权力保障当事人的合法权益。而诉讼效益一方面要求提高诉讼效率，节省司法资源；另一方面要求保护无辜，惩罚犯罪，稳定社会秩序，提供长治久安的社会环境。在司法运行过程中，二者也会发生冲突。首先，程序公正希望被告人充分参与诉讼，表达对诉讼结论的意见，可能会推迟诉讼的时间，增加诉讼环节的复杂性，如果当事人对诉讼结论有异议，诉讼便永无止休，必然增加公诉资源的耗费、降低诉讼效益。如果强调效益，在尽可能短的时间内审结案件，又会使程序公正难以实现。其次，众所周知，为体现程序公正，刑事诉讼由一道道程序组成，每增加一道程序，就意味着一定的资源投入，会使司法公正多一份保障。若减少一道程序，有利于节约资源，却可能损害程序公正。程序公正要求制约司法权力，保障当事人的诉讼权利，而制约权力就会使一部分诉讼资源未直接投入公诉程序中，而用于制约公诉，从公诉的角度看是公诉资源的流失；从诉讼的流程看，会导致"重复劳动"，增加诉讼成本，延缓诉讼过程。而减少制约，节省了资源，又可能损害程序公正。在此意义上可以说，程序公正及司法权力的制约与公诉效率成反比，与诉讼成本成正比，制约权力越严格，程序越复杂，越有利于保障程序公正，而诉讼效率就越低，诉讼成本就越高。反之，减少一份制约，就降低一份成本，就提高了诉讼效率，但程序公正就受到影响。再次，程序公正要求法治的普遍适用性，对任何案件都应采用统一规范的程序，体现适用法律的平等性。但是，因诉讼案件的难易不均、繁简各异，完全套用同一种诉讼模式，将给司法资源造成不必要的浪费。而区别不同的程序公诉不同的案件，虽节省了诉讼资源，但对被告人适用不同的公诉程序在形式上又是不公平的，有损程序公正的价值。最后，根据诉讼效益的要求，对某些轻微犯罪的被告人可能作出不起诉的决定，这固然有利于被告人，但对被害人或许是不公平的。程序公正要求维护当事人（被告人、被害人）双方的利益，但在公诉实践中，因诉讼效益价值目标的要求，很难做到两全。可见，程序公正与诉讼效益的冲突，也是程序公正需求的无限性与诉讼资源有限性之间的矛盾。在目前的条件下，限于司法资源，要彻底地实现程序公正是不现实的。为实现程序公正，盲目地减少司法资源的投入也是不理性的。强调效率、降低成本的极限会严重损害程序公正。如何解决程序公正与诉讼效益的冲突，值得研究。

第三节 公诉价值的衡平原则

公诉具有法律正义、程序公正、诉讼效益等多重价值目标。三个价值之间是互相依存，不可偏废的，它们相互支持、相互渗透，共同构成公诉的价值目标体系。从诉讼理念上讲，三者应该统一；从诉讼原理上讲，三者能够统一；从诉讼实践中看，三者难以统一。针对公诉价值目标之间的冲突，我们必然面临困难的抉择。有选择就会付出代价，就像选择阳光必然会带来阴影一样。公诉不仅是一个追诉犯罪的过程，而且是一个价值选择的过程。问题在于，在鱼与熊掌不可兼得的情况下，我们如何选择，才符合公诉的原理，才符合司法公正的要求。解决公诉价值冲突的基本准则就是衡平原则，即尽量坚持三个价值目标的统一，绝不允许采取一叶障目的方法。过分追求单一价值的做法，必然破坏公诉的价值基础，在理论上是错误的，在实践中也是有害的。德国学者勃特克认为："刑事诉讼法不仅必须完成刑事起诉的要求，而且还必须建立一种合理考虑公众和个人利益的监督与平衡制度。"[①] 公诉价值的衡平原则具体表现为三项要求：一是兼顾原则，二是程序公正优先原则，三是尊重被告人意愿原则。

一、兼顾原则

兼顾原则是公诉的三项价值目标兼容并蓄的原则，保证公诉过程既要追求法律正义，又要体现程序公正，还要考虑诉讼效益。三者相互促进，彼此依存，每一价值都不是孤立存在的。程序公正是法律公正的保障，法律正义是诉讼效益的核心，诉讼效益会促进法律正义和程序公正的实现。如提高诉讼效益，案件繁简分流，通过简化审理一部分控辩双方无异议的案件，使司法机关集中人力、物力、财力解决那些疑难、复杂案件的法律正义和程序公正问题。应该说明的是，案件繁简分流，区别审理，只是为了使公正和效率得到总体上的最终调和及诉讼效益的最大实现，并非意味着公正与效率的分离。适用普通程序的公诉案件也要注意提高效率，节省诉讼资源，适用简易程序的公诉案件

---

① 转引自江礼华等主编：《外国刑事诉讼制度探微》，法律出版社2000年版，第29页。

也要确保诉讼参与人特别是被告人的权利,体现最终限度的公正。各国在建立公诉制度及制定公诉政策时均要遵循兼顾原则,在三个价值目标之间保持相对的均衡,并不过分地偏重于某一特定的价值。当然,在一定的条件下,针对社会的需求,某一国家可能会对某一个价值目标有所侧重。如"9·11"恐怖事件发生后,美国等国家颁行的打击恐怖主义的法规更侧重于发现真实,打击犯罪。仅仅基于公诉的某一个价值目标制定公诉制度或公诉政策是不可想象的,也是不现实的。匈牙利学者欧德指出:"在我们当今的时代里,几乎所有刑事司法程序改革都有两个基本目的:一是发现实施一种迅速、简便和成功程序的新方式和新途径;换言之,使刑事诉讼活动的进行更有效率;二是确保诉讼参与人的权利,这与公正的要求密切相连。"[①] 众所周知,大陆法系国家的刑事诉讼制度职权主义色彩浓厚,更偏重于法律正义的实现,而英美法系国家的刑事诉讼制度当事人主义观念明显,更热衷于程序公正的需求,但是,随着时代的发展,社会的吁求,两大法系的国家近来纷纷进行司法改革,有相互融合的趋向,大陆法系国家引入当事人主义的程序公正理念与审判方式,英美等国家借鉴了职权主义的控制犯罪模式与起诉制度。可见,两大法系国家均自觉或不自觉地沿着"兼顾原则"的方向调整其刑事诉讼制度。当然,完全兼顾公诉的三个价值目标也许是一种理想,但我们强调的是在相互冲突的价值目标间寻求平衡,尽可能地在三个价值目标之间保持相对的均衡,不要盲目地偏废某一个价值目标。公诉的三个价值目标中,法律正义是公诉的根本,程序公正是公诉的核心,诉讼效益是公诉的结果,没有任何一个目标是可有可无的,它们共同构成公诉的价值体系。

二、程序公正优先原则

诉讼程序充满了矛盾与妥协。面对公诉的价值冲突,有时矛盾又无法调和。在三个价值目标难以兼顾的情况下,必然会产生价值目标的轻重问题。应该讲,公诉的三个价值目标都是必要的,是缺一不可的整体。但是,如果一定要在公诉价值体系中排列序位的话,程序公正在价值体系中占据第一位,法律正义占据第二位,诉讼效益占据第三位。也就是说,在发生价值冲突时,应当采用程序公正优先原则。

在三个价值目标中,因法律正义与程序公正决定着公诉的本身价值,诉讼效益是法律正义与程序公正的派生价值,将诉讼效益列为第三位价值似无疑

---

① 转引自陈光中等主编:《诉讼法论丛》(第2卷),法律出版社1998年版,第166页。

义。也就是说对诉讼效益的追求，不能妨碍法律正义与程序公正的实现。我们将程序公正列为公诉价值之首，列在法律正义之前，是因为程序公正是法律价值的直接体现，也是刑事诉讼的基本价值。首先，程序公正是法律正义的保障，缺少程序公正，法律正义难以实现。法律正义的关键是发现真实，而公诉活动中发现真实的制度就是证据制度，证据制度恰恰是刑事诉讼的核心。程序公正是法律正义的源头，没有公诉过程，就不会有司法裁决的结果。从程序与实体的辩证关系看，程序公正应该优先。其次，程序公正的法律价值更为重要。刑事诉讼包括公诉活动产生的初始动因是追诉犯罪，实现法律正义。但是由于在侦查案件真实的过程中，执法者应当代表正义，但并不必然代表正义，侵犯嫌疑人权益的现象时常发生。因此，各国在明知限制侦查权会有碍发现真实的情况下，仍颁行法律将限制警察的侦查权力、保障人权作为程序公正的基本标志。各国刑法均规定了刑讯逼供罪，各国刑事诉讼法或证据法均明确规定，刑讯逼供等非法方法取得的被告人认罪的供词，不能作为定罪的根据。可见，尽管某些供词可能有助于发现案件真实，可以实现法律正义，但因其违反程序公正的价值，也必须排除。为遵守公正的程序，即使有损案件真相也在所不惜，已成为各国公诉的价值准则。因为若允许刑讯逼供取得认定犯罪的证据，被告人罪行的轻重将取决于其忍受人身痛苦的能力。怕痛者永远是罪大恶极，在严刑之下，什么犯罪都会招认，必然伤及无辜者。各国在确立程序公正的刑事诉讼法时基于一个理念或宗旨：使无辜者不定罪的需要高于一切。与其说程序公正的要求是保障被告人的人格尊严和诉讼权利，毋宁说程序公正的意义是全力保证无辜者免受牢狱之灾。所以，保护无辜者是最大的价值。在可能殃及无辜者时，一切价值都需让位于程序公正。这是程序公正的宗旨决定的。再次，程序公正具有普遍的价值。程序公正与法律正义的冲突，实际是个案真实与一般程序的矛盾。例如，在公诉过程中发现了一个可以证明真实的违法证据，能否采用，就有一个价值权衡的问题。程序是普遍适用的，而案件的真实是个别的。采用这个违法证据或许可以实现一个个案的真实，但损害的是程序整体的法律价值。如果每个个案为追求真实都可以破坏程序公正，程序公正将丧失殆尽。德国学者贝林指出："诉讼程序本身虽然本来是乞求发现真实，但有时也得将其放弃而为另外的利益服务。"[①] 所以，绝不能为了个案的真实而牺牲具有普遍意义的程序公正的价值。程序公正与法律正义并不是始终和谐一致，但人们已趋向于牺牲个案的实体真实而要优先保证具有普遍意义的程序公正。正如培根所说："应当懂得，一次不公正的裁判，其恶果甚至超过十次犯

[①] 转引自陈光中等主编：《诉讼法论丛》（第3卷），法律出版社1999年版，第46页。

罪。因为犯罪虽是冒犯法律——好比污染了水流,而不公正的审判则毁坏法律——好比污染了水源。"① 因此,法律正义的实现不能牺牲程序公正,法律正义的实现是有代价的,即以程序公正为前提,这是法治的必然要求。最后,程序公正具有解决争执的功能。程序公正的要求之一就是赋予当事人充分的诉讼权利,保障其积极地参与诉讼,共同解决由他引起的刑事案件。正如美国学者贝勒斯所说:"法律程序的诸多内容无助于判决之准确但有助于解决争执。"② 如果公诉的程序是公正的,有助于当事人减少偏见,更容易赢得当事人及公众对公诉结果的认同和支持。只要程序是合理的,充分听取了当事人的意见,不论公诉结果如何,即使受到定罪的被告人也能接受审判的结果。对于社会公众来说,由于他们缺少法律知识,他们更多的是从诉讼的过程而不是诉讼的结果来判定案件的处理是否公正。人们相信,公正的程序才能产生公正的结果。所以,程序公正是社会公众的关注点,是使公诉获取诉讼效益的着眼点,因此,程序公正应该优先。

应该指出,程序公正优先原则也不是绝对的。在公诉过程中,对于非法获取的能够发现真实的书证、物证能否采用,各国的诉讼原则不尽相同。英美法系国家主张原则上不能采用,但在"公益动机"、"必然发现"等例外情况下可以采用。大陆法系国家则根据证据的证明价值、违反程序公正的程度以及欲证实的犯罪严重性等因素,由法官裁量。可见,在任何情况下,都不宜采用绝对化的思想方法,孤立地追求某一公诉价值。

三、尊重被告人意愿原则

我们强调程序公正在公诉的价值体系中居于优先的地位,并不是说为了程序公正可以不考虑诉讼效益的需求。如果这样认识问题,诉讼效益就不会成为公诉的价值目标。由于诉讼资源的有限性,提高诉讼效益,节省诉讼成本成为公诉的诉讼效益价值的有机组成部分。若提高诉讼效率,程序公正就难以全面实现。在程序公正与诉讼效益冲突时,首先要重视程序公正的需要,其次要考虑诉讼资源的实际。限于诉讼资源的不足,在每一个案件中都彻底实现程序公正也许是不可能的。所以,我们对程序公正的价值内容还要进一步分析,揭示其本质的内涵。程序公正最核心的内容就是尊重被告人的诉讼权利。保障被告人的诉讼权利可以说是程序公正的最低要求。

---

① [英] 培根:《培根哲理美文集》,安徽文艺出版社1997年版,第94页。
② 转引自陈光中等主编:《诉讼法论丛》(第1卷),法律出版社1998年版,第11页。

"尊重人的尊严"是公诉的法律原则，也是程序公正的要义。在公诉过程中充分地听取当事人特别是被告人的意见，法庭庭审按照当事人的意志展开与结束，是程序公正的要求。"尊重个人的原则意味着个人应对自己行为造成的后果负责。"① 根据风险权衡的理论，要把选择风险程序的权利交给被告人。对适用简易程序或普通程序简化审的案件，需要征得被告人的同意，要在被告人明确认识公诉结果及简化审的结果后表示同意，简易审才是符合程序公正的要求的。

被告人与刑事诉讼的结果有直接的利害关系，其对诉讼进程最有发言权。因此，在追求诉讼效率的时候，必须充分征求被告人的意见。一般说来，犯罪越重、刑事处罚越重的案件，被告人要求参与诉讼的权利越强烈，其诉讼过程也最完整。而对那些犯罪较轻、处罚也较轻的案件，如果被告人认罪，或经其同意，放弃一部分诉讼权利，那么就可以简化程序。在刑事诉讼中，根据案件的具体情况实行繁简分流，就体现了既尊重被告人权益，又提高诉讼效率的原则。例如简易程序，被告人以认罪的方式放弃了法庭上的质证权，法官不出示全部证据就可能作出有罪判决。这种方式既提高了诉讼效率，也未损害程序公正的原则。所以，提高效率不能牺牲程序公正，起码要体现最基本的程序公正。

应当注意，诉讼效益价值，特别是诉讼经济价值在公诉中的作用是有限制的，即追求诉讼效益不能损害程序公正，不能妨碍对案件真实的查明和对案件客观公正的处理。对诉讼效益的追求应止步于程序公正的底线，保证最低限度的公正性，起码要尊重被告人的意志。

---

① 参见［英］彼德·斯坦等：《西方社会的法律价值》，中国人民公安大学出版社1990年版，第149页。

第五章
公诉的原则与政策

公诉是刑事诉讼过程中的一个环节，又是依法追诉被告人刑事责任的活动，公诉人必须遵循刑事诉讼法、刑法等法律规定的基本原则，并参考有关刑事政策履行公诉职责。坦率地讲，在刑法、刑事诉讼法等法律规定的基本原则及刑事政策之外，我们很难确立仅属于公诉活动的独立的原则与政策。但是，在众多的法律原则与刑事政策中，有若干原则、政策对于公诉活动具有特别重要的指导作用。我们强调这些原则与政策，其意义在于要求公诉人员增强法治观念和政策观念，自觉实现公诉的价值目标。当然，公诉工作是诸项原则与政策共同作用的结果，各项原则之间既相互联系，又彼此制约，公诉人员应该充分认识公诉原则与政策的多元性，全面理解每项原则与政策的基本要求，不能一叶障目，只机械地遵循某一项原则或政策，而忽视其他原则与政策，孤立地、片面地根据某一个原则执法，难以保证司法的公正性。

公诉的原则与政策是指体现我国法律精神的对公诉活动具有普遍指导意义的基本准则与刑事政策。在理论上，学者们对基本准则与刑事政策的理解聚讼纷如，难求一律。不过，广义的刑事政策包括刑事诉讼过程中保障人权、惩治犯罪、预防犯罪的各项方针、原则与策略。我们认为，公诉的法律原则与刑事政策既有联系，也有一定区别。公诉的原则是指我国法律明确规定的公诉过程中必须遵循的基本原则，对公诉活动具有法律约束力，属于"硬性规定"；公诉的政策是体现我国法律精神的规范公诉工作的方针、原则和策略，对公诉活动具有理论指导作用，属于"弹性要求"。法律原则具有确定性的特点，明确、具体、便于操作；刑事政策具有意向性的特点，随着犯罪态势的变化，可以调整公诉的策略及方法。

当然，公诉的法律原则与刑事政策都体现了我国法律的精神，又是相辅相成的，对公诉活动均具有导向、调节的作用，保证实现公诉的价值目标。

第一节 国际刑事司法准则

国际刑事司法准则是指国际社会通过联合国等国际组织制定的国际条约或会议文件确认的关于刑事司法的规则与政策，旨在指导世界各国在刑事司法活动中，一方面有效地追究犯罪，惩治犯罪；另一方面保障司法公正，维护人权。国际刑事司法准则以国际人权法和其他有关刑事司法的国际条约的基本原则和规范为基础和主干，受到国际社会不同形式、不同程度的承认与支持，对各国的刑事司法制度，包括公诉制度具有十分重要的指导意义和参考价值。

国际刑事司法准则的形式渊源具有多样化的特点，主要包括三类文件：第一类是联合国制定通过的国际条约，对成员国或签约国具有法律的约束力；第二类是具有国际惯例特征的某些文件，表现为联合国或其他国际组织通过的宣言、决议及指导原则；第三类是示范性或倡议性文件，如联合国推荐的示范协定或模范立法。国际惯例性的决议或倡导性的文件不具有国际公约的强制力，但具有重要的政策意义，可纳入刑事政策的范畴，对各国的刑事司法具有参考价值。

国际刑事司法准则追求两个目标：第一，实现司法公正，保障基本人权；第二，控制犯罪滋长，维护法治秩序。而保持这两个目标之间的平衡是国际社会及各国面临的共同挑战。国际刑事司法准则的各种文件，有的侧重于司法公正和保障人权，有的侧重于控制犯罪和维护秩序。国际刑事司法准则涉及的问题极为广泛，内容十分丰富，可以分为六个方面：[1] 其一，国际人权法律体系，由《联合国宪章》以及《世界人权宣言》、《经济、社会、文化权利国际公约》和《公民权利和政治权利国际公约》确立的关于刑事司法基本原则的体系。这四个文件具有基本法的意义，受到国际社会的普遍承认和尊重。其二，针对国际犯罪制定的国际刑法体系，可分实体法规范与程序法规范。前者如关于战争犯罪、有组织犯罪、跨国贩毒犯罪、恐怖主义犯罪、污染环境的犯罪等规范。后者指对上述犯罪的国际刑事管辖、罪犯的引渡、审判程序等问题的规定。其三，关于囚犯待遇、非拘禁措施、刑罚和少年犯待遇的规则体系。

---

[1] 参见陈光中等主编：《联合国刑事司法准则与中国刑事法制》，法律出版社1998年版，第12—15页。

其四，关于司法机关及执法人员的规范体系，如联合国制定的《执法人员行为守则》、《关于司法机关独立的基本原则》、《关于检察官作用的准则》等文件。其五，关于被害人权利的保障体系，如联合国通过的《为罪行和滥用权力行为受害人取得公理的基本原则宣言》等文件。其六，关于开展刑事司法国际合作的体系，如《预防和控制有组织犯罪准则》、《关于犯罪和公共安全的联合国宣言》、《关于消除国际恐怖主义的措施的宣言》等文件。这一体系覆盖面广，且有不断扩大的趋向。

中国是联合国的创始国、成员国，又是安理会常任理事国，也是《联合国宪章》的参与制定国，在国际事务中具有举足轻重的作用。中国虽然在1971年才恢复在联合国的合法席位，但中国政府对联合国宪章的宗旨和原则，早在新中国成立之初便鲜明地表示过积极的认同态度。① 随着依法治国的基本方略的推进，中国社会的法治意识和人权保障等观念进一步增强，中国政府对于国际刑事司法准则给予了积极的评价，江泽民同志指出："我们应该共同致力于弘扬《联合国宪章》的宗旨和原则。……《联合国宪章》就是一部国与国关系的指南，为我们指明了应循之路，各国都应该严格照章办事。"② 根据中国的国情，中国陆续加入了包括《经济、社会、文化权利国际公约》和《公民权利和政治权利国际公约》③ 在内的18项国际人权公约，并在有关国际组织中参与制定、通过了一系列有关刑事司法准则的文件。

我国已加入的国际公约中涉及的刑事司法准则，特别是与公诉活动有关的司法准则主要有：（1）不得任意剥夺任何人的生命，严格限制死刑的适用（限制死刑原则）；（2）任何人不得施以酷刑或残忍的、不人道的或侮辱性的待遇或刑罚（人道待遇原则）；（3）所有的人在法律面前一律平等（适用法律平等原则）；（4）凡受刑事指控者在未依法证实有罪之前，应有权被视为无罪（无罪推定原则）；（5）受刑事指控的人有权亲自辩护和选择律师辩护，并享有法律援助权利（辩护原则）；（6）在法庭上有权在同等条件下询问对他不利和有利的证人（交叉询问原则）；（7）不被强迫作不利于自己的证言或被强迫承认犯罪（不得强迫自证其罪的原则）；（8）对未成年人的案件在程序上应考虑到他们的年龄和帮助他们重新做人的需要（未成年人保护原则）；（9）审判程序公正原则；（10）根据罪行的严重性处以适当的刑罚（罪刑相当原则）；

---

① 参见陈光中等主编：《诉讼法论丛》（第3卷），法律出版社1999年版，第14页。
② 转引自程味秋等编：《联合国人权公约和刑事司法文献汇编》，中国法制出版社2000年版，第1页。
③ 中国已签署加入《公民权利和政治权利国际公约》，但尚未经立法机关批准。

(11) 任何人已受一次审判后, 不得就同一罪名再予审判或者惩罚 (一事不再理原则); (12) 任何人的任何作为或不作为, 在其发生时依照国家法律或者国际法均不构成刑事犯罪者, 不得据以认为犯有刑事罪 (罪刑法定原则)。

对于中国签署和加入的国际公约所确立的国际刑事司法准则, 中国应当加以遵守。检察机关是我国的法律监督机关, 在履行公诉职责时, 不仅要增强自觉履行国际刑事司法准则的意识, 而且要身体力行地切实履行国际公约规定的刑事司法准则, 同时还要监督侦查、审判活动是否遵循了国际刑事司法准则。当发现司法人员违反在我国具有法律效力的国际司法准则时, 应当根据法律赋予的监督手段及时予以纠正, 维护我国信守国际条约的国际信誉。

应该指出, 从我国加入的国际公约所确立的刑事司法准则看, 绝大部分在我国国内法中均有所体现, 司法人员特别是公诉人员应当遵循自不待言。需要说明的是, 国际刑事司法准则未转化为我国国内法时, 是否直接适用于中国的司法活动, 这既是一个国际法问题, 也是一个涉及中国对已加入的国际公约采取什么态度的问题。国际条约是国际法的主要渊源, 缔约国忠实履行条约所确定的义务, 是维护国际社会法律秩序的基本条件。因此, 对于缔结的国际公约, 当事国应当善意履行。

条约一旦发生效力便产生与国内法的关系问题。对此, 世界各国主要采用两种方法解决国际公约在国内的适用问题: 一种是转化适用, 即根据国际公约的内容, 制定相应的国内法律, 解决国际公约在国内的效力问题; 另一种是直接适用, 即直接将国际公约的内容适用于国内。当国际公约与国内法相抵触时, 采用国际法优于国内法的原则。① 维也纳《条约法公约》第 27 条规定: "当事国不得援引其国内规定为理由而不履行条约。"每个国家究竟采用哪种方式解决国际条约在国内适用的问题, 一般在该国宪法中规定。我国宪法没有就国际条约在国内的适用问题作出规定, 但从相应的法律规定看, 我国采用的是直接适用的方式, 如《民事诉讼法》第 260 条指出: "中华人民共和国缔结或者参加的国际条约同本法有不同规定的, 适用该国际条约的规定, 但中华人民共和国声明保留的条款除外。"体现了国际公约优于国内法的原则。中国政府代表也曾于 1990 年对联合国禁止酷刑委员会表明对国际条约的立场: "在中国法律制度下, 中国所缔结或参加的国际条约会经过立法机关的批准程序或国务院的通过程序。条约一旦对中国有效, 在中国便有法律效力, 中国便有义务

---

① 参见陈光中等主编:《联合国刑事司法准则与中国刑事法制》, 法律出版社 1998 年版, 第 71—72 页。

去施行该条约。"① 可见，国际公约也是我国的法律渊源之一，与国内法具有同样的法律约束力，公诉人员必须切实遵循。

因社会制度、司法体制、物质条件、人员素质等原因，中国未签署加入的国际条约也提出若干刑事司法准则，这些准则也体现了国际社会对自由、公正、人权和秩序等人类基本价值的追求。不能因为我国未加入这些国际条约便全盘否定这些司法准则的合理性与积极性。其实，对于我国未加入的国际条约所确立的刑事司法准则，也可以结合我国国情和法律精神参考适用。

第二节 公诉的法律原则

如前所述，我国法律未对公诉活动规定专门的原则。我们只能借用刑法、刑事诉讼法等法律确定的基本原则，结合公诉制度的有关内容，阐明法律原则对公诉活动的指导作用。由于公诉活动具有追诉被告人刑事责任的职能，必然要适用刑法；又因为公诉是刑事诉讼的一个环节，也要遵循刑事诉讼法。同时，公诉人又是检察官，要依据人民检察院组织法的规定活动。从公诉应遵循的原则看，刑法规定的基本原则，人民检察院组织法规定的基本原则，都可以说是公诉的法律原则，刑事诉讼法确立的基本原则中与公诉有关的原则，也可以说是公诉的法律原则。因此，公诉的原则无非就是刑法、刑事诉讼法等法律确立的对公诉活动有指导意义的基本原则。

《刑法》第3条至第5条直接规定了3项刑法基本原则，即罪刑法定原则（第3条）、适用法律平等原则（第4条）和罪刑相适应原则（第5条）。《刑事诉讼法》第5条至第14条明确规定了12项刑事诉讼法基本原则，其中与公诉活动有关的原则有：司法独立原则（第5条），以事实为根据、以法律为准绳原则（第6条），分工负责、相互配合、互相制约原则（第7条），法律监督原则（第8条），使用本民族语言文字进行诉讼原则（第9条），公开审判原则（第11条），被告人辩护原则（第11条），未经法院判决不得确定有罪原则（第12条，也可称无罪推定原则），保障诉讼参与人权利原则（第14条）。《人民检察院组织法》第7条至第9条规定了法制原则、实事求是原则、适用法律平等原则、独立行使检察权原则等原则。限于篇幅，在此不宜将每个原则与公诉的关系都作具体的说明，仅选择若干与公诉活动最为密切的原则，而且对培养公诉人的法治意识最为重要的原则，进行阐述，旨在指导公诉人员

---

① 转引自陈光中等主编：《联合国刑事司法准则与中国刑事法制》，法律出版社1998年版，第72页。

公正司法,依法监督,保障刑事诉讼依法有序地进行,有效地保障人权、惩治犯罪。

一、尊重和保障人权原则

尊重和保障人权,既是一项重要的宪法原则,也是刑事诉讼法的基本原则之一,同时也是最重要的公诉原则。

人权,是人基于生存和发展的需要所应当享有的权利。人权源于人的本性。这种本性包含了自然属性和社会属性两个方面。[①] 人权,是一个社会历史的范畴,人权的内容是动态的、发展的。不同社会、不同阶级以及不同的历史阶段都会有不同的人权观。"人权"最初是资产阶级为反对封建专制和宗教特权提出来的一种政治理念和口号。18世纪西方资产阶级革命,先进的思想家把"人权观念"引入政治领域,提出"自由、平等、博爱"。1776年美国《独立宣言》是世界上第一个提出"人权"概念的纲领性文件,它宣布"人人生而平等",并将人权概括为生命、自由和追求幸福的权利。1789年法国《人权和公民权宣言》(即通常所说的《人权宣言》)是世界上第一个以"人权"命名的纲领性文件,它将人权概括为自由、财产、安全和反抗压迫的权利。在此之后,随着其他西方国家资产阶级革命的胜利,这些国家大都将"人权"规定到宪法或者宪法性文件中,并以"公民权利"的形式予以确认。1948年联合国大会通过《世界人权宣言》,它向世人宣示"人人生而平等,在尊严和权利上一律平等"、"人人享有生命、自由和人身安全"等,"人权"一词从此得到国际社会的普遍认同。1966年联合国大会通过《公民权利和政治权利国际公约》和《经济、社会及文化国际公约》。这两个公约和《世界人权宣言》被人们合称为"国际人权公约"或者"国际人权宪章"。我国政府已签署加入《公民权利和政治权利国际公约》和《经济、社会及文化国际公约》。

我们认为,人权,应当具有三层意思:首先,它的本质是尊重人作为人的尊严;其次,它的来源是一种与生俱来不可剥夺的权利;最后,它的最终表现形式是法律上的权利。从内容上说,其主要包含生存权以及国家赋予的政治、经济、文化等方面的权利自由。从形式上说,其主要内容具体体现为宪法和法律中所规定的公民权利。

在我国,在立法中明确"尊重和保障人权"原则有一个较长的发展过程。虽然我国司法实践中一直把实现和保障最广大人民群众的人权作为革命和建设

[①] 参见李步云:《论人权的本原》,载《政法论坛》2004年第2期。

的重要奋斗目标。但是,在新中国成立以后的相当长时期内,不仅在宪法和法律上不使用人权概念,而且在思想理论上也将人权问题视为西方腐朽思想和理论研究禁区。20世纪80年代末90年代初,我们党总结了当代中国和世界人权发展的实践经验,对人权问题进行再认识,提出社会主义中国要把人权的旗帜掌握在自己的手中。1991年11月,国务院新闻办公室发表了《中国的人权状况》白皮书,首次以中国政府文件形式正面肯定了人权概念在我国社会主义民主政治发展中的地位。1997年9月,党的十五大提出:"共产党执政就是领导和支持人民掌握国家的权力,实行民主选举、民主决策、民主管理和民主监督,保证人民依法享有广泛的权利和自由,尊重和保障人权。"首次使人权从对外宣示的主题变成我们党领导国家建设的主题。2004年3月,第十届全国人民代表大会第二次会议通过宪法修正案,将人权概念在宪法中明确予以规定。《宪法》第33条第3款明确规定:"国家尊重和保障人权。"落实宪法这一原则的要求,就是要将尊重和保障人权贯穿于立法、执法、司法各个环节之中。刑事诉讼法是规范刑事程序的基本法律,关系到公权力配置与私权利保障,跟每一位公民的人身权利、民主权利和财产权息息相关。因此,刑事诉讼法被称为"小宪法",是贯彻落实根本大法宪法的基本法。2012年3月,第十一届全国人民代表大会第五次会议审议通过了《关于修改〈中华人民共和国刑事诉讼法〉的决定》。这次刑事诉讼法修改不仅在第2条刑事诉讼法的任务中增加规定了"尊重和保障人权",而且在整个刑事诉讼法的修改过程和内容中都贯穿了这一原则要求,在证据制度中规定收集证据的原则、增加规定证人保护、完善非法证据排除制度,特别是强调司法机关办案人员"不得强迫任何人证实自己有罪";在强制措施中规定犯罪嫌疑人变更强制措施申请权、检察机关羁押必要性审查义务;在辩护制度中扩大法律援助适用范围,明确规定犯罪嫌疑人自被侦查机关第一次讯问或者采取强制措施之日起有权委托辩护人,辩护律师凭"三证"可以会见等;在侦查程序中确立当事人对司法机关侵犯当事人权利的申诉控告权,强化检察机关的侦查监督权;在审判程序明确二审开庭审理范围、完善死刑复核程序;增加特别程序,规定未成年人刑事案件程序、当事人和解的公诉案件程序等。新《刑事诉讼法》第2条增加规定"尊重和保障人权",是自宪法有规定以来,我国部门法第一次有人权规定。这次刑事诉讼法修改充分体现我国对尊重和保障人权的重视,有利于在刑事诉讼中更好地贯彻落实"尊重和保障人权"宪法原则。

刑事诉讼中的"尊重和保障人权"与刑事诉讼目的密切相关。刑事诉讼不仅注重惩治犯罪,维护正常的社会秩序,而且要在追诉犯罪的过程中注重保护所有诉讼参与人的诉讼权利。因此,"尊重和保障人权"在刑事诉讼活动中具有丰富的内涵。其主要包括四个方面的内容：一是通过准确打击犯罪，保障公民的合法权益。我国新《刑事诉讼法》第 1 条明确规定刑事诉讼法制定的根本目的是惩罚犯罪，保护人民，保障国家安全和社会公共安全，维护社会主义社会秩序。可见，惩罚犯罪不是刑罚的最终目的，惩罚犯罪归根结底是为了保障人权。国家行使刑罚权打击犯罪与保障人权是统一的。保障公民的合法权益是保障人权的根本要求。二是通过规范执法，保障无罪的人不受刑事追究。国家在打击犯罪时，不能不择手段，枉及无辜。换言之，国家在追究犯罪时，要正确依法行使国家权力，准确追究犯罪，严禁侵犯无辜者的合法权益。三是通过法定程序，保障包括犯罪嫌疑人、被告人在内的所有诉讼参与人的合法权益。四是使有罪的人得到公正的审判和惩罚。在刑事诉讼中，即使应当追究犯罪人的刑事责任，应当严格按照法定的程序，做到程序合法、事实清楚、证据确实充分、量刑适当。

在刑事诉讼中，贯彻"尊重和保障人权"原则具有重大意义。首先，有利于保护全社会所有成员免受国家司法权力滥用的侵犯。这是因为社会的所有成员都有可能成为潜在的犯罪人或者受害者，一旦卷入刑事诉讼程序，尊重和保障人权的制度设计就可以有效保护他们自身的合法权益。其次，有利于实现惩罚犯罪和保障人权的动态平衡，最大限度地实现司法公正。因为实体的公正，同样需要通过程序公正来实现。最后，有利于实现依法治国，促进社会的文明和进步。因为在现代法治国家，尊重和保障人权离不开依法治国，依法治国也离不开尊重和保障人权，它们相互依存，互相渗透，相互促进，相辅相成。依法治国是对尊重和保障人权的确认和体现；尊重和保障人权是依法治国的宗旨和目的。[①]

人民检察院公诉部门办理案件既是一个发现案件真相、证明犯罪事实、追究犯罪嫌疑人、被告人刑事责任的过程，也是一个履行法律监督职责、纠正查处诉讼活动中的违法犯罪行为、实现程序正义和保障人权的过程。刑事诉讼的历史表明，过分关注控制犯罪或者单纯追求人权保障，都会带来难以克服的弊病，甚至会出现与立法期望目标完全相反的结果。立法上过分重视控制犯罪，往往导致实践中不择手段地侦破案件和追求高效率的定罪，从而使犯罪嫌疑人、被告人的人权无法得到保障，而且会造成无辜者被定罪，真正的犯罪人得不到追究，社会秩序难以维护的后果。反之，如果片面强调人权保障，社会秩序得不到维护，而且还会引发被害人及其家属私力报复等现象，由此也会导致

[①] 参见谷春德：《依法治国方略与尊重和保障人权》，载《北京市政法管理干部学院学报》2004 年第 2 期。

刑事程序追求的人权保障目标难以在最终意义上得到实现。因此，人民检察院行使公诉权时，既不能像过去那样以打击犯罪为重，专政色彩强烈，也不能从一个极端走到另一个极端，出现放纵犯罪和打击不力的被动局面。[①] 当前，我国正处于全面建设小康社会的历史时期，国家需要长期和谐稳定的社会环境。人民检察院公诉部门和检察人员办案时必须处理好打击犯罪和保护人权的关系，在打击各种犯罪活动的同时，要切实提高人权保护意识，理性、平和、文明、规范、公正执法，使人民群众通过检察机关的执法办案，既感受到法律的尊严、权威，又感受到人民检察官的公正和人文关怀，避免侵犯人权的行为。

在公诉工作中贯彻尊重和保障人权，要求人民检察院和检察人员切实做到以下几点：

第一，更新执法观念，确立人权意识。新《刑事诉讼法》第2条规定的"尊重和保障人权"，是刑事诉讼活动必须执行的宪法和法律规定和刚性的工作要求。检察人员在办案中必须摒弃过去重打击、轻保护，重实体、轻程序的观念，消除"先入为主"、"有罪推定"、"不把犯罪的人当人对待"等错误做法，牢固树立正确的人权观念，一切以人为本，克服特权思想，严格依照法律规定开展公诉工作，准确打击犯罪，依法保护当事人的实际行动，赢得广大人民群众对法律的尊重和对检察机关和检察人员的信任。司法实践中，有时不可避免地会出现保护人权与打击犯罪相冲突的情况，比如严格执行羁押时限、律师要求会见犯罪嫌疑人、被告人时司法人员不能在场等。那么，在这情况下必须掌握一个正确的标准，否则，无论是强调哪一方面都可能产生问题。这个标准就是公诉部门和检察人员办理任何一起案件，都要严格依法进行。不仅要严格按照实体法的规定认定犯罪，还要严格按照程序法的规定，收集、认定证据，依法对案件作出起诉、不起诉、抗诉等处理。只有严格依法办案，才能使案件的处理结果做到公平、公正，才能取得最佳办案效果。

第二，保证实体公正，确保案件质量。案件质量是司法工作的生命线。公诉案件的办理质量关系到司法机关对犯罪嫌疑人、被告人是否追究刑事责任以及如何定罪量刑，关系到是否准确打击犯罪、是否保护被害人利益、是否防止无辜者被追究刑事责任，是否使罪犯受到应有的制裁等内容，并决定着"尊重和保障人权"原则的最终实现。证据是决定案件质量的关键。公诉工作要特别注意证据的审查工作。刑事诉讼的过程首先就是运用证据认定案件事实的过程，在准确认定案件事实的基础上正确适用法律，案件才能得到正确处理。

---

① 参见宋英辉：《刑事诉讼法修改问题研究》，中国人民公安大学出版社2007年版，第1页。

在刑事案件中,大部分难以解决的问题在于事实的认定,因而刑事证据的运用就显得特别重要。[①] 在公诉环节,检察人员必须弱化对口供等言词证据的依赖,重视对实物证据等客观证据的审查和运用,强化证据的补强工作;既要分析有罪证据,也要分析无罪证据,还要分析罪重罪轻证据;在分析证据时,要综合案情和全部证据情况,审查控诉犯罪的证据能否形成完整的证据链,避免受侦查机关《起诉意见书》的影响先入为主;要严格证据的合法性审查,做好证据合法性证明工作,依法排除非法证据。

第三,保证程序公正,保障诉讼权利。正义不仅应当实现,而且应当以人们看得见的方式实现。这就是程序公正的重要价值所在。正当的法律程序意义充分保障诉讼参与人的诉讼权利,限制司法的随意性,防止权力滥用。这次刑事诉讼法修改进一步补充完善有关内容,加强了对刑事诉讼参与人的权利保护,其中很多内容涉及公诉工作。例如,"犯罪嫌疑人、被告人可能被判处无期徒刑、死刑,没有委托辩护人的,人民法院、人民检察院和公安机关应当通知法律援助机构指派律师为其提供辩护"、"辩护律师自案件移送审查起诉之日起,可以向犯罪嫌疑人、被告人核实有关证据。辩护律师会见犯罪嫌疑人、被告人时不被监听"、"辩护人认为在侦查、审查起诉期间公安机关、人民检察院收集的证明犯罪嫌疑人、被告人无罪或者罪轻的证据材料未提交的,有权申请人民检察院、人民法院调取"等。检察机关公诉部门和检察人员应当严格执行刑事诉讼法的有关规定,严格适用不起诉,特别是注意做好对未成年人刑事案件的附条件不起诉工作;准确适用简易程序、认罪案件简易审;讯问犯罪嫌疑人、被告人时,充分尊重其辩护权、辩解权和质证权,对其控告、申诉的事项认真办理;加强与辩护人的交流与沟通,主动听取辩护人的意见,为辩护人依法履行职责提供便利,对辩护人的正当请求大力支持;做好公诉案件出庭工作;做好刑事和解工作,并在公诉环节充分发挥检调对接工作机制的积极作用。在公诉工作中,既要注意保障犯罪嫌疑人、被告人及其辩护人的合法权利,也要注意保障被害方及其诉讼代理人的权利,还要注意保障其他诉讼参与人依法享有的诉讼权利。

第四,强化法律监督,维护公平正义。根据我国宪法和相关法律规定,检察机关是国家的法律监督机关。因此,确保"尊重和保障人权"宪法原则和刑事诉讼法有关规定的实现,也是检察机关法律监督重要工作之一。公诉环节的法律监督,可以称为诉讼监督,包括侦查监督、审判监督和部分执行监督的内容。诉讼监督工作中,要把监督的重点放在社会各界反映强烈的司法不公案

---

① 童建明主编:《新刑事诉讼法理解与适用》,中国检察出版社2012年版,第67页。

件上，放在容易产生司法人员执法不严、违法犯罪的薄弱环节上，放在严重侵犯诉讼当事人权利的突出问题上。其中侦查监督（包括对自侦的监督）要重点对刑讯逼供、暴力取证、滥用刑事手段插手经济纠纷等问题进行诉讼监督；审判监督要重点对有罪判无罪、无罪判有罪、判刑畸轻畸重以及审判中徇私枉法等行为进行诉讼监督，并用好刑事审判法律监督专项检查活动的成果。在公诉工作中，要注意发现执法不严、司法不公背后的司法人员职务犯罪线索，及时移交自侦部门立案查处，确保公正廉洁司法。这次刑事诉讼法修改赋予检察机关对非法取证行为、妨碍辩护人依法行使职权以及违法侦查行为的申诉、控告受理与监督纠正责任，凸显了检察机关在刑事诉讼中的法律监督职能。各级公诉部门在公诉工作中一定要高度重视这些职权的行使，努力做到敢于监督、善于监督，务求监督实效，保证刑事诉讼活动依法、公正、文明进行，确保尊重和保障人权原则的实现。

二、罪刑法定原则

罪刑法定是各国刑法最基本的法治原则，已成为现代刑法的基石与标志。罪刑法定的含义可以概括为，法无明文规定者不为罪，法无明文规定者不处罚。这一原则严禁罪刑擅断，主张严格限制司法机关的刑事追诉权和刑罚权，是维护公民权益的法律保障。公诉人员必须充分领会罪刑法定的精髓，自觉地坚持罪刑法定原则，履行公诉职能与法律监督职责。

罪刑法定是实体法的原则，但也具有程序法的意义。罪刑法定的思想甚至源于法律程序的要素。古罗马法中便有"适用刑罚必须根据法律"的规定，但因当时刑法并未明确规定犯罪的构成要件，与现代罪刑法定原则的含义相去甚远。一般认为，罪刑法定的早期思想渊源是1215年《英国大宪章》第39条关于"正当的法律程序"（Due process of law）的规定："凡是自由民除经其贵族依法判决或遵照国内法律之规定外，不得加以扣留、监禁、没收其财产、褫夺其法律保护权，或加以放逐、伤害、搜索或逮捕。"由上述程序法定的思想，最终发展为实体法上的罪刑法定原则。

现代意义上的罪刑法定原则，是资产阶级为反对封建特权和司法擅断而提出并首先在法律上予以确认的。十七八世纪，资产阶级启蒙思想家围绕自由、民主、平等提出了天赋人权、社会契约、三权分立等学说，并在批判封建司法擅断的同时提出了一系列法治思想和原则，其中就包括罪刑法定的主张。意大利刑法学家贝卡里亚在其1764年出版的《论犯罪与刑罚》中，率先较为明确地阐述了罪刑法定的思想，指出："只有法律才能为犯罪规定刑罚。只有代表根据社会契约而联合起来的整个社会的立法者才拥有这一权威。……超越法律限度的刑罚就不再是一种正义的刑罚。因此，任何一个司法官员都不得以热忱或公共福利为借口，增加对犯罪公民的既定刑罚。"[1] 德国刑法学家费尔巴哈则在《刑法教科书》（1801 年）中首先使用罪刑法定原则这一术语，并极力倡导罪刑法定应成为刑法的基本原则，提出"哪里没有法律，哪里就没有对公民的处罚"。[2]

在这些启蒙思想家的鼓吹下，罪刑法定的思想深入人心，并很快在资产阶级革命胜利后被载入法律。1789 年法国《人权宣言》第 5 条规定："法律仅有权禁止有害于社会的行为，凡未经法律禁止的行为即不得受到妨碍，而且任何人都不得被迫从事法律所未规定的行为。"第 8 条规定："法律只应规定确实需要和显然不可少的刑罚，而且除非根据在犯法前已经制定和公布的且系依法施行的法律以外，不得处罚任何人。"在《人权宣言》的指导下，法国于 1791 年制定了一部刑法典，对各种犯罪都规定了具体的犯罪构成和绝对确定的法定刑，以排除法官进行自由裁量的余地，被称为绝对罪刑法定主义。但因绝对罪刑法定主义的刑法典实际上根本行不通，后来又制定了 1810 年《法国刑法典》，对绝大多数犯罪规定了相对确定的法定刑。该法第 4 条明确规定："没有犯罪行为时以明文规定刑罚的法律，对任何人不得处以违警罪、轻罪和重罪。"此后，资产阶级大陆法系国家大都效仿法国，把罪刑法定原则载入宪法或者刑法典，只不过表述略有不同而已。在实行判例法的英美法系，虽然没有制定成文刑法典，也正以"正当的法律程序"的形式实行着罪刑法定原则。

罪刑法定原则的基本要求，一是法定化，即犯罪和刑罚必须事先由法律明文规定，不允许法官自由擅断；二是实定化，即对于什么行为是犯罪和犯罪所产生的具体法律后果，都必须作出实体性的规定；三是明确化，即刑法条文必须意思明确，不能含糊其辞或者模棱两可。罪刑法定原则发展初期，强调限制司法权的滥用，要求犯罪和刑罚的法律规定必须绝对确定，司法机关和司法人员只能遵从法律的明确规定而没有自由裁量的权力，反映在刑事立法上，就是绝对禁止类推和扩张解释，排斥习惯法，禁止刑法溯及既往，否定不确定刑。这些要求突出保障人权，但缺乏司法实践的可操作性。随着世界各国政治、经济、文化和社会状况的发展变化，罪刑法定原则的价值取向增加了保护社会的因素，其内容也在不断变化，体现为一种适应社会生活和司法实践的较为灵活

---

[1] 参见［意］贝卡里亚：《论犯罪与刑罚》，中国大百科全书出版社 1993 年版，第 11 页。

[2] 转引自陈兴良：《刑罚适用总论》（上），法律出版社 1999 年版，第 3 页。

的原则，允许在必要时将习惯法作为刑法的间接渊源，在刑法的溯及力上采用从旧兼从轻的原则，在法定刑上采用相对不确定刑，进行有利于被告人的扩张解释，法官一定范围内的自由裁量权得到了肯定。

我国1979年刑法没有明确规定罪刑法定原则，而且规定了类推制度，但是，刑法学界大多数人认为这部刑法典是实行以有限类推为补充的相对罪刑法定原则。1997年修改后的刑法取消了类推制度，并在第3条明文规定："法律明文规定为犯罪的，依照法律定罪处刑；法律没有明文规定为犯罪行为的，不得定罪处刑。"这一规定明确肯定了罪刑法定是刑法的基本原则，在我国刑事法律发展史上具有里程碑意义。

罪刑法定原则不仅体现为我国《刑法》第3条的规定，还体现于对犯罪与刑罚的具体规定上，表现在罪之法定和刑之法定两个方面。罪之法定，主要通过刑法总则关于犯罪概念、犯罪构成要件的规定和刑法分则关于每一个具体犯罪的构成特征的规定体现出来。刑之法定，主要通过刑法总则关于刑罚种类、量刑原则的规定和刑法分则关于每一个具体犯罪的法定刑体现出来。这些规定表明，我国刑法不仅从形式上规定了罪刑法定原则，而且在实质上贯彻了罪刑法定原则。

罪刑法定原则的意义，首先在于对国家立法权本身的限制，即国家对公民实施的行为，如果现行法律没有规定为犯罪，就不得再制定法律予以刑事追诉，这就是禁止事后法或者刑法效力不溯及既往的原则。如果新旧刑法都规定同一行为为犯罪，而在处罚上的规定不同时，应采从旧兼从轻的溯及力原则，这也是罪刑法定的题中应有之义。罪刑法定原则更重要的意义在于对司法权的限制，即司法机关只能对法律明文规定为犯罪的行为追究刑事责任，并且只能根据刑法规定对确定有罪的人处以刑罚。

人民检察院行使公诉权，目的在于对犯罪进行刑事追究。在行使公诉权的过程中，也必须切实贯彻罪刑法定原则。虽然确认是否犯罪和对犯罪人给予何种刑罚处罚，依法需要通过审判确定，但提起公诉是审判的先导和根据，审判的范围取决于提起公诉的范围，人民检察院只有对法律规定为犯罪的行为提起公诉，才可能使行为人受到定罪处罚。如果对无罪的人提起公诉，不仅损害被追究人的权益，也将造成司法资源浪费，损害司法的正当性、正义性和权威性。此外在提起公诉时，人民检察院还将就如何定罪量刑提出公诉请求，这些公诉请求只有符合刑法规定才能得到人民法院采纳。可以说，在公诉活动中贯彻罪刑法定原则，是在审判活动中实现罪刑法定原则的重要基础，对准确惩罚犯罪，保障公民合法权益，具有十分重要的意义。

在行使公诉权的过程中贯彻罪刑法定原则，要求人民检察院和检察人员注意以下几点：

一是严格依照法律的规定认定犯罪嫌疑人的行为是否构成犯罪。这里的法律，不仅包括刑法典，也包括其他有效的单行刑事法律和非刑事法律中的附属刑法规范，还包括最高人民法院、最高人民检察院的有关司法解释。对法律明确规定为犯罪、应当追究刑事责任的行为，应当依法提起公诉；凡是不构成犯罪的行为，应当依法不起诉。在法律规定得不够明确时，检察人员必须经过对法律的适用解释才能作出司法认定。在适用解释中，应当探求立法本意，而不能随意地进行扩张解释或者限制解释。

二是正确认识犯罪社会危害性与刑事违法性、应受惩罚性的关系。社会危害性是犯罪的本质特征，但具有社会危害性的行为不一定是犯罪。刑事违法性作为犯罪的形式特征和法律标志，在具有社会危害性的行为中，确定了某一些行为是犯罪并应当受到刑罚处罚，从而在法律上为刑事追究明确了具体的范围。在审查起诉中，公诉人不仅要看到犯罪嫌疑人的行为所具有的社会危害性，更要注意分析其行为是否触犯了刑律。凡是法律没有明文规定为犯罪的行为，不管社会危害性多大，都不能追究刑事责任。实践中，必须切实消除类推制度的影响，摒弃片面强调行为社会危害性而忽视刑事违法性的观念和做法。

三是依法准确认定犯罪的性质和罪名。提起公诉的案件，起诉书中必须表明人民检察院对犯罪性质和罪名的认定意见。起诉意见正确与否，不仅关系到被告人的辩护权能否得到保障，也关系到审判的结果是否正确。人民检察院和检察人员必须严格依照法律规定，正确认定犯罪的性质和罪名，并通过刑事抗诉纠正刑事判决、裁定在认定犯罪性质和罪名上的错误，保证罪刑法定原则在审判中得到切实贯彻。

三、无罪推定原则

关于我国刑事诉讼法是否确立了无罪推定原则，学者们的认识并不一致。多数学者认为，我国《刑事诉讼法》第 12 条关于"未经人民法院依法判决，对任何人都不得确定有罪的规定"，只是吸取了西方无罪推定的合理内核和进步意义，与无罪推定的要求还有差异。[①] 有学者认为，"罪刑法定的另一层含义，即在法院判决以前，被追究刑事责任的人应当假定为无罪，既不符合我国刑事诉讼的客观情况，在逻辑上也难以自圆其说，因为很显然，若假

---

① 参见陈光中主编：《刑事诉讼法学》（新编），中国政法大学出版社 1996 年版，第 73 页。

定无罪，就不可能再叫犯罪嫌疑人，也就没有追诉的必要了。"① 还有人认为，"我国刑事诉讼法并非全面确定无罪推定原则……这主要是由于刑事诉讼法并未赋予犯罪嫌疑人、被告人沉默权等权利。"② 也有学者主张，"从刑事诉讼法第12条规定所体现的基本精神上看，也可以讲，它实质上就是无罪推定原则"。③

我们认为，我国《刑事诉讼法》第12条的规定可以视为无罪推定原则，主要有下列理由：其一，我国《刑事诉讼法》第12条的内容与国际社会通行的对无罪推定原则的表述基本是一致的，没有本质区别。如《世界人权宣言》第11条规定："凡受刑事控告者，在未经获得辩护上所需的一切保证的公开审判而依法证实有罪以前，有权被视为无罪。"再如意大利《宪法》（1947年）第27条规定："被告人在最终定罪之前，不得被认为有罪。"其二，要正确理解无罪推定原则的本意。在诉讼理论上无罪推定主要有两层含义：一是法院有定罪的专属权，二是指司法人员（主要是法官）不得因犯罪嫌疑人被指控或者被羁押而对其产生有罪的预断，必须审查判断证据依法作出判决。显然，无罪推定原则并不是说在法院判决有罪之前若把犯罪嫌疑人视为无罪的人，就不能采取强制措施，就不能收集证据了。事实上，认可无罪推定原则的国家也一样追诉犯罪人，似乎未因为把嫌疑人视为"无罪的人"就无能为力了。可见，不能因为无罪推定原则便产生了无法追诉犯罪嫌疑人的疑虑。其三，沉默权与无罪推定原则有关系，但并不是无罪推定原则本身的内容。从历史沿革的轨迹看，沉默权产生的历史可以追溯到英国12世纪初，远远早于无罪推定的历史。尽管规定沉默权的法律始见于1898年的英国《刑事证据法》，但因英美法系固有的衡平法和判例法的特点，早在17世纪，沉默权已在英美得到普遍确认。而无罪推定原则源于18世纪启蒙时代，至1789年才在法国《人权宣言》中得到确认。因沉默权的历史早于无罪推定，不宜说沉默权是无罪推定原则派生的权利。沉默权与无罪推定之间具有本质上的联系，可以说无罪推定原则的确立为沉默权提供了坚实的理论基础和法律根据，但不宜将两者混为一谈，沉默权是一项相对独立的诉讼规则。目前在英美国家也有限制沉默权的立法例，并未得出否定或损害无罪推定的结论，所以不能因为我国刑事诉讼法尚未确认沉默权，就断然否认《刑事诉讼法》第12条的无罪推定的意义。事实上，我国未在法律上承认沉默权，也不意味着犯罪嫌疑人、被告人沉

---

① 卞建林主编：《刑事诉讼法学》，法律出版社1997年版，第103页。
② 曹贵乾主编：《刑事诉讼法教程》，警官教育出版社1998年版，第49页。
③ 王国枢主编：《刑事诉讼法学》（新编本），北京大学出版社1998年版，第66页。

默就认定其有罪，仍然要根据证据定案。我国新《刑事诉讼法》第53条明确指出："对一切案件的判处都要重证据，重调查研究，不轻信口供。"特别是我国已于1998年10月签署加入《公民权利和政治权利国际公约》，表明我国承认该公约规定的沉默权的合理性和积极意义。基于上述理由，我们倾向于将《刑事诉讼法》第12条视为无罪推定原则。正确认识无罪推定原则有助于增强公诉人员的法治观念、证据观念和法庭观念。

无罪推定是指在刑事诉讼中，受刑事控告的人未经司法程序由法院确定为有罪之前，在法律上应认为其无罪。无罪推定的思想，最初也是由资产阶级启蒙思想家提出的，其基本宗旨是为了保障犯罪嫌疑人、被告人的人权。贝卡里亚在《论犯罪与刑罚》中抨击了封建社会践踏人权的刑讯逼供和有罪推定，从天赋人权说和社会契约论出发阐述了无罪推定的思想理论，指出："在法官判决之前，一个人是不能被称为罪犯的。只要还不能断定他已经侵犯了给予他公共保护的契约，社会就不能取消对他的公共保护。"[①] 资产阶级革命胜利后，这一思想被欧美一些国家以不同的表达方式载入宪法或刑事诉讼法。例如，1789年法国《人权宣言》第9条规定："任何人在其未被宣告有罪之前应被推定为无罪。"随着西方法文化的传播，无罪推定原则逐步为世界其他许多国家的刑事立法所采纳，也为《世界人权宣言》等国际公约所认同，成为衡量各国法治水平高低的重要标准之一。

根据无罪推定原则，可以推导出一系列诉讼规则：一是只有法院依照法定的诉讼程序才能确定一个人有罪；二是证明犯罪的责任由控方承担，被告人不承担证明自己无罪的义务；三是证明有罪的证据必须达到充分的程度，即足以使法院确信某人有罪而无合理怀疑的程度。如果法院经过证据调查后仍不能确认被告人有罪，则应宣告其无罪，即疑罪从无。

对犯罪嫌疑人、被告人法律地位的认识，历史上有有罪推定和无罪推定两种理论观点和实践做法。与封建专制制度相适应的有罪推定，早已被彻底否定。适应国际刑事诉讼发展的大趋势，新《刑事诉讼法》第12条规定："未经人民法院依法判决，对任何人都不得确定有罪。"新刑事诉讼法还对被追究人的称谓作了阶段性的划分，即在起诉前称为"犯罪嫌疑人"，起诉后才称为"被告人"，这种划分有利于转变司法人员的观念，有利于司法实践中切实贯彻无罪推定的原则。

无罪推定的积极意义是明显的。在刑事诉讼中，犯罪嫌疑人、被告人处于

[①] 参见[意]贝卡里亚：《论犯罪与刑罚》，中国大百科全书出版社1993年版，第31页。

被追诉的不利地位，推定其无罪，有利于充分保障其诉讼权利和其他合法权益。另外，无罪推定对控方收集、运用证据证明犯罪提出了更高的要求，并且使被告人一方可以相对平等地与控方在法庭上展开对抗式的辩论，从而有利于促进诉讼民主和司法公正。

根据刑事诉讼法的规定，我国实行的无罪推定原则包括三个方面的内容：一是明确只有人民法院才有权依法判决一个人有罪。在我国，参加刑事诉讼的机关有公安机关、人民检察院和人民法院。公安机关和人民检察院在刑事诉讼中行使侦查权和检察权，都承担控诉职能。公安机关、人民检察院在侦查、审查起诉活动中，要作出各种各样的决定，比如决定立案、拘留、逮捕、移送起诉、提起公诉等。这些决定往往是建立在认为犯罪嫌疑人的行为构成犯罪的基础上的。但公安机关、人民检察院所作的司法认定，只是确定其犯罪嫌疑人、被告人的地位，在任何时候都不具有定罪的效力。是否有罪，只能由人民法院依法通过审判确定。二是在人民法院依法判决前，犯罪嫌疑人、被告人不能被作为有罪的人看待。在刑事诉讼中，犯罪嫌疑人、被告人是被追究刑事责任的对象，因为有一定证据证明他们实施了犯罪行为，所以被怀疑是犯罪人，但在人民法院判决确认其有罪之前，他们不是罪犯，只是一种身份比较特殊的公民。司法机关一方面要根据诉讼的需要，依法限制或者剥夺他们的人身自由；另一方面要依法赋予他们诉讼权利，保障他们的合法权益不受侵犯。三是疑罪从无。虽然有证据证明犯罪嫌疑人、被告人涉嫌犯罪，但认定有罪的证据不足时，应当认定犯罪嫌疑人、被告人无罪。检察机关要依据新《刑事诉讼法》第171条第4款的规定作出不起诉决定，审判机关要依据新《刑事诉讼法》第195条第3项作出指控的犯罪不能成立的无罪判决。

在公诉工作中贯彻无罪推定原则，要求人民检察院和检察人员切实做到以下几点：

其一，切实转变观念。长期以来一些检察人员形成了有罪推定的观念，或者在办案中常常反映出有罪推定的意识。这些错误观念在实践中表现为不重视保障被告人的诉讼权利，或者片面重视有罪证据而忽视无罪证据，或者把犯罪嫌疑人、被告人的任何辩解都武断地认为是狡辩。在案件证据不充分的情况下，往往只看到有罪证据，看不到无罪证据和证据之间的明显矛盾，导致起诉后被宣判无罪，甚至出现冤假错案。要纠正这些影响诉讼民主和司法公正的错误做法，首先要切实转变观念，牢固树立无罪推定的观念。

其二，强化证据意识，严禁刑讯逼供。无罪推定原则要求控方承担举证责任。除了根据刑法规定由被告人承担一部分举证责任的个别情况下，指控犯罪的证据必须由公安机关、人民检察院收集，而不能要求犯罪嫌疑人、被告人提出证明自己无罪的证据,更不能强迫犯罪嫌疑人、被告人提供证明自己犯罪的证据。在审查起诉中,要从无罪推定出发,重视收集和审查证明被告人无罪、罪轻的证据,不放过证据之间的任何明显矛盾,防止先入为主和主观片面性,使提起公诉的决定建立在犯罪事实清楚、证据确实充分的基础上。在讯问被告人、询问证人的时候,严禁采用刑讯逼供和以威胁、引诱、欺骗等非法方法获取口供、证言。凡是以非法手段获取的口供、证言,都不能作为指控犯罪的依据,应当坚决予以排除。必须注意,根据新《刑事诉讼法》第 50 条规定,审判人员、检察人员、侦查人员必须依照法定程序,收集能够证实犯罪嫌疑人、被告人有罪或者无罪、犯罪情节轻重的各种证据。严禁刑讯逼供和以威胁、引诱、欺骗以及其他非法方法收集证据,不得强迫任何人证实自己有罪。换言之,我国刑事诉讼法没有规定犯罪嫌疑人、被告人有沉默权,犯罪嫌疑人、被告人有如实回答讯问的义务;但是根据刑事诉讼法规定,犯罪嫌疑人、被告人并没有自证其罪的义务。因此,如果证据确实、充分,即使犯罪人不供,人民检察院也可以凭其他证据指控犯罪;如果没有其他证据,不能因为犯罪嫌疑人、被告人不回答讯问而指控其行为构成犯罪。

其三,切实保障被告人的诉讼权利。检察人员要尊重犯罪嫌疑人、被告人,不能把他们当作罪犯来看待,更不能侮辱他们的人格。对犯罪嫌疑人、被告人依法享有的诉讼权利,都应当切实予以保障,特别是要允许被告人为自己辩解,不能动不动予以训斥。在公诉工作中,还要切实履行诉讼监督职责,注意发现和纠正侦查人员、审判人员侵犯被告人合法权益的情形。

其四,坚持疑罪从无。人民检察院在办案中应当准确把握起诉条件,避免把证据不足的案件强行起诉到法院。对经过补充侦查仍然认为证据不足、不符合起诉条件的案件,应当本着疑罪从无的原则依法不起诉。对人民法院以证据不足判决无罪的案件,要就证据情况进行实事求是的分析,确属证据不足时,不应贸然提出抗诉。

其五,强化法庭意识。公诉人员要充分认识到只有人民法院依法享有定罪权,检察院没有定罪权。检察院所做的不起诉决定,不论基于何种理由,即便是"犯罪情节轻微"的不起诉,在法律意义上,都是无罪的结论。未经过法庭依法审理,不能确定任何人有罪。对于犯罪事实清楚,证据确实、充分的案件,公诉人在法庭上也要充分履行举证责任,通过出示证据证明被告人犯罪,说服法官依法进行判决。强调无罪推定原则,要求公诉人增强证据意识、法律意识,重视举证责任、论理责任,使无罪者及时解脱,将犯罪人绳之以法。无罪推定并非是说公诉人可以逃避责任,对犯罪嫌疑人、被告人放任不管。

其六,严格执行羁押期限的规定,禁止超期羁押,防止强制措施过度。在无罪推定原则的前提下，对犯罪嫌疑人予以羁押，主要是为了有利于刑事诉讼的顺利进行，而不是进行惩罚，因此，要严格遵守各种强制措施的适用条件和法律规定的羁押期限，不能因为被告人是被追究的对象，就可以任意处置，甚至长期羁押。实践中的超期羁押，往往是司法人员在有罪推定观念驱动下，忽视被告人合法权益的结果，必须坚决杜绝。

四、适用法律平等原则

法律面前人人平等，是一项重要的宪法原则，也是刑法、刑事诉讼法、人民检察院组织法的基本原则之一。

关于平等的思想和愿望也许像人类历史一样源远流长。平等观念可以追溯到原始社会，当时具有的是原始平等的观念。伴随着私有制的产生，出现了经济、政治上的不平等，反映在法律上也体现和维护这种社会的不平等。从奴隶社会到封建社会，统治阶级为了维护其利益，必然要用法律公开维护不平等的阶级关系、社会关系，平等只能作为人们追求的美好理想，永远无法实现。随着资本主义的萌芽和商品经济的发展，封建等级特权和不平等的社会关系越来越不适应生产力发展的要求。资产阶级启蒙思想家为反对封建等级特权，从政治上提出了"平等"的口号，反映在法律适用上就是要求人人平等。法国1979年《人权宣言》第一次明文规定："法律对于所有的人，无论是施行保护或处罚都是一样的。在法律面前，所有的公民都是平等的。"从此，法律面前人人平等成为所有资本主义国家的一项宪法原则。但由于资产阶级的法律平等是建立在财产不平等基础上的。其所谓的法律面前人人平等只能是形式上平等，而实质上不平等。

我国是社会主义国家，人民当家做主，实行人民民主专政，必然要求在适用法律上实现真正的平等。我国《宪法》第33条第2款规定："中华人民共和国公民在法律面前一律平等。"第5条第5款规定："任何组织或者个人都不得有超越宪法和法律的特权。"为了在刑法、刑事诉讼法中贯彻公民在法律面前人人平等的宪法原则，《刑法》第4条规定："对任何人犯罪，在适用法律上一律平等。不允许任何人有超越法律的特权。"《刑事诉讼法》第6条也规定："……对于一切公民在适用法律上一律平等，在法律面前，不允许有任何特权。"《人民检察院组织法》第8条指出："各级人民检察院行使检察权，对于任何公民，在适用法律上一律平等，不允许有任何特权。"

适用法律平等原则表明下列含义：其一，司法平等，是适用法律的平等。其二，既包括实体法的平等，也包括程序法的平等，在定罪量刑时要一视同仁，对无罪者同样保护；在诉讼过程中，任何公民享有法律规定的同样义务。其三，适用法律平等，既要反对特权，也要反对歧视；既反对不平等的处罚，也反对不平等的保护。

适用法律平等作为公诉活动的基本原则，其要求体现为以下几个方面：一是任何人只要没有违反刑法，没有构成犯罪，都应当平等地受到刑法保护，不受刑事追究；二是任何人构成犯罪，都应当平等地受到依法追究，不允许任何犯罪的人享有超越法律的不受追究的特权；三是任何诉讼参与人，都依法平等地享有法律规定的诉讼权利，并承担相应的诉讼义务；四是任何诉讼参与人，都不得享有法律规定以外的更多的诉讼权利，或者不承担法律规定的诉讼义务。

公民在法律面前人人平等，并不是指所有人都应当享有同样的权利和承担同样的义务，而是以法律为标准，在适用法律上的平等。对不同的人，法律规定的权利和义务有时不同。对公民在适用法律上人人平等，要求司法机关在办理刑事案件中严格执行法律的规定，不受民族、种族、性别、职业、社会出身、宗教信仰、教育程度、财产状况、居住期限等法律规定以外的因素的影响。对公民在适用法律上一律平等，也并非意味着绝对的同罪同罚，而是指通过依法裁量而使不同的人受到公正对待，与在法律范围内区别对待并不矛盾。在法律范围内区别对待，是根据案件的具体情况，根据法律的规定而进行的，恰恰是建立在对不同情况予以区别基础上的公正和平等，与仅因地位、身份等不同而区别对待有本质的区别。

在公诉工作中坚持适用法律平等的原则，主要是要求人民检察院和检察人员严格执行法律，对一切公民的合法权益都应该平等地予以保护，对一切公民的犯罪行为都应该平等地予以追究，该提起公诉的就要提起公诉，不该提起公诉的就应当不起诉，并且要加强对侦查活动和审判活动的监督，保障诉讼参与人依法享有的诉讼权利，监督和纠正适用法律不平等的错误裁判。在办理刑事案件中，被告人的身份、地位、宗教信仰、教育程度等情况千差万别，干扰人民检察院依法独立办案的因素也很多。检察人员应该坚持法律面前人人平等，一方面，不管被告人过去的地位有多高、功劳有多大、身份有多么特殊，只要触犯刑律构成犯罪，都要坚决依法予以追究，不能在法外给予特殊对待；另一方面，也不能因为被告人地位低、没有文化而忽视对其诉讼权利的保障。同样，被害人的身份、地位等情况也是多种多样。不论被害人是谁，都应该依法对侵害他的人予以惩办，不能因为被害人地位高而对犯罪嫌疑人从重处罚，也不能因为被害人地位低而对犯罪嫌疑人从宽处理。

五、客观公正原则

客观公正原则是综合刑事诉讼法、人民检察院组织法规定的"以事实为根据,以法律为准绳"原则、"实事求是"等原则,根据公诉工作的实际需要形成的基本原则。公正是诉讼程序中的最高价值,客观是查清案情的认识基点,公诉人必须站在客观公正的立场上履行职责,才能实现公诉的价值目标。

客观公正原则有两层含义:一是认识的客观性,主张实事求是地认识案情,以事实为根据;二是立场的公正性,强调秉公执法,不徇私情,既包括适用实体法的公正性,也包括适用程序法的公正性。检察机关在履行职责时坚持客观公正原则具有充分的法律根据。《人民检察院组织法》第7条规定:"人民检察院在工作中必须坚持实事求是","各级人民检察院的工作人员必须忠实于事实真相,忠实于法律"。新《刑事诉讼法》第6条指出:"人民法院、人民检察院和公安机关进行刑事诉讼……必须以事实为根据,以法律为准绳。"《检察官法》第8条规定,检察官履行职责"必须以事实为根据,以法律为准绳,秉公执法,不得徇私枉法"。新《刑事诉讼法》第50条指出:"审判人员、检察人员、侦查人员必须依照法定程序,收集能够证实犯罪嫌疑人、被告人有罪或者无罪、犯罪情节轻重的各种证据。"其实,从刑事诉讼发展的历史规律看,检察机关在刑事诉讼中的地位与职责,就肩负着客观公正的使命。各国检察院的法律地位也许有种种差别,但客观公正同样是对检察官的基本要求。检察官为了发现真实情况,不应站在当事人的立场上,而应站在客观的立场上进行活动,这是赋予检察官的"客观义务"。[①] 联合国为"协助会员国确保和促进检察官在刑事诉讼程序中发挥有效、不偏不倚和公正无私的作用",制定了《关于检察官作用的准则》,对检察官如何坚持客观公正原则提出具体的要求。其中,第12条指出,检察官在履行职责时应"不偏不倚地履行其职能……保证公众利益,按照客观标准行事,适当考虑到嫌疑犯和受害者的立场,并注意到一切有关的情况,不论是对嫌疑犯有利或不利"。

客观公正原则充分体现了我国实事求是的思想路线和依法办案的法制精神,既反映了人们的认识规律,又昭示了科学的诉讼理念,在公诉原则中居于核心的地位。强调客观公正原则对于检察官具有特别重要的意义。

检察机关肩负追诉犯罪,保障人权,维护社会安定的法律职能,只有坚持客观公正原则,才能使无罪者不被追究,犯罪人得到惩处。我国检察机关又是

[①] 参见[日] 松本一郎:《检察官的客观义务》,载《法学译丛》1980年第2期。

法律监督机关，不仅要身体力行地客观公正地执法，还要监督侦查人员、审判人员是否客观公正地履行职责。从监督关系上讲，监督者更应该以身作则，更应坚持客观公正的原则，唯此才能有效履行监督职能。应该指出，在公诉实践中，存在的最大问题可能就是还未形成客观公正的执法观念，缺乏客观公正执法的自觉性。有的公诉人员缺乏全面的观点，审查案件时片面地看问题，先入为主地认定案件，如认为某一被告人构成犯罪，便无视对被告人有利的证据材料；若认为某一被告人不构成犯罪，便忽视对被告人不利的证据材料，并不是站在客观的立场上，全面审查案件材料。这种只见树木、不见森林的认识方法是办案的大忌。有的公诉人缺乏客观精神，未形成实事求是的工作作风，办案简单化，不求甚解，审查案件不细致，容易造成错案。个别公诉人缺乏公正意识，不自觉地囿于控方的角色，重打击犯罪，轻保护人权；重实体法，轻程序法，为查明犯罪事实，执法不严，对非法取得的证据也不予排除，甚至对明知不构成犯罪的案件，也坚持起诉到法院，造成不良的后果。有的公诉人缺乏程序公正、平等对抗的观念，不尊重律师的辩护意见，在法庭上的以势压人、盛气凌人，损害了审判的公正性。显然，只有强化客观公正的原则，才能有效地解决这些问题，才能保障检察机关切实履行法律赋予的各项职责，才能维护法制的严肃性与权威性。客观公正执法不仅可以正确地处理每一个案件，增强当事人的法律意识，而且具有对社会的导向作用，昭示法律的公正。客观公正执法符合社会公众的正义观念，容易得到社会的认同，教育广大公民自觉地维护法律秩序。如果执法失之公正，不仅损害了当事人的利益，也会使社会公众丧失对法律的信任，弱化公民的守法意识。可见，客观公正是公诉活动的出发点与归宿。

在公诉工作中贯彻客观公正原则，检察机关和公诉人员应该注意以下几点：

一是要增强法制意识。依法办案是客观公正的前提和基础，客观公正是法律对公诉活动的基本要求。在公诉实践中，我们既要依据刑法重视实体公正，努力寻求客观真实，正确适用法律，也要遵守刑事诉讼法，注意程序的公正，依法采信证据，认定案情。同时，还要尊重诉讼当事人的合法权利，充分听取他们的意见。

二是要坚持全面的观点。程序公正的一项主要要求是应当听取双方当事人的意见，这实际是认识的二点论，避免认识的片面性。这就要求公诉人不要局限于控方的角色，更不能先入为主地形成结论，而应站在客观的立场上，全面审查案件中的证据材料，既要注意有利于指控的材料，也要注意不利于指控的材料，忠于案件事实真相，善于去伪存真，去粗取精，作为适用法律的基础的案件事实必须是由确实、充分的证据证明的事实，不能是凭想象、推测、怀疑等主观臆造出来的事实。

三是要坚持实事求是的原则。客观地处理案件，就是根据案件的事实依法作出决定。经证据证明是无辜的人，检察机关应及时作出不起诉的决定；对犯罪事实清楚、证据确实、充分的案件要依法起诉；对因认识能力、诉讼资源所限，一时难以查清的案件，也要实事求是地依法处理。不能因为某人有犯罪嫌疑便久查不决。对定罪证据不足的案件应及时作出不起诉的决定，既是实事求是的工作态度，也是客观公正执法的必然要求。

四是要增强公正的观念。我国检察机关既是公诉机关，又是法律监督机关，公诉人一定要明确自己的法律角色，不要使自己落入控方——当事人的窠臼。在公诉过程中，要站在客观的立场上，从维护法制的宗旨出发，既要充分履行公诉职责，又要积极维护被告人的合法权益，对被告人有利的情节要实事求是地承认，对损害被告人合法权益的判决，也要依法进行抗诉。上级检察机关发现下级检察机关错将无罪的人起诉到人民法院，人民法院已作有罪判决的案件，也要实事求是地抗诉，履行法律监督的职责，依法切实维护被告人的合法权益。

五是强化平等观念。维护被告人的诉讼权利，尊重辩护人的辩护，也是客观公正原则的具体要求。法庭审理案件就要听取控辩双方的意见，这是公正的基本形式，也是查明案情、公正处理案件的必要手段。辩护人介入刑事诉讼是维护法制的基本措施之一，检察官代表国家履行职责要尊重并支持辩护人的工作。在起诉环节，公诉人要认真听取辩护人对案件提出的意见，对辩护人的调查活动要给予必要的支持，不能给辩护人的调查设置障碍。在法庭上，公诉人代表国家指控犯罪，辩护人为被告人进行辩护，其发表意见的权利是平等的，没有高低之别，所以，公诉人辩论时态度要平和，不能意气用事，以势压人，对律师提出的正确的辩护意见，公诉人要予以肯定。对辩护意见全面驳斥的做法不仅不是实事求是的态度，也不符合公正的基本要求。

六是要摆正法律监督者与公诉人的关系，在法庭上尊重审判长，服从审判长的指挥。审判程序公正是客观公正原则的应有之义。审判长作为刑事诉讼的仲裁者，要公正地行使审判职权，不会因公诉人代表国家指控便盲目地认同控方的意见。在法庭上，当审判长不赞同公诉人的观点时，公诉人不宜以法律监督者的身份自居，与审判长争辩。服从审判长的诉讼指挥，尊重法庭的审判权威，是维护司法公正的基本要求。根据修改后的刑事诉讼法，公诉人在法庭上有监督法庭审判活动是否合法的职责，但不能以个人名义当庭纠正。法庭出现的违法问题，只能在庭后以人民检察院的名义提出纠正意见。这也是客观公正原则的具体体现。

六、罪刑相适应原则

罪刑相适应既是适用法律平等原则的必然要求,也是客观公正原则的具体体现,还是罪刑法定原则的逻辑结果,是对犯罪人依法处理的具体原则之一。

罪刑相适应是表明犯罪与刑罚之间相互关系的一项刑法原则,是指对犯罪分子给予的刑罚处罚,应当与其所犯罪行和承担的刑事责任相适应,做到罚当其罪。

罪刑相适应的思想古已有之,最早可以追溯到原始社会的同态复仇和奴隶社会的等量报复。我国古代思想家墨子、荀子早在春秋时期就提出了"罚必当暴"(《墨子·尚同》)、"刑当罪则威,不当罪则侮"(《荀子·君子》)的思想。古罗马哲学家西塞罗在其名著《法律篇》中也指出:"对于违反任何法律的惩罚应与犯法行为相符合。"① 这些罪刑相适应的主张并没有被奴隶社会和封建社会统治者接受形成刑事立法和司法的原则,同样是在十七八世纪资产阶级启蒙思想家的倡导下,罪刑相适应才从思想学说发展为法律原则。孟德斯鸠在《论法的精神》中,一方面猛烈抨击封建社会的严刑峻罚,另一方面明确表达了刑罚轻重应与犯罪相适应的思想,指出:"惩罚应有程度之分,按罪大小,定惩罚轻重。"② 贝卡里亚也在《论犯罪与刑罚》中系统地阐述了罪刑相适应的思想,主张"犯罪对公共利益的危害越大,促使人们犯罪的力量越大,制止人们犯罪的手段就应该越强有力。这就需要刑罚与犯罪相对称"。③ 为了实现罪刑相适应,他还试图应用几何学设计与犯罪轻重相适应的刑罚阶梯,以便做到轻罪轻刑、重罪重刑。

启蒙思想家所倡导的罪刑相适应思想在资产阶级革命胜利后被刑事立法所采纳,成为一项重要的法律原则。例如,1793年法国宪法所附的《人权宣言》第15条规定:"刑罚应与犯法行为相适应,并应有益于社会。"早期资本主义国家刑法典都在罪刑相适应原则指导下,对具体犯罪的法定刑作了明确规定。在学说上,最早倡导罪刑相适应的刑事古典学派主张以行为的客观危害作为衡量罪刑是否相适应的标准,而后来的刑事人类学派、刑事社会学派则强调刑罚与犯罪人的人身危险性相适应,使传统的罪刑相适应原则受到了有力的挑战。

---

① 参见《西方法律思想史资料选编》,北京大学出版社1983年版,第32页。
② 参见〔法〕孟德斯鸠:《波斯人信札》,商务印书馆1962年版,第141页。
③ 参见〔意〕贝卡里亚:《论犯罪与刑罚》,中国大百科全书出版社1993年版,第65页。

随着刑罚目的观念的发展变化，西方国家保安处分盛行，不定期刑的引入，更使罪刑相适应原则受到冲击，其内容不断被修正，但作为刑法基本原则的地位并没有动摇。国际刑事司法的有关文件，特别是针对国际犯罪的国际条约或文件，也确认了罪刑相适应原则。如《反对劫持人质国际公约》（1979年）第2条指出："每一个缔约国应按照第一条所称罪行的严重性处以适当的惩罚。"《联合国少年司法最低限度标准规则》（1985年）第17条指出，对少年犯罪"采取的反应不仅应当与犯罪的情况和严重性相称，而且应当与少年的情况和需要以及社会的需要相称"。

我国1979年刑法没有明文规定罪刑相适应原则，但在刑法总则关于量刑原则、量刑情节的规定和刑法分则关于具体犯罪法定刑的规定中充分贯彻了该原则。1997年修改后的刑法不仅对原刑法、单行刑事法规中个别罪刑不相称的规定进行了必要调整，还在第5条明确规定："刑罚的轻重，应当与犯罪分子所犯罪行和承担的刑事责任相适应。"这里所谓与"罪行"相适应，按照主客观相一致的原则，是以犯罪行为的社会危害为基础，同时适当考虑行为人的人身危险性即主观恶性程度。刑事责任，则是在刑事法律关系中，国家依法强制犯罪人对其犯罪所承担的刑事义务。受各种主客观因素的影响，不同的人实施同一行为，依法应承担的刑事责任也可能不同，因而刑罚的轻重不仅要与罪行相适应，也要与刑事责任大小相适应。

一般认为，罪刑相适应原则作为我国刑法的基本原则，其具体内容主要包括：（1）有罪当罚，无罪不罚。即刑罚只能适用于犯罪的人，无犯罪即无刑罚。（2）重罪重罚，轻罪轻罚。即刑罚的轻重应当与罪行的轻重相适应，不能轻罪重判或者重罪轻判。（3）一罪一罚，数罪并罚。即对于一人犯一罪的，只能按一罪的法定刑处以与其罪行相当的刑罚；而对于一人犯数罪的，应当按照法定的原则实行数罪并罚。（4）同罪同罚，罪罚适应。即对性质相同、情节相近的犯罪，应当处以轻重相近的刑罚，不能给予轻重悬殊的不同处罚。（5）刑罚的性质与犯罪的性质相适应。即生命刑、自由刑、财产刑和资格刑各有其适用的对象和条件，不能互相代替。

我国刑法总则关于刑罚种类、量刑原则、犯罪未遂、防卫过当等处罚原则，以及累犯、自首、立功、缓刑等刑罚制度的规定，刑法分则关于各种犯罪不同刑种和量刑幅度的规定，都充分体现了罪刑相适应原则的要求。《刑法》第61条规定："对于犯罪分子决定刑罚的时候，应当根据犯罪的事实、犯罪的性质、情节和对于社会的危害程度，依照本法的有关规定判处。"这一规定对公诉、审判活动中贯彻罪刑相适应原则提出了明确要求。

审查起诉中，在认定犯罪嫌疑人的行为构成犯罪的情况下，如果属于依法不需要判处刑罚或者免除刑罚的情形，可以不起诉。提起公诉时，人民检察院应当在起诉书中就被告人是否具有法定、酌定量刑情节作出认定，并提出适用法定量刑幅度和从重、从轻、减轻处罚的意见，促使被告人受到与其所犯罪行和刑事责任相适应的刑罚处罚。另外，在人民法院作出判决、裁定后，人民检察院经过审查认为量刑畸轻畸重的，应当依法提出抗诉。可见，人民检察院在行使公诉权的过程中需要对犯罪嫌疑人、被告人可能受到或应当受到的刑罚处罚进行预测、分析和司法认定，这就必须贯彻罪刑相适应原则。实践中主要应当注意以下几点：

一是要准确认定犯罪事实、犯罪的性质和罪名、犯罪的情节和对于社会的危害程度，这是贯彻罪刑相适应原则的基础。如果认定事实或者确定罪名错误，不仅影响审判机关正确定罪、量刑，也影响人民检察院公诉职能、审判监督职能的发挥，出现该起诉不起诉、不该起诉而起诉、该抗诉不抗诉、不该抗诉而抗诉等情况。

二是要防止重视定罪、忽视量刑的片面倾向。人民检察院提起公诉，是认为被告人的行为已经构成犯罪，依法应当追究刑事责任，而要求人民法院予以定罪处罚。人民法院量刑是否正确，与定罪是否正确具有同等重要的意义。人民检察院提起公诉时应本着实事求是的原则，提出对被告人适用法定刑幅度和从重、从轻、减轻处罚的意见，而不能只重视提出认定罪名的意见而忽视量刑建议。另外，在对刑事判决、裁定进行审查的时候，不仅要重视审查认定犯罪性质和罪名是否正确，还要重视审查量刑是否不当，及时通过刑事抗诉等途径纠正量刑上的错误，使犯罪分子受到应有的法律制裁。

三是要防止重视客观危害而忽视主观恶性的片面倾向。在分析罪刑是否相适应的时候，应当坚持主客观统一的原则，既要考虑犯罪事实、情节和对社会的危害程度，也要考虑犯罪动机、目的、罪过心态以及犯罪后的态度等主观因素，对危害相同的犯罪行为体现出区别对待。

四是要认识到罪刑相适应所具有的相对性。罪刑是否相适应，涉及人的主观认识，难以确定一个明确的客观标准，人民法院有权在法律规定的范围内根据案件具体情况进行量刑方面的自由裁量。在审查判决、裁定是否量刑不当时，应当审查适用的量刑幅度是否正确，被告人具有的法定量刑情节是否在量刑时得到充分反映，是否有不具备减轻处罚情节而超出法定刑幅度量刑的情况，对被告人酌情从重、从轻处罚的理由是否合理，从而发现人民法院在量刑方面的裁量是否有明显违背法律规定的情况。刑事判决、裁定对被告人在法定幅度内量刑偏轻、偏重的问题时，如果没有明显错误，应当考虑到人民法院具有自由裁量权，一般可视为罪刑基本相适应，检察机关不应盲目提出抗诉。

第三节 公诉的刑事政策

刑事政策一般是指国家根据犯罪的规律,为预防犯罪、惩治犯罪而采取的各种方针、原则和措施。广义的刑事政策,包括刑事法律确立的基本原则。因有关部分对法律原则已作专门阐述,在此讨论的刑事政策指我国为预防犯罪、惩治犯罪而采取的体现我国法律精神的各种方针、原则和措施。理论界公认的刑事政策有:社会治安综合治理方针,对犯罪惩办与宽大相结合的政策,预防犯罪的刑罚原则,依法从重从快的"严打"方针,惩罚罪犯与改造教育相结合的政策,宽严相济政策,诉讼经济原则,刑罚个别化原则,公共利益的原则,对犯罪的未成年人教育、感化、挽救方针等。公诉作为刑事诉讼的一个环节,以追诉犯罪为己任,以教育、改造犯罪人为目的,各项刑事政策都对公诉有指导作用。限于篇幅,联系公诉工作的实际,我们重点探讨对公诉工作具有特别指导意义的宽严相济政策、公共利益原则、公诉个别化原则和诉讼经济原则。

一、宽严相济政策

宽严相济刑事政策是当前我们党和国家的一项重要的刑事司法政策,也是检察机关公诉工作必须贯彻和执行的首要刑事政策。宽严相济刑事政策,是指对刑事犯罪要区别对待,既有力打击和震慑犯罪,维护法律的权威和尊严,又充分重视依法从宽的一面,最大限度地化消极因素为积极因素,从而实现办案的法律效果和社会效果的有机统一。宽严相济刑事政策既包括对严重犯罪要从严打击,又包括对轻微犯罪要宽缓处理;既有实体方面的要求,又有程序方面的要求;既适用于普通刑事犯罪案件,也适用于职务犯罪案件;既要求对严重犯罪和轻微犯宽严相济,也要求对一般犯罪宽严有度、依法惩治。

宽严相济刑事政策是我国惩办与宽大相结合的政策和依法从严从快"严打"方针在新的历史条件下的进一步发展与完善,是刑事法治对构建社会主义和谐社会这一政治目标的回应。这一政策体现了以人为本、公平正义的社会主义法治理念和罪刑法定主义、罪刑相适应等法律基本原则的精神,对有效打击犯罪、预防犯罪和保障人权具有重要的意义。当前,我国社会主义建设既处在重要战略机遇期,也处在人民内部矛盾凸显、刑事犯罪高发、对敌斗争复杂的历史时期。犯罪总量持续上升,重大犯罪尤其是黑社会性质组织犯罪、恶势力犯罪、毒品犯罪、暴力犯罪突出,严重威胁了社会秩序,使得社会公众的安全感降低。司法工作面临着严峻的形势,司法资源的投入量与需求量的矛盾没有得到很好解决,司法机构和人员超负荷工作,刑事积案上涨,监狱拥挤程度加剧,重新犯罪率上升,一些罪犯出狱或者假释后犯下更严重的罪行。党的十六届四中全会提出了构建社会主义和谐社会的政治目标。和谐话语在当下的中国,不仅仅是一个目标、一项任务,而且已经转化为广大人民群众参与的社会实践。可见,在这样的时代背景下,实施宽严相济刑事政策更具现实意义。检察机关在和谐话语中不仅要做好传统意义上的打击各种违法犯罪等工作,而且更重要的是要正确处理好改革、发展和稳定的关系,提高协调社会关系、化解社会矛盾的能力,调动多方面积极因素,运用社会关系的调整器——法律确定的制度、规则和程序,化解冲突、消除矛盾,定分止争、维护秩序,尽快实现犯罪人的社会回归和社会秩序的恢复,实现社会的公平正义。

宽严相济刑事政策对检察机关打击犯罪、保障人权、正确履行法律监督职责具有全面的指导意义。在公诉工作中,贯彻宽严相济刑事政策既能有效节省司法资源用于打击严重危害社会的恐怖犯罪、黑社会性质犯罪、暴力犯罪等严重危害社会治安的刑事犯罪,保持对重大刑事犯罪的持久高压态势,又能使轻微刑事犯罪得到较好的矫治;既能较好地保护被害人的合法权益,又能较好地化解犯罪人与被害人之间的矛盾,适应当前社会治安形势的需要,有利于最大限度地增加和谐因素,促进社会治安综合治理工作的顺利进行。我们有必要正确理解和把握宽严相济刑事政策,在公诉工作中全面贯彻落实宽严相济刑事政策。

(一) 深刻理解宽严相济政策的含义

理解宽严相济刑事政策的含义,有必要对宽严相济中三个关键字——"宽"、"严"、"济"加以科学界定。

宽严相济之"宽",包含了惩办与宽大相结合政策中的"宽大"之意,其确切含义应当是刑罚的轻缓。刑罚的轻缓,可以分为两种情形:一是该轻而轻,二是该重而轻。该轻而轻,是罪刑均衡原则的应有之义,也合乎刑法公正的要求。对于那些较为轻微的犯罪,本来就应当处以较为轻缓的刑罚。至于轻罪及其轻刑如何界定,则应根据犯罪的具体情况加以判断。该重而轻,是指所犯罪行较重,但被告人具有坦白、自首或者立功等法定和酌定情节的,法律上予以宽宥,在本应判处较重之刑的情况下判处较轻之刑。该重而轻,体现了刑法对于犯罪人的感化,对于鼓励犯罪分子悔过自新具有重要意义。[1] 轻缓的刑事政策具有多种表现形式,包括非犯罪化、非监禁化、非司法化以及法律上各

---

[1] 参见陈兴良:《宽严相济刑事政策研究》(上),载《法学杂志》2006 年第 1 期。

种从宽处理措施。非犯罪化，包括立法上的非犯罪化和司法上的非犯罪化。立法上的非犯罪化是指对于应当作为犯罪处理的行为通过立法方式将其从犯罪范围中剔除；司法上的非犯罪化是指对于刑法虽然规定为犯罪，但由于犯罪情节轻微、危害不大的，在司法过程中基于宽严相济刑事政策的考虑，不作为犯罪处理。非犯罪化体现了刑法的轻缓，是宽严相济政策的重要内容。非监禁化，是指某一行为虽然构成犯罪，但根据犯罪情节和悔罪表现，判处非监禁刑或者采取缓刑、假释等非监禁化的刑事处遇措施。我国刑法中的非监禁刑包括管制、罚金和剥夺政治权利等，这种非监禁刑相对于监禁刑而言，由于其对犯罪分子不予关押，因而是刑法轻缓化的具体表现之一。非司法化，是指在某些情况下，对于犯罪情节较轻的公诉案件或者刑事自诉案件，可以经过刑事和解，不进入刑事诉讼程序案件便得以了结。非司法化使得轻微犯罪案件在正式刑事诉讼程序之外得以结案，其也体现了对轻微犯罪的宽缓处理。

宽严相济之"严"，既包括惩办与宽大相结合政策中的"惩办"之意，也包括严打方针中的"严"的内容，其确切含义应当是刑罚的严厉。刑罚的严厉，既包括立法上严密法网，将具有严重危害性的行为规定为犯罪，并对重大刑事犯罪规定严厉的刑罚，也包括实践中对重大刑事犯罪保持高压态势。此外，刑罚的严厉，还表现在刑罚的必定性和刑罚的及时性上。对于犯罪最强有力的约束力量不是刑罚的严酷性，而是刑罚的必定性……即使刑罚是有节制的，它的确定性也比联系着一线不受处罚希望的可怕刑罚所造成的恐惧更令人印象深刻。而惩罚犯罪的刑罚越是迅速和及时，就越是公正和有益。因为犯罪与刑罚之间时间隔得越短，在人们心中，犯罪与刑罚这两个概念的联系就越突出、越持续，因而人们就很自然地把犯罪看作起因，把刑罚看作不可缺少的必然结果。①

宽严相济之"济"，是一个动词，表明了宽与严之间的关系，其确切含义包括宽严并用、宽严有度、宽严互补三层意思。一是宽严并用，即该宽则宽，该严则严，两者并重，不能偏废。片面强调严，容易导致刑罚的过度张扬；片面强调宽，则容易导致刑罚的乏力。这两种错误偏向都不利于有效地打击和预防犯罪。二是宽严有度，即保持宽严之间的平衡。宽，不能宽大无边，法外施恩；严，不能严厉无比，滥用极刑。宽严之间的比例应当把握一定的度。但度不是一成不变的，它需要因案而异，因地而异，因时而异，从而明确不同的宽严界限，依法予以从宽或者从严处理，做到宽严适度。三是宽严互补，即宽中

---

① 参见[意]贝卡里亚：《论犯罪与刑罚》，黄风译，中国大百科全书出版社1993年版，第56—59页。

有严、严中有宽，两者相互补充，以宽济严，以严济宽。宽严虽然有别，但这并不意味着宽而无严或者严而无宽。正因为宽严具有相对性，没有宽就无所谓严，没有严也就没有宽，所以两者必须相互补充。例如，在严打过程中，以从严从重惩办为主，但并不意味着一概不加区别地顶格适用最重的法定刑。某些犯罪分子，所犯罪行虽然极其严重应当受到刑罚的严厉制裁，但如果具有自首、立功表现的，在从重处罚的同时也还要做到严中有宽，使犯罪人在受到严厉惩处的同时感受到刑罚的体恤与法律的公正，从而认罪服法。

（二）全面把握宽严相济政策的基本要求

只有全面把握宽严相济刑事政策的基本要求，才能在公诉工作中真正贯彻落实宽严相济刑事政策。这些基本要求主要包括三项：

一是严格依法。在公诉工作中贯彻宽严相济刑事政策首先就是要严格执行法律，要按照"有法可依、有法必依、执法必严、违法必究"的社会主义法治原则，坚持罪刑法定、罪刑相适应、法律面前人人平等的法律原则，使每一起案件的办理都以事实为根据，以法律为准绳。宽不是法外施恩，严不是无限加重。宽严相济刑事政策中的宽与严是一个有机统一整体，二者相辅相成。在公诉工作中运用宽严相济刑事政策，要防止以偏概全，既要防止只讲严而忽视宽，又要防止只讲宽而忽视严。而且无论是从宽还是从严，都要于法有据，要充分体现法治精神，不能掺杂人为因素。公诉工作不仅要求公开，而且要求公正；不仅要求严格依照法律规定处理，而且要求严格依照法定程序进行。

二是区别对待。宽严相济刑事政策强调该宽则宽，该严则严。宽严相济是以区别对待或者差别对待为根本内容的。区别对待是任何政策的基础，没有区别也就没有政策。宽严相济刑事政策正是建立在对犯罪社会危害性严重程度的区别基础之上。宽严的区别本身不是目的，区别的目的在于对社会危害性严重程度不同的犯罪予以严厉性程度不等的刑罚处罚，由此而使刑罚产生预防犯罪的作用。主观恶性不同，客观危害不同，被害人诉求不同，刑事责任就应当有所不同。在公诉工作中应当审时度势，全面分析犯罪的社会危害性，犯罪嫌疑人、被告人的主观恶性，以及案件的社会影响等，明确不同的宽严界限，依法从宽或者从严处理，做到该严则严、当宽则宽，宽严适度。审时度势具体包括四个方面：（1）因时而宜。中国古人就有"刑罚世轻世重"的经验之谈，刑罚轻重取决于一个时期的治安状况与犯罪态势。刑罚该宽时一定要宽，该严时一定要严。当然，何时该宽何时该严，我们一定要作出科学判断，否则将宽严皆误。（2）因地而宜。犯罪发生在一个具体的区域，其影响也往往以犯罪地为中心呈现出逐渐减少的趋势。因此，刑事政策的制定应当考虑某一特定地区的治安状况与犯罪态势，刑罚的轻重应当在一定程度上取决于一个地区的犯罪率的高低。在这种情况下,全国统一的刑事政策如何与各地的实际情况相结合,这也是宽严相济刑事政策所要考虑的因素。(3)因案而宜。现实中的案件是复杂多样的,对于重罪案件,一般应从重;对于轻罪案件,一般应从轻。当然,重中有轻,轻中有重,唯此才能体现宽严相济。(4)因人而宜。刑罚的轻重应当考虑犯罪人的主观恶性大小,对惯犯、累犯等,应当从重处罚;对偶犯、初犯,应当从轻发落,尤其对于未成年人犯罪,应当坚持"教育、感化、挽救"的方针,最大限度地予以轻缓处理。

三是注意效果。在公诉工作中贯彻宽严相济刑事政策,既要讲求执法办案的法律效果,维护法律的严肃性,又要讲求执法办案的社会效果,使执法办案活动有利于震慑严重犯罪、维护社会稳定,有利于化解社会矛盾、减少社会对抗,有利于依法保障人权、维护公民权益,实现法律效果与社会效果的有机统一。我国当前处于社会变革转型期间,大量矛盾纠纷以刑事案件的形式源源不断汇聚到政法机关,法律手段已成为调节社会关系的主要手段。公诉部门不仅要依法打击各种犯罪,而且要努力成为化解社会矛盾的调节器,处理好改革发展稳定的关系,提高协调社会关系、化解社会矛盾的能力,维护社会公平正义,促进社会和谐和人的全面发展。在公诉工作中,既要防止搞法律虚无主义,用政策代替法律,又要防止搞纯而又纯的"法律至上",只知其然,不知其所以然,要善于从宽严相济刑事政策所体现的政治意义上加以理解和把握,把公诉工作置于构建和谐社会这个总任务之下,重新思考和认识公诉的职能和任务,创新执法的思路和方式,努力提高执法的艺术,积极运用公诉职能化解人民内部矛盾,促进和谐社会建设,使公诉工作真正体现党和国家的意志,反映最广大人民的根本要求。例如,对因人民内部矛盾引发群体性事件、涉嫌刑事犯罪的,要严格掌握宽严相济刑事政策,正确区分罪与非罪,避免扩大打击面,激化社会矛盾。

严格依法、区别对待和注重效果这三项要求是辩证统一、有机联系的整体,缺一不可。其中,严格依法是核心,坚持依法办案,才能保证宽严相济刑事政策的正确方向;区别对待是关键,根据具体案情实事求是,才能保证宽严相济刑事政策落实到位;注重效果是标准,定分止争、促进和谐,才能体现宽严相济刑事政策的实际作用。

(三)正确处理宽严相济政策的辩证关系

在公诉工作中实施宽严相济的刑事政策,既是对检察机关执法水平的检验,也是对执行政策能力的检验,必须要充分体现马克思主义的唯物辩证法、法律的基本价值、实事求是的作风和"惩前毖后、治病救人"的方针。为此,在公诉工作中应当正确认识和处理宽严相济刑事政策的辩证关系,其包括:

一要坚持执行法律和执行政策的统一。法律和政策都体现了党的主张、人民的意志，都是为构建和谐社会服务的重要工具。根据刑事政策办案是为了更好地执行法律，执行法律要认真遵循政策，执行政策要严格依法进行，既不能将法律与政策对立起来，也不能将法律和政策互相代替，要有机结合，相得益彰。

二要坚持从宽和从严的统一。惩办和宽大相结合是社会主义法治的一贯方针，是减少社会对抗、化解消极因素的重要手段。严，就是毫不动摇地坚持"严打"方针，对严重刑事犯罪保持高压态势，维护社会稳定；宽，就是要区别具体案情，依法从轻处理，化解社会矛盾，最大限度地化消极因素为积极因素。宽和严不是绝对的，严重犯罪中也有从宽的情节，轻微犯罪中也有从重的因素。不能说严就都严、想宽就宽，防止和克服单纯强调"严打"而当宽不宽和片面理解和谐而该严不严两种倾向。

三要坚持实体和程序的统一。贯彻宽严相济的刑事政策，实体是依据，程序是保障。工作中我们要克服重实体、轻程序的倾向，既注重结果，也注重过程，不论从宽还是从严不能单纯从实体上考虑，仅仅局限于定罪量刑环节，也要从程序上进行落实，贯穿于立案侦查、审查逮捕、审查起诉等执法的各个环节，做到从实体上和程序上都宽严适度，落实到位。

四要坚持打击犯罪和保障人权的统一。打击犯罪、保障人权是社会主义法治的基本目标。在执法过程中，我们既要坚决打击犯罪，又要充分体现司法人文关怀。从严时，要依法保障犯罪嫌疑人、被告人的合法权益；从宽时，要依法保障被害人的合法权益，维护国家和社会利益。

五要坚持公平正义和诉讼效率的统一。公平正义和诉讼效率是统一的整体，公正是目标，效率是保证。工作中我们既要注重实现公平正义，又要注重探索有利于实现公平正义的最佳途径和方式，依法简化诉讼程序，以更好的执法质量、更低的执法成本、更便捷的执法方式，化解矛盾，促进和谐。

六要坚持法律效果和社会效果的统一。法律效果是社会效果的保障，没有好的法律效果就不会有好的社会效果；社会效果是法律效果的体现，没有好的社会效果就无法体现执法活动的成效。在公诉工作中既要克服单纯的业务观点，把执法活动紧贴社会生活实际，又要严格依法，确保执法的法律效果，还要充分考虑社会和群众的承受能力，充分考虑案情、社情和舆情等方方面面的因素，实现更好的法律效果和社会效果。

（四）用宽严相济政策指导办案，并积极探索新的工作机制和办案方式

在公诉工作中贯彻宽严相济政策，要根据社会治安形势、案件和犯罪人的特点，在严格依法履行诉讼监督职能中实行区别对待，注重宽与严的有机统一，该严则严，当宽则宽，宽严互补，宽严有度，对严重犯罪依法从严从快打

击，对轻微刑事犯罪依法从宽处理，对严重犯罪中的从宽情节和轻罪中的从严情节也要依法分别予以宽严体现，对犯罪的实体处理和适用诉讼程序都要体现宽严相济的精神。具体而言，我们需要做好两个方面的工作：

一是在公诉各个办案环节全面贯彻宽严相济刑事政策，以宽严相济刑事政策指导和规范办案。一方面，根据当前的客观形势需要，在公诉工作中继续保持对严重刑事犯罪的高压态势，加大对各种严重刑事犯罪的打击力度，突出打击重点，坚决依法严惩危害国家安全犯罪，严重暴力性犯罪，黑社会性质组织犯罪，抢劫、抢夺、盗窃等多发性侵财犯罪，金融诈骗、非法集资、制假售假、侵犯知识产权和走私等严重破坏社会主义市场经济秩序犯罪，人民群众反映强烈的重大贪污贿赂、渎职侵权等职务犯罪，并将有罪判无罪、量刑畸轻畸重、因徇私枉法和违反诉讼程序造成错误裁判的案件以及各类错误裁判的重大案件、有较大社会影响的案件等作为刑事抗诉重点。另一方面，根据案件性质和犯罪人的特点，在公诉工作中讲究依法从宽，做到当宽则宽，对轻微犯罪、未成年人犯罪实施轻缓的刑事政策。例如，对未成年人实施的轻伤害案件、初次犯罪、过失犯罪、犯罪未遂的案件以及被诱骗或者被教唆实施的犯罪案件等，情节轻微，未成年犯罪嫌疑人确有悔改表现，且当事人双方自愿就民事赔偿达成协议并切实履行，符合《刑法》第37条规定的，人民检察院可以依照新《刑事诉讼法》第173条第2款之规定作出不起诉的决定，并可以根据案件的不同情况，予以训诫或者责令具结悔过、赔礼道歉。

二是建立健全有利于贯彻宽严相济刑事政策的工作机制和办案方式。贯彻好宽严相济刑事政策，必须建立健全与之相适应的工作机制和办案方式，才能保证这一政策在执法办案中得到充分运用与落实。

依法快速办理轻微刑事案件，是对于案情简单、事实清楚、证据确实充分、犯罪嫌疑人、被告人认罪的轻微刑事案件，在遵循法定程序和期限、确保办案质量的前提下，简化工作流程、缩短办案期限的工作机制。快速办理轻微刑事案件应当坚持严格依法、公正与效率相统一、充分保障诉讼参与人诉讼权利、及时化解社会矛盾的原则。根据有关规定，适用快速办理机制的轻微刑事案件应当同时符合四个条件：一是案情简单，事实清楚，证据确实、充分；二是可能判处3年以下有期徒刑、拘役、管制或者单处罚金；三是犯罪嫌疑人、被告人承认实施了被指控的犯罪；四是适用法律无争议。一般来说，对于符合上述四个条件的下列案件，应当依法快速办理：（1）未成年人或者在校学生涉嫌犯罪的；（2）70岁以上老年人涉嫌犯罪的；（3）盲聋哑人、严重疾病患者或者怀孕、哺乳自己未满一周岁婴儿的妇女涉嫌犯罪的；（4）主观恶性较小的初犯、过失犯；（5）因亲友、邻里等之间的纠纷引发刑事案件的；（6）当事人双方已经就民事赔偿、化解矛盾等达成和解的；（7）具有中止、未遂、自首、立功等法定从轻、减轻或者免除处罚情节的；（8）其他轻微刑事案件。对于适用快速办理机制的轻微刑事案件，审查起诉时，应当在 20 日内作出是否提起公诉的决定；办案任务重、案多人少矛盾突出的，应当在 30 日内作出决定，不得延长办理期限。对于符合适用简易程序的轻微刑事案件，应当建议人民法院适用简易程序审。对于适用普通程序审理的被告人认罪的轻微刑事案件，应当建议人民法院简化审理。这里需要注意，对于危害国家安全犯罪的案件、涉外刑事案件、故意实施的职务犯罪以及其他疑难、复杂的刑事案件不适用快速办理机制。对于严重刑事犯罪案件，应当贯彻依法从重从快的方针，集中力量及时办理。

刑事和解，是一种恢复性司法活动，一般是指犯罪后，经由调停人的帮助，使犯罪人和被害人直接会谈、协商，从而解决纠纷或者冲突，国家司法机关不再追究犯罪人刑事责任或者对其从轻处罚的一种刑事案件处理方式。刑事和解制度自 20 世纪 70 年代在美、英等国司法实践中开始适用，经过几十年的发展，已被许多国家和地区所接受。从价值的角度，刑事和解制度有利于保障被害人和加害人双方的利益，有利于降低诉讼成本、提高诉讼效率。我国新刑事诉讼法规定了公诉案件的刑事和解程序。根据有关规定，因民间纠纷引起的，涉嫌侵犯公民人身权利、民主权利的犯罪和侵犯财产的犯罪，可能判处 3 年有期徒刑以下刑罚的案件、除渎职犯罪以外的可能判处 7 年有期徒刑以下刑罚的过失犯罪案件，如果犯罪嫌疑人、被告人真诚悔罪，通过向被害人赔偿损失、赔礼道歉等方式获得被害人谅解，被害人自愿和解的，双方当事人可以和解。对于达成和解协议的案件，公安机关可以向人民检察院提出从宽处理的建议。人民检察院可以向人民法院提出从宽处罚的建议；对于犯罪情节轻微，不需要判处刑罚的，可以作出不起诉的决定。人民法院可以依法对被告人从宽处罚。我们认为，刑事和解制度设置的目的是在于通过在犯罪人和被害人之间建立一种对话关系，以犯罪人主动承担责任的方式消弭双方冲突，从深层次化解矛盾，并通过社区、司法机关等有关方面的参与，修复受损的社会关系。刑事和解通过恢复性司法的方式对犯罪人进行矫治，不仅可以消除重刑主义的负作用弥补刑罚的不足，而且可以起到事半功倍的效果，在构建和谐社会的语境中更具时代的特点。但是，刑事和解本质上是一种刑事司法制度，不能将其视为一种完全无需法律规定可以灵活运用的刑事政策手段，所以，公诉案件刑事和解程序的适用必须严格依法进行，避免产生"以钱买刑"之嫌。关于简易程序、刑事和解程序的具体适用等问题，后文皆有所论述，此不多述。

二、公共利益原则

公共利益，也称公众利益，简称公益，是指检察机关行使公诉权时必须符合社会公众的整体利益和最大多数人的期待。公共利益包括公共秩序、公共福利、公共财产、公共安全等方面，是社会利益的集合体，是国家赖以存在的社会基础。应该承认，在某些国家，如英国、美国、加拿大，公共利益是公诉的法律原则，甚至是法律明确规定的起诉的必要条件，因我国相关法律未直接规定公共利益的原则，所以，我们将公共利益原则视为公诉的刑事政策。

我们之所以将公共利益原则视为公诉的刑事政策，是因为公共利益原则符合我国法律的基本精神，也体现了国际刑事司法准则的要求。我国《刑法》第2条规定了刑法的任务，我国《刑事诉讼法》第2条规定了刑事诉讼的任务，我国《人民检察院组织法》第4条规定了人民检察院行使检察权的任务，皆是"维护社会主义法制，维护社会秩序、生产秩序、工作秩序、教育科研秩序和人民群众生活秩序……保卫社会主义现代化建设顺利进行"。这些表述就是公共利益原则的具体化。《人民检察院组织法》第7条、《检察官法》第3条要求检察官"必须全心全意地为人民服务"，《检察官法》第8条规定检察官应当履行的义务之一，就是"维护国家利益、公共利益，维护自然人、法人和其他组织的合法权益"。联合国《关于检察官作用的准则》第13条要求检察官在履行职责时，要"保证公众利益，按照客观标准行事，适当考虑到嫌疑人和受害者的立场……"将公共利益原则作为我国公诉的刑事政策，不仅具有充分的法律根据，而且具有深远的历史根源和科学的理论基础。

从历史起源看，检察官的产生就是作为公共利益的代表参与刑事诉讼。正是因为犯罪不仅侵害个人的利益，而且侵害社会利益，才由检察官代表社会行使追诉犯罪的公诉权力。公诉就是公共利益性质的诉讼，公诉人进行诉讼时不应掺入个人利益，必须以公共利益为准则。另外，维护公共秩序、公共安全和公共福利是国家机器的基本职能，检察机关作为国家机器的组成部分，特别是作为执法机关，也必须以维护公共利益为己任。可见，公诉时遵循公共利益原则，是由检察机关的法律地位决定的，是与检察机关的性质相适应的。如果检察机关公诉时不维护公共利益，就丧失了其参与刑事诉讼的意义。

在现代国家，刑事诉讼法及有关规则均将公共利益作为起诉裁量的重要因素，只是各国强调的程度有别，对公共利益的理解，尚有差异。在英美等国，社会的公共利益是检察官决定是否起诉时首先考虑的问题。英国前总检察长肖克罗斯勋爵曾指出："起诉无论到头来成功与否，都要考虑到对公众情绪和秩序造成的影响,及其对任何其他公共政策的影响。"① 德国刑事诉讼法也将公共利益视为检察官决定案件是否起诉的基本条件。

何谓公共利益,人们的理解可能有所不同。但从有关国家的立法规定和诉讼实践看,包括以下内容:其一,从利益的性质上看,包括国家利益、社会利益、被害人利益、被告人利益等方面;其二,从利益的内容上看,国家利益包括国家主权、统治秩序、领土完整、公共安全、社会稳定等方面;社会利益包括社会公众的人身安全、财产利益、社会福利、社会秩序、公共生活准则、公众心理等;被害人利益与被告人利益均包括人身权利、财产权利、诉讼权利等。一般说来,国家利益、社会利益与个人利益在根本上是一致的,三者之间是密不可分的整体,可以统称为公共利益。但在某种条件下,三者之间还有冲突,甚至会形成对立的矛盾,尤其是被害人与被告人之间具有更为明显的利害关系。在公诉实践中,如何正确处理三者之间的关系,是摆在各国检察官面前的一个问题。我们认为,要在公诉中坚持公共利益原则,需处理好几个关系。

(一) 摆正个人利益与国家利益、社会利益的关系

我们是社会主义国家,习惯于强调国家利益、社会利益高于个人利益。在一般情况下,可以说国家利益、社会利益包含个人利益,个人利益应服从国家利益和社会利益。但在刑事诉讼中,不能以国家利益、社会利益的名义否定或忽视个人利益,特别是不能无视被告人的诉讼权利。保障人权是维护国家利益与社会利益的基础,侵害被告人的人权潜伏着侵害社会上每个公民权利的危险,最终必将侵害公共利益,侵害国家利益。因此,在公诉活动中,我们既要全面维护国家利益、社会利益,也要切实保障个人利益特别是被告人的人权。如何兼顾国家利益、社会利益与个人利益,英国在诉讼实践中形成一系列检验公共利益的规则,对被告人是否起诉,既要从公共利益考虑,看公众是否对起诉被告人有兴趣,也要看被告人本人的一些具体情况。② 英国《刑事案件起诉规则》第6条从正反两个方面列举了支持与反对起诉的公共利益因素。支持起诉的因素共列举了14项,总的原则是罪行越严重,公众越关注,越有可能起诉。反对起诉的因素列举了8项,体现了过失犯罪、未成年人犯罪、老年人犯罪、轻微犯罪的从宽原则。当然,根据公共利益作出决定,并不是仅仅把支持与反对起诉的因素进行简单的加减,而是要综合各种因素进行总体的评估。英国《皇家检察官准则》规定,起诉案件时要权衡当地公众的态度和特定的

---

① 转引自《英国检察制度的改革》,载《世界法学》1987年第4期。
② 参见陈光中等主编:《诉讼法论丛》(第2卷),法律出版社1998年版,第336页。

犯罪行为在当地或全国范围内的流行情况。① 在加拿大，检察官根据公共利益原则处理个案时，主要考虑下列因素：（1）犯罪的严重性；（2）犯罪的情节；（3）被告人的年龄、智力水准、身心健康状态、合作态度；（4）被告人的背景情况——有关前科以及他的家庭情况；（5）起诉本案对公共安全和公众信心的影响、民众的关心程度；（6）有关适应的替代处分方法；（7）起诉本案对犯罪的遏止和预防作用；（8）起诉后定罪判刑是否过于严厉、刑罚长短；（9）被害人对被告人的态度；（10）刑事赔偿和处分的受益者；（11）审判的成本和现有的资源；（12）是预谋犯罪；（13）有理由相信该项犯罪在继续或重复；（14）犯罪的动机是因为被害人的种族、肤色、宗教信仰、政治观点或者性倾向；（15）本案的证据披露是否会危及国家安全和国际关系等。② 可见，在考虑公共利益时必须兼顾国家利益、社会利益与个人利益。

（二）全面理解保障人权与惩罚犯罪的关系

长期以来，人们习惯于把刑事诉讼的宗旨表述为惩罚犯罪与保障人权两个方面，这时"保障人权"是指保障被追究者的人权。实际上，从更深的层面来讲，惩罚犯罪也是保障人权的一种手段。刑事诉讼追究犯罪，既是对被害人权益进行国家救济，更是为了维护社会公共利益，保障社会公众的广泛人权，因此也可以说，刑事诉讼的唯一宗旨就是保障人权。从这一角度看，刑事诉讼的人权保障实际上包括公众人权和个人人权两个方面。除公众人权外，刑事诉讼保障的个人人权，根据进入诉讼的个人的法律地位，可以分为三类：一是被追究者的人权，二是被害人的人权，三是其他诉讼参与人的人权。由于惩罚犯罪与保障公众人权、被害人人权和其他诉讼参与人的人权具有一致性或者不存在冲突，因而对保障人权与惩罚犯罪关系的研究，重在保障犯罪嫌疑人、被告人人权与惩罚犯罪的关系。

为维护公共利益而惩罚犯罪，司法机关需要限制犯罪嫌疑人、被告人的人身自由，从而与被追究者个人的人权需求发生冲突。另外，如果强调保障犯罪嫌疑人、被告人的人权，势必需要对司法活动进行各种各样的限制。这表明在刑事诉讼中，保障犯罪嫌疑人、被告人的人权与惩罚犯罪所维护的公共利益存在价值取向上的冲突。

惩罚犯罪是刑事诉讼毋庸置疑的目的，但是否可以为惩罚犯罪而无视犯罪嫌疑人、被告人的人权呢？显然不能。犯罪嫌疑人、被告人是公民的一员，国

---

① 参见樊崇义主编：《刑事诉讼法实施问题与对策研究》，中国人民公安大学出版社2001年版，第388页。

② 参见杨诚等主编：《中外刑事公诉制度》，法律出版社2000年版，第68—69页。

家负有保障其合法权益的固有责任,任何时候都不能放弃,而且只保障被害人人权而无视犯罪嫌疑人、被告人的人权,将在对立双方之间出现人权保障上的不平等。另外,对犯罪嫌疑人、被告人人权的非法侵犯,势必导致诉讼的非正义,最终将损害公众人权。因此,单纯地强调惩罚犯罪以维护公共利益,或者片面地强调保障犯罪嫌疑人、被告人的人权,在理论上都是错误的,在实践中也是有害的。在刑事诉讼的过程中,实际上需要对各种人权利益进行权衡、调整和取舍。

这种权衡、调整和取舍主要通过立法得到体现。我国1979年刑法、刑事诉讼法虽然也强调保障各种人权利益,但是相对偏重保障公众人权。修改后的刑法、刑事诉讼法和其他相关法律在注重维护公众人权的同时,有意识地加强了对个人人权的保护,顺应了刑事诉讼发展的世界趋势,在一些重要方面基本符合刑事司法的国际标准。

司法活动的基本要求是严格执行法律规定,因此无论惩罚犯罪还是保障犯罪嫌疑人、被告人的人权,都必须严格依照法律的规定进行,绝不允许以惩罚犯罪为借口而不执行保障犯罪嫌疑人、被告人人权的法律规定。也就是说,在宏观的立法层面,国家已经对各种人权利益进行了权衡、调整和取舍,刑事诉讼中的各种利益关系已然基本确定,因而在微观的司法层面,保障犯罪嫌疑人、被告人的法定权利是绝对的要求,即使可能放纵一些危害较大的行为,也在所不惜。例如,罪刑法定原则就是要求对法律所没有规定为犯罪的行为,不管危害多大,都不能确定有罪和处以刑罚,人权利益的天平实际上向犯罪嫌疑人、被告人倾斜。唯有严格执行法律规定,才能维护法律的统一和权威,才能实现刑事诉讼的公平、正义。

公诉活动是代表国家追究犯罪的一种司法活动。在公诉活动中正确处理保障人权与惩罚犯罪的关系,具有十分重要的意义。公诉工作中必须切实保障犯罪嫌疑人、被告人的合法权利,任何时候都不能只考虑惩罚犯罪的需要而忽视对犯罪嫌疑人、被告人法定权利的保障,特别是不能以任何理由限制或者剥夺犯罪嫌疑人、被告人的辩护权。这是公共利益原则的必然要求。

(三) 重视法律效果与社会效果的关系

讨论公共利益原则,必然涉及衡量公共利益的标准问题。司法机关办理案件,必然要对社会关系和法律秩序产生一定的影响,这种影响的结果称为办案效果。办案效果通常体现为两个方面:一是以法律标准衡量的法律效果;二是以社会标准衡量的社会效果。

所谓法律效果,是指办案活动和办案结果与法律规定相符合的程度。与法律规定相符合,则法律效果好,反之法律效果就不好。按照法律规定,人民检察院的公诉工作主要包括两个方面的诉讼活动：一是公诉，包括审查起诉、决定是否提起公诉以及出庭支持公诉；二是诉讼监督，包括对侦查活动、审判程序的监督和对刑事判决、裁定的监督。因此，公诉工作的法律效果，首先是指这些诉讼活动与法律规定相符合的程度，也就是人民检察院是否正确履行了法律所规定的职责。例如，如果一个犯罪嫌疑人确实构成犯罪，人民检察院依法提起公诉，在认定事实、运用证据和适用法律上都正确，提起公诉的法律效果就比较好；反之如果犯罪嫌疑人并不构成犯罪，而人民检察院却提起公诉，则法律效果就不好。公诉的法律效果还体现在诉讼的结果上。如果提起公诉以后，人民法院通过审判没有采纳公诉意见而宣告被告人无罪，则不论法院的判决是否正确，公诉的法律效果必然不好。因为如果法院的判决正确，则人民检察院提起公诉就是错误的，法律效果当然不好；反之，如果法院的判决错误，则犯罪分子没有受到应有的惩罚，公诉的良好法律效果也没有实现。因此，追求公诉活动的良好法律效果，不仅要使公诉活动本身符合法律规定，而且要促使公诉活动取得符合法律规定的正确结果。

所谓社会效果，是指办案结果与社会要求和公共利益相符合的程度。衡量社会效果的标准比较复杂，主要包括四个方面：一是政治影响，即办案结果是否符合国家的政治利益，例如，对涉及"法轮功"案件的处理是否体现了党和国家与"法轮功"邪教组织作斗争的方针、政策，对危害国家安全案件的处理是否符合四项基本原则等；二是经济影响，即办案结果是否符合经济发展的要求，是否保护了国家、人民的财产，是否对经济建设产生了负面影响；三是社会评价，即社会大众对办案活动和办案结果的认同程度；四是维护和促进社会秩序稳定的作用，包括对犯罪人和一般人的法制教育作用，对公民守法自觉性的增强作用，等等。

受下列因素影响，社会效果具有复杂性：一是衡量标准的复杂多样性。政治效果、经济效果和社会评价虽然在大多数情况下是一致的，但也会出现不一致的情况。例如，对一个案件的处理如果服从社会大众的广泛要求，可能对经济建设产生一定的负面影响。二是评价主体的广泛性。不同的社会主体，因价值观、与案件利害关系的不同和利益要求的差别，就同一案件会有不同的反映。例如，被害人的家属和被告人的家属对判决结果可能会持完全相反的评价。三是全局利益与局部利益、整体利益与部分利益、长远利益与短期利益的冲突。对一个案件的处理，可能符合国家的利益但不符合某个单位的利益或者一部分人的利益；可能符合整个国家的全局利益而不符合某个地方的局部利益。打击制售假冒伪劣商品的犯罪，可能使某个地方的税收受到影响，但从全局看符合规范市场经济秩序的要求，从长远看也将促进地方经济的健康发展。

社会效果好不好,应当是综合各方面效果进行评价的结果。当社会效果所涉及的各种利益和要求发生冲突时,需要进行平衡和取舍。一般的取舍原则是:政治利益高于经济利益,国家利益和公众利益高于个人利益,全局利益高于局部利益,整体利益高于部分利益。

法律效果与社会效果存在既统一又对立的辩证关系。法律是国家制定的,反映广大人民群众的意志和利益,因此,严格执行法律既符合国家利益,也符合广大人民群众的根本利益。但社会效果具有复杂性,追求办案的法律效果,可能不符合某些个人利益或者局部利益。另外,当法律没有规定、规定不够明确或者留有裁量的余地时,司法机关的办案活动及其结果可能在一定程度上不符合某些方面的利益和要求。

人民检察院公诉工作遵循公共利益原则,必须坚持法律效果和社会效果的有机统一。首先是要追求法律效果。公诉活动是一种司法活动,严格执行法律是对人民检察院的基本要求。如果在公诉活动中违背法律规定,不仅损害法律效果,也谈不上有良好的社会效果,因为这是与社会主义法制的要求,与国家利益和人民群众的根本利益不符的。另外,在追求法律效果的同时也要追求良好的社会效果。法律的规定通常比较原则、灵活,对不同案件适用法律上往往可以体现出差别,公诉工作中应当在法律规定的范围内,根据案件的具体情况作出不同的处理,争取最佳的社会效果。例如,对犯罪情节轻微、依照刑法规定不需要判处刑罚或者免除刑罚的案件,人民检察院可以起诉也可以不起诉,在决定是否起诉时就要考虑案件的具体情况。如果人民群众要求起诉的反映比较强烈,或者提起公诉具有较好的法制教育和预防作用,也可以提起公诉。如果是未成年人犯罪,那么作出不起诉决定就符合"教育、感化、挽救"的方针,往往既能得到家长、学校和社会的支持,也有利于未成年人的健康成长。人民检察院在严格执行法律的同时,还要通过各种方式和途径争取社会各界和人民群众最大限度的支持,例如,在出庭公诉中公诉人以良好的法庭形象和客观公正的作风赢得旁听观众的赞许和支持,在办理单位犯罪案件的过程中帮助机关、企业、事业单位发现和堵塞管理上的漏洞,在办理未成年人犯罪案件中加强对未成年人的法制教育等。总之,没有良好的社会效果,仅仅符合法律的规定,公诉的办案效果是不全面、不圆满的。

坚持法律效果与社会效果相统一,要求在公诉工作中不仅要认真听取当事人及其辩护人、诉讼代理人的意见,还要充分注意听取社会各界和人民群众的反映,使公诉工作不仅符合法律规定,也符合最广大人民群众的意志和利益。在实践中,人民检察院应当充分考虑各个方面的利益和要求,协调各种利益、要求之间的冲突,在坚持法律效果的前提下努力实现最佳的社会效果,不能盲从于个别人、个别单位的要求而损害整体社会效果,更不能为追求局部性的社会效果而违反法律规定。

(四)平衡一般预防与特殊预防的关系

坚持公共利益原则要考虑到公诉对预防犯罪的作用。预防犯罪是我国刑罚的目的,具体包括特殊预防和一般预防两个方面。人民检察院的公诉权实际是国家行使刑罚权的追诉方式,就是要求人民法院运用国家刑罚权制裁犯罪,因此,预防犯罪也是公诉的目的。

所谓特殊预防,就是通过对犯罪人适用刑罚,防止其重新犯罪。因此,特殊预防的对象是罪犯本人。不同种类的刑罚,所具有的特殊预防作用也不同。对极少数危害极其严重的罪犯判处死刑立即执行,可以通过剥夺罪犯的生命,使其不能再危害社会,这是一种特殊形式的特殊预防措施,但不是我国刑罚实现特殊预防目的的主要手段。通过对绝大多数罪犯适用自由刑、财产刑、资格刑,一方面可以在一定时间内将其与社会隔离,或者剥夺其重新犯罪的物质条件,或者剥夺其可能用于犯罪的某种权利或资格,减少或消除重新犯罪的可能;另一方面可以通过刑罚的惩罚功能、威慑功能和行刑过程中的矫正功能,使其认识到必须遵守国家法律,做一个无害于社会的公民。为了实现特殊预防的目的,刑法根据各种具体犯罪的性质和危害大小设置了不同的刑种和量刑幅度,并且规定了缓刑、减刑、假释、累犯、自首、立功等刑罚制度。人民法院在量刑的时候,必须根据犯罪的性质、情节、对社会的危害程度,结合考虑被告人的人身危险性,依照刑法的有关规定判处,实行刑罚的个别化。在自由刑的执行过程中,执行机关本着惩罚与教育改造相结合的方针,根据罪犯的不同特点采取不同的管教方法,对罪犯进行思想教育、文化教育、法制教育和劳动技能方面的教育,并根据其改造情况予以减刑、假释,这些措施都具有特殊预防的作用。

所谓一般预防,是指通过对罪犯适用刑罚,防止可能犯罪的人走上犯罪的道路。也就是说,一般预防的对象不是犯罪人,也不是守法公民,而是可能犯罪的其他社会成员,特别是有潜在犯罪可能的危险分子和不稳定分子。通过制定、适用和执行刑罚,一方面可以警戒和威慑社会上的危险分子和不稳定分子,抑制他们的犯罪意念,使他们不敢以身试法、危害社会;另一方面可以使广大公民受到法制教育,增强遵守法律的自觉性。此外,通过适用和执行刑罚,对犯罪行为作出否定评价和严厉谴责,可以安抚被害人及其家属,防止报复性犯罪活动的发生。

特殊预防和一般预防作为预防犯罪的两种手段,具有既对立又统一的辩证关系。两者之间的对立,主要是因为预防对象不同产生的。对某些犯罪人来说，其再犯的可能性较大，因而需要判处较重的刑罚以达到特殊预防的目的，但由于一般人缺乏类似的情况，因此对犯罪人判处重刑就实现一般预防而言可能是不必要的。在这种情况下，突出了特殊预防的需要。另一方面，对某些犯罪人来说，其再犯的可能性不大，甚至再犯的可能性几乎没有（如过失犯罪），但由于一般人具有实施类似犯罪的可能，就需要依法判处刑罚，以达到一般预防的目的。在这种情况下，突出了一般预防的需要。但不论特殊预防还是一般预防，目的都是预防犯罪，两者的实现都有赖于刑罚惩罚、威慑、警戒、教育等功能的发挥。因此，侦查、起诉、审判的刑事诉讼过程既要考虑特殊预防，又要考虑一般预防。

在刑事法律活动的不同阶段，由于目的和任务不同，对特殊预防和一般预防的侧重也有所不同。在刑事立法阶段，应当以一般预防为主，兼顾特殊预防；在定罪量刑阶段，总体上要求特殊预防与一般预防并重；在行刑阶段，应当以特殊预防为主，兼顾一般预防。在定罪量刑阶段要求特殊预防与一般预防并重，也是相对而言的，不是必须等量齐观，往往需要根据具体情况的不同对其中一个方面予以侧重。例如，对累犯等人身危险性比较大的罪犯应侧重于特殊预防，对初犯、偶犯等再犯可能性不大的罪犯则应侧重于一般预防；对较少发生的犯罪应侧重于特殊预防，对常见多发性犯罪则应侧重于一般预防；在社会治安形势稳定、犯罪率较低的时期要侧重于特殊预防，在社会治安形势严峻、犯罪率较高的时期则应侧重于一般预防；在犯罪发案率较低的地区要侧重于特殊预防，在犯罪发案率较高的地区则应侧重于一般预防，从而充分实现预防犯罪的目的。

公诉工作虽然本身还不是适用刑罚的活动，但与适用刑罚具有密切的关系。第一，提起公诉是适用刑罚的前提。只有人民检察院提起公诉，人民法院才能对犯罪分子适用刑罚，特殊预防和一般预防才可能实现。第二，人民检察院提起公诉所指控犯罪事实的范围，直接影响被告人受到的刑罚处罚，进而影响特殊预防和一般预防的效果。第三，人民检察院适用法律特别是关于量刑情节的意见是否正确，指控、证明犯罪是否有力，也影响人民法院对犯罪分子适用刑罚的正确性。第四，人民检察院对量刑确有错误的判决、裁定，负有进行法律监督，促使人民法院正确适用刑罚的职责。可见，公诉工作对刑罚特殊预防和一般预防目的的实现也有重要意义。

为了体现公共利益原则，实现预防犯罪的目的，公诉工作中必须注意以下几点：

一是要依法对需要追究刑事责任的犯罪行为提起公诉，准确认定犯罪性质，防止发生遗漏罪行、遗漏犯罪人的现象，保证刑罚的必然性。遗漏罪行势必使犯罪分子不能受到应有的惩罚，从而削弱刑罚的威慑、警戒、教育功能，容易使罪犯本人和其他有犯罪可能的危险分子、不稳定分子产生侥幸心理，一方面增加罪犯的再犯可能；另一方面也无法警戒、威慑其他人不实施犯罪，刑罚的特殊预防和一般预防作用必然大打折扣。如果遗漏罪行，导致犯罪的人没有受到刑罚处罚，也就根本谈不上特殊预防和一般预防。如果认定的犯罪性质不当，预防犯罪的效果也不好。

二是要提高办案效率，防止久拖不决，保证刑罚的及时性。公诉工作中，对犯罪嫌疑人已经构成犯罪，需要追究刑事责任的，应当及时提起公诉，并监督人民法院在审判期限内及时作出判决，使犯罪分子及时受到刑罚处罚。如果案件久拖不决，一方面容易造成罪犯的抵触心理；另一方面也会引起人民群众的不满和对犯罪人的同情，使刑罚的一般预防和特殊预防作用降低。

三是要加强对刑事判决、裁定的监督，依法对量刑畸轻畸重的案件提出抗诉，保证刑罚的适当性。判处的刑罚适度，犯罪人能够接受，人民群众也会理解和支持，有利于特殊预防和一般预防作用的发挥。如果刑罚过轻，不足以体现刑罚的威慑力，难以消除犯罪分子的再犯可能性，也难以使社会上的不稳定分子放弃犯罪的意念。刑罚过重，不仅增强犯罪人的抵触情绪和对刑罚的忍耐力，也得不到人民群众的支持，同样会削弱特殊预防和一般预防的作用。因此，人民检察院应当切实重视对刑事判决、裁定量刑不当的监督，促使人民法院依法正确量刑。

四是在适用酌定不起诉的工作中，也要充分考虑特殊预防和一般预防的需要。根据刑事诉讼法的规定，犯罪情节轻微，依照刑法规定不需要判处刑罚或者可以免除刑罚的案件，可以决定不起诉。人民检察院在决定是否不起诉前，要考虑犯罪嫌疑人是否认识到自己行为的性质，是否有悔改表现，如果根本没有悔改表现，也可以从特殊预防的需要出发提起公诉，由人民法院依法判决。特殊情况下，考虑到案件具有典型性和普遍教育意义，也可以提起公诉，以达到一般预防的效果。

五是在提起公诉以后的出庭支持公诉工作中，要充分揭示犯罪的社会危害程度和被告人的主观恶性程度，积极向人民法院提出从重、从轻、减轻处罚的建议，帮助人民法院在适用刑罚时正确处理特殊预防和一般预防的关系。例如，对累犯、惯犯、犯罪集团首犯等主观恶性程度较深、人身危险性较大的罪犯应当侧重于特殊预防，要求人民法院依法重判。在"严打"斗争中，应当要求人民法院依法对重点打击的犯罪予以重判，以刑罚的威慑力促使社会上的不稳定分子不敢以身试法。

六是在审查起诉和出庭公诉中，要重视对被告人、被害人和庭审旁听观众加强法制教育和宣传工作，以增强刑罚特殊预防和一般预防的效果。

三、公诉个别化原则

公诉个别化原则是区别对待的刑事政策在公诉工作中的具体体现，是指检察机关在公诉时要充分考虑具体案件的各种情节，提出具有针对性的公诉意见。我国刑法、刑事诉讼法明确规定了适用法律平等原则、罪刑相适应原则，但并不意味着公诉人对任何人所犯的同样的罪都采用千篇一律的公诉意见。在公诉实践中，运用法律处理具体案件并不是一个机械照搬法条的过程，更不会形成千案一律的结论，要考虑本案的具体情况，实现个别公正。德国学者李斯特曾指出："刑事政策并非对社会的，而是对个人的，是以个人的改善教育为其任务。"[①] 根据法律的规定，基于每一案件的具体特点，有针对性地制作起诉意见，这是公诉个别化原则要解决的问题。在有的国家，法律明确将个别化原则作为公诉的重要规则。日本《刑事诉讼法》第248条规定："根据犯罪人的性格、年龄、境遇和犯罪的轻重、情节以及犯罪后的情况，没有必要追诉时，可以不提起公诉。"公诉个别化原则坚持了实事求是、具体情况具体分析的辩证唯物主义观点，解决了在公诉环节具体落实各项法律原则的政策界限，明确了维护司法公正，保障公共利益的立足点。可以说，公共利益原则与公诉个别化原则是公诉政策的双翼，是公诉裁量主义的政策根据。坚持公诉个别化原则具有十分重要的现实意义。许多国家的法律规定了刑罚个别化的内容。《德国刑法典》（1994年）在"刑罚制度"专列"刑罚个别化方式"一节，指出在"法律所规定的限度内，依据犯罪情节及罪犯人格宣告刑罚"。联合国《关于检察官作用的准则》认为："在检察官拥有决定应否对少年起诉酌处职能的国家，应对犯罪的性质和严重程度、保护社会和少年的品格和出身经历给予特别考虑。检察官应尽量在十分必要时才对少年采取起诉行动"，[②] 也体现了公诉个别化的原则。坚持公诉个别化原则具有下列意义：

第一，公诉个别化有利于实现个别公正。公正是法的内在要求和基本价值，包括一般公正和个别公正。其中，一般公正是指法律规定所体现的对于一般人的公正，个别公正则是具体适用法律中的公正，即通过具体案件的司法活动让人直接感受到司法结果和司法过程与社会正义的要求相符。尽管通过刑事

---

① 转引自张甘妹：《刑事政策》，三民书局1979年版，第12页。
② 参见程味秋等编：《联合国人权公约和刑事司法文献汇编》，中国法制出版社2000年版，第266页。

立法在很大程度上已经实现了一般公正,但由于社会现象的复杂性和立法技术的局限性,法律永远不可能将社会正义的要求完整、准确地体现出来,类型化的、概括性的规范可以在宏观上体现社会正义的基本要求,但不能反映社会现象间微观差别的要求。例如,刑法分则中规定了犯罪的构成要件、法定刑幅度和一些重要的量刑情节,所考虑的是犯罪的基本事实,具有高度类型化、典型性特征,只是确定了定罪量刑的基本标准。如果不考虑具体案件之间的差别,势必导致异罪同罚等不公正结果。可以说,一般公正是抽象的,个别公正则比较具体;一般公正为个别公正奠定了基础,个别公正则在一般公正基础上更加准确地反映了社会正义的要求。公诉个别化,就是要在公诉活动中充分重视案件的具体情况,从而使公诉决定符合个别公正的要求。

第二,公诉个别化有利于实现刑罚的个别化。刑罚个别化是指刑罚的运用必须充分考虑犯罪及犯罪人的具体情况,从而促进刑罚一般预防和特殊预防目的的实现,促进刑罚正义的实现。刑罚个别化要求在刑罚制定、刑罚裁量和刑罚执行中都要考虑犯罪及犯罪人的具体情况,其中刑罚裁量中的个别化尤为重要。公诉活动虽然本身不能进行刑罚裁量,但由于公诉制约着审判的范围,刑罚裁量所依据的事实要素需要通过公诉活动加以证明,并且公诉机关提出的量刑意见影响刑罚裁量的结果,因而公诉的个别化有利于促进刑事审判活动实现刑罚个别化。

第三,公诉个别化有利于促进诉讼效率的提高。公诉个别化要求在决定是否提起公诉时充分考虑案件的各种具体情况,及时对一些案件依法作出不起诉决定,从而在充分实现刑事诉讼目的的同时,有效地提高刑事诉讼的效率。

第四,公诉个别化要求我们在制作起诉书、发表公诉意见时,要有的放矢,充分体现本案的特点,从被告人犯罪的手段、情节,造成的危害结果,形成的社会影响等方面阐明本案的社会危害程度,并由个案提出具有普遍意义的社会警示,达到教育被告人、教育广大公民的效果。

坚持公诉个别化,主要注意两个方面:一是社会危害性。社会危害性作为犯罪的本质特征,不仅是定罪量刑的基本根据,也是公诉的基本根据。检察机关决定是否提起公诉,首先要考虑犯罪嫌疑人的行为是否具有达到犯罪程度的社会危害性,其次要考虑社会危害性的大小。社会危害性是客观危害与犯罪嫌疑人主观恶性的统一。对犯罪的客观危害,可以从犯罪客体、犯罪对象、危害结果、犯罪的时间、地点、手段以及犯罪行为与犯罪结果的因果关系程度等几个方面把握。对犯罪的主观恶性,可以从犯罪的罪过形式、罪过程度、犯罪动机、犯罪目的、犯罪嫌疑人与被害人的关系等方面把握。这些方面的具体情况不同,所表现的社会危害性也不同。二是人身危险性。人身危险性反映犯罪人再犯的可能性和改造的难易程度。不同的犯罪人，其人身危险性也往往不同。对人身危险性不同的犯罪嫌疑人，处理方式也应当有所不同。人身危险性主要是从犯罪嫌疑人的年龄、心理、生理状况、个人经历、道德观念、受教育状况等个人基本情况和犯罪前、犯罪中、犯罪后的表现以及再犯、累犯等方面加以认识。

社会危害性和人身危险性是公诉个别化的基本根据。此外，公诉个别化还要考虑一些与犯罪或者犯罪人本身没有直接关系的因素，如刑事诉讼的成本（或代价）等。总之，为实现公诉个别化而需要考虑的事实因素很多，主要涉及以下几个方面：（1）犯罪所侵犯的客体；（2）犯罪的对象；（3）犯罪的时间、地点和方法；（4）犯罪后果以及犯罪行为与犯罪结果之间因果关系的状况；（5）犯罪主体的身份及其刑事责任能力；（6）罪过形式、犯罪动机、犯罪目的等主观因素；（7）犯罪完成的程度，是预备、未遂、中止还是既遂；（8）犯罪的组织形式及犯罪人的作用；（9）犯罪嫌疑人的个体情况，包括年龄、心理、生理状况、生活经历、生活环境、经济状况、道德观念、受教育程度；（10）犯罪前的表现，如是否有犯罪前科，是否一向遵纪守法等；（11）犯罪中的表现，如犯罪意志是否坚决，是否鼓动其他人犯罪，是否想放弃犯罪等；（12）犯罪后的表现，如是否试图挽回犯罪后果，是否自首、立功等；（13）被害人和社会公众对犯罪的态度；（14）犯罪前后社会形势的变化；（15）对犯罪继续追究刑事责任的诉讼成本。

公诉个别化既要达到惩罚犯罪的效果，也要实现教育改造被告人的目的。国家对犯罪进行刑事追究，首先是要对罪犯进行惩罚，惩罚的方法主要是适用刑罚。惩罚犯罪的目的，除安抚被害人及其家属的痛苦和仇恨情绪，平息公众义愤，维护稳定、合理、正常的社会秩序以外，还要通过剥夺犯罪人的自由、财产、权利等，使其遭受生理上、精神上的痛苦而不敢再犯罪。惩罚是刑罚的固有功能。但国家行使刑罚权的最终目的是预防犯罪，其中一个重要方面就是要通过对罪犯的教育改造，使其不再犯罪，复归社会成为新人。马克思主义理论认为，世界是运动的，自然界、人类社会、人的生命和人的认识都处于运动变化之中，犯罪人的思想观念和行为方式也必然是可以变化的，不存在所谓的天生犯罪人，因此，凡是罪犯都可以改造。但对罪犯的改造是一个复杂、艰巨的过程，必须借助一定的条件和手段。惩罚就是对罪犯进行改造的条件和手段之一。只有对罪犯进行惩罚，才能剥夺他们继续危害社会的能力，使他们真正感受到国家法律的威严，一方面因心理上受到强制而不敢再以身试法；另一方面认真接受教育改造，实现思想观念和行为方式的彻底转变。特别是对危害较为严重、主观恶性较深的罪犯，还要通过判处有期徒刑剥夺他们的人身自由，使他们在监狱和其他执行场所接受劳动改造。

可见，惩罚犯罪和教育改造具有相辅相成、互为作用的关系。不惩罚犯罪，就不可能对罪犯实施有效的教育改造；忽视教育改造，单纯地进行惩罚，就不可能预防和减少犯罪。惩罚犯罪是教育改造的前提，教育改造应是惩罚犯罪的最终目的。当然，惩罚犯罪与教育改造也在一定程度上存在对立性：教育改造的目的是使罪犯成为对社会有用的新人，而惩罚往往意味着需要为犯罪人设置一个与社会隔离的非正常环境。罪犯由于承受生理上的痛苦和精神上的巨大压力，接受改造的主动性、积极性和自信心容易受到影响。罪犯之间的交叉感染也会增加教育改造的难度。

对罪犯进行教育改造，主要是在刑罚执行中进行的。公诉工作是代表国家追究犯罪的活动，主要目的是惩罚犯罪，但并非不承担任何教育改造职责。正确认识和处理惩罚犯罪和教育改造的关系，对于全面、正确地完成公诉职责具有十分重要的意义。实践中，主要应注意以下几点：一是要在审查起诉、出庭公诉工作中加强对犯罪嫌疑人、被告人的法制教育，从而为刑罚执行中的教育改造工作奠定良好的基础。检察人员要通过揭示犯罪行为的性质、社会危害和对犯罪嫌疑人、被告人进行法制教育，促使其真诚悔过，增强接受教育改造的自觉性、积极性。二是在办案过程中，要充分考虑怎样才有利于教育改造犯罪分子，而不能片面强调惩罚。例如，对未成年人犯罪案件应当根据其心理、生理特点，采取有利于教育、感化、挽救涉案未成年人的办案方式。对犯罪情节轻微，依照刑法规定可以免除刑罚的案件，如果犯罪嫌疑人对自己的行为有正确认识，确有悔改表现，可以决定不起诉。对犯罪分子有自首、立功以及其他从轻、减轻处罚情节的，应当实事求是予以认定，并向人民法院提出相应的处罚意见，使被告人感受到司法机关的公正，从而有利于其认罪服法，自觉接受教育改造。相反，对危害严重、主观恶性深且拒不悔罪的被告人，应当建议人民法院依法判处较重的刑罚，使其在监狱等监管改造场所进一步接受劳动改造。三是在刑事抗诉工作中也要坚持惩罚罪犯和教育改造相结合的原则。首先，要通过抗诉纠正刑事判决、裁定中存在的量刑畸轻畸重的错误。惩罚适度，是保证教育改造顺利进行的必要条件。惩罚过重，容易引发罪犯的抵触心理；惩罚过轻，容易引发罪犯的侥幸心理，这些都不利于教育改造。其次，在审查是否按照审判监督程序提出抗诉的过程中，要充分考虑到对罪犯教育改造的影响。检察人员办理按照审判监督程序抗诉的案件，如果罪犯在押，应当向监狱等刑罚执行机关了解罪犯的狱中表现，作为决定是否抗诉考虑的因素之一。虽然原判处刑过轻，但是罪犯认真接受教育改造，狱中表现良好的，原则上不应抗诉。特别是判处死刑缓期二年执行的案件，在缓刑考验期将满，罪犯认罪服法，狱中表现较好的情况下，如果提出抗诉要求人民法院改判死刑立即执行，不仅不符合死刑政策，也不符合社会主义人道原则，并且不利于维护刑罚执行场所的教育改造秩序。即使是罪大恶极的罪犯，只要有教育改造的可能，都应该努力将其改造成为对社会有用的新人。

公诉个别化就是要求在综合考虑各种事实因素的基础上，在法律规定的范围内，选择社会价值最大的一种处理方式。这种社会价值与通常所说的社会效果是一致的。也就是说，公诉个别化的目标就是要在法律规定的范围内，实现公诉的最佳社会效果。

公诉个别化主要在下列几个环节实现：

一是决定是否提起公诉的环节。对每一个刑事案件，检察机关都需要决定是否对犯罪嫌疑人提起公诉。如果犯罪嫌疑人不构成犯罪或不应当追究刑事责任，那就应当依法不起诉，不存在个别化的前提。在认定犯罪嫌疑人的行为已经构成犯罪的前提下，如果犯罪情节轻微、依法不需要判处刑罚或者可以免除刑罚，检察机关需要综合考虑各种事实要素，评估提起公诉或者不起诉的社会效果，特别是评估一般预防、特殊预防、满足社会要求和诉讼效益等方面的效果，选择综合社会效果最佳的处理方式，决定起诉或者不起诉，从而实现公诉的个别化。

二是提起公诉的环节。在这个环节，检察机关需要通过起诉书、公诉意见书向人民法院提出对被告人定罪量刑的意见。在公诉意见中，除表明被告人的行为已经构成犯罪、应当追究刑事责任以外，还要实事求是地认定被告人所具有的法定量刑情节和酌定量刑情节，相应提出对被告人从轻、减轻或者从重处罚的意见，从而使公诉意见体现出公诉个别化的要求。

三是出庭支持公诉的环节。公诉人在法庭上应当充分揭示和证明影响定罪量刑的各种事实，促使法庭充分考虑案件的各种具体情况，实现刑罚的个别化。

四是刑事抗诉的环节。检察人员审查刑事抗诉案件，应当充分考虑案件的各种具体情况，既考虑从重处罚的因素，也考虑从宽处罚的因素，既考虑惩罚犯罪的需要，也考虑是否有利于教育改造犯罪人，综合分析法院量刑的合理性，避免犯一叶障目、不见森林的片面性错误，对法院的正确裁判要积极维护，对法院错误的裁判要坚决抗诉，从而以公诉个别化来促进刑罚个别化的实现。

四、诉讼经济原则

诉讼经济是指以最少的司法资源投入,获取最大的诉讼效益。诉讼经济原则提出了资源与效益的关系问题。刑事诉讼的运行需要国家付出成本,需要投入一定的人力、物力、财力等。在既定资源总量不变的情况下,如何依法公正地处理更多的刑事案件,这也是检察机关必须要考虑的问题,因此,诉讼经济也是公诉活动应遵循的重要政策。

诉讼经济原则的提出决定于三个因素:一是社会对惩治犯罪的要求具有无限性的特点。面对不断上升的刑事案件,社会公众期望国家机关有力惩治犯罪,为其提供一个长治久安的社会环境。为满足公众的期望,国家必须投入足够的司法资源。司法资源是指刑事诉讼活动的成本,主要指国家在刑事诉讼过程中投入的人力、物力、财力,包括侦查、起诉、审判、执行等诉讼环节的办公设施、人员编制、办案器材、工资福利、监管场所建设等方面的支出。二是刑事司法资源具有高消耗的特点。刑事诉讼以追诉犯罪为初衷,国家司法机关肩负着侦查、证实、惩治犯罪的任务。法律实施的程度取决于提供给这项活动的物质资源。因犯罪行为具有过去性、隐蔽性和难以恢复性的特点,加之犯罪人往往采用各种反侦查手段,使得追究犯罪的过程非常艰难,要实现刑事诉讼不冤枉无辜者、不放纵犯罪人的最高宗旨,司法人员必须进行不懈的努力,耗费难以计量的资源。在刑事司法方面耗用的资源远远大于一般国家机关日常活动的投入。三是国家经济资源有限性的特点。如果国家资源非常充足且可以用之不竭的话,我们当然不必讨论诉讼经济问题。非常遗憾的是,人类可利用的资源不可能满足社会成员的绝对需要。因现实社会资源稀缺,尚无任何一个国家,包括经济发达的国家,能够承受刑事诉讼所带来的沉重负荷。以最少的资源消耗获取更大的效果,这是一切社会活动追求的目标,刑事诉讼也不例外。正是在司法资源有限与社会需求无限矛盾的挤压下,才凸显出诉讼成本与诉讼效益的关系问题。台湾学者陈朴生认为,"刑事诉讼之机能,在维持公共福祉,保障基本人权,不计程序之烦琐,进行之迟缓,亦属于个人无益,于国家、社会有损。故诉讼经济于诉讼制度之建立实不可忽视"[①]。这就是为什么各国的立法机关和法律实践都要寻找各种方法减轻司法机关的负担,因为刑事诉讼要受经济的制约。现在,诉讼经济原则已成为各国刑事诉讼最基本的刑事政策,甚至有的国家将其确定为法律原则。如美国《联邦刑事诉讼规则》第2

---

① 参见陈朴生:《刑事经济学》,正中书局1975年版,第327页。

条规定:"本规则旨在为正确处理每一起刑事诉讼提供规则,以保障简化诉讼,公正司法,避免不必要的费用与迟缓。"德国甚至于1993年颁行了《减轻司法负担法》,节省诉讼资源,提高诉讼效率,已成为各国刑事诉讼改革的基本趋向之一。

我国《刑事诉讼法》第2条指出:"中华人民共和国刑事诉讼法的任务,是保证准确、及时地查明犯罪事实,正确应用法律。"可见,"及时"是刑事诉讼的规则之一。我国刑事诉讼法对每个诉讼环节及强制措施期限的规定,都反映了诉讼经济原则的要求。目前,我国正处于社会变革的关键时期,犯罪上升的趋势在短时间内难以遏制,而现有的公诉人员面对不断增加的刑事案件已难堪其负。国家限于经济财力,给公诉部门增加人员编制,加大物质投入的可能性较小。因此,检察机关只能利用现有的司法资源,根据诉讼经济的原则,通过合理配置资源,调整成本的组合,提高单位时间的工作效率,在依法办案的前提下,办理更多的刑事案件。诉讼经济原则的直接要求便是提高诉讼效率。案件积压、效率低下、诉讼周期长是困扰各国司法机关的一个现实问题。从国际上看,贯彻诉讼经济原则,简化诉讼程序是现代刑事诉讼的一个发展趋势。

提高诉讼效率既有利于国家利益,也有利于被告人的利益,从国家利益来讲,其一,提高诉讼效率,可以避免案件积压,及时实现法律正义,有利于维护社会秩序。案件久拖不决,不仅耗费司法资源,而且导致法律秩序的不稳定,不符合国家利益。其二,提高诉讼效率,避免诉讼过程不必要的拖延,迅速作出处理,对犯罪人及时绳之以法,有助于一般预防与特殊预防。其三,提高诉讼效率,可以节省诉讼资源。从被告人利益来讲,提高诉讼效率,对于无罪的人,可以及时得到解脱,维护其合法权益;对于有罪的人,迅速的裁决可以使其摆脱诉累,避免因案件久拖不决带来的负面影响,如经济负担、精神损伤等。

在公诉环节中应贯彻以下诉讼经济原则:

第一,要解决三个观念问题。一是公正观念。公正与效率都是公诉的价值目标,但公正永远是第一位的,公正与效率的主次关系不能颠倒。只有在尊重被告人诉讼权利的基础上,才能强调效率。绝不允许为节省资源或提高效率而损害司法公正。公正是提高效率的前提与基础,效率与目标连为一体,脱离公正的效率,既损害国家利益,又损害被告人利益,毫无价值。二是全局观念。公诉是刑事诉讼的一个环节,贯彻诉讼经济原则不能局限于本位主义,要立足于整个诉讼过程。能在公诉环节终止的案件,不要起诉到法院;应由检察机关撤诉的案件,不必等到法院判决。检察机关代表国家履行公诉职责,法院代表国家行使裁判职权,都耗费国家的司法资源。因此,从国家整体利益考虑,为节省司法资源,能在公诉环节终止的诉讼要及时终止,减少法院的司法负担。三是成本观念。要充分认识到如何处理案件直接决定司法资源的耗费问题。迅速处理案件就是节省司法资源,案件久拖不决就是浪费诉讼资源,因此,各级公诉人员应想方设法地降低公诉成本,改进工作方法,提高办案效率,利用有限的司法资源,依法及时地办理更多的案件,完成法律赋予的任务。

第二,要注意制约诉讼经济的三个因素。一是诉讼周期的长短;二是诉讼程序的繁简;三是诉讼资源的多少。检察机关要改革公诉办案机制,减少决策环节,建立主诉检察官办案责任制,缩短办案周期。能由主诉检察官独立办的案件,不需要经过部门负责人、主管检察长审批。能由检察长决定的公诉事项,不需要提交检察委员会进行讨论。迅速处理案件可以提高诉讼效率,在不改变诉讼成本的前提下多处理案件,避免案件积压,及时履行公诉职责。

第三,在公诉过程中,诉讼经济应作为是否起诉、如何起诉的一个参考因素。在起诉环节,对证据不足的案件,犯罪情节轻微、依照刑法规定不需要判处刑罚或者免除刑罚的案件及时作出不起诉的决定,既是保障人权的需要,也是节省司法资源的需要,使法院集中资源办理危害严重的刑事案件。

在对案件提起公诉以后,要根据刑事诉讼的有关规定,采用繁简分流的办法。诉讼程序的繁简程度与诉讼费用的高低和诉讼周期的长短具有密切的联系。诉讼程序越烦琐,诉讼耗资就越大,诉讼周期也越长;反之,诉讼程序的简化则必然带来诉讼费用的降低与诉讼周期的缩短。对情节简单、事实清楚,被告人认罪,且可能判处有期徒刑 3 年以下的案件,要依法建议法院适用简易程序;对某些犯罪比较严重,但证据确实、充分,被告人认罪的案件,检察院要建议法院采用普通程序简化审理的方法,快速审结案件。

对法院判决的抗诉要慎重。抗诉将启动新的审判程序,给法院增加工作负担。抗诉工作既要依法,又不能盲目。对法院判决的量刑错误,不属于畸轻畸重的,不必抗诉,可以通过其他方式提请法院注意。

第四,贯彻诉讼经济原则,关键是使投入与效益成正比关系。降低诉讼成本,减少资源投入是诉讼经济的具体要求,但不是必然要求。诉讼经济原则的实质是注意诉讼的投入与产出的比例关系。我们贯彻诉讼经济原则,并不是说就不能加大资源投入,而是强调投入的成本要产生最大的诉讼效益。在刑事案件增加的情况下,为依法公正地处理案件,不适当地加大司法资源的投入是不现实的。因此,在经济条件允许的情况下,各级检察机关要适当加大对公诉部门的投入。不仅适当增加公诉部门的编制,而且要适当提高公诉人员的待遇,还要加大科技强检的投入。公诉实践证明,多媒体法庭示证系统,对保障司法公正，增强公诉效果，展示检察官的法律形象发挥了很好的作用。所以，一方面我们要设法利用现有的司法资源，在办理每一个案件中降低诉讼成本，提高工作效率；另一方面也要适当增加资源的投入，为公诉人提高业务水平，办好刑事案件提供物质保证，保障公诉人全面履行法律职责，取得最大的社会效益。

第六章
公诉的程序意义

在刑事诉讼结构中，公诉程序是连接侦查程序和审判程序的唯一桥梁，在整个刑事诉讼的流程中处于承前启后的中间环节。充分认识公诉的程序意义，深入探讨公诉与侦查、审判及监督之间的关系，有利于国家追诉权的正确行使和刑事程序合理、有效地运作。在我国，审查起诉是侦查和审判之间的一个独立的诉讼阶段，体现了慎重起诉的立法意图。一方面，它对侦查活动实行全面审查，以发现和纠正侦查中存在的问题，保证办案质量；另一方面，它为人民法院进行审判提供了前提和基础，对人民法院顺利实现审判任务具有重要意义。因此，公诉是公、检、法三机关分工负责、互相配合、互相制约的重要环节。同时，公诉制度又是法律监督制度的有机组成部分。公诉机关不仅监督侦查活动，而且监督审判活动。这种诉讼监督有利于维护法制的统一，有利于保护国家和人民的利益，有利于保障犯罪嫌疑人、被告人的合法权益。

第一节 公诉与侦查

刑事诉讼的核心是解决犯罪嫌疑人、被告人是否构成犯罪的问题。因此，现代刑事诉讼的结构均由控诉职能、辩护职能、裁判职能三方构成。尽管侦查是刑事诉讼必不可少的诉讼环节，但从各国的法律规定看，侦查机关并不具有独立的诉讼职能，而是与公诉机关共同构成追诉犯罪、指控犯罪的控方。基于这种侦诉关系，检察官作为国家公诉人，不仅具有审查侦查机关收集证据的职责，也具有规范、指导侦查活动，防止警察滥用侦查权力的职能。

第六章 公诉的程序意义

侦查程序与公诉程序密不可分。很多刑事犯罪不经过专门的侦查难以侦破，难以收集充分的证据。没有必要的侦查活动，就不能提起公诉。诉讼法学理论认为，侦查是公诉的准备，是公诉的前提，是公诉的有机组成部分。公诉（起诉或不起诉）是案件侦查终结的法律处理，非经侦查无法决定是否起诉。在有的国家，如德国法律直接将侦查规定为公诉的准备程序。侦查工作的目的是查明案件事实，出庭公诉是根据侦查结果确定对犯罪嫌疑人起诉或不起诉。如果没有公诉，侦查活动便毫无意义。所以，侦查与起诉相互依存，相辅相成，联系紧密。正因为如此，世界上许多国家将公诉审查过程与侦查过程合二为一，在侦查终结时便由检察官作出起诉或不起诉的决定。按照德国、韩国等国家的法律，侦查的主体就是履行公诉职能的检察官，司法警察则是检察官的助手，由检察官指挥侦查。检察官在侦查过程中直接收集、审查和固定证据，然后在侦查终结时作出是否起诉的决定，没有独立的起诉阶段。这就是法学界常讲的侦检一体化。

由检察官担当控诉职能是各国的通例，但检察官是否同时具有侦查权，各国的法律规定不一。不让检察官介入侦查的国家尚未发现，只是各国赋予检察官的侦查权限有所不同。第一类，检察官是侦查的主体，对一切刑事犯罪都有侦查权，实际是指挥侦查，如德国、意大利；第二类，检察官只侦查职务犯罪、复杂的经济犯罪等特定的犯罪案件，如日本、挪威；第三类，检察官是参与侦查，与司法警察、预审法官等共同调查案件，预审法官介入侦查时，由法官指挥侦查，如法国；第四类，检察官是监督侦查，不独立承担侦查任务，但对警察的侦查活动进行监督，主要是给予必要的法律指导，规范、制约侦查活动，如美国、英国。

检察官与侦查的关系近来有两个非常鲜明的发展趋向。一是大陆法系国家的检察官本来是侦查的主体，近期则将主要精力放在审查起诉方面，如德国学者指出的，"检察机关几乎已经不再充当立法者赋予它的'侦查程序的主宰'这一角色。与立法者将检察机构设计为侦查主管机关的初衷相悖，检察机关已经演变成为一个审级，其工作重点是在终止刑事诉讼程序和起诉两者之间作出决定"。[①] 二是英美法系国家的检察官本来不直接参与侦查，近来却被法律赋予介入侦查的职责。如1998年美国国会决定，检察系统应在警察局派驻律师，向警察提供建议。[②] 此外，还负有侦查经济犯罪、职务犯罪的任务。英国于

---

① 参见陈光中等主编：《诉讼法论丛》（第3卷），法律出版社1999年版，第204页。
② 参见刘立宪等主编：《海外司法改革的走向》，中国方正出版社2000年版，第96页。

1988年在检察机关成立打击严重欺诈案件办公室，有权直接侦查严重欺诈犯罪，打破了检察官没有侦查权的旧习。① 上述发展变化表明，检察官特别是公诉人，与侦查具有密不可分的联系。

显然，检察官以公诉人的身份及时介入侦查是各国的共同特点。但因各国检察官人数较少，精力有限，由检察官完全主导侦查在实践中难以做到。所以，基于专业化的分工，检察官逐渐淡出侦查，不直接侦查案件，而将侦查交由警察进行（或者只侦查经济犯罪、职务犯罪等特殊、复杂案件），但基于公诉目的来指导或制约侦查已成为一种趋势。

从诉讼规律上看，侦查程序有其相对独立的意义。在现代社会，为与复杂的犯罪作斗争，侦查在刑事诉讼过程中的地位越发重要，非侦查无法起诉、审判。侦查又是专门的调查活动，需要各种专门知识，检察官有时难以胜任，因此，一些国家如英国和美国，倾向于在控诉职能内部进行合理分工，由司法警察（刑事警察）负责侦查，由检察官负责公诉。目前在一些国家，侦查逐渐被纳入正式的刑事诉讼程序，有成为独立阶段的趋势。但侦查是发现、收集、固定刑事证据的活动，起诉是审查、运用刑事证据的活动，两者具有密不可分的联系。如果侦查收集的证据不充分，检察官便难以提出指控，因而检察官又有必要加强对侦查活动的指导。可见，侦查与公诉之间既有联系，又有区别。割裂两者或者混同两者在理论上是缺乏根据的，在实践中是有害的。

我国刑事诉讼法将起诉规定为独立的诉讼阶段，并且在侦查与公诉的关系问题上明确规定，检察机关与公安机关分工负责、互相配合、互相制约。这一原则强调三层含义：

其一，侦查、起诉各为相对独立的阶段，检察机关与公安机关是各司其职。公安机关负责刑事犯罪案件的侦查，而且公安机关的侦查具有相对的独立性，不受检察机关的指挥。我国检察机关负责公诉，介入侦查的权力较小。为了体现分工负责、各司其职，刑事诉讼法将审查起诉规定为独立的诉讼阶段，区别于侦查程序，使刑事诉讼由侦查、起诉、审判三个阶段构成。将审查起诉列为独立的诉讼环节，是我国刑事诉讼制度的一个特点。

其二，在诉讼职能上，侦查是起诉的准备，起诉是侦查的延续，两者共同作为控诉的一方，诉讼方向和目的是一致的，公安机关和检察机关应该加强配合。侦查工作的质量直接决定起诉案件的质量，起诉是对侦查工作的检验。公安机关与检察机关如何加强配合，法律规定得并不具体。新刑事诉讼法对这一问题只有三条规定：一是第85条规定，对公安机关提请逮捕的案件，"必要

---

① 参见孙谦等主编：《检察论丛》（第2卷），法律出版社2001年版，第447—448页。

的时候,人民检察院可以派人参加公安机关对于重大案件的讨论";二是第132条规定,人民检察院审查案件的时候,可以要求公安机关重新勘验、检查,并派员参加;三是第171条第1款规定,人民检察院审查案件,可以要求公安机关提供法庭审判所必需的证据材料;认为可能存在本法第54条规定的以非法方法收集证据情形的,可以要求其对证据收集的合法性作出说明。第171条第2款规定,"人民检察院审查案件,对于需要补充侦查的,可以退回公安机关补充侦查,也可以自行侦查"。也就是说,公诉人介入侦查有三种形式:一是参与侦查,表现为参加案件的讨论;二是指导侦查,要求公安机关收集新的证据;三是自行侦查,公诉人可以自行侦查完善证据,配合公安机关工作。为了正确处理案件,公安机关对于检察机关的要求应该予以配合。

其三,在诉讼关系上,侦查与起诉是相互制约的关系。检察机关对公安机关侦查终结的案件进行审查,认为不符合起诉要求的,可以退回公安机关补充侦查;公安机关对于检察机关的不起诉决定,根据其侦查的情况认为不正确的,可以要求检察机关复议、复核。侦查机关制约公诉机关,这也是我国刑事诉讼的一个特点。

在我国的诉讼实践中,公诉工作与侦查工作脱节的问题已经引起人们的关注。要解决好这个问题,一是要遵循诉讼规律;二是要体现诉讼职能;三是要追求诉讼效率。检察官介入侦查,这是世界各国的通例。如果检察官不了解侦查的进展及问题,并及时地提出建议,侦查工作的质量就不能保证,起诉的质量也难以提高,无法达到打击犯罪、保护人民的目的。侦查机关与公诉机关共同担负追诉犯罪、指控犯罪的职能,基于同一个诉讼目的,必须加强配合。如果不允许检察机关介入侦查,待侦查结束后检察机关审查时再提出补充侦查意见,一方面证据可能散失;另一方面侦查活动中的违法情况也不能得到及时纠正,不利于维护犯罪嫌疑人的权利。检察机关特别是公诉人员介入侦查是配合的需要,也是制约的需要,更是监督的需要。当然,介入侦查并不是要指挥侦查,而是体现侦查为公诉服务的指导思想,主要是帮助公安机关及时收集、固定证据,规范侦查活动,提供必要的法律咨询,或者对发现的违法情况及时加以制止或纠正。当前,各地公安机关与检察机关相互配合,已取得了丰富的经验,需要认真总结。当然,在检察官介入侦查方面也需要法律进一步规范。

第二节 公诉与审判

　　现代刑事诉讼为了体现诉讼的民主化、科学化，采用控审分离的原则，由控方、被告方与审判共同组成刑事诉讼的基本格局，三方缺一不可。就诉讼过程而言，公诉具有承前启后的作用，是连接侦查与审判的桥梁。起诉是审判的前提，没有起诉当然不会引起审判，这是毋庸置疑的。但从各国的法律规定看，并非检察官决定起诉的案件就一定能启动法院的审判。有一些国家的法律对检察官的起诉权进行了限制，检察官的起诉决定需经法院预审同意，才能将案件正式起诉到刑事法庭。如果法院不同意起诉，便终止诉讼。我国刑事诉讼法规定，人民检察院与人民法院分工负责、相互配合、相互制约。提起公诉由检察机关负责，审判由人民法院负责。检察机关的起诉只是一项司法请求权，要求对被告人定罪判刑；人民法院对检察机关起诉的案件具有最终的裁判权。检察机关行使公诉权的目的是追究被告人的刑事责任，该目的能否实现取决于人民法院行使审判权的结果。法官有权依法改变或者不支持检察机关的公诉主张，如对检察机关指控的被告人宣告无罪等。人民法院经开庭审理作出有罪判决，公诉主张才最终得以实现。也就是说，公诉活动要经历审判活动的检验，公诉权要接受审判权的制约。但是，我国检察机关的起诉对人民法院的审判也具有明显的制约作用。

　　其一，未经起诉的刑事案件，法院不得审判。不告不理原则是调整起诉与审判的最重要的原则。没有告诉或控告，便没有刑事诉讼。未经检察机关指控，法院不能径直审判案件，这是保障公民人身权利的必要措施。

　　其二，审判受起诉范围的限制。不告不理的另一层含义是告什么审什么，要求起诉的对象和事实与审判的对象和事实具有同一性。也就是说，公诉人指控什么人、什么事实，法院就审什么人、什么事实。如果检察院指控某甲构成伤害罪，法院在审理时发现某甲还犯有抢劫罪，不能直接就抢劫行为作出判决。起诉应有其具体的内容，以严格限制审判对象，避免法院滥用审判权。法院审判的范围要受起诉的制约，不能脱离起诉的被告、事实，审理其他的被告或事实。法院不能以审判权干涉公诉权，这是保障被告人权益的必然要求。

　　如何理解起诉的范围限制审判的范围，审理的范围不得超出起诉的范围，必须正确认识起诉的效力。从横向关系看，根据起诉不可分原则，起诉的效力及于单一事实的全部。因起诉是国家行使刑罚权的专门活动，所以，依刑法产生一个具体刑罚权的事实，即由一个犯罪构成可以评价的事实，是一个不可分的事实单元。这种单一事实包括单一的行为，也包括一系列动作的总和，如数刀杀死一人；还包括被法律评价为一罪的一组行为，如贩卖毒品与持有毒品。基于起诉不可分原则，检察机关对单一事实的一部分起诉，法院可以对单一事实的全部行使审判权。从纵向关系看，根据同一性原则，审判的事实必须与起诉的事实保持一致，不能超出起诉的范围。尽管起诉后案件事实可能发生变化，但审判只能限于起诉的事实。在起诉的范围内，法官可以自由认定事实和适用法律。

有一个问题值得探讨，就是审判机关能否改变检察机关起诉的罪名。从各国的立法及司法实践看，主要有两种做法。英美法系国家主要考虑两个因素：一是是否超出起诉的范围；二是是否损害被告人的辩护权。美国《联邦刑事诉讼规则》第31条指出："被告人可以被确定犯有包容于被控罪行之中的某项罪行，或者被确定意图实施被控罪行或者实施必然危害在被控罪行之中的某项罪行，如果意图构成犯罪的话。"大陆法系国家则认为，在起诉的客观事实范围内，对案件事实的法律评价属法官的职权。德国《刑事诉讼法典》第155条规定，在已经起诉的犯罪事实和被告人范围内，"法院独立负责进行审判，特别是适用刑法上不受检察官请求的约束"。我国的刑事诉讼立法并未明确规定审判机关能否改变指控的罪名。根据最高人民法院《关于适用〈中华人民共和国刑事诉讼法〉的解释》的有关规定，起诉指控的事实清楚，证据确实、充分，指控的罪名与人民法院审理认定的罪名不一致的，应当按照审理认定的罪名作出有罪判决。根据刑事诉讼理论的基本原理，借鉴外国的诉讼实践，我们认为，确定审判机关能否改变指控罪名要注意三个因素：一是否超出起诉的事实范围；二是否损害被告人的辩护权利；三是否破坏辩论原则。实践中可能出现下列情况：（1）如果在审理期间，案件事实发生重大变化，已超出起诉的范围，法院不能直接改变罪名，应在检察机关变更起诉事实及罪名后作出判决。（2）如果在起诉的范围内，将指控的较重罪名变更为较轻罪名，不致损害被告人的辩护权的，判决时可以变更指控的罪名，以提高诉讼效率。如检察机关指控被告人抢劫，被告人及辩护人辩解未使用暴力及威胁，法院可按抢夺罪定罪处刑。对于改变罪名可能损害辩护权的，法院应当在听取辩护意见及公诉人的意见后再改，如将抢劫罪改为敲诈勒索罪。（3）如果在起诉的事实范围内，法院拟将检察机关指控的较轻罪名更为较重罪名，势必损害被告人的辩护权。这时，法院应建议检察机关改以较重的罪名起诉。在检察机关变更罪名，并听取被告人及辩护人的辩护意见后，再作出判决。如果检察机关坚持以轻罪起诉，例如仍指控被告人犯抢夺罪，法院就不能以抢劫罪定罪，只能从有利于被告人的原则出发，认定为抢夺罪。（4）如果在审理期间发现与起诉事实无关的被告人新的犯罪事实，法院不能对新的事实作出判决，只能建议检察机关追加起诉后一并审理，或者先就本案作出判决，待检察机关对新的事实另行起诉后再另行审判。

我们不赞同机械执法的观念。实践中，有的法官认为检察机关指控的罪名不正确，在根据起诉的事实及法庭辩论的情况可以依法认定被告人构成其他犯罪的条件下，如检察机关指控被告人犯抢劫罪，经法庭辩论，法官认为被告人虽抢了财物，但暴力手段不明显，可以构成抢夺罪，不能认定抢劫罪，就判决宣告起诉书指控的罪名不能成立，将被告人无罪释放，然后再建议检察机关重新起诉。这种做法既不严肃，也浪费了诉讼资源，不利于提高诉讼效率，并且有损法律的正义。

其三，起诉具有强制审判的作用。根据我国刑事诉讼法的规定，检察机关的起诉必然导致人民法院的审判。人民法院不能要求检察机关撤回起诉，或者要求退回补充侦查，更不能驳回检察机关的起诉。这是我国公诉制度的一个重要特点。我国1979年颁布的《刑事诉讼法》第108条曾规定，人民法院"对于主要事实不清、证据不足的，可以退回人民检察院补充侦查；对于不需要判刑的，可以要求人民检察院撤回起诉"。实践证明，上述规定有三个明显弊端：一是干涉了检察机关的起诉权。从诉讼过程来讲，案件一经起诉就应当引起第一审程序。人民法院要求人民检察院撤诉，与我国检察机关独占公诉权的原则发生冲突。二是容易造成案件悬而未决的现象。人民法院要求撤诉，检察机关坚决不撤诉，案件又不进行审判，势必导致案件久审不定，刑事被告人久押不决，损害被告人的合法权益。三是法官通过阅卷对案情有了了解，容易造成"先入为主"、"先定后审"，不利于公正审理案件。基于上述弊端，修改后的刑事诉讼法规定，人民法院在开庭前只对检察机关起诉的案件进行程序审查，不能要求人民检察院撤回起诉，更不能驳回起诉，必须及时启动审判程序，开庭审理。这是我国刑事诉讼的一个重要特点。

其四，检察机关的起诉可以撤回、补充、变更或者追加。基于公诉权由检察机关行使的原则，案件起诉到法院以后，在裁判作出之前，应当允许检察机关根据案件的情况修正起诉意见，如撤回起诉、补充起诉、变更起诉、追加起诉。在职权主义的审判程序中，案件一经起诉到法院，便完全由法官主导案件的结果，不允许检察官改变起诉意见，即所谓诉讼的"不变更原则"。但在现代刑事诉讼中，一般将起诉意见的改变视为公诉权的有机组成部分，是检察官的当然权力，法官不宜干涉。许多国家，如日本的法律规定，在法官裁判前允许检察官修改起诉意见。对撤回起诉的案件，由于引起审判的原因业已消失，无须再行裁判；补充、变更或追加起诉的案件，法院要对变化后的事实进行审判。我国刑事诉讼法对起诉的撤销、补充、变更、追加未作明确规定。但基于刑事诉讼原理，司法实践中法院一般允许检察机关修正起诉意见，《人民检察院刑事诉讼规则》就对变更、追加、补充或者撤回起诉作了专门规定。

其五，检察机关可以对法院的裁判进行抗诉，启动第二审程序或再审程序。抗诉权是公诉权的有机组成部分，也是法律监督的具体手段。许多国家的刑事诉讼法规定，检察官对法院的裁判有上诉权。这种上诉权与我国的抗诉权相似，但不及我国抗诉权的效力大。根据我国刑事诉讼法的规定，人民检察院认为法院的一审判决或二审判决确有错误时，应当提出抗诉；对人民检察院抗诉的案件，接受抗诉的人民法院应当开庭审理。可见，抗诉不仅会引发第二审程序的开庭审理，而且会引发审判监督程序的开庭审理。

当然，检察机关作为履行指控职能的控方，尽管是代表国家出席法庭，在审判环节特别是开庭审理时，具有与被告方同样的应对权，如事实主张权、举证权、质证权、辩论权、异议权等。在法庭上，公诉人要服从审判长指挥，尊重被告人及律师的辩护，这是诉讼民主化的必然要求。

第三节　公诉与监督

我国检察机关是法律监督机关，同时也履行公诉职能。依照宪法的规定，公诉权是法律监督权的有机组成部分，是法律监督权派生的一项诉讼权能。公诉人不仅要承担公诉职能，同时也应肩负法律监督的重任，公诉过程实际也是法律监督的过程。只有正确认识两个角色、两种职能的关系，才能全面完成法律赋予检察机关的职责。

第一，监督与制约不同。我国刑事诉讼法规定，检察机关对刑事诉讼实行法律监督，并与公安机关、审判机关互相制约，这就涉及如何理解监督与制约的关系问题。一般说来，制约也具有监督的作用，特别是检察机关对公安机关、法院的制约也是监督的必要形式，但不能说公安机关、法院对检察院的制约是监督。制约与监督的区别主要体现在两个方面：首先，制约必然是双向的，是互相制约。通俗地讲，就是在某些情况下你制约我，我在某些情况下制约你。因而，制约权具有相对性、双向性。而监督则是单向的，体现监督者与被监督者之间的单向关系。检察机关可以监督公安机关的侦查活动，可以监督审判机关的审判活动，这是检察机关的特殊权力，与公安机关、审判机关不是对等的。其次，制约主要体现为对诉讼结论的制约，以诉讼文书的方式进行。如检察机关将公安机关侦查终结的案件移送起诉的案件予以退回补充侦查，公安机关不服检察机关不起诉决定要求复议或复核，人民法院对检察机关的指控主张进行裁判，检察机关对人民法院的裁判提出抗诉等，都要制作正式的法律文书。根据我国刑事诉讼法的规定，检察机关的监督内容不仅包括监督诉讼的结果是否公正，而且包括监督侦查过程、审判过程是否合法。新《刑事诉讼法》第168条规定："人民检察院审查案件的时候，必须查明……（五）侦查活动是否合法。"第203条规定："人民检察院发现人民法院审理案件违反法律规定的诉讼程序，有权向人民法院提出纠正意见。"但是刑事诉讼法未赋予公安机关、人民法院类似的权力。监督的方式，特别是纠正诉讼违法情况，可以采取诉讼的方式，也可以采取非诉讼的方式。如对违法侦查、违法审判的行为构成犯罪的，依法立案侦查，就属于诉讼方式；提出检察建议、发出纠正违法通知书，就属于非诉讼的方式。所以说，监督包括制约，但不能说制约就是监督。

第二，在刑事诉讼中，对侦查活动的监督是检察机关的职能，也是公诉人的主要任务之一。在审查起诉环节，公诉人不仅要审查证据的内容是否客观真实，证据体系是否充分，还要注意发现和纠正侦查中的违法行为，如对犯罪嫌疑人刑讯逼供，以非法方法对被告人、证人取证，伪造或隐匿证据，利用侦查权谋取私利，挪用扣押赃物，违法变更强制措施，超期羁押等。发现侦查活动违法时，应当及时予以纠正。

第三，在审判程序中，公诉人除担负指控职能外，还代表检察机关负有审判监督的职责。在出庭公诉中，发现人民法院违反法定审理期限，合议庭组成人员不符合法律规定，或者法官侵犯当事人及其他诉讼参与人的诉讼权利及合法权益等违法情况时，公诉人应在庭后向本院检察长报告。人民检察院对违反程序的庭审活动提出纠正意见，一般应当在庭审后提出，这主要是为了维护审判长在法庭上的权威，保证庭审的顺利进行。在诉讼实践中，公诉人如果发现审判人员开庭审判违反法定程序，不宜当庭进行纠正，但要想办法建议审判长休庭，不能让违反程序的审判继续进行下去。

第四，审查法院的刑事裁判，对确有错误的裁判可以提出抗诉（上诉）。有相当多的国家在法律中规定了检察机关的审判监督权，只是权限大小有所不同。大陆法系国家检察机关的监督权比英美法系国家的权力要大。如在奥地利，检察机关认为州以下法院的判决不公正时，可以上诉。法国检察官可以对法院错误的裁判声明不服，既可以为国家利益上诉，也可以为被告人的利益上诉。而在美国，检察官无上诉权，对无罪释放的案件只能就法律问题提请上级法院复议。我国法律规定，检察机关不仅监督人民法院的审判活动是否合法，而且监督人民法院的裁判是否公正。对各级人民法院确有错误的裁判，有关检察机关都可以行使法律监督权，提出抗诉。

第五，依法对死刑复核活动进行法律监督，是公诉部门进行诉讼监督的重要内容。死刑案件，人命关天，必须适用严格、审慎的诉讼程序，加强法律监督。死刑复核程序是一种特殊的刑事诉讼程序，人民检察院要依法对死刑复核活动进行法律监督。死刑（死刑立即执行）核准权收归最高人民法院后，主要由最高人民检察院承担对死刑复核活动的法律监督工作。省级检察院主要承担死刑缓期执行案件的法律监督工作。上级检察机关应当通过受理审查当事人的申诉材料、听取下级检察院对二审判决或裁定的意见等多种方式和途径，充分考虑案件的事实与法律因素，正确把握死刑政策和死刑的适用标准，发挥好法律监督作用。与此同时，还要通过加大调查司法不公现象背后的职务犯罪，坚决打击各种腐败现象。

第六，刑事诉讼活动中，依法对死刑执行实行临场监督也是检察工作的重要任务之一。根据《人民检察院刑事诉讼规则（试行）》的规定，死刑执行临场监督由人民检察院监所检察部门负责；必要时，监所检察部门应当在执行前的公诉部门了解案件有关情况，公诉部门应当提供有关情况。在对执行死刑实行临场监督的过程中，检察人员应当充分履行法律监督职能，依法核实执行人民法院是否收到最高人民法院核准死刑的判决或者裁定和最高人民法院院长签发的执行死刑命令，监督执行死刑的场所、方法和执行死刑的程序是否合法，发现不应当执行死刑情形的建议执行人民法院停止执行，监督检查被执行罪犯是否确已死亡，以及发现和通知纠正执行死刑活动中的各种违法情况，以确保死刑执行工作依法、准确、文明和规范进行。

第七章
国家公诉人

公诉在本质上是一种国家行为。但任何一种国家行为都必须通过一定的人来具体实施，公诉也不例外。公诉人就是代表国家具体实施公诉的专门人员。作为国家法律监督机关的代表，公诉人不仅要在法庭上支持公诉、证明犯罪，还要依法对审判活动进行监督，维护当事人和其他诉讼参与人的合法权益。公诉人的素质状况及其在法庭上的表现，往往对刑事审判的结果产生重要影响。

第一节 公诉人的条件

一、公诉人的概念

在我国，公诉人是人民法院开庭审理刑事案件时，代表国家出席法庭支持公诉，行使公诉权的检察官。对公诉人的概念，可以从以下三个方面理解：

第一，公诉人必须是检察官。根据《人民检察院刑事诉讼规则（试行）》第426条的规定，提起公诉的案件，人民检察院应当派员以国家公诉人的身份出席第一审法庭，支持公诉。公诉人可以是检察长、检察员或者经检察长批准代行检察员职务的助理检察员。按照法律规定，在各种检察人员中，只有检察官才能担任公诉人，其他不具有检察官法律职务的人员均不能担任公诉人。人民法院开庭审理公诉案件时，人民检察院除指派检察官出庭担任公诉人以外，往往还指派书记员承担记录等辅助工作，但书记员不具有公诉人身份，不履行公诉职责。

第二，公诉人是检察官出庭承担公诉任务时的特定称谓。世界各国对公诉人的称谓不尽相同。一些国家将承担公诉任务的检察人员统称为检察官，有的国家则称检察长、检察员，还有的称检事长、检事。在我国，"公诉人"不是一种法律职务，而是检察官在出庭支持公诉时的特定称谓。任何一名检察官，只要受指派出庭支持公诉，都称为公诉人。严格地讲，检察官不出庭支持公诉时并不是"公诉人"，但习惯上往往把办理公诉案件的检察官称为公诉人，或者把公诉部门的检察官统称为公诉人。

第三，公诉人的任务是代表国家依法出席法庭支持公诉，具体行使公诉权。从司法权的配置看，我国行使公诉权的机关是人民检察院，但人民检察院必须通过每一位公诉人的活动来行使公诉权。公诉人作为公诉机关的代表，具体承担在法庭上指控犯罪、证明犯罪和对审判活动进行监督等职责。

二、公诉人的法定条件

在绝大多数国家，检察官主要承担公诉职责，因此法律上对检察官和公诉人的任职条件往往不作区分。由于检察官承担着追诉犯罪、监督法律实施等重要职责，世界各国的法律一般对检察官的任职条件作出严格规定，以确保检察官具备良好的素质，能够公正执法。

通常要求检察官应当具备下列条件：

第一，受过高等法律教育。检察工作是一项专业性很强的工作。特别是公诉工作，需要将抽象的、一般的法律规范运用于具体的刑事案件，这就要求检察官必须对刑事法律中的概念、原则和法律规范的含义有比较精深的理解。另外，刑法所规定的往往是现实生活中典型的、类型化的犯罪，刑事诉讼法所规定的也主要是一般性的程序规范，司法实践中还会遇到各种复杂的具体问题，不能简单地从法律上找到根据，往往需要借助于理论阐释才能作出正确的处理。这就要求检察官必须具备较高的法律专业素养。因此，各国一般规定检察官在任职前必须取得一定的法律专业学历，有的还规定必须通过任职资格考试、经过专门培训。例如，韩国《检察厅法》规定，检事的任职条件之一是司法考试合格，学完司法研修院所规定的课程。在葡萄牙，检察官必须具有在葡萄牙大学获得的或在葡萄牙有效的法学学位。在西班牙，检察官必须是取得法学博士或者硕士学位的人员。

第二，具有从事法律专业方面的工作经验。检察工作涉及的法律问题都与社会生活密切相关，而且往往比较复杂。因此，检察官不仅要具备较高的法律专业素养，还应具备处理实际问题的能力，需要一定的工作经验和资历。许多国家规定，检察官必须从具有法律专业工作经验的人中遴选，无相关工作经验、通过任职资格考试者必须经过见习才能任命为检察官。例如在法国，要成为检察官，必须具有法学学士学位，经司法官职考试合格后，还必须在司法研习中心接受3年实际训练和学习。具有法学博士学位的，可以不参加司法官职考试，但也必须研习一年。研习期满，经审查合格者将被任命为助理检察官，工作一段时间后再晋升为检察官。在德国，大学法律专业毕业通过国家考试后，需接受为期两年半的实务训练，通过第二次国家考试，再经试用合格者，才可以正式任命为检察官。在美国，检察官、助理检察官必须是其所在州的律师协会成员，取得律师资格是担任检察官的前提条件。在英国，检察官还必须具备出庭律师的资格。

第三，具有良好的道德品行。检察官必须具有良好的品行和声誉，才能保证其在履行职务中恪尽职守，匡扶社会正义，维护法制的统一和尊严。如果检察官道德败坏，人们也不可能相信他会公正执法。一般地，具有犯罪记录或者品行不端的人不能担任检察官。

1990年联合国《关于检察官作用的准则》也从上述三个方面对检察官的资格作了原则规定："获选担任检察官者，均应为受过适当培训并具备适当资历，为人正直而有能力的人。"① 有的国家法律还规定，检察官应当是达到一定年龄的本国公民。例如，西班牙法律规定，检察官必须是西班牙人，并且是年满18周岁的法学博士或者硕士。在其他未作类似规定的国家，实际上也只有具备完全民事行为能力的本国公民才可能被任命为检察官。

在我国，由于检察权的内容比较广泛，检察机关内部的职责分工比较细致，只有一部分检察官，主要是公诉部门的检察官承担公诉任务，被称为公诉人。其他检察官承担侦查等任务，一般不作为公诉人出庭支持公诉。尽管公诉人和检察官是两个不同的概念，但法律只规定了担任检察官的条件。凡是检察官，只要不存在应当回避的情形，理论上都可能受指派担任某一公诉案件的公诉人。因此，公诉人的法定条件也就是检察官的法定条件。但从1978年检察机关重建到1995年，我国一直没有以法律的形式对检察官的条件作出专门规定。

1995年2月28日，第八届全国人大常委会第12次会议审议通过了《检察官法》，2001年6月30日，第九届全国人大常委会第22次会议又对《检察官法》进行了修正。该法第10条第1款规定："担任检察官必须具备下列条件：（一）具有中华人民共和国国籍；（二）年满二十三岁；（三）拥护中华人

---

① 参见程味秋等编：《联合国人权公约和刑事司法文献汇编》，中国法制出版社2000年版，第263页。

民共和国宪法；（四）有良好的政治、业务素质和良好的品行；（五）身体健康；（六）高等院校法律专业本科毕业或者高等院校非法律专业本科毕业具有法律专业知识，从事法律工作满二年，其中担任省、自治区、直辖市人民检察院、最高人民检察院检察官，应当从事法律工作满三年；获得法律专业硕士学位、博士学位或者非法律专业硕士学位、博士学位具有法律专业知识，从事法律工作满一年，其中担任省、自治区、直辖市人民检察院、最高人民检察院检察官，应当从事法律工作满二年。"根据上述规定，在我国担任检察官必须具备以下几个方面的条件：

（一）基本条件

担任检察官，首先应当是具有中华人民共和国国籍，有完全行为能力的公民。根据我国公民在思想、社会经验、生理和智力等方面趋于成熟的一般规律以及大学毕业后的实际年龄状况，检察官法规定，只有年满23岁的公民才能担任检察官。此外，鉴于检察官的职责要求和保持良好社会形象的需要，法律规定担任检察官必须是身体健康者，即生理和精神状况正常、无残疾、无严重慢性疾病。

（二）品质条件

我国检察机关是国家的专门法律监督机关，检察官则是依法行使国家检察权的检察人员。检察官的工作性质和特点，要求其具有良好的政治素质和道德品质，必须忠于宪法，能够严格执行法律；坚持四项基本原则，具有坚定正确的政治立场和为人民服务的观念；热爱检察工作，有较强的组织纪律性和责任感；有社会公认的良好的道德品质。

（三）专业素质条件

检察官职务具有很强的专业性。为了保证在检察工作中能够正确执行法律，检察官必须具备较高的文化素养，特别是法律方面的专业素养。根据《检察官法》的规定，除经最高人民检察院审核确定的地区可以放宽为高等院校法律专业专科毕业外，检察官的最低学历是大学本科毕业。如果不具备检察官法规定的学历条件，必须接受培训符合条件后才能担任检察官。

此外，担任检察官，还应具有良好的业务素质，包括法律专业知识、社会阅历、工作经验和基本技能，并且应具有一定的法律工作经验。对不同学历的人员，从事法律工作年限的要求也不同。初任检察官人员的业务素质是否合乎要求，需要经过考试、考核确定。

考虑到检察官是执法者，履行法律监督职责，必须能够模范地遵守法律，且在社会上具有良好的形象，因此，《检察官法》第11条规定，曾因犯罪受过刑事处罚，或者曾被开除公职的，不得担任检察官。

与其他不行使公诉权的检察官相比，公诉人因其工作性质和特点而必须具备相对更高的素质，包括与其职责相适应的特殊业务技能。虽然法律对公诉人和其他检察官的条件不作区分，但实行主诉检察官制度以后，公诉部门的主诉检察官从原有的检察官中择优选任。一般必须在政治表现、学历、工作经历、工作能力方面符合规定的较高标准，通过上岗资格考试后，取得主诉检察官任职资格，经一定试用期和检察官考评委员会考评合格，才能由检察长任命为主诉检察官。可见，主诉检察官的任职条件比较高，程序也较为严格。而担任公诉人的，主要是公诉部门的主诉检察官。当然在实践中，检察长或者其他检察官出庭支持公诉的，也是公诉人。

三、公诉人的素质

公诉人在法庭上指控犯罪、证明犯罪，不仅代表人民检察院，也代表国家。公诉人的素质如何，关系到能否准确惩罚犯罪分子，保障无罪的人不受刑事追究，关系到社会主义法制的统一和尊严，也关系到人民检察院乃至国家的形象和威信。因此，公诉人必须具备较高的综合素质，包括政治素质和业务素质。

检察机关是我国社会主义国家机构的重要组成部分。公诉工作作为检察工作的重要一环，是为建设有中国特色的社会主义事业服务的。担任公诉人的检察官作为国家司法干部，必须具备较高的政治素质才能完成好法律赋予的职责。首先，公诉人必须坚持四项基本原则，能够正确理解和处理国家法律与党的方针、政策的关系，坚持党的领导与依法独立行使检察权的关系，打击犯罪与服务经济建设的关系，努力实现公诉工作的法律效果与社会效果的统一。其次，公诉人必须热爱检察事业和公诉工作，能够以认真负责的态度，扎扎实实做好每一项具体的公诉工作，自觉树立和维护人民检察院和国家公诉人的良好形象。最后，公诉人除了遵守法律以外，还要时刻用检察纪律和检察职业道德等规范、约束自己的行为，在工作中服从指挥，坚决执行检察长、检察委员会和上级检察机关的决定。

公诉人的业务素质，是指公诉人应当具备的知识水平、专业技能和实践经验等方面的素质，主要包括以下几个方面：

（一）正确的执法观念

公诉人要完成好公诉职责，使公诉活动取得良好的法律效果和社会效果，就必须树立正确的执法观念：一是要牢固树立社会主义法治理念，自觉用社会主义法治理念指导执法行为。社会主义法治理念的基本内涵可以概括为依法治国、执法为民、公平正义、服务大局、党的领导五个方面。依法治国是社会主义法治的核心内容；执法为民是社会主义法治的本质要求；公平正义是社会主义法治的价值追求；服务大局是社会主义法治的重要使命；党的领导是社会主义法治的根本保证。在公诉工作中，必须坚决服从党的领导，严格依法办案，执法为民，服务大局，做到执法必严，违法必究，法律面前人人平等，树立和维护法律的权威，实现公平正义。二是要有"以事实为根据，以法律为准绳"的意识。进行审查起诉、出庭支持公诉等活动必须讲事实、讲法律，不能凭主观好恶办案，在任何情况下都不允许违背事实和法律。三是要有公正执法的观念，不仅要追求实体公正，而且要保证程序公正。四是要有保障人权的观念，即在进行公诉活动时必须注意维护当事人和其他诉讼参与人，特别是被告人的诉讼权利和合法利益。五是要有诉讼民主的观念，尊重诉讼参与人的人格尊严，充分听取被告人及其辩护人、被害人及其代理人的意见。六是要有诉讼经济的观念，即在进行公诉活动时要努力节约司法资源，实现司法效益的最大化。七是要有证据观念，重视审查、判断和运用证据，一切事实主张都必须建立在确实充分的证据基础上。

（二）扎实的法律专业功底和较广的知识面

熟练掌握相关法律专业知识，是公诉人正确办案的前提。法律专业水平的高低，直接关系到能否在法庭上就案件事实、证据和适用法律问题提出正确的意见，能否发现和反驳错误的辩护意见，能否履行好审判监督职责，保证审判依法、公正进行。为此公诉人必须熟知刑法、刑事诉讼法和相关司法解释的内容，具备较强的刑法学、刑事诉讼法学理论功底，熟悉检察业务特别是公诉工作业务的程序，对其他方面的法律和法学理论也应当有相当程度的了解。

公诉案件涉及社会生活的各个领域。公诉人办案中经常会遇到一些专门性问题，需要运用自然科学、社会科学方面的专门知识才能理解、分析和研究。要准确无误地审查案件，做好出庭公诉工作，就必须熟悉和了解与案件有关的社会常识和专业知识。公诉人不仅要在出庭准备时预先学习庭上可能要用到的专业知识，还要在平时自觉加强对经济学、社会学、现代科技等知识的学习，注意积累人情风俗、生活习惯、社会历史、自然地理等方面的常识，不断更新知识，改善知识结构，扩大知识面。

（三）良好的心理素质和思考、应变能力

公诉人在法庭上必须与被告人、辩护人进行对抗，并需处理各种突发情况，只有具备良好的心理素质才能应付自如。一是要能够排除自身的心理障碍，消除紧张、畏怯情绪，始终保持头脑清晰、思维敏捷；二是要有良好的自制力，面对事先未预料的突发情况不致惊慌失措，面对被告人、辩护人的过激言行能够做到沉着冷静、不急不躁，始终保持庄重、得体、文明的形象；三是要有坚定的意志和必胜的信心，一言一行充分体现出正义感。

观察是思维的先导，思维是解决问题的前提。出庭公诉中，公诉人必须在很短的时间内迅速完成观察、分析、判断和处理的过程，因而需要有深刻的洞察力和敏捷的思维能力：一是善于观察庭审情况的变化，特别是被告人、辩护人的心理动态；二是善于从现象发现本质，从结果分析原因，以便对症下药；三是要善于综合归纳，理清辩护意见的观点、论据和论证方法，提炼出辩护核心和争议焦点；四是善于运用逻辑思维，既要敏锐地发现对方发言中的逻辑错误，也要在自己的答辩中做到条理清楚、逻辑严密。

公诉人对庭审中出现的各种新情况，要善于迅速分析、判断并考虑解决办法，能够及时调整策略，做到反应敏捷。培养良好的心理素质、思维能力和扎实的法律专业功底，是公诉人提高应变能力的基础。

（四）较强的语言表达和写作能力

公诉人需要在法庭上讯问被告人，询问被害人、证人、鉴定人，进行质证，发表公诉意见，并与被告人、辩护人展开辩论。案件的处理结果虽然不是由公诉人的语言表达所决定的，但出庭公诉的效果往往与公诉人的语言表达能力有直接关系。特别是刑事诉讼法修改以后，庭审抗辩性显著增强，法庭调查、法庭辩论的效果直接影响公诉意见能否被人民法院采纳。公诉人不仅要注意语言表达准确、规范，逻辑性强，还要善于运用各种发问、辩论和演讲技巧，才能在法庭上占据上风。

公诉人在工作中需要阅读大量案件材料和法学资料，需要制作笔录和撰写审查报告、起诉书、公诉词等司法文书，必须具备较好的语文基础知识和阅读、写作能力，能够熟练掌握各种司法文书的写作格式、方法和技巧。

第二节　主诉检察官

一、主诉检察官制度的概念和意义

随着改革开放的深入，我国检察制度与政治、经济、社会，特别是法制发展状况不相适应的弊端越来越明显。十几年来，各级检察机关在改革方面进行了许多有益的探索。特别是党的十五大提出依法治国、建设社会主义法治国家的目标后，最高人民检察院领导地方各级人民检察院，按照十五大关于推进司法改革、从制度上保证依法独立、公正行使检察权的要求，开展了一系列改革试点，总体目标是建立健全适应依法治国要求，符合检察工作特点和规律的管理体制和工作机制。其中公诉部门开展了以主诉检察官制度为核心的公诉改革，取得了积极的成效，为社会各界所瞩目。

主诉检察官制度也称"主诉检察官办案责任制"。按照最高人民检察院有关文件的解释，主诉检察官制度是在检察长领导下，在公诉部门实行的以主诉检察官为主要责任人的检察官办案制度。

主诉检察官制度的基本内容包括以下几个方面：

第一，主诉检察官是一种岗位名称，从既有的检察官，主要是检察员中择优选任。因此，主诉检察官是综合素质较高、具有独立办案能力的一部分检察官。

第二，主诉检察官制度的组织形式是在主诉检察官领导下的办案组。每一个主诉检察官办案组由一名主诉检察官和若干名其他检察官组成，配备书记员。主诉检察官对办案组的工作负总责。

第三，主诉检察官根据检察长的授权，享有处理诉讼中某些事项的决定权。在主诉检察官制度中，公诉权的具体行使方式有所调整，实际上形成了检察长、检察委员会和主诉检察官的"分权"。其中，主诉检察官在办理公诉案件过程中，有权对一部分具体的诉讼事项作出决定；其他事项由检察长或者检察委员会决定；公诉部门负责人对其他检察官承办的案件不享有决定权。

第四，主诉检察官独立承担与其职权相适应的办案责任。

第五，主诉检察官享受与其职权和职责相适应的待遇，这种待遇应当高于其他普通检察官。

主诉检察官制度是在对检察机关公诉工作机制存在的弊端进行认真分析后提出的一项改革措施。实行主诉检察官制度的意义：

第一，在于强化责任制。检察机关自1978年重建后的近20年间，在公诉工作中长期实行"个人承办、集体讨论、部门负责人审核、检察长或者检察委员会决定"的工作机制。这种机制的明显特点，在于一个诉讼决定的作出必须经过多个环节，往往集中了很多人的意见。承办案件的检察官经过审查阅卷和核实证据等工作，最熟悉案情，但他对案件的处理只有建议权而没有决定权。检察长、检察委员会委员在绝大多数情况下并未阅卷，对案情的了解基本上依赖承办案件的检察官的汇报，所作决定往往受承办案件的检察官的倾向和意见的影响。在案件经过许多环节且审者不定、定者不审的情况下，办案责任势必分散在各个环节。一旦出现错案，不仅难以确定应当负责的人员范围，也不好确定每个人具体应当负怎样的责任。实行主诉检察官制度的目的之一，就是要进一步明确主诉检察官、主诉检察官的助手、检察长、检察委员会各自的不同责任，建立责任明确的工作机制，使错案追究制得以落实。

第二，实行主诉检察官制度有利于减少公诉工作机制上的行政色彩，逐步建立起符合诉讼规律的办案新机制。在我国，检察机关是司法机关而不是行政机关。但是长期以来，受党政机关管理方式的影响，检察机关形成了以行政方式管理业务工作的传统。承办案件的检察官没有任何决定权，一旦遇到问题，必须逐级请示、汇报；部门负责人有权指挥、调度办案工作，甚至拥有改变承办案件的检察官意见的实际权力；检察长则基本上根据下属的汇报作出决定。但检察权既不同于行政权，也不同于审判权，有其自身的特点和规律。公诉工作的最大特点：一是强调亲历性。由于对案件事实和证据的判断带有浓重的主观色彩，在经过多个环节以后，不同人员的主观认识交织在一起，容易掩盖案情和证据的本来面目，因此作出诉讼决定的人员必须亲自阅卷审查和核实证据，才能做到真正了解案情和证据，进而保证诉讼决定的正确性。二是强调个体作用。特别是在出庭公诉中，指控犯罪、证明犯罪的任务完成得好不好，基本上依赖公诉人对案件的认识、判断和他的业务水平。如果提起公诉的决定是检察长或者检察委员会作出的，而公诉人有不同意见，就无法在出庭公诉中正常发挥水平，难以保证良好的出庭效果。三是程序性、规范性、法律性强。诉讼决定的作出必须遵循一定的程序，并且符合法律规定和规范要求，不能脱离法律和规范性程序采取行政命令的方式。实行主诉检察官制度，将突出主诉检察官在办理公诉案件中的主导作用，使熟悉案件事实和证据的主诉检察官的意见对诉讼决定的作出发挥关键作用。在这一制度下，虽然主诉检察官仍必须服从检察长和检察委员会的决定，但服从和被服从的关系将不再主导所有的办案过程，公诉规律在很大程度上得到了体现。

第三，实行主诉检察官制度有利于提高办案效率和质量。刑事诉讼法修改以后，检察机关审查起诉的工作量明显增加，庭审方式的变化对出庭公诉也提出了更高的要求。由于社会治安形势未根本好转，检察机关受理的审查起诉案件数量连年上升，但是公诉部门的办案力量没有相应加强，人员少、任务重的矛盾日益突出。实行主诉检察官制度，一方面可以减少办案环节，缩短办案周期，节省司法资源；另一方面可以调动公诉人的工作积极性，通过内部挖潜缓解人员少、任务重的矛盾。同时在这一制度下，通过明确责、权、利，可以增强主诉检察官的工作责任心，促进办案质量的提高。

第四，实行主诉检察官制度有利于造就一支高素质的公诉队伍。当前，公诉干警知识更新较慢，在适用法律上还存在机械、僵化的问题，运用法学理论解决实际问题的能力不强。队伍的整体状况还不能完全适应公诉工作的现实需要。实行主诉检察官制度，一是可以通过严格的选任程序，将一批政治、业务素质比较高的检察官吸收到公诉部门来；二是可以通过竞争机制和激励机制来促使公诉干警加强学习、自觉提高；三是可以通过完善监督制约机制来增强主诉检察官遵守检察纪律和职业道德的自觉性，从而使整个公诉队伍的素质状况逐步改观，使整个队伍具有积极进取的活力。

第五，实行主诉检察官制度有利于推动检察人事改革，促进检察官的依法、科学管理。主诉检察官不是一种法律职务，实际上是为了改变当前检察官队伍素质不够高的状况，不得已设立的检察官岗位，具有过渡性。检察官法规定，检察官是依法行使国家检察权的检察人员，依法履行法律监督、公诉和侦查等职责。与检察官的职责相适应，每一位检察官都应该具有较高的法律专业知识和独立办案的能力。但由于各种因素的影响，长期以来检察官的任用制度不够科学，在很大程度上受论资排辈的影响，没有坚持应有的标准，造成检察官队伍的整体素质参差不齐。在一些地方检察院，由于受职数的影响，业务水平较高的年轻干警无法得到提拔任用，当不了检察官，而已经任命的部分检察官又不具有独立办案的能力。实行主诉检察官制度，就是要把业务素质较高、能够独立办案的检察官与业务素质还不够高的检察官区分开来，并把办理案件的主要工作交由他们负责。其他检察官或担任助手，或从事非业务性工作。实行主诉检察官制度后，只有符合主诉检察官标准的人员才能被任命为检察官。经过一段时间的过渡，随着检察官队伍不断优化，将来所有的检察官都具有独立办案的能力，也就没有必要再设置主诉检察官岗位，检察官管理将可以走上依法、科学的正轨。同时，通过竞争上岗、择优选任的形式选拔主诉检察官，率先在公诉部门引进能者上、庸者下的竞争、淘汰机制，将推动整个检察人事制度改革，逐步在整个检察系统形成公开、平等、竞争、择优的选人用人机制，并促进检察队伍的分类管理。

二、主诉检察官的权限

这里讨论的主诉检察官的权限，主要是指主诉检察官在其工作中享有的决定权，不包括对诉讼决定的建议权。实际上，凡是主诉检察官办理案件中涉及的诉讼事项，要么具有诉讼决定权，要么具有诉讼建议权。把建议权作为主诉检察官权限的一项内容，缺乏实际意义。

主诉检察官制度的核心在于"责、权、利"相统一。只有赋予主诉检察官一定的职权，才能使其在办理公诉案件中发挥主导作用，才能明确、强化其责任，也才能减少办案环节，提高诉讼效率。

检察官法规定，检察官是依法行使国家检察权的检察人员，其职责包括代表国家进行公诉，享有履行检察官职责应当具有的职权和工作条件。因此，检察机关和检察官都是检察权的主体,但它们的主体身份具有从属与被从属、代表与被代表的关系。从外部关系看,人民检察院依法独立行使检察权,其他任何机关、团体和个人都不享有这种权力,检察官对外只能以人民检察院名义行使检察权,而不能以个人的名义。从内部关系看,检察长领导检察机关行使检察权,体现了行使检察权的集中统一。另外,检察权的行使还可以进行内部分解,表现为检察官代表人民检察院具体行使检察权。宪法和法律虽然规定检察长统一领导人民检察院的工作,但并没有规定检察权必须由检察长集中行使,因此,不仅由检察长代表检察院行使检察权是合法的,检察官代表检察长行使或者检察长与检察官共同行使检察权等形式也都不与宪法和法律的规定相抵触。例如,在公诉案件法庭审理中,检察官就是代表人民检察院,以国家公诉人出庭支持公诉,具体行使公诉权。

主诉检察官制度是检察机关内部办案机制的改革,基本上不涉及检察机关的对外关系。虽然赋予主诉检察官一定的诉讼决定权,但主诉检察官还不是独立的诉讼主体。从法律上看,检察官依据检察官法应该享有一定职权,但是检察官法并没有具体规定检察官享有哪些权力。一般认为,主诉检察官的权力来自检察长的授权,是检察权在人民检察院内部分解的结果,这种授权和分解符合宪法、人民检察院组织法和检察官法的规定。检察长在提请人大常委会任命某检察人员担任检察官的同时,就概括地授予了他行使检察权的资格,他的职务行为均代表人民检察院。由于检察长与普通检察官之间存在授权与被授权的关系,检察长有权撤销或者改变普通检察官的决定,或者作出自己的决定要求普通检察官执行。

实行主诉检察官制度,就是要把过去集中由检察长、检察委员会行使的权力,分解出一部分,授予主诉检察官行使。现阶段,对主诉检察官放权应当坚持下列原则:

一是合法性原则。公诉改革原则上必须强调不违法,不与宪法和法律的精神相抵触,切实维护国家法制尊严和统一。在这一原则指导下,凡不属于法律明文规定范围的内部工作制度、规范性程序或者习惯做法,都可以进行改革尝试。具体在对主诉检察官放权时必须注意,凡是法律明确规定由检察长或者检察委员会决定的事项,不能由主诉检察官行使。虽然检察长与主诉检察官存在授权与被授权的关系,但立法的本意是由检察长或者检察委员会直接行使权力。如果授权主诉检察官行使,有悖立法本意。

二是坚持检察机关统一行使职权原则。在现行司法体制下,检察权的行使必须始终强调对外统一,主诉检察官对外不能以个人名义行使检察权。在人民检察院内部,主诉检察官必须对检察长和检察委员会负责,检察长有权更换承办案件的主诉检察官，检察长、检察委员会有权变更或者撤销主诉检察官的决定。无论是主诉检察官单独作出的决定，还是检察长、检察委员会的决定，对外都具有人民检察院作为整体行使检察权的效力。

三是逐步放权原则。由于主诉检察官制度还处于改革伊始的磨合期，各项配套机制还不尽完善，必须坚持循序渐进、稳步推进，才能保证改革的正确方向，避免因出现大的失误严重影响改革进程。特别是在现阶段检察人员总体素质不够高，实践中主诉检察官的选任还没有完全坚持高标准，执法环境还不够好，对主诉检察官的监督制约机制还不够健全的情况下，应当采取适度放权、逐步放开的策略。随着主诉检察官制度渐趋完善和主诉检察官整体素质不断提高，放权的范围也要相应拓宽，最终的目标，应当是除法律明文规定由检察长、检察委员会直接行使的权力外，均由主诉检察官相对独立地行使，并且检察长、检察委员会应当尽可能不干预主诉检察官的工作，从而最大限度地发挥主诉检察官的主导作用。

四是坚持责、权、利有机统一的原则。即主诉检察官的职权、责任和待遇应当是协调统一的。公诉权的内容十分丰富，如何适当界定公诉部门主诉检察官的权力范围，是改革的关键和难点。在具体确定某一诉讼事项是否由主诉检察官决定的时候，应当考虑下列因素：其一，考虑该诉讼决定是否具有终止刑事诉讼的效力。凡具有终止刑事诉讼效力的决定，不宜由主诉检察官独立作出。例如不起诉决定，法律规定应当由检察长或者检察委员会决定，也是因为这种决定具有终止诉讼的终局效力，影响案件的实体处理，在目前司法体制和执法环境下，不宜由主诉检察官独立决定。其二，考虑该诉讼决定是否属于纠正其他司法机关违法情况的诉讼监督行为。考虑到诉讼监督职权具有行使职权的整体性特征，凡是需要以检察意见书、纠正违法通知书对人民法院、公安机关诉讼中的违法情况实施监督的，应当报请检察长决定；需要向人民法院、公安机关或者其他单位发出检察建议书的，也应当报请检察长决定。其三，考虑诉讼决定的影响程度，看是重大决定还是一般决定。对于某些程序性问题，如果关系重大，也不宜由主诉检察官单独处理，如改变管辖、变更起诉、对人民法院的判决提出抗诉等。在现阶段，采取、变更或者撤销逮捕措施，由于涉及公民的人身自由，且对诉讼进程影响重大，也不宜由主诉检察官独立决定。

最高人民检察院2000年1月《关于在审查起诉部门全面推行主诉检察官办案责任制的工作方案》对主诉检察官诉讼决定权的范围作了排除式的原则规定，即主诉检察官承办案件时，对于法律明确规定应当由检察长、检察委员会行使的职权，以及检察长、检察委员会认为应由其行使的职权，应当提出意见，报请检察长决定，除此以外的事项可以由主诉检察官决定。根据上述工作方案的规定，检察官不具有决定权的这些事项具体包括：

1. 需要采取、变更、撤销逮捕措施的；
2. 需要改变管辖的；
3. 拟作不起诉决定的；
4. 变更起诉的；
5. 决定抗诉、撤回抗诉的；
6. 需要对有关单位提出书面纠正违法意见或者检察建议的；
7. 下级人民检察院书面请示和公安机关提请复议、复核的案件中需要检察长决定的事项；
8. 上级交办的案件以及本地区有重大影响的案件中需要检察长决定的事项。

应该指出，在各级人民检察院的主诉检察官应享有哪些权力，应由检察长具体授权。我们主张根据主诉检察官的个人素质授权，而本院检察长最了解检察官，从法律规定和实际操作来看，由检察长授权最为合理。主诉检察官的权力绝不能搞"一刀切"，要因地制宜，因人制宜。当然，主诉检察官虽然享有一部分诉讼决定权，但这种决定权只具有相对独立性，表现在两个方面：一是检察长、检察委员会有权要求主诉检察官将诉讼事项报请其决定，有权变更或者撤销主诉检察官的决定，甚至有权将案件改交其他主诉检察官办理；二是主诉检察官对属于其权限范围内的事项，在确有必要的情况下，可以放弃决定权，报请检察长决定，或者由检察长提交检察委员会讨论决定。

除诉讼决定权外，主诉检察官还享有对办案组业务工作的领导权，有权对助手和书记员的办案工作进行指挥、调度。

三、主诉检察官的责任

实行主诉检察官制度的目的之一，在于改变以往责任不明的状况，明确主诉检察官和其他检察官在办案中的不同责任，从而使办案责任制、错案追究制得以落实。这里所谓主诉检察官的责任，是指主诉检察官因其所办理的公诉案件在认定事实、审查运用证据和决定诉讼事项方面出现错误应当承担的后果，不包括主诉检察官因其他违法、违纪行为而必须承担的责任。

确定主诉检察官责任的基本原则是职权和责任的有机统一，即有权有责、无权无责、责任大小与职权大小相适应。具体地，主要应从以下两个方面理解：第一，主诉检察官必须对所作的诉讼决定负责。对无权决定的案件或者诉讼中的事项，尽管主诉检察官提出了意见，并不因此需要对诉讼决定负责。第二,不管是否有权作出诉讼决定,主诉检察官都必须对案件事实和证据的认定负责,除非对事实、证据的认定意见被检察长或者检察委员会否定。在绝大多数情况下,检察长或者检察委员会是在认可主诉检察官对事实和证据的认定意见基础上作出诉讼决定的,并不亲自阅卷和核实证据。主诉检察官对事实和证据如何认定拥有实际的决定权,从而必须对认定事实和证据是否正确负责。检察长、检察委员会则对所作的决定负责。

建立主诉检察官制度中的责任机制,就是要科学划分主诉检察官与检察长、检察委员会和其他检察官之间的责任,这就涉及主诉检察官与检察长、检察委员会和其他检察官之间的关系。

实行主诉检察官制度后,主诉检察官与检察长、检察委员会委员、部门负责人的关系发生了变化,责任界限也更为清晰、明确。主诉检察官与检察长、检察委员会和其他检察人员的关系可以分为下列几种情况:

1. 与检察长、检察委员会的关系。检察长统一领导人民检察院的工作,对人民检察院办理案件中发生的任何错误负领导责任,必须承担起领导、监督、指导本院主诉检察官工作的职责。检察委员会是检察机关的议事和决策机构。主诉检察官在检察长领导下承办案件,处理有关的诉讼事项。检察长、检察委员会有权变更或者撤销主诉检察官的决定,主诉检察官必须服从。

2. 与公诉部门负责人的关系。改革以后,公诉部门负责人的职能发生了转变,除负责本部门的行政管理、业务指导、思想政治工作以外,主要是根据检察长的授权,监督、检查、协调主诉检察官及其助手的办案工作。公诉部门负责人对主诉检察官所承办案件有不同意见时,应当主动与主诉检察官交换意见,或者提出自己的意见报检察长,但不能直接改变主诉检察官的决定。需要由检察长决定或者由检察长提交检察委员会讨论决定的案件或者事项,公诉部门负责人应当审查主诉检察官的意见。不同意主诉检察官意见时,可以提出自己的意见一并呈报检察长,但不能改变主诉检察官的意见。公诉部门负责人只对自己承办的案件负责,对其他主诉检察官办案中出现的错误,只负监督、检查失职的责任,不负办案责任。

3. 与办案组其他成员的关系。主诉检察官主持办案组的工作,对办案组中担任助手的其他检察官和书记员的办案错误应承担主要责任。因为办案组的其他成员审查后只能向主诉检察官提出意见,所有诉讼决定都必须由主诉检察官审核后作出,主诉检察官不能因办案错误系因助手、书记员的过错造成而免责。

概言之,由主诉检察官决定的案件或者诉讼中的事项,主诉检察官对案件事实、证据的认定和所作的决定负责。由主诉检察官提出意见报检察长或者检察委员会作出决定的案件或者诉讼中的事项，主诉检察官只对案件事实和证据的认定负责，检察长或者检察委员会对所作的决定负责。如果检察长、检察委员会改变主诉检察官对事实和证据的认定意见，因而作出错误决定的，主诉检察官不承担责任。

四、对主诉检察官的制约

实行主诉检察官制度以后，主诉检察官拥有了决定一些诉讼事项的权力。职权的明显扩大，一方面有利于提高主诉检察官的工作责任心和办案效率；另一方面也带来潜在的危险：主诉检察官如果滥用手中的权力，将影响司法公正，侵害当事人的合法权益，损害人民检察院的形象和威信。对主诉检察官加强监督制约，不仅是保障司法公正的要求，也是关心、爱护检察官的体现。

最高人民检察院《关于在审查起诉部门全面推行主诉检察官办案责任制的工作方案》在主诉检察官的制约机制上作了一些规定，主要是发挥检察长、检察委员会和公诉部门负责人的制约作用，包括以下几个方面：

一是检察长负有监督主诉检察官的职责，有权确定哪些事项由自己决定而不交由主诉检察官决定，并且有权变更或者撤销主诉检察官的决定。主诉检察官应当执行检察长的决定；主诉检察官对检察长的决定有异议时，检察长应提请检察委员会讨论决定。

二是检察委员会有权确定哪些事项由其讨论决定，有权变更或者撤销主诉检察官的决定。对检察委员会的决定，主诉检察官必须执行。

三是公诉部门负责人有权监督、检查主诉检察官及其助手的办案工作。对主诉检察官所承办案件有不同意见时，可以提出自己的意见报检察长。需要由检察长决定或者由检察长提交检察委员会讨论决定的案件或者事项，主诉检察官必须提出意见，经公诉部门负责人报检察长。公诉部门负责人不同意主诉检察官意见时，可以提出自己的意见一并呈报检察长。

四是检察长、检察委员会委员和公诉部门负责人不仅应当随时抽查主诉检察官的办案情况，要求主诉检察官汇报办案进展，而且应当适时对主诉检察官出庭支持公诉的案件进行跟庭考察，以检查主诉检察官的办案质量。

五是对提起公诉的案件，实行起诉意见书、起诉书、判决书、裁定书备案制度。检察长和公诉部门负责人对报送备案的文书进行审查，有利于及时发现主诉检察官办案中的问题和错误，可以对主诉检察官进行比较有效的制约。

工作方案对主诉检察官的制约机制规定得还不够完善，需要进一步健全。一些地方已经在这方面进行了有益的探索，但总体上，如何建立健全科学合理的制约机制，仍然是主诉检察官制度改革中的一大难题。

对主诉检察官的制约应当坚持以下原则：

一是坚持办案效率和制约效果的有机统一。制约机制要以防止权力滥用、保障公正执法为核心，但是不能过多地束缚和限制主诉检察官开展工作，更不能回到事事请示汇报的老路上去，不能因为制约的需要严重影响办案效率。

二是强调完善工作程序和制度。制约的方式，应当是以完善的制度来规范主诉检察官的工作，一方面防止主诉检察官错误行使权力；另一方面促进主诉检察官的自律。曾有一些地方设置专门机构或确定专门人员对主诉检察官进行监督，这种做法不妥。一方面，每一个检察院都有负责纪检监察工作的人员，没有必要另设专门机构或者人员对主诉检察官进行专门监督；另一方面，实行主诉检察官制度的目的之一是提高效率，而设置机构、人员专司监督，实际上将降低整个检察院的工作效率，与改革的目的不符。

三是坚持事中制约和事后制约相结合。对主诉检察官，不仅要在诉讼决定作出后进行监督制约，还要重视在诉讼决定作出前进行制约。事中的制约尤为重要，因为错误一旦发生，即使可以纠正或者补救，效果往往也不好，何况有些错误是很难补救的。

五、主诉检察官的奖惩机制

主诉检察官的奖惩机制涉及两个方面的问题：一是对承担了更多责任的主诉检察官以适当的利益性激励；二是对工作失职或者犯有严重错误的主诉检察官给予一定惩戒。

（一）对主诉检察官的激励

主诉检察官与其他检察官相比，承担了更重要的任务和更大的责任，相应地应当享受比一般检察官高的待遇。对工作成绩突出的检察官，还应当给予专门奖励。最高人民检察院《关于在审查起诉部门全面推行主诉检察官办案责任制的工作方案》规定："各级人民检察院要建立健全与主诉检察官办案责任制配套的激励机制和保障机制，从实际出发，适当解决主诉检察官的有关待遇。"

对主诉检察官的激励主要体现在三个方面：

1. 政治待遇方面的奖励。对主诉检察官，原则上应当给予比一般检察官相对较高的职级待遇，并且应当优先得到提拔使用。目前，一些地方检察院规定主诉检察官享受与公诉部门副职或者正职负责人相同的职级待遇。

2. 物质性奖励。主诉检察官应当享受适当的岗位津贴和办案津贴，其数

公诉制度教程

额应当能够体现主诉检察官与其他检察官在物质待遇方面的明显差别，与主诉检察官的岗位责任和工作业绩相适应。如果岗位津贴和办案津贴过低，主诉检察官岗位就缺乏吸引力。另外，通过定期考核，还要对工作成绩突出的主诉检察官给予适当的物质奖励，从而在主诉检察官中实行奖优罚劣。

3. 其他方面的奖励。主诉检察官在接受业务培训、订阅书籍资料、外出学习等方面应当优于其他检察官，促使他们不断提高业务水平。有条件的检察机关应当每年为主诉检察官发放一定的书报资料费。

这些奖励措施所起的激励作用往往容易被忽视，但它对主诉检察官制度的完善和发展具有至关重要的意义。改革中，一些地方检察院虽然规定了对主诉检察官的激励措施，但由于经费紧张等原因未能兑现，因此造成了一系列消极后果：一是主诉检察官岗位缺乏吸引力。在责任重、待遇与其他岗位差别不大的情况下，优秀的检察官不愿意竞争公诉部门的主诉检察官岗位，最终不得不降低主诉检察官的选任标准，体现不出竞争、择优的选任原则。二是已经任命的主诉检察官缺乏工作积极性。三是由于激励措施兑现不了，也影响对主诉检察官的责任追究，因为只讲责任不讲待遇显得不公平。

必须强调以健全的激励机制保障主诉检察官制度的顺利实施。主诉检察官应该有奉献精神，这是对主诉检察官政治素质的基本要求。但主诉检察官也是人，没有一定的激励措施，多干少干一个样，干好干坏一个样，就会挫伤主诉检察官的工作积极性，影响主诉检察官的择优选任，使这一制度缺乏动力和活力。各级人民检察院应当尽量创造条件，为主诉检察官提供必要的利益保障，并通过奖优罚劣调动广大干警的工作积极性，稳定主诉检察官队伍，推动这项改革顺利、深入发展。

（二）对主诉检察官的惩戒

对主诉检察官的惩戒是由主诉检察官所承担的责任决定的。由于主诉检察官是一种特殊的检察官岗位，因此对主诉检察官的惩戒除包括《检察官法》所规定的惩戒内容外，还应当有其他与主诉检察官的责任和岗位性质相适应的惩戒措施。具体而言主要有下列形式：

1. 根据检察官法的规定给予处分。主诉检察官在办案中有《检察官法》第35条规定的情形之一的，应当给予警告、记过、记大过、降级、撤职、开除等处分。

2. 取消主诉检察官资格。主诉检察官年度考核不称职，或者在任职期限内有滥用职权、徇私舞弊、刑讯逼供、泄露检察工作秘密等故意行为或者重大过失行为的，应当由检察长提议并经本院考评委员会决定，取消其主诉检察官资格。

3. 经济处罚。例如减扣岗位津贴和奖励等。

4. 党纪处分。主诉检察官是党员的，如果在办案中有违反党的纪律的行为，将给予党纪处分。

5. 追究刑事责任。主诉检察官的违法乱纪行为构成犯罪的，应当依法追究刑事责任。

第三节 公诉人的法律地位

公诉人代表国家参与刑事诉讼，具有特定的诉讼地位。理论界对公诉人的身份有两种提法：一种提法是"一个身份、双重任务"，即凡是公诉案件，出庭的检察官都是以国家公诉人的身份出席法庭，执行控诉职能和审判监督职能；另一种提法是"双重身份"，认为出席第一审法庭的检察官既是国家公诉人，也是审判监督者。不管哪一种提法，都肯定公诉人依法履行公诉和审判监督双重职责，而不仅仅是刑事诉讼的控方。

因此，公诉人在法庭上不同于一般的原告当事人。这种差别主要是由下列因素决定的：第一，公诉人出庭执行控诉职能，是站在维护国家和人民利益的立场上，并不是基于自身权益受到犯罪侵害而执行控诉职能。与一般的自诉不同，公诉人与案件的事实和处理结果不存在直接的利害关系。第二，公诉人在法庭上不仅出庭公诉，执行控诉职能，而且对法庭的审判活动进行监督，执行监督职能。尽管刑事诉讼法修改后，出庭的检察人员不能当庭对庭审中的违法情况提出纠正意见，但公诉人作为国家法律监督机关的代表，仍负有对审判活动是否合法进行监督的职责，只是监督、纠正违法情况的时间和方式发生了变化。第三，公诉人在法庭上的地位和权利不是与被告人完全对等的，既要维护国家利益，也要维护被告人的合法权益，甚至要在法庭上出示对被告人有利的罪轻证据，在裁判作出后为被告人的利益而抗诉。公诉人诉讼地位的特殊性，是我国检察制度的一个鲜明特点。

研究公诉人的诉讼地位，必须考察公诉人与法官、被告人、辩护人和被害人的关系。

一、公诉人与法官

刑事诉讼中，公诉人和法官分别行使公诉权和审判权。在英美法系和大陆法系国家，由于审判方式存在较大的差异，公诉人与法官之间的关系也有很大差别。

英美法系国家实行当事人主义审判方式。在刑事诉讼结构中,公诉人是原告,与被告人同为诉讼的一方当事人,区别主要在于诉讼主张不同。法官是诉讼的裁判者,在代表国家的公诉人与代表被告人的辩护人之间保持中立的地位。公诉人并不能因为代表国家的利益,而在法庭上享有特殊的地位和权利。与法官保持消极中立的地位相反,公诉人必须积极承担举证责任。举证责任履行得如何决定着诉讼的结局,一旦举证不力将会导致败诉。在法庭审判过程中,公诉人也必须服从法官的指挥。概言之,公诉人是诉讼的一方当事人,行使的追诉权属于国家行政权的范畴,而法官则是独立于诉讼双方之外的裁断者,行使的是属于司法权范畴的裁判权。

在大陆法系国家,刑事审判贯彻职权主义,强调法官在审判中的中心和主导地位。追究犯罪不仅是公诉人的职责,也是法官的职责。法官必须在法庭上积极开展法庭调查,主动去查明案件事实。在这种庭审方式下,公诉人的作用是补充性的,甚至可以说只是法官的助手。由于法官和公诉人在诉讼目的上具有一致性,公诉人往往被视为"站着的法官"。

伴随着庭审方式的改革,我国公诉人与法官之间的关系在刑事诉讼法修改前后发生了根本性的变化。1979年制定的刑事诉讼法在庭审方式的设计上,体现出浓厚的职权主义色彩。法官在法庭上是举证、质证等法庭调查活动的主角,既是裁判者,又是追诉者。在法庭调查阶段,讯问被告人、询问证人、出示证据等活动主要由法官进行,公诉人只进行补充性的讯问、询问和举证。概言之,法官是法庭审判的主角,公诉人则处于配合法官的地位,双方共同完成追究犯罪、惩罚犯罪的任务。这种审判方式的弊端之一,就是导致控审不分,公诉人的职能作用得不到充分的发挥,法官也难以做到公正审判。

经1996年、2012年修改后的刑事诉讼法对庭审方式进行了改革,实行控审分离、控辩对抗,将控诉职能完全归于检察机关。在法庭上,指控犯罪、证明犯罪的职责主要由公诉人承担。特别是在法庭调查中,讯问被告人、询问证人、被害人、鉴定人和出示证据等属于控诉职能的活动由公诉人进行。法官虽然也可以进行讯问、询问,或者对证据进行调查核实,但这些诉讼活动都不再具有履行控诉职能的属性。也就是说,法官只履行审判职能,不再承担控诉职能。实行控审分离的目的,主要是使法官保持客观、中立,从而实现公正裁判,同时也使公诉人的作用得到了强化。

另外,公诉人作为国家法律监督机关的代表,负有对审判活动是否合法进行监督的职责,也就是说,公诉人与法官之间依法存在监督与被监督的关系。当然,根据有关规定,公诉人对法庭审判中的违法行为不能当庭纠正,而应当在庭后报告检察长,以人民检察院的名义提出纠正意见。

二、公诉人与被告人

被告人的诉讼地位经历了一个漫长的演进过程。在封建社会纠问式诉讼中，被告人是诉讼客体，不享有诉讼权利。资产阶级革命后，顺应诉讼民主和人类文明进步的潮流，各国法律纷纷赋予被告人诉讼主体的地位，使之成为一方当事人，并将保障被告人人权列为刑事诉讼的基本目标之一。

在许多实行控辩式诉讼模式的国家，被告人虽然是被追究刑事责任的人，但享有与公诉人平等的诉讼主体地位，同为刑事诉讼的当事人。基于无罪推定原则，被告人在法庭宣告其有罪前被推定为无罪，公诉人必须以证据证明被告人有罪，经法庭以裁判确认后，被告人才是有罪的。被告人不承担证明自己有罪的义务，也不承担证明自己无罪的义务。与其诉讼地位相适应，被告人在刑事诉讼中享有诸多诉讼权利，其中核心的权利是辩护权，包括积极的辩护权和消极的辩护权。积极的辩护权是指被告人有权参与诉讼活动，提出证据证明自己无罪、罪轻，对控方证人进行反询问，对控方证据予以质证，以及与控方平等辩论的权利。而获得律师帮助的权利在许多国家已成为被告人的一项宪法权利，是被告人积极行使辩护权的重要保证。被告人有权为自己辩护，也有权聘请辩护人为其辩护。消极的辩护权是指被告人享有不被强迫自证有罪的权利，即自主决定是否对案件进行陈述以及作何种陈述的权利。在这些国家，公诉人往往被视为与被告人具有同等诉讼地位、享有对等诉讼权利的主体。

在我国刑事诉讼中，被告人是当事人，是诉讼主体，享有以辩护权为核心的一系列诉讼权利。被告人有权参加法庭调查，就公诉人指控的事实进行陈述，对证人、鉴定人发问，辨认、鉴别物证，听取未到庭证人的证言笔录、鉴定人的鉴定意见、勘验笔录和其他作为证据的文书，并参与质证；有权申请通知新的证人到庭，调取新的物证，申请重新鉴定或者勘验；有权参加法庭辩论，对证据和案件情况发表意见，有权向法庭作最后陈述等。

无论根据修改前抑或修改后的刑事诉讼法，在我国，公诉人虽然在刑事诉讼中执行控诉职能，但不是诉讼当事人。作为国家追诉权的具体执行者，公诉人是在依法履行职责，本人同案件之间不存在利害关系，与基于个人利益而提起诉讼、追究犯罪的原告当事人有原则区别。另外，公诉人作为国家法律监督机关的代表参加刑事诉讼活动，不仅要追究犯罪、支持公诉，还要对人民法院的审判活动是否合法实行监督，以维护法律的统一、正确实施，维护所有诉讼参与人包括被告人的合法权益。公诉人参加诉讼的这一特点，也是当事人和其他诉讼参与人所不具备的。但在法庭调查和法庭辩论活动中，公诉人与被告人具有平等的应对权,都有事实主张权、举证权、质证权、异议权、辩论权等。公诉人应当尊重被告人的辩护权,维护被告人的合法权益,认可被告方提出的合理的事实主张和适用法律意见,帮助法官公正地处理案件。

三、公诉人与辩护人

现代刑事诉讼是伴随着公诉制度、辩护制度的发展而发展起来的。公诉制度是实现惩罚犯罪、维护社会秩序目的的基本制度,而辩护制度不仅维护了被告人的合法权益,而且对维系诉讼结构的平衡,防止司法擅断,实现司法公正具有重要的意义。公诉人代表国家对犯罪进行控诉,要求追究被告人的刑事责任,维护国家利益、社会公共利益,也维护被告人和被害人的合法权益;而辩护人依法为被告人进行辩护,维护的是被告人的合法权益。

在一些国家,控辩平衡是刑事审判的核心机制。其内容主要包括:(1)控辩双方在诉讼中的法律地位平等,即控诉一方和被告一方都是诉讼主体,法律地位完全平等。在法律地位完全平等的情况下,控辩双方可以公正地进行对抗,法官可以保持中立,进而实现公正裁判。(2)诉讼权利相同或对等。诉讼权利相同,是指控辩双方都享有同样的诉讼权利,包括在庭审中都有举证权、质证权、辩论权、上诉权等。诉讼权利相对等,是指一方享有一种诉讼权利,而另一方则享有与之相对应的诉讼权利。如控方有权发表公诉词,而辩方有权发表辩护词;一方享有举证权,而另一方有权进行反驳等。理论上,控辩平衡往往被视为衡量刑事诉讼程序是否具有公正性的基本标准。在刑事诉讼的三方组合中,公诉人与辩护人形成两造对立的局面,法官采取客观中立立场,这种诉讼结构被视为保持控辩平衡进而实现司法公正的保证。

我国1996年刑事诉讼法修改前,庭审方式中虽然有公诉方与辩护方的辩论、对抗,但由于法官主导法庭调查,冲淡了公诉方与辩护方之间的抗辩色彩。公诉人因法官主导法庭调查活动而未能发挥积极的控诉作用,辩护人也因与法官的"对抗"未能充分发挥辩护职能。刑事诉讼法修改后,庭审方式向控辩式模式发展,公诉人与辩护人在法庭上的地位与作用越来越大,作为诉讼双方的代表分别履行控诉和辩护职能。

公诉人与辩护人之间是对立统一的关系。对立性表现为诉讼主张存在差异甚至截然相反,统一性表现在共同追求案件的公正处理,保证法律的正确实施。公诉人应当客观、公正地实施追诉,不仅要使犯罪受到追究,而且要使犯罪公正地受到追究。辩护人的积极参与是对公诉的考验和制约,有利于防止公诉的偏颇,实现实体公正。

公诉人与辩护人的控诉与辩护活动都应遵守"以事实为根据,以法律为准绳"的原则。在强调控辩对立的同时,也要关注两者的一致性。司法实践中不应一味地强调两者的对抗性。控辩双方都应在法律规定的范围内,根据事实和法律进行诉讼活动,因为两者虽然是从对立的方向进行活动,但根本目的是一致的。正是因为有了公诉与辩护的平等对抗,才使法官的裁判有了坚实的庭审基础。

应当指出的是,公诉人与辩护人虽然在法庭上是对立的双方,但因其职责不同,对事实的主张也有差异。辩护人主要发表被告人无罪或罪轻的意见,即使发现被告人具有罪重的情节或者未被指控的其他犯罪事实,也不能进行具有控诉性质的诉讼活动。而公诉人代表国家履行职责,必须公正地提出指控意见。如果公诉人掌握被告人罪轻的证据,也应当在法庭上出示,并实事求是地向法庭提出从轻或者减轻处罚的意见。

四、公诉人与被害人

刑事诉讼中的被害人,是指因人身、财产及其他合法权益遭受犯罪行为侵害而参与诉讼的自然人或者法人。被害人可能因参与刑事诉讼的方式而在诉讼中担当不同的角色,如自诉案件的自诉人、附带民事诉讼原告人。

在刑事诉讼的历史上,被害人最初并不具有诉讼当事人的地位,往往作为证人在法庭上提供证词。第二次世界大战后,特别是 20 世纪 80 年代以来,各国加强了对被害人合法权益特别是诉讼权利的维护。在一定情况下,被害人可以作为当事人出庭,享有原告的诉讼权利和义务。各国对被害人诉权的规定,主要采取了三种方式:(1)在英国,除证人的地位以外,不给予被害人在刑事程序中任何参与权,但提供被害人获得赔偿的实际方法。(2)在美国,被害人可以通过影响陈述(VIS)的形式参与诉讼,由法官在判决时考虑被害人的意见。1982 年《联邦被害人和证人保护法》规定,检察官提交给联邦法院的调查报告必须附有一份"被害人状态的陈述",从被害人的观点描述犯罪及其结果、被害人所遭受的社会、经济、生理和心理方面的损害。(3)在大多数欧洲国家,被害人有参与案件起诉的法定权利。这种权利表现为四种形式:一是检察官和被害人都有权对大多数案件提起诉讼;二是被害人具有自诉权,通常适用于某些轻微的刑事案件;三是被害人在检察官不提出指控时具有辅助起诉权;四是被害人有权成为辅助起诉人。例如在德国,被害人有权在整个刑事诉讼过程中辅助检察官进行起诉,也有权以共同起诉人的身份成为刑事诉讼正式和积极的参与者。

在我国，根据修改后的刑事诉讼法，被害人具有当事人的诉讼地位，并享有广泛的诉讼权利。公诉案件中，犯罪行为不仅侵害了被害人的人身、财产等权利，也侵害了刑法所保护的社会关系和社会秩序。检察机关提起公诉，不仅代表国家的利益，也代表了被害人的利益。因而在法庭上，公诉人与被害人的利益往往是一致的，都是为了追究被告人的刑事责任，恢复被犯罪行为侵害的利益和秩序。此时，公诉人和被害人都属于刑事诉讼的控方。但在司法实践中，公诉人与被害人的关系具有一定复杂性：一是由于各种因素的影响，被害人可能不愿意指控犯罪，但公诉人为维护国家利益和社会公共利益必须依法履行追究犯罪的职责，并不受被害人态度的左右，此时被害人并不与公诉人共同履行控诉职能；二是在某些案件中，被害人基于复仇等心理，希望加重对被告人的处罚，虽然也积极指控犯罪，但控诉主张与公诉主张不同，例如，公诉机关以故意伤害罪起诉，而被害人认为被告人的行为构成故意杀人罪。此时，公诉人、被害人都履行控诉职能，但诉讼主张的差异也导致他们之间可能产生一定程度的对抗。根据《人民检察院刑事诉讼规则（试行）》的规定，法庭辩论中，公诉人与被害人、诉讼代理人的意见不一致的，公诉人应当认真听取被害人、诉讼代理人的意见，阐明自己的意见和理由。

第四节　公诉人的职责

由其身份和地位所决定，公诉人在享有一定职权的同时也承担了重要职责。根据法律的规定，公诉人的职责包括公诉职责、侦查职责和监督职责三个方面。

一、公诉职责

公诉职责是公诉人的基本职责。世界各国不论检察制度有何差别，公诉人都具有公诉职责。

我国公诉人的公诉职责，主要表现为在法庭上具体执行控诉职能。为此，在庭审前，公诉人需要对案件的事实和证据进行审查，提出是否指控犯罪嫌疑人的意见。在实行主诉检察官办案责任制的情况下，作为主诉检察官的公诉人还有权根据规定对一部分刑事案件决定提起公诉。庭审中，公诉人必须运用证据揭露和证实犯罪，阐明被告人犯罪的性质、情节和应当承担的刑事责任，论证公诉意见的正确性，促使法庭采纳公诉意见作出有罪判决并给予刑罚处罚。如果发现需要补充侦查，应当建议法庭延期审理，以补充、核实证据。可以说，公诉人的活动主要是围绕追究犯罪、支持公诉进行的。

二、侦查职责

公诉机关与侦查机关在刑事诉讼结构中都属于控方，其诉讼目的是一致的，都是为了追究犯罪，使犯罪受到应有的法律制裁。在一些国家，公诉机关和警察机关都具有侦查权，而两者的地位并不平等，检察官具有指挥、监督警察进行侦查的权力。这种体制有助于强化侦查职能，保证侦查的有效性。

在我国，公安机关、检察机关都具有对刑事案件的立案侦查权。总体上，两个机关的侦查权是分工负责、相互独立的关系，检察机关不具有指挥公安机关进行侦查的权力。但在公诉中，为了保障有足够确实充分的证据指控犯罪，法律设定了检察机关公诉权与公安机关侦查权的互相配合、相互制约关系，规定检察机关在必要时有权要求公安机关进行补充侦查，有权要求公安机关提供法庭审判所必需的证据材料，并可以自行进行补充侦查。在实践中，检察机关还通过介入侦查、提出补充侦查提纲、要求提供法庭审判所需的证据材料等方式，发挥引导侦查取证的作用。在检察机关内部，职务犯罪侦查部门与公诉部门也相对独立，在检察长的统一领导下分别履行侦查和公诉职能。

在公诉实践中，公诉人的侦查职责涉及两个方面：一是提前介入侦查，即在公安机关或者本院侦查部门对刑事案件进行侦查的期间，公诉人参与确定侦查方向，指导公安机关或者本院侦查部门收集指控犯罪所必需的证据材料；二是自行补充侦查，即在事实不清、证据不充分的情况下，考虑到补充证据的工作量比较小，不需要运用专门技术手段，或者存在不宜由公安机关补充侦查的情况等因素，决定自行开展侦查活动，以补充收集证据。根据法律规定，在自行侦查中可以适用法律规定的侦查措施和程序，如进行搜查、扣押书证和物证、鉴定、勘验、检查，组织辨认、侦查实验等。

三、监督职责

我国检察机关是国家的法律监督机关。这种法律监督表现为诉讼监督的形式，是一种专门监督而非一般监督。在履行公诉职能的过程中，检察机关有权对公安机关的侦查活动和人民法院的审判活动是否合法进行监督。公诉人则负有具体监督侦查活动、审判活动是否合法的职责。

对侦查活动的监督是公诉工作的一项重要内容。公诉人在提前介入侦查时和审查起诉过程中，都要注意监督侦查活动是否符合法律规定的程序，是否有违反法律规定的情形。发现侦查活动有违法情况时，应当向检察长报告，根据情况不同采取相应措施予以纠正。对一般的轻微违法行为，可以口头提出纠正意见；对比较严重的违法行为，应当报经检察长批准后，向公安机关发出纠正违法通知书；对违法行为情节严重需要建议公安机关给予纪律处分，或者构成犯罪需要追究刑事责任的，也应当由检察长决定。

对审判活动的监督涉及两个方面：一是对审判程序的监督。公诉人在庭审中应当对法庭审理活动是否合法进行监督，发现审判活动有违反法律规定的情况时，应当在庭审结束后向检察长报告，根据情况分别采用口头或书面方式提出纠正意见。在庭审中发现有严重违反法定诉讼程序、足以影响公正审判的情形时，应当先建议休庭，后进行纠正。二是对刑事判决、裁定的监督。公诉人在收到人民法院刑事判决书、裁定书后，必须认真、及时进行审查，发现判决、裁定确有错误需要抗诉的，应当提出意见报请检察长决定或者由检察长提请检察委员会讨论决定。

公诉人为履行上述职责而从事的各项诉讼活动，对外都应当以人民检察院的名义进行，而不能以个人的名义进行。

第八章
公诉的条件与裁量

多数国家在法律上对公诉的条件作了明确规定。公诉的提出必须以符合法律规定的条件为前提，在保障国家刑罚权得以实现的同时，防止滥用公诉权。另外，各国法律一般也允许在特定的范围内，由检察官考虑社会公共利益、犯罪具体情况等因素进行裁量，以促进诉讼的公正和高效，增强刑事诉讼的整体效益。

第一节 起诉法定主义与起诉便宜主义

刑事责任在各种法律责任中具有最严厉的惩罚性。刑事起诉的提起，表明被告人正受到国家的追究，将面临法院的审判，并可能受到剥夺自由甚至剥夺生命的严厉制裁。因此，起诉关系到公民的人身权利和其他合法权益，也关系到国家司法权的启动和司法资源的支出。为了保证起诉权的正确行使，各国法律对起诉的条件，特别是公诉的条件均作了明确的规定。凡是不符合公诉条件的案件，不得对犯罪嫌疑人提起公诉，这是公诉活动中一项重要的法治原则。

在符合公诉条件的情况下，是不是必须提起公诉，公诉机关有无自由裁量的余地？这一问题涉及公诉条件的法律规定和具体运用原则。对此，公诉实践经历了一个由严格遵循起诉条件到赋予公诉机关一定裁量权的发展过程，理论上将这两种做法分别称为起诉法定主义和起诉便宜主义。

一、起诉法定主义

所谓起诉法定主义，是指对有足够证据证明有犯罪事实、具备法定起诉条件的犯罪嫌疑人，公诉机关必须起诉的原则。起诉法定主义排除检察机关的自由裁量权，在19世纪以前被世界各国普遍采用。

起诉法定主义具有三个特点：

一是强调公诉条件的充分性。在实行起诉法定主义的国家，法律规定了明确的公诉条件，并且这种公诉条件与提起公诉具有必然的联系，即法定的公诉条件是提起公诉的充分条件。

二是强调公诉的绝对性。公诉机关只要认定犯罪嫌疑人的行为构成犯罪，符合公诉条件，不论案件的具体情况如何，为体现有罪必罚的观念，必须向有管辖权的法院提起公诉，使犯罪嫌疑人接受法院的审判，不得作不起诉处理。也就是说，公诉机关没有自由裁量权。

三是强调公诉的合法性，即提起公诉只能以法律规定的条件为依据，不受法律规定以外其他因素的影响。在西方诉讼理论上，还认为起诉法定主义的内涵应当包括"不变更主义"，即公诉一旦提出，就不得撤销和变更，这是起诉法定主义的延伸。

起诉法定主义在刑事诉讼历史上曾长期占统治地位，特别是在19世纪中叶以前的资本主义时期，被世界上许多国家广泛采用。在实行职权主义诉讼的大陆法系国家，强调刑事诉讼是重要的国家活动，追究犯罪是为了维护国家利益，因此刑事诉讼立法中至今仍呈现较浓重的起诉法定主义色彩。

德国是起诉法定主义的传统代表。《德国刑事诉讼法典》第152条第2款规定："除法律另有规定外，在有足够的事实根据时，检察院负有对所有的可予以追究的犯罪行为作出行动的义务。"[①] 这一规定从强调对犯罪行为的必然追究，避免消极滥用公诉权出发，明确了检察院对犯罪行为提起公诉的义务和职责，是起诉法定主义的典型代表。为了强化检察机关的起诉义务，《德国刑事诉讼法典》第172条还规定了强制起诉制度，即被害人如果是刑事诉讼的告发人，则在接到检察院不起诉或者侦查终结停止诉讼的通知后，有权向上级检察院提出申诉；如果起诉的请求仍然被否定，可以申请法院裁定。法院如果认为被害人的申请正当，有权裁定检察院向法院提起公诉。

在法国，公诉权被认为是一种国家权力和社会权力。有权起诉的主体因犯

---

① 参见李昌珂译：《德国刑事诉讼法典》，中国政法大学出版社1995年版，第72页。

罪的等级不同而有所差别。违警罪和轻罪可以由被害人或地方检察官直接向法院起诉，但大多数案件由预审法官根据犯罪的严重程度审查起诉。如果案件涉及重罪，预审法官不得自行决定起诉，而必须首先将案件通过共和国检察官呈送上诉法院检察长，提请上诉法院起诉庭受理并进行审查。因此，决定提起公诉的主体主要是预审法官和上诉法院起诉庭，检察机关在大多数情况下只有提出公诉意见书的权力，而公诉意见书还需经过审查，并不必然导致审判，这是与法国检察机关具有较强的侦查职能相适应的。但只要具备了法定的起诉条件，不存在法定不起诉的特定情形，检察机关就必须提起公诉意见书，否则即视为失职。预审法官和上诉法院起诉庭经过审查，认为经侦查的事实构成犯罪，就必须根据不同情况分别裁定移送违警罪法院、轻罪法院、重罪法庭、少年法庭等。只有存在不构成犯罪、超过公诉时效、被控告人系精神病患者或者已被赦免等法定情形时，才可以决定不起诉。

起诉法定主义的产生及其地位的变化，是与资产阶级法治思想的发展相适应的。中世纪的欧洲处于极权的封建专制统治下，刑法和司法制度具有法与宗教的不可分性、基于等级特权制的不平等性、罪刑擅断主义、刑罚的残酷性等特点，起诉的任意性特点昭显。随着资本主义的萌芽和商品经济的发展，十七八世纪，一批资产阶级启蒙思想家开始大力抨击封建君主专制制度，宣传从人性论出发的自然法，鼓吹民主、自由、平等、天赋人权等观点、学说，提出了一系列重要的法治思想，并在资产阶级革命胜利后被贯彻到立法和司法实践中。起诉法定主义的产生与其中的一些思想有密切联系。首先是法与宗教分离的主张，使宗教对社会关系的调整作用降低，法的地位和作用大幅度提升，成为调整社会关系和维护社会秩序的主要工具。随着法治观念深入人心，维护法律的权威成为对司法的一项基本要求。具体在刑法上，主张罪刑法定，反对法官释法；在刑事诉讼法上，主张无罪推定、正当的法律程序等。起诉法定主义强调起诉的合法性，强调法律规定的诉讼条件必须得到严格遵守，反映了对维护法律权威的重视。其次是法律面前人人平等的思想，要求在司法中必须消除法律以外的身份差别，而起诉法定主义具有统一起诉标准，防止公诉机关滥用职权、任意出入人罪的作用。更为重要和直接的影响来自资产阶级刑罚目的观。无论是康德的道义报应主义，还是黑格尔的法律报应主义，都主张犯罪与刑罚之间具有因果报应关系，犯罪人的客观行为则是追究刑事责任的根据。还有一些启蒙思想家，例如贝卡里亚、边沁，虽然反对报应主义，主张刑罚的目的在于预防犯罪，但强调借助刑罚的威慑作用来实现一般预防和特殊预防的目的。在这些思想指导下，刑罚是犯罪的确定的、必然的后果，对所有犯罪行为，国家都要运用强制机器给予制裁，使罪犯因其犯罪行为而受到应有的惩罚，并以刑罚的威慑作用来防止一般人犯罪。一些思想家认为，刑罚的必然性比刑罚的严酷性更具有控制犯罪的作用。例如，贝卡里亚就认为："对于犯罪最有力的约束力不是刑罚的严酷性，而是刑罚的必定性，这种必定性要求司法官员谨守职责，法官铁面无私，严肃认真……有些人免受刑罚是因为受害者方面对于轻微犯罪表示宽大为怀，这种做法是符合仁慈和人道的，但却是违背公共福利的。"[①] 起诉法定主义就体现了对犯罪与刑罚这种必然因果关系的追求。

就社会效果而言，起诉法定主义具有积极的历史意义。它有助于统一起诉标准，对于防止滥用公诉权，排除公诉活动受政治、党派、宗教势力左右，维护法制统一和权威，具有重要的作用，并因其强调刑罚的必然性，有助于实现一般预防的目的。

但起诉法定主义的局限性也是明显的。不问案件的具体情况，对所有犯罪嫌疑人一律提起公诉的做法，显得过分机械、僵化，缺乏灵活性，实际效果并不理想。有些被告人的行为虽然符合起诉条件，但根据案件的具体情况，不需要判处刑罚，在这种情况下予以起诉和判处刑罚，不仅难以得到社会大众的广泛支持，也不利于行为人改过自新、回归社会。在大量犯罪嫌疑人被提起公诉的情况下，公诉机关、审判机关和刑罚执行机关的工作负荷加重，司法资源耗费过大，犯罪控制的整体效益降低。由于起诉法定主义既不符合特殊预防的需要，也不符合诉讼经济的要求，因而受到许多学者的批评和质疑。例如日本学者团田重光就认为，起诉法定主义"不仅违反具体的正义，在刑事政策上也非上策"。[②]

从19世纪末开始，西方国家的刑法理论和刑事政策发生了重大变化。在一般预防主义占统治地位的情况下，犯罪率尤其是累犯率大幅度上升，刑罚的威慑作用引起人们的怀疑。同时，随着实证主义的研究方法日益受到重视，强调特殊预防的刑事实证学派应运而生。刑事实证学派主张犯罪行为是犯罪人的人格表现，而其危险人格是因个体原因和社会原因互相作用形成的，应当根据造成犯罪人不同人格的社会情形，用不同的救治方法取代刑罚。在实证学派的影响下，西方国家的刑事政策思想发展为：一要改良社会，争取好的社会政策以预防犯罪；二要使社会对犯罪人负连带责任，根据犯罪人的个别犯罪原因，采取刑罚个别化，因人施教，使其回归社会。由于目的刑理论逐渐取代报应刑

---

① 参见［意］贝卡里亚：《论犯罪与刑罚》，中国大百科全书出版社1993年版，第59页。

② 转引自卞建林：《刑事起诉制度的理论与实践》，中国检察出版社1993年版，第159页。

理论的地位，司法上从重视一般预防转变为重视特殊预防，充分考虑案件的具体情况和犯罪嫌疑人的个体情况就显得十分必要。另外，刑罚从消极的威慑功能转变为富有积极的教育、感化、指引功能，运用刑罚时不仅要考虑与犯罪行为相称，更要考虑是否为矫正所必要，除刑事处罚外是否可以采取其他更为适当的方式来预防犯罪等因素。

与此同时，第二次世界大战后，西方国家普遍开展了刑法改革运动，其中"社会防护运动"主导了欧洲刑法改革的方向和进程，"非犯罪化"和"非刑罚化"成为这场刑法改革的重要内容。一些国家在改革中排除了违警罪的刑事犯罪性质，把它视为一般的违法行为，只给予行政处罚而不追究刑事责任。为了用刑法以外的方法处理数量巨大，同时给法院带来极大负担的轻微犯罪，人们努力争取公共的和私人的帮助，利用调解程序和非官方机构、团体的介入，避免使冲突诉诸刑事司法程序，以提高控制犯罪的宏观效率，缓解司法机关的工作压力。与刑法改革的一般趋势相适应，刑事诉讼制度中出现了起诉犹豫、宣告犹豫、执行犹豫等做法。一些国家规定，在不追诉犯罪对公共利益有利的时候，公诉机关有权决定不起诉。由此，在起诉原则方面，出现了起诉法定主义向起诉便宜主义发展的趋势。

二、起诉便宜主义

所谓起诉便宜主义，是指对于某些符合起诉条件的案件，公诉机关根据具体情况，认为对犯罪嫌疑人不提起公诉更为适宜时，有权决定不起诉的公诉原则。

起诉便宜主义尽管是与起诉法定主义相对应而言的，但它并不是对后者的彻底否定，更不是说在实行起诉便宜主义的情况下，公诉机关决定是否提起公诉时可以不必考虑法律的规定。起诉便宜主义也坚持公诉的合法性原则，只不过与起诉法定主义相比，在坚持合法性方面更加灵活，不再强调对一切犯罪都提起公诉，而是充分考虑案件的具体情况，包括犯罪嫌疑人个体情况、被害人及社会大众的态度和诉讼代价等，分析起诉的必要性，权衡起诉或者不起诉对于社会公共利益的影响，从而在个案上体现了具体的正义，有利于实现刑事诉讼的目的。另外，在摆脱起诉法定主义的机械、僵化之后，国家的刑事政策更容易在刑事司法中得到贯彻。可见，起诉便宜主义是对起诉法定主义的深化和发展，是从强调起诉的合法性转变为强调起诉的合理性，因此在诉讼理论上又称起诉便宜主义为起诉合理主义。

起诉便宜主义具有三个特点：

一是主张法定的公诉条件对于起诉而言，是一种必要条件，但不一定具有充分性。在许多情况下,虽然案件符合法律规定的公诉条件,但也可以决定不起诉。

二是公诉机关具有自由裁量权,即法律授予公诉机关在确定是否对犯罪进行追诉时以一定的斟酌裁量权。对于依法已构成犯罪,符合起诉条件的犯罪嫌疑人,何种情况下应当起诉,何种情况下可以不起诉,在法律规定的范围内,由公诉机关根据案件的具体情况斟酌决定。

三是强调起诉的必要性,即公诉机关只有权衡利弊,认为确有必要时才提起公诉,如果认为不提起公诉有利于社会公共利益,有权决定不起诉。

严格地讲,起诉便宜主义并非产生于起诉法定主义之后。英美法系国家实行当事人主义诉讼制度,一贯以起诉便宜主义为传统,不实行严格的起诉法定主义。但在欧洲大陆法系国家,资产阶级革命胜利后的很长时间内一直实行起诉法定主义,直到20世纪刑事诉讼立法才由严格的起诉法定主义转而吸收起诉便宜主义。1925年国际监狱会议作出的决议对起诉便宜主义予以肯定。第二次世界大战以后,随着刑法改革运动的开展,起诉便宜主义被各国普遍采用。目前,世界上只有极少数国家仍实行严格的起诉法定主义,多数国家实行起诉法定主义与起诉便宜主义相结合的原则,即一方面规定起诉的条件;另一方面规定公诉机关在一定范围内享有自由裁量权。在自由裁量的范围之外,公诉机关对符合起诉条件的案件必须提起公诉而没有自由裁量权。例如,一些国家规定对重罪实行起诉法定主义,而对违警罪和少年犯罪实行起诉便宜主义。起诉便宜主义也得到当代一些国际规范性文件的肯定。1990年9月联合国《关于检察官作用的准则》第18条规定:"根据国家的法律,检察官应在充分尊重嫌疑者和受害者的人权的基础上适当考虑免予起诉、有条件或无条件地中止诉讼程序或使某些刑事案件从正规的司法系统转由其他办法处理。"[①]

各国实行起诉便宜主义的形式和程度有所不同,比较典型的有以下几类:

第一类是美国的做法。美国的犯罪率很高,而刑事诉讼程序烦琐,诉讼代价很大,刑事司法系统即使超负荷运转也难以满足处理全部犯罪案件的需要。在这种情况下,美国采取了"选择性起诉"的原则,检察官享有广泛的自由裁量权,不仅有权决定调查哪些罪行和在什么情况下进行调查,还有权决定是否对犯罪嫌疑人提出控告和以什么罪名提出控告,即使手中掌握了充分的证据。至于哪些犯罪和犯罪人可以不受到追诉,法律没有明确的规定,完全由检察官根据案件的具体情况决定。是否符合公共利益是检察官需要考虑的首要因

---

① 参见程味秋等编:《联合国人权公约和刑事司法文献汇编》,中国法制出版社2000年版,第265页。

素。具体地，检察官会考虑犯罪嫌疑人的年龄、主观恶性、精神和健康状况，被害人、社会公众对惩罚犯罪的态度以及案件发生的时代背景、时间长短和司法资源代价等因素。理论上，检察官有权对所有类型的犯罪嫌疑人决定不予起诉，或者对犯罪嫌疑人的某些罪行不予追诉，几乎不受任何制约。例如，在打击有组织犯罪或重大犯罪集团时，检察官可以不起诉为条件，换取某些犯罪嫌疑人充当污点证人，从而使首犯和罪行严重的其他共犯受到惩罚。但在司法实践中，检察官一般都要考虑具体犯罪的严重性，特别是当地居民对犯罪严重性、恶劣性的反应，从而对严重危害公共利益的犯罪予以追诉。

起诉便宜主义发展了检察官起诉后的辩诉交易制度。所谓辩诉交易（Plea Bargaining），又称"辩诉谈判"（Plea Negotiation）或"辩诉协议"（Plea Agreement），是指检察官与被告人或者其辩护律师在庭外进行磋商、谈判，以撤销部分指控、降格起诉或建议法官从轻判处刑罚等为条件，换取被告人作认罪答辩、担任污点证人或满足检察官的其他要求。实行辩诉交易的目的，一是为了在对其他更严重犯罪的起诉中获得该被告人的合作；二是为了在有罪证据不够充分的情况下避免败诉的危险；三是为了节省诉讼成本，减轻刑事司法系统的负担。是否进行辩诉交易，与哪个被告人进行辩诉交易，只能由检察官决定。控辩双方达成辩诉交易后，应当在法庭传讯时告知法官。如果被告人自愿接受辩诉交易，协议内容合法，法官将予以采纳，可以不经过法庭调查，直接根据检察官起诉的罪名和量刑建议作出判决。辩诉交易在美国的刑事司法实践中应用十分广泛，大约90%的刑事案件是通过辩诉交易结案的。它虽然与起诉便宜主义不完全是一回事，但由于通过辩诉交易，检察官可以撤销部分指控或者降格指控，因此也体现了起诉便宜主义的精神。在加拿大，法律也允许检察官进行类似的辩诉交易。

第二类是德国的做法，即规定对严重的犯罪实行起诉法定主义，对轻微的犯罪实行起诉便宜主义。德国自20世纪60年代以来，起诉法定主义的浓重色彩淡化，起诉便宜主义在立法上受到肯定。根据《德国刑事诉讼法典》第153条、第154条的规定，对于轻罪，不存在追究责任的公共利益时，经法院同意，检察院可以不予追究；对于尚未受到最低刑罚威胁、行为所造成后果显著轻微的犯罪，不需要诉交法院，检察院可以决定不起诉。其他情况下的不起诉，则需有法定事由的存在，如被指控人被引渡、驱逐出境的情形，国外行为不追诉的情形，胁迫、勒索罪被害人不予追诉的情形等。《德国刑事诉讼法典》体现的起诉便宜主义具有较大的局限性：一是取决于犯罪的性质和严重程度，对严重的犯罪不存在实行起诉便宜主义的余地；二是受到法院和被害人的制约，对轻罪的不起诉需经法院同意，被害人则有申请法院裁定强制起诉的权利。欧洲大陆法系除奥地利等极少数国家外，都有类似的规定，将起诉便宜主义局限于微罪不起诉的范围。对于性质严重的犯罪，即使犯罪嫌疑人情有可原或者有揭发其他人犯罪等表现，公诉机关也不得决定不起诉，只能建议法院在量刑时对被告人从轻处罚。检察官的自由裁量权受到严格限制，是与大陆法系国家实行的职权主义刑事诉讼模式相适应的。

第三类是日本的做法。日本立法上采纳起诉便宜主义，始于1890年颁行的《刑事诉讼法》第279条关于"起诉犹豫"制度的规定，1948年制定的现行《刑事诉讼法》保留了这一制度。该法第248条"起诉便宜主义"规定："由于犯人的性格、年龄及境遇、犯罪的轻重及情节和犯罪后的情况，没有必要追诉时，可以不提起公诉。"[①] 根据这一规定，日本检察官对于起诉的自由裁量并不受犯罪类型和性质的限制，犯罪的严重程度只是自由裁量时考虑的因素。但是，从有利于预防犯罪和合乎刑事政策出发，法律对检察官行使起诉自由裁量权也进行了明确限制。检察官在决定是否对犯罪嫌疑人提起公诉时，依法必须综合考虑三个方面的因素：一是犯罪人的性格、年龄及境遇。"性格"具体包括性情、平时表现、生活习惯、学历知识程度、经历、有无前科、有无作案常习等；"年龄"主要是考虑嫌疑人年幼或者年老，前者可塑性强，易于改造，后者难以适应监禁和强制劳动；"境遇"主要是被告人的家庭状况、生活环境、交友情况等人格环境。这些因素往往与犯罪人危险人格的形成有关，同时也影响犯罪人可以通过何种矫正措施而回归社会。如果被告人系未成年人、老年人、犯罪情节轻微的偶犯，或者家庭及其保护环境比较好，起诉犹豫成功的可能性就大一些。二是犯罪的轻重及情节。其中的犯罪情节包括犯罪动机、手段、对象、有无计划性、是否共同犯罪主犯、犯罪是否得利等。法律上并未禁止对重大犯罪嫌疑人适用起诉犹豫，但从一般预防出发，实践中起诉犹豫通常不适用于杀人、强奸、放火、投毒等严重危害社会的犯罪嫌疑人。三是犯罪后的情况。包括犯罪人作案后是否有逃跑或者隐匿、毁灭证据的行为，有无悔改表现，对被害人是否给予了补偿，以及被害人的态度、犯罪的社会影响等，也包括犯罪后法律修订等社会形势的变化。对上述因素进行综合考察后，检察官需斟酌是否有起诉的必要，认为没有必要时，可以暂缓起诉。此后，法律上仍存在对被起诉犹豫人再提起公诉的可能。如果被起诉犹豫人不服训诫或保护观察，不愿回归社会，在追诉期限内检察官可以随时提起公诉。

总体上，除日本、美国以外，多数国家实行的起诉便宜主义局限于微罪不

---

① 参见宋英辉译：《日本刑事诉讼法》，中国政法大学出版社2000年版，第58页。

起诉。我国 2012 年新《刑事诉讼法》第 172 条规定:"人民检察院认为犯罪嫌疑人的犯罪事实已经查清,证据确实、充分,依法应当追究刑事责任的,应当作出起诉决定,按照审判管辖的规定,向人民法院提起公诉,并将案卷材料、证据移送人民法院。"这一规定体现了起诉法定的精神。而且新《刑事诉讼法》第 173 条第 2 款和第 271 条第 1 款规定,"对于犯罪情节轻微,依照刑法规定不需要判处刑罚或者免除刑罚的,人民检察院可以作出不起诉决定","对于未成年人涉嫌刑法分则第四章、第五章、第六章规定的犯罪,可能判处一年有期徒刑以下刑罚,符合起诉条件,但有悔罪表现的,人民检察院可以作出附条件不起诉的决定。人民检察院在作出附条件不起诉的决定以前,应当听取公安机关、被害人的意见"。这些规定又体现起诉便宜主义的精神。由此可见,我国立法在起诉法定主义与起诉便宜主义的取舍上,采取了与德国等大多数国家类似的态度,即以起诉法定主义为主,兼采起诉便宜主义;实行起诉便宜主义的范围,限于情节轻微的犯罪行为;实行起诉便宜主义的形式,为不起诉。需要指出的是,我国刑事诉讼法规定的四种不起诉中,只有新《刑事诉讼法》第 173 条第 2 款和第 271 条第 1 款规定酌定不起诉和未成年人刑事案件附条件不起诉体现了起诉便宜主义,而法定不起诉和证据不足不起诉都是在不符合起诉法定条件情况下作出的不起诉,它们不反映起诉便宜主义。

起诉便宜主义要求在立法上赋予检察机关以较大的自由裁量权,相对于起诉法定主义而言容易导致公诉权的滥用。另外,由于起诉便宜主义强调特殊预防和公诉个别化,不易与适用法律平等等原则相协调,如运用不当将损害被害人权益和社会公共利益,因而尚不能以起诉便宜主义完全取代起诉法定主义。许多国家在兼采起诉法定主义和起诉便宜主义的同时,还在公诉制度中设立相应的制约机制,对起诉便宜主义进行限制。

三、起诉原则的发展趋势

在起诉原则上,英美法系国家历来实行起诉便宜主义,而大陆法系国家则由最初实行严格的起诉法定主义,逐步转向以起诉法定主义为主、以起诉便宜主义为补充的原则。具体到不同的国家,实行上述公诉原则的方式、范围均有所不同,并随着法律文化、价值观念和犯罪态势的发展变化而变化。总体上,公诉原则的发展呈现起诉法定主义与起诉便宜主义互相融合的趋势。

这种融合一方面体现为传统上强调起诉法定的大陆法系国家,在刑事诉讼立法上逐步增加体现起诉便宜主义的规定,扩大检察官的自由裁量权,德国即为典型例证。另一方面,在传统上实行起诉便宜主义的英美法系国家,例如美国，检察官所拥有的几乎不受制约的自由裁量权也开始受到质疑，包括是否符合司法公正的要求，是否会受到政党势力和种族因素的影响等。尽管在法律上尚没有规定对哪些行为检察官必须提起公诉，但已从明确不起诉条件的角度对检察官的自由裁量权进行实质性的制约，正逐步规范起诉便宜主义。例如，美国华盛顿州的法律就规定，检察官对犯罪嫌疑人决定不起诉的须具备下列情形之一：一是该犯罪行为对法律的违反属于形式上的，而不是实质性的；二是对该犯罪行为的起诉不符合公共利益，或者无助于遏制犯罪；三是对该犯罪行为的起诉成本大大超过了起诉该犯罪的社会意义。严重的犯罪应当受到追诉，已经成为法律界的共识。[①]

起诉法定主义与起诉便宜主义相互融合的趋势，充分体现了各国在公诉原则上坚持公诉合法性与目的性相结合的务实态度。

第二节 公诉的条件

为了保证公诉权的正确行使，防止错误起诉、滥用公诉权，各国法律均对提起公诉的条件有明确的规定和限制，只有在刑事案件符合法律规定的条件时，检察机关才能向法院提出控告。

一、各国检察机关提起公诉的条件

通常包括以下四个方面：

（一）案件属于公诉案件

案件属于公诉案件，这是公诉权行使的首要条件，其解决的是公诉权行使的必要性问题。关于公诉案件的范围，不同国家的规定有所不同。在实行起诉独占主义的国家，即只采用公诉方式起诉的国家，一切案件都被规定为公诉案件，检察官有权对其提起公诉。而实行国家追诉与私人追诉相结合的国家，公诉虽然为主，但对自诉案件一般不能公诉。这是基于对犯罪危害程度的分析和认定，以及对公民诉权的尊重而作出的选择。属于此类的国家比较多，如德国、俄罗斯、意大利等。其中，许多国家的法律又规定，在法定的某些特殊情况下，检察官对某些自诉案件也可以作为公诉案件起诉。这种规定，体现了保护国家利益的宗旨，以及公诉权对自诉权的附条件的包容和救济。

---

① 参见杨诚等主编：《中外刑事公诉制度》，法律出版社2000年版，第109页。

(二) 被告人实施的行为依法已经涉嫌犯罪

将涉嫌犯罪作为检察机关提起公诉的条件,在世界各国都是相同的。因为公诉是国家对犯罪的追诉,必须以被告人涉嫌违反刑事法律规定为前提。如果被告人的行为依法不构成犯罪,或者不认为是犯罪,检察机关当然不能对其提起公诉。例如在法国,上诉法院起诉庭在审查案件时,如果确认被告人的行为不构成犯罪,则作出不起诉的裁定,检察官就不能对其提起公诉。

(三) 有足够的证据证明犯罪行为为被告人所实施

刑事起诉不仅是针对特定的犯罪行为,而且是针对确定的控告对象提出的,指控的犯罪事实与被告人之间必须有紧密的联系。刑事诉讼实质上是对已经发生的案件事实进行回溯性证明的过程。这种证明对于诉讼的进行具有关键的推进性作用。诉讼的核心是证据,刑事诉讼的过程是收集证据、审查证据、运用证据的过程。人的行为是否构成犯罪,必须用证据加以证明。因此,刑事起诉的一个重要条件就是,要有证据证明被告人实施了指控的犯罪行为。至于这种证明必须达到何种程度,起诉时必须满足什么样的证明要求,各国规定并不一致。大陆法系国家如法国、德国,强调对被告人起诉要有充分的或足够的理由,英美法系国家则强调有罪证明的"盖然性"。这一点,也是有效地实现刑罚权的必要条件。

(四) 必须排除不追究被告人刑事责任的法定情形

从公诉权与刑罚权的关系来看,公诉权是实现刑罚权的前提,公诉权的行使受到刑罚权的制约。这是公诉权的合理性、合目的性以及适当性的具体要求。基于刑罚权的必要性的考虑,各国刑法和刑事诉讼法规定了不受刑事处罚或不予追诉的各种情形,这是公诉权行使时必须予以考虑的。这些法定情形主要有:被告人为无责任能力者;被告人的行为情节轻微,不应判处刑罚;被告人因犯罪而应承担的刑事责任经大赦、特赦所免除;被告人死亡;犯罪已过追诉时效;案件已有生效判决或者不起诉或终止诉讼的裁定和决定,等等。

二、我国检察机关提起公诉的条件

在我国,根据法律规定和公诉实践,公诉条件应当包括两部分,即法定条件和政策条件。

(一) 提起公诉的法定条件

提起公诉的法定条件是法律预先规定的人民检察院在提起公诉时必须满足的事实、证据方面的法律要求。我国新《刑事诉讼法》第172条规定:"人民检察院认为犯罪嫌疑人的犯罪事实已经查清,证据确实、充分,依法应当追究刑事责任的，应当作出起诉决定，按照审判管辖的规定，向人民法院提起公诉，并将案卷材料、证据移送人民法院。"根据这一规定，公诉的法定条件包括：

1. 犯罪嫌疑人的犯罪事实已经查清。这是决定提起公诉的基本依据。如果行为人的行为不涉嫌犯罪，就不能提起公诉。

2. 证据确实、充分。这是公诉的证据标准，包括质的标准和量的标准两个方面。证据质的标准为确实，量的标准为充分。"确实"指的是真实可靠，既具有相关性又具有客观性。证据的量的标准是司法实践中易被误解的标准，人们通常将其与"齐全"混同。实际上，"充分"是指证据作为一个体系所具有的证明案件事实的能力，即根据证据体系可以证明被告人构成犯罪的结论。

3. 依法应当追究犯罪嫌疑人的刑事责任。

4. 案件属于受诉人民法院管辖。

5. 将案卷材料、证据移送人民法院。提起公诉时，应当将全案的案卷材料、证据都移送人民法院。

（二）提起公诉的政策条件

除法定条件外，提起公诉还应当符合刑事政策的要求。公诉的政策条件包括两方面：一是国家一贯的和现时期的刑事政策；二是具体的公诉政策。前者涉及国家对惩治犯罪的总的态度和宏观指导原则，是刑事诉讼全过程包括查处犯罪、适用刑罚等都必须贯彻的。刑事政策的内容受到国家的性质、社会发展水平、犯罪状况等因素的制约。公诉的政策条件对法定的公诉条件是一种必要的补充。公诉政策是对于刑事政策的具体化，主要是规范公诉权行使，特别是公诉裁量权的行使的指导性原则。从形式上看，我国尚没有单独的公诉政策，其主要体现为特定时期的刑事政策。从内容上看，公诉的政策要求主要是公诉应当符合国家的现实的刑事政策要求，符合国家利益和公共利益，体现公诉个别化原则。

公诉的法定条件保证了公诉的合法性，公诉的政策条件则保障了公诉的合理性。

第三节 公诉的裁量

一、公诉裁量权的概念和特征

公诉裁量权，是指公诉机关在对事实、证据进行审查的基础上，根据案件具体情况和刑事法律的规定自由斟酌,以决定对犯罪嫌疑人是否提起公诉和如何提起公诉等方面的权力。

公诉裁量权具有下列特征:

第一,公诉裁量权是公诉权派生的重要权力。公诉权的基本内容包括提起公诉权、不起诉权和抗诉权等。公诉裁量权,是公诉机关在行使公诉权时进行自由斟酌的权力,目的在于公正地行使公诉权,因而是公诉权派生的重要权力。这也决定了公诉裁量权只能由公诉机关以及具体行使公诉权的检察官来行使,是公诉机关的一项职权,其他任何机关、团体和个人都无权行使。

第二,公诉裁量权表现为适用法律的选择权。公诉裁量活动的主要内容,是将刑事法律的一般规定应用于具体刑事案件的处理。在法律许可的范围内,对公诉案件存在多种可供选择的处理方法时,公诉机关有权自由选择其中一种处理方法,这是裁量权存在的前提。如果在适用法律上没有选择的余地,则公诉机关就没有裁量权。

第三,公诉裁量权具有相对性。这种自由裁量权首先要受到法律的严格限制。法律的规定决定了公诉机关自由裁量的范围和程序,公诉裁量的结果不得违反法律的明文规定。此外,在法律规定范围内进行的自由裁量,还要受到一定规则的限制,充分考虑各种因素,体现刑事法律的精神和司法公正的要求,不能任意裁量。

第四,公诉裁量权是一种诉讼程序上的选择决定权,对案件的实体处理具有重要影响。公诉裁量的结果主要是确定对犯罪嫌疑人是否提起公诉和如何提起公诉,即是否将案件交付审判和如何交付审判。无论哪一种结果,都是对诉讼是否继续和如何继续作出决定,其效力基本上是程序性的。刑事案件的实体问题,即被告人是否构成犯罪和如何定罪量刑,最终需要由人民法院通过审判确定。审查起诉中所作的司法认定都只具有程序性效力,但往往对实体处理产生重要影响。例如,人民检察院一旦作出不起诉决定,就意味着不将案件移送人民法院审判,刑事诉讼在起诉环节终止,犯罪嫌疑人不再处于被追究刑事责任的状态,案件的实体问题因程序的终止而不再交付审判机关处理,在法律上犯罪嫌疑人被视为无罪。如果人民检察院决定提起公诉,则将由人民法院通过审判来确定被告人是否构成犯罪和如何定罪处刑,但公诉所指控犯罪事实的范围制约着审判的范围,公诉机关关于案件是否适用简易程序以及如何定罪量刑的意见对裁判结果也有重要影响。公诉的自由裁量权与刑事审判的自由裁量权即法官的自由裁量权相比,最明显的区别就在于前者是一种程序性的裁量,而后者主要是实体性的裁量。

刑事司法中的裁量模式,在历史上大致经历了一个从绝对自由裁量到禁止自由裁量，最终发展为相对自由裁量的演进过程。在古代社会特别是成文法产生之前，通行的是绝对的自由裁量。到封建社会时期，成文法日益发达，但由于法律尚不完备以及立法本身赋予司法官员诸多的自由裁量余地，司法官吏仍享有极大的自由裁量权。专制集权、社会不平等和立法不完善，决定了罪刑擅断成为奴隶社会和封建社会司法制度的普遍特征。资产阶级革命胜利后初期，刑事古典学派出于批判和否定司法擅断，主张实行绝对的罪刑法定主义，以排除法官解释法律和自由裁量的余地。欧洲大陆一些国家的立法者曾试图制定尽量详尽、琐细，力求无须法官解释和裁量的刑法典。例如1791年《法兰西刑法典》内容纷繁且规定了绝对确定的法定刑，目的就是试图将所有的法律问题作出详尽的规定，从而法官的唯一使命就是判定公民的行为是否符合成文法律。但由犯罪的复杂性、多样性和立法技术的局限性所决定，刑法不可能针对现实生活中形形色色的犯罪及其刑事责任作出规定，刑事诉讼法也不可能考虑到现实中可能发生的所有情况，禁止司法裁量被实践证明是行不通的。因此，现代法治国家普遍采用以一般性的严格规则为基础，而以相对的自由裁量为补充的司法模式，即实体法和程序法对一些基本问题作出明确规定，司法则一方面应坚持法定原则；另一方面在法律没有规定或者规定得不明确的问题上有自由裁量的余地。这种模式既可以有效防止司法擅断，也符合刑事司法的客观规律。

从各国立法和司法状况看，检察官一般具有自由裁量权，但自由裁量权的范围和行使方式差别较大。在美国，检察官拥有几乎不受限制的自由裁量权，可以自主决定对犯罪案件不起诉，也可以与被告人进行辩诉交易。在大陆法系国家，公诉的自由裁量权则比较有限，虽然检察官可以根据案件的具体情况决定不起诉，但往往要遵循严格的法定适用条件，并受到种种制约。尽管如此，公诉的自由裁量权仍然得到了普遍肯定，包括国际规范性司法文件的认可。例如，1990年联合国《关于检察官作用的准则》第18条中就规定："根据国家法律，检察官应在充分尊重嫌疑者和受害者的人权的基础上适当考虑免予起诉、有条件或无条件地中止诉讼程序或使某些刑事案件从正规的司法系统转由其他办法处理。"[①] 在我国，根据刑事诉讼法的规定，检察机关在公诉活动中也享有自由裁量权，特别是对轻微犯罪的不起诉，充分体现了公诉的自由裁量权。

首先，赋予检察机关自由裁量权，是刑法的特点和刑法实施的规律性要求

[①] 参见程味秋等编：《联合国人权公约和刑事司法文献汇编》，中国法制出版社2000年版，第265页。

所决定的。刑法具有类型化、静态性和原则性的特征。公诉过程中，需要以刑法规范来评价人的行为，即在规范与行为契合的条件下认定被告人构成犯罪，或在规范与行为不相契合的条件下否定被告人构成犯罪，进而采取起诉、不起诉等诉讼行为。但在不断变化发展的社会中，立法者越来越难以对未来作出准确的预见而使刑法具有高度前瞻性，刑法不可避免地永远处于滞后的境地。并且由于立法技术的局限性，刑法不可避免地总有这样那样的模糊、疏漏和缺陷。如果不允许检察机关对法律没有规定或者规定得不明确的问题进行裁量，那么公诉必然十分僵化、机械和低效，甚至有大量案件将无法及时得到处理。

其次，赋予检察机关自由裁量权符合公诉的实践需要。当前多数国家犯罪数量激增，使刑事司法系统的工作负荷越来越大。我国改革开放以来，总体上犯罪呈迅速增长的趋势，检察机关受理移送起诉的案件数量逐年上升，人员少、任务重的矛盾日益突出，如果对所有的案件都提起公诉，无论是公诉还是审判的负荷都过重，积案难以避免，办案质量难以保证，在投入大量司法资源的同时，犯罪控制的效益反而可能降低。赋予检察机关自由裁量权，使一部分轻微的犯罪案件在公诉环节得到终局性处理，可以减轻检察机关和人民法院的工作压力，便于集中精力处理重大、疑难、复杂的案件，从而提高刑事诉讼的效率，改善犯罪控制的效益。

再次，赋予检察机关自由裁量权，是实现公诉个别化的要求。类型化的特征决定了刑法所规定的只是罪刑关系的共性，并不涉及每一个具体刑事案件的特性，决定了刑法所确立的只是抽象的一般公正而不是具体的个别公正。刑事司法始终是以主观认识来解决客观问题的过程。具体刑事案件的处理过程既离不开司法人员对客观案件事实的认识，也离不开司法人员对法律、政策的理解、把握和灵活适用。只有赋予检察机关自由裁量权，检察官才有可能充分发挥主观能动性，在法定的限度内研究涉及案件的各种法律政策问题，灵活适用刑法，对不同的案件采取不同的公诉策略，从而在刑法确立的一般公正基础上实现具体案件上的个别公正。可见，自由裁量权是实现公诉个别化的基础。

最后，赋予检察机关自由裁量权，也是实现预防犯罪目的的必然要求。检察机关对犯罪嫌疑人提起公诉，根本目的不在于惩罚犯罪，而在于预防犯罪，一方面要预防犯罪的人重新犯罪；另一方面也要警戒社会上的潜在犯罪人，使他们不走上犯罪的道路。惩罚与教育改造相结合的原则，要求检察机关分析不同公诉策略和措施所产生的预防犯罪效果，特别是对犯罪的人能起到的教育改造作用。如果采取追究刑事责任以外的其他措施可以达到良好的预防犯罪效果，就应当避免采取起诉的方法。公诉的上述目的性和适度性特征，要求检察机关应当具有自由裁量权。

二、公诉裁量的根据

公诉裁量的根据，是指公诉机关依据什么标准来进行自由裁量，或者说依据什么标准进行诉讼程序上的选择决定。公诉裁量的根据是多方面的，包括法律、刑事政策和案件事实。

（一）法律根据

任何诉讼行为都必须依法进行，公诉裁量也不例外。刑法、刑事诉讼法是公诉裁量的基本法律根据。法律一方面赋予公诉机关自由裁量的余地，另一方面又对公诉裁量的范围、条件和方式进行了限定。

刑法是规定犯罪、刑事责任和刑罚的法律。公诉活动主要是根据刑法关于犯罪概念、犯罪构成的规定，对犯罪嫌疑人的行为是否构成犯罪作出司法认定，进而决定采取何种公诉措施。在刑法已有明文规定的情况下，公诉机关必须严格按照刑法的规定作出司法认定，而没有自由裁量的余地。例如，根据罪刑法定原则，对法律没有规定为犯罪的行为，不能追究刑事责任，公诉机关就只能不起诉。在刑法规定得不够明确的情况下，公诉机关需要对刑法规定进行适用解释，在对犯罪嫌疑人的行为是否构成犯罪和构成何种犯罪的司法认定中进行自由裁量，但这种裁量还需符合立法精神和刑法的原则性规定。可见，公诉的自由裁量必须以刑法的规定为根据。

刑事诉讼法是规定刑事诉讼程序及诉讼行为，以调整刑事诉讼过程中各种诉讼关系为内容的法律。公诉中的各种活动都是公诉机关的诉讼行为。刑事诉讼法规定了公诉机关实施不同公诉行为的条件、程序和方式，包括起诉或不起诉的实体性条件和形式性条件等，这些规定决定了公诉自由裁量的范围和方式。在符合法定条件的情况下，如果刑事诉讼法允许公诉机关选择不同的诉讼行为，则公诉机关就有自由裁量的权力；如果刑事诉讼法要求公诉机关必须实施一种特定的诉讼行为，则公诉机关就没有自由裁量的权力。例如，根据我国新《刑事诉讼法》第173条第1款的规定，犯罪嫌疑人如果没有犯罪事实，或者有依法不应当追究刑事责任的情形，人民检察院就应当作出不起诉决定，没有选择起诉或者不起诉的权力，因而不具有自由裁量权；而根据新《刑事诉讼法》第173条第2款的规定，对于犯罪情节轻微、依照刑法规定不需要判处刑罚或者免除刑罚的犯罪嫌疑人，人民检察院可以作出不起诉决定，也就是说，可以就起诉或不起诉两种诉讼行为进行选择，因而有自由裁量权。原则上，除刑事诉讼法明文规定检察机关不得自由裁量的情况以外，对其他公诉活动检察机关一般有自由裁量的权力。而在刑事诉讼法明文规定检察机关可以自由裁量的情况下，公诉的自由裁量需遵循刑事诉讼法的基本原则，遵循法定的条件、程序和方式。可见，刑事诉讼法也是公诉自由裁量的基本法律依据。

（二）政策根据

刑事政策是根据犯罪情况的变化运用刑事法律，有效地同犯罪作斗争，以期实现抑制和预防犯罪之目的的策略、方针、措施和原则。国家的刑事政策对司法具有调节功能，因为刑事立法只对犯罪、刑事责任和诉讼程序作类型化的规定，具有静态性，司法如何掌握和运用刑事法律以期收到最佳效果，离不开刑事政策的调节。与一定时期犯罪态势和政治、经济、社会形势的发展变化相适应，国家的刑事政策不断调整，因而与刑事法律相比具有动态性、灵活性的特点，有助于指导司法工作实现最佳的社会效果。

在公诉机关具有裁量权的情况下，刑事政策是公诉活动中选择不同诉讼行为的重要根据。在公诉个别化原则的指导下，公诉机关需要依照刑事政策的变化来评估不同诉讼行为社会效果的变化，从而选择具有最佳公诉效果的诉讼行为。例如在开展严打专项斗争期间，刑事政策强调一般预防。根据"从重从快"的方针，对不起诉的适用应当控制得比平时严格；对一些行为，例如多发性的盗窃犯罪等，提起公诉将比不起诉更符合一般预防的目的。与成年人实施某种犯罪行为应当提起公诉的情况相比，如果是未成年人实施同一性质和情节的犯罪行为，则从"教育、挽救、感化"未成年犯罪人的方针出发，不起诉的效果可能更好，此时刑事政策偏重特殊预防。公诉裁量的实践只有切实贯彻国家的刑事政策，才能实现良好的社会效果，因而刑事政策也是公诉裁量的重要根据。

（三）事实根据

以事实为根据、以法律为准绳，是刑事诉讼的基本原则之一。不同的案件，事实也各有差异。刑事法律只根据一般性的基本事实规定了适用法律的前提，而在公诉实践中，除需要认定基本事实与法律规定相符合外，还需要考虑其他事实对刑事责任的影响，考虑案件中的具体情况对不同公诉行为的社会效果将产生的影响，从而在公诉的自由裁量中实现公诉的个别化。

案件事实对公诉裁量的意义，在于它一方面决定了公诉裁量权的范围，另一方面决定可供裁量的不同公诉行为的社会效果，从而对检察机关如何裁量产生影响。首先，任何公诉行为的适用条件都建立在一定事实基础上，例如提起公诉必须以犯罪嫌疑人的行为构成犯罪为条件；根据新《刑事诉讼法》第173条第2款的规定决定不起诉，必须以犯罪情节轻微、依法不需要判处刑罚或者免除刑罚为条件，因而案件事实的不同决定了公诉机关是否具有自由裁量权。

其次，案件的事实情况不仅影响行为的社会危害性、犯罪嫌疑人的人身危险性和应当承担的责任大小，也影响追究犯罪将需要付出的代价。案件事实情况的变化，将使不同公诉行为的效果发生变化，进而对公诉的价值目标能否实现和实现程度产生影响。因此，公诉活动中进行自由裁量，要求充分考虑案件的各种事实，必须具体情况具体分析，才能正确选择具有最佳效果的诉讼行为。

三、公诉裁量的因素

公诉的裁量因素，是指公诉机关在自由裁量中需要考虑并据以选择某种诉讼行为的事实要素。公诉的裁量因素多种多样，因所涉案件和诉讼事项的不同而不同，可以归纳为公共利益、个体因素、犯罪的因素三个方面。

（一）公共利益

是否符合公共利益，是公诉机关裁量是否起诉时应当考虑的重要因素，对依法可以起诉也可以不起诉的案件，认为不起诉更符合公共利益时，应当决定不起诉。

公共利益比较抽象，需要综合案件的各种情况进行分析和判断，不同人在具体案件中可能有不同的理解。在分析是否符合公共利益时，重点要考虑以下几个方面：一是具体罪行对社会秩序和大众安全感的损害程度，起诉、不起诉对维护正常社会秩序和大众安全感的作用；二是预防犯罪的效果，即不起诉是否足以有效防止犯罪嫌疑人再次犯罪，是否容易导致其他社会成员模仿犯罪，起诉是否有利于遏制犯罪；三是公众对这类行为的态度和对案件当事人的关注情况；四是诉讼成本，即因公诉行为将导致的人力、财力等资源的耗费。例如，对犯罪嫌疑人除适用刑罚以外，是否有适当的替代处分方法，可以在实现预防效果的同时节约司法资源。

（二）个体因素

公诉裁量中需要考虑的个体因素主要包括两个方面：一是犯罪嫌疑人的因素；二是犯罪被害人的因素。

犯罪嫌疑人的因素主要包括：（1）犯罪嫌疑人的年龄和性别，包括是老年人还是未成年人，是男性还是女性等；（2）犯罪嫌疑人的身份，如是否在校学生，是否国家工作人员等；（3）犯罪嫌疑人的性格和品质，包括是否一贯品行良好，有无违法犯罪前科，有无不良嗜好等；（4）犯罪嫌疑人的生理、精神状况，包括是否盲、聋、哑等残疾人，是否患有精神疾病等；（5）犯罪嫌疑人的经历和所处的环境，如受教育状况、家庭状况、居住情况、交友情况、经济状况，是否有正当职业，是否经常受到歧视性对待，未成年人是否有双亲或其他监护人等；（6）犯罪嫌疑人与被害人的关系；（7）犯罪嫌疑人的合作态度等。犯罪嫌疑人的这些因素往往与犯罪的原因有关，不仅影响其应当承担的刑事责任，而且影响对其教育改造、使其回归社会的难易程度，是公诉裁量需要考虑的重要因素。

犯罪被害人的因素主要包括：（1）犯罪对被害人在生理、精神、物质等方面造成的客观损害后果；（2）被害人是否强烈要求惩罚犯罪。

（三）犯罪的因素

犯罪的因素包括犯罪的性质、情节，如犯罪的时间、地点、对象、罪过形式、动机、目的、原因、方法、手段，犯罪完成的程度和实际危害后果，是否预谋犯罪，犯罪后有无悔罪的心态和试图挽回、减小危害的行为，是否逃跑或隐匿、毁灭、伪造证据，对被害人有无赔偿损失等。

四、公诉裁量的范围

不同的国家，因法律规定和司法制度的不同，公诉裁量的范围也各有差异。综观各国法律规定和公诉实践，公诉裁量的范围主要涉及以下几个方面：

第一，在审查判断证据进而认定事实方面具有自由裁量权。已经发生的客观事实不可能重现，因而公诉中对案件事实所作的认定都属于事后认定。这种事后认定必须借助于证据，但是，用于揭示案件事实的各种证据材料的客观真实程度不同，有的证据材料如证人证言具有较大的主观性，有的比较客观的证据材料如物证也可能是伪造的。案件的事实真相往往被有意无意地掩盖起来，因而需要对大量真伪混杂甚至相互矛盾的证据材料进行审查判断，通过去伪存真来认定已经发生的事实。刑事司法始终是一个以主观认识来解决客观问题的过程，即使是对单个证据真实程度的判断也摆脱不了主观认识的局限性。迄今为止的诉讼实践表明，尚无一种认识标准能够帮助人们确定无疑地揭示一切案件的客观事实。在公诉实践中，公诉机关或者检察官判断证据和认定事实时不可避免地需要发挥主观能动性。不管各国刑事证据制度有多少差异，公诉机关或者检察官都有证据的采信权和事实的认定权，有权对单个证据的合法性、真实性、关联性和证明力作出判断，决定是否采信作为认定案件事实的根据；有权通过对全案证据的综合分析，认定案件的事实究竟是怎样的。赋予公诉机关及其检察官在审查判断证据和认定案件事实上的自由裁量权，是与司法的客观规律相符的。

第二，在决定是否起诉方面具有裁量权。一是由于刑法的规定不够明确，公诉机关在对某种行为是否构成犯罪进行司法认定的过程中有权自由裁量。刑法的规定比较抽象、概括，往往存在一些弹性条款和模糊性规定，从而给司法留下自由裁量的空间。例如，我国《刑法》第 13 条中规定，犯罪情节显著轻微、危害不大的，不认为是犯罪；刑法分则中的许多条款规定以"情节严重"、"情节恶劣"等作为定罪标准；刑法分则规定的各种犯罪构成要件的具体内容往往还不够清楚等。在公诉实践中，公诉机关或者检察官需要在法律规定的基础上进行刑法的适用解释，以认定犯罪嫌疑人的行为是否构成犯罪。二是公诉机关有权对全案证据的充分性作出判断，认定是否足以证明犯罪嫌疑人实施了构成犯罪的行为，进而决定是否提起公诉。在认定证据是否充分上，公诉机关有裁量权。我国新《刑事诉讼法》第 171 条第 4 款也规定："对于二次补充侦查的案件，人民检察院仍然认为证据不足，不符合起诉条件的，应当作出不起诉的决定。"三是随着起诉便宜主义的盛行，大多数国家的公诉机关或者检察官在一定范围内，依据一定的原则，对认定已经构成犯罪的人员有权斟酌决定起诉或者不起诉。例如在加拿大，检察官在确信有充分证据支持公诉时，还要考虑起诉是否符合公共利益。如果认为起诉不符合公共利益，检察官有权决定不起诉。在美国，检察官如果认为对某项犯罪行为的起诉不符合公共利益，或者无助于遏制犯罪，或者诉讼成本过高，有权决定不起诉。在德国等一些大陆法系国家，检察机关也有对轻微犯罪决定起诉或者不起诉的自由裁量权。日本则实行起诉犹豫的制度，检察机关根据犯罪性质、犯罪危害程度和情节、犯罪嫌疑人的年龄、处境和犯罪后的表现等情况，有权决定暂时不提起公诉。新《刑事诉讼法》第 173 条第 2 款则规定："对于犯罪情节轻微，依照刑法规定不需要判处刑罚或者免除刑罚的，人民检察院可以作出不起诉决定。"

第三，在起诉指控的犯罪事实范围方面具有自由裁量权，即在犯罪嫌疑人涉嫌多项犯罪的情况下，公诉机关有权决定对哪些事实提出指控，而对其他事实不予指控。对犯罪嫌疑人涉嫌的部分犯罪事实不提出指控主要是基于以下两个方面的原因：一是公诉机关认为证明部分犯罪事实的证据不够充分，不符合起诉的条件；二是出于社会公共利益等方面的考虑，认为对部分犯罪事实不提出指控更具有社会意义，实际上是在起诉一部分犯罪事实的同时，对其他犯罪事实依法经过自由裁量决定不起诉。

第四，在提出指控罪名和量刑建议方面有自由裁量权。由于刑法本身存在的局限性，一项具体的犯罪事实究竟符合哪个罪名，往往还需要进行分析、解释和判断，特别是存在法规竞合、想象竞合、牵连犯、连续犯等复杂情况下，需要判断是构成一罪还是数罪以及具体构成哪一种或几种犯罪。在案件事实已经查明的情况下，检察机关需要对照刑法的规定，选定最吻合的罪名作为指控的罪名，这一过程离不开主观认识和判断，检察机关有自由裁量权。另外，检察机关在起诉时一般有权根据案件的情况提出量刑建议，法院在量刑时应当充分予以考虑。在一些国家，起诉时可以提出具体的量刑建议，法院必须在量刑建议的范围内量刑。例如在美国的辩诉交易中，检察官与被告方的协议可以涉及如何量刑，被告人将以认罪来换取较轻的刑罚。辩诉交易的协议提交法庭后，只要被告人的认罪是自愿的，协议符合法律的规定，法官就不得干涉辩诉交易，必须按照协议定罪量刑。在我国，检察机关的量刑建议主要涉及两个方面：一是通过对刑法条款的援引和对犯罪情节等的认定，就应当适用的法定量刑幅度提出建议。例如，起诉书认定被告人已构成故意伤害罪，且系以特别残忍手段致人重伤造成严重残疾，引用《刑法》第234条第2款要求人民法院追究刑事责任，意味着建议人民法院判处10年以上有期徒刑、无期徒刑或者死刑。二是通过对量刑情节的认定，提出对被告人从轻、减轻、从重处罚的建议，例如，认定被告人具有自首情节，建议人民法院从轻或者减轻处罚等。在我国公诉实践中，检察机关的量刑建议比较原则、笼统，不就具体的刑种、刑期发表意见，人民法院在量刑时不受检察机关量刑建议的约束。但如何提出这种量刑建议，检察机关有自由裁量权，特别是检察机关可以认定被告人具有酌定的量刑情节并提出相应的建议。

除上述几个方面以外，根据我国刑事诉讼法及有关规定，公诉裁量的范围还包括：（1）检察机关对提起公诉的案件有权斟酌是否适用简易程序，从而向人民法院提出适用简易程序的建议，或者建议人民法院不适用简易程序。（2）对于被不起诉人，检察机关可以根据案件的不同情况，对被不起诉人予以训诫或者责令具结悔过、赔礼道歉、赔偿损失。对被不起诉人需要给予行政处罚、行政处分或者需要没收其违法所得的，检察机关有权提出检察建议，移送有关主管机关处理。（3）检察机关依法有权裁量的其他情况。

第九章
公诉的举证责任

公诉是发现真实的认识活动,也是证明事实的诉讼活动。诉讼的特点在于司法人员并不是案发时的见证人,只能以证据为线索和桥梁,去回溯或再现案发的过程。诉讼的核心是法庭审理。刑事诉讼的控辩双方在法庭上举证、质证、辩论的目的,就是请求法官查明案情真相。只有运用证据,才能解决控辩双方对案件事实真相的争议。在法庭上谁承担举证责任,这是刑事诉讼的根本问题,决定着诉讼的结果。

第一节 举证责任

一、举证责任的概念

刑事诉讼中的举证,是指控诉方和辩护方在审判中向法庭提供证据证明其主张之案件事实的活动。因此,举证责任就是控诉方和辩护方在审判中向法庭提供证据证明其事实主张的责任。

理论上还有"证明责任"的概念,是指刑事诉讼中由谁来承担证明所主张之案件事实的责任。从字面上看,举证责任与证明责任的含义有所不同。举证的含义是提供证据;证明的含义是运用证据来表明或说明。严格地讲,举证责任只是提供证据的责任,证明责任则是运用证据说明事实主张的责任。但举证的目的是要用证据证明案件事实,证明的前提是提出证据,两者之间具有密切联系。因此,没有证明责任也就没有举证责任。在英美法系证据理论上,证明责任包括举证责任、说服责任等。但在我国司法实践中,人们习惯使用举证责任的概念,并把举证责任理解为提出证据并证明事实主张的责任。这样,举证责任就包括了证明责任,证明责任成为举证责任的核心。

二、公诉案件的举证责任

由于各国诉讼制度的不同,刑事诉讼中举证责任的分担方式也有较大差别。通常在实行无罪推定的情况下,控诉方必须向法庭提供证据证明被告人是有罪的,否则法庭就会认定被告人无罪;在实行有罪推定的情况下,辩护方必须提供证据证明被告人无罪,否则法庭将认定被告人有罪。我国新《刑事诉讼法》第12条规定:"未经人民法院依法判决,对任何人都不得确定有罪。"一般认为,上述规定确立了我国刑事诉讼中的无罪推定原则。基于无罪推定原则的要求,在我国,公诉案件举证责任分配的一般规则是由控诉方承担举证责任,被告人不承担举证责任。2012年新《刑事诉讼法》第49条明确规定:"公诉案件中被告人有罪的举证责任由人民检察院承担,自诉案件中被告人有罪的举证责任由自诉人承担。"根据这条规定,被告人不承担证明自己有罪或者无罪的责任,人民检察院在公诉案件中对证明犯罪嫌疑人、被告人有罪承担举证责任,不能因为犯罪嫌疑人、被告人不能证明自己无罪便据以得出犯罪嫌疑人、被告人有罪的结论。

法律之所以确定由控诉方承担指控被告人犯罪的举证责任,是基于"谁主张,谁举证"的诉讼原则。这是因为刑事诉讼争议的焦点是被告人是否实施了一定的犯罪行为,这个争议需要证据证明,而证据是人的客观活动留在外界的痕迹。一个人没有犯罪活动,当然不会在客观外界留下痕迹,也就无法收集证据,不能证明自己的活动。无罪等于没有进行犯罪活动,未在外界留下痕迹,也就无法提出证据。无罪推定原则就是假定被告人是无罪的人,因此,在刑事诉讼中被告人没有证明自己无罪的义务,因为法律不能强迫人做他无法做到的事情。那么,被告人有证明自己有罪的义务吗?回答也是否定的。刑事诉讼有一个基本准则,就是不能强迫被告人自证有罪,美国甚至将其规定为宪法原则,联合国制定的一系列人权公约皆确立了这一原则。如果可以强迫被告人自证有罪,那么将为纠问式诉讼,甚至为拷打式诉讼大开方便之门,被告人的人权容易受到粗暴践踏,无辜者可能被屈打成招,不仅将损害程序的公正,而且将破坏实体的正义。所以,被告人既没有证明自己有罪的义务,也没有证明自己无罪的义务。因而在公诉案件,只能由控诉方承担举证责任。

在公诉案件中,公安机关(包括国家安全机关)和人民检察院对刑事案件行使侦查权，负有追究犯罪的职责。人民检察院提起公诉，是认为被告人的行为已经构成犯罪，依法应当追究刑事责任，要求人民法院审判。因此，公安机关、人民检察院都属于刑事诉讼中的控诉方。在侦查中，侦查机关或人民检察院侦查部门必须收集确实、充分的证据，以查明案件的事实真相。侦查机关负有向人民检察院提供法庭审判所必需的证据的责任，人民检察院主要承担以证据证明起诉书所指控的犯罪事实的责任。也就是说，在人民检察院自行立案侦查的案件中，公诉的举证责任由人民检察院独立承担；在公安机关侦查的案件中，公安机关和人民检察院共同承担举证责任，并且各有分工。

公诉方的举证责任包括以下几层含义：

一是提出事实主张的责任。为了追究犯罪，公诉机关必须向法院提出公诉主张。没有公诉主张，审判就无法进行。公诉主张由事实主张、定罪主张和量刑主张构成。其中，事实主张是公诉的证明对象；定罪主张和量刑主张则需要在证明事实主张的基础上进行论证，从而对被告人的行为进行法律上的评价。因而，公诉方的举证责任实际上就是对事实主张的举证责任，即指控被告人实施了某一犯罪行为。在实践中，公诉方的全部举证活动都应紧紧围绕事实主张进行，未主张的事实不需要提供证据。可见，提出事实主张是确定公诉方举证责任的基础。在法庭审判中，公诉方的事实主张包括起诉书所指控的与定罪有关的事实主张，以及涉及量刑的事实主张。

二是提供证据的责任。在侦查中，公安机关或者人民检察院侦查部门必须收集好有关的证据。在审查起诉或者判决前的审判期间，人民检察院可以自行补充收集证据，也可以要求公安机关补充收集证据，以便向法庭提供。在法庭审判中，公诉方必须通过讯问被告人、询问被害人、证人、鉴定人以及出示物证、书证、证人证言、勘验、检查、辨认、侦查实验等笔录、鉴定意见、视听资料、电子证据和未到庭证人证言、被害人陈述笔录等活动，向法庭提供证据，由法庭决定是否采信。根据"谁主张，谁举证"的原则，公诉方对自己提出的所有事实主张，都必须主动提供证据加以证明。

三是说服责任。在法庭审判中，公诉方不能简单地向法庭提出证据，还必须通过质证、辩论等活动，阐明所提供的证据具有合法性、客观真实性、关联性，并且证据体系达到了确实、充分的证明标准，足以证明所指控的犯罪事实，从而说服法庭采信本方提供的证据，采纳本方的诉讼主张，认定被告人实施了所指控的犯罪事实。

四是在不能提供确实、充分证据时承担不利后果的责任。负证明责任的一方不能提出证据，其主张不能成立，这是早在古罗马时期就已经确立的证明规则。公诉方必须通过举证、质证、辩论等活动，说服法庭采信本方证据，采纳本方主张。如果对事实主张不能提出任何证据，当然无法说服法庭采纳该主张。虽然提供了证据，但对辩护方提出的质疑不能作出合理答辩，不能表明本方证据确实、充分，也无法说服法庭采信事实主张。在这些情况下，公诉方将承担事实主张不被法庭采信的后果。

在公诉案件中，人民法院不承担举证责任，因为在控辩式庭审方式下，法院仅仅是诉讼的裁判者，不属于控诉方，也没有任何诉讼主张。新《刑事诉讼法》第52条第1款规定："人民法院、人民检察院和公安机关有权向有关单位和个人收集、调取证据。有关单位和个人应当如实提供证据。"第50条规定："审判人员、检察人员、侦查人员必须依照法定程序，收集能够证实犯罪嫌疑人、被告人有罪或者无罪、犯罪情节轻重的各种证据。"但人民法院收集、调取证据主要是为了核实控辩双方提供的证据，保证裁判的正确性，并不表明人民法院具有证明起诉书主张之犯罪事实的义务或责任。

一般情况下，犯罪嫌疑人、被告人不承担证明自己有罪的责任，并依法享有为自己辩护的权利。被告人在审判中可以提供证据证明自己无罪或者罪轻，但这是被告人的权利而不是义务或责任。确定被告人有罪的根据，是公诉方的证据足以证明所指控的犯罪事实，而不是被告人不能提出证据证明自己无罪。

新《刑事诉讼法》第118条规定："犯罪嫌疑人对侦查人员的提问，应当如实回答。"这一规定表明被告人不享有沉默权。一些学者据此认为在我国刑事诉讼中，犯罪嫌疑人、被告人承担了证明自己有罪的责任。关于我国刑事诉讼法是否应当规定犯罪嫌疑人、被告人享有沉默权，理论上还可以探讨。但从司法实践来看，被告人是否如实供述，并不影响定罪。也就是说，被告人即使不履行如实回答的义务，也不因此承担被确定有罪的后果，是否有罪仍需由公诉方提出证据加以证明。因此，上述规定不应理解为犯罪嫌疑人、被告人承担举证责任。

三、举证责任的转移

举证责任的转移，是在刑事诉讼过程中因一定事由的发生，举证责任转由被告人承担的情形。

在公诉案件中，举证责任由公诉方承担，这并不意味着被告人在任何情况下都不承担任何举证责任。就整个案件而言，公诉方要承担对犯罪指控的举证责任；在具体的诉讼过程中，按照"谁主张，谁举证"的原则，被告人在某些情况下也要对自己提出的具体事实主张承担举证责任。也就是说，在刑事诉讼的过程中，举证责任不是一成不变地由一方承担，而是随着诉讼过程的推进，在控辩双方之间互相转换。

当被告方为了否定公诉的事实主张而提出具有积极辩护意义的具体事实主张时，举证责任转移到被告方。例如，在杀人案件中，如果被告人提出自己当时没有作案时间，以否认起诉书指控的杀人事实，那么被告方就必须提出相应的证据证明自己没有作案时间，否则法庭将不予采信。类似的，被告方如果提出被告人无刑事责任能力或者系正当防卫、紧急避险等辩护理由，也必须提出证据加以证明。

一般来说，当公诉方完成举证责任，即所提供的证据足以证明所指控的犯罪事实时，被告方只有提供证据证明公诉方的事实主张不能成立，才能达到辩护的目的。如果不能反驳公诉主张，就要承担不利的后果，即法庭将采纳公诉方的事实主张。此时，被告方仅仅消极地反驳公诉方的事实主张是不够的，必须提出具体的事实主张并相应地承担举证责任，以表明公诉方的事实主张不成立。如果被告人只是消极地否认公诉方的事实主张，如声称自己没有实施起诉书指控的盗窃行为，那么被告方对这种主张不承担举证责任，或者说不发生举证责任的转移。但消极的否定并不能对公诉方以证据证明的事实主张产生具有积极意义的对抗效果，无法达到辩护目的。

基于公诉方与被告方在诉讼中的地位不同，对被告方的举证要求应低于对公诉方的举证要求。法庭采纳公诉主张的标准是"证据确实、充分"采纳辩护主张的标准则是辩护证据相对于控诉证据的优势。也就是说，就某一个环节的事实而言，被告方的证明不必达到"证据确实、充分"或者"排除合理怀疑"的标准，只要证明其主张的事实与公诉方主张的事实相比，存在发生的更大可能性，即可完成举证责任。就整个案件而言，被告人的举证只要能够导致对犯罪行为系被告人实施的公诉主张产生合理怀疑即可。当被告方提出的证据具有优势性，即证明其主张的事实比公诉方主张的事实具有发生的更大可能性时，如果公诉方不能强化控诉证据，法庭就可以采信被告方的事实主张。此时举证的责任又转移到公诉方，公诉方基于说服责任的要求，必须对证据体系进一步补充完善，从而以确实充分的证据证明公诉的事实主张。

四、举证责任的倒置

所谓举证责任倒置，是指在特殊情况下，法律规定由被告方承担证明自己无罪的举证责任。

举证责任的倒置一般发生在实体法有明确规定的情形。在举证责任倒置的情况下，如果被告人不能履行举证责任，则推定其有罪。我国《刑法》第395

条规定:"国家工作人员的财产或者支出明显超过合法收入,差额巨大的,可以责令说明来源。本人不能说明其来源是合法的,差额部分以非法所得论……"一般认为,在巨额财产来源不明案中,被告人需负证明其财产来源合法的责任,否则将承担被定罪的法律后果。这是为了有效惩治国家工作人员贪污受贿行为而设立的一项特殊规则。

在举证责任倒置的情况下,公诉方也不是完全不承担举证责任,而是仅承担基础性的举证责任。在巨额财产来源不明案件中,公诉人需提供证据证明被告人是国家工作人员,且其财产或者支出明显超过合法收入,差额巨大,在此基础上被告人只有提出证据以说明财产的合法来源,才能避免被定罪。

第二节 证据的收集

一、收集证据的概念

收集证据,是指司法机关为了证明特定的案件事实,依照法定程序发现和收取有关证据材料的诉讼活动。刑事诉讼法中的"调取证据",实际上也属于收集证据的活动。收集证据是完成举证责任,运用证据证明犯罪的前提。如果不收集证据,或者收集不到确实、充分的证据,就无法完成举证责任,也就无法查明案件事实和对犯罪嫌疑人起诉、定罪。

公诉案件收集证据的主要工作是在侦查阶段进行的。但在起诉和审判阶段,如果认为证据不够确实、充分,人民检察院、人民法院也需要收集、调取证据。人民检察院在审查起诉中,认为证据不足的,可以将案件退回侦查机关(部门),要求其进一步收集和提供法庭审判所必需的证据材料,也可以通过自行侦查收集新的证据。

二、公诉中收集证据的一般要求

公诉中收集证据的活动与侦查中收集证据的活动一样,应当符合下列要求:

(一) 合法

合法地收集证据,是证据合法性的要求。也就是说,证据材料只有经过合法收集,才能作为证据使用。

一是取证主体要合法。根据刑事诉讼法的规定,人民法院、人民检察院、公安机关等司法机关及其工作人员依法享有收集、调查取证的权力；辩护律师经证人或者其他有关单位和个人同意，可以向他们收集与本案有关的材料，也可以申请人民检察院、人民法院收集、调取证据，或者申请人民法院通知证人出庭作证；辩护律师经人民检察院或者人民法院许可，并且经被害人或者其近亲属、被害人提供的证人同意，可以向他们收集与本案有关的材料。此外，行政机关在行政执法和查办案件过程中收集的物证、书证、视听资料、电子数据等证据材料，在刑事诉讼中可以作为证据使用。实践中，对于行政机关在行政执法和查办案件过程中收集、调取的证据能否直接在刑事诉讼中作为定案的证据使用，存在不同认识。我们认为，根据刑事诉讼法的修改规定，行政机关在行政执法和查办案件过程中收集的物证、书证、视听资料、电子数据等客观证据材料，在刑事诉讼中经司法机关查证属实的可以作为定案证据使用。根据2012年《人民检察院刑事诉讼规则（试行）》第64条规定，行政机关在行政执法和查办案件过程中收集的物证、书证、视听资料、电子数据等证据材料，应当以该机关的名义移送，经人民检察院审查符合法定要求的，可以作为证据使用。行政机关在行政执法和查办案件过程中收集的鉴定意见、勘验、检查笔录，经人民检察院审查符合法定要求的，可以作为证据使用。人民检察院办理直接受理立案侦查的案件，对于有关机关在行政执法和查办案件过程中收集的涉案人员供述或者相关人员的证言、陈述，应当重新收集；确有证据证实涉案人员或者相关人员因路途遥远、死亡、失踪或者丧失作证能力，无法重新收集，但供述、证言或者陈述的来源、收集程序合法，并有其他证据相印证，经人民检察审查符合法定要求的，可以作为证据使用。根据法律、法规赋予的职责查处行政违法、违纪案件的组织属于本条规定的行政机关。在审查起诉中，如果发现证据的取证主体不合法，应当重新收集、调取证据，或者采取其他妥善方式予以补救证据资格上的瑕疵。

二是取证方式要合法。2012年新《刑事诉讼法》第50条规定："审判人员、检察人员、侦查人员必须依照法定程序，收集能够证实犯罪嫌疑人、被告人有罪或者无罪、犯罪情节轻重的各种证据。严禁刑讯逼供和以威胁、引诱、欺骗以及其他非法方法收集证据，不得强迫任何人证实自己有罪。必须保证一切与案件有关或者了解案情的公民，有客观地充分地提供证据的条件，除特殊情况外，可以吸收他们协助调查。"此外，新刑事诉讼法在第二编立案、侦查和提起公诉第二章侦查的相关规定中对如何讯问犯罪嫌疑人、询问证人、被害人，勘验、检查，搜查，查封、扣押书证、物证以及鉴定等收集证据的程序，作了明确、具体的规定。只有严格执行这些规定，收集来的证据才具有合法性。此外，通过技术侦查措施取得的材料，必须严格按照法定程序的收集、调取，才能作为证据使用。新刑事诉讼法还规定，如果使用通过技术侦查措施取得的证据可能危及有关人员的人身安全，或者可能产生其他严重后果的，应当采取不暴露有关人员身份、技术方法等保护措施，必要的时候，可以由审判人员在庭外对证据进行核实。

（二）及时

刑事案件中的证据，有的是有关人员的陈述，如犯罪嫌疑人供述、被害人陈述、证人证言。受各种因素的影响，这些人员有可能随时间推移而记忆不清，难以保证提供证据的客观性；有的是物品，如物证，可能灭失、变形、变质或者发生其他变化；有的是案件有关情况的记载，如勘验、检查笔录，可能因现场被破坏或者被检查对象发生变化而无法正确勘验、检查；有的是对案件专门问题的鉴定意见，也可能因时过境迁而丧失正确鉴定的条件。因此，公诉人在自行收集证据的过程中，一旦发现证据线索，应当立即进行调查，及时把证据收集起来。如果收集证据不及时，造成关键证据未能收集或者出现虚假"证据"，将严重影响刑事诉讼的顺利进行。

（三）客观

收集证据的客观性，要求公诉人必须从案件的实际情况出发，尊重客观事实，如实地收集证据。如果单凭主观臆测，片面地收集证据，甚至进行指供、逼供等非法取证活动，就难以查清案件的事实真相，甚至会造成冤假错案。

（四）全面

收集证据的全面性，要求司法人员对与案件有关的事实、情节，要全面展开调查，全面收集证据，防止片面收集有罪证据的倾向。既要收集能够证明犯罪嫌疑人、被告人有罪、罪重的证据，也要收集能够证明其无罪、罪轻的证据。实践证明，收集的证据越全面，往往越有利于查清案件的事实真相，从而为起诉和审判奠定坚实的基础。公诉人在审查案件的过程中，要注意分析侦查机关（部门）收集证据是否全面，发现有遗漏时应当及时补充收集。

（五）深入细致

深入实际，依靠群众，采用专门手段和依靠群众调查相结合，是收集证据的基本方法。公诉人自行补充侦查时，一方面要充分运用法律规定的侦查手段和措施高效率地收集证据；另一方面要深入群众详查细访，扩大证据线索和来源。在收集证据的工作中，还要做到精密观察、细致查问，注意发现和了解微小的迹象和疑点，防止粗枝大叶、马马虎虎。例如，讯问犯罪嫌疑人时，要尽可能问清犯罪行为和犯罪过程的各种细节；勘验现场时要注意发现现场遗留的各种可疑痕迹和物品，尽可能详细地记录，使现场情况可以从勘验笔录得到完整、准确、清晰的反映。

在收集证据的过程中,还要注意固定、保全证据。因为随着时间和环境的变化,已经收集的证据可能灭失或者发生变化,特别是犯罪嫌疑人、被告人供述、被害人陈述、证人证言等主观性较强的证据更容易发生变化。公诉人在收集证据的过程中,应当根据证据特征和发生变化的可能性大小,采用合法的方式予以固定、保全,使证据稳定化、定型化,并为证明证据的合法性提供有力的依据。讯问犯罪嫌疑人、被告人时,应当在制作笔录的同时,要求其本人书写亲笔供述或辩解,并以录音、录像的方式固定口供;询问被害人和关键证人时,可以要求本人书写亲笔陈述或者亲笔证词,必要时也可以录音、录像;对容易发生变化的物证、书证,要及时采用拍照、制图、复制、录像等方法予以保全,并且用文字详细说明其来源、性质、特征、形状、内容、取证人以及取证时间和地点等情况。

此外,收集和运用证据过程中,要注意有关保密的规定。2012年新《刑事诉讼法》第52条第3款明确规定,"对涉及国家秘密、商业秘密、个人隐私的证据,应当保密。"人民检察院公诉部门和检察人员对在办案过程中接触到的涉及国家秘密、商业秘密、个人隐私的证据,应当注意保密,妥善保管,不得遗失、泄露。

第三节 证据的审查

证据的审查,是指对已经收集的证据材料进行分析研究,鉴别真伪,以确定其是否有证据效力和证明力大小,是否可以用作定案的根据。

对证据进行审查,是审查起诉中的重点工作,目的是从大量的证据材料中去伪存真,判断哪些证据是合法和客观真实的,以及真实、合法的全部证据是否足以认定犯罪事实,达到"证据确实、充分"的证明标准。因此,对证据的审查涉及两个方面的内容:一是对每个证据逐一地进行审查核实,确定是否采用和采信;二是在对单个证据进行审查的基础上,把采信的全部证据联系起来进行综合分析和比较研究,排除证据间的矛盾,考察全案证据是否充分。根据2012年《人民检察院刑事诉讼规则(试行)》第62条、第63条规定,证据的审查认定,应当结合案件的具体情况,从证据与待证事实的关联程序、各证据之间的联系、是否依照法定程序收集等方面进行综合审查判断。证据确实、充分,应当符合以下条件:(1)定罪量刑的事实都有证据证明;(2)据以定案的证据均经法定程序查证属实;(3)综合全案证据,对所认定事实已排除合理怀疑。

一、审查证据的一般方法

一般情况下，对刑事证据的审查应当包括下列三个步骤：

（一）单独审查

所谓单独审查，就是对每一个证据材料分别进行审查的方法。

对证据的单独审查可以按两种顺序进行：一种是按时间顺序进行，即按照证据材料所证明案件事实发生的先后顺序和同类证据取证时间的先后顺序，逐个审查证据材料；另一种是按照主次顺序进行，即按照证据材料所证明的案件事实的主次关系和证据材料本身的主次关系，逐个审查证据材料。前者一般适用于证据材料的时间顺序比较明确的案件；后者一般适用于主要事实和主要证据比较明确的案件。

单独审查应当重点围绕以下几个方面进行：一是审查证据材料的来源是否合法、可靠。证据材料的来源十分广泛，每个证据都经历了收集、固定或保全的过程。在审查时，要确定证据是由谁，在什么时间和地方，用什么方法收集的；收集、固定、保全证据的方法是否符合法律规定；证据材料是原件还是经过重新抄写、复制、转述，抄写、复制、转述的过程是否导致内容发生变化等等。通过对来源和取证过程的分析来判断证据是否真实可靠。如果认为证据来源可疑，就要进一步调查核实，确定其证据效力。二是审查证据的内容是否真实。要审查每个证据的内容是否完整，前后是否矛盾，是否符合情理和案件已知的客观情况，是否有出现错误的可能性。三是审查证据的内容是否与本案事实有关联。对每一个证据，都要分析它能够证明哪些案件事实。如果证据材料的内容与本案事实无关，应当予以排除。经过单独审查，可以把一部分明显不真实和无关的材料从证据中剔除。发现存在取证不合法等问题时，可以及时进行重新取证等处理。

（二）比对审查

所谓比对审查，就是把证明同一事实的两个或者数个证据材料进行比较和对照的审查方法。

对各种证据，如果只是孤立地进行审查，有时难以鉴别真伪和确定其证明力，必须把各种证据联系起来进行比对研究，从中发现可能存在的疑点和矛盾。比对审查可以是横向比对，如对一个人就同一案件事实提供的多次陈述进行比对；也可以是纵向比对，如对证明同一案件事实的不同证据或者不同人提供的证据进行比对。一般情况下，内容互相一致的证据材料比较可靠，而互相矛盾的证据材料必然其中一个不真实或者都不真实。如果发现证据之间存在矛盾，应当找出产生矛盾的原因，通过进一步调查核实，确定应当采信其中哪一个证据。如果证据存在的疑点或矛盾无法核实清楚，就不能轻易地采信其中一个证据。实践中必须注意两点：第一，即使是互相一致的证据材料，也未必就是真实的，因为串供、刑讯逼供都可以造成虚假的一致；第二，证据材料之间不一致有时是正常的，如证人可能因时间长了记不清，所作证言有不一致处，虽然对证据的证明力有一定影响，但也不能因为细枝末节上的不一致而予以全盘否定，必须进行实事求是的分析。也就是说，对单个证据的内容，也要进行去伪存真的审查。

（三）综合审查

所谓综合审查，就是对全案证据材料进行综合分析和研究的审查方法。

要根据需要查明的案件事实，特别是属于犯罪构成要件的事实和法定量刑情节，审查是否都有相应的证据予以证实，全案证据是否形成完整的锁链，证据之间的矛盾是否已合理排除，证据体系是否足以排除犯罪嫌疑人未实施犯罪的合理怀疑。如果证据不充分，必须进一步调查取证，不能想当然地作出结论。

对案中证据必须进行全面的审查，从而对每一个证据的客观真实性、合法性、关联性和证明力，以及全案证据是否达到证据标准、足以证明犯罪作出正确的判断和认定。忽视对任何一个证据的审查，都可能导致证据的瑕疵或缺陷未能及时发现，应当排除的证据未予以排除，进而作出错误的诉讼决定，或者在出庭支持公诉时陷入被动。一些地方在公诉改革中，试行了"零口供"的审查方式，即在受理审查起诉案件后，撇开被告人供述进行审查，以其他证据是否确实、充分为标准来决定起诉或者不起诉。我们认为，这种"零口供"的审查方式是不妥的。首先，它忽视了被告人供述对证明案件事实的重要作用。被告人供述是我国刑事诉讼中比较特殊的一种证据。由于被告人是被指控实施犯罪行为的人，他（她）的供述直接表明了其与犯罪行为的关系，具有其他证据不可替代的证明作用。通过对被告人供述的审查，公诉人可以发现哪些方面的证据需要进一步补充，从而为完善整个证据体系奠定良好的基础。当然，受各种因素的影响，被告人供述不真实的可能性也较大。但不论在哪一个国家的刑事诉讼中，都没有也不会忽略被告人供述的证明作用。其次，"零口供"割裂了证据之间的联系，违背了证明的规律。不管被告人供述是真实的还是虚假的，它与其他证据之间都存在这样或那样的联系。对其他证据的审查必须在与被告人供述的互相比对、印证中进行，才能作出正确的判断。撇开被告人供述进行审查，不仅不利于审查其他证据的真实性、合法性和关联性，也容易使整个证据体系的瑕疵或缺陷被掩盖。我国刑事诉讼法明确规定，被告人的供述是一种法定证据。将被告人的供述绝对地予以排除，势必削弱公诉，不符合公诉的合法原则，不符合国家利益，也不利于保护被害人的合法权益。实际上，法律已经考虑到被告人供述存在的缺陷，有针对性地规定"只有被告人供述，没有其他证据的，不能确定被告人有罪和处以刑罚"。在有其他证据对被告人供述予以补强，足以印证被告人供述的客观性、真实性、合法性的情况下，将其排除出证据体系的范围，也显然违背实事求是的原则。因此我们认为，公诉实践中必须正确对待被告人供述，重视对被告人供述的审查，既不能把它当成证据之王，依赖口供定案，也不能无视口供的作用，将其完全撇开，导致一些本应起诉的案件未得到起诉。

二、对各种证据的审查方法

对所有证据，都必须审查是否具备合法性、关联性和客观真实性。不具备其中任何一项，一般不能作为定案的依据，应当从证据体系中排除。不同类型的证据具有不同的特点和作用，审查的方法和侧重点也应有所不同。

（一）物证的审查

物证是能够证明案件真实情况的一切物品，一般比较真实，但也存在不真实的可能性。对物证审查的重点是：(1) 审查其来源，排除伪造的物证；(2) 审查是原物还是复制品，如果是复制品，应当查清原物去向，尽可能收集原物；(3) 审查其性质、特征以及提取、移送的过程，考查其是否有发生变形、失真的可能性；(4) 审查物证与案件事实的关系，确定其证明力；(5) 审查物证与同案其他证据是否一致，有无矛盾。审查物证时，可以采用检验、鉴定、辨认、实验等方法。

（二）书证的审查

书证是用文字、符号、图画所表达的思想内容来证明案件事实的书面材料。对书证审查的重点是：(1) 审查书证的制作人、制作目的和制作过程；(2) 审查是原始书证，还是复制件，如果是复制件，应当查清原件去向，尽可能收集原件；(3) 审查书证提取、保管和移送的过程；(4) 审查书证的内容是否与案件事实有关联；(5) 审查书证与同案其他证据是否一致，有无矛盾；(6) 审查书证是公文文书还是非公文文书，是报道性文书还是处分性文书，是否经过公证等。对书证的真实性有怀疑时，可以通过笔迹鉴定、会计鉴定、审计鉴定等鉴定方法予以核实。

（三）证人证言的审查

证人证言是当事人以外知道案件情况的人，将自己所知道的有关案件事实情况,向司法机关所作的陈述。对证人证言审查的重点是:(1)审查证人资格和作证能力。凡是生理上、精神上有缺陷或者年幼,不能辨别是非、不能正确表达的人,不能作为证人。不同的人因年龄、健康和精神状态的差异,感受、记忆、表达的能力不同,对证言的真实性也会产生影响。(2)审查证人证言的来源。如果是证人亲自耳闻目睹后的证言,属于原始证据,一般真实性较强,但也要进一步查明证人感知案情时的客观条件和证人的感受、记忆、表达的能力,作出正确判断。如果是听别人讲的,属于传来证据,应当按照证人提供的线索,寻找直接知情人询问。如果不能说明确切来源,只是道听途说、主观猜测的,就不能作为证据使用。(3)审查有无影响证言真实性的一些社会因素,如证人的品质、与当事人之间的关系,与案件有无利害关系,是否受到威胁、利诱、误导而没有或者不能如实作证等。(4)审查有无影响证言真实性的客观因素,包括经历时间长短、客观环境和条件等。如对目击证人,必须审查证人目击犯罪时的距离远近、光线明暗、各方位置、周围环境以及当时是否存在刮风、下雨、打雷等自然现象。(5)审查内容是否合情合理、没有矛盾,以及语言表达上肯定的程度。(6)审查收集证言的过程是否合法,包括证言笔录是否完整,是否有证人签名、盖章等。(7)审查证人证言与其他证据材料是否一致,有无矛盾。

(四)被害人陈述的审查

被害人陈述,是受犯罪行为直接侵害的人向司法机关就其遭受侵害的事实和有关犯罪嫌疑人(被告人)情况所作的陈述。对证人证言审查的方法,基本上适用于对被害人陈述的审查。但由于被害人与案件有直接利害关系,因此要特别注意审查以下几点:(1)审查被害人的品质、与犯罪嫌疑人平时的关系,分析是否存在隐瞒、缩小、虚夸事实甚至诬告陷害的可能;(2)审查被害人感受案件事实时的主观、客观条件,分析有无错觉或者失真;(3)审查被害人在告发或陈述前后有无反常表现,是否受到外界因素的影响。

(五)犯罪嫌疑人、被告人供述和辩解的审查

犯罪嫌疑人、被告人供述和辩解,就是通常所说的"口供"。由于犯罪嫌疑人、被告人是被追究的对象,因此,口供一方面有可能全面、直接地证明案件真实情况;另一方面虚假和变化的可能性也比较大,既不能一概不信,也不能盲目轻信。对口供的审查重点是:(1)审查口供是在什么情况下作出的,有无受外界因素的影响;(2)审查犯罪嫌疑人、被告人作供述和辩解时的主观心态,是真诚悔罪还是抱侥幸心理,是大包大揽开脱他人还是推卸责任开脱自己等;(3)审查取得口供的程序是否合法,有无刑讯逼供等非法取证的情况;(4)审查几次口供前后是否反复,发生反复的原因是什么,所称的翻供

理由是否合理；(5) 审查口供是否合乎情理，口供之间、供证之间是否存在矛盾。

(六) 鉴定意见的审查

鉴定意见，是鉴定人根据司法机关的要求，运用自己的专门知识，对案件中的专门性问题进行鉴定以后所作的书面结论。必须注意，鉴定意见不具有预定的证明力，不能认为鉴定意见都是正确的，都可以直接采信作为定案的依据。对鉴定意见同样要进行审查，审查的重点是：(1) 审查鉴定人是否合格，包括鉴定人是否具有解决鉴定问题的专门知识，是否有进行特殊鉴定的资格，是否经司法机关指派或聘请，是否具有法定应当回避的情形等；(2) 审查司法机关送交的鉴定材料是否确实、充分；(3) 审查使用的鉴定方法是否科学；(4) 审查鉴定人是否受到外界干扰；(5) 审查鉴定意见是否有鉴定人签名，是否只有其所在单位盖章；(6) 审查鉴定意见与同案其他证据有无矛盾。如果发现矛盾，要查清是其他证据不真实，还是鉴定意见存在问题，必要时进行补充鉴定或重新鉴定。

(七) 勘验、检查、辨认、侦查实验等笔录的审查

勘验、检查笔录，是指司法人员对与案件有关的场所、物品、人身、尸体进行勘验、检查时所作的书面记录。辨认笔录是指侦查人员让被害人、犯罪嫌疑人或者证人对与犯罪有关的物品、文件、尸体、场所或者实施有关犯罪的犯罪嫌疑人进行辨认所作的记录。侦查实验笔录是指侦查人员在必要的时候按照某一事件发生的环境、条件，进行实验性重演的侦查活动所形成的笔录。侦查机关依法进行其他侦查活动形成的笔录，也可以作为证据。对勘验、检查笔录审查的重点是：(1) 审查勘验、检查过程和笔录制作是否符合法律要求，如是否有见证人，是否由女工作人员或医师检查妇女身体，有关人员是否在笔录上签名或盖章等；(2) 审查勘验、检查的对象是否真实，现场、物品、人身特征是否有伪造或者发生变化的可能性；(3) 审查笔录内容是否完整，文字记录、照相、绘图是否齐全，每个部分的内容是否具体；(4) 审查笔录与其他证据是否一致，有无复验、复查的必要。辨认笔录审查的重点是：(1) 对证人特别是现场目击证人明确表示熟悉的犯罪嫌疑人、相关物证、书证等是否组织辨认；(2) 组织辨认是否按照有关要求进行混杂辨认，或者作为混杂辨认的人员、物品与犯罪嫌疑人、涉案物品存在明显区别；(3) 组织辨认的时间是否及时，是否影响辨认结果的证明价值；(4) 辨认笔录是否规范，并附相应的照片。对侦查实验笔录审查的重点主要是：(1) 侦查实验程序是否规范；(2) 侦查实验方法、手段以及内容不违反法律和公序良俗；(3) 侦查实验的数据、方法、结论是否科学等。

公诉制度教程

（八）视听资料、电子数据的审查

视听资料，是指以录音、录像、计算机以及其他科技设备储存的信息资料来证明案件事实情况的一种证据。电子数据是指案件事实有关的电子邮件、网上聊天记录、电子签名、访问记录等电子形成的证据。视听资料、电子数据，在内容上可能与其他证据形式存在重合，如电子版的合同、电子邮件的书信往来、犯罪嫌疑人供述的录像等。对视听资料审查的重点是：（1）审查视听资料的来源；（2）审查视听资料的制作、保管、传递过程，是原件还是复制品，是否有被伪造、剪辑、篡改的可能，必要时进行鉴定；（3）审查视听资料内容的形成过程及真实性，如视听资料中某人的言语、动作是自愿作出的，还是被逼迫、诱导、欺骗作出的；（4）审查视听资料与其他证据是否一致。对电子数据审查的重点是：（1）储存有关电子数据的磁盘、光盘等移动存储介质是否与打印件一并提交；（2）电子证据形成的时间、地点、过程、制作人及制作过程是否清楚；（3）电子证据的内容是否完整、真实，有无剪裁、拼凑、篡改、添加等伪造、变造情况；（4）电子证据收集、调取是否合法，取证人、制作人、持有人、见证人等是否签名或者盖章；（5）电子证据与案件事实的关联性等。

三、证据的采用

公诉人在法庭上提出的证据，是人民检察院所采信的证据。不采信的证据不能向法庭提供，否则也无法说服人民法院采信，同时会削弱整个证据体系的证明力。人民检察院在提起公诉前，必须对全案证据进行衡量、判断，确定对哪些证据予以采信和在法庭上提出，对哪些证据不予采信和不在法庭上提出，这不仅是作出提起公诉决定的需要，也是确保出庭公诉取得良好效果的要求。

在证据理论上，证据的采用与采信是两个既有区别又有联系的概念。证据的采用，也有人称"证据的采纳"，是确定证据是否能够在诉讼过程中使用的诉讼活动；证据的采信，是确定证据是否可信，是否能够作为定案根据的诉讼活动。采用是采信的前提，采信是采用的延续；没有被采用的证据当然谈不上采信，采用的证据也不一定都被采信。由于在司法实践中，采用在前，采信在后，不会出现对已经采信的证据却不采用的情况，证据的采信也就是对可采证据的采信，首先要确定对某一种证据是否采用。

证据采用的一般规则包括：

（一）关联性规则

这是涉及证据关联性的一项规则，即只有与案件事实有关的证据才可以采用为诉讼中的证据。证据只有对案件事实有证明作用，才能在诉讼中使用，因此，与案件事实无关的证据不得采用。基于关联性规则的要求，控辩双方在法庭上不应出示与案件事实无关的"证据"，讯问被告人或询问被害人、证人、鉴定人时，也不能提出与案件无关的问题。公诉人当庭出示证据时，应当说明拟证明的案件事实，以表明该证据的关联性。

（二）客观性规则

即证据必须在内容和形式上都具有客观性，是对案件事实的客观反映，而不是主观臆测或想象，并且具有客观存在的形式，能以某种方式为人们所感知。例如，带有猜测和想象内容的证言、陈述，不得采用作为证据。

（三）合法性规则

即证据必须在主体、形式以及收集证据的程序和手段等方面都符合法律的有关规定，不具备合法性的证据一般不得采用。例如，证人必须具有作证能力，生理上、精神上有缺陷或者年幼者，不能辨别是非、不能正确表达的人提供的证言，不能采用作为证据。

（四）非法证据排除规则

非法证据排除规则与合法性规则相联系，是从反面来界定证据的采用标准，是现代法治国家普遍采用的一项证据规则。

一般所说的非法证据，包括三类：（1）形式非法的证据，即不具备或不符合法定形式的证据。如举报犯罪的匿名信，因不能确定证人身份，不符合证人证言的形式要件，不能作为证据。证言笔录未经证人签名、盖章、捺指印等方式确认的，也不能作为证据。（2）主体非法的证据，即不具备法定取证主体资格的人收集的证据。如被告人家属询问证人取得的所谓"证言"，不能作为证据。纪检监察机关或者有关行政执法部门在调查中询问有关人员形成的材料，也不能直接作为证据使用。（3）取证程序或者手段非法的证据，即通过不符合或违反法律规定的程序、手段取得的证据，如通过刑讯逼供取得的被告人供述。

一些国家实行严格的非法证据排除规则。例如，在美国，根据"毒树之果"的理论，无论是直接或者间接通过非法手段取得的证据，都不能在审判中采用。如在刑讯逼供的情况下，不仅直接获得的被告人供述不能采用，而且以被告人供述为线索取得的作案工具等其他证据也不能采用。还有一些国家实行区别对待，根据证据种类、违法程度、案件性质和其他情况的不同，确定证据是否具有可采性。例如，在英国，对于从被排除的被告人供述中发现的任何证据，只要具备相关性和其他条件，就可以采纳为定案的根据，即实行所谓"排除毒树"但"食用毒树之果"的原则。[①] 在德国，物证如果是在侵犯人的

---

① 参见刘善春等：《诉讼证据规则研究》，中国法制出版社2000年版，第197页。

尊严和人格自由的情况下非法取得的，不得在诉讼中使用，但重大犯罪案件不受此限。①

对非法证据的使用规则，我国刑事立法从国情出发，根据我国的当前的犯罪态势、司法水平现状，考虑不同类型证据的性质和特点，兼顾惩治犯罪和保护人权双重任务，在2012年刑事诉讼法修改时完善了非法证据排除制度。这次修改，增加了不得强迫任何人证实自己有罪的规定；同时规定了非法证据排除的具体标准，明确各司法机关都有排除非法证据的义务，以及法庭审理过程中对非法证据审查的程序。具体来说，新《刑事诉讼法》第50条规定："审判人员、检察人员、侦查人员必须依照法定程序，收集能够证实犯罪嫌疑人、被告人有罪或者无罪、犯罪情节轻重的各种证据。严禁刑讯逼供和以威胁、引诱、欺骗以及其他非法方法收集证据，不得强迫任何人证实自己有罪。"第54条规定："采用刑讯逼供等非法方法收集的犯罪嫌疑人、被告人供述和采用暴力、威胁等非法方法收集的证人证言、被害人陈述，应当予以排除。收集物证、书证不符合法定程序，可能严重影响司法公正的，应当予以补正或者作出合理解释；不能补正或者作出合理解释的，对该证据应当予以排除。在侦查、审查起诉、审判时发现有应当排除的证据的，应当依法予以排除，不得作为起诉意见、起诉决定和判决的依据。"据此，我国刑事诉讼法规定非法证据排除制度应当注意三点：一是对非法收集的言词证据绝对排除。实践中，由于种种原因，非法取证问题比较严重，特别是采取刑讯逼供等方式，因此，从保护人权的角度出发，有必要重点防止和惩治刑讯逼供等暴力取证现象的发生。对于采用刑讯逼供等非法方法收集的犯罪嫌疑人、被告人供述和采用暴力、威胁等非法方法收集的证人证言、被害人陈述，应当依法予以绝对排除。二是对在程序上带有一定瑕疵的物证、书证予以相对排除。物证、书证往往具体唯一性，同时具备较强客观性，能够较好反映和还原案件的真实情况，如果仅仅是因为这些证据取证程序上存在一定瑕疵就予以绝对排除，既不符合司法实际，也不利于对犯罪的惩治，更不利于对被害人权益的维护。因此，对于可以采取补正和说明情况，解决物证、书证的真实性和合法性的，不宜一律作为非法证据予以排除，可以作为定案的证据使用。三是在整个刑事诉讼活动过程中，各司法机关都有义务而且应当注意对证据合法性的审查。无论是在侦查、审查起诉，还是审判环节，只要发现有应当排除的证据的，都应当依法予以排除。在审查起诉阶段，对于依法应当排除的非法证据不得作为起诉意见、起诉决定和判决的依据。

---

① 参见陈光中等主编：《联合国刑事司法准则与中国刑事法制》，法律出版社1998年版，第265页。

（五）意见证据排除规则

即带有意见性质的证人证言一般不能作为诉讼中的证据。在刑事诉讼中，证人是通过陈述自己感知或者了解的案件事实提供证据。他（她）必须向司法机关陈述所知悉的案件事实本身，而不能对案件事实进行推测、分析和评价，不能提供个人对案件情况的意见。证人证言中凡是具有意见性质的内容，一般情况下因不符合证据客观性的要求而必须予以排除。

英美法系国家将证人划分为两类：一类是普通证人，另一类是专家证人。对普通证人的意见证据，法律上予以严格限制。如《美国联邦证据规则》第701条规定："如果证人不属于专家，则他以意见或推理形式作出证词仅限于以下情况：（a）合理建立在证人的感觉之上；和（b）对清楚理解该证人的证词或确定争议中的事实有益。"[1] 判例法中则确立了一些可以采纳证人意见证词的例外情形，如因职业等原因熟悉特定专门知识的普通证人对某一事实了解真相时，法院也可允许其陈述意见，因为此时证人基于对真相的熟悉，其意见陈述与专家证人的意见并无实质性区别。对于专家证人，则不适用意见证据排除规则，但在专家证人作证之前，法院将审查其资格，提供证人的一方需提出其作为专家的初步证据。这种专家证人，大致相当于我国的鉴定人。

司法实践中，有时很难区分证人证言的某些内容究竟是陈述还是意见，有时证人对案件事实的陈述不能脱离经验判断和反映其认识的意见。在这种情况下，意见性证言可以在诉讼中作为证据采用，但必须对证人提供这些意见的基础或依据进行认真的审查判断。也就是说，意见证据排除规则也不是绝对的，例外的情形如：（1）难以与案件事实分开的意见；（2）对观察对象的外形、精神状况等的描述性意见；（3）直接基于个人经验的常识性的判断意见；（4）对事物进行比较的意见；（5）关于温度、风力、雷雨等气候情况的意见；（6）关于物品的价值、数量、性质及色彩等的意见。

（六）品格证据排除规则

即关于诉讼当事人和证人品格的证据，一般不能采用作为诉讼中的证据。证据理论上一般认为，证据与待证事实之间在逻辑上应当紧密相关，即从前者可以合乎逻辑地导出后者。因此，过去的行为不能用来证明现在的行为。例如，证明被告人有犯罪前科的材料，一般不能用作证明其实施本案犯罪行为的证据，因为被告人过去犯罪与现在是否犯罪并没有直接关系，不能以被告人品行不端作为指控其犯罪的依据。

---

[1] 参见卞建林译：《美国联邦刑事诉讼规则和证据规则》，中国政法大学出版社1996年版，第117页。

公诉制度教程

　　品格证据排除规则也有例外，在某些情况下品格证据可以作为间接证据使用。实践中主要包括下列情况：（1）证明作案手法相同的品格证据可以采用。例如，有证据证明被告人过去曾使用一种特殊的方法实施盗窃，而本案作案人实施盗窃采用的是同一种方法，虽然该证据也属于犯罪前科性质的品格证据，也可以在本案诉讼中作为间接证据使用。（2）证明欺诈或说谎的品格证据可以用于对被告人辩解、被害人陈述和证人证言提出质疑。例如，证明证人为人不诚实、有说谎习惯的证据，可以用来证明该证人证言不可靠。（3）如果被告人自己提出其品行良好的证据，则公诉人可以提出其品格不良的证据予以反驳。（4）如果被告人过去的犯罪或违法行为属于所指控犯罪构成要件的内容，则有关的具有品格证据性质的证据可以采用。例如，刑法规定因偷税被税务机关给予两次行政处罚又偷税的，构成偷税罪。在这类偷税案件中，公诉方提供的证明被告人曾两次因偷税被行政处罚的证据，虽属品格证据，也可以采用。

　　品格证据排除规则主要是指不能以品格证据证明被告人实施了所指控的犯罪事实。但如果是出于其他证明目的，也可以使用品格证据。例如，为了使法院正确量刑，公诉人可以提出有关被告人犯罪前科等的品格证据，以证明被告人系累犯等事实，说明对被告人从重、从轻或减轻处罚的意见。此外，为证明被告人的身份、认识能力等，也可以使用品格证据。

　　（七）最佳证据规则

　　即在诉讼活动中应当采用最可靠的证据，如书证的原件、物证的原物等。在英美法系国家，最佳证据规则是关于文字、录音、照相等证据可采性的重要规则。如美国《联邦证据规则》第1002条规定："为证明文字、录音或照相的内容，要求提供该文字、录音或照相的原件，除非本证据规则或国会立法另有规定。"其中文字、录音的原件，是指该文字或录音材料本身，或者由制作人或签发人使其具有与原件同样效力的副本、复本。照相的原件包括底片或任何由底片冲印的胶片。如果数据存储在电脑或类似设备中，任何从电脑中打印或输出的能准确反映有关数据的可读物，均为原件。在具有合法理由不能提供原件的情况下，也可以提供复制品。但如果对复制品是否忠实于原件产生疑问，或者以复制品代替原件采纳将导致不公正，不能采用复制品。①在大陆法系国家，"因采职权主义，对于证据之收集与调查，本属法院之职权，固无优先法则之存在"。②

　　我国刑事诉讼法对最佳证据规则没有作出规定。一般认为，原始证据与传

---

　　① 参见卞建林译：《美国联邦刑事诉讼规则和证据规则》，中国政法大学出版社1996年版，第130页。

　　② 参见陈朴生：《刑事证据法》，三民书局1979年版，第342页。

来证据相比，与案件事实真相的联系更为直接，真实性更强。原始证据经过复制、复印、抄写、转述等处理后，真实可靠程度将会降低，因此在司法实践中能够收集、使用原始证据的，应当尽量收集和使用。最高人民法院《关于适用〈中华人民共和国刑事诉讼法〉的解释》中规定：据以定案的物证应当是原物。原物不便搬运，不易保存，依法应当由有关部门保管、处理，或者依法应当返还的，可以拍摄、制作足以反映原物外形和特征的照片、录像、复制品。物证的照片、录像、复制品，不能反映原物的外形和特征的，不得作为定案的根据；物证的照片、录像、复制品，经与原物核对无误、经鉴定为真实或者以其他方式确认为真实的，可以作为定案的根据；据以定案的书证应当是原件；取得原件确有困难的，可以使用副本、复制件；书证有更改或者更改迹象不能作出合理解释，或者书证的副本、复制件不能反映原件及其内容的，不得作为定案的根据；书证的副本、复制件，经与原件核对无误、经鉴定为真实或者以其他方式确认为真实的，可以作为定案的根据。上述规定表明，在书证、物证的证据形式发生变化的情况下，采取原件、原物优先采用的规则。对不同证据进行比较时，原始证据的证明力大于传来证据也是一般的判断规则，如在证明犯罪过程方面，目击证人的证言通常比其他证人证言更为可靠。当然，原始证据也有不真实的可能，必须结合证据的具体情况判断。

四、证据的采信

在采用的基础上，必须对是否采信证据进行审查判断。确定是否采用一项证据，通常仅需对单个证据材料本身进行审查；而确定是否采信一项证据材料，往往还必须进行不同证据材料间的比对审查。因此在实践中，确定采信一项证据，相对而言比确定是否采用一项证据要难。在取证形式不合法等情况下，可以对一项证据材料明确地不予采用，从而也不再发生是否采信的问题。但在几项可采的证据材料之间存在不一致时，不能单凭证据材料本身的特征简单地判断。对证据的采信往往依赖于司法人员审查后形成的内心确信，但也必须遵循一定的规则。

证据采信的规则主要包括：

（一）真实性规则

2012年新《刑事诉讼法》第48条规定："可以用于证明案件事实的材料，都是证据。……证据必须经过查证属实，才能作为定案的根据。"也就是说，证据是否真实可靠，是采信证据的基本标准。如果经过审查发现某个证据不具备真实性，就必须从证据体系中排除。审查证据的真实性，一般需要进行不同证据间的比对分析。有时因证据本身明显不符合客观规律或者经验常识等，也可以不经比对直接不予采信。例如，证人证言称被告人系与另一人共同作案，而事实上后者早已死亡，显然该证言不具有真实性，应不予采信。

(二) 充分性规则

即作为定案根据的证据，不仅要具有内容的真实性，还要具备足够的证明力或证明价值。证据充分可以是对单个证据而言的，也可以是对案件中的一组证据或者全部证据而言。对单个证据而言，如果对其内容有合理怀疑无法排除，那么该证据的充分性就存在缺陷，司法人员要考虑是否予以排除。

司法实践中必须强调的是，鉴定意见没有预定的证明力，即不能不经审查判断而直接采信。因为鉴定意见的正确性也有可能受各种因素的影响，如鉴定方法不科学、鉴定人的知识水平和技能不高、鉴定人与案件有利害关系等。因此，对鉴定意见也必须进行认真审查和判断。一个案件针对同一问题如果有多个鉴定意见，各个鉴定意见之间也没有预定的证明力等级，应当对它们的合法性、客观性等分别进行审查，不能简单地依据鉴定人的身份、鉴定机构的声誉而采信所谓权威性鉴定意见。

(三) 补强证据规则

即法律明确规定某些证据对案件事实的证明力不足，不能单独作为证明该案件事实的根据，必须有其他证据佐证并予以补强。

在有的国家，如英美法系国家的有罪答辩程序中，如果被告人作有罪供述，则法官可以不经审理直接判决被告人有罪。但基于被告人供述虚假的可能性较大，并为防止刑讯逼供等非法获取被告人供述的现象，很多国家规定对被告人供述需有其他证据予以补强才能作为定案的根据。例如，日本《宪法》第 38 条第 3 款规定："任何人如对其不利的唯一证据为本人口供时，不得定罪或科以刑罚。"[1]日本《刑事诉讼法》第 310 条第 2 款也规定："不论是否被告人在公审庭上的自白，当该自白是对其本人不利的唯一证据时，不得认定有罪。"

我国新《刑事诉讼法》第 53 条规定："只有被告人供述，没有其他证据的，不能认定被告人有罪和处以刑罚。"也就是说，法律明确规定被告人供述本身不足以证明案件事实，如果没有其他证据，就不能作为定案的根据。根据我国法律和司法实践经验，除被告人供述外，下列证据也适用补强证据规则，一般不能单独作为认定案件事实的根据：(1) 未成年人所作的与其年龄、智

---

[1] 参见赵宝云：《西方五国宪法通论》，中国人民公安大学出版社 1994 年版，第 442 页。

力状况不相称的证言；(2) 与一方当事人有亲属关系的证人对该当事人有利的证言；(3) 没有其他证据印证并有疑点的视听资料；(4) 无法与原件、原物核对的复印件、复制品；(5) 间接证据。

第四节 公诉的证明标准

证明标准，是指根据法律规定，承担证明责任的主体运用证据证明自己的事实主张或认定案件事实所要达到的标准。公诉的证明标准，是指人民检察院运用证据证明起诉书的事实主张所要达到的标准。符合公诉的证明标准，是公诉的条件之一。公诉的证明标准既是诉讼理论的疑难问题，也是公诉实践中的重要问题。

尽管各国法律均规定了明确的公诉条件，但在公诉证明标准的法律规定和实践掌握上存在较大差别。我国刑事诉讼法修改以后，检察机关的证明责任加强了，公诉后果的不确定性加大了，从而使公诉证明标准如何把握的问题变得十分迫切。刑事诉讼所遵循的共同规律，为公诉证明标准的比较研究提供了可能，这种比较也有助于加深对我国公诉证明标准的理解。

一、国外的公诉证明标准

从刑事诉讼法的一般法理和目前了解到的国外立法例及实践状况看，对公诉证明标准的基本要求是：起诉时必须有足够的证据证明犯罪事实，证明程度不要求达到法院有罪判决所应达到的证明程度。[1] 总的来说，大陆法系国家对公诉证明标准的理解和掌握要高于英美国家。

在体现大陆法传统的法国和德国，刑事诉讼法要求对被告人起诉要有充分的或足够的理由。这种充分的理由，除包括被指控的行为是否构成犯罪外，主要指有无适当的证据证明被告人为犯罪人。如法国《刑事诉讼法》第211条规定，上诉法院起诉庭对移送审查起诉的重罪案件进行审查时，应当审查对被告人的指控有无充分理由。第212条规定，凡起诉庭认为事实既不构成重罪，也不构成轻罪或违警罪，或者犯罪人尚未查出，或者对被控告人的指控没有充分理由的，应当宣布诉讼中止进行。其中所说的"充分理由"是指证据情况，即有无充分的证据证明犯罪可能系被告人所为。这表明，犯罪的嫌疑或犯罪的

---

[1] 参见孙谦等主编：《检察论丛》（第1卷），法律出版社2000年版，第243页。

可能性是提出指控的标准。对此，法国学者指出，预审法庭根本无须查明被告人是否有罪，而只是确定他是否可能有罪，可能性是控告的尺度。① 德国刑事诉讼法也规定，检察官提起公诉要有足够的理由。德国学者认为，"足够的理由"是指"是否有足够的不利被告人的证据，可以正当地要求被告人在法庭的公开审判中回答对他提出的指控。因此，检察机关是根据充分的重大嫌疑对他提起公诉的"。② 在日本，检察官起诉时必须有一定的证据，否则就是滥用公诉权的行为。同时理论上也认为，公诉证明标准不一定要达到有罪判决的证明程度。实务中，将有犯罪嫌疑作为起诉的条件，即被嫌疑的事实根据确实的证据，有相当大的把握可能作出有罪判决即可。无论是"确定有罪的可能性"还是"有充分的重大嫌疑"，都没有具体的标准，这体现了公诉案件的不确定性特征，以及检察官由此负有的审查判断起诉是否适当的责任。这种责任在苏联和东欧国家规定得较为严格，要求起诉时必须有足够的证据证明犯罪行为系被告人所为，而不仅仅是被告人有实施犯罪的嫌疑。

在英美法国家，对公诉的证明标准的理解基本上强调证据结论的"盖然性"。英国检察官在决定是否起诉时，首先要考虑证据是否充分，除非检察官确保有可采纳的、实质性的、充分的和可靠的证据证明某一特定的人实施了法律规定的刑事犯罪，否则不应起诉。但是，对起诉证明标准的要求低于定罪的标准。有罪判决的证明标准须达到"排除合理怀疑"，相对而言，起诉时的一般要求只是具有"或然的理由"。英国总检察长在1983年《刑事起诉准则》中指出，"不能只看是否存在足以构成刑事案件的证据，还必须考虑是否会合理导致有罪判决的结果，或考虑在一个依法从事的无偏见的陪审团审判时，有罪判决比无罪开释是否具有更大的可能性"。所谓"更大的可能性"，即"百分之五十一规则"，指如果有罪判决可能性大于无罪开释的可能性，此案就应起诉。③

美国的起诉证明标准与英国大致相同。在采用大陪审团审查起诉的情况下，大陪审团主要审查检察官提交的证据是否充分，足以证明犯罪嫌疑人实施了犯罪。只有大陪审团中半数以上成员认为检察官获得的证据符合起诉要求

---

① 参见卞建林：《刑事起诉制度的理论与实践》，中国检察出版社1993年版，第144页。
② 参见孙谦等主编：《检察论丛》（第1卷），法律出版社2000年版，第243页。
③ 参见龙宗智、左卫民：《法理与操作——刑事起诉制度评述》，载《现代法学》1997年第4期。

时，才能作出起诉的决定，否则大陪审团将撤销案件。在不采取大陪审团审查起诉的情况下，检察官决定是否起诉时，同样要保证有足够的证据。同时，为了强调严重危害社会治安的犯罪的起诉，一些州实行对不同性质犯罪的差别性证明标准。如在华盛顿，一般要求在证据充分，足以使有罪判决成为可能时才应当起诉，但对暴力犯罪案件中证据的充分性确定了特别的检验标准。对侵犯人身自由的犯罪，只要可获得的证据足以将案件完成庭审交由陪审团裁断，即应起诉。美国法律家协会制定的《刑事检控准则》第9条规定："对于那些严重威胁社会公众的案件，即使检察官所在的司法管辖区的陪审团往往对被控犯有这类罪行的人宣告无罪，检察官也不得因此而不予起诉。"也就是说，对严重威胁社会公众的案件，强调将案件交付审判，而不过分强调定罪的可能性，对起诉时证据充分性的要求相应的也低一些。

总之，国外关于公诉证明标准的确定，主要强调"被告人有足够的犯罪嫌疑"，而不是证明被告人实施了犯罪，因而公诉的证明标准一般低于定罪标准。这种标准的确定，与这些国家所坚持的哲学、认识论思想有密切关系。他们认为，对已经发生的事情的证明不可能达到绝对真实。即使法官或陪审团通过审判认定被告人有罪，也只要求排除合理怀疑。

二、我国的公诉证明标准

公诉证明标准，是指公诉阶段对证据所掌握的证明标准。证据的证明标准，在刑事诉讼中是一个十分重要的问题。我国刑事诉讼法规定了侦查终结、审查起诉和审判的证据标准，并且规定的都是"证据确实、充分"。例如，2012年新《刑事诉讼法》第160条规定，"公安机关侦查终结的案件，应当做到犯罪事实清楚，证据确实、充分"。可见，"证据确实、充分"既是我国刑事诉讼法对侦查机关侦查终结移送审查起诉的证明标准，也是检察机关提起公诉证明标准，同时也是人民检察院完成被告人有罪的举证责任，以及人民法院对被告人定罪的证明标准。根据新《刑事诉讼法》第53条第2款的规定，证据确实、充分应当符合以下条件：（1）定罪量刑的事实都有证据证明；（2）据以定案的证据均经法定程序查证属实；（3）综合全案证据，对所认定事实已排除合理怀疑。"证据确实、充分"具有较强的客观性，在司法实践中需要通过办案人员的主观判断，排除合理怀疑，以达到主客观相统一的要求。这里的"排除合理怀疑"，是指办案人员在每一个证据均查证属实的基础上，经对全案证据的综合审查判断，对于认定的事实，没有符合常理的、有根据的怀疑，达到内心确信的程度。从我国刑事诉讼法的明文规定看，侦查、起诉、审判这三个诉讼阶段的证明标准是同一的。从实然和认识规律的层面上说，由于诉讼活动的目的存在差异，不同诉讼阶段的证明标准会不同程度地存在客观的差别。但是，从应然和法律规定的层面上说，刑事诉讼法对侦查、起诉、审判的证明标准规定同一标准，更有利于人权保障，防止轻易启动程序，伤及无辜。

在我国刑事诉讼的不同环节，由于诉讼活动的目的存在差异，因而证据标准也有较大差别，大致随着诉讼进程的推进，对证据标准的要求趋于严格。例如，在立案阶段，只要认为有犯罪事实发生、需要追究刑事责任，就应当立案，这时的证明标准很低，理论上甚至凭单个证据就可以作出立案的决定。在审查逮捕时，证明标准是"有证据证明有犯罪事实发生"。"有证据证明有犯罪事实发生"是指同时具备下列情形：（1）有证据证明发生了犯罪事实；（2）有证据证明该犯罪事实是犯罪嫌疑人实施的；（3）证明犯罪嫌疑人实施犯罪行为的证据已经查证属实的。也就是说，批准（或决定）逮捕时，对证据的质和量都有一定的要求，如果不能达到上述标准，人民检察院将作出不批准逮捕的决定。

我国公诉的证明标准比逮捕的证明标准高，也比许多国家的公诉证明标准高。新《刑事诉讼法》第172条规定："人民检察院认为犯罪嫌疑人的犯罪事实已经查清，证据确实、充分，依法应当追究刑事责任的，应当作出起诉决定，按照审判管辖的规定，向人民法院提起公诉，并将案卷材料、证据移送人民法院。"这里的"犯罪事实已经查清，证据确实、充分"就是对起诉证明标准的规定。所谓"证据确实"，是指据以定案的每一个证据都经法定程序查证属实，能够证明案件的真实情况，都具有真实性、关联性和合法性。所谓"证据充分"，是指全案证据能够形成完整的证据体系，具备充足的证明力，对所认定事实已排除了合理怀疑，足以证明案件事实。

传统上认为，"证据确实、充分"的证明标准所要达到的是客观真实。随着刑事诉讼法的修改，特别是庭审方式的改革，公诉证明标准应如何正确确定和理解成为理论及实践部门共同关心的课题。近年来诉讼法学界提出了很多观点，有的对刑事诉讼的证明能否达到绝对真实或客观真实的标准提出了质疑，有的主张将实现法律真实确定为诉讼的证明标准，有的还提出了最低证据标准问题。要执行好法律规定的公诉证明标准，首先应准确理解公诉证据标准的内涵，防止和纠正认识上的偏差。

公诉的证明标准不能要求与法院定罪的证明标准相同。从上文介绍的情况看，各国的公诉证明标准一般低于法院有罪判决所要求的证明标准。对比我国新《刑事诉讼法》第172条和第195条的规定，字面上公诉的证明标准和定罪的证明标准都是"证据确实、充分",有的人据此认为公诉的证明标准与定罪的证明标准是一致的,两者不应该有差别。但这种认识既不符合实际,也不符合诉讼规律。一般认为,尽管法律在文字表述上没有区别,但在理解和适用上,提起公诉的证明标准上应低于定罪的证明标准,即提起公诉的案件,证据不需要达到定罪的标准,只要存在定罪的较大可能性就足够。之所以两者存在差别,一方面是因为公诉证据标准中的"证据确实、充分",是在诉讼进行中基于起诉时所获取的证据材料所作的阶段性要求,与法官判决时经过控辩双方质证,总结全案证据进行定罪时的要求应当有区别。在提起公诉时,检察机关接触到的证据还没有经过法庭质证,对证据真实性、证明力的判断还是初步的,存在许多不确定的因素,因而对公诉的证明标准提出过高要求是不现实的。另一方面,法律在对事实和证据的要求前加上了"人民检察院认为"的限制性用语,强调公诉方对侦查终结案件的总结和单方面认识,这就表明公诉的证据标准具有一定的主观性,同样定罪的证明标准也具有类似的主观色彩。不同主体的认识差异是不可避免的,并且随着诉讼进程的发展,证据状况也发生变化,对证据是否确实、充分理解不同也是正常的现象。明确公诉的证明标准和定罪的证明标准存在区别,符合辩证法和人的认识规律。

人民检察院应当树立将某些疑难问题交由审判作最终裁决的观念,即在认为被告人构成犯罪、应当追究刑事责任,但存在某些影响定罪的不确定因素时,通过审判作进一步的审查,让人民法院对案件作最后的裁判。提起公诉毕竟还没有确定被告人有罪,案件实体问题最终需要由人民法院通过审判解决。要求公诉证明标准与定罪证明标准相同,势必造成行使公诉权时谨小慎微,大量案件将因为证据不足而作不起诉处理,从而不能保证打击犯罪的力度,使一些应该打击而且可能定罪的犯罪分子逃脱法律的制裁。当然,对起诉证明标准也不能掌握得过宽。如果对显然证据不足的案件提起公诉,不仅损害被告人的合法权益,也浪费国家司法资源,影响刑事诉讼的整体效益。

公诉的证明标准与审判的定罪标准是有密切联系的。检察人员应当参考审判标准,在现有控诉证据的基础上,充分考虑辩护证据对事实认定的影响,考虑审判过程中事实、证据可能发生的变化,考虑现有证据经庭审示证、质证被人民法院采信的可能性。综合这些因素,认为有较大的定罪可能性时,就应当提起公诉。

在把握公诉证明标准时,应当提倡检察人员建立内心确信。在内心确信的基础上实施指控,是检察人员职业道德的体现,否则就是滥用公诉权。当然,这种内心确信必须建立在一定的证据基础之上,否则就是主观臆断。只有现有证据体系足以排除犯罪事实未发生或者不是被告人所为的合理怀疑,检察人员才能形成内心确信,才能提起公诉。我国刑事诉讼法所规定的"证据确实、充分"的证明标准,也要求不能仅以"或然的理由"提起公诉。如果检察人员不能形成内心确信,对被告人是否犯罪尚存有较大疑虑,就不应草率提起公诉。

三、"两个基本"的理解

所谓"两个基本",是指案件如果基本事实清楚,基本证据充分,就可以提起公诉。"两个基本"是根据刑事诉讼法关于公诉条件的规定,在总结司法实践经验的基础上提出的。辩证唯物主义认为,人的认识具有相对性,人的认识能力具有局限性;任何真理性认识,都只是客观事物或现象的某些方面、一定程度和一定层次的正确反映。刑事案件的事实都是已经发生的客观事实,因而借助证据所能认识的案件事实,往往只是在某些方面与案件的客观事实相符,往往有一部分事实无法在短时间内查清。"两个基本"在法律规定的基础上,强调人的认识能力的局限性,而把查清和证明案件的基本事实作为证明标准,是符合辩证法和人的认识规律的。

刑事诉讼法所规定的公诉条件是"犯罪事实已经查清,证据确实、充分",但并未明确对哪些犯罪事实必须查清。另外,刑法关于犯罪与刑罚的规定,涉及的都是基本事实,包括属于犯罪构成要件、涉及罪与非罪的事实和属于重要量刑情节的事实。就公诉的目的而言,只要查清了案件的基本事实,就足以使人民法院正确认定被告人是否构成犯罪,并基本正确地给予刑罚处罚,从而使法律正义基本得以实现。当然,如果基本事实以外的其他事实也能够查清,那就更有利于全面、准确地实现法律正义。但在司法实践中,有的事实情节,特别是一些细节,往往难以在短时间内查清,如果等所有事实的细节都查清后再提起公诉和进行审判,不仅需要付出过高的诉讼代价,也将妨碍法律正义的及时实现。对基本事实清楚、基本证据充分的案件及时提起公诉,既符合客观实际,也是平衡公正与效率的合理选择。因此,"两个基本"是在法律规定基础上对公诉条件的实践把握,是对法律所规定的证明标准的具体化、明确化,与法律规定并不抵触。

但是,"基本事实清楚"不同于"事实基本清楚","基本证据充分"也不同于"证据基本充分"。基本事实清楚,基本证据充分,就足以排除犯罪嫌疑人、被告人无罪的合理怀疑。事实基本清楚,证据基本充分,表明还不能排除犯罪嫌疑人、被告人无罪的合理怀疑,实际上是不恰当地降低了公诉的证明标准和要求。

尽管在基本事实清楚、基本证据充分的情况下，检察机关可以提起公诉，但不能因此对侦查和公诉的证明责任降低要求。在法定的办案期限内，公安机关和检察机关应当尽可能主动、全面地收集必要的证据，最大限度地查明案件事实，从而使法律正义尽可能完整、准确地得以实现。当然在收集证据的工作中，要强调证据质与量的统一，证据的质较差时，量再大也可能无法证明犯罪，这就要求在把握正确方向的基础上全面收集证据。

第五节 公诉的证据体系

"确实、充分"的公诉证明标准，要求检察机关对提起公诉的案件，不仅要保证向法庭提供的证据客观真实，而且要保证证据达到一定的量的要求，形成足够的证明力。公诉案件的证据体系，就是由公诉机关采信的全部控诉证据形成的，具有一定内在逻辑结构的体系。证据体系的状况，决定了公诉意见能否得到人民法院采纳，因而正确认识证据体系的要求具有重要的实践意义。

一、证据材料之间矛盾的排除

每一个刑事案件都会有许多证据材料。但是，案件卷宗内收集的证据材料并非都是证据，对证据还需要进行审查判断。只有那些经过审查判断符合证据的合法性、关联性、客观性特征的材料，才是证据，才可以作为定案的根据。由于各种主客观因素的影响，证据材料往往存在不真实的可能性，与客观实际不相符的程度也各有不同。对同一事实，根据不同证据材料所得出的结论可能互相矛盾。例如在伤害案件中，不同的目击证人受客观环境、记忆能力和主观心态等因素的影响，对伤害过程可能有完全不同的陈述。但不论在何种情况下，案件的事实真相是唯一的，互相矛盾的证据材料所得出的结论中，最多只有一个是真实的，相应的证据材料或真或假。审查起诉的任务之一，就是要对各种证据材料的真实性进行鉴别，以达到去伪存真、排除矛盾的目的，从而使证据体系建立在客观真实的证据基础上。只有构筑证据体系的每个证据都具有客观真实性，才能正确揭示案件的事实真相。

当公诉案件的证据材料之间存在矛盾时，检察人员必须经过认真细致的审查，判断哪一个证据符合客观实际，据以作出对各个证据是否采信的结论。对每一个证据不采信时，都必须有合理的根据，而不能主观臆断。当然在许多情况下，对证据材料之间矛盾的排除依赖于检察人员的主观认识。在这些情况下，检察人员应当综合考虑每个证据的特点和互相印证的情况，对不同证据的证明力进行比对分析，采信证明力较强的证据。如果认为不同证据的证明力没有明显区别，不能以合理的根据排除矛盾，就应当认定相关的案件事实不清。

二、证据之间的联系

由于证据所要证明的案件事实是集中的，因而证据之间往往可以相互印证，从而使证据体系形成具有密切内在联系的有机整体，而不是一种分散的结构。

任何一个孤立的证据都不能证明自身是真实的，因而单个证据的最大局限性，就在于难以确定它所证明的是否就是案件的客观事实。证明的规律表明，证据之间的互相印证，可以达到增强各个证据证明力的效果。通常，证明同一事实的证据量越多，事实认定的可靠性往往也相应地增强。因而就公诉举证的要求而言，对每一起事实都应当提供可以相互印证的多个证据予以证明，这也是法律要求证据必须充分的原因所在。

三、证据体系的要求

根据刑事诉讼法的规定，提起公诉的案件，必须是犯罪事实已经查清，证据确实、充分的案件，这也是对公诉证据体系的总体要求。具体而言，提起公诉的案件，证据体系应当符合下列要求：

第一，形成证据体系的所有证据都应当经过检察人员审查判断，认为具有客观真实性、关联性、合法性。被纳入证据体系的，应当是检察人员采信的证据。如果某个证据不具有客观真实性、关联性，就应当依法予以排除，不纳入证据体系中。而对证据不合法的情况，还必须根据非法证据排除规则确定是否采用。原则上，凡是非法取得的言词证据，应当一律予以排除；非法取得的物证，如果能够证明案件的真实情况，除特殊情况外，可以采信作为定案的根据。

第二，形成证据体系的所有证据都应当是有罪证据。绝大多数案件中，既有证明被告人有罪的证据材料，也有证明被告人无罪的证据材料；既有证明被告人罪重的证据材料，也有证明被告人罪轻的证据材料。就提起公诉的案件而言，证据体系中所包含的每一个证据都不能是证明被告人无罪的。检察人员在审查证据时，应当全面审查有罪证据和无罪证据，只有无罪证据都能排除，才能建立提起公诉的完整、规范的证据体系。

第三，需要证明的案件事实都有相应的证据予以证明。凡是与定罪量刑有关的事实要素，都应努力收集证据予以证明。由于认识的局限性，在刑事案件中往往不能查清案件事实的所有细节，但就提起公诉的要求而言，属于犯罪构成要件、影响罪与非罪认定等事实主张范围内的要素都应当有相应的证据予以证明。

第四，证明每一个事实的证据都不是唯一的，都有足够的证据互相印证。各个证据之间能够相互协调一致、相互补充、环环相扣，矛盾能够合理排除。

第五，根据证据体系所能得出的结论具有唯一性，即证据体系所能证明的案件事实，可以确认是犯罪嫌疑人、被告人实施的犯罪，排除对犯罪嫌疑人、被告人未实施犯罪或不构成犯罪的合理怀疑。所谓合理怀疑，是指符合情理的怀疑或者有证据的怀疑。当然，对可能判处死刑的严重犯罪案件，应当排除一切怀疑，即被告人实施犯罪是确定无疑的。这是更严格的证明标准。

第十章
审查起诉

在各国刑事诉讼中，通常公诉案件在侦查终结后、交付审判前，需要由检察机关或者其他法定机关进行审查，以决定是否对被告人提起诉讼，这就是审查起诉。在我国，侦查活动与起诉活动相分离，审查起诉成为连接侦查与审判的重要纽带，是刑事诉讼的一个独立阶段，也是检察机关行使公诉权的一项重要的基础性工作。

第一节 审查起诉的概念和任务

一、审查起诉的概念和特征

简言之，审查起诉就是对公诉案件进行审查，以决定是否对犯罪嫌疑人提起公诉的活动。具体而言，我国的审查起诉是指人民检察院对侦查机关侦查终结移送审查起诉的案件和自行侦查终结的案件进行审查，依法决定是否对犯罪嫌疑人提起公诉的诉讼活动。

审查起诉具有下列基本特征：

第一，审查起诉权的专属性。审查起诉一般由检察机关和检察官负责，例如，德国、日本由检察官负责审查起诉，俄罗斯由检察长进行审查起诉。但在一些国家，审查起诉也由法律授权的其他特定机关和人员进行。例如，在法国，对侦查终结的案件一般由检察官提出公诉意见书，交付预审法官审查决定是否将犯罪嫌疑人提交审判法庭进行审判；如果是重罪案件，经过预审法官预审之后，还将由上诉法院起诉庭重新审查，以裁定是否向重罪法庭提出起诉。在美国联邦和多数州，一般轻罪案件由检察官直接向法院提起公诉，重罪案件的起诉则需要经大陪审团审查批准后，以大陪审团的名义提起公诉。不论各国司法体制有什么差异，公诉案件的审查起诉权都专属于法定的机关或者人员，其他任何机关、团体和个人不能行使这项权力。新《刑事诉讼法》第167条规定："凡需要提起公诉的案件，一律由人民检察院审查决定。"据此，公安机关、国家安全机关对于经侦查，认为应当对犯罪嫌疑人追究刑事责任的案件，必须移送人民检察院，由人民检察院依法审查决定是否提起公诉。

第二，审查起诉的目的性。在各国刑事诉讼中，审查起诉的目的都是通过审查案件，根据侦查的结果决定是否起诉。在我国，人民检察院受理移送审查起诉的案件后，绝大多数情况下需要作出起诉或者不起诉的决定。为了保证起诉或者不起诉的正确性，人民检察院必须就侦查机关确认的犯罪事实、证据、犯罪性质和罪名进行全面细致的审查，以保证准确地惩罚犯罪分子，保障无罪的人不受刑事追究。因此，审查起诉是人民检察院决定起诉或者不起诉前的一项最基本的准备工作，目的是正确行使公诉权。

第三，审查起诉对象的特定性。在自诉案件中，由于国家将起诉权授予被害人个人行使，也就不存在由专门机关或者人员负责审查起诉的必要性。因此，在各国刑事诉讼中，审查起诉的对象一般限于公诉案件。在一些国家，由于审查起诉的主体包括多种机关或人员，不同主体之间还有审查起诉权限和范围的分工。例如，在法国，如果案件并不要求进行特别的侦查即可了解事实真相，并且如果法律并未强制规定采用侦查途径，刑事案件可以由检察官直接向审判法庭提起诉讼；其他的公诉案件则须由预审法官审查起诉，重罪案件还要经上诉法院进行第二级预审后决定是否起诉。在我国，人民检察院是行使审查起诉权的唯一主体，审查起诉的案件范围同样限于公诉案件。从来源来看，这些案件包括两类：一类是公安机关、国家安全机关和监狱对于所管辖的刑事案件，经侦查终结，认为犯罪事实清楚，证据确实、充分，依法应当追究犯罪嫌疑人的刑事责任，而移送人民检察院审查起诉；另一类是人民检察院对于直接受理立案的贪污贿赂、渎职侵权案件，经侦查终结，认为犯罪事实清楚，证据确实充分，依法应当追究犯罪嫌疑人的刑事责任，而由侦查部门将案件移送公诉部门审查起诉。

二、审查起诉的任务

作为人民检察院履行公诉职能的一项最基本的准备工作，审查起诉的主要任务可以概括为三个方面：

一是对侦查机关或者人民检察院侦查部门认定的犯罪事实、犯罪性质、有关的证据以及适用法律的意见进行全面、细致的审查，及时发现和弥补侦查工作中的错误、疏漏和不足，以便作出正确的起诉或不起诉决定。

二是对侦查活动实行法律监督，及时发现和纠正侦查活动中的违法现象，保障当事人和其他诉讼参与人的诉讼权利和其他合法权益。

三是掌握案件的全面情况，为出庭支持公诉做好准备。

第二节 审查起诉的地位和意义

一、审查起诉的地位

在不同的国家，由于法律规定的不同，审查起诉可能发生在不同的诉讼阶段。

在有些国家，公诉的审查和决定并不是一个独立的诉讼阶段，而是伴随着侦查进行审查，并在侦查终结的同时决定是否起诉。这种情形一般发生在检察机关是主要的侦查主体，直接承担对刑事案件的侦查任务的国家。例如，在德国，检察官既是公诉权主体又是法定侦查主体，可以亲自进行侦查，也可以指挥警察及其他人员进行侦查，始终主导侦查活动，也就没有必要再设立一个专门的程序来对侦查结果进行审查。检察官认为可以发出起诉书提起公诉时，应当在案卷中注明侦查已经终结，同时将侦查结论通知被告人及其辩护人。

有些国家将公诉的审查和决定作为连接侦查和审判的一个中间性的诉讼阶段。侦查机关完成侦查任务后，将案件移送负责审查起诉的机关，由后者决定是否向法院起诉。例如，俄罗斯《刑事诉讼法典》第214条规定，检察长或者副检察长必须在5日内审查已经收到的案件，在认为有理由将案件移交法院审理时，即作出批准起诉书的决定，否则可以根据情况不同决定终止诉讼、退回侦查机关补充侦查、改写起诉书或者变更控诉、亲自制作新的起诉书。在一些国家，公诉案件提起公诉前，必须先后由不同机关或人员审查和决定，而不是一次完成的。例如，在法国，对重罪案件的起诉，首先由预审法官进行初次审查。预审法官认为被告人的行为构成重罪时，必须将案卷材料交由共和国检察官移送上诉法院起诉庭进行再次审查，由后者就是否向重罪法庭起诉作出最后决定。在美国，警察机关对犯罪侦查终结后，首先移送检察官审查是否需要或者有无根据提出控诉。许多情况下检察官无权直接向法院提起公诉，需要提交大陪审团审查或者治安法院预审，以确定是否将被告人诉交法院审判。如根据美国宪法的规定，对一个人以重罪向联邦法院提出的指控，必须经大陪审团审查起诉。在有的州，检察官将重罪案件送交治安法院预审后，还要再交给大陪审团进行审查。

在我国，审查起诉是连接侦查和审判的独立的诉讼阶段。刑事诉讼法修改前，审查起诉阶段与审判阶段有一定的交叉，虽然以检察机关为主，但审判机关也介入审查起诉，可以退回检察机关补充侦查和要求检察机关撤回起诉。1996年修改刑事诉讼法后，审查起诉与审判彻底分离，成为一个独立的诉讼阶段。而提起公诉虽然也是独立的程序，但不是一个独立的诉讼阶段，因为决定起诉、制作起诉书、移送起诉书等提起公诉的活动，以及准备出庭公诉的活动，分别与审查起诉和审判阶段并行，并无独立的时空范围。

二、审查起诉的意义

在我国，审查起诉作为刑事诉讼中一个独立而关键的诉讼阶段，对于保障刑事诉讼的公正性，提高刑事诉讼的效率，实现刑事诉讼的目的，具有重要意义：

第一，审查起诉是刑事公诉案件进入审判阶段前的必经程序。无起诉即无审判，这是现代刑事诉讼的一个基本原则。人民检察院通过审查起诉，对那些犯罪事实清楚，证据确实、充分，依法应当追究刑事责任的犯罪嫌疑人提起公诉，使审判程序得以启动，为国家刑罚权的实现奠定了必要的基础。

第二，审查起诉是连接侦查与审判的纽带。从刑事诉讼的完整过程看，侦查在先，审判在后，审查起诉则是介乎两者的中间阶段。严格地讲，提起公诉并不是刑事诉讼的一个阶段，而是审查起诉的一种结论。由于人民法院不能驳回公诉，因此，人民检察院决定提起公诉，既意味着审查起诉活动已经结束，也意味着审判程序即将启动。人民检察院通过审查起诉，一方面对侦查活动进行审核把关，及时发现和纠正侦查工作中的错误和疏漏，通过退回补充侦查或者自行补充侦查等方式弥补侦查工作的不足；另一方面为人民法院提供审判的基本依据，确定审判的范围。因此，审查起诉具有承前启后的重要意义，同时也充分体现了公安机关、人民法院、人民检察院在刑事诉讼中分工负责、互相配合、互相制约的关系。

第三，审查起诉有利于保证刑事诉讼的公正性和准确性，提高刑事诉讼的整体效率。通过全面审查案件，一方面有利于防止将无罪、依法不应当追究刑事责任或者指控证据不足的人提交审判，保证刑事追诉的准确性，保障公民的合法权益；另一方面有利于准确、及时地将犯罪嫌疑人交付审判，防止刑事追诉上的放纵和遗漏。通过审查起诉，对一些案件依法作不起诉处理，可以减少检察机关和人民法院的工作量，有利于集中精力处理其他性质比较严重的犯罪案件。

第四，审查起诉可以为人民检察院作出提起公诉或不起诉的决定和出庭支持公诉奠定良好的基础。人民检察院审查起诉的过程，也是具体承办案件的检察官熟悉案件事实、证据和有关法律、法规、政策的过程。全面、细致地审查，不仅可以为正确决定提起公诉或者不起诉准备充分的依据，也可以保证公诉人在出庭支持公诉时能够熟练地运用证据和法律证实犯罪，取得良好的公诉效果。

第五，人民检察院通过审查起诉对侦查活动是否合法实行监督，可以发现和纠正侦查工作中的违法情况，从而保证刑事诉讼活动的合法性，保障司法公正。

第三节 审查起诉的内容

一、其他国家审查起诉的内容

审查起诉的内容是与审查起诉的目的和功能相适应的。在一些国家，审查起诉的功能大多比较单纯，除了启动审判的功能以外，主要是发挥审判前的过滤作用，防止不当起诉和审判。例如在日本，检察官审查侦查终结的案件，主要查明案件是否属于本检察厅相对应的法院管辖，是否有公诉权，嫌疑事实是否构成犯罪，证明嫌疑人犯罪的证据是否充分，有无免除刑罚的理由和刑事追诉之必要。可以看出，日本检察官审查起诉的内容是与其功能基本限于启动审判和过滤案件相适应的。

在俄罗斯，审查起诉除具有启动审判和过滤案件的功能以外，还有侦查监督和补正功能，即对侦查活动是否合法进行监督，并弥补侦查中的错误和疏漏。根据俄罗斯刑事诉讼法典的规定，当刑事案件经侦查机关侦查终结后，侦查员根据收集到的证据，足以确认刑事被告人实施了应当受到刑事处罚的罪行时，应当制作起诉书，并将起诉书及有关案件材料一并提交检察长全面审查。检察长主要查明下列问题：（1）指控被告人实施的行为是否真实；（2）是否构成犯罪；（3）有无法定终止刑事诉讼的情况；（4）调查或者侦查是否客观、充分，证据是否足以证实指控的事实；（5）是否对刑事被告人的全部犯罪事实提出指控；（6）是否将揭露出来的犯罪人都确定为犯罪人；（7）对犯罪的评定是否正确；（8）适用强制处分是否适当；（9）保证民事诉讼请求是否已采取了措施；（10）是否查明了促成犯罪的情况；（11）是否已采取了消除犯罪的措施；（12）起诉书是否符合刑事诉讼法的规定；（13）调查机关或者侦查机关是否遵守刑事诉讼法的要求。①

二、我国审查起诉的内容

在我国，由检察机关作为国家法律监督机关的地位所决定，审查起诉不仅具有启动审判和过滤案件的功能，也具有侦查监督和补正功能。人民检察院对公诉案件审查起诉的内容比较广泛，既涉及实体性问题，也涉及程序性问题，大致与俄罗斯相似。

根据新《刑事诉讼法》第168条和《人民检察院刑事诉讼规则（试行）》的有关规定，人民检察院审查移送起诉的案件，必须查明以下内容：

（一）犯罪嫌疑人的身份状况是否清楚

犯罪嫌疑人的身份状况主要包括姓名、性别、国籍、出生年月日、职业和单位以及民族、出生地、身份证号码、住址等。查清犯罪嫌疑人的身份状况，首先是为了避免确定犯罪嫌疑人的失误。由于我国重名的现象比较普遍，长相接近也比较常见，过去司法实践中曾经发生过抓错人以及犯罪嫌疑人出于各种原因冒名顶替的情况。要避免这些错误，就必须认真核实犯罪嫌疑人的身份。另外，在许多案件中，犯罪嫌疑人的身份状况直接影响其刑事责任和诉讼权利。这种影响主要涉及以下几个方面：

1. 该犯罪嫌疑人是否应当负刑事责任。例如，根据刑法规定，有些身份犯罪如军人违反职责罪，在犯罪构成上要求行为人必须具备特定的身份，不具备该身份即不构成犯罪。另外，如果犯罪嫌疑人不满14周岁，即不负刑事责任；如果犯罪嫌疑人已满14周岁、不满16周岁，除犯故意杀人、故意伤害致人重伤或者死亡、强奸、抢劫、贩卖毒品、放火、爆炸、投毒罪外，也不负刑事责任；如果犯罪嫌疑人是享有外交特权和豁免权的外国人，则其刑事责任应当通过外交途径解决。

2. 该犯罪嫌疑人的犯罪性质和罪名。同样是利用职务上的便利将本单位财物非法占为己有，如果行为人是国家工作人员，根据《刑法》第382条的规定构成贪污罪；如果行为人不是国家工作人员，而是公司、企业或者其他单位的人员，则应当依照《刑法》第271条的规定以职务侵占罪定罪处罚。

3. 对该犯罪嫌疑人是否从重、从轻、减轻或者免除处罚。例如，犯罪嫌疑人已满14周岁、不满18周岁的，应当从轻或者减轻处罚；司法工作人员犯妨害作证罪的，应当从重处罚等。

---

① 参见杨诚、单民主编：《中外刑事公诉制度》，法律出版社2000年版，第280页。

公诉制度教程

4. 对该犯罪嫌疑人判处何种刑罚。例如，对犯罪的外国人，可以单处或者并处驱逐出境，对具有中国国籍的人则不能适用这种刑罚。

此外，一个犯罪嫌疑人的身份状况往往影响同案其他犯罪嫌疑人的刑事责任，或者影响诉讼程序应如何依法进行。因此，查清犯罪嫌疑人的身份状况是侦查的基础性工作，审查犯罪嫌疑人的身份状况是否清楚也是审查起诉的首要内容，特别要重视查明犯罪嫌疑人的出生年月日、职业等很有可能影响其刑事责任的身份情况。

审查犯罪嫌疑人的身份状况，一般看卷宗内是否有居民身份证、户籍资料复印件和有关单位的证明材料。外国人的身份状况可以由其出入境护照证明。在实践中，应当注意审查有关的身份资料是否伪造或经过改动，不同资料之间是否存在矛盾。

即使犯罪嫌疑人的身份状况未完全查清，只要能够确定犯罪行为是其所为，一般情况下并不影响移送起诉和提起公诉。根据新《刑事诉讼法》第158条的规定，犯罪嫌疑人不讲真实姓名或住址、身份不明的，如果犯罪事实清楚、证据确实充分，确实无法查明其身份的，侦查机关和侦查部门也可以按其自报的姓名移送审查起诉。根据《人民检察院刑事诉讼规则（试行）》的规定，"被告人真实姓名、住址无法查清的，应当按其绰号或者自报的姓名、自报的年龄制作起诉书，并在起诉书中说明"。但如果因犯罪嫌疑人身份不明影响定罪量刑，例如，被告人自报年龄低于18周岁而无法查清的，应当以主要事实不清为由，决定退回补充侦查。对单位犯罪的，单位的相关情况也需要审查清楚。

（二）犯罪事实、情节是否清楚，认定犯罪性质和罪名的意见是否正确，有无法定从重、从轻、减轻或者免除处罚的情节，共同犯罪案件的犯罪嫌疑人在犯罪活动中的责任的认定是否恰当

查明犯罪事实、情节，是正确定罪量刑的前提。检察人员在审查起诉中，应当查明犯罪的时间、地点、手段、后果、因果关系以及犯罪的动机、目的等事实要素是否已经清楚。需要查明的犯罪事实、情节，不仅包括与定罪有关的事实、情节，也包括与量刑有关的事实情节。

起诉意见书不仅对犯罪事实、情节作出了认定，也对犯罪性质和罪名提出了意见。但公安机关或者人民检察院侦查部门对犯罪性质和罪名的认定意见，只能供审查起诉时参考，对公诉不具有约束力。负责审查起诉的检察人员在阅读起诉意见书后，应当避免先入为主，根据查明的案件事实，对起诉意见书认定犯罪性质和罪名是否恰当进行实事求是的审查，准确认定被告人是否构成犯罪，构成何种犯罪。在具体审查工作中，还要注意分清罪与非罪的界限、此罪

与彼罪的界限、一罪与数罪的界限。在共同犯罪案件中，还应审查各共同犯罪嫌疑人在共同犯罪中的地位和作用，分别确定是主犯、从犯、胁从犯还是教唆犯。

（三）证据材料是否随案移送，不宜移送的证据的清单、复制件、照片或者其他证明文件是否随案移送

侦查中所获取的证据材料，不管是证明犯罪嫌疑人有罪的证据材料，还是证明犯罪嫌疑人无罪、罪轻或者应当减轻、免除其刑事责任的证据材料，都必须移送人民检察院，以便全面审查判断，发现证据之间存在的疑点、矛盾和其他缺陷。

为了保证证据材料的客观真实性，除一些特殊情况外，所移送的证据材料应当是原件、原物。这里所谓的特殊情况，是指由于证据材料本身具有的特殊性质，不宜向人民检察院移送，或者因原件、原物已经灭失或返还被害人等，不能移送原物、原件。例如，有的体积庞大不便搬移，有的容易腐烂、变质必须及时处理，有的属于文物或者其他珍贵物品需要交有关部门专门保管，还有的赃款由侦查机关冻结在金融机构等。在这些情况下，可以不移送原物、原件，但也必须移送清单、复制件、照片或者其他证明文件，供人民检察院审查和在提起公诉、出庭支持公诉时使用。

（四）证据是否确实、充分，是否依法收集，有无应当排除非法证据的情形

查明证据是否确实、充分，是人民检察院决定起诉、不起诉和人民法院正确定罪量刑的依据和基础。这就要求侦查中收集的证据材料一方面要客观可靠，能够反映案件的真实情况；另一方面还必须达到一定的量，足以形成完整的证据体系或者锁链，使与定罪量刑有关的事实、情节均得到证明，并且足以排除犯罪嫌疑人未实施所指控犯罪的可能性。证据是否确实、充分与犯罪事实是否清楚是互相联系的。证据不确实、不充分，犯罪事实必然不清楚。只有犯罪事实清楚，证据确实、充分，犯罪嫌疑人的行为已经构成犯罪，人民检察院才可以将犯罪嫌疑人提起公诉，如果经过补充侦查证据仍然不充分，原则上应决定不起诉。

（五）有无遗漏罪行和其他应当追究刑事责任的人

人民检察院在审查起诉中，应当注意发现侦查中的疏漏，包括有没有应当发现而未发现、应当认定而未认定的罪行，以及除犯罪嫌疑人以外有没有应当追究刑事责任而未追究的人，从而使实施犯罪行为的人都依法受到应有的惩罚。

例如，在审查盗窃案件时，要注意发现是否有销赃犯或者包庇、窝藏犯；

在审查受贿案件时，要注意审查对行贿人是否应当追究刑事责任；在审查未成年人犯罪时，要注意发现是否有教唆犯或者传授犯罪方法的人；在审查个人犯罪案件时，要注意审查该犯罪嫌疑人是否属于某一犯罪团伙或黑社会性质犯罪组织成员；在审查共同犯罪案件时，要注意审查与案件有关的人和事，弄清是否遗漏罪行和其他应当追究刑事责任的人。实践证明，通过仔细审查阅卷并进一步调查核实，往往有可能发现侦查中的遗漏。如果发现有遗漏罪行或者其他应当追究刑事责任的人，应当予以追诉，或者要求侦查机关补充侦查，必要时也可以自行侦查。

（六）是否属于不应当追究刑事责任的人

保障无罪的人不受刑事追究是人民检察院的职责之一，因此，在审查起诉中应当坚持实事求是的原则，对于法律规定不应当追究刑事责任的情形，应当依法作出不起诉的决定。根据新《刑事诉讼法》第15条的规定，如果在审查起诉中发现有下列情形之一的，应当决定不起诉：

1. 情节显著轻微、危害不大，不认为是犯罪的；
2. 犯罪已过追诉时效期限的；
3. 经特赦令免除刑罚的；
4. 属于告诉才处理的犯罪的；
5. 犯罪嫌疑人死亡的；
6. 其他法律规定免予追究刑事责任的。

（七）是否属于未成年人犯罪案件

人民检察院审查起诉过程中应当注意审查案件是属于未成年犯罪案件，切实保障未成年犯罪嫌疑人、被告人的合法权益。对于未成年人与成年人共同犯罪案件，根据不同情况作出是否分案处理。人民检察院审查未成年人与成年人共同犯罪案件，一般应当将未成年人与成年人分案起诉。但是，具有下列情形之一的，可以不分案起诉：（1）未成年人系犯罪集团的组织者或者其他共同犯罪中的主犯的；（2）案件重大、疑难、复杂，分案起诉可能妨碍案件审理的；（3）涉及刑事附带民事诉讼，分案起诉妨碍附带民事诉讼部分审理的；（4）具有其他不宜分案起诉情形的。

对于分案起诉的未成年人与成年人共同犯罪案件，一般应当同时移送人民法院。对于需要补充侦查的，如果补充侦查事项不涉及未成年犯罪嫌疑人所参与的犯罪事实，不影响对未成年犯罪嫌疑人提起公诉的，应当对未成年犯罪嫌疑人先予提起公诉。对于分案起诉的未成年人与成年人共同犯罪案件，在审查起诉过程中可以根据全案情况制作一个审结报告，起诉书以及出庭预案等应当分别制作。人民检察院对未成年人与成年人共同犯罪案件分别提起公诉后，在诉讼过程中出现不宜分案起诉情形的，可以及时建议人民法院并案审理。

（八）有无附带民事诉讼，以及对国家财产、集体财产遭受损失的案件是否需要由人民检察院提起附带民事诉讼

刑事附带民事诉讼有两种情况：一种是由于犯罪嫌疑人的犯罪行为使国家财产、集体财产遭受损失，由人民检察院提起的附带民事诉讼；另一种是由于犯罪嫌疑人的犯罪行为使被害人遭受物质损失，由被害人提起的附带民事诉讼。新《刑事诉讼法》第99条规定："被害人由于被告人的犯罪行为而遭受物质损失的，在刑事诉讼过程中，有权提起附带民事诉讼。被害人死亡或者丧失行为能力的，被害人的法定代理人、近亲属有权提起附带民事诉讼。"人民检察院在审查起诉中，应当审查犯罪嫌疑人的犯罪行为是否给被害人造成了物质损失，被害人是否提起了附带民事诉讼。如果被害人已经提起附带民事诉讼，应当保护被害人的这项权利，给予支持；如果被害人没有提起附带民事诉讼，应当主动告知被害人或其法定代理人有权提起，由被害人或其法定代理人自行决定。被害人有权选择在刑事诉讼中一并提出附带民事诉讼，或是在刑事诉讼以外另行向法院提起民事诉讼。被害人要求提出附带民事诉讼的，应当告知其写好民事诉状，提起公诉时将民事诉状连同起诉书一并移送法院，而不应要求被害人自行向法院提出民事诉讼。当事人双方愿意调解的，人民检察院可以就民事赔偿主持调解。

在审查起诉中，要注意查明国家财产、集体财产是否遭受损失，核实、补充相关的证据，审查犯罪嫌疑人的行为与国家财产、集体财产的损失之间是否有因果关系，犯罪嫌疑人是否应承担赔偿等民事责任。如果是国家财产、集体财产遭受损失而没有被害人提起附带民事诉讼，人民检察院依法可以在提起公诉时一并提起附带民事诉讼，以全面追究犯罪嫌疑人的刑事责任和民事责任，保护国家财产和集体财产不受损失。

对于犯罪行为给法人或者其他单位造成物质损失的案件，主要根据有关财产所有权性质的不同分别处理。受损失的是某个非国有或者集体单位的财产的，应当告知该单位有权提起附带民事诉讼，是否提起由其自行决定。如果受损失的是某个国有单位或者集体单位的财产，则该单位也可以提起附带民事诉讼。如果由人民检察院提起附带民事诉讼更为适宜，可以由人民检察院提出。

（九）采取的强制措施是否适当

刑事案件移送审查起诉时，犯罪嫌疑人通常已经被逮捕、取保候审或者监视居住，如果未采取强制措施，人民检察院应当根据刑事诉讼法的规定，结合考虑保证刑事诉讼顺利进行的需要，对犯罪嫌疑人采取适当的强制措施。新《刑事诉讼法》第93条规定："犯罪嫌疑人、被告人被逮捕后，人民检察院仍

应当对羁押的必要性进行审查。对不需要继续羁押的，应当建议予以释放或者变更强制措施。有关机关应当在10日以内将处理情况通知人民检察院。"据此，公诉部门办案过程中必然与其他检察业务部门共同承担对犯罪嫌疑人、被告人羁押必要性的审查工作。如果侦查机关移送起诉时犯罪嫌疑人已经被逮捕、取保候审或者监视居住，人民检察院应当办理换押手续或者重新办理取保候审、监视居住；认为原来的强制措施不当的，应当及时予以变更、解除或者撤销。需要逮捕犯罪嫌疑人的，应当移送本院审查逮捕部门办理。对于未成年犯罪嫌疑人被羁押的，人民检察院应当认真审查是否有必要继续羁押。

在审查起诉中，人民检察院公诉部门和检察人员仍要对被依法逮捕的犯罪嫌疑人的羁押必要性进行审查。对不需要继续羁押的，应当建议予以释放或者变更强制措施。一般来说，应当根据案件的犯罪事实和证据情况，衡量犯罪嫌疑人被定罪的可能性、可能判处的刑罚以及人身危险性。对符合逮捕条件，但是犯罪嫌疑人、被告人具有患有严重疾病、生活不能自理，或者系生活不能自理的人的唯一扶养人，或者是怀孕或者正在哺乳自己婴儿的妇女，或者因为案件的特殊情况或者办理案件的需要，采取监视居住措施更为适宜等法定情形之一的，可以监视居住；对犯罪嫌疑人、被告人具有可能判处管制、拘役或者独立适用附加刑，或者虽然可能判处有期徒刑以上刑罚但采取取保候审不致发生社会危险性，或者患有严重疾病、生活不能自理以及怀孕或者正在哺乳自己婴儿的妇女且采取取保候审不致发生社会危险性的等法定情形之一的，可以取保候审。对符合取保候审条件，但犯罪嫌疑人、被告人不能提出保证人，也不交纳保证金的，可以监视居住。有关机关收到人民检察院改变强制措施的检察建议后，应当在10日以内将处理情况通知人民检察院。

必须认识到，逮捕是一种剥夺人身自由的最严厉的强制措施。错误适用逮捕，将严重损害犯罪嫌疑人的人权，且一旦起诉后被判决无罪，检察机关还要承担赔偿责任。因此，审查起诉阶段决定逮捕犯罪嫌疑人要持十分慎重的态度，不能只考虑便于诉讼，不分情况一律予以逮捕。根据2012年新《刑事诉讼法》第95条的规定，"犯罪嫌疑人、被告人及其法定代理人、近亲属或者辩护人有权申请变更强制措施。人民法院、人民检察院和公安机关收到申请后，应当在三日以内作出决定；不同意变更强制措施的，应当告知申请人，并说明不同意的理由"。因此，审查起诉时对已经逮捕的案件，如果犯罪嫌疑人、被告人及其法定代理人、近亲属或者辩护人提出变更强制措施申请的，应当认真对待、慎重审查。对那些罪行较轻，认罪态度好，可能判处缓刑，采取取保候审不至于继续危害社会，也不至于严重影响刑事诉讼顺利进行的犯罪嫌疑人，应当决定改变强制措施，予以取保候审或者监视居住。

（十）侦查活动是否合法

人民检察院审查起诉的过程，也是对侦查工作进行法律监督的过程。在审查起诉中，要注意审查侦查人员的侦查活动是否按照法律规定的原则和程序进行，法律手续是否完备，是否有侵犯当事人和其他诉讼参与人的诉讼权利和其他合法权益的行为，特别要查明在讯问犯罪嫌疑人和询问证人过程中是否有刑讯逼供和以威胁、引诱、欺骗以及其他非法方法收集证据的情况。根据2012年新《刑事诉讼法》第55条的规定，"人民检察院接到报案、控告、举报或者发现侦查人员以非法方法收集证据的，应当进行调查核实。对于确有以非法方法收集证据情形的，应当提出纠正意见；构成犯罪的，依法追究刑事责任"。因此，一旦发现侦查活动中有违法情况，应当及时提出纠正意见。如果侦查人员的违法行为已经构成犯罪，应当依法追究刑事责任。

对侦查活动中比较严重的违法情况，例如超期羁押、非法取证等，应当经检察长批准，向公安机关发出纠正违法通知书。侦查活动中往往还会有一些因工作不负责而出现的轻微违法或者不当情况，例如丢失原始物证，重要证据未随案移送，制作笔录、装订卷宗不规范等。一旦发现这些问题，应当通过发送检察建议、口头纠正或及时交换意见等形式予以指出和纠正，不能听之任之。

人民检察院审查起诉未成年犯罪嫌疑人，尤其应当注意审查公安机关的侦查活动是否合法，发现有下列违法行为的，应当提出纠正意见；构成犯罪的，依法追究刑事责任：（1）违法对未成年犯罪嫌疑人采取强制措施或者采取强制措施不当的；（2）未依法实行对未成年犯罪嫌疑人与成年犯罪嫌疑人分管、分押的；（3）对未成年犯罪嫌疑人采取刑事拘留、逮捕措施后，在法定时限内未进行讯问，或者未通知其法定代理人或者近亲属的；（4）对未成年犯罪嫌疑人威胁、体罚、侮辱人格、游行示众，或者刑讯逼供、指供、诱供的；（5）利用未成年人认知能力低而故意制造冤假错案的；（6）对未成年被害人、证人以诱骗等非法手段收集证据或者侵害未成年被害人、证人的人格尊严及隐私权等合法权益的；（7）违反羁押和办案期限规定的；（8）已作出不批准逮捕、不起诉决定，公安机关不立即释放犯罪嫌疑人的；（9）在侦查中有其他侵害未成年人合法权益行为的。

（十一）与犯罪有关的财物及其孳息是否查封、扣押、冻结并妥善保管以供核查，对被害人合法财产的返还和对违禁品或者不宜长期保存的物品的处理是否妥当，移送的证明文件是否完备

根据有关规定，作为证据使用的实物应当随案移送，不宜移送的要有清单、照片或者其他证明文件；赃款可由侦查机关冻结不随案移送，但是必须有金融机构出具的证明文件；查封、扣押的赃款赃物，如依法可以不移送，也应

当有清单、照片或其他证明文件；将赃款赃物返还被害人，应当有被害人出具的收条或领条；违禁品交有关部门保管或处理的，应当有相应的证明文件。这些证明文件和材料都必须随案移送。公安机关移送到检察院的实物，在审查起诉中认为可以返还被害人或者作其他处理的，也应当及时按规定处理，并将照片、清单、证明文件等入卷。

　　刑事案件一般或多或少地要涉及赃款赃物的处理。赃款赃物是否移送或者妥善处理，不仅影响对证据的审查，也往往涉及被害人、被告人的合法权益，应当予以重视，保证赃款赃物依法及时处理：一是要核查案中有哪些与犯罪有关的财物，审查是否还有部分赃款赃物尚未追缴、扣押或者冻结；除已移送的赃款赃物以外，是否还有其他赃款赃物未说明去向。二是要审查作为证据使用的实物是否都已经移送，对应当移送而未移送的实物必须要求公安机关移送。三是要审查需要作为证据的实物没有移送的原因，是否确属不宜移送的范围；未移送的货币、有价证券和实物是否已移送照片或者证明文件，照片或者证明文件与原款物在数量、型号等特征方面是否相符；赃款冻结在金融机构的，是否有金融机构出具的证明文件；赃款赃物已返还被害人的，是否有被害人出具的收条、领条。四是要审查公安机关未移送的实物中是否有文物、毒品、淫秽物品等违禁品以及枪支弹药、易燃易爆物品、剧毒物品和其他危险物品。对这些物品是否已按规定移送有关部门保管或处理，是否随案移送原物照片和清单以及交有关部门保管或处理的证明文件；大宗的、不便搬运的物品，是否有清单并附原物照片和封存手续，注明存放地点；易腐烂、霉变和不易保管的物品，公安机关已变卖处理的，是否随案移送原物照片、清单和变价处理的凭证。

第四节　审查起诉的程序

一、审查起诉的模式

　　检察机关采取何种程序行使公诉权，直接关系公诉权能否得到正确行使，关系当事人特别是被告人、被害人的合法权益能否得到依法保障。因此，许多国家在法律上规定了审查起诉的程序。由于司法体制的不同，各国审查起诉的程序往往差别较大，但基于惩罚犯罪、保障人权的共同目的，并由相关诉讼规律所决定，也有许多共同的特征。

　　世界各国审查起诉大致可分为三种模式：

（一）审查式

在这种模式中，审查起诉活动秘密进行，不采取开庭的形式，而由公诉机关根据侦查收集的证据和查明的案件事实，对照法律规定的公诉条件，确定有无充分的起诉理由和起诉必要，进而作出起诉或者不起诉的决定。在检察机关作为公诉权唯一主体的国家，例如德国、日本，通常实行这种审查式的程序。

采用审查式程序的国家，理论上一般认为审查起诉与法庭审理的性质和任务不同，相应的诉讼原则和程序也应不同。审查和决定公诉属于行使国家追诉权的活动，实行职权主义，在诉讼中则是控诉方的单方面行为。公诉机关决定提起公诉，只是向法院提出进行审判的司法请求，而不是确定被告人有罪，因此公诉机关在审查决定是否提出自己的控诉主张时，不需要采取类似庭审的程序。此外，审查起诉不公开进行，有利于防止被告人毁灭证据、掩盖罪行或逃避追究。为此，有的国家在法律上明确规定审查起诉应当秘密进行。例如，法国刑事诉讼法就规定，预审程序应予以保密。法国的这一规定为大陆法系许多国家所效仿。受上述理论观点的影响，辩护人介入审查起诉在时间上和辩护权的行使上也受到了较大限制。

第二次世界大战后，受保护被告人思潮的影响，实行审查式程序的国家纷纷降低了审查起诉的秘密程度，一是在提起公诉阶段甚至侦查阶段就允许辩护人介入诉讼，以提高侦查和起诉工作的透明度。二是规定侦查终结的结论或公诉的决定应当及时通知被告人及其辩护人并听取他们的意见。尽管如此，辩护人在审查起诉阶段行使辩护权的活动往往还受到一定限制。例如，法国刑事诉讼法规定，预审法官有权在一定期间内禁止在押的被告人与自己的辩护人自由交谈。

（二）抗辩式

英美法系国家实行当事人主义诉讼，比较重视在侦查、起诉阶段保护被告人的权利。在这些国家，检察机关的地位一般较低，并不独占公诉权，甚至对一些案件不能独立作出提起公诉的决定，而只能提出起诉的意见或者要求，提交大陪审团或者预审法官审查。大陪审团或者预审法官的作用，主要是对检察官准备提出的指控进行把关，以防止不当指控，保护公民的合法权益。大陪审团和预审法官在审查起诉时，往往采用类似法庭审理的抗辩式程序。例如在英国，治安法院可以进行书面预审，也可以进行言词预审。在书面预审中，预审法官只根据书面陈述，不经口头提证或辩论即决定是否将案件移送刑事法院审理。但这种书面预审也必须公开进行，被告人除法律规定的特殊情形外必须到庭。当被告人对全部或部分起诉证据提出异议要求驳回起诉时，即进行言词预审。言词预审基本上采用法庭审理时的抗辩程序，由起诉方和被告方当庭举证、询问和陈述，法庭在听审的基础上作出驳回起诉或移送起诉的决定。在美国，预审法官主持的预审同样以开庭的方式进行，检察官和被告人均应到庭，被告人委托的律师也可以到庭。检察官必须提出足够的证据证明有理由提出指控，被告方也可以出示有利于自己的证据，双方均有询问证人的权利。被告方可以以犯罪已过追诉时效等理由申请预审法官驳回控诉。

（三）折中式

所谓折中式程序，就是对公诉的审查和决定程序兼有审查式和抗辩式的特点。采取这种审查起诉模式的，主要是法国上诉法院起诉庭对重罪案件进行的二级预审和美国的大陪审团审查起诉。

根据法国刑事诉讼法的规定，上诉法院起诉庭对于提交审查的重罪案件，应当审查对被告人的指控是否有充分理由，并审查诉讼程序是否合法。审查时，由庭长和两名法官组成合议庭开庭审理。检察院的职权则由驻上诉法院检察长行使，或者由驻上诉法院检察院的一名检察官或代理检察官行使。开庭前，当事人及其律师可以到上诉法院起诉庭查阅案卷，并可以提交补具理由状。开庭审理时，首先由负责审查案卷的法官报告案情，再由检察长及提出要求的当事人的辩护人、代理人陈述简短意见。起诉庭认为有必要时，可以命令当事人亲自出庭，并可以命令其提出物证。审理中，可以依据检察长、当事人的要求或者依职权命令进行必要的补充侦查，可以在听取检察长陈述后依职权径行宣布释放被告人，还可以依职权或根据检察长的起诉书命令对移送来的被告人进行正式侦查。审理结束后起诉庭退庭，就是否将被告人移送重罪法庭审判进行秘密评议，而后作出决定。在起诉庭审查的过程中，尽管采用了开庭审理的方式，允许控辩双方有关人员到庭并陈述简短意见，但被告人不是必须到庭，起诉方也不当庭举证，不询问证人和进行辩论，因而兼具审查式和抗辩式的某些特点。

在美国的大陪审团审查起诉中，首先由检察官向大陪审团提交拟就的起诉书，概括介绍将予传唤的证人和出示的书证，接着由检察官在大陪审团前传唤并询问证人。大陪审团有权询问证人，也有权拒绝检察官的询问，或者要求传唤检察官准备名单以外的证人。如果半数以上成员认为检察官获得的证据符合起诉要求，即签发起诉书，以大陪审团名义向法院起诉，否则将撤销指控。大陪审团的听证、询问、评议等一切活动均不公开进行，只有审查结果即签署大陪审团起诉书或撤销指控的决定向社会公开。但为了使被告人能有效地准备辩护，也允许向其提供证人在大陪审团前所作证言的副本。大陪审团开庭时，被告人不到庭，因而也不进行控辩双方抗辩，且不适用严格的证据规则，只要确信存在盖然诉因就可以签发起诉书。①

---

① 参见卞建林：《刑事起诉制度的理论与实践》，中国检察出版社1993年版，第190页。

在我国，检察机关是公诉权的唯一主体，依职权追究犯罪，刑事诉讼制度与大陆法系国家比较接近。理论上一般认为，审查起诉与审判相比，性质和任务均不同。提起公诉只是为启动审判而提出的一种司法请求，并不确定被告人有罪和给予刑罚处罚，因而没有必要搬用法庭审理程序。检察机关有权根据侦查的结果，独立决定对犯罪嫌疑人是否提起公诉，不受被害人、被告人及其辩护人的意志左右，也不受其他机关、团体和个人的影响。如果采用类似庭审的程序，将不必要地拖延诉讼时间，影响司法效率。因此，我国审查起诉也采用审查式程序，并且基本上不公开进行。在审查起诉阶段，被告人有权委托辩护律师或者其他辩护人，被害人有权委托诉讼代理人。辩护律师有权查阅、摘抄、复制诉讼文书、技术性鉴定材料，可以同在押的被告人会见和通信，但与审判阶段相比，行使辩护权的范围具有相对局限性。律师以外的其他辩护人在行使辩护权时，要比辩护律师受到更多的制约，与被告人会见、通信等活动要经过检察机关许可。检察机关在审查起诉之初，必须告知被告人有权委托辩护人，但不将侦查终结的结论直接告诉被告人。在审查起诉中，检察机关必须听取被害人和被告人、被害人委托的人的意见。可见，我国审查起诉的程序不是完全秘密进行的，而是通过一定程度的公开，保障公诉权的正确行使，保护当事人的合法权益。近年来，检察机关还进行了不起诉公开审查的改革试点，进一步增进了审查起诉工作的透明度。

根据人民检察院各内设机构的职责分工和内部制约的要求，对刑事案件的审查起诉原则上由公诉部门具体负责。对特别重大的刑事案件设立专案组时，一般也由公诉部门的人员具体负责审查起诉工作。审查起诉时，必须严格执行刑事诉讼法以及《人民检察院刑事诉讼规则（试行）》等司法解释规定的程序。

二、受理案件的条件

受理审查起诉，是指人民检察院有关部门接受侦查机关侦查终结移送审查起诉的案件及人民检察院自侦部门侦查终结的案件，进行初步审查后，决定是否受理的诉讼活动。

根据 2012 年《人民检察院刑事诉讼规则（试行）》的规定，案件受理的职能调整统一由检察机关案件管理部门承担。对于侦查机关、下级人民检察院移送的审查逮捕、审查起诉、延长侦查羁押期限、申请强制医疗、申请没收违法所得、提出或者提请抗诉、报请指定管辖等案件，由人民检察院案件管理部门统一受理。对人民检察院管辖的其他案件，需要由案件管理部门受理的，可以由案件管理部门受理。人民检察院案件管理部门受理案件时，应当接收案卷材料，并立即审查下列内容：（1）依据移送的法律文书载明的内容确定案件是否属于本院管辖；（2）案卷材料是否齐备、规范，符合有关规定的要求；（3）移送的款项或者物品与移送清单是否相符；（4）犯罪嫌疑人是否在案以及采取强制措施的情况。案件管理部门对接收的案卷材料审查后，认为具备受理条件的，应当及时进行登记，并立即将案卷材料和案件受理登记表移送相关办案部门办理。经审查，认为案卷材料不齐备的，应当及时要求移送案件的单位补送相关材料。对于案卷装订不符合要求的，应当要求移送案件的单位重新装订后移送。对于移送审查起诉的案件，如果犯罪嫌疑人在逃的，应当要求公安机关采取措施保证犯罪嫌疑人到案后再移送审查起诉。共同犯罪案件中部分犯罪嫌疑人在逃的，对在案的犯罪嫌疑人的审查起诉应当依法进行。

我们认为，为确保刑事诉讼正常进行和案件质量，实践中，公诉部门受理移送审查起诉案件后仍有必要进行审查；发现问题的，应当及时按照《人民检察院刑事诉讼规则（试行）》的规定通过案件管理部门或者自行解决。审查的内容主要包括：

（一）案件是否属于本院管辖

各级人民检察院提起公诉，应当与人民法院审判管辖相适应。公诉部门收到移送审查起诉的案件后，经审查认为不属于本院管辖的，应当在5日以内经由案件管理部门移送有管辖权的人民检察院。认为属于上级人民法院管辖的第一审案件的，应当报送上一级人民检察院，同时通知移送审查起诉的公安机关；认为属于同级其他人民法院管辖的第一审案件的，应当移送有管辖权的人民检察院或者报送共同的上级人民检察院指定管辖，同时通知移送审查起诉的公安机关。上级人民检察院受理同级公安机关移送审查起诉案件，认为属于下级人民法院管理的，可以交下级人民检察院审查，由下级人民检察院向同级人民法院提起公诉，同时通知移送审查起诉的公安机关。一人犯数罪、共同犯罪和其他需要并案审理的案件，只要其中一人或者一罪属于上级人民检察院管辖的，全案由上级人民检察院审查起诉。需要依照刑事诉讼法的规定指定审判管辖的，人民检察院应当在侦查机关移送审查起诉前协商同级人民法院办理指定管辖有关事宜。

一般情况下，通过审查起诉意见书可以初步判断该案是否属于本院管辖。如果根据案件性质和犯罪地等情况，认为该案可能属于上级人民法院或者同级其他人民法院管辖的，应当进一步审查案卷材料，经审查认为属于上级人民法院管辖的第一审刑事案件时，应当写出书面审查报告，连同案卷材料报送上一级人民检察院，同时通知移送审查起诉的公安机关。经审查认为属于同级其他人民法院管辖的第一审刑事案件时，应当写出审查报告，连同案卷材料移送有管辖权的人民检察院，同时通知移送审查起诉的公安机关；如果发生管辖争议，应当将案件报送共同的上级人民检察院指定管辖。上级人民检察院受理同级公安机关移送审查起诉的案件，经审查认为属于下级人民法院管辖时，可以直接交下级人民检察院审查，由下级人民检察院向同级人民法院提起公诉，同时通知移送审查起诉的公安机关。

（二）起诉意见书以及案卷材料是否齐备，案卷装订、移送是否符合有关要求和规定，诉讼文书、技术性鉴定材料是否单独装订成卷等

起诉意见书和案卷材料齐备，这是保证审查起诉工作正确、顺利进行的基础。案卷材料的装订和移送，应当符合有关要求和规定，以便于检察人员审查阅卷，防止材料丢失。审查案卷材料的装订和移送是否符合要求和规定，主要看案卷材料是否都装订成册，多个卷宗是否标明编号，每个卷宗是否有封面并填具目录，是否标明连续的页码。诉讼文书、技术性鉴定材料之所以要求单独装订成卷，主要是为了便于辩护人查阅、摘抄和复制。

（三）作为证据使用的实物是否随案移送，移送的实物是否与清单相符

根据刑事诉讼法和有关司法解释的规定，"对作为证据使用的实物，应当依法随案移送。对不宜移送的，应当将其清单、照片或者其他证明文件随案移送"。在受理案件时，交接双方必须当场验证实物与清单是否相符。

（四）犯罪嫌疑人是否在案以及采取强制措施的情况

对于犯罪嫌疑人在逃的，应当将案件退回公安机关，并要求公安机关在采取必要措施保证犯罪嫌疑人到案后再移送审查起诉。共同犯罪的部分犯罪嫌疑人在逃的，应当要求公安机关采取必要措施保证在逃的犯罪嫌疑人到案后另案移送审查起诉，对在案犯罪嫌疑人的审查起诉应当照常进行。犯罪嫌疑人在押的，应当查明羁押处所并办理换押手续，以便提审犯罪嫌疑人，以及安排辩护律师到看守所会见犯罪嫌疑人。

公诉部门对于案管部门收案移送审查起诉的案件，经审查后，对具备受理条件的，负责初步审查的人员应当填写《受理审查起诉案件登记表》，将案件逐件逐人登记，而后交公诉部门负责人，由其指定检察员或者经检察长批准代行检察员职务的助理检察员对案件进行审查。实行主诉检察官办案责任制的情况下，一般由公诉部门负责人指定某个主诉检察官办案组办理，再由主诉检察官将案件分配给自己或者其他检察官负责办理，检察长也可以决定亲自办理案件。

三、告知权利

就检察机关而言，告知是刑事诉讼法规定的职责；对当事人及其法定代理人而言，被告知是他们的一项重要诉讼权利，属于知悉权的重要内容。做好告知工作，是司法公正的要求，是保障当事人及其法定代理人诉讼权利的法定措施。如果不向被告人、被害人履行告知职责，就很可能会影响被告人辩护权和被害人委托代理权的行使。实践中，检察人员绝不能因为办案工作忙或者告知有一定困难而省略这项工作。

根据刑事诉讼法的要求，人民检察院自收到移送审查起诉的案件材料之日起3日内，应当告知犯罪嫌疑人案件已经移送人民检察院审查起诉，他有权委托辩护人。在押的犯罪嫌疑人要求委托辩护人的，应当询问犯罪嫌疑人指定何人代为办理委托事宜，而后通知犯罪嫌疑人指定的人办理。对犯罪嫌疑人的告知，可以在进行第一次讯问犯罪嫌疑人时进行，但应注意遵守刑事诉讼法关于告知时限的规定。

人民检察院审查起诉未成年人刑事案件，自收到移送审查起诉的案件材料之日起3日内，应当告知该未成年犯罪嫌疑人及其法定代理人有权委托辩护人，告知被害人及其法定代理人有权委托诉讼代理人，告知附带民事诉讼的当事人及其法定代理人有权委托诉讼代理人。对未成年犯罪嫌疑人、未成年被害人或者其法定代理人提出聘请律师意向，但因经济困难或者其他原因没有委托辩护人、诉讼代理人的，应当帮助其申请法律援助。

另外，人民检察院自收到移送审查起诉的案件材料之日起3日内，应当告知被害人及其法定代理人或者近亲属、附带民事诉讼的当事人及其法定代理人有权委托诉讼代理人。其中，被害人有法定代理人的，应当告知其法定代理人；没有法定代理人的，应当告知其近亲属。法定代理人或者近亲属为二人以上的，可以只告知其中一人，但不能由无关的人员转达。

告知可以采取口头或者书面方式。口头告知的，应当记明笔录，由被告知人签名；书面告知的，应当要求被告知人在送达回证上签署姓名和收到时间。书面告知可以采取直接送达或者邮寄送达的形式。被害人及其法定代理人或者近亲属、附带民事诉讼当事人及其法定代理人不在本地居住或者不便直接送达的，可以在收案后3日内将书面告知文书邮寄给被告知人，要求其收到告知文书后，填好送达回证寄回。因被告知人地址不详等原因无法告知的，应当记录有关情况并入卷。如果确有必要告知而因人数众多、地址不详等原因无法直接如期告知的，视情况还可以采取登报公告等形式告知。

此外，根据 2012 年新刑事诉讼法，人民检察院审查起诉过程中，对于犯罪嫌疑人、被告人是盲、聋、哑人，或者是尚未完全丧失辨认或者控制自己行为能力的精神病人，没有委托辩护人的，如果公安机关没有通知法律援助机构指派律师为其提供辩护，人民检察院应当通知法律援助机构指派律师为其提供辩护。犯罪嫌疑人、被告人可能被判处无期徒刑、死刑，没有委托辩护人的，人民检察院也应当通知法律援助机构指派律师为其提供辩护。

四、审阅案卷

案卷材料是记载整个案件事实、证据的载体。审阅案卷是审查起诉的一项基本工作，贯穿审查起诉的整个过程。承办案件的检察官接到案件后，首先应仔细阅读起诉意见书，了解犯罪嫌疑人的犯罪事实、情节和侦查机关（部门）的定性意见，而后详细审阅案卷中的诉讼文书和证据材料，并制作阅卷笔录。审阅案卷的基本方法之一，就是从反面来发现证据材料存在的疑点和矛盾，从而为后续的工作奠定良好的基础。

审阅诉讼文书，主要是了解整个案件的侦查过程和犯罪嫌疑人被采取强制措施的情况，审查侦查机关（部门）在办理案件过程中是否有超期羁押等违法现象，以便进行监督。如果认为对犯罪嫌疑人采取的强制措施不当，应当及时予以变更或者撤销，需要对犯罪嫌疑人采取逮捕措施的，应当移送侦查监督（审查逮捕）部门办理。

承办案件的检察官应当通过审阅案卷，研究案件的犯罪事实、情节是否清楚，是否有确实、充分的证据证明。对案件事实的审查，涉及每起犯罪事实的动机、目的、时间、地点、手段、原因、结果和因果关系以及犯罪嫌疑人的年龄、身份、过去表现、认罪态度等，只要是与定罪量刑有关的事实、情节都必须进行审查。审查证据是否确实充分，主要是审查证据的客观真实性、关联性、合法性和证据体系的情况。按照提起公诉的证据要求，证明案件事实的证据还必须环环相扣形成证据锁链，形成完整的体系。所有属于犯罪构成要件的事实都有证据予以证明，并且证据之间不存在明显矛盾，疑点能够合理排除，根据证据得出的结论具有唯一性——是犯罪嫌疑人而不可能是其他人实施了犯罪行为，这样就可以认定事实清楚、证据充分。

制作阅卷笔录是审查起诉过程中一项重要的基础性工作。阅卷笔录是承办案件的检察官在审阅案卷材料的过程中，分类摘录有关案件事实、证据和诉讼程序的内容，并记录阅卷过程中的逻辑思维形成的书面材料。阅卷笔录的内容基本上来源于原卷材料，经办案人员筛选、综合分类和排列组合，对案件事实、证据情况和存在的问题反映得更加清楚，有利于办案人员熟悉和剖析案情，可供汇报、讨论案件和出庭支持公诉时查阅，对提高办案质量、办案效率和加强侦查监督具有重要的实用价值。

阅卷笔录的内容一般包括以下几个方面：（1）案件基本情况，包括案由、案件来源、收案日期、卷宗册数、承办人等。（2）犯罪嫌疑人基本情况，包括其姓名、性别、出生年月日、工作单位及职务、居住地、曾受过的刑罚处罚等。（3）法律手续和户籍证明，特别是要抄录犯罪嫌疑人被采取强制措施的时间，以审查侦查中是否超期羁押等违法情况。（4）案件事实和证据情况，这是阅卷笔录的核心内容。（5）破案及抓获犯罪嫌疑人的经过。（6）与被害人、证人、鉴定人的联系方法等其他有必要记载的情况。（7）阅卷意见。制作阅卷笔录的形式，有摘录式、图表式等，其中最常见的是摘录式。

制作阅卷笔录的总体要求是客观、全面、准确、清楚，重点突出，详略得当。在制作阅卷笔录前，必须首先全面地通读原卷材料，熟悉基本案情和案件材料的基本情况。在此基础上，要对案件事实和证据材料进行分类。通常对复杂的案件，可先以犯罪性质分类；在同一性质下，再以事件分类；在同一事件下还可按情节发展阶段分类。案情很简单的，对案件事实也可以不再分类。在对案件事实分类的基础上，对证据按照证据类型和证明对象进行归类集中，以便进行对比分析，发现证据的矛盾、差异和遗漏等问题，而后一边仔细阅卷一边摘录卷宗材料。

阅卷时，应当在能够充分反映案卷全貌和保持材料原意的前提下，有重点地摘录。摘录证据时，应当记明证据的名称、取证时间等。对犯罪嫌疑人供述要作重点摘录，数次供述不一致应按时间顺序排列，摘清差别和矛盾所在，以便互相对比和与其他证据材料印证。对涉及下列内容的材料应当作为重点，详细摘录：（1）关键情节及其证据材料，如涉及构成要件的事实和情节，涉及罪与非罪、此罪与彼罪、量刑情节等情节；（2）证据之间的矛盾或差异；（3）被告人第一次和最后一次供述与辩解；（4）涉及遗漏罪行和遗漏同案犯罪嫌疑人的事实、情节及其证据材料；（5）存在疑点的事实、情节和证据材料；（6）收集证据不合法或者侦查人员有其他违法行为的情况。前后几次供述、证言一致的，可以只详细摘录一次，对其他几次可作概括说明。摘录证据材料时，应当注明所在卷宗及其页码，以备随时查对、引用。

在制作阅卷笔录过程中，应当叙写阅卷意见。阅卷意见是在阅卷后对案件事实及案卷材料情况所作的分析、评论意见，一般应当分阶段叙写，最后进行综合归纳。阅卷意见的内容，一般包括对案件事实认定情况的分析意见，对证据材料情况的分析意见，以及对需要进行哪些工作和应作何种诉讼决定的意见。

五、核实证据

根据新《刑事诉讼法》第 170 条的规定，人民检察院审查案件，应当讯问犯罪嫌疑人。这是法定的必经程序，不论阅卷后对事实和证据是否有疑问，都必须进行这项工作。通过讯问犯罪嫌疑人，可以直接听取犯罪嫌疑人对案件事实的供述和辩解，了解和掌握犯罪嫌疑人的认罪态度和思想动态，核实起诉意见书认定的犯罪事实和情节，核实其他证据，发现有无遗漏罪行或者其他应当追究刑事责任的人以及侦查活动中是否有违法情形等。

在讯问前，承办案件的检察官要做好充分的准备，确定讯问意图，研究讯问策略，拟定讯问提纲。讯问时，办案人员不得少于 2 人。讯问犯罪嫌疑人的次数不限，根据办理案件的需要确定。第一次讯问应当具体、完整。首先应讯问或者由犯罪嫌疑人自述基本情况，包括姓名、年龄、文化程度、民族、住址、家庭成员、社会关系、个人经历、有无前科等，核对犯罪嫌疑人被采取强制措施的种类、时间、原因等情况，而后讯问犯罪嫌疑人有无犯罪事实。如果犯罪嫌疑人供认有罪，应当要求犯罪嫌疑人陈述其犯罪事实和情节，而后针对尚不清楚的细节进行重点讯问，以核实卷中证据，并弥补卷中证据存在的缺陷和疏漏；如果犯罪嫌疑人不供，应当问清其辩解理由；如果犯罪嫌疑人翻供，应当问清其翻供的理由。特别是犯罪嫌疑人以侦查人员刑讯逼供为理由而翻供的，应当详细讯问所称刑讯逼供的过程，以便调查核实。以后的各次讯问，可以是完整的讯问，也可以只就案件尚不清楚的事实、情节进行讯问。

人民检察院审查起诉未成年人犯罪案件，应当讯问未成年犯罪嫌疑人。讯问未成年犯罪嫌疑人，应当根据该未成年人的特点和案件情况，制定详细的讯问提纲，采取适宜该未成年人的方式进行，讯问用语应当准确易懂。讯问未成年犯罪嫌疑人，应当告知其依法享有的诉讼权利，告知其如实供述案件事实的法律规定和意义，核实其是否有自首、立功、检举揭发等表现，听取其有罪的供述或者无罪、罪轻的辩解。讯问未成年犯罪嫌疑人，应当通知法定代理人到场，告知法定代理人依法享有的诉讼权利和应当履行的义务。讯问女性未成年犯罪嫌疑人，应当有女检察人员参加。讯问未成年犯罪嫌疑人一般不得使用戒具。对于确有人身危险性，必须使用戒具的，在现实危险消除后，应当立即停止使用。

除讯问犯罪嫌疑人外，承办案件的检察官还应当根据案件具体情况询问部分或者全部被害人、证人。询问的主要目的，一是考察被害人陈述和证人证言是否稳定，有无遗漏；二是对被害人、证人在侦查阶段陈述得不清楚、不具体或者遗漏的事实、情节进行补充性询问，以弥补证据存在的不足。如果证人翻证，同样要详细询问翻证的理由和对案件事实新的陈述。

第一次讯问犯罪嫌疑人、询问被害人前，都应当向他们告知办案人员的身份，并告知其有权申请回避，有权委托辩护人、诉讼代理人。讯问犯罪嫌疑人、被害人和证人，除制作讯（询）问笔录外，应尽可能采取录音、录像等方法固定证据，以防止和应对证据的变化。

案件有技术性鉴定材料的，应当与其他证据进行核对，必要时可以交由检察技术人员审查或者共同审查，也可以针对鉴定意见的疑点询问鉴定人。具体而言，一是认为需要对案件中某些专门性问题进行鉴定而侦查机关没有鉴定的，应当要求侦查机关进行鉴定；必要时也可以由人民检察院进行鉴定或者由人民检察院送交有鉴定资格的人进行。人民检察院自行进行鉴定的，可以商请侦查机关派员参加，必要时可以聘请有鉴定资格的人参加。二是发现犯罪嫌疑人可能患有精神病的，人民检察院应当依照有关规定对犯罪嫌疑人进行鉴定。犯罪嫌疑人的辩护人或者近亲属以犯罪嫌疑人可能患有精神病而申请对犯罪嫌疑人进行鉴定的，人民检察院应当依照有关规定对犯罪嫌疑人进行鉴定，鉴定费用由申请方承担。三是对鉴定意见有疑问的，可以询问鉴定人并制作笔录附卷，也可以指派检察技术人员或者聘请有鉴定资格的人对案件中的某些专门性问题进行补充鉴定或者重新鉴定。四是公诉部门对审查起诉案件中涉及专门技术问题的证据材料需要进行审查的，可以送交检察技术人员或者其他有专门知识的人审查，审查后应当出具审查意见。

如果对物证、书证、视听资料、勘验、检查笔录等存在疑问，承办案件的检察官可以要求侦查人员说明获取、制作这些证据材料的有关情况。具体而言，一是对公安机关的勘验、检查，认为需要复验、复查的，应当要求公安机关复验、复查，人民检察院可以派员参加；也可以自行复验、复查，商请公安机关派员参加，必要时也可以聘请专门技术人员参加。二是对物证、书证、视听资料、电子数据及勘验、检查、辨认、侦查实验等笔录存在疑问的，可以要求侦查人员提供获取、制作的有关情况。必要时也可以询问提供物证、书证、视听资料、电子数据及勘验、检查、辨认、侦查实验等笔录的人员和见证人并制作笔录附卷，对物证、书证、视听资料、电子数据进行技术鉴定。此外，对证人证言笔录有疑问或者认为对证人的询问不具体、有遗漏的，可以对证人进行询问并制作笔录附卷。对于随案移送的讯问犯罪嫌疑人录音、录像或者人民检察院调取的录音、录像，人民检察院应当审查相关的录音、录像；对于重大、疑难、复杂的案件，必要时可以审查全部录音、录像。

必须注意的是，刑事诉讼法规定严禁以非法的方法收集证据。以刑讯逼供或者威胁、引诱、欺骗等非法的方法收集的犯罪嫌疑人供述、被害人陈述、证人证言，不能作为指控犯罪的根据，应从控诉证据中予以排除。在审查起诉中，对于发现可能存在新《刑事诉讼法》第54条规定的以非法方法收集证据情形的，可以要求侦查机关对证据收集的合法性作出书面说明或者提供相关证明材料。在审查中发现侦查人员以非法方法收集犯罪嫌疑人陈述、证人证言等证据材料的，公诉部门应当依法排除非法证据并提出纠正意见，同时可以要求侦查机关另行指派侦查人员重新调查取证，必要时人民检察院也可以自行调查取证。

此外，实践中采取下列方法收集的证据比较多见，也不具有合法性，应当予以排除，并要求公安机关重新取证或者自行调查取证：（1）讯问犯罪嫌疑人时，只有一名办案人员讯问并记录的讯问笔录。（2）讯问聋、哑的犯罪嫌疑人时，没有通晓聋、哑手势的人参加，没有将这种情况记明笔录。（3）没有将笔录交犯罪嫌疑人或证人、被害人核对的讯问笔录、证人证言、被害人陈述。（4）没有犯罪嫌疑人或证人、被害人的签名或者盖章以及侦查人员签名的讯问笔录、证人证言、被害人陈述。

六、接待辩护人、诉讼代理人

《人民检察院刑事诉讼规则（试行）》规定，人民检察院在办案过程中，应当依法保障犯罪嫌疑人行使辩护权利。辩护人、诉讼代理人向人民检察院提出有关申请、要求或者提交有关书面材料的，案件管理部门应当接收并及时移送相关办案部门或者与相关办案部门协调、联系，具体业务由办案部门负责办理。但是，从办案实际出发，公诉部门也需要依法接待辩护人、诉讼代理人，注意保障当事人合法的诉讼权利。公诉人员在审查起诉中，应当保证犯罪嫌疑人行使辩护权。人民检察院审查案件，应当听取辩护人、被害人及其诉讼代理人的意见，并制作笔录附卷。辩护人、被害人及其诉讼代理人提出书面意见的，应当附卷。犯罪嫌疑人委托了辩护律师或者其他辩护人的，承办案件的检察官在第一次接待辩护人时，应当核实辩护人的身份证明和辩护委托书，重点审查是否有按照规定不得被委托担任辩护人的情形。

根据新《刑事诉讼法》第38条的规定，"辩护律师自人民检察院对案件审查起诉之日起，可以查阅、摘抄、复制本案的案卷材料。其他辩护人经人民法院、人民检察院许可，也可以查阅、摘抄、复制上述材料"。《律师法》第34条对律师阅卷权作了规定，即受委托的律师自案件审查起诉之日起，有权查阅、摘抄和复制与案件有关的诉讼文书及案卷材料。作为委托诉讼代理人的被害人代理律师也应当享有与辩护律师同等的权利。根据刑事诉讼法和有关司法解释规定，案件材料包括"诉讼文书"、"技术性鉴定材料"，以及其他证明犯罪嫌疑人有罪、犯罪情节轻重的各种证据材料。其中，"诉讼文书"，包括立案决定书、拘留证、批准逮捕决定书、逮捕决定书、逮捕证、起诉意见书等为立案、采取强制措施以及移送审查起诉而制作的程序性文件。"技术性鉴定材料"，包括法医鉴定、司法精神病鉴定、物证技术鉴定等有鉴定资格的人员对人身、物品及其他有关证据材料进行鉴定所形成的记载鉴定情况和鉴定意见的文书。

律师以外的辩护人申请查阅、摘抄或者复制诉讼文书、技术性鉴定材料，或者同在押的犯罪嫌疑人会见和通信的，承办案件的检察官应当在接到申请后的3日内对申请人是否具备辩护人资格进行审查，并以人民检察院名义作出是否许可的书面决定，通知申请人。对律师以外辩护人的上述申请审查是否许可，通常应相对严格掌握，特别是具有下列情形之一的，应当不予许可：（1）同案犯罪嫌疑人在逃的；（2）案件事实不清，证据不足，或者遗漏罪行、遗漏同案犯罪嫌疑人需要补充侦查的；（3）涉及国家秘密的；（4）有事实表明存在串供，毁灭、伪造证据，危害证人人身安全，或者影响证人证言稳定等可能的。

辩护律师、经过许可的其他辩护人和被害人代理律师查阅、摘抄、复制本案诉讼文书、技术性鉴定材料，应当向公诉部门提交书面申请、本人身份证明和辩护（代理）委托书，公诉部门接受申请后应当在3日内尽快安排办理。

根据新《刑事诉讼法》第39条、第40条规定，辩护人认为在侦查、审查起诉期间公安机关、人民检察院收集的证明犯罪嫌疑人、被告人无罪或者罪轻的证据材料未提交的，有权申请人民检察院调取。辩护人收集的有关犯罪嫌疑人不在犯罪现场、未达到刑事责任年龄、属于依法不负刑事责任的精神病人的证据，应当及时告知公安机关、人民检察院。因此，对于辩护律师、被害人代理律师申请人民检察院向犯罪嫌疑人提供的证人，或者其他有关单位和个人收集、调取证据的，除已经收集、调取或者其他确实没有必要的情形外，应当认真收集、调取证据。辩护律师申请收集、调取的证据通常是有利于犯罪嫌疑人的证据，如果不收集、调取，容易在出庭公诉中陷入被动。另外，还要特别重视对这类证据真实性的审查，注意证人或者其他有关单位和个人是否可能因与本案有利害关系，或者受到其他利害关系人的影响而提供伪证。

辩护律师向人民检察院提出申请，要求向被害人或者其近亲属、被害人提供的证人收集与本案有关的材料的，检察机关应当在接到申请后7日内作出是否许可的决定，通知申请人。

七、听取意见

在实行国家追诉的情况下,公诉机关有权依职权决定是否对犯罪嫌疑人提起公诉,并不受被害人或者其他人的意见左右。但为了实现社会正义,平衡地保护诉讼各方当事人的合法权益,保证公诉权的正确行使,各国在审查起诉中通常都很重视听取当事人及辩护人等诉讼辅佐人的意见。在加强刑事被害人人权保障的国际潮流影响下,许多国家相继扩大了被害人对刑事诉讼的参与程度和影响力,有的在法律上专门规定了听取被害人意见的程序。如在英国,审查起诉采用抗辩式程序,被害人有权在预审法庭上向预审法官陈述自己对证据、对案件处理方式的意见和态度。美国1982年《被害人和证人保护法》规定,检察官为了听取对联邦刑事案件的处理意见,应当与被害人及其家属协商。协商的范围包括撤回公诉、释放被告人、辩诉交易以及审判前变更程序等。在辩诉交易中,检察官提出量刑建议前通常也要征求被害人的意见。大陆法系一些国家也有听取被害人意见的规定。

许多国家法律还详细规定了保障被害人充分陈述意见的程序。如在法国,被害人一般以民事当事人的身份参加预审,预审法官在审查时通常要听取民事当事人的陈述。根据刑事诉讼法典的规定,民事当事人自第一次被听取陈述时起,即可以由律师协助。在民事当事人已经聘请律师的情况下,只有其律师在场时,或者按规定传唤律师后,才能听取民事当事人的陈述。预审法官至迟在听取陈述之前5个工作日,应当传唤民事当事人的律师等诉讼辅佐人,并且在听取陈述前4个工作日将诉讼案卷交诉讼辅佐人查阅和使用。民事当事人进行陈述或者与受指控人、证人进行对质时,都由其诉讼辅佐人协助。

人民检察院审查案件,听取犯罪嫌疑人及辩护人和被害人及诉讼代理人双方的意见,有利于核实证据,正确认定案件事实,依法维护当事人的合法权益,监督侦查活动的依法进行。我国刑事诉讼法在1996年修改以前,司法实践中通常听取被害人的意见,目的主要是更好查明案情,维护被害人的利益,争取更好的社会效果。1996年刑事诉讼法修改肯定了这一经验,规定人民检察院审查案件,应当讯问犯罪嫌疑人,听取被害人和犯罪嫌疑人、被害人委托的人的意见。2012年刑事诉讼法修改对此作了进一步完善。新《刑事诉讼法》第170条规定,"人民检察院审查案件,应当讯问犯罪嫌疑人,听取辩护人、被害人及其诉讼代理人的意见,并记录在案。辩护人、被害人及其诉讼代理人提出书面意见的,应当附卷"。这一规定提高了犯罪嫌疑人、被害人及其委托的人在审查起诉阶段的诉讼地位,增强了审查起诉程序的透明度,是诉讼民主的重要体现。在实践中必须严格依法执行,而且要将有关情况记录在案。

被害人、辩护人和被害人诉讼代理人的意见,可以是有关案件事实和证据的意见,也可以是有关起诉或不起诉等适用法律方面的意见。在审查起诉中,原则上应当直接听取他们的意见,并制作笔录附卷。直接听取意见有困难的,可以发出书面通知,由其在指定期限内提出书面意见;期满未提出意见的,应当记明笔录并附卷。被害人无法找到或者因人数众多无法全部听取意见的,应当将有关情况记明笔录。被害人、辩护人、被害人诉讼代理人要求提供书面意见的,应当接受,并视情况进行必要的询问或作进一步征询。为了保证充分听取意见,在司法实践中还要注意以下几个方面:

一是要充分保障被害人、辩护人和被害人诉讼代理人的知悉权,依法及时安排辩护人、诉讼代理人查阅、摘抄、复制案件材料,安排辩护人与被告人会见和通信,以便他们掌握必要的情况。在告知被害人有权委托诉讼代理人时,也应告知其有权向检察机关陈述意见。

二是要允许被害人、辩护人和被害人诉讼代理人多次陈述意见,甚至改变原有的意见,绝不能把听取意见看作一项例行和一次性的工作,不能因为已经听取过意见就拒绝他们再次提出意见或改变意见。

三是当被害人有诉讼代理人时,原则上应在诉讼代理人在场的情况下听取被害人意见,使被害人获得必要的法律帮助。被害人没有委托诉讼代理人的,应当向其说明相关的法律规定。

此外,人民检察院审查起诉未成年犯罪嫌疑人,应当听取其父母或者其他法定代理人、辩护人、未成年被害人及其法定代理人的意见。可以结合社会调查,通过学校、社区、家庭等有关组织和人员,了解未成年犯罪嫌疑人的成长经历、家庭环境、个性特点、社会活动等情况,为办案提供参考。移送审查起诉的案件具备以下条件的,检察人员可以安排在押的未成年犯罪嫌疑人与其法定代理人、近亲属等进行会见、通话:(1)案件事实已基本查清,主要证据确实、充分,安排会见、通话不会影响诉讼活动正常进行;(2)未成年犯罪嫌疑人有认罪、悔罪表现,或者虽尚未认罪、悔罪,但通过会见、通话有可能促使其转化,或者通过会见、通话有利于社会、家庭稳定;(3)未成年犯罪嫌疑人的法定代理人、近亲属对其犯罪原因、社会危害性以及后果有一定的认识,并能配合公安司法机关进行教育。在押的未成年犯罪嫌疑人同其法定代理人、近亲属等进行会见、通话时,检察人员应当告知其会见、通话不得有串供或者其他妨碍诉讼的内容。会见、通话时检察人员可以在场。会见、通话结束后,检察人员应当将有关内容及时整理并记录在案。

八、补充侦查

审查起诉中,认为犯罪事实不清、证据不足,或者遗漏罪行、遗漏同案犯罪嫌疑人时,可以进行补充侦查,以进一步收集证据,查清有关案件事实和情节。

根据新《刑事诉讼法》第171条第2款的规定,补充侦查有两种形式:一种是退回公安机关或者本院侦查部门进行补充侦查。这种方式一般适用于主要犯罪事实不清,证据缺陷比较严重,或遗漏了重要犯罪事实,或遗漏了应当追究刑事责任的同案犯的案件,因为在这些情况下补充侦查的工作量比较大,以退回公安机关或本院侦查部门补充侦查为宜。对于需要退回补充侦查的案件,应当制作补充侦查决定书,写明退查的理由和补充侦查提纲,连同案卷材料一并退回公安机关或本院侦查部门补充侦查。例如,发现犯罪嫌疑人有患精神病可能的,应当要求公安机关对犯罪嫌疑人进行鉴定。另一种是由人民检察院自行侦查。这种方式一般适用于只有某些次要的犯罪事实、情节不清,补充侦查的工作量不大的案件。

对退回公安机关补充侦查的案件,必须以补充侦查提纲的形式,明确、具体地列明需要补充查明的具体事项和要求,并逐一说明证明的内容,表述必须准确、清楚,避免概括、笼统的语言,以便引导侦查人员正确、高效取证。

哪些案件应当退回补充侦查,哪些案件应当自行侦查,并没有硬性标准,需要承办案件的检察官根据案件具体情况考虑,主要应考虑补查工作量大小,是否需要运用专门的技术手段,是否有能力完成补查工作等。由于自行侦查的时间计算在人民检察院审查起诉期限内,因此通常除补查工作量确实比较小的情况以外,为了减少审查起诉工作负荷,保证案件及时审结,应当退回公安机关补充侦查。但如果发现公安机关侦查人员在侦查中有刑讯逼供等违法情况,或者在认定事实、证据方面与公安机关有较大分歧,认为退回补充侦查不利于案件及时、正确处理的,只要诉讼期限允许,即使补查的工作量比较大,也应当自行侦查。人民检察院自行侦查的案件,需要补充侦查的,一般情况下应退回侦查部门补充侦查;如果补查工作量较小,检察人员有能力进行自行侦查或者认为自行侦查更有利于及时、正确处理案件时,也可以自行侦查。在自行补充侦查中,对各种有疑问的证据都要重新收集或者鉴定,并注意收集可能存在的新的证据。自行侦查过程中,可以根据法律和有关规定适用侦查措施和程序。

根据新《刑事诉讼法》第171条第3款的规定,退回补充侦查的案件,应当在一个月内补充侦查完毕。人民检察院在审查起诉中决定自行侦查的,应当在审查起诉期限内侦查完毕。补充侦查以二次为限。这里的"二次",是指退回补充侦查二次,不包括自行侦查的次数,因为人民检察院自行侦查并不需要专门的期限和程序,也不会导致办案期限延长。案件改变管辖的,在改变前后退回补充侦查的次数总共不得超过二次。

经过补充侦查,公安机关如果对案件事实、证据和适用法律的意见发生重大变化,应当重新制作起诉意见书;如果只是在个别情节上补充了有关材料,可以以书面意见的形式移送人民检察院;如果认为应当撤销案件,公安机关有权决定撤销案件,但应当将决定通知人民检察院。

对案件事实已经查清,但尚有个别证据需要查证,且属于法庭审判所必需的,可以要求公安机关提供这些个别的证据材料,一般不需要退回补充侦查。承办案件的检察官应当立足于法庭举证的具体要求,制作提供法庭审判所需证据材料通知书送达公安机关,要求其补充提供证据。经过两次退回补充侦查,在法院判决之前包括审查起诉阶段和提起公诉后,认为需要补充提供法庭审判所必需的证据材料时,还可以书面要求公安机关提供。

对于已经退回公安机关两次补充侦查的案件,如果在审查起诉中又发现新的犯罪事实,因案件依法已不能退查,可以对已经查清的犯罪事实先行提起公诉,同时将新发现的犯罪事实移送公安机关另行立案侦查。对于另行立案侦查符合起诉条件的,另行提起公诉。对于二次补充侦查的案件,人民检察院仍然认为证据不足,不符合起诉条件的,应当作出不起诉的决定。

九、审查起诉的期限

根据新《刑事诉讼法》第169条和2012年《人民检察院刑事诉讼规则(试行)》的规定,人民检察院对于公安机关移送审查起诉的案件,应当在一个月内作出决定;重大、复杂的案件,一个月内不能作出决定的,报经检察长批准,可以延长半个月;改变管辖的案件,从改变后的人民检察院收到案件之日起计算审查起诉期限。案件经过退回补充侦查的,每一次补充侦查完毕移送审查起诉后,人民检察院重新计算审查起诉期限。根据新《刑事诉讼法》第147条的规定,对犯罪嫌疑人作精神病鉴定的期间不计入办案期限。此外,根据有关司法解释的规定,对于适用快速办理机制的轻微刑事案件,审查起诉时,应当在20日内作出是否提起公诉的决定;办案任务重、案多人少矛盾突出的,应当在30日内作出决定,不得延长办理期限。

有的学者认为,犯罪嫌疑人未被羁押的案件,人民检察院的审查起诉不受一个月或一个半月期限的限制。这种理解缺乏法律依据。从新《刑事诉讼法》第169条的规定看，上述审查起诉期限适用于任何案件，与犯罪嫌疑人被采取的强制措施无关，人民检察院应当依法严格执行。

在审查起诉中应当贯彻迅速、及时的原则，确保在法定期限内审查完毕。司法实践中，审查起诉工作可能遇到犯罪嫌疑人潜逃，或者因患有精神病及其他严重疾病不能接受讯问、丧失诉讼行为能力，或者由于自然灾害等不可抗力等原因无法参加诉讼活动的等特殊情况。在审查起诉工作中，对于这些特殊情况如何处理，存在不同的认识。有观点认为，审查起诉过程中遇到犯罪嫌疑人、被告人潜逃，或者因患有其他严重疾病等特殊情况的，应当中止审查；在据此中止审查的情形消失后，应当撤销中止审查决定，恢复审查。有观点认为，检察机关执法必须严格依法，中止审查虽有一定道理，但于法无据，不能适用。对此，我们认为，根据新刑事诉讼法和《人民检察院刑事诉讼规则（试行）》的有关规定和精神，实践中遇到上述特殊情况，应当根据不同情况作出不同处理：一是对于犯罪嫌疑人潜逃的，应采取措施进行追捕，并继续进行其他侦查活动。如果犯罪嫌疑人不在押，办案不受羁押期限、办案期限的限制。对于审查起诉阶段犯罪嫌疑人潜逃的，还可以进行其他审查工作。不符合起诉条件的，退回侦查机关处理。上述两种情况必要时均可以启动违法所得没收程序，对有关犯罪事实、违法所得情况进行调查，并可以采取查封、扣押、冻结和查询等措施。二是对于犯罪嫌疑人患有严重疾病不能接受讯问的，在审查起诉阶段可以变更强制措施，不在押的办案期限可以适当延长。对于实施暴力行为依法不负刑事责任的精神病人，可以依法提出强制医疗的申请。三是审查起诉阶段出现自然灾害等不能抗拒的客观原因，属于特殊的极个别情况，应当在有关不抗力原因消失之后，恢复审查起诉工作。

十、赃款、赃物的处理

在审查起诉期间，对于查封、扣押、冻结的犯罪嫌疑人的财物及其孳息，应当妥善保管以供查核。追缴的财物中，属于被害人的合法财产，不需要在法庭上出示的，应当及时返还被害人，并由被害人在发还款物清单上签名或者盖章，注明返还的理由，并将清单、照片附入检察卷宗。属于违禁品或者不宜长期保存的物品，应当依照国家有关规定处理，并将财物清单、照片和处理结果附卷。

在审查起诉中犯罪嫌疑人死亡，对犯罪嫌疑人的存款、汇款应当依法予以没收或者返还被害人的，可以申请人民法院裁定通知冻结犯罪嫌疑人存款、汇款的金融机构上缴国库或者返还被害人。

第五节 公诉案件审查报告

一、审查报告概述

公诉案件审查报告，又称"公诉案件审结报告"、"公诉案件审查意见书"，是指检察机关公诉部门的办案人员对公诉案件进行全面审查后，就案件是否应当起诉或者不起诉以及是否需要提起附带民事诉讼提出结论性意见并阐明理由的重要书面材料。公诉案件审查报告能够反映公诉环节办案的主要过程，在检察机关公诉办案环节中具有重要作用。它不仅是公诉部门办案人员对案件提出处理办法及其理由的综合性文字材料，也是用于向上级领导汇报工作，反映办案情况，提出建议的报告文件；不仅是检察机关诉讼归档的主要内容和必要材料，也是复查案件办理情况的基本依据。

根据《人民检察院刑事诉讼规则（试行）》的有关规定，检察机关公诉部门受理移送审查起诉的公诉案件后，应当指定检察员或者经检察长批准代行检察员职务的助理检察员办理，也可以由检察长办理。办案人员接到案件后，应当进行审阅案卷、核实证据、补充侦查等工作全面审查案件，审结后，应当制作案件审查意见书，提出起诉或者不起诉以及是否需要提起附带民事诉讼的意见，经审查起诉部门负责人审核，报请检察长或者检察委员会决定。检察长承办的审查起诉案件，除《人民检察院刑事诉讼规则（试行）》规定应当由检察委员会讨论决定的以外，可以直接作出起诉或者不起诉的决定。

在审查起诉中，审阅案卷、核实证据、补充侦查等工作往往是互动的过程，特别是审阅案卷、核实证据这两项工作贯穿于整个审查起诉过程。经过审阅案卷、核实证据、补充侦查等审查工作，承办案件的检察官在下列情况下可以结束审查，并拟写《公诉案件审查意见书》（也称《公诉案件审查报告》）提出审查意见：

1. 全部案件事实已经查清，证据确实充分，足以认定对犯罪嫌疑人是否应当追究刑事责任；

2. 部分犯罪事实已经查清，足以认定犯罪嫌疑人构成犯罪，其他犯罪事实经过补充侦查仍然无法查清；

3. 与定罪有关的事实、情节已经查清，现有证据足以认定被告人有罪或者无罪，还有一些不影响定罪的事实、情节经过补充侦查仍然无法查清；

4. 整个案件经过补充侦查，仍然无法查清事实，证据不足，不符合起诉条件。

在拟写《公诉案件审查意见书》之前，承办案件的检察官应当在审查事实、核实证据的基础上，对照移送审查起诉意见书，审查侦查机关（部门）移送审查起诉所认定的犯罪性质和罪名是否正确，研究适用法律的问题。主要涉及：（1）犯罪嫌疑人的行为是否构成犯罪，是否需要通过提起公诉追究其刑事责任；（2）犯罪嫌疑人涉嫌的罪名和应当适用的法定刑幅度；（3）犯罪嫌疑人是否具备法定量刑情节；（4）该案是否应当提起附带民事诉讼。在《公诉案件审查意见书》中，应当叙明案由、案件来源、犯罪嫌疑人基本情况、诉讼经过、侦查机关（部门）认定案件事实和适用法律的意见，审查认定的事实和证据，适用法律的意见等。

所有的公诉案件，除了退回公安机关或者人民检察院侦查部门后由它们自行撤销案件的以外，最终都必须在法定审查起诉期限届满前完成审查起诉工作，并视案件的具体情况作出下列不同的结论：

1. 提起公诉。人民检察院经过审查，认为犯罪嫌疑人的犯罪事实已经查清，证据确实、充分，依法应当追究刑事责任的，应当作出提起公诉的决定。

2. 不起诉。经过审查，认为犯罪嫌疑人没有犯罪事实，或者符合《刑事诉讼法》第15条规定的情形之一的，经检察长决定，应当根据新《刑事诉讼法》第173条第1款的规定作出不起诉决定；认为犯罪情节轻微，依照刑法规定不需要判处刑罚或者免除刑罚的，经检察委员会讨论决定，可以根据《刑事诉讼法》第173条第2款的规定作出不起诉决定；对于退回补充侦查的案件，仍然认为证据不足，不符合起诉条件的，经检察委员会讨论决定，应当根据新《刑事诉讼法》第171条第4款的规定作出不起诉决定。此外，对于符合法定条件的未成年人犯罪刑事案件，可以依法作出附条件不起诉的决定。

3. 退回公安机关或者本院侦查部门处理。如果发现犯罪嫌疑人没有违法犯罪行为，由于不属于《刑事诉讼法》第15条规定的情形，缺乏不起诉的法律依据，应当将案件退回公安机关处理。发现犯罪行为是其他人所为的，应当在退回的同时建议公安机关重新侦查。如果犯罪嫌疑人已经被逮捕，人民检察院应当撤销逮捕决定，通知公安机关立即释放。自侦案件发现有这些情形的，应当退回本院侦查部门建议作撤案处理。

4. 办案人员认为应当向人民法院提出量刑建议的，可以在审查报告或者量刑建议书中提出量刑建议，一并报请决定。

二、审查综合报告的内容

公诉案件审查报告是讨论案件、处理案件以及之后制作起诉书、不起诉决定书等检察法律文书的基础,其制作质量直接影响对案件的审核和检察长或者检察委员会对案件作出处理决定,因此,要充分认识提高制作公诉案件审查报告质量的重要意义。

1996年刑事诉讼法对原有庭审方式进行了改革,随着庭审方式的变化,检察机关过去审查起诉过程中制作的阅卷笔录、审查报告从形式到内容均不能满足新的审查起诉工作和庭审方式的要求。因此,有必要对公诉案件审查报告的形式与内容进行改革。2001年以来,我国一些地方检察机关开展了审查报告综合化的试点工作。从试点的情况看,公诉案件审查报告综合化是公诉业务的一项基础工作,它既是深化主诉检察官办案责任制、完善监督制约机制的重要内容,又是充分利用现有办公自动化的条件,提高工作效率的有效办法。做好公诉案件审查报告综合化工作,对于提高办案人员的业务素质、保证办案质量具有重要作用。

近年来,刑事案件急剧上升,公诉任务日益繁重,因此,公诉案件审查报告需要适应公诉工作的新形势、新要求进行繁简分流。对于适用快速办理机制的轻微刑事案件或者事实清楚、证据确实充分,不存在争议的公诉案件,应当简化制作审查报告;对于重大、疑难、复杂的公诉案件应当进行综合化审查,即公诉案件审查报告综合化。

公诉案件审查报告综合化,是指通过充实公诉案件审查报告的内容,将以往办案程序中的阅卷笔录、复核证据提纲、审结报告及出庭预案等文字材料综合在一起,使公诉案件审查报告能全面反映从受案到出庭前的工作内容的办案方式。

我们认为,公诉案件审查综合报告应当将以往审查程序中的阅卷笔录与审查报告的内容合二为一,出庭预案可作为附件在审查报告中予以体现。审查综合报告的内容具体包括五个部分:

(一)审查报告名称

"×××人民检察院公诉案件审查报告"。

(二)审查报告首部

该部分应当说明以下情况:(1)案件来源;(2)案由;(3)犯罪嫌疑人;(4)收案时间;(5)强制措施情况;(6)侦查机关及承办人;(7)案件受理及告知事项。

（三）审查报告正文部分

包括下列内容：

1. 犯罪嫌疑人基本情况及其他诉讼参与人的基本情况

（1）犯罪嫌疑人基本情况。包括姓名（曾用名及与案件有关的别名、化名、绰号等）、性别、出生年月日（应当注明身份证号码，如果有可能系未成年人犯罪的，但又无法查证的，应当注明骨龄鉴定的年龄）、民族、籍贯、文化程度、职业或者工作单位及职务、住址（居住地与户籍所在地不一致时应当注明户籍所在地）、曾受过的刑事及行政处罚（行政处罚限于与定罪有关的情况，刑事处罚应注明释放时间）、因本案采取强制措施的情况、现在何处。对国家机关工作人员利用职权实施的犯罪，还应当写明其何时何单位任何职务。犯罪嫌疑人自报姓名又无法查实的，应当注明姓名系自报。

（2）辩护人基本情况及所属律师事务所。

（3）被害人的基本情况（包括法定代理人、近亲属及诉讼代表人的情况）。

（4）委托代理人的基本情况。

2. 案件侦破简要过程

简要说明案发时间、地点、报案、立案、犯罪嫌疑人归案情况。

3. 侦查机关认定的犯罪事实

简叙侦查机关移送审查起诉意见书认定的犯罪事实。

4. 审查复核证据、退查、自行补充侦查过程

（1）审查复核证据经过（审查证据的合法性、客观性、关联性）。

（2）退查和自行补充侦查经过。应当写明退查或自行补充侦查的时间、事项、理由、结果及未能查证事项的理由。审查中存在的问题经自行侦查或补充侦查已经解决，应当写明如何解决，目的是反映审查中的工作量和审查水平的提高，同时对侦查机关收集证据工作存在的问题引起注意，有利于引导侦查工作的准确性。经补查仍存在问题，无法排除、解决的，分为两种情形：一是这些问题的存在，承办人认为不影响对本案定罪量刑的；二是这些问题的存在，可能会影响本案定罪量刑的，都要简要说明。

5. 工作情况

简要叙述提讯犯罪嫌疑人、证据开示、听取被害人（及其委托人）和犯罪嫌疑人的辩护人的意见、询问证人等事项。

6. 依法审查后认定的事实

承办人应当在阅卷、审查证据、提讯犯罪嫌疑人及调查的基础上，写明审查认定的事实。在此部分中，应当包括犯罪嫌疑人实施犯罪行为的动机、目的、时间、地点、经过、手段、情节、数额、危害结果，有无坦白、自首、立

功、累犯表现等事实和从重、从轻、减轻、免除处罚的情节。一案有多项事实的应当依照时间顺序或由重至轻的顺序逐一分段写明。

7. 认定上述事实的证据

每一份证据主要阐明此证据的证明点、与其他证据的吻合点和矛盾点。摘抄卷宗内容，要求简明扼要，突出该证据的特点，使所列证据清晰、明确、客观、真实。排列证据时应当依照刑事诉讼法规定的八种证据以及其他证明材料按照庭审举证、质证的顺序排列。每份证据应先表明证据特征。

列举证据有以下具体要求：（1）犯罪嫌疑人供述和辩解，应当写明供述的时间或者辩解的时间和理由等情况，以及供述的主要内容。（2）有被害人陈述的，应当写明被害人基本情况、陈述时间和陈述的主要内容；若有被害人辨认笔录的，应当作为下一份证据，写明辨认的时间、地点、方法及结论。（3）证人证言，应当写明证人的基本情况、与案件当事人有何利害关系、作证时间、所证事实。（4）鉴定意见和现场勘验、检查笔录，注意庭审质证的关键之处，应写明鉴定或者勘验的时间、单位鉴定人、勘验人、检查人、见证人及所证明的事项。（5）其他证据，包括物证、书证、视听资料等，写明证据来源、特征、提取和保存的方式、证实的内容等。未成年人犯罪的，应抄录其户籍证明的主要内容。

此外，还要注意两点：一是每写完一份证据应另起一行，概括说明该证据证明了什么、与其他证据的吻合和矛盾之处，是否还存在其他问题，每份证据后应用括号注明卷号及页号。二是对同类证据且证据内容相同的证据可组合阐明，对于一人多起多罪、多人多起多罪等案件，写证据时，可以采取案件事实与证据相对应的复合结构形式写法进行组合排列。

8. 对证据的分析论证

证据分析要求办案人员在认定证据的基础上，结合存在的问题，对本案所有证据的证明力、客观性、合法性以及证据间的关联性等进行综合分析论证，从而得出所建立的证据体系是否完善，证据是否确实、充足的结论。

对犯罪事实是否清楚应当从以下三个方面进行分析论证：（1）新《刑事诉讼法》第168条规定的事项已经查清。（2）与案件事实有关并不影响定罪量刑的枝节事实（作案工具、赃款去向不明，言词证据间存在矛盾等）虽未查清，但案件的其他证据确实充分，案件基本事实已经查清，足以对犯罪嫌疑人定罪量刑的分析论证。（3）其他罪行虽然无法查清，但是部分罪行已经查清并完全符合起诉条件的分析论证。

对证据是否确实充分应当从以下五个方面进行分析论证：（1）据以定案的每一个证据都经过查证，合法、属实。（2）据以定案的证据与被证明的案件事实之间具有客观关联性。(3) 审查起诉中认定的每一起犯罪事实和情节，均有相应的证据予以证明。(4) 各个证据之间，以及证据与案件事实之间的矛盾得到合理的排除。(5) 据以定案的证据体系足以得出唯一的排他性结论。

9. 需要说明的问题

这一部分的内容不固定，写法因人因案而异。此部分主要是审查报告其他部分无法涵盖而承办人认为需要说明或者报告的事项，包括：(1) 案件管辖问题；(2) 追诉漏罪、漏犯情况；(3) 共同犯罪案件中未一并移送起诉的同案人的处理问题；(4) 进行刑事和解情况；(5) 敏感案件预警或处置情况；(6) 侦查活动违法及纠正情况；(7) 有碍侦查、起诉、审判的违法活动及解决情况；(8) 扣押款物的追缴、保管、移交、处理情况；(9) 被害人及附带民事诉讼原告人、被告人及其亲属以及人民群众对案件的处理有无涉法、涉诉上访问题及化解矛盾情况；(10) 结合办案参与综合治理、发出检察建议等相关情况；(11) 需要由检察机关提起附带民事诉讼问题；(12) 案件经过沟通、协调情况，领导批示情况；(13) 承办人认为需要解决的其他问题。

10. 审查结论和处理意见

审查结论和意见主要包括：一是对全案事实证据情况的意见。结合全案事实、证据情况，对犯罪事实是否清楚、证据是否确实充分提出结论性意见。因为在"五、审查认定的事实、证据及分析"部分已对事实证据进行了综合分析论证，因此此部分无需重复分析论证，但可以根据具体情况简要概括认定的事实和证据，重点在于做出犯罪事实是否清楚、证据是否确实充分的结论性意见。二是对案件定性和法律适用的意见。依据案件事实、情节和法律法规、司法解释等相关规定，对罪与非罪、此罪与彼罪、一罪与数罪等问题进行分析论证，提出明确具体的定性及法律适用意见。三是量刑建议。根据犯罪的事实、犯罪的性质、情节和对社会的危害程度，在综合考虑案件从重、从轻、减轻或者免除处罚等各种法定、酌定量刑情节的基础上，依照刑法、刑事诉讼法以及相关司法解释的规定，就适用的刑罚种类、幅度及执行方式等提出量刑建议。

最后，承办人应当在上述分析论证的基础上，明确提出具体的起诉、不起诉、建议撤销案件或者做其他处理的结论性意见。

（四）尾部

检察官要在正文左下方写明"以上意见妥否，请批示"。主诉检察官可以根据授权情况确定是否注明此项。承办人落款及结案日期写在右下方。

（五）附件

附件内容可以案件具体情况选择。主要包括：补充侦查提纲；起诉书或者不起诉决定书草稿；出庭预案；与案件有关的法律法规、司法解释及行政法规等。

　　最后，应当强调指出，公诉案件审查综合报告并非一个固定僵化的报告模式，它的形式和内容可以根据公诉案件的性质、复杂难易程度等因素作出合理安排。报告形式不强求，但最终目的是一致的，即提高和保证公诉案件的质量。

第十一章
不 起 诉

不起诉是对犯罪嫌疑人不交付审判而在审查起诉结束时终止刑事诉讼的活动，是行使公诉权的主要形式之一，具有重要的诉讼价值。检察机关适用不起诉必须符合法律规定的条件，遵循法定的程序，同时还受到一定形式的制约。

第一节　不起诉的法律效力

一、不起诉的概念和类型

不起诉，是指人民检察院对于侦查终结的刑事案件经过审查起诉，决定不将案件移送人民法院进行审判而终止诉讼的活动。

从客观实际和诉讼规律看，公诉审查的结果不可能都提起公诉，必然有一部分案件不符合法定的公诉条件而不应追究刑事责任，或者从维护公共利益、预防犯罪、诉讼经济等因素考虑，没有提起公诉之必要。因此，无论在哪个国家，法律上都确立了不起诉制度，只是不起诉制度的具体内容存在一定差异。在严格实行起诉法定主义的情况下，不起诉相应的也是法定的。但目前绝大多数国家在不同范围和程度上承认公诉机关在决定是否提起公诉时具有自由裁量权，因而大多存在法定不起诉和裁量不起诉两种基本形式。通常在不具备法定公诉条件的情况下，公诉机关应当作出不起诉决定，而没有自由裁量的余地；在具备公诉条件的情况下，公诉机关依据法律的规定和一定原则、标准，也可以决定不起诉。如德国刑事诉讼法典规定，对于轻罪，不存在追究责任的公共利益时，检察院可以不予追究，即"微罪不起诉"。

在我国，根据2012年新刑事诉讼法的规定，我们一般将不起诉划分为四种类型：

1. 法定不起诉，即根据新《刑事诉讼法》第173条第1款规定，人民检察院对公安机关侦查终结移送起诉或者检察机关自侦部门自行侦查终结的案件，审查认为犯罪嫌疑人没有犯罪事实，或者有新《刑事诉讼法》第15条规定的情形之一的，应当作出的不起诉决定。这种不起诉由于法律有明确规定，人民检察院没有自由裁量权，因而被称为"法定不起诉"。

2. 酌定不起诉，即根据新《刑事诉讼法》第173条第2款规定，人民检察院对公安机关侦查终结移送起诉或者自行侦查终结的案件，审查认为犯罪情节轻微，依照刑法规定不需要判处刑罚或者免除刑罚时，人民检察院可以作出的不起诉决定。这种不起诉是认定犯罪嫌疑人实施了某种行为，虽然已构成犯罪，但情节轻微，依照刑法规定不需要判处刑罚或者可以免除刑罚，可以起诉也可以不起诉，经由人民检察院裁量而不起诉，因而被称为"酌定不起诉"。

3. 证据不足不起诉，即根据新《刑事诉讼法》第171条第4款规定，人民检察院对公安机关侦查终结移送起诉的案件或者自行侦查终结的案件，经过二次补充侦查，仍然认为证据不足，不符合起诉条件的，应当作出不起诉的决定。这种不起诉是由于证据不足导致犯罪事实无法查清，不能确定犯罪嫌疑人是否应当承担刑事责任，而以不起诉的形式终止诉讼程序，案件仍处于"存疑"状态，因而也被称为"存疑不起诉"。如果将来发现新的证据足以证明犯罪嫌疑人的犯罪事实，且未超过追诉时效，人民检察院可以再行起诉。

4. 附条件不起诉，即根据新《刑事诉讼法》第271条第1款规定，人民检察院对于某些已达到提起公诉标准的轻微刑事犯罪，基于未成年犯罪嫌疑人的自身状况、刑事政策以及诉讼经济的考虑，决定对未成年犯罪嫌疑人附加一定条件暂缓起诉，如果犯罪嫌疑人在考验期内履行了法定的义务，则作出终止诉讼决定的起诉裁量制度。这种不起诉是出于对未成年人的特殊保护，法律规定的轻罪附条件不起诉制度。附条件不起诉在诉讼程序上的法律后果表现为两种情况：一种是被决定附条件不起诉的犯罪嫌疑人在考验期间履行了法定的义务，检察机关撤销附条件不起诉决定，公开宣布对其所犯罪行不再追究刑事责任。另一种是被决定附条件不起诉的犯罪嫌疑人在考验期间违反了有关监督管理规定或没有履行法定义务，检察机关撤销附条件不起诉的决定，对其提起公诉。

二、不起诉的法律效力

不起诉是人民检察院审查起诉的结论之一，具有终结诉讼的法律效力。对不起诉的法律效力，具体应当从以下几个方面理解：

第一，不起诉意味着刑事诉讼程序的终止。即人民检察院一旦作出不起诉决定，就意味着不将案件移送人民法院审判，刑事诉讼在起诉环节终止，犯罪嫌疑人不再处于被追究刑事责任的状态。刑事诉讼程序既然终止，被不起诉人就不再是犯罪嫌疑人或被告人。如果被不起诉人在押，应当立即释放；被不起诉人的财产被扣押、冻结的，应当予以解除；需要由行政机关处理的，应当移送有关行政机关。尽管依照法律规定被害人、被不起诉人在人民检察院决定不起诉后有权提出申诉，公安机关有权申请复议、复核，但在人民检察院变更不起诉决定前，刑事诉讼仍处于终止的状态。

第二，不起诉是人民检察院对案件所作的程序上的处分。法定不起诉和证据不足不起诉仅具有终止诉讼的程序上的效力，对此一般不存在争议。但对酌定不起诉是否具有对被不起诉人进行实体处分的效力，理论上有一定的争议。一种观点认为，酌定不起诉的适用条件是"犯罪情节轻微，不需要判处刑罚或者免除刑罚"，因此，酌定不起诉意味着对被不起诉人从实体上作了有罪认定。人民检察院经过审查，虽然对犯罪嫌疑人行为的性质作出了认定，但这种认定不同于刑事实体上的定罪，而是出于决定不起诉的需要而对案件事实作出的阶段性认定。新《刑事诉讼法》第12条规定："未经人民法院判决，对任何人都不得确定有罪。"这一规定表明，人民法院具有专属定罪权，其他任何机关、团体和个人都没有定罪权。免予起诉制度取消之后，人民检察院不再具有实际上的定罪权，酌定不起诉本质上是人民检察院放弃诉权而不是进行实体处理。尽管人民检察院对案件事实及其性质作了认定，但这种认定只具有程序价值而不具有实体价值，不具有终局性，也不具有与人民法院裁判相同的既判力。一旦涉及民事、行政诉讼，人民法院可以对事实作出不同的认定，并不因人民检察院在不起诉决定书中对事实作了认定而必须援引。当然，被不起诉人可能并不同意不起诉决定书对案件事实所作的认定，而且不起诉决定书对案件事实如何认定也的确可能对被不起诉人的名誉和可能发生的行政处分、行政处罚以及民事、行政诉讼产生直接影响。另外，人民检察院作出酌定不起诉的决定后，被害人有权向人民法院提起自诉，也表明案件的实体性问题并未因不起诉而得到解决。如果不起诉决定具有定罪的效力，人民法院受理被害人的自诉进行审判，就违背了针对同一事实对被告人不得进行两次定罪的原则，这也反证了酌定不起诉并不具有实体处分的效力。可见,刑事诉讼中,只有在审判阶段才能进行实体处分;不起诉虽然对案件的实体问题有影响,但其效力是程序性的。

第三,不起诉终止诉讼的效力是相对的。也就是说,人民检察院作出不起诉决定,并不表明被不起诉人将永远不会因同一事实而受到刑事追究,在符合一定条件的情况下,人民检察院仍可以提起公诉,从而使刑事诉讼进程得以继续。在这一点上,不起诉的效力与刑事判决的效力有明显不同:人民法院的判决一经确定,即产生实体上的既判力,根据一事不再理的原则,不得对该案再行起诉;而不起诉因其尚未解决案件实体问题,如果又发现符合起诉条件,可以再行起诉。但不起诉作为人民检察院所作的司法决定,具有严肃性,并不能任意改变,只有在发现不起诉决定确有错误并且案件未超过法定追诉时效的情况下,人民检察院才能再行起诉。所谓不起诉决定确有错误,是指人民检察院的不起诉决定在认定案件事实、性质和适用法律上确有错误,或者有新的证据足以证明被不起诉人实施了犯罪行为且应当给予刑罚处罚,案件符合提起公诉的条件。实践中,不起诉决定的这种错误是通过以下途径发现的:(1)作出不起诉决定的人民检察院自行发现错误。人民检察院在不起诉决定作出后,经过自查,认为不起诉决定确有错误,符合起诉条件的,应当提起公诉。(2)上级人民检察院发现错误。最高人民检察院对地方各级人民检察院的不起诉决定,上级人民检察院对下级人民检察院的不起诉决定,如果发现确有错误的,应当予以撤销或者指令下级人民检察院纠正,下级人民检察院应当提起公诉。(3)对于人民检察院的不起诉决定,公安机关认为有错误,要求复议、复核,人民检察院经过复议、复核,认为不起诉决定有错误,案件符合起诉条件的,应当提起公诉。(4)被害人、被不起诉人不服不起诉决定,依法提出申诉,人民检察院经过审查,认为不起诉决定有错误,符合起诉条件的,应当提起公诉。需要指出的是,不起诉后再行起诉的条件因不起诉种类和原因的不同而有所不同。在某些情况下,如在被不起诉人确实已经死亡的情况下,不发生再行起诉的问题。

第四,不起诉的法律性质是因放弃诉权而作出的无罪认定。不管是法定不起诉、酌定不起诉、证据不足不起诉,还是附条件不起诉,其法律后果都是对被不起诉人未确认有罪。基于无罪推定原则,被不起诉人是无罪的。在酌定不起诉中,由于刑事诉讼法规定的适用条件是"犯罪情节轻微,依照刑法规定不需要判处刑罚或者免除刑罚",容易使人理解为对被不起诉人作了有罪认定。但是必须明确,上述"犯罪情节轻微"只是指控机关的认定意见,不具有定罪的效力,因此,绝对不起诉、酌定不起诉和存疑不起诉都是在作无罪认定的同时终止诉讼。附条件不起诉与前三者稍有不同,即检察机关认为犯罪嫌疑人犯有轻罪,而且是证据达到确实、充分的标准,只是为了更好地惩治和教育犯罪嫌疑人,要求其在一定期限内履行一定法定义务,当犯罪嫌疑人履行了法定义务符合所附条件的要求时再执行不起诉的决定。此时的附条件不起诉同样是在作无罪认定的同时终止诉讼。不起诉的无罪认定与人民法院所作的无罪判决性质上也不同。后者是对被告人作出无罪的实体确认后终结诉讼,前者则是在没有进入实体确认的审判阶段就终止诉讼,是因程序上公诉机关放弃诉权而形成的无罪,两者终止诉讼的原因不同。

三、我国不起诉制度的特色

1979年刑事诉讼法只规定了上述第一种不起诉,1996年修改后的刑事诉讼法一方面在取消免予起诉制度的同时,吸收其合理内核,改设不具有定罪效力的酌定不起诉,另一方面增设证据不足不起诉,从而建立了以三种不起诉为内容的体系。

2012年新刑事诉讼法增加了未成年人刑事案件的附条件不起诉,进一步完善了我国的不起诉制度。

新的不起诉制度反映了我国政治、经济发展的客观需要,基于本国社会状况和文化传统,形成比较鲜明的特色:

一是不起诉的内容具有广泛性。面对激增的犯罪,为提高诉讼效率,保证诉讼质量,各国的不起诉制度在实践中适用范围较广,但在诉讼立法上反映不足。一般在刑事诉讼法中只规定两类不起诉。如日本、韩国在立法中规定了法定不起诉和酌定不起诉,而英国、法国在立法中规定了法定不起诉和证据不足不起诉。我国的不起诉制度经过由单一到多样的转变,立法规定了法定、酌定、存疑三类不起诉,适用不起诉的范围比较广泛,分类比较科学,便于操作和适用。

二是不起诉的主体具有独占性。我国的人民检察院是独立行使法律监督职权的机关,既不隶属于行政司法机构,也不依附于法院系统,独享不起诉的审查权和决定权。这是我国刑事诉讼法中公安机关、检察机关、审判机关分工负责原则的具体体现。当然,被不起诉人、被害人和公安机关对检察机关不起诉决定的监督、制约并非是对不起诉权的分割,检察机关是我国有权作出不起诉决定的唯一机关。

三是不起诉的程序具有民主性。我国刑事诉讼法对不起诉制度的修改,强化了对犯罪嫌疑人、被告人合法权益的保护。在决定不起诉的程序方面,诉讼民主表现得最为明显。首先，在决定不起诉前，要听取犯罪嫌疑人、被害人及其委托人的意见；其次，在决定不起诉后，被不起诉人、被害人不服的，可以向人民检察院申诉；再次，公安机关认为不起诉决定有错误的，可以向人民检察院提出复议、复核；最后，被害人不服不起诉决定的，就同一案件可以向人民法院起诉。而且，刑事诉讼法规定，人民法院受理案件后，人民检察院应当将有关案件材料移送人民法院。这表明在公诉案件转为自诉后，为保证被害人的合法权益，检察机关有将其收集到的证据材料移送人民法院的义务。近年来，检察机关还通过试行不起诉案件公开审查制度，进一步增进了不起诉程序的民主性。

四、不起诉制度的意义

不起诉，实质上是人民检察院对依法不应追究刑事责任，以及不需要追究或无法追究刑事责任的案件，依法作出的一种终止诉讼的决定。设立不起诉制度，对于保护公民的合法权益，保障无罪的人不受刑事追究，及时消化积案，合理配置司法资源，实现诉讼经济，都具有重要意义。具体来说，有以下几点：

（一）不起诉有利于保护人权

保护人权特别是保障无罪的人不受刑事追究，是我国刑事诉讼目的的一个重要方面，贯穿于刑事诉讼的整个过程。对于侦查终结的案件，人民检察院通过审查起诉，对不应追究、不需要追究或无法追究刑事责任的案件，适时作出不起诉的决定，可以及时让犯罪嫌疑人从被追究的状态中解脱出来，恢复正常的生活，从而维护了犯罪嫌疑人的正当权益，体现了刑事诉讼保护人权的宗旨。不起诉终止了对犯罪嫌疑人的追究，似乎不符合被害人的利益，但正确的不起诉决定并不损害被害人的合法权益。如果被害人认为不起诉决定确有错误，依照法律规定有权提出申诉或者直接向法院起诉，这就在制度上保障了被害人的合法权益，从另一个角度体现了刑事诉讼保障人权的宗旨。

（二）不起诉有利于及时消化积案，合理配置司法资源，符合诉讼经济的原则

从实际情况看，近年来我国的犯罪呈逐年上升趋势，重特大案件数量居高不下。同时，检察机关、审判机关人员少、任务重的矛盾日益突出。设立不起诉制度，使一部分犯罪情节轻微的案件不再进入审判程序，可以有效缩短诉讼时间，使司法机关得以集中人力、物力打击严重犯罪，及时消化积案，实现控制犯罪的最佳效果。

（三）不起诉有利于保证人民检察院公诉的质量

人民检察院作为公诉机关，在刑事案件的审查起诉中应当贯彻实事求是的原则，保证提起公诉具有较高的准确性。对不应当追究刑事责任的案件和事实不清、证据不足的案件决定不起诉，有利于保证公诉的质量，提高人民检察院的威信。

（四）不起诉有利于教育、感化犯罪嫌疑人

人民检察院对于犯罪情节轻微，依照刑法规定不需要判处刑罚或者免除刑罚的案件依法作不起诉处理，一方面查清了事实，分清了是非；另一方面又决定不追究刑事责任，有利于教育、感化有轻微犯罪行为的犯罪嫌疑人。

第二节 不起诉的适用

一、法定不起诉的适用条件

法定不起诉，理论上也有称"绝对不起诉"，是指犯罪嫌疑人没有犯罪事实，或者具有新《刑事诉讼法》第15条规定的不追究刑事责任的情形之一，人民检察院应当作出的不起诉决定。

法定不起诉具有三个明显特点：一是犯罪嫌疑人没有犯罪事实，依法不应当追究其刑事责任，如果追究就是错案。二是犯罪嫌疑人具有新《刑事诉讼法》第15条规定的情形之一的，人民检察院也没有自由裁量权，只能依法作出不起诉决定，否则就是违法。三是法定不起诉的原因是对犯罪嫌疑人不应追究刑事责任或者无法追究刑事责任，即人民检察院没有追诉权或者丧失追诉权，或者缺乏诉讼条件。

根据刑事诉讼法的规定，法定不起诉主要适用于犯罪嫌疑人具有以下七种情形之一：

（一）犯罪嫌疑人没有犯罪事实的

犯罪嫌疑人没有犯罪事实，是指犯罪嫌疑人没有实施相关案件中的犯罪行为，以及该案中犯罪嫌疑人的行为依法不构成犯罪。例如，案件所涉及的行为是正当防卫，不具有社会危害性，依法不构成犯罪，自然不应当追究行为人的刑事责任。这一项是2012年刑事诉讼法修改时作出的重要补充规定。2012年刑事诉讼法修改以前，在实践中，还有一些情形也应当适用法定不起诉，但原刑事诉讼法没有作规定：一是侦查所指控的犯罪事实并未发生；二是侦查所指控的事实虽然已经发生，但不符合犯罪构成要件，或者是无危害的合法行为；

三是侦查所指控的事实虽然已经发生，但是并非犯罪嫌疑人所为。实践中往往是由人民检察院将案件退回公安机关，再由公安机关作撤案处理。根据新刑事诉讼法和司法解释规定，人民检察院对犯罪嫌疑人没有犯罪事实的，经检察长决定，应当依法作出不起诉决定；对犯罪事实并非犯罪嫌疑人所为的，应当书面说明理由将案卷退回公安机关并建议公安机关重新侦查。人民检察院公诉部门对于本院侦查部门移送审查起诉的案件，具有上述情形的，应当退回本院侦查部门建议作出撤销案件的处理。

（二）情节显著轻微、危害不大，不认为是犯罪的

犯罪是具有相当社会危害性的行为。行为构成犯罪，是追究犯罪嫌疑人刑事责任的前提。如果犯罪嫌疑人的行为情节显著轻微、危害不大，依照《刑法》第13条"但书"的规定，不认为是犯罪。对非犯罪行为，人民检察院没有追诉权，应当依法决定不起诉。

实践中，在多数情况下，罪与非罪的界限往往不那么清晰，这是由社会危害性构成内容和形式的复杂性所决定的。有社会危害性的行为也可能只是一般违法行为，并不构成犯罪。行为的社会危害性是行为对社会造成的客观危害与行为人主观恶性的统一，其可以表现为无形的危害，也可以表现为有形的危害；可以是现实的危害，也可以是可能的危害。在不同的环境条件下，同一行为的社会危害程度也有所不同。因此，社会危害性虽然是客观存在的，但社会危害的程度依赖司法人员以一定标准去评价衡量，进而确定犯罪嫌疑人的刑事责任。法律或者司法解释对一些犯罪构成要件内容的具体规定，为司法人员判断罪与非罪的界限提供了比较清晰的标准，如司法解释对盗窃罪的定罪数额标准作出了明确规定。但是，在大多数情况下，法律规定的定罪标准比较模糊，如规定了"情节严重"、"造成严重后果"，等等。这时，行为造成的社会危害是否达到了犯罪的程度，往往不容易把握，需要检察人员从法律的规定出发，根据案件的具体情况，综合考虑行为的时间、地点、方法、侵害的对象、造成的后果等事实要素，进行评判。这也意味着在许多情况下，检察机关对是否"情节显著轻微、危害不大"的认定具有自由裁量的性质。而当检察机关认定某一行为的情节显著轻微社会危害不大时，依法应当作出不起诉决定，不再有自由裁量的余地。

（三）犯罪已过追诉时效期限的

追诉时效是依照刑法的规定，对犯罪嫌疑人追究刑事责任的有效期限。超过法定的追诉期限，司法机关丧失追诉权，不能再追究犯罪嫌疑人的刑事责任；已经追诉的，应当撤销案件，或者不起诉，或者终止审理，或者宣告无罪。如果在审查起诉中发现犯罪已过追诉时效，人民检察院应当作出不起诉决

定。但在下列情况下，追诉期限不影响刑事责任，人民检察院仍然可以行使追诉权，依法提起公诉：一是法定最高刑为无期徒刑、死刑的，经过20年后，经最高人民检察院核准，可以追诉；二是在人民检察院、公安机关、国家安全机关立案侦查或在人民法院受理案件以后，逃避侦查或者审判的，不受追诉期限的限制；三是被害人在追诉期限内提出控告，人民法院、人民检察院、公安机关应当立案而不予立案的，不受追诉期限的限制。

（四）经特赦令免除刑罚的

特赦，是指国家元首或者国家最高权力机关以发布命令的形式，对特定的犯罪分子决定免除执行全部或者部分刑罚的一种法律制度。根据我国《宪法》第67条、第80条的规定，特赦由全国人民代表大会常务委员会决定，由中华人民共和国主席发布特赦令。由于特赦适用于判决确定之后，免除罪犯的刑罚，人民检察院当然不能就同一犯罪事实再行追诉。

（五）属于依照刑法告诉才处理的犯罪的

刑法规定的告诉才处理的案件属于自诉案件，追诉权归被害人或者其法定代理人、近亲属。人民检察院对这类案件没有追诉权，应当决定不起诉。

（六）犯罪嫌疑人死亡的

犯罪嫌疑人死亡，意味着失去了追究刑事责任的对象，丧失了适用刑罚权的条件，人民检察院的追诉权随之消灭，刑事诉讼活动也不可能继续下去，应当作出不起诉决定，不再追究其刑事责任。

这里应当注意，这里的不起诉是相对死亡的犯罪嫌疑人刑事责任的追诉程序的终止。如果该犯罪嫌疑人死亡案件符合新刑事诉讼法规定的违法所得没收程序的，人民检察院可以向人民法院提出没收违法所得的申请，启动刑事诉讼的特别程序。

（七）其他法律规定免予追究刑事责任的

所谓"其他法律规定免予追究刑事责任"的情形，是指犯罪嫌疑人虽然实施了依照刑法达到犯罪程度的危害行为，但是根据刑法或其他法律的规定，不追究刑事责任的情况，例如，根据《刑法》第12条规定的溯及力原则不应当追诉的。

对应当不起诉的案件，由承办案件的检察官提出审查意见，经部门负责人审核后，报检察长决定。人民检察院作出法定不起诉的决定后，如果又发现据以作出不起诉决定的情形并不存在，案件符合起诉条件的，可以撤销原不起诉决定，依法提起公诉。

二、酌定不起诉的适用条件

酌定不起诉,学理上也称"相对不起诉"、"微罪不起诉",是指人民检察院认为犯罪嫌疑人的犯罪情节轻微,依照刑法规定不需要判处刑罚或者免除刑罚,而作出的不起诉决定。

酌定不起诉的适用必须符合下列三个条件:

1. 人民检察院认为犯罪嫌疑人的行为已经构成犯罪,应当负刑事责任。也就是说,案件事实清楚,证据确实充分,犯罪嫌疑人的行为依照刑法规定已经构成犯罪,符合提起公诉的条件,依法可以追究刑事责任。

2. 犯罪行为情节轻微。即从犯罪嫌疑人实施犯罪行为的动机、目的、手段、危害后果等情况以及犯罪嫌疑人的年龄、一贯表现等综合考虑,认为犯罪情节轻微。

3. 依照刑法规定不需要判处刑罚或者免除刑罚。

依照刑法的规定,免除刑罚的情形主要有下列几种情况:

(1) 犯罪嫌疑人在中华人民共和国领域外犯罪,依照我国刑法规定应当负刑事责任,但在外国已经受过刑事处罚的,可以免除或者减轻处罚(第10条);

(2) 犯罪嫌疑人又聋又哑,或者是盲人的,可以从轻、减轻或者免除处罚(第19条);

(3) 正当防卫明显超过必要限度造成重大损害的,应当减轻或者免除处罚(第20条第2款);

(4) 紧急避险超过必要限度造成不应有的损害的,应当减轻或者免除处罚(第21条第2款);

(5) 对于预备犯,可以比照既遂犯从轻、减轻处罚或者免除处罚(第22条第2款);

(6) 对于中止犯,没有造成损害的,应当免除处罚(第24条第2款);

(7) 对于从犯,应当从轻、减轻处罚或者免除处罚(第27条第2款);

(8) 对于被胁迫参加犯罪的,应当按照他的犯罪情节减轻处罚或者免除处罚(第28条);

(9) 对于自首的犯罪分子,犯罪较轻的,可以免除处罚(第67条);

(10) 有重大立功表现的,可以减轻或者免除处罚;犯罪后自首又有重大立功表现的,应当减轻或者免除处罚(第68条);

(11) 非法种植罂粟或者其他毒品原植物,在收获前自动铲除的,可以免除处罚(第351条);

(12)个人贪污数额在 5000 元以上不满 1 万元,犯罪后有悔改表现,积极退赃的,可以减轻处罚或者免予刑事处罚(第 383 条第 1 款第 3 项);

(13)行贿人在被追诉前主动交代行贿行为的,可以减轻处罚或者免除处罚(第 390 条第 2 款);

(14)介绍贿赂人在被追诉前主动交代介绍贿赂行为的,可以减轻处罚或者免除处罚(第 392 条第 2 款)。

所谓"依照刑法规定不需要判处刑罚",主要是指虽然不具有免除刑罚的情节,但犯罪嫌疑人的犯罪情节轻微,社会危害较小,综合全案具体情况,结合刑法和司法解释关于法定刑和量刑标准的规定,认为不需要判处刑罚。例如,犯罪数额接近起刑点,而且又有其他从轻、减轻处罚情节,认为不起诉更加适宜时,也可以不起诉。

一般认为,必须同时具备上述三个条件,人民检察院才可以作出不起诉决定。也有一种观点主张,在犯罪嫌疑人具备免除处罚的情节时,尽管犯罪性质比较严重,也可以不起诉,也就是说,"依照刑罚规定免除刑罚"并不以"犯罪情节轻微"为前提。这种观点不符合立法本意。刑法条文中免除处罚基本上是与从轻处罚、减轻处罚一起规定的,供量刑时选择。在对被告人量刑时,选择适用哪一种从宽处罚方式,必须考虑犯罪本身的社会危害程度,对性质严重的犯罪通常从宽的程度也应较小,因此,在犯罪性质较为严重的情况下,即使具备可以免除处罚的情节,也应当提起公诉,由人民法院审判。而且就新《刑事诉讼法》第 173 条第 2 款的语法结构和字面含义而言,应该理解为"犯罪情节轻微"和"依照刑罚规定不需要判处刑罚或者免除刑罚"是必须同时具备的两个条件。

在同时符合上述三个条件的基础上,人民检察院认为作出不起诉的决定更有利于教育挽救犯罪嫌疑人,有利于节约诉讼资源,符合公共利益时,经检察委员会讨论决定,可以不起诉。也就是说,酌定不起诉是人民检察院在可以追究犯罪嫌疑人刑事责任的情况下,根据其犯罪情节轻微和不需要判处刑罚或可以免除刑罚的具体情况,认为没有起诉必要而作出的不起诉决定。酌定不起诉体现了人民检察院的起诉自由裁量权,符合刑事诉讼中起诉便宜主义的发展趋势。与国外的不起诉相比,我国的酌定不起诉是一种"微罪不检举"意义上的起诉裁量制度。

刑法中还规定对有的行为"可以不予追究"。例如,根据《刑法》第 7 条规定,中国公民在中国领域外犯我国刑法规定的犯罪,按照我国刑法规定的最高刑为 3 年以下有期徒刑的,可以不予追究;《刑法》第 241 条第 6 款规定,收买被拐卖的妇女儿童,按照被买妇女的意愿,不阻碍其返回原居住地的,对被买的儿童没有虐待行为，不阻碍对其进行解救的，可以不追究刑事责任。从法律的规定看，具有这些"可以不予追究"的情形时，检察机关同样有权进行裁量，根据案件的具体情况，认为确有必要追究刑事责任时，有权决定提起公诉；认为犯罪情节轻微、不需要判处刑罚时，也可以作酌定不起诉处理。

酌定不起诉与法定不起诉的区别主要体现在两个方面：（1）法定不起诉的适用前提是对犯罪嫌疑人不应追究刑事责任，人民检察院没有诉权或者丧失诉权而不能提起公诉；酌定不起诉的适用前提是对犯罪嫌疑人可以追究刑事责任，人民检察院拥有诉权而予以放弃。（2）法定不起诉是法律规定人民检察院对于犯罪嫌疑人具有不应追究刑事责任的情形时必须适用的不起诉，体现人民检察院的义务和责任，人民检察院没有自由裁量的余地；酌定不起诉是人民检察院对可以提起公诉的案件，在符合法定条件的情况下，经过具体分析和全面考虑，而选择不起诉，体现人民检察院的权力，即人民检察院具有起诉或者不起诉的自由裁量权。此外，适用两种不起诉的程序也有明显区别：法定不起诉必须经检察长决定，而酌定不起诉必须经检察委员会讨论决定。

三、证据不足不起诉的适用条件

证据不足不起诉，也称"存疑不起诉"，是指人民检察院对于补充侦查的案件，认为证据不足、不符合起诉条件，而对犯罪嫌疑人作出的不起诉决定。

适用证据不足不起诉，应当具备以下条件：一是案件经过补充侦查，这是程序条件。二是定罪证据不足，这是实质条件。定罪证据指借以查明犯罪嫌疑人犯罪事实的有关证据，主要是界定罪与非罪的证据。至于区别此罪与彼罪的证据，说明量刑情节的证据，对适用证据不足不起诉并没有影响。三是不符合起诉条件，这是适用根据。不符合起诉条件意味着不能达到公诉的目的，即使诉到人民法院，也不能定罪，包括无胜诉可能和无胜诉把握。在符合上述条件的情况下，经人民检察院检察委员会讨论，可以决定不起诉。

关于证据不足不起诉的适用条件，有下列问题值得注意：

一是补充侦查的次数。1996年《刑事诉讼法》第140条第4款只规定适用证据不足不起诉必须是案件"经过补充侦查"，并没有规定补充侦查的次数，也没有规定是否包括人民检察院自行补充侦查。2012年新《刑事诉讼法》第171条第4款规定补充侦查以二次为限。人民检察院对于二次退回补充侦查的案件，仍然认为证据不足，不符合起诉条件的，经检察委员会讨论决定，应当作出不起诉决定。实践中，有一种观点认为，适用证据不足不起诉必须是经过了两次补充侦查，只经过一次补充侦查的，不能作出证据不足不起诉的决定，并且经过两次补充侦查指的应是经过两次退回公安机关补充侦查。其主要理由是：在主要犯罪事实、情节不清、证据不足的情况下，补充侦查的工作量大，甚至需要使用技术性较强的专门侦查手段才能查清案件事实，应当要求退回公安机关、侦查机关补充侦查两次后，才可以适用证据不足不起诉。上述观点缺乏法律上的依据，也不符合司法实际。从字面含义看，新《刑事诉讼法》第 171 条第 4 款并没有规定必须经两次补充侦查才能不起诉，经过一次就不可以。当然，从维护刑事诉讼的严肃性出发，司法机关必须本着认真负责的态度力争查清案件事实，在绝大多数情况下应当经过两次补充侦查，只有在确实无法弥补证据缺陷的情况下，才能作出证据不足不起诉的决定。但在司法实践中，有时案件关键证据已经灭失，经过一次补充侦查表明确实无法弥补证据的严重缺陷，即使再退回补充侦查也无济于事。在这种情况下就可以直接作出证据不足不起诉的决定，否则只会延长办案期限，不必要地增加公安机关和人民检察院的工作量，降低诉讼效率。因此，2012 年《人民检察院刑事诉讼规则（试行）》明确规定，人民检察院对于经过一次退回补充侦查的案件，认为证据不足、不符合起诉条件，且没有退回补充侦查必要的，可以决定不起诉。

二是"证据不足、不符合起诉条件"的含义。根据《人民检察院刑事诉讼规则（试行）》的规定，具有下列情形之一，不能确定犯罪嫌疑人构成犯罪和需要追究刑事责任的，属于证据不足，不符合起诉条件：（1）据以定案的证据存在疑问、无法查证属实的；（2）犯罪构成要件事实缺乏必要的证据予以证明的；（3）证据之间的矛盾不能合理排除的；（4）根据证据得出的结论具有其他可能性，不能排除合理怀疑的；根据证据认定案件事实不符合逻辑和经验法则，得出的结论明显不符合常理的。也就是说，作为证据不足不起诉适用条件的"证据不足"，是指定罪证据不足，从而无法确定犯罪嫌疑人是否构成犯罪，也可以理解为案件证据未达到最低的证据标准，从而不具备起诉条件。上述四种情形，已经把"证据不足"和"不符合起诉条件"这两个条件结合起来。从这个意义上讲，只要案件经过补充侦查，又具有上述四种情形之一的，就可以适用证据不足不起诉。在犯罪嫌疑人涉嫌多起犯罪事实的情况下，如果只有一部分犯罪事实的证据确实、充分，符合起诉条件，应当就查清的犯罪事实提起公诉，同时不必就其他事实再作不起诉决定。

三是对于二次补充侦查的案件，人民检察院仍然认为证据不足，不符合起诉条件的，应当作出不起诉的决定。这是 2012 年修改刑事诉讼法时，对原规定的"可以作出不起诉的决定"所作出的重大修改。这次修改增强了对于二次补充侦查的案件处理上的确定性，即案件经过二次补充侦查后，人民检察院仍然认为案件证据不足，不符合起诉条件的，就应当作出不起诉的决定。这样规定有利于保护当事人的合法权益，防止刑事诉讼过程中办案人员为解决证据不足问题，反复以补充侦查为手段不放人，造成超期羁押和案件久拖不决。

在证据不足不起诉的情况下，尽管刑事诉讼已经终结，人民检察院实际上还保留着追诉权。如果发现新的证据，足以证明犯罪嫌疑人构成犯罪，只要未超过追诉期限，仍然可以提起公诉。

综上所述，证据不足不起诉与法定不起诉、酌定不起诉的区别主要在于：第一，证据不足不起诉与酌定不起诉一样，都是人民检察院可以作出的不起诉，是人民检察院裁量的结果；而法定不起诉是法律规定人民检察院必须作出的不起诉，人民检察院不能裁量。第二，无论法定不起诉还是酌定不起诉，适用前提都是案件事实已经查清，足以认定对犯罪嫌疑人不应当追究刑事责任，或者犯罪情节轻微但依照刑法规定不需要判处刑罚或免除刑罚；而证据不足不起诉的适用前提是因证据不足导致犯罪嫌疑人涉嫌的犯罪事实未查清，不能确定犯罪嫌疑人构成犯罪和需要追究刑事责任。

四、适用不起诉的基本程序

根据刑事诉讼法和《人民检察院刑事诉讼规则（试行）》的规定，适用不起诉的基本程序包括：

（一）审查

经过审查起诉，认为需要作不起诉处理的，承办案件的检察官应当写出审查报告，经部门负责人审核，报主管检察长决定，或由主管检察长提交检察委员会讨论决定。

（二）决定

不起诉决定的程序，根据不起诉的性质而有所区别：一是新《刑事诉讼法》第171条第4款决定的不起诉。人民检察院对于二次退回补充侦查的案件，仍然认为证据不足，不符合起诉条件的，经检察长或者检察委员会决定，应当作出不起诉决定。人民检察院对于经过一次退回补充侦查的案件，认为证据不足，不符合起诉条件，且没有退回补充侦查必要的，可以作出不起诉决定。二是根据新《刑事诉讼法》第173条第1款决定的不起诉。人民检察院对于公安机关移送审查起诉的案件，发现犯罪嫌疑人没有犯罪事实，或者符合新《刑事诉讼法》第15条规定的情形之一的，经检察长或者检察委员会决定，应当作出不起诉决定。对于犯罪事实并非犯罪嫌疑人所为，需要重新侦查的，应当在作出不起诉决定后书面说明理由，将案卷材料退回公安机关并建议公安机关重新侦查。公诉部门对于本院侦查部门移送审查起诉的案件，发现犯罪嫌疑人没有犯罪事实，或者符合新《刑事诉讼法》第 15 条规定的情形之一的，应当退回本院侦查部门，建议作出撤销案件的处理。三是根据新《刑事诉讼法》第 173 条第 2 款决定的不起诉。人民检察院对于犯罪情节轻微，依照刑法规定不需要判处刑罚或者免除刑罚的，经检察长或者检察委员会决定，可以作出不起诉决定。

人民检察院决定不起诉的，应当制作不起诉决定书。不起诉决定书的主要内容包括：（1）被不起诉人的基本情况，包括姓名、性别、出生年月日、出生地和户籍地、身份证号码、民族、文化程度、职业、工作单位及职务、住址、是否受过刑事处分，采取强制措施的情况以及羁押处所等；联系方式，法定代表人和诉讼代表人的姓名、职务、联系方式；（2）案由和案件来源；（3）案件事实，包括否定或者指控被不起诉人构成犯罪的事实以及作为不起诉决定根据的事实；（4）不起诉的法律根据和理由，写明作出不起诉决定适用的法律条款；（5）查封、羁押、冻结的涉案款物的处理情况；（6）有关告知事项。

（三）宣布和送达

人民检察院应当公开宣布不起诉决定，并将不起诉决定书分别送达被不起诉人及其所在单位，被害人或者其近亲属以及被害人的诉讼代理人。对于公安机关移送起诉的案件，人民检察院决定不起诉的，应当将不起诉决定书送达公安机关。值得注意的是，根据刑事诉讼法的规定，不起诉决定自公开宣布之日起生效，也就是说，不起诉决定是因公开宣布产生法律效力，而不是因送达产生效力。实践中，对不起诉决定不能只送达决定书而不公开宣布。在公开宣布不起诉决定时，被不起诉人必须在场。对未成年犯罪嫌疑人决定不起诉的，人民检察院应当将不起诉决定书送达被不起诉的未成年人及其法定代理人，向被不起诉的未成年人及其法定代理人公开宣布，阐明不起诉的理由和法律依据，并告知其依法享有的权利。

送达时，应当告知被害人或者其近亲属、诉讼代理人，如果对不起诉决定不服，可以自收到不起诉决定书后 7 日以内向上一级人民检察院申诉，也可以不经申诉直接向人民法院起诉。如果是酌定不起诉，应当告知被不起诉人如果不服不起诉决定，可以自收到不起诉决定书后 7 日内向人民检察院申诉。

（四）有关事项的处理

决定不起诉后，如果被不起诉人在押的，应当立即释放，不能以尚需对其予以行政处罚、行政处分或者需要没收违法所得为由而继续羁押。

人民检察院决定不起诉的案件，可以根据案件的不同情况，对不起诉人予以训诫或者责令具结悔过、赔礼道歉、赔偿损失。对被不起诉人需要给予行政处罚、行政处分或者需要没收其违法所得的，应当提出检察意见，连同不起诉决定书一并移送有关主管机关处理。人民检察院与行政执法机关的职能不能互相代替。由人民检察院执行行政处罚、行政处分，与人民检察院的性质、职责不符，但人民检察院有提出检察意见的权力。认为对被不起诉人需要作其他处理时，应当另行以检察意见书向有关主管机关提出意见，不能在不起诉决定书中直接建议、要求或者决定对被不起诉人予以行政处罚、行政处分或者没收违法所得。

对犯罪嫌疑人违法所得及其他涉案财产，应当区分不同情形，作出相应处理：因犯罪嫌疑人死亡而撤销案件，依照刑法规定应当追缴其违法所得及其他涉案财产的，按照违法所得的没收程序的规定办理。因其他原因撤销案件，对于查封、扣押、冻结的犯罪嫌疑人违法所得及其他涉案财产需要没收的，应当提出检察建议，移送有关主管机关处理。对于冻结的犯罪嫌疑人存款、汇款、债券、股票、基金份额等财产需要返还被害人的，可以通知金融机构返还被害人；对于查封、扣押的犯罪嫌疑人的违法所得及其他涉案财产需要返还被害人，直接决定返还被害人。人民检察院申请人民法院裁定处理犯罪嫌疑人涉案财产的，应当向人民法院移送有关案件材料。需要对侦查中查封、扣押、冻结的财物解除查封、扣押、冻结的，应当书面通知作出查封、扣押、冻结决定的机关或者执行查封、扣押、冻结决定的机关解除查封、扣押、冻结。

（五）监督与备案

对检察机关直接受理侦查的案件，拟作不起诉处理的，应当由人民监督员提出监督意见；省级（含省级）以下人民检察院对直接受理侦查的案件作不起诉决定的，应当报上一级人民检察院批准。

第三节 不起诉的公开审查

一、不起诉公开审查的必要性

不起诉公开审查制度，有的地方也称"不起诉听证制度"，是指人民检察院对于拟作不起诉处理的案件，以一定形式听取有关人员的意见，并向社会公开的一种工作制度。

对不起诉案件进行公开审查，是检察机关公诉部门适应检务公开的要求而试行的一项改革措施。不起诉公开审查可能在一定程度上增加审查起诉的工作量，但其最大的好处，就是可以使人民检察院作出不起诉决定的过程和依据向社会公开，置于社会的监督之下，从而有利于促进司法公正，达到息讼的目的。

公正和效率从来就是司法工作的一对矛盾：追求公正往往以牺牲效率为代价，片面追求效率往往难以保证公正。检察机关应该尽量在公正和效率之间寻求最佳结合点。从现实的情况看，有两点因素使检察机关有必要实行这项改革：一是社会上有一种观点认为，人民检察院作为法律监督机关，自身还缺乏监督；二是人民群众对公正的要求比较高。检察机关之所以要推行检务公开，目的就是要接受社会各界的监督，以公开促公正。具体到公诉工作中，由于公诉干警的总体素质还不能适应法治发展的要求，执法水平还不够高，在工作中出现这样或那样的错误还难以避免，徇私舞弊等违法办案现象也时有发生。如果不采取一定措施促进公诉工作的公正，就难以提高检察机关在人民群众中的公信度，从长远看不利于检察事业的发展。因此，在处理公正和效率关系的问题上，应当以公正为追求的首要目标。在合理的限度内牺牲一点效率，使公诉工作更加公开、公正，是值得的。另外，不能无原则地牺牲效率，毕竟公诉工作的任务十分繁重，不能因为效率明显降低而严重影响公诉工作的全局，因此必须讲求不起诉公开审查的方式方法，使其对效率的影响能够控制在适度范围内。从实际情况看，不起诉是公诉干警违法违纪的主要环节。增进不起诉工作的公开程度，有利于保障公诉环节的司法公正，防止违法、违纪现象的发生。

另外，实行不起诉公开审查也符合刑事诉讼法的立法精神。新《刑事诉讼法》第170条规定，"人民检察院审查案件，应当讯问犯罪嫌疑人，听取辩护人、被害人及其诉讼代理人的意见，并记录在案"。而不起诉公开审查主要是听取当事人及其委托人的意见。可见，不起诉公开审查正是贯彻执行刑事诉讼法上述规定的一项具体措施，并没有超越法律赋予的权限，也没有改变法定的办案程序或者引起检察职权的增减或变更，符合司法活动的合法性原则。

归纳而言，实行不起诉公开审查的必要性体现在以下几个方面：

1. 实行不起诉公开审查有利于检察机关充分听取当事人和其委托的人以及有关单位或个人的意见，了解社会各界的反映，从而既有利于保障当事人的合法权益，特别是犯罪嫌疑人及其辩护人的知情权、辩护权，也有利于增进检察决策的民主性、科学性。

2. 实行不起诉公开审查有利于社会各界了解检察机关作出不起诉决定的过程和依据，增加检察工作的透明度，减少和消除个别群众对检察机关的误解，树立和维护检察机关公正执法、依法办案的形象。

3. 实行不起诉公开审查有利于加强对检察机关不起诉权的监督制约，规范不诉权的行使，防止干警违法违纪现象的发生，促进检察机关的廉政建设。

4. 实行不起诉公开审查有利于使被不起诉人、被害人和公安机关充分了解检察机关决定不起诉的根据和理由，避免和减少不必要的申诉、复议、复核，从而一方面可以及时息讼，另一方面可以减少检察机关复查案件的工作量，节约诉讼资源。

二、不起诉公开审查的形式

2000年4月，最高人民检察院公诉厅在广州组织召开了由十一个省市检察院公诉部门负责人参加的不起诉案件公开审查观摩暨调研会。从会上有关单位介绍的情况看，实行不起诉公开审查的形式不尽统一，虽然切实贯彻了公开原则，但大多采取了比较复杂的程序。不起诉公开审查的具体形式应当允许各地探索，但要坚持合法原则和公正与效率兼顾的原则，为此应当明确以下几点：

第一，不起诉公开审查的目的，是充分听取侦查机关（部门）和犯罪嫌疑人、被害人以及犯罪嫌疑人、被害人委托的人等对案件处理的意见，为人民检察院对案件是否作不起诉处理提供参考。不起诉公开审查的方式，应当与这一目的相适应。

第二，对适用公开审查的案件范围要进行必要的限制，原则上只适用于当事人对不起诉处理有争议或者在当地有较大影响、社会关注的案件。从诉讼经济出发，没有必要对所有不起诉案件都实行听证。在决定不起诉公开审查前，人民检察院应当听取当事人主要是被害人的意见，如果当事人对不起诉有争议，可以进行不起诉公开审查。如果当事人没有争议，但是社会各界对该案比较关注，为了争取比较好的社会效果，也可以进行公开审查。除这些情况以外，一般可以按照法定程序办理后径行决定不起诉，没有必要进行公开审查。从不起诉的性质看，对拟作证据不足不起诉决定的案件不宜进行公开审查，因为这类案件证据有缺陷，检察机关将来还有再起诉的可能，进行公开审查将可能使犯罪嫌疑人了解案件证据存在的缺陷，影响未来可能的侦查和起诉工作。对拟作法定不起诉决定的案件，一般可以不进行公开审查，因为这类案件事实比较清楚，而且法律规定也很明确，但如果被害人有异议，认为不具备法定不起诉的适用条件，也可以进行公开审查。

第三，按照法律规定属于不公开审理的案件，不能进行公开审查。也就是说，涉及国家秘密、个人隐私的案件，审查程序和内容不向社会公开，只将不起诉决定公开宣布。未成年人犯罪的案件，也不宜进行公开审查。

第四，公开审查应当采取灵活、简便的方式进行。对拟作不起诉决定的案件进行公开审查时，要允许关注该案的群众和公安机关等有关部门人员旁听，程序上主要是听取当事人、辩护人、诉讼代理人的意见，不出示证据，不进行辩论，不能采取类似庭审的程序。

最高人民检察院公诉厅于 2001 年 3 月印发了《人民检察院办理不起诉案件公开审查规则（试行）》，就不起诉公开审查的程序和内容作了具体规定，主要涉及以下几个方面：

1. 人民检察院对于拟作不起诉决定的案件，可以根据侦查机关（部门）的要求或者犯罪嫌疑人及其法定代理人、辩护人、被害人及其法定代理人、诉讼代理人的申请，经检察长决定，对案件进行公开审查。人民检察院也可以根据案件具体情况，经检察长决定，对案件进行公开审查。

2. 人民检察院对不起诉案件进行公开审查，应当听取侦查机关（部门），犯罪嫌疑人及其法定代理人、辩护人、被害人及其法定代理人、诉讼代理人的意见。听取意见可以分别进行，也可以同时进行。

3. 公开审查应当由承办案件的检察官主持进行，并配备书记员记录。

4. 公开审查应当在人民检察院进行，也可以在人民检察院指定的场所进行。

5. 不起诉公开审查活动，允许公民旁听；可以邀请人大代表、政协委员、特约检察员等人士参加；经人民检察院许可，新闻记者可以旁听和采访；根据案情或者当事人请求，可以邀请有关专家及与案件有关的人参加；对于涉及国家财产、集体财产遭受损失的案件，可以通知有关单位派代表参加。

6. 人民检察院在公开审查 3 日前，应当向社会公告案由、公开审查时间及地点，并通知参加公开审查活动的人员。

7. 人民检察院在公开审查时，应当公布承办案件的检察官和书记员的姓名，宣布案由以及公开审查的内容、目的，告知当事人有关权利和义务，并询问是否申请回避。

8. 人民检察院主要就案件是否应当起诉听取侦查机关（部门），犯罪嫌疑人及其法定代理人、辩护人、被害人及其法定代理人、诉讼代理人的意见。

9. 承办案件的检察官应当围绕案件事实和证据以及不起诉的理由等发表综合性意见，但不需要出示证据。参加公开审查的侦查人员、犯罪嫌疑人及其法定代理人、辩护人、被害人及其法定代理人、诉讼代理人可以就案件事实、证据、案件性质、适用法律以及是否应予起诉等情况，发表各自意见，但不能直接进行辩论。

10. 公开审查的全部活动应当由书记员制作笔录。笔录应当交参加公开审查的侦查人员、犯罪嫌疑人及其法定代理人、辩护人、被害人及其法定代理人、诉讼代理人阅读或向其宣读。如果认为记录有误或者有遗漏的，可以请求补充或更正。确认无误后,应当签名或者盖章。

11. 对拟作不起诉处理的案件公开审查后,应当制作不起诉公开审查报告。报告中应当重点写明公开审查过程中各方一致性意见或存在的主要分歧,并提出提起公诉或不起诉的建议,连同公开审查笔录,呈报检察长或者检察委员会,作为案件是否决定不起诉的参考。

上述文件没有规定进行不起诉公开审查是否应事先征得当事人同意。一般认为,不起诉公开审查在试点阶段不宜采取强制的形式,毕竟法律对不起诉公开审查没有明确规定,当事人可能不理解甚至不愿意参加,如果强制当事人参加,反而会影响公开审查的社会效果,因此,在不起诉公开审查前,原则上应征得当事人的同意。

第四节 不起诉的制约机制

不起诉权的正确行使,对于保护公民的合法权益,保障无罪的人不受刑事追究,及时消化积案,合理配置司法资源,实现诉讼经济,都具有重要意义。但由于不起诉具有终止诉讼的效力,如果违背设立不起诉制度的宗旨,误用乃至滥用不起诉,将导致打击犯罪不力,损害被害人的合法权益和社会公共利益。因此,有必要加强监督和制约。一方面,加强自身监督,人民检察院发现不起诉决定确有错误,符合起诉条件的,应当撤销不起诉决定,提起公诉。另一方面,加强外部的监督和制约。凡规定不起诉制度的国家,大多同时设立对不起诉的制约机制,以防止和纠正不起诉不当的现象。我国新刑事诉讼法在明确规定不起诉条件的同时,就不起诉决定作出后的制约也作了一系列规定,《人民检察院刑事诉讼规则(试行)》作了进一步的细化规定。

一、被害人的制约

被害人的制约,实际上表现为法律为不起诉案件被害人提供的救济途径。被害人是刑事案件遭受侵害的一方,与案件处理结果有直接的利害关系。对犯罪嫌疑人决定不起诉,通常与被害人的意志相悖,被害人往往不服。错误的不起诉决定往往损害被害人的权利,因此,凡设立不起诉制度的国家,一般都赋予被害人申诉权和起诉权。例如,日本刑事诉讼法规定了"准起诉"程序,被害人作为对国家公务员和警察滥用职权的犯罪进行控告或者告发的人,不服检察官的不起诉决定时,可以在法定期限内向有管辖权的法院(称"裁判所")提出请求审判之诉。法院认为请求有理时,将裁定案件提交审判,并指定律师担任该案件的公诉人。德国也实行被害人不服不起诉而申请法院裁定的强制起诉制度。

我国新《刑事诉讼法》第 176 条规定："对于有被害人的案件，决定不起诉的，人民检察院应当将不起诉决定书送达被害人。被害人如果不服，可以自收到决定书后七日以内向上一级人民检察院申诉，请求提起公诉。人民检察院应当将复查决定告知被害人。对人民检察院维持不起诉决定的，被害人可以向人民法院起诉。被害人也可以不经申诉，直接向人民法院起诉。人民法院受理案件后，人民检察院应当将有关案件材料移送人民法院。"这种由被害人向人民法院起诉的案件，学理上称"公诉转自诉案件"，即被害人因不起诉而获得起诉权，诉的形式发生了变化。对公诉转自诉的案件，被害人向人民法院起诉后，人民法院将审查是否有能够证明被告人犯罪事实的证据，以决定是否受理。由于能否掌握案件已有的证据，直接影响被害人自诉权的行使，因此，从保障被害人的权益出发，在决定不起诉后，被害人或者其法定代理人、委托代理人申请查阅、摘抄、复印有关证据材料的，人民检察院应当允许。收到人民法院受理被害人自诉的通知后，再将全部案件材料移送人民法院。

根据《人民检察院刑事诉讼规则（试行）》的有关规定，被害人不服不起诉决定的，在收到不起诉决定书后 7 日以内申诉的，由作出不起诉决定的人民检察院的上一级人民检察院刑事申诉检察部门立案复查。被害人向作出不起诉决定的人民检察院提出申诉的，作出决定的人民检察院应当将申诉材料连同案卷一并报送上一级人民检察院。被害人不服不起诉决定，在收到不起诉决定书 7 日后提出申诉的，由作出不起诉决定的人民检察院刑事申诉检察部门审查后决定是否立案复查。刑事申诉检察部门复查后应当提出复查意见，报请检察长作出复查决定。复查决定书应当送达被害人、被不起诉人和作出不起诉决定的人民检察院。上级人民检察院经复查作出起诉决定的，应当撤销下级人民检察院的不起诉决定，交由下级人民检察院提起公诉，并将复查决定抄送移送审查起诉的公安机关。出庭支持公诉由公诉部门办理。

二、被不起诉人的制约

根据新《刑事诉讼法》第 177 条的规定，对于人民检察院依照新《刑事诉讼法》第 173 条第 2 款规定作出的不起诉决定，被不起诉人如果不服，可以自收到决定书后 7 日以内向人民检察院申诉。人民检察院应当作出复查决定，通知被不起诉的人，同时抄送公安机关。如果被不起诉人在 7 日以后提出申诉，人民检察院有权根据情况决定是否进行复查。

不起诉不具有对被不起诉人定罪的效力,因此,一般来说只会对被不起诉人有利。但人民检察院依照新《刑事诉讼法》第173条第2款的规定决定不起诉,事实上是认为被不起诉人实施了一定行为,且该行为是构成犯罪的,只是依照刑法规定不需要判处刑罚或者可以免除刑罚,而无起诉之必要。检察机关在决定不起诉的同时,还可以对被不起诉人予以训诫、责令具结悔过、赔礼道歉、赔偿损失,可以移送有关主管机关给予行政处罚、行政处分或者没收其违法所得。因此,不起诉决定对被不起诉人的名誉、民事责任、行政责任都有一定的实际影响。而且,如果确认被不起诉人根本没有犯罪行为,受过羁押的被不起诉人还可以提出赔偿要求。在这种情况下,尽管不起诉并无定罪的效力,被不起诉人仍应有提出申诉的权利。一般被不起诉人会就以下几个方面提出异议:一是不起诉决定书涉及的行为不是被不起诉人所实施;二是不起诉决定书对事实的认定有出入;三是被不起诉人的行为依法并不构成犯罪。立法上赋予被不起诉人申诉权,是具有人权保障意义的一项重要措施,也体现了对检察机关行使不起诉权的制约。

根据《人民检察院刑事诉讼规则(试行)》的有关规定,被不起诉人对不起诉决定不服,在收到不起诉决定书后7日以内提出申诉的,应当由作出决定的人民检察院刑事申诉检察部门立案复查。被不起诉人在收到不起诉决定书7日后提出申诉的,由刑事申诉检察部门审查后决定是否立案复查。人民检察院刑事申诉检察部门复查后应当提出复查意见,认为应当维持不起诉决定的,报请检察长作出复查决定;认为应当变更不起诉决定的,报请检察长或者检察委员会决定;认为应当撤销不起诉决定提起公诉的,报请检察长或者检察委员会决定。复查决定书中应当写明复查认定的事实,说明作出决定的理由。复查决定书应当送达被不起诉人、被害人,撤销不起诉决定或者变更不起诉的事实或者法律根据的,应当同时将复查决定书抄送移送审查起诉的公安机关和本院有关部门。人民检察院作出撤销不起诉决定提起公诉的复查决定后,应当将案件交由公诉部门提起公诉。

三、侦查机关的制约

根据新《刑事诉讼法》第175条的规定,对于公安机关移送起诉的案件,人民检察院决定不起诉的,应当将不起诉决定书送达公安机关。公安机关认为不起诉决定有错误的时候,可以要求复议,如果意见不被接受,可以提请上一级人民检察院复核。复议、复核都不是不起诉的必经程序。是否开始复议、复核程序,取决于公安机关是否提出要求。复议是复核的必经步骤,不经复议不

第十一章 不起诉

能提出复核，但复核并非复议的必然延伸。另需注意的是，法律并没有规定公安机关要求复议、提请复核的期限。

公安机关对不起诉案件的要求复议权和提请复核权，是与公安机关、人民检察院之间互相配合、互相制约的关系相适应的。凡是移送起诉的案件，公安机关在移送起诉意见书中对案件事实、证据和适用法律均提出了意见，人民检察院作出不起诉决定，意味着与公安机关对案件的认识不一致。在这种情况下，公安机关应当有权针对不起诉决定，向人民检察院表明不同意见。人民检察院在进行复议、复核的过程中，充分考虑公安机关的意见，对案件进行复查，也有利于保证不起诉权的正确行使。

根据《人民检察院刑事诉讼规则（试行）》的有关规定，公安机关认为不起诉决定有错误，要求复议的，人民检察院公诉部门应当另行指定检察人员进行审查并提出审查意见，经公诉部门负责人审核，报请检察长或者检察委员会决定。人民检察院应当在收到要求复议意见书后的 30 日以内作出复议决定，通知公安机关。上一级人民检察院收到公安机关对不起诉决定提请复核的意见书后，应当交由公诉部门办理。公诉部门指定检察人员进行审查并提出审查意见，经公诉部门负责人审核，报请检察长或者检察委员会决定。上一级人民检察院应当在收到提请复核意见书后的 30 日以内作出决定，制作复核决定书送交提请复核的公安机关和下级人民检察院。经复核改变下级人民检察院不起诉决定的，应当撤销或者变更下级人民检察院作出的不起诉决定，交由下级人民检察院执行。

实践中，由于不同主体可以对不起诉决定提出申诉、复议、复核，容易在程序上造成交叉，例如，公安机关认为不起诉决定有错误要求复议，同时被害人不服决定也提出了申诉。对此，有的人认为应当分别由两级人民检察院办理复议和复查，上下级人民检察院应当协调一致，作出一致的复议、复查决定答复公安机关和被害人。但不论复议、复查，目的都是审查不起诉决定是否确有错误，在上一级人民检察院正对案件进行复查的情况下，作出决定的人民检察院同时办理复议的意义不大，因为它必须服从上一级人民检察院的复查决定，而且在实践中复议、复查案件一般都需要阅卷审查，两级院承办案件的检察官不可能同时阅卷审查。因此，在这种情况下，应当由上一级人民检察院进行复查，复查决定同时送达被害人和公安机关。作出不起诉决定的人民检察院应当终止对复议的审查，并将有关情况通知公安机关。

对公安机关提出复议、复核同时人民法院受理被害人起诉的情况，有的同志认为，被害人向人民法院起诉并没有终止复议、复核程序的效力，为保证复议、复核的严肃性，人民检察院应当依法进行复议、复核。但根据刑事诉讼法的规定，人民法院受理被害人起诉后，人民检察院必须将有关案件材料移送人民法院。在案件材料已经移送人民法院的情况下，人民检察院难以进行复议、复核，即使要求复议、提请复核在先，在被害人起诉的情况下，人民检察院也不能以正在复议、复核为理由拒绝移送案件材料。因此，只要人民法院受理被害人的起诉，除非被害人撤回起诉，应当将案件材料移送人民法院，终止复议、复核，并将有关情况通知公安机关。实践中，也可以告知被害人案件正在复议、复核，建议被害人撤回起诉。

四、上级人民检察院的制约

上级检察机关对下级检察机关的不起诉进行监督，纠正其认为不当的不起诉决定，是许多国家采取的制约办法。即使是在实行司法审查或特定组织审查制度的国家，一般也允许被害人向上级检察机关提出申诉或申请复议。在检察一体化的体制下，上级检察机关有权指挥或命令下级检察机关。对上级的指挥或命令，下级应当服从。因而，上级检察机关的监督制约可以说是对不起诉最基本的制约机制。例如，在法国如果总检察长或检察长认为检察官作出的不起诉决定违背社会公共利益，可以向其提出意见，在某些情况下还可以指令检察官提起公诉。日本《检察厅法》规定，上级检察官对其所属下级检察官拥有指挥监督权。检察官作出不起诉决定后，告诉人或告发人可以向上级检察官声明不服，请求予以纠正。如果上级检察官认为不起诉决定错误，要求下级检察官更改，下级检察官必须服从。在德国的强制起诉制度中，被害人不服不起诉决定时，也有权向上级检察院提出申诉，上级检察院可以改变或者维持不起诉决定。

在我国，根据人民检察院组织法的规定，检察系统内奉行检察一体化原则，上下级人民检察院之间是领导与被领导的关系。由人民检察院的领导体制所决定，下级人民检察院行使不起诉权，要受到上级人民检察院的监督制约。根据《人民检察院刑事诉讼规则（试行）》的有关规定，最高人民检察院对地方各级人民检察院的不起诉决定，上级人民检察院对下级人民检察院的不起诉决定，只要发现确有错误，就有权予以撤销，指令下级人民检察院提起公诉。

上级人民检察院发现下级人民检察院不起诉决定错误的途径主要有：（1）根据公安机关提请复核意见书，对下一级人民检察院的不起诉决定进行复核；（2）被不起诉人、被害人不服不起诉决定，向上级人民检察院提出申诉；（3）省级以下人民检察院办理直接受理侦查的案件，拟作撤销案件、不起诉决定的,应当报请上一级人民检察院批准;(4)根据有关单位的反映对下级人民检察院的不起诉决定经过复查,发现确有错误,以及通过办案质量检查发现不起诉错误,等等。

五、人民法院的制约

英美法系国家由于检察官享有广泛的自由裁量权,因而不起诉决定几乎不受法院的司法审查。但在其他许多国家,往往以法院的司法审查权来制约检察官的不起诉决定权,例如,德国的强制起诉程序和日本的"准起诉程序"都体现了法院对不起诉的制约。

在我国,公诉案件人民检察院决定不起诉后,人民法院可以根据被害人的起诉对案件进行审理,不受不起诉决定的影响。此时,公诉案件转为自诉案件。人民法院对检察机关不起诉的案件进行审理,体现了人民法院对不起诉的制约。如果人民法院对公诉转自诉的案件经过审理,宣告被告人有罪,那么检察机关原作出的不起诉决定虽然并不丧失效力,但其对被不起诉人所作的无罪的结论已没有意义。

根据《人民检察院刑事诉讼规则(试行)》的有关规定,人民检察院收到人民法院受理被害人对被不起诉人起诉的通知后,人民检察院应当终止复查,将作出不起诉决定所依据的有关案件材料移送人民法院。

六、人民监督员的制约

人民监督员制度是为了加强对人民检察院查办职务犯罪案件工作外部监督的一项司法改革措施。目前,在全国各省、自治区、直辖市的部分检察院已试行了人民监督员制度。实施人民监督员制度是要解决监督者的监督问题,对于检察机关提高执法水平和办案质量,依法公正履行检察职责,维护社会公平和正义具有重要意义。根据2004年修订的最高人民检察院《关于实行人民监督员制度的规定(试行)》第13条之规定,人民监督员对人民检察院查办职务犯罪案件中拟作不起诉的实施监督,但是,涉及国家秘密或者经特赦令免除刑罚以及犯罪嫌疑人死亡的职务犯罪案件除外。

人民监督员对拟不起诉职务犯罪案件的监督工作按照下列步骤进行:(1)由案件承办人向人民监督员全面、客观地介绍案情并出示主要证据;(2)由案件承办人向人民监督员说明与案件相关的法律适用问题;(3)人民监督员可以向案件承办人提出问题,必要时可以旁听案件承办人讯问犯罪嫌疑人、询问证人、听取有关人员陈述、听取本案律师的意见；（4）人民监督员根据案件情况，独立进行评议、表决。表决采用无记名投票方式，按少数服从多数的原则形成表决意见，表决结果和意见由承办案件部门附卷存档。案件监督工作应当自人民监督员办公室收到材料之日起 7 日内进行完毕。重大复杂案件，案件监督期限可以延长至 15 日。人民检察院不得因人民监督员的监督而超过法定办案期限。

检察长或者检察委员会应当分别根据职责权限，对人民监督员的表决意见和有关检察业务部门的意见进行审查，必要时可以听取人民监督员和公诉部门的意见。审查后同意人民监督员表决意见的，公诉部门应当执行；检察长不同意人民监督员表决意见的，应当提请检察委员会讨论；检察委员会不同意人民监督员表决意见的，应当依法作出决定。检察委员会的决定与人民监督员表决意见不一致时，应当由人民监督员办公室向人民监督员作出说明。参加监督的多数人民监督员对检察委员会的决定有异议的，可以要求提请上一级人民检察院复核。复核工作由人民监督员办公室转交公诉部门办理。上一级人民检察院应当及时复核并反馈结果。上一级人民检察院的决定，下级人民检察院应当执行。

第五节　附条件不起诉

一、附条件不起诉的概念和特征

附条件不起诉，又称"暂缓起诉"，是指检察机关根据法律规定，对于某些已达到提起公诉标准的轻微刑事犯罪，基于犯罪嫌疑人的自身状况、刑事政策以及诉讼经济的考虑，决定对犯罪嫌疑人附加一定条件暂缓起诉，如果犯罪嫌疑人在考验期内履行了法定的义务，则作出终止诉讼决定的起诉裁量制度。附条件不起诉在诉讼程序上的法律后果有两种：一种是被决定附条件不起诉的犯罪嫌疑人在考验期间履行了法定的义务，检察机关撤销附条件不起诉决定，公开宣布对其所犯罪行不再追究刑事责任。另一种是被决定附条件不起诉的犯罪嫌疑人在考验期间违反了有关监督管理规定或没有履行法定义务，检察机关撤销附条件不起诉的决定，对其提起公诉。

附条件不起诉制度源于德国等西方国家。例如，1994 年《德国刑事诉讼法典》第 153 条 a 规定，经负责开始审理程序的法院和被指控人同意，检察院可以对轻罪暂时不起诉，同时要求被告人选择下述行为：（1）作出一定给付，弥补行为造成的损害；（2）向某公益设施或者国库交付一笔款额；（3）作出其他公益给付；（4）承担一定数额的赡养义务。对于这些要求、责令的履行，检察院对被指控人规定了一定的期限，前三项是6个月，后一项最多1年。被告人履行这些法定义务时，对其行为不作为轻罪追究。被告人如果不履行这些法定义务，则要追究其轻罪的刑事责任。德国刑事诉讼法中设置附条件不起诉制度旨在使对犯罪的追诉更符合刑事诉讼的目的，适用刑事政策的要求，强调诉讼的目的性、合理性。附条件不起诉是起诉便宜主义的表现形式之一，它是基于非刑罚化考虑而作出的制度设计，对于改造罪犯、诉讼经济等方面具有一定的促进作用，而其产生的直接动因，来自刑事犯罪增多导致的对诉讼经济的要求。[①]

附条件不起诉具有三个基本特征：一为它的适用对象是达到起诉标准的轻罪案件；二为适用条件是要求犯罪嫌疑人在考验期内履行一定法定义务；三为法律后果具有非确定性，即根据犯罪嫌疑人在考验期内的表现决定是否起诉。附条件不起诉相对于其他不起诉而言，其基本特点是适用范围相对要大和对终结诉讼程序的非确定性；相对于缓刑而言，它是一种非刑罚的矫治犯罪的方法。

附条件不起诉与法定不起诉区别在于：前者有自由裁量的余地；后者没有自由裁量的空间。法定不起诉，是指法律明确规定不起诉的情形，检察官遇有这些法定情形时，必须作出不起诉决定。例如，对于符合新《刑事诉讼法》第173条第1款、第171条第4款规定情形的，人民检察院必须依法作出不起诉决定以终止刑事诉讼。附条件不起诉是人民检察院经过权衡以后认为不起诉更符合公共利益时作出的不起诉决定。

附条件不起诉与无考验期的裁量不起诉具有相同之处，也存在区别。相同之处在于：两者都属于人民检察院有起诉权并且在起诉后一般也能够胜诉的案件，在决定是否起诉的环节，人民检察院都有自由裁量决定的权力。两者区别在于：裁量不起诉不附加任何条件，如按照新《刑事诉讼法》第173条第2款之规定，对于犯罪情节轻微，依照刑法规定不需要判处刑罚或者免除刑罚的，人民检察院可以作出不起诉决定，但裁量不起诉作出后，除非发现不符合法定条件，一般不能撤销不起诉决定提起公诉。附条件不起诉一般适用于犯罪情节较轻的案件，并且在不起诉的同时附加一定条件，当条件得到满足时，诉讼将不再提起；若条件得不到满足，则应当撤销不起诉决定，提起公诉。

---

① 参见[日]西原春夫：《日本刑事法的形成与特色》，法律出版社1997年版，第154页。

附条件不起诉与缓刑有相同之处，但是两者也存在本质区别。附条件不起诉客观上具有一定矫治犯罪的功能，其与缓刑有相似之处，如都有一定考验期、刑事责任承担都具有非确定性，且这种非确定性都与犯罪嫌疑人或者被告人在考验期间的表现相关。但是，两者存在本质区别，即附条件不起诉是一种程序性的处置措施；而缓刑是一种刑罚具体运用的方法。

二、我国附条件不起诉制度的司法实践与立法

近年来，我国刑事犯罪居高不下，司法机关的诉讼负担有增无减。据不完全统计，在提起公诉的案件中，被人民法院判处3年有期徒刑以下刑罚的犯罪人数，占判决总人数的60%以上，宣告缓刑的人数占判决总人数的20%以上。对数量庞大、社会危害性较轻的犯罪案件的绝大多数予以起诉和判刑，不仅浪费了司法资源，而且容易将更多的人推向社会的对立面。虽然现行刑事诉讼法设立了不起诉制度，但不起诉处理的比率一直较低，仅占2%左右。其主要原因，一是原刑事诉讼法关于"对于犯罪情节轻微，依照刑法规定不需要判处刑罚或免除刑罚的，人民检察院可以作出不起诉决定"的规定，适用范围过窄，将检察官决定不起诉的裁量权限定在极小的范围内；二是不起诉适用标准不明确，适用掌握尺度不统一，而且适用限制多；三是不起诉具有终止刑事诉讼的效力，对被不起诉人缺少行之有效的促其悔改机制，起不到惩戒、警示作用。

2012年新刑事诉讼法总结了以往司法机关在关于附条件不起诉制度进行的探索和实践经验，建立了具有中国特色的附条件不起诉制度。根据修改后的刑事诉讼法有关规定，附条件不起诉仅适用于未成年人涉嫌犯罪的案件，并且限定较严格的适用条件：一是未成年人所犯罪名为刑法分则第四章侵犯公民人身权利、民主权利罪、第五章侵犯财产罪、第六章妨害社会管理秩序罪中规定的罪名，在此范围之外的其他罪名，不得适用附条件不起诉。二是根据法律规定，该未成年人的罪行可能会被判处一年有期徒刑以下刑罚。三是犯罪事实已经查清，证据确实、充分，符合起诉条件。应当指出的是，对于事实不清、证据不够确实充分的，应当通过补充侦查查明犯罪事实，在犯罪事实查明之前，不得适用附条件不起诉；如果其犯罪情节轻微，依照刑法规定不需要判处刑罚或者免除刑罚的，人民检察院可以直接作出不起诉决定。四是未成年人具有悔罪表现。一般来说，"悔罪表现"在行动上可以具体表现为认罪态度好、向被害人赔礼道歉、对被害人积极赔偿等。人民检察院只有在上述几个条件同时具备时，才能对涉案未成年人作出附条件不起诉的决定。

我国刑事诉讼法这次修改对未成年人涉嫌犯罪的轻罪案件规定附条件不起诉制度,既是我国司法改革成果的重要体现之一,也是我国诉讼制度的重要完善之处。下文对未成年人案件的附条件不起诉程序将有详细论述,此不多述。

第十二章
提起公诉

人民检察院对刑事案件经过审查，认为符合起诉条件时，将依法提起公诉，把案件移交有管辖权的人民法院进行审判。因此，提起公诉既意味着审查起诉活动的结束，也意味着审判阶段即将开始。作为人民检察院行使公诉权的主要形式，提起公诉必须符合法律规定的条件，并按照法律规定的程序进行。

第一节 提起公诉的条件

只有在符合公诉条件的情况下，检察机关才能提起公诉。提起公诉的条件可分为实体条件、政策条件和程序条件。

一、提起公诉的实体条件

新《刑事诉讼法》第172条规定："人民检察院认为犯罪嫌疑人的犯罪事实已经查清，证据确实、充分，依法应当追究刑事责任的，应当作出起诉决定，按照审判管辖的规定，向人民法院提起公诉，并将案卷材料、证据移送人民法院。"按照这一规定，人民检察院提起公诉，应当具备两个实体条件：

（一）犯罪嫌疑人的犯罪事实已经查清，证据确实、充分

犯罪嫌疑人的行为依法属于犯罪，这是各国检察官提起公诉必须具备的要件，否则起诉就是违法的。我国刑事诉讼法规定提起公诉以"犯罪事实已经查清"为前提，也就是

要求提起公诉必须针对犯罪行为。

犯罪事实是对犯罪嫌疑人正确定罪量刑的基础。只有查清犯罪事实，才谈得上正确定罪量刑。因此，人民检察院提起公诉必须首先查明犯罪事实。这里所谓的犯罪事实，不仅包括客观方面的犯罪行为，也包括犯罪嫌疑人的主观心理态度和影响定罪量刑的其他事实、情节。具体可以分为：（1）确定犯罪嫌疑人实施的行为是犯罪，而不是合法行为或者一般违法行为的事实；（2）确定被告人应当负刑事责任，而不是不负刑事责任或者可以免除刑事责任的事实，例如，犯罪嫌疑人的年龄、精神状态等；（3）确定犯罪嫌疑人实施的是某一种或某几种性质的犯罪的事实；（4）确定对犯罪嫌疑人应当或者可以从轻、减轻或者从重处罚的量刑情节的事实。查清上述事实，就符合犯罪嫌疑人的事实已经查清的条件。

对于公诉案件，应当尽可能将有关的事实情节都查清楚，但由于刑事案件是已经发生的事实，受客观条件、认识能力和技术水平等因素的制约，往往不可能将所有的事实、情节都查清楚，而且花很大代价去查清一些对定罪量刑没有关系或关系不大的情节，只会导致司法效益低下。因此，对刑事案件不应强求查清所有的事实、情节。根据《人民检察院刑事诉讼规则（试行）》的规定，具有下列情形之一的，可以确认犯罪事实已经查清：

1. 属于单一罪行的案件，与定罪量刑有关的事实已经查清，不影响定罪量刑的事实无法查清的。例如，行为人的犯罪动机、犯罪目的未查清，或者不能确定具体的犯罪时间时，如果这些事实不影响定罪量刑，也可以提起公诉。反之，当特定的目的是构成犯罪的必要要件时，一旦未能查清，就无法认定犯罪嫌疑人是否构成犯罪，当然不能提起公诉。

2. 属于数个罪行的案件，部分罪行已经查清并符合起诉条件，其他罪行无法查清的。司法实践中，一个犯罪嫌疑人可能涉嫌数个罪行，一般应尽可能将数个罪行一并提起公诉。但有时案情复杂，需要进行大量的侦查工作，而侦查、起诉受办案期限的限制，有可能在法定期限内未能查清一部分犯罪事实，这时应当以查清的罪行先行起诉，其他罪行待查清后另行起诉。

3. 无法查清作案工具、赃物的去向，但有其他证据足以对被告人定罪量刑的。

4. 言词证据中主要情节一致，只有个别情节不一致且不影响定罪的。

证据是认定犯罪事实的客观依据。人民检察院代表国家对犯罪嫌疑人提出公诉，是一项十分严肃的司法活动，必须以确实、充分的证据作为根据。证据确实，要求用以证明犯罪事实的每一个证据都必须是合法和客观真实的，同时又与犯罪事实有内在的联系，能够证明案件的事实真相。证据充分，要求有一定数量的证据,形成充足的证明力,构建起完整的证据体系来证明犯罪事实。证据确实与充分是互相联系、不可分割的两个方面。如果证据不充分,证据确实就难以达到;反之,如果证据不确实,数量再多,也不能证明犯罪事实。"证据确实、充分",要求指控的犯罪事实都有相应的证据予以证明,且证据之间、证据与案件事实之间不存在矛盾,足以排除非被告人作案的可能性。没有证据,证据不确实,或者证据不充分,都不能作出提起公诉的决定。

"犯罪事实已经查清,证据确实、充分",究竟是提起公诉的一个条件还是两个条件,诉讼法学界认识上有分歧。一些学者把"犯罪事实已经查清"与"证据确实、充分"并列为两个条件。然而,犯罪事实是否查清,依赖于证据的情况。如果证据没有达到确实、充分的程度,犯罪事实就不可能查清;反之,如果犯罪事实已经查清,就意味着证据已经达到确实、充分的程度,不可能出现犯罪事实已经查清而证据不确实、不充分的情况。鉴于犯罪事实已经查清与证据确实、充分之间具有紧密的联系,因此,可以认为"犯罪事实已经查清,证据确实、充分"是提起公诉的一项不可分割的条件。

(二) 依法应当追究刑事责任

犯罪嫌疑人实施了某种犯罪行为,并非一定要承担刑事责任。根据刑法、刑事诉讼法的规定,对有些行为依法应当不追究刑事责任,对有些行为可以不追究刑事责任。具有法定不应当追究刑事责任的情形时,人民检察院不能提起公诉。对犯罪情节轻微、具有法定不需要判处刑罚或者免除刑罚的情形,人民检察院有权进行裁量;认为可以不追究刑事责任时,可以不起诉;认为应当追究刑事责任时,有权依法提起公诉。因此,是否应当追究刑事责任,也是提起公诉的一项必要条件。

总之,对犯罪嫌疑人决定提起公诉,必须同时具备上述条件。缺少任何一项,都不能对犯罪嫌疑人提起公诉。

二、提起公诉的政策条件

公诉实践中,有的案件情节轻微,属于可诉可不诉的情形。在这种情况下,提起公诉的条件之一是根据刑事政策的要求,认为对犯罪嫌疑人提起公诉更符合公共利益,而有提起公诉之必要。如果罪行较为严重,按照法律规定应当提起公诉,检察机关无裁量的余地,则在决定是否起诉时就不必再考虑政策条件。

提起公诉的政策条件是实现公诉个别化的要求。当犯罪情节轻微,依法可以起诉也可以不起诉的情况下,检察机关应当贯彻国家的刑事政策,综合考虑犯罪的性质、情节、后果、犯罪嫌疑人情况、被害人态度、犯罪的社会影响以及诉讼代价等因素。如果认为提起公诉更符合公共利益,即应提起公诉;反之,如果认为不起诉更符合公共利益,应当依法不起诉。

三、提起公诉的程序条件

根据法律规定和诉讼的实际需要,提起公诉还必须具备两项形式条件或程序条件:

一是具有管辖权。人民检察院只能对有管辖权的案件提起公诉。没有管辖权时,必须将案件移交有管辖权的人民检察院提起公诉。获得管辖权有两个途径:其一,根据法律的规定,即当同级人民法院具有审判管辖权时,人民检察院即具有提起公诉的管辖权;其二,根据上级人民检察院的指定,即人民检察院本来没有管辖权或者案件的管辖权不明确,但因上级人民检察院指定由其管辖而取得管辖权。

二是被告人在案。只有被告人在案,检察机关才可能将其交付人民法院审判,这是进行刑事诉讼的必然要求。

第二节 提起公诉的程序与效力

一、提起公诉的程序

提起公诉是行使公诉权的主要方式,必须遵循法定的诉讼程序。由于各国司法体制的不同,提起公诉的主体、程序和方式等也有较大差别。

在德国,检察官确认符合法定的公诉条件时,一般应当制作起诉书,并将起诉书移送有管辖权的法院。由于检察官有权直接侦查或者指挥侦查,因此提起公诉的决定是在侦查终结的同时作出的,并不经过独立的审查起诉阶段。此外,德国刑事诉讼法典还规定了两种特别程序:一种是处罚令程序,另一种是保安处分程序。依照处罚令程序,在属于刑事法官、陪审法庭审理的轻罪案件中,根据检察官的书面申请,法官或陪审法庭可以不经审判以书面处罚令确定被诉人有罪,并给予相应的法律处分。检察官根据侦查的情况,认为无审判必要时,可以提出处罚令申请,要求判处罚金、禁止驾驶、保留处罚的警告、追缴、没收、销毁等法律处分。依照保安处分程序,在行为人无参与审判能力的情况下,检察官根据侦查的结果认为可能判处矫正及保安处分时,可以依法申请自主科处矫正及保安处分,案件不再进入审判程序。检察官的申请书必须符合制作起诉书的规范要求,并写明所要申请判处的矫正及保安处分措施。在上述两种程序中,检察官提出的书面申请,也是提起公诉的特殊形式。德国还实行强制起诉制度,即被害人作为刑事诉讼的告发人,在检察官决定不起诉或者停止诉讼后,有权向上级检察院提出申诉;如果起诉的请求仍然被否定,可以申请法院裁定。法院通过审查检察官移送的案件材料和讯问被告人等,认为申请有理时,可以裁定检察官提起公诉。由于德国实行职权主义诉讼模式,法院在诉讼中居主导地位,检察官在提起公诉时,必须将案卷材料连同起诉书一并移送法院。法官在充分阅读案卷和研究证据的基础上开庭审判。在起诉书中,不仅要记明被告人及其负刑事责任的行为、实施行为的时间、地点、被禁止行为的法定条件、适用刑罚的条款、审判法院、辩护人等,还要记明证据情况。

日本实行"起诉独占主义",检察厅是行使公诉权的唯一机关。一般情况下,检察机关独立行使提起公诉权,不受其他机关的干涉,但对现任内阁成员的公诉,必须经过首相的同意。在准起诉程序中,法院虽可根据控告人或告发人的请求裁定将案件提交审判,但并非指令检察机关提起公诉。经法院裁定的准起诉的案件,检察官不出庭支持公诉,而由法院指定律师支持公诉。检察审查委员会对检察官的不起诉决定经过审查,认为不起诉不当时,所作的决议也没有法定约束力。检察机关一般要充分考虑检察审查委员会的意见,但有权自主决定是否改变不起诉决定。检察官在提起公诉的同时,必须向法院提交起诉书,只有在不得已的情况下才能在提起公诉后尽快提交。根据日本刑事诉讼法确立的诉因制度,为了使辩护方充分行使辩护权,检察官在起诉书中,除了记载具体事实外,必须明示其诉因。法院只能就其诉因进行审判,不能超出诉因范围。这里所谓诉因,一般是指构成犯罪事实的主张。日本《刑事诉讼法》第 256 条第 2 款规定:"起诉书应记载下列事项:(1)被告人的姓名及其他足资辨认之事项;(2)公诉事实;(3)罪名。"其中公诉事实应载明诉因,并应尽可能记载构成诉因的时间、地点、方法等成立犯罪之特定事实。在案件材料的移送方面,与当事人主义诉讼模式相适应,日本实行起诉状一本主义,就是在提起公诉时只向法院移送起诉书,以及辩护人委托书、逮捕票、羁押票等必要的诉讼文书,不得同时移送任何有可能使法官产生预断的材料和物品。日本诉讼法理论认为,法院在开庭审理前只能得到一纸诉状。法官只能在开庭审理后,通过检察官的举证、法庭调查和辩论来查明案情并作出裁判。移送其他材料,可能会造成法官先入为主,产生预断,从而不能保证公正裁判。为此,日本《刑事诉讼法》第 256 条第 6 款明确规定,"起诉书不得添附可能使法官就案件产生预断的文书及其他附件,或引用该文书的内容"。也就是说,起诉书只能记载法定事项，而不能记载其他可能使法官产生预断的内容。如起诉书中不能记载被告人的学历、经历、性格和犯罪动机等情况，除与定罪有关外禁止记载被告人的前科，并且禁止列举证据或引用言词证据的内容。检察官记载诉因时，必须用自己的语言叙述所指控的事实。根据判例，提起公诉时如果违反起诉状一本主义，将被驳回起诉，且不得再行起诉。

在美国，联邦和各州提起公诉的程序有所不同，主要包括两种形式：一种是检察官提起公诉，另一种是大陪审团提起公诉。根据法律规定实行大陪审团制的情况下，检察官认为应当以重罪提出指控时，必须向大陪审团提交公诉书草案（或罪行控诉状），然后大陪审团调查证据，如超过法定数额的成员认为有理由指控该嫌疑人，就在公诉书草案背面签署"受理此诉状"。如果认为证据不足以支持重罪指控，但能够证明嫌疑人犯有轻罪、微罪时，可以指令检察官向管辖法院提出相应的起诉。大陪审团批准以重罪起诉后，检察官要以大陪审团名义向法院提交公诉书（indictment）。在不实行大陪审团制度的州，一切刑事案件都由检察官以政府名义向管辖法院提交起诉书（information）。多数州为避免检察官滥用权力，规定了预审程序，即在起诉前应先经预审法官预审。预审法官对证据进行审查后，决定是否交付刑事法院审判。与当事人主义的诉讼模式相适应，美国也实行起诉状一本主义，提起公诉时只向刑事法院移送起诉书，表明主张的内容而不移送证据，以维系控辩平等的诉讼结构，避免陪审员、法官产生预断，防止因庭前的实质性审查活动使审判流于形式。

我国实行类似职权主义的诉讼模式，提起公诉的程序与德国比较接近。检察机关决定提起公诉后，必须向人民法院移送全案的证据材料。我国未实行严格的起诉状一本主义，法官可以在开庭前了解指控被告人的主要证据和证据体系的基本情况。对于起诉书，法律要求有明确的指控犯罪事实，实践中对证据情况也要进行简要列举和说明。

在我国，提起公诉的程序包含下列活动：

(一) 作出提起公诉的决定

新《刑事诉讼法》第172条规定："人民检察院认为犯罪嫌疑人的犯罪事实已经查清，证据确实、充分，依法应当追究刑事责任的，应当作出起诉决定，按照审判管辖的规定，向人民法院提起公诉，并将案卷材料、证据移送人民法院。"这一规定，一方面为人民检察院对刑事案件提起公诉提供了法律依据，另一方面也明确了提起公诉的条件。凡是符合上述规定的案件，人民检察院应当决定提起公诉。在实行主诉检察官办案责任制的情况下，主诉检察官对其所办理的部分案件有提起公诉的决定权，其他案件必须提出意见后报请检察长决定，或者由检察长提交检察委员会讨论决定。

（二）制作起诉书

在我国，人民检察院作出起诉决定后，应当制作起诉书。起诉书是人民检察院代表国家向人民法院提起公诉、指控被告人构成犯罪并要求追究其刑事责任的法律文书，集中体现了人民检察院对公诉案件进行审查起诉后的结论性意见。起诉书的核心内容是人民检察院对案件事实的认定意见以及起诉的根据和理由，此外还包括被告人基本情况、案由和案件来源等。

起诉书在我国刑事诉讼中的意义，首先，在于它确定了提起公诉的内容：一是明确了提起公诉的对象，即人民检察院要求予以追究刑事责任的被告人及其具体身份；二是明确了人民检察院对被告人指控的具体内容，包括被告人涉嫌犯罪的事实和罪名等；三是明确了人民检察院对被告人提起公诉的根据和理由，包括人民检察院据以提起公诉的刑法、刑事诉讼法依据，以及人民检察院认定犯罪性质和要求追究刑事责任的理由等；四是通过对犯罪性质、犯罪情节、共同犯罪各被告人地位和作用作出认定和引用相关刑法条款，明确了人民检察院对适用刑罚的概括性意见。

其次，起诉书的意义还在于形成对审判的制约。一方面，人民法院必须以起诉书作为受理刑事公诉案件并对被告人进行审判的合法依据，无起诉书即不得对任何人进行审判；另一方面，起诉书对人民法院进行审判的范围具有限制作用，按照不告不理的原则，起诉书未指控的犯罪事实，人民法院不得进行审理和作出裁判。

最后，起诉书的意义还在于保障辩护权的行使。被告人、辩护人对人民检察院指控的内容享有审前知悉权，这是行使辩护权的基础。人民检察院提起公诉后，人民法院依法必须在法定期限内将起诉书副本送达被告人，使被告人知悉人民检察院指控其犯罪的具体内容、法律根据和理由，从而保障刑事审判得以公正进行。

（三）移送起诉书和案卷材料、证据

关于人民检察院提起公诉时需向人民法院移送材料范围的问题，我国刑事诉讼法的规定有过反复。1979年刑事诉讼法规定，人民检察院提起公诉时需向人民法院移送起诉书和全部案件材料，人民法院将对案件进行实质性审查，认为犯罪事实清楚、证据确实充分时，才决定开庭审判。也就是说，实际上在开庭审理前，法官已经通过阅卷、讯问被告人、询问证人等活动对证据进行了审查判断，并对如何认定事实和定性处理形成了意见。对此，有观点提出来这在实践中容易造成"先入为主"、"先定后审"的现象，使开庭审判流于形式，公诉人和辩护人的作用得不到充分发挥。于是，1996年修改刑事诉讼法时，将人民法院的庭前审查由实质性审查改为程序性审查。根据1996年刑事诉讼法的规定,人民检察院提起公诉的案件,应当向人民法院移送起诉书、证据目录、证人名单和主要证据复印件或者照片。人民检察院移送这些材料,是供人民法院了解案件事实、证据和公诉意见的基本情况和公诉意见,以便进行庭审准备,例如安排证人到庭。审判人员在庭前不再对案件进行实质性审查,而是通过控辩双方当庭举证、质证和互相辩论等活动,对证据进行审查判断,进而决定应如何认定事实和适用法律,从而避免先入为主,使开庭审理的作用得到充分发挥,并使被告人的辩护权得到充分保障。但是,这一改革在司法实践中的效果并不好,主要是法官在庭前对大部分案卷材料不熟悉,不了解案件的全面情况,不清楚案件的争议焦点,难以很好地主持和把握庭审活动和节奏,而且由于检察机关不移送全部案卷材料,辩护律师到人民法院无法通过阅卷了解全案证据情况,特别是对被告人有利的证据情况。因此,2012年刑事诉讼法修改时又改了回来,要求人民检察院提起公诉时向人民法院移送全案的证据材料。

2012年新《刑事诉讼法》第172条规定:"人民检察院认为犯罪嫌疑人的犯罪事实已经查清,证据确实、充分,依法应当追究刑事责任的,应当作出起诉决定,按照审判管辖的规定,向人民法院提起公诉,并将案卷材料、证据移送人民法院。"这里的"案卷材料、证据",是指全案的证据材料,既包括指控有罪、罪重的证据,也包括无罪、罪轻的证据。实践中,人民检察院向人民法院移送的起诉书应当一式八份,每增加一名被告人增加起诉书五份。人民法院对提起公诉的案件进行审查后,对于起诉书中有明确的指控犯罪事实的,应当决定开庭审判。

二、提起公诉的效力

提起公诉是人民检察院行使公诉权的一项基本的诉讼活动,是审查起诉阶段和审判阶段的连结点。它的效力体现在以下几个方面:

(一)提起公诉具有必然启动审判程序的效力,使法院产生审判的权利和义务

对人民法院而言,凡是公诉案件,只能根据人民检察院的起诉进行审判,其审判活动受公诉范围的制约。另外,对人民检察院提起公诉的案件,人民法院必须进行审理并作出裁判,而不能驳回起诉。

(二)犯罪嫌疑人和被害人的诉讼权利和义务发生变化

因人民检察院提起公诉,犯罪嫌疑人的诉讼地位发生变化,成为刑事被告人。被告人、被害人开始享有审判阶段法定的诉讼权利,并承担相应的诉讼义务。

(三) 提起公诉对人民检察院的诉讼活动也有制约作用

理论上认为，为了维护公民的权益及司法的秩序，在公诉事实范围内应当禁止双重起诉。案件提起公诉后，如果经人民法院判决有罪，不能就同一事实再次起诉。但人民法院以证据不足为由判决无罪的案件，如果有新的证据证明被告人有罪，可以再次提起公诉。在人民法院宣告判决前，人民检察院发现不存在犯罪事实、犯罪事实并非被告人所为或者不应当追究被告人刑事责任的，可以要求撤回起诉，但如果撤回起诉后没有新的事实或者新的证据，也不得再行起诉。

第三节 简易程序的选择

一、简易程序的概念和特征

简易程序，是指人民法院对于符合法定条件的刑事案件可以依法适用的比普通程序简单的一种第一审程序。简言之，简易程序是法律规定的对普通程序简化后的审理程序，目的在于使简单的案件快速得到处理。

简易程序是刑事诉讼法规定的重要程序，关系到诉讼公正与效率价值追求的衡平选择。简易程序的价值主要在于提高刑事诉讼的效率，在保证公正的前提下实现诉讼经济。刑事诉讼也存在成本效益关系。诉讼成本包括司法机关和诉讼参与人投入的人力、财力、物力，等等。司法实践中，有些案件事实清楚、证据充分、控辩双方无争议，如果对所有的刑事案件不加区分，一概适用相对复杂的普通程序，司法资源的浪费比较严重。实行简易程序，可以在不致影响公正审判的前提下简化审理程序，缩短诉讼进程，实现繁简分流，减少司法机关的工作量，从而使刑事诉讼以最少的司法资源投入产生最大的诉讼效益，有利于缓解长期存在的司法资源短缺的问题，使司法机关可以集中力量处理重大、复杂、疑难的案件，也使轻微案件的当事人和其他诉讼参与人可以尽早摆脱讼累。

简易程序是目前世界各国通行的一种审判程序。在有的国家，大多数刑事案件通过简易程序审理，比例甚至达到 90% 以上。各国的刑事简易程序主要有三种类型：（1）英美的有罪答辩及与之相关的辩诉交易程序。被告人只要自愿选择有罪答辩，承认犯有检察官指控的罪行，就意味着放弃获得正式法庭审判的机会，法官可以直接对被告人定罪量刑，不再进行复杂的审判程序。而实践中被告人选择有罪答辩，通常是因为与检察官达成了辩诉交易，即被告人以作有罪答辩换取检察官向法官提出减轻指控或者降低处刑的建议。法庭一般只审查被告人接受辩诉交易是否自愿和理智，不就案件的事实问题进行调查。(2) 德国、意大利等大陆法系国家的处罚令程序和日本的略式程序，通常适用于被告人可能被判处罚金或者更轻刑罚的案件。例如，德国的处罚令程序适用于被告人可能被判处罚金、没收驾驶执照等刑罚的案件，意大利的处罚令程序适用于对被告人适用罚金刑的案件，日本的略式程序则适用于专门的简易法院审理可能被判处小额罚金以及缓刑、没收等处分的简单案件。(3) 意大利的简易审判程序和辩诉交易程序。简易审判程序可以适用于那些可能判处被告人终身监禁以外刑罚的案件，以被告人和检察官同意为适用前提。意大利的辩诉交易程序则主要适用于可能判处罚金刑的案件，以及根据案件情况被告人最终被判处的刑罚不超过 2 年监禁的案件。被告人可以就量刑与检察官协商，达成适用辩诉交易程序的协议。①

各国的简易程序具有下列特点：一是适用的条件一般是罪行和被告人可能被判处的刑罚较轻，或者控辩双方协商同意特别是被告人自愿适用；二是审判组织简化，通常由一名职业法官独任审判，不采取陪审制或合议制；三是审判过程简化，一般不采取直接言词对抗的方式，有的不进行事实调查，有的没有检察官出庭，有的甚至实行书面审；四是判决无罪的可能性较小，但量刑较轻，这主要是因为简易程序的适用通常以被告人承认有罪为前提。

针对我国改革开放以来的社会转型期刑事案件迅猛增加的情况，为了提高诉讼效率，有效、充分有限的诉讼资源，减轻诉讼当事人的诉讼负担，我国刑事诉讼法不断完善简易程序相关诉讼制度。1996 年《刑事诉讼法》第 174 条至第 179 条对简易程序专门作为一节加以规定。2012 年我国在总结以往经验和司法实践的需要的基础上，对刑事诉讼法进行了较大修改。新《刑事诉讼法》第 208 条至第 215 条对简易程序仍作为专门一节加以规定，补充修改了1996 年刑事诉讼法的相关规定，进一步完善了简易程序的设置。这次修改主要有以下几点：一是适当扩大了简易程序的适用范围，将适用范围扩大到所有基层人民法院管辖的案件；二是明确规定了简易程序的排除适用条款；三是将简易程序的独任审理修改为可以由合议庭进行审判，也可以由审判员一人独任审判；四是增加了被告人必须承认自己所犯的罪行、对指控的犯罪没有异议；五是增加被告人同意适用简易程序，删除了人民检察院同意适用简易程序，但保留了人民检察院的建议权。这些修改既充分考虑到案件本身的繁简复杂程

---

① 参见陈瑞华：《刑事诉讼的前沿问题》，中国人民大学出版社 2000 年版，第 407—408 页。

序，又考虑到案件对社会的危害性大小；既考虑到案件事实是否查清，也考虑到被告人的认罪态度；既考虑到案件的繁简分流，切实提高办案效率，也考虑到保护被告人的诉讼权利，有利于刑事诉讼法"尊重和保障人权"原则的实现。

根据新刑事诉讼法，简易程序具有下列三个特点：

第一，简易程序是一种第一审程序。适用第二审程序、死刑复核程序和审判监督程序以及特别程序审理的刑事案件必须组成合议庭进行审理，都不能适用简易程序。

第二，简易程序的功能在于简化案件的审理程序，以达到迅速审判的目的。简易程序必须体现"简易"的精神，即简单、容易操作，方便诉讼。由于适用简易程序审理的案件大多没有什么争议，因此审理过程中对讯问被告人、询问证人、鉴定人、出示证据、法庭辩论程序都不一定要按照普通程序进行，在保证查清案件事实的基础上，依照刑事诉讼法的规定，能简则简，该简则简。

第三，公诉案件简易程序的适用以被告人认罪和同意为适用前提，人民检察院只有适用简易程序的建议权。人民检察院在提起公诉时，可以建议人民法院对公安案件适用简易程序审理，但是最终是否适用简易程序审理由人民法院根据案件的情况和被告人的意见作出决定。法律赋予人民检察院建议权，有利于人民检察院更好地发挥追诉犯罪职能。我们认为，这里人民检察院的建议权，应当包括适用简易程序的建议权和不适用简易程序的建议权。

二、公诉案件适用简易程序的条件

适用简易程序的案件可以是公诉案件，也可以是自诉案件。根据我国新《刑事诉讼法》第208条第1款规定，对于同时符合以下条件的基层人民法管辖的案件，包括自诉案件和公诉案件，都可以适用简易程序：

（一）案件事实清楚、证据充分

这里所说的"事实清楚、证据充分"，主要是指公诉案件和自诉案件的犯罪嫌疑人、被自诉人对起诉书指控的犯罪事实、证据材料和适用法律意见没有较大争议，人民检察院、自诉人提出了充分证据，足以证明被告人被指控的犯罪事实和罪名成立，无须进行复杂的法庭调查和辩论，人民法院就能查明案件事实和作出判决。

（二）被告人承认自己所犯罪行，对指控的犯罪事实没有异议

这里"被告人承认自己的罪行"，是指被告人对起诉书对其指控的犯罪事实供认不讳。"对指控的犯罪事实没有异议"，是指被告人对起诉书中所指控

的内容都没有不同意见，包括公诉案件或者自诉案件的起诉的罪名、犯罪事实、证据材料等。如果被告人对罪名或者犯罪事实或者证据提出异议的，都不属于没有异议。

（三）被告人对适用简易程序没有异议

新刑事诉讼法赋予被告人适用简易程序更多的选择权。被告人可以根据刑事诉讼法的规定和自己所犯罪行的实际情况就是否适用简易程序问题进行权衡，比如，选择简易程序由一位审判员独任审判是否有利于保护自己的诉讼权利，能否保证得到公正、有利的处理等。

以上三个条件，必须同时具备才能适用简易程序；否则，就应当按照普通程序进行审理。

三、简易程序的建议

根据新《刑事诉讼法》第208条第2款的规定，人民检察院在提起公诉前，经审查认为公诉案件符合简易程序审理条件的，可以建议人民法院适用简易程序审理。这里应当明确两点：一是尽管这里规定的是"可以"，但这里应当理解为一般情况，即凡是符合简易程序审理的案件应当尽量适用简易程序，充分发挥简易程序的积极作用。二是人民检察院对简易程序的建议权，表现为建议适用或者不适用简易程序的权力。

根据新刑事诉讼法和《人民检察院刑事诉讼规则（试行）》的有关规定，具有下列情形之一的刑事案件，不应当选择适用简易程序审理：

（1）被告人是盲、聋、哑人，或者是尚未完全丧失辨认或者控制自己行为能力的精神病人的；

（2）有重大社会影响的；

（3）共同犯罪案件中部分被告人不认罪或者对适用简易程序有异议的；

（4）比较复杂的共同犯罪案件；

（5）辩护人作无罪辩护或者对主要犯罪事实有异议的；

（6）其他不宜适用简易程序的。

实践中，人民检察院拟建议适用简易程序的，应当在讯问犯罪嫌疑人时，确认其是否承认自己所犯罪行，对指控的犯罪事实有无异议，告知犯罪嫌疑人适用简易程序审理的法律后果，确认其是否同意适用简易程序。犯罪嫌疑人同意适用简易程序的，应当告知犯罪嫌疑人适用简易程序审理所享有的诉讼权利。公诉部门办案人员认为可以建议适用简易程序的，应当在审查报告中提出适用简易程序的意见，按照提起公诉的审批程序报请决定。人民检察院建议适用简易程序的，应当制作适用简易程序建议书，在提起公诉时，连同全案卷宗、证据材料、起诉书一并移送人民法院。但是，最终决定是否适用简易程序由人民法院根据案件的具体情况和被告人的意见作出决定。对人民检察院提出建议，但是被告人不同意适用简易程序，或者被告人对指控的犯罪事实提出异议，或者人民法院审查认为属于法律规定不应当选择适用简易程序审理情形的，依法都不能适用简易程序。对于具有新《刑事诉讼法》第209条规定的情形之一，人民法院拟适用简易程序审理的，人民检察院可以建议人民法院不适用简易程序。对于人民法院错误适用简易程序的，人民检察院应当提出纠正意见。

四、简易程序的法庭审理

刑事诉讼法基于简化程序，提高效率的目的，对简易程序的法庭审理作了一些不同于第一审普通程序的规定。人民法院适用简易程序审理案件，应当遵守这些规定，而且在法律没有规定简化的程序方面，应当参照第一审普通程序进行。

根据有关规定，简易程序的法庭审理具有下列特点：

其一，对于可能判处3年有期徒刑以下刑罚的刑事案件，既可以组成合议庭进行审理，也可以由审判员一人独任审判。换言之，人民法院根据案件具体情况，在确保案件质量的前提下，对于可能判处较轻刑罚的基层人民法院管辖的第一审刑事案件，可以决定采用何种庭审方式，既可以组成合议庭审判，也可以由审判员独任审判。

其二，对于可能判处3年有期徒刑以上刑罚的刑事案件，应当依法组成合议庭进行审判。2012年新刑事诉讼法适当扩大了简易程序的适用范围，不仅包括可能判处3年有期徒刑以下刑罚的基层人民法院审判的第一审刑事案件，而且包括可能判处较重刑罚的基层人民法院审判的第一审刑事案件。为确保公正审判，体现慎重原则，刑事诉讼法要求这一类判处较重刑罚的案件必须组成合议庭进行审判。

其三，对适用简易程序审理的公诉案件，人民检察院都应当派员出席法庭。根据1996年刑事诉讼法的规定，对于适用简易程序审理的案件，人民检察院可以不派员出庭。为更好地保障被告人的诉讼权利，同时更好地发挥人民检察院出庭支持公诉和履行法律监督职能作用，2012年新刑事诉讼法要求人民法院适用简易程序审理公诉案件，人民检察院必须派员出庭。这一修改和补充规定，克服了公诉人不出庭可能造成的庭审诉讼结构的不完整，增强了人民检察院指控犯罪的力度，强化了人民检察院对适用简易程序审理刑事案件的法律监督，避免了法律监督的盲点，是程序公正的重要体现。

其四，适用简易程序审理案件时，审判人员应当询问被告人意见。根据新《刑事诉讼法》第 211 条的规定，适用简易程序审理案件，审判人员应当询问被告人对指控的犯罪事实的意见，告知被告人适用简易程序审理的法律规定，确认被告人是否同意适用简易程序审理。

其五，法庭调查、法庭辩论的程序明显简化。根据新刑事诉讼法规定，适用简易程序审理案件，经审判人员许可，被告人及其辩护人可以同公诉人、自诉人及其诉讼代理人互相辩论；不受第一审普通程序关于送达期限、讯问被告人、询问证人、鉴定人、出示证据、法庭辩论程序规定的限制；但在判决宣告前应当听取被告人的最后陈述意见。

其六，裁判文书适当简化。适用简易程序审理案件的裁判文书，应当体现简明、简便、简化的原则，可以简化经审理查明的事实及相关的证据内容。

其七，审理期限适当缩短。适用简易程序审理案件，人民法院应当在受理后 20 日以内审结；对可能判处的有期徒刑超过 3 年的，可以延长至 1 个半月。

其八，简易程序可以转为第一审普通程序。人民法院发现不宜适用简易程序时，应当按照审理公诉案件和自诉案件的第一审普通程序进行重新审理。适用简易程序审理的公诉案件，公诉人发现不宜适用简易程序审理的，应当建议法庭按照第一审普通程序重新审理。所谓"不宜适用简易程序"，是发现与刑事诉讼法规定的适用简易程序条件不相符，需要依法按照普通程序进行审理的情形，包括发现案件不符合适用简易程序的法定条件，或者发现案件符合下列情形之一的，应当决定中止审理，将简易程序转为普通程序重新审理：（1）犯罪嫌疑人是盲、聋、哑人，或者是尚未完全丧失辨认或者控制自己行为能力的精神病人的；（2）有重大社会影响的；（3）共同犯罪案件中部分犯罪嫌疑人不认罪或者对适用简易程序有异议的；（4）比较复杂的共同犯罪案件；（5）共同犯罪案件中责任不明确的；（6）辩护人作无罪辩护或者对主要犯罪事实有异议的；（7）犯罪嫌疑人或者辩护人对指控的罪名有异议的；（8）其他不宜适用简易程序的。

转为普通程序审理的第一审刑事案件，人民法院应当作出书面决定，通知人民检察院，审理期限从决定转为普通程序之日起计算。

实践中，人民检察院公诉部门对于适用简易程序审理的公诉案件应当注意以下几点：

一是把握适用简易程序的具体条件。法律规定适用简易程序应当以被告人承认指控犯罪为前提。实践中犯罪嫌疑人认罪可能存在不同层次，如有的虽然承认指控犯罪事实，但并没有悔改表现，或者庭审中对检察机关的量刑建议提出异议等。基层人民检察院在办理刑事案件时,要准确把握适用简易程序的法定条件,凡符合法定条件的,就应当尽量适用简易程序,有效实行案件的繁简分流,不能过于狭隘地理解和把握适用简易程序的法定条件,苛求犯罪嫌疑人、被告人都必须真心悔罪,或者不能主张合法的诉讼权利。

二是注意审前阶段和庭审阶段程序简化并重。在确保案件质量的前提下,将提升效率的关口前移,加强对被告人合法诉讼权利的保护,将一系列对被告人权利确认、证据确定的工作置于庭审前阶段解决,以节省庭审时间,例如,有必要增加讯问被告人、听取辩护人、被害人意见的工作环节。在审查起诉阶段,对于案件事实清楚、证据充分的案件,在讯问犯罪嫌疑人时,应当注重掌握其对自己所犯罪行、被指控的犯罪事实和适用简易程序的态度,为随后提起公诉时行使建议权提供参考,同时也能明确审查起诉阶段的工作重心是"事实问题"、"量刑问题",或者是"事实与量刑并重"。

三是注意探索有效工作机制。新刑事诉讼法要求检察机关对于适用简易程序审理的案件必须派员出庭,这一规定是对1996年刑事诉讼法关于简易程序规定的重大改动之一。简易程序要求全部出庭,人民检察院公诉部门出庭任务量势必增大,尤其是人均办案量较大的地区。为解决案多人少、出庭任务重的问题,最根本的是需要采用增加编制、配齐人员的方式予以解决。但与此同时,各地可以积极探索行之有效的工作机制和方法,一方面可以根据案件情况简化讯问笔录、简化审结报告、简化审批程序、简化出庭,同时注重加强与侦查机关、人民法院的工作联系,对于适用简易程序审理的案件,实行相对集中移送起诉、相对集中起诉、相对集中审理、实现快速办理;另一方面通过细化起诉书、抓好量刑建议、注重法律监督和由专门的机构、人员办理简易程序刑事案件等,确保适用简易程序的办案质量。对依法不应当适用简易程序的案件,应当依法转化为普通程序审理,充分保障被告人的诉讼权利。

第四节 认罪案件简化审理的选择

一、认罪案件简化审理的概念和特征

被告人认罪案件简化审理,也称"普通程序简化审",就是对依法应当适用普通程序的刑事案件,在符合一定条件的情况下,简化部分庭审程序,予以快速审结的审理方式。它是当前司法机关不断深化刑事庭审方式改革的一项重要措施。

从严格执法的角度出发，人民法院审理第一审公诉案件，只要不符合简易程序的适用条件，就必须不折不扣地执行刑事诉讼法关于普通程序的规定。然而在司法实践中，有些案件尽管可能不符合适用简易程序的条件，但争议不大，而法庭审理却必须严格依照法定程序进行法庭调查和法庭辩论，特别是要用较长的时间出示证据和进行质证，无论是审判人员、公诉人还是当事人、辩护人都觉得庭审过于烦琐，效率比较低。为了在保证司法公正的前提下提高诉讼效率，更好地实现惩罚犯罪、维护社会秩序的目的，1999 年下半年以来，一些基层人民检察院、人民法院经过充分论证，进行了被告人认罪案件简化审理的改革试点。从试点的实际情况看，试行普通程序简化审一方面有效缓解了案件多、人员少的矛盾，另一方面保障了被告人的合法权益，保证了办案质量，显示出明显的可行性和有效性。2003 年 3 月，最高人民法院、最高人民检察院和司法部联合正式颁布了《关于适用普通程序审理"被告人认罪案件"的若干意见（试行）》（以下简称《意见》），并通知强调各级人民法院、人民检察院和司法厅（局）要按照"既要积极、又要稳妥"的原则，紧密结合各地的工作实际，提出实施意见，对于尚不具备实施条件的地方，可以先试点，再逐步推行，切忌搞"一刀切"、简单化的做法，防止执行中出现偏差，切实保障司法公正与效率。

可见，普通程序简化审主要是基于以下几点因素提出和试行的：一是考虑到当前人民检察院公诉和人民法院审判的任务量非常大，人员少、任务重的矛盾日益突出，除一部分轻罪案件可以适用简易程序外，如果每个案件都要用较长的时间进行法庭审判，工作负荷太重。提起公诉的案件越多，审判的工作量也就越大，只有通过提高审判效率，才能保证在法定期限内将大量案件审结，而仅对一部分案件适用简易程序，还不足以做到这一点。二是考虑到普通程序简化审虽然没有法律根据，但与刑事诉讼法设立简易程序的立法精神和价值取向是一致的。尽管适用简化审，但其他方面的条件并不比简易程序低，因而在对公正和效率之间关系的处理上，可以达到与简易程序同样的效果。特别是如果规定简化审需在被告人、辩护人同意的情况下适用，就可以为保障被告人的合法权益、保证司法公正奠定必要的基础。三是考虑到普通程序简化审对法庭审理程序简化的程度相对较低，不至于对审判的公正性造成严重影响，能够保证办案质量。四是对于被告人认罪的案件试行普通程序简化审理方式，有针对性地解决了庭审重点不突出、庭审质量和效率不高等问题，有利于强化庭审功能，确保司法公正。

对于认罪案件适用相对简化的审理程序在目前西方发达国家的刑事诉讼活动中是一种比较普遍的做法。例如，美国的"辩诉交易"，只要控辩双方协商一致,被告人作有罪答辩后,案件不经开庭审理就可以径行宣判。又如,英美法系的普通程序中的"有罪答辩"程序,只要被告人在作出有罪答辩的情况下,就不再召集陪审团听证,法庭调查程序可以被省略,法官根据被告人的认罪情况即可依法作出判决,其适用范围不限于轻微刑事案件。应当说,我国关于认罪案件简化审理的试行,借鉴了国外的相关做法,但是它具有自己不同的特点。

我国关于认罪案件简化审理具有下列特征:

第一,认罪案件简化审理是第一审普通程序的简化审理方法。而且,简化审理作为一种方法,应当是针对具体案件而灵活适用的。例如,被告人对起诉指控的数个犯罪事实中的部分事实认罪的,则只对认罪的这部分事实简化审理。

第二,认罪案件简化审理的适用对象有限制,即只适用于《意见》规定的被告人对被指控的基本犯罪事实无异议,并自愿认罪的公诉案件。

第三,认罪案件简化审理的作用在于简化认罪案件的第一审程序,以达到突出庭审重点,提高庭审质量和效率,强化庭审功能的目的。

第四,认罪案件简化审理的适用以被告人及辩护人同意为前提。人民检察院、人民法院对认罪案件是否适用简化审理方式都有建议权,但人民法院最后决定适用简化审理方式必须要有被告人及辩护人的同意。

这里需要注意,"普通程序简化审理"和适用简易程序的关系问题。一方面,两者存在适用范围重叠、相同的情况。2012年新刑事诉讼法扩大了简易程序的适用范围,将简易程序审判的案件范围扩大为基层人民法院管辖的认罪案件。这样,原来一些可以适用"普通程序简化审"的案件,在2013年1月1日以后就应当依法适用简易程序审理。另一方面,新刑事诉讼法对简易程序规定的适用条件与"普通程序简化审理"的适用条件存在区别,普通程序简化审仍有实践意义。就适用的范围而言,适用简易程序的案件必须是基层人民法院管辖的案件,而适用普通程序简化审理的案件包括各级人民法院依法适用普通程序审理的第一审公诉案件。就简化程序的程度而言,普通程序简化审理对法庭审判程序的简化程度不及简易程序。实践中,一是要继续加强普通程序简化审理的适用,人民检察院、人民法院在诉讼活动中仍应当执行刑事诉讼法关于普通程序的规定,不能任意变通、简化或者省略。二是2013年1月1日新刑事诉讼法生效后,对既符合简易程序又符合简化审的刑事案件,应当依法适用简易程序。

二、公诉案件适用简化审理的条件

根据《意见》的有关规定，被告人对被指控的基本犯罪事实无异议，并自愿认罪的第一审公诉案件，一般适用简化审理方式。适用简化审的公诉案件必须同时符合以下条件：

（一）必须是依法适用普通程序的第一审公诉案件

依法可以适用简易程序的第一审公诉案件、自诉案件，均不存在简化审的问题，而二审公诉案件因为控辩双方对一审判决存在争议也不适用简化审。实际上，适用普通程序简化审的案件都是可能判处3年以上有期徒刑、无期徒刑的第一审公诉案件。

（二）被告人对被指控的基本犯罪事实无异议

所谓对被指控的基本犯罪事实无异议，是指被告人对被指控的"基本犯罪事实"无异议，而不要求其对被指控的全部犯罪事实均没有异议。如果被告人对其他事实、情节和一些枝节问题有异议，因与定罪量刑无关，那么，不影响简化审的适用。如果被告人不承认被指控的事实，公诉人就需要在法庭上充分举证，那么就不能对庭审程序进行简化。

（三）被告人自愿认罪

被告人自愿认罪，是指被告人自愿承认其行为构成犯罪，但并不要求被告人完全承认被指控的罪名。有些情况下，被告人虽然知道其行为构成犯罪，但可能并不清楚其行为究竟构成何种罪名。因此，被告人是否认同指控的罪名一般不影响简化审的适用。犯数罪的被告人部分认罪的，对其认罪部分，可以适用简化审；不认罪的部分，仍应依照完整的普通程序进行审理。此外，被告人自愿认罪，不仅要承认犯罪，而且对作有罪供述的法律后果有明确的认识。这是为了保证被告人承认犯罪事实是出于真实的意思表示，否则，一旦被告人在庭上了解其需承担的法律后果，就有可能出现翻供等情况。在被告人不清楚作有罪供述的法律后果的情况下，对庭审程序进行简化，既容易造成庭审反复，也难以保证审判公正。

（四）被告人及辩护人同意适用简化审

尊重被告人选择庭审方式的真实意愿，并以被告方的意愿作为适用简化审的条件，可以保障其诉讼权利，保证审判公正。人民法院在决定适用简化方式审理案件前，应当向被告人讲明有关法律规定、认罪和适用简化审理可能导致的法律后果，确认被告人自愿同意适用简化审的，才能适用。普通程序简化审理是因被告人认罪而简化某些诉讼环节，并非要求被告人放弃诉讼权利。对于被告人依法享有的申请回避权、辩护权、申请新的证人、鉴定人到庭作证权和最后陈述权等，必须依法予以充分保障。

三、简化审理的建议

人民检察院和人民法院都可以提出认罪案件适用简化审理方式的建议。根据《意见》的有关规定，人民检察院认为符合适用简化审理条件的刑事案件，可以在提起公诉时书面建议人民法院适用简化审理方式审理。实践中，对人民检察院提出书面建议的案件，人民法院在向被告人送达起诉书时，应当征询其对指控的犯罪事实有无异议及异议的内容，并向被告人、辩护人征询适用简化审的意见，作出是否适用的决定，并通知人民检察院；也可以由合议庭在法庭调查前，征询被告人、辩护人对适用简化审的意见，并根据被告人的认罪情况和对庭审程序的认知情况决定是否适用简化审理。对人民检察院没有建议适用简化审的公诉案件，人民法院经审查认为可以适用简化审理的，应当征求人民检察院、被告人及辩护人的意见。人民检察院、被告人及其辩护人同意的，也可适用简化审理方式。人民法院在决定适用简化审理案件前，应当向被告人讲明有关法律规定、认罪和适用简化审理可能导致的法律后果，确认被告人自愿同意适用简化审理。人民法院对于决定适用简化审理方式的案件，应当书面通知人民检察院、被告人及辩护人。

根据《意见》的有关规定，下列七种案件不应当选择适用简化审理方式：

1. 被告人系盲、聋、哑人的案件。鉴于被告人生理上有残疾，特别是视听系统的疾患导致辩解能力的缺失，通常不能正确理解控方主张及答辩要领，即使有辩护人辅助，也可能影响被告人对自身权利的充分保护，因此，此种案件不适用简化方式审理。

2. 可能判处死刑的案件。出于对生命权的尊重，对于可能判处死刑的案件不能单纯为提高办案效率而忽视程序中的任何细节。

3. 外国人犯罪的案件。一般而言，审理外国人犯罪的案件涉及的程序相对复杂一些，特别是涉及通知外国领事馆，安排外国领事探视等问题。加之外国被告人对我国法律规定的诉讼权利和诉讼程序可能因为理解问题而影响其对自身合法权益的保护，因此，对此类案件不适用简化审。

4. 有重大社会影响的案件。这类案件社会反响大，社会关注。为保证刑事诉讼活动的法律效果与社会效果，对此类案件不适用简化审。

5. 被告人认罪但经审查认为可能不构成犯罪的案件。新《刑事诉讼法》第195条规定了判决无罪的两种情形，即"依据法律认定被告人无罪的，应当作出无罪判决"和"证据不足，不能认定被告人有罪的，应当作出证据不足、指控的犯罪不能成立的无罪判决"。无罪案件对证据的要求较高，因而对举证、质证、认证的程序要求比较严格。因此，对此类案件也不适用简化审。

6. 共同犯罪案件中，有的被告人不认罪或者不同意适用简化审的案件。共同犯罪案件涉及共犯之间的刑事责任的划分问题，因此，如果共同犯罪案件中有被告人不认罪的，则全案不能适用简化审。

7. 其他不宜适用本意见审理的案件。这是一个兜底条款，实践中出现上述六种情形之外的不宜适用的情形，例如，未成年人犯罪案件等，出于对未成年被告人诉讼权利全面保护的考虑，一般也不宜适用简化审。

四、简化审理方式的法庭审理

认罪案件简化审理是对符合《意见》规定条件的公诉案件，简化部分庭审程序，予以快速审结的审理方式。简化审理作为一种审理方式，应当针对具体案件灵活适用。根据《意见》的有关规定，对于决定适用简化审理的案件，人民法院在开庭前可以阅卷。对适用简化审理方式开庭审理的案件，合议庭应当在公诉人宣读起诉书后，询问被告人对被指控的犯罪事实及罪名的意见，核实其是否自愿认罪和同意适用本意见进行审理，是否知悉认罪可能导致的法律后果。

对于被告人自愿认罪并同意适用本意见进行审理的，可以对具体审理方式作如下简化：（1）被告人可以不再就起诉书指控的犯罪事实进行供述。（2）公诉人、辩护人、审判人员对被告人的讯问、发问可以简化或者省略。（3）控辩双方对无异议的证据，可以仅就证据的名称及所证明的事项作出说明。合议庭经确认公诉人、被告人、辩护人无异议的，可以当庭予以认证。对于合议庭认为有必要调查核实的证据，控辩双方有异议的证据，或者控方、辩方要求出示、宣读的证据，应当出示、宣读，并进行质证。（4）控辩双方主要围绕确定罪名、量刑及其他有争议的问题进行辩论。

适用简化审理案件，应当严格执行刑事诉讼法规定的基本原则和程序，做到事实清楚、证据确实充分，切实保障被告人的诉讼权利。人民法院对自愿认罪的被告人，酌情予以从轻处罚。对适用简化审理的案件，人民法院一般当庭宣判。适用简化审理的过程中，发现有不符合《意见》关于简化审理条件的，人民法院应当决定不再适用简化审理，仍然按照普通程序审理案件。

第五节 庭前证据展示

一、庭前证据展示制度的概念和意义

庭前证据展示制度，也称"庭前证据开示制度"，一般是指刑事诉讼的控辩双方在开庭审理前将各自掌握的证据材料向对方展示的制度。

证据展示的基本目的，是在法庭审理前，控辩双方互相获取必要的案件信息，以保证诉讼的公正和效率，其中重在保障辩护方的知悉权。世界上实行当事人主义或类当事人主义的国家，均无例外地肯定并实行证据展示制度，但是展示的范围、内容和具体程序有所不同。

在英国，检察官的证据展示义务包括两个方面的基本内容：一是应向辩护方展示拟在法庭审判中用于指控的全部证据，即"预先提供信息的义务"。二是应向辩护方展示其不准备在审判中使用的任何相关材料，这种义务被称为"展示的义务"。在1996年以前，根据判例，检察官应当将所有不准备在审判中使用的证据向辩护方展示。而除一些特殊情况以外，辩护方并没有义务预先将其准备在审判中使用的证据向检察官展示。1996年，英国《刑事诉讼与侦查法》对证据展示制度进行了改革，除规定了检察官展示证据的具体规则外，还规定了辩护方展示证据的义务。根据该法的规定，警察机关的证据展示官员专门负责向检察官提交证据材料和有关目录以及向辩护方展示证据。如果证据展示官员相信被告人可能在简易审判中作无罪答辩，或者将在刑事法院受审，就必须准备一份书面目录，将其掌握的不会成为指控证据的每一份材料编入该目录中，移送给检察官，同时还应尽可能将所有准备用于指控的证据材料制成卷宗一并移送检察官。在移送起诉的过程中，检察官要进行初次展示，即向辩护方展示以前未曾向被告人展示的证据材料以及拟不采用的证据材料目录。具体展示那些证据材料，虽然有判例确定的标准，但基本上由检察官决定。在案件被移送刑事法院后和法院审判开始前，辩护方有义务将自己的辩护陈述提交给检察官和法庭。辩护陈述是一份记载着辩护要点以及辩护方与指控方主要争议点及理由的书面陈述。辩护方如果不承担这一义务，就将失去获得检察官第二次证据展示的机会。但辩护方不必展示其不准备使用的证据材料。在辩护方展示辩护陈述后，检察官必须将所有原来没有展示给辩护方的材料向后者进行第二次展示，只要这些材料可以被合理地期望有助于被告人的辩护。如果不存在符合第二次展示标准的材料，检察官必须向辩护方声明。无论是在初次展示

还是在第二次展示中，检察官均可以事关公共利益为由，请求法院将某一材料排除于展示范围之外。同样，辩护方在展示辩护陈述后，也有权请求法院发布有关要求检察官向其展示某一证据材料的命令。为此，辩护方必须向法院证明检察官掌握着可以被合理地期望有助于辩护的材料，而且该材料过去没有展示过。法院经过审查，认为有合理的理由确信存在这样的材料，有权发布命令要求检察官展示有关的证据。在案件被撤销或者被告人被判决有罪或无罪之前的任何时间里，检察官如果发现存在可能削弱指控或者被合理地期望可有助于辩护的材料，就必须尽快地向辩护方展示，即检察官负有对证据展示问题进行连续性审查的义务。辩护方如果不承担或者不能较好地承担证据展示义务，将承担一系列消极的法律后果：首先，如果不向检察官展示辩护陈述和证据，将不能获得检察官的第二次证据展示；其次，在某些情况下，法庭可以作出辩护方证据展示不足的评论，法官或陪审团可以因辩护方没有适当地履行证据展示义务而作出对其不利的推论。

  在美国刑事诉讼中，证据展示通常发生在预审和审前动议提出阶段。预审开始之前，检察官有义务将准备传唤出庭作证的证人名单和其他准备在法庭上使用的证据目录提供给法庭和辩护方，并应法庭和辩护人的要求作出说明和解释。但在预审中，由于检察官只需证明有"合理的根据"指控被告人有罪，因而并不需要提出其所掌握的全部证据，也不必传唤所有证人出庭作证。检察官为了避免辩护方在预审中获悉自己掌握的全部证据，通常有意识地限制向辩护方展示证据的范围，例如，故意不透露一些关键的证据或证人，因而辩护方能够了解的证据情况也比较有限。在法院决定开始法庭审判后、组成陪审团前，控辩双方将就证据展示、禁止提出某一证据等法律问题向法官提出动议和申请，这就是审判前的动议提出阶段。在这一阶段，辩护律师可以向法官提出申请，要求查看控诉方掌握的某些记录或文件，以帮助被告人做好审判前的准备。根据《美国联邦刑事诉讼规则》第16条（a）（1）的规定，在被告方提出请求的情况下，控诉方必须向其透露的证据范围是：控诉方掌握的有关被告人向实施逮捕的人员或大陪审团所作的书面或口头陈述的记录或副本；控诉方掌握的有关被告人先前的犯罪记录；控诉方掌握的文件及有形物品；控诉方掌握的有关身体、精神检查或科学实验的结果和报告。但该条（a）（2）明确禁止将控诉方证人或者可能成为控诉方证人的陈述记录向辩护方透露。属于禁止透露范围的还有控诉方制作的与侦查、起诉有关的报告、备忘录或其他内部文件。如果因控诉方不愿意让辩护方查看这些证据而发生争议，法庭将在审判前进行听审，以确定控诉方应否向辩护方展示这些证据。如果法庭经过听审认为辩护方的请求是合理的，就可以发布一项命令，要求控诉方将有关证据材料向辩护方展示。《美国联邦刑事诉讼规则》第 16 条（b）（1）还规定，控诉方在向辩护方展示法定的证据的同时，有权要求辩护方向其展示以下证据：被告人掌握并准备在审判中作为证据出示的文件和有形物品；被告人掌握的有关身体、精神检查或者科学实验的结果和报告。但是，辩护方展示上述证据的前提条件是控诉方根据该规则第 16 条（a）（1）的规定向其展示了有关证据。类似的，该条（b）（2）也明确禁止将被告人及其辩护人所作的与案件侦查或辩护有关的报告、备忘录或其他内部文件，被告人所作的陈述，以及控辩双方的证人对辩护人所作的陈述等透露给控诉方。在审判前或审判期间，一方发现新的应当展示的证据或材料时，应告知对方和法庭。法庭根据一方的请求，可作出有关拒绝、限制或者推迟展示的命令；遇有一方没有按照规则的要求进行展示时，法庭可以命令其进行证据展示，同意延期审理，或者禁止将未展示的证据在法庭上出示等。法庭可以根据情况限定证据展示的时间、地点和方式，也可以规定适当的期限和条件。此外，根据《美国联邦刑事诉讼规则》第 12.1 条、第 12.2 条和第 12.3 条等的规定，辩护方在审判前向控诉方进行展示的证据不仅包括证明被告人不在犯罪现场的证据，还包括有关被告人精神状况的专家证词，以及证明被告人以公共权利为由进行辩护成立的证人的情况。[1] 例如，根据检察官的书面要求，被告人应在 10 日内或在法庭指定的其他时间，书面通知检察官准备提供的不在犯罪现场的证明，说明在被指控的犯罪时间自己身在何处，以及准备提供的证明自己不在现场的证人的姓名、住址。一般在此后 10 日内，检察官也应当向被告人或其辩护人送达书面通知，说明政府方准备用来证明被告人在犯罪现场或者反驳辩方证词的证人的姓名、住址。任何一方不遵守规定，法庭可以排除该方提供的有关证人的证词。[2]

日本实行起诉状一本主义，检察官在提起公诉时只提出起诉状，相关证据只是在法庭证据调查后才移交法院并由法院保管，但在庭前诉讼双方有互相作证据展示的责任。根据日本《刑事诉讼法》第 299 条第 1 项的规定，检察官、被告人或者辩护人向法庭请求询问证人、鉴定人、口译人或者笔译人时，应当预先向对方提供知悉他们姓名、住址的机会；在向法庭请求调查证据文书或者证物时，应当预先向对方提供阅览的机会。也就是说，法律要求向对方展示的，只是已经决定要在法庭上进行调查的书证、物证和证人、鉴定人、翻译人姓名、地址，对其他证据不负展示义务。如果检察官在法庭上请求调查的某项

---

[1] 参见陈瑞华：《英美刑事证据展示制度之比较》，载《政法论坛》1998 年第 6 期。
[2] 参见卞建林译：《美国联邦刑事诉讼规则和证据规则》，中国政法大学出版社 1996 年版，第 48 页。

证据预先未经展示，则法庭可以命令检察官向辩护方展示。

欧洲大陆法系国家在刑事诉讼法上没有规定控辩双方互相进行证据展示的专门制度，但都规定辩护人有权查阅控方的案卷材料，从而了解控方据以起诉的证据。例如，《德国刑事诉讼法典》第147条规定，辩护人有权查阅移送法院的或者在提起公诉情况中应当移送法院的案卷，有权查看官方保管的证据；在程序的任何一个阶段，都不允许拒绝辩护人查阅对被告人的讯问笔录，查阅准许他在场的法院调查活动笔录，查阅鉴定人的鉴定。意大利1988年通过的刑事诉讼法典废除了卷宗移送式的起诉方式，除允许法定的少量证据材料移送法院以外，其他大部分指控证据都只能在法庭审判过程中由检察官直接提出。同时，该法典确立了两方面的证据展示机制：一是在预审程序举行之前允许辩护方对检察官的书面卷宗进行全面查阅；二是在预审结束后和法庭审判开始之前，允许辩护方分别到检察机关和法院特别设立的部门查阅卷宗材料。法国《刑事诉讼法》第116条规定，律师选定或经法院指定后，可以到法院查阅案卷。

我国1979年刑事诉讼法就规定了辩护人阅卷制度。虽然阅卷制度与证据开示的名称有所不同，但是从其性质和目标上看，二者是同一的。因此，阅卷制度可以视为证据开示制度的一种表现形式。我国1996年和2012年刑事诉讼法修改，两次对辩护人阅卷制度作了修改完善。例如，新《刑事诉讼法》第38条规定，"辩护律师自人民检察院对案件审查起诉之日起，可以查阅、摘抄、复制本案的案卷材料。其他辩护人经人民法院、人民检察院许可，也可以查阅、摘抄、复制上述材料"。2012年刑事诉讼法修改时还特别增加了辩护人对其收集的无罪证据的告知制度。新《刑事诉讼法》第40条规定，"辩护人收集的有关犯罪嫌疑人不在犯罪现场、未达到刑事责任年龄、属于依法不负刑事责任的精神病人的证据，应当及时告知公安机关、人民检察院"。之所以增加这一规定，主要是考虑，如果律师掌握了犯罪嫌疑人无罪的确实证据，却为了所谓的辩护效果故意压住来搞"证据突袭"，既损害了其委托人的合法权益，不将其及时解脱出来，违反律师的职业要求，也不利于司法机关及时纠正错案，改变侦查方向，损害公正司法。① 因此，可以说我国刑事诉讼法在一定程度上确立了证据展示的机制，但相关制度和机制建设还不够完善。近年来，我国诉讼法学界开始关注和研究建立我国证据展示制度的相关理论问题。

学术界绝大多数人主张建立和完善我国的证据展示制度。一般认为，建立

---

① 参见郎胜主编：《中华人民共和国刑事诉讼法修改与适用》，新华出版社2012年版，第100页。

证据展示制度的意义体现在以下几个方面：

第一，有利于发现案件的客观真实，实现诉讼公正。刑事诉讼是一个查明案件事实的过程。设立各项诉讼制度的重要目的之一，就是尽量缩小诉讼程序参与者对案件事实的认识同案件客观事实之间的距离。建立证据展示制度，能够促进控辩双方之间的信息交流，从而有利于查清案件的事实真相。

第二，有利于保障被告人的辩护权。在开庭审判前了解被指控的事实和证据，是被告人充分行使辩护权的基础。在实行证据展示制度的情况下，被告人可以通过其辩护律师知悉支持起诉的证据，并有针对性地准备辩护，进而在法庭上充分地行使辩护权。

第三，有利于保证法庭审判的质量。由于进行了证据展示，诉讼焦点及时明确化，控辩双方可以在庭前进行充分的准备，证据信息能够在庭审中得到充分交流，法庭中的质证就能做到有的放矢，这无疑有利于法庭正确认定案件事实和作出裁判。

第四，有利于节省司法资源，提高诉讼效益。证据展示不仅可以有效地防止控辩双方突然袭击的做法，增进庭审的有序性，减少休庭，而且可以保证对案件事实的认定建立在可靠的证据基础上，被告人服判的可能性增大，不必要的上诉和抗诉也将明显减少，从而提高刑事诉讼的效益。

二、庭前证据展示的实践

1999年以来，一些地方人民检察院与律师协会配合，就庭前证据展示制度进行了改革试点，积累了一些经验。试点的基本模式，是公诉人和辩护律师就证据展示达成协议，约定双方的权利、义务后，互相展示证据，而后共同签署证据展示笔录或备忘录提交法庭。庭审中对双方在展示时没有异议的证据不再详细举证、质证，从而简化庭审。从试点的情况看，实行证据展示制度确实有助于提高庭审效率，保障庭审的有序性，也有利于保障辩护权的充分行使，增进诉讼民主。

目前庭前证据展示制度还在各地试点中。我们认为，在相关制度的设计上，应当根据新《刑事诉讼法》第182条第2款关于"庭前会议"的规定，考虑以下原则：一是要在现行法律的框架范围内确立证据展示制度，同时充分考虑这一制度对证据立法和刑事诉讼制度的发展将产生的影响；二是要充分考虑我国刑事诉讼制度与其他国家诉讼制度主要是当事人主义诉讼制度的差别，适应我国刑事司法的具体状况和实际需要；三是要兼顾公正和效率。具体地讲，主要应考虑以下几个方面的问题：

第十二章 提起公诉

（一）证据展示的提起

试点中，一般是由公诉人和辩护律师一方提出建议并经对方同意，进行庭前证据展示。也有一些人主张，适用普通程序审理的第一审刑事案件都必须进行庭前证据展示；人民法院在决定受理案件，获知被告人已聘请律师或者已为其指定辩护律师后，应当通知控辩双方准备证据展示。但不分具体情况，对所有第一审刑事案件都进行证据展示，并不符合我国国情。因证据开始在公诉人与辩护律师之间进行，而我国刑事案件中有相当一部分被告人没有能力请律师辩护，国家也无力为他们都指定辩护人。所以，目前对所有普通程序案件都搞证据展示是不现实的。当然，随着社会的发展和律师的增多，一切案件包括适用简易程序的案件，都进行证据展示是有意义的。

（二）证据展示的主体

诉讼法学界普遍倾向于将证据展示的主体界定为公诉人和辩护律师，即证据展示只能在公诉人和辩护律师之间进行。就控方而言，公诉人虽然是代表检察机关出庭支持公诉的，但在出庭准备和出庭公诉中具有相对独立性，因此为准备法庭审判而进行的证据展示应由公诉人进行，而不宜将检察机关作为证据展示的一方，这样做也有利于辩护律师在证据展示中获得实质上的对等地位；从辩方来说，将证据展示的主体限定为辩护律师，是因为律师的职业道德和执业纪律可以保证其在证据展示后不会进行帮助串供、串证等妨害诉讼活动顺利进行的行为。除律师以外的其他辩护人不宜作为证据展示的主体。

关于被害人代理律师是否应作为证据展示的主体，一些同志持肯定意见，认为被害人代理律师参与证据展示，可以保障被害人的合法权益，是证据展示公正性的要求。有的地方在试点中已让被害人代理律师参与证据展示。也有一些人认为，公诉人与辩护律师之间的展示不需要有被害人代理律师介入，因为公诉人与被害人代理律师并不存在互相展示证据的需要，而辩护律师与被害人代理人之间是否展示证据，则与公诉人无关。

关于证据展示是否应当由法官主持，存在较大争议。一般认为，法官介入证据展示虽有利于促进展示规范、有序，但实际价值不大。因为证据展示是控辩双方之间的展示，目的在于使对方知悉本方的证据情况，保障辩护权的行使，防止庭审中的突袭现象，法官在庭审开始前只需要了解展示的结果，即双方对哪些证据存在争议、对哪些证据不存在争议。如果由参加合议庭的法官主持证据展示，意味着法官在庭前就掌握了全部证据情况，容易导致先入为主。如果由合议庭以外的法官主持证据展示，则法官的作用仅仅是主持展示程序。这时，法官的介入，只能不必要地造成展示过程的复杂化，不符合诉讼经济的要求。

（三）证据展示的双向性

证据展示是单向展示还是双向展示，对此诉讼法学界有不同的看法。一些人主张单向展示，即由控方向辩方展示证据，理由是控方的证据展示是辩护律师先悉权的自然延伸，而从现有的法律规定来看，则很难推出辩护律师有向检察官展示证据的义务，并且辩护律师取证的权利和能力有限，规定辩护律师向公诉方展示证据没有必要。另一些人认为，证据展示应是双向的，如果仅要求控方向辩方单方展示证据，对控方有失公正，对查明案件事实、确保无罪的人免受刑事追究也有害无益；从有利于保障法庭审判的有序性、有效性和公正性出发，也应要求辩方向控方展示证据。我们赞同双向展示的观点。

（四）证据展示的范围

对展示的范围，诉讼法学界意见也不尽一致。一种观点认为应是对等展示，也就是在法庭审理前，控辩双方互相向对方展示本方已获取的全部证据材料。另一种观点则认为，双向展示并不等于对等展示。公诉人负有全面展示证据的义务，既要向辩护律师展示准备在法庭审理中出示的证据，也要展示不准备在法庭上出示的其他证据，特别是证明被告人无罪或罪轻的证据材料，而辩护律师只负有限度的展示义务，即只向公诉人展示其支持辩护的证据。

一般认为，公诉人准备在庭审时使用的全部证据应当展示。不准备在法庭上出示的证据材料，特别是涉及被告人无罪的证据材料，也应当展示。辩护律师准备在庭审时使用的有关被告人无罪、法定量刑情节的证据应当展示。由辩护律师的诉讼地位和职责所决定，不应当要求其展示所掌握的不利于被告人的证据。凡未经庭前展示的证据，原则上庭审时不得使用，但对方不提出异议的除外。

在确定证据展示的范围时，应当借鉴英国等国家的做法，实行公共利益豁免的原则，即控方展示证据可以有例外。公诉人可以在证据的内容涉及国家秘密等情况下，以庭前展示该证据不符合公共利益为理由，决定不予展示并告知对方；辩护律师有异议时，可以向法院提出展示该证据的请求，由法院审查不展示的理由后裁定该证据是否应当展示。

试点中，一些地方把公诉人、律师对对方证据的意见也列为展示的内容。证据展示的核心是互相展示证据，从而既使辩护律师的先悉权得到保障，又使检察机关得以全面掌握证据。控辩双方发表对证据的意见，本身不属于证据展示的内容，但双方发表意见后可以明确对证据的认识，从而将有异议和没有异议的证据区分开来，为简化庭审奠定必要的基础。一般地，经过证据展示，公诉人和辩护律师应当制作控辩双方证据交换清单。对证据的证明效力及其证明的案件事实交换意见后，应当制作控辩双方无异议证据清单。这些清单应当提交法庭。

第十二章 提起公诉

（五）证据展示的时间、地点、方式

关于证据展示的时间，试点中的做法有两种：一种是在提起公诉后法院开庭审理前；另一种是在审查起诉中和提起公诉后都可以进行证据展示。一般地，证据展示应在提起公诉后进行。提起公诉前，根据新《刑事诉讼法》第36条的规定，辩护律师只能查阅、摘抄、复制本案的诉讼文书和技术性鉴定材料，检察机关对事实和证据正在审查中，并可能进行补充侦查，因此不宜搞证据展示。此外，庭前证据展示还应有截止时间的规定，即在庭审前必须结束展示。除非特殊情况，证据展示应当进行至所有应展示证据已全部展示为止，双方都不应保留应当展示的证据。

证据展示的方式是向对方提供本方证据，供对方查阅、复制或者摘抄，没有必要搞成复杂烦琐的程序。证据展示应当在检察院进行，这也是许多国家通行的做法。

（六）展示证据后的法庭审理

经过庭前证据展示，法庭审理中的举证、质证可以适当简化。控辩双方没有异议的事实和证据，合议庭核实无误后，应当当庭认定，无须举证、质证。有关的证人、鉴定人可以不出庭。控辩双方有异议的事实和证据，仍应分别直接向法庭举证，经双方质证，由合议庭根据具体情况作出认定。控辩双方对经庭前证据展示达成一致意见的事实和证据又提出异议的，应当向法庭予以说明，并就异议的部分进行举证，控辩双方进行质证，由合议庭根据具体情况作出认定。在存有异议的情况下，有关证人和鉴定人应当出庭。法庭审理中，如果发现新的证据，或者需要通知新的证人到庭、调取新的物证、重新鉴定或者勘验，人民法院可以决定延期审理。

（七）违反证据展示义务的处理

对违反证据展示义务的行为，国外采用的措施主要有：（1）强制违反展示义务的一方向对方展示相关证据，并给对方一定的诉讼准备时间；（2）批准延期审判，待证据被展示并做一定的诉讼准备后再恢复庭审；（3）违反展示义务造成诉讼拖延的，可以令其承担一定的经济责任；（4）禁止违反义务的诉讼一方向法庭提出未经展示的证据；（5）对违反展示义务的人按有关规定，如检察机关的惩戒条例或律师协会的惩戒条例予以适当的处分。例如，美国《联邦刑事诉讼规则》规定，对于未遵照该规则要求进行证据展示的，法院可以采取下列几种方式处理：命令该当事人进行证据展示；批准延期审理；禁止该方当事人提出未经展示的证据；作出其他在当时情况下认为是适当的决定。最严厉的制裁是禁止未经展示证据的提出和使用，但这种处理方式在我国现行诉讼体制和证据制度下是否可行还值得研究。我国现行证据制度的基本特点是实事求是，追求客观真实。如果未经展示的证据可以证明案件的真实情况，就不应否定其证据效力，且否定其效力也缺乏法律依据。另外，对辩护人未经展示的证据予以排除，实际上是让被告人为辩护律师的错误行为承担法律后果，不符合司法公正的要求。试点中较多的做法是，如果确实有新的证据需要在法庭上使用，应当在开庭审理前提交法庭并同时送交相对方，未经展示的证据不得直接在庭审时使用；如果一方在法庭上出示了未经展示的证据，对方有权提出异议，法庭可以决定延期审理，待对方进行必要的诉讼准备后再恢复庭审。我们倾向于对违反证据展示义务的公诉人或辩护律师按行业规章予以适当的处分。

第六节 出庭前的准备

一、庭前准备的概念

出庭前的准备，简称"庭前准备"，是指对人民法院决定开庭审理的公诉案件，公诉人为在法庭上证明犯罪、支持公诉，而在开庭前所做的准备工作。

无论在哪个国家，凡是开庭审理的公诉案件，检察官在出庭前都要进行各种各样的准备。在我国，从起诉书、证据目录、证人名单和主要证据复印件等移送到人民法院后，直至人民法院开庭审理，这段时间都是公诉人进行庭前准备的期间。人民检察院提起公诉的第一审刑事案件，除了被告人死亡或者人民检察院撤回起诉等特殊原因以外，人民法院都必须开庭审理。因此，案件一经提起公诉，公诉人就要着手进行出庭前的各种准备，而不能等人民法院送达开庭通知书后再进行。

庭前准备不是刑事诉讼的一个独立的阶段，从时空范围看，与审判阶段重叠。但就检察机关的公诉工作而言，庭前准备是出庭支持公诉前的必经阶段，目的就是保证在法庭上充分运用证据证明犯罪，充分阐明检察机关的公诉主张，争取胜诉。

刑事诉讼法修改后，法官的控诉职能弱化，庭审的控辩性显著增强，法庭审理的情况成为法官定案的主要根据，这也使得庭前准备和出庭支持公诉在公诉活动中的重要性显著增强。公诉人在庭上的表现对于公诉意见能否被人民法院采纳、刑事案件能否得到正确处理，具有直接影响。出庭前做好精心准备，是保证出庭支持公诉能够顺利进行和取得成功的基础性工作。

二、庭前准备的主要工作

庭前准备的主要工作，既包括程序方面的准备，也包括实体方面的准备，核心是证据的准备。根据新的庭审方式的要求，《人民检察院刑事诉讼规则（试行）》第428条规定，公诉人在人民法院决定开庭审判前，应当做好五个方面的准备工作。

(一) 进一步熟悉案情，掌握证据情况

在审查起诉时，公诉人一般已经对案件事实、证据和适用法律问题进行过比较充分的研究。案件提起公诉后，公诉人需要接着处理其他案件，在收到人民法院开庭通知时，往往离提起公诉时已经有一段时间，可能对案件事实、证据和分歧焦点记得不够清楚，有必要重新阅卷和回顾审查起诉情况，以便将有关案件事实、证据、存在的问题、提起公诉的意见和理由重新梳理一遍，做到心中有数。在阅卷过程中，一方面要做到对案件事实、证据情况和侦查过程了如指掌；另一方面要注意查遗补漏，把可能存在的问题考虑周全。这是在出庭公诉中立于不败之地的前提。

(二) 深入研究与本案有关的法律政策问题

公诉和审判都是适用法律的过程，因此，每一个公诉案件必然涉及法律问题，有的案件还涉及政策问题。其中，刑事政策是运用刑事法律同犯罪作斗争，以期实现抑制和预防犯罪之目的的策略、方针、措施和原则。刑事法律具有抽象、概括、类型化的特征，并需要在较长时间内保持立法的稳定性。刑事政策则与国家在一定时期内惩治犯罪的需要紧密结合，具有较强的灵活性、针对性。因此，正确运用刑事政策是在正确适用法律基础上，争取最佳社会效果的必要途径。脱离了刑事政策，就会脱离中国的具体国情，就不能最大限度地实现法律效果和社会效果的有机统一。

在法庭调查中，公诉人需要运用相关的法律政策知识回答辩护方的质证，对证据进行概括的评述，并处理相关的程序问题。在法庭辩论阶段，公诉人更要充分运用法律和政策规定揭示行为的社会危害性，论证行为已经构成犯罪，并就如何定罪量刑提出意见。因此，公诉人只有在庭前深入研究与本案有关的法律、政策问题，才能始终掌握庭审的主动。

庭前应充实的法律知识和应研究的法律问题，往往不限于刑法、刑事诉讼法和刑事司法解释，还包括其他法律、行政法规、地方性法规、部门规章以及我国加入的国际公约、条约。至于每一个案件需要充实哪些法律知识，研究哪些法律问题，因案而异。例如，在办理走私文物案件中，除了研究刑法中关于走私文物罪的规定以外,还要熟悉相关海关法规、文物管理法规,掌握国家对文物进出境管理的规定、不同级别文物的鉴定标准等。有些案件涉及比较疑难的法律问题,必须在庭前认真研究。对于疑难、复杂的案件,可以进行集体研究讨论,集思广益,必要时还可以向专家、教授咨询。

刑事政策按照不同的分类标准可以分为几类:(1)按政策的制定主体不同,分为中央刑事政策和地方刑事政策。其中地方刑事政策主要是根据本地区惩治和预防犯罪的需要制定的,一般应与中央的刑事政策相协调。在民族自治地区,根据民族特点和当地具体情况,可以对中央的某些刑事政策作变通规定。(2)按政策所处的层次不同,可以分为基本刑事政策和具体刑事政策。例如,"惩办与宽大相结合"是基本刑事政策,"坦白从宽、抗拒从严"、"可杀可不杀的不杀"、"从重从快"打击严重刑事犯罪活动是具体刑事政策。(3)按政策时效长短的不同,可以分为长期刑事政策和短期刑事政策。例如,"惩办与宽大相结合"是长期刑事政策;而严打专项斗争中针对各种具体犯罪制定的政策往往具有很强的时效性,属于短期刑事政策。公诉人在庭前准备时,要充分研究案件涉及哪些政策问题,以便在出庭支持公诉时结合运用法律规定和刑事政策,充分揭示犯罪行为的危害程度,论证追究被告人刑事责任的必要性。例如,在办理金融诈骗案件、破坏金融管理秩序案件时,要阅读党中央、国务院为整顿金融秩序发布的有关文件,熟悉全国范围内金融犯罪的状况、危害和国家整顿金融秩序的政策、方针和措施。做好这些方面的充分准备,有助于在庭上强化指控,保证出庭公诉取得良好效果。

(三)充实审判中可能涉及的专业知识

刑事案件往往牵涉社会关系的方方面面,涉及法律以外的各种专业知识。特别是随着经济和科学技术的迅猛发展,犯罪也向智能化、专业化方向发展,在经济、科技等领域出现了许多新型犯罪,如果不懂相关的专业知识,公诉人就不能清楚地了解犯罪的手段、后果、危害程度等,也就无法在法庭上充分举证、质证和揭示犯罪的社会危害。一般来说,公诉人除了具备一定的法律专业功底以外,还要掌握心理学、逻辑学等方面的知识。仅此还不够,在办案过程中,公诉人还要根据案件的具体情况充实相关的专业知识,必要时应当请教有关方面的专家。例如,办理故意杀人案、故意伤害案时,必须核实法医鉴定意见,这就需要充实法医学、医学知识;在办理票据诈骗案时,需要掌握金融、票据方面的知识;办理利用计算机犯罪的案件时,需要掌握相关的计算机知识,等等。预先学习和掌握与案件有关的专业知识,一方面可以深化对案件事实、证据的认识,另一方面有助于在法庭质证、辩论中掌握主动。

（四）拟定法庭上讯问被告人、询问被害人、证人、鉴定人、有专门知识的人和宣读、出示、播放证据的计划并制定质证方案

举证、质证是法庭调查的核心，也是公诉人指控犯罪、证明犯罪的关键。因此，对证据的准备是庭前准备的重点工作。同样的证据，采取不同的方法举证，证明的效果也不同。有的证据在开庭前后还可能发生变化，公诉人必须预先考虑好应对措施，才能避免在庭上陷于被动。质证的效果，则直接影响法官对证据效力和证明力的判断。所以，公诉人在开庭前必须仔细研究案件的证据情况，力求制定最佳的举证计划和质证方案，以保证在庭上取得最佳的指控效果。做好这方面的准备，也有助于稳定公诉人的临庭心理，增强出庭支持公诉的信心。

1. 讯问被告人提纲的准备和制作

被告人所作的供述，如果承认所指控的犯罪事实，往往是证明犯罪的强有力的直接证据。但由其作为被指控人的地位所决定，被告人往往有千方百计逃避罪责的心理，庭上不供或者翻供的现象比较常见。另外，公诉人必须认识到刑事案件的被告人并不一定就是真正的罪犯，可能因侦查中受到刑讯逼供等原因作过虚假供述，也可能当庭陈述一些新的事实影响定性。被告人在法庭上有权自由地进行供述，供述的内容并不一定符合案件的事实真相。但虚假的供述不可避免地存在这样或者那样的不合理、矛盾之处。只要能发现这些不合理、矛盾之处，结合其他证据揭示被告人供述的虚假性，也能够从反面证明案件事实。公诉人的任务，就是去伪存真，使事实真相得以通过讯问被告人向法庭展示出来。

制定讯问被告人提纲，首先要分析被告人庭前供述情况和心理动态。公诉人在审查起诉时，已经讯问过被告人。对于被告人不承认犯罪或者翻供的，要充分听取被告人提出的理由，认真分析其合理性，并核实被告人反映的情况是否真实。在被告人不供或者翻供的情况下提起公诉的，应当以被告人不供为前提准备讯问提纲。即使被告人在庭前供认不讳，也要先摸清其开庭前的思想动态，预测其在庭上翻供的可能性。实践中，一些被告人原来的思想状况和犯罪态度就很不稳定，随着开庭日期的临近，在各种因素影响下容易产生思想波动，逃避罪责的心理日益强化，往往在出庭前对如何供述进行反复盘算，在庭上则避重就轻甚至翻供。只要被告人有翻供的较大可能性，公诉人就要做两手准备，预先研究被告人一旦翻供应采取的对策，以免庭上措手不及。

讯问被告人提纲是公诉人为保证庭审中对被告人顺利展开讯问而在出庭前拟定的提纲。它具有如下特征：（1）目的性，即拟定讯问提纲的目的，就是要通过被告人的供述揭示被告人的犯罪事实，以证明犯罪和分清罪责。

（2）针对性，即讯问提纲的内容主要是围绕起诉书指控的犯罪事实和罪名展开，服从于证明所指控犯罪的需要。（3）纲要性，即讯问提纲并不要求涵盖全部讯问内容，而是确定需要讯问的主要问题和逻辑顺序，在实际讯问时还要根据供述情况补充一些讯问内容，有时还要对讯问计划进行必要调整。（4）规范性，即讯问用语必须符合公诉活动的规范性、合法性、严肃性特征，力求语言表述准确、规范、简洁、清楚。

讯问提纲一般应立足起诉书指控的犯罪事实、情节和罪名，不能超越起诉书指控的内容漫无边际地罗列问题，同时要注意安排好顺序，以使案件事实和有关情况能够清晰地展示出来。在讯问提纲的内容上，重点应列明以下几个方面的问题：

（1）起诉书所指控的犯罪事实是否存在，被告人是否承认是其所为；

（2）实施犯罪的过程，包括预备情况、时间、地点、方法、手段、结果以及所侵犯对象和所使用工具的特征等；

（3）实施行为的动机、目的，故意或过失的心理态度，以及对犯罪对象、犯罪方法、危害结果、行为与危害结果之间的因果关系和行为性质等的认识；

（4）与定罪量刑有关的被告人基本情况，如犯罪时的年龄、职务和前科情况等；

（5）实施犯罪后的情况，如对犯罪工具和赃款赃物如何处理，是否为减少损害而采取补救措施，是否逃跑或者投案自首等；

（6）有无从重、从轻、减轻及免除处罚的情节；

（7）共同犯罪案件各被告人的地位、作用和具体行为表现；

（8）翻供、串供的情况和原因；

（9）其他与定罪量刑有关的情况。

实践中，公诉人应当根据案件的具体情况，从上述几个方面有选择地列出需要讯问的问题。讯问提纲中不应列有与定罪量刑无关的问题。对与定罪量刑有重要关系的事实、情节，或者可能成为双方争议焦点的问题，应当列出比较详细的提纲，以便进行重点讯问。对于涉嫌实施多起犯罪事实的被告人，一般应逐起讯问犯罪过程、主观心理态度等情况。对与各起事实都有关的共同的问题，也可以根据具体情况在最初或者最后进行讯问。

2. 询问证人提纲的准备和制作

证人证言是刑事诉讼中最常见的一种证据，大多数案件都要通过询问证人来证明案件事实。庭审改革以后，法庭审理强调直接言词原则，证人当庭作证和交叉询问的情况对于案件的处理结果往往有至关重要的影响。庭前充分准备好询问证人提纲，可以保证庭上有良好的询问效果。

我国法律并不排除书面证言的使用，既可以由证人当庭作证，也可以只出示证人证言笔录。从保障公正、正确审理案件出发，应当尽可能安排证人当庭作证，以便充分进行交叉询问，增强证明的效果。一般来说，刑事案件都有不少证人，有的证言对被告人有利，有的证言对被告人不利。由于提起公诉的决定是在认定有确实、充分证据证明被告人构成犯罪的基础上作出的，因此，检察机关对能够证明被告人无罪的证人证言都是不予采信的，开庭时只选择有利于指控的证人出庭作证，辩方则有权要求人民法院安排有利于辩护的证人出庭作证。选择什么样的证人出庭作证，是拟好提纲的前提。

选择出庭证人的基本原则，是有利于查清案件的事实真相，强化指控的力度。关键的证人具备出庭条件的，应当尽可能使其出庭作证，以增强举证效果。当然，选择出庭证人也要考虑诉讼经济原则，根据全案证据情况和证明犯罪的需要，在控方证人较多时，公诉人可以选择一部分重要的证人出庭，没有必要让所有证人都出庭。选择出庭证人的具体标准主要有三个：一是证人证言所能证明的案件事实；二是证言的证明力；三是证人的作证能力。具体而言，一般应采用下列规则进行选择：

（1）从证人证言对于证明犯罪的作用看，应优先选择主要证人、关键证人出庭。主要证人、关键证人是指能够对案件事实、情节等起到重要或关键证明作用的人，主要有三类：一是与案件事实直接相关的人，如受贿案中的行贿人，盗窃案中购买赃物的人；二是能提供原始证言的人，如目击证人；三是唯一证人，即只有该证人能够就案件的某一关键事实、情节提供证言。

（2）从证人与案件和当事人的关系看，应优先选择与案件处理结果没有利害关系和与当事人没有亲朋好友等特殊关系的证人出庭。

（3）从证人过去作证的情况看，应选择证言比较稳定、内容没有明显矛盾的证人作证。

（4）从证人自身的情况看，应优先选择政治、文化、道德素质比较高，正义感和语言表达能力比较强，且主观上愿意出庭作证的证人。证人的政治素质和道德水准较高，一般地，其证言的证明力也比较强。相反政治素质、道德素质低的人，其证言的真实性、可靠性就容易令人怀疑。证人的文化素质往往影响其理解提问和进行表达的能力。文化素质高的人，一般表达能力比较强，询问和作证的过程也会比较顺利。证人不愿意作证的，公诉人可以进行必要的说服工作，促使其出庭作证。对确实不愿意出庭的证人不能强迫其出庭，否则证人容易产生逆反心理，即使出庭作证，效果也可能不好。

对上述规则，实践中应当根据案件的具体情况灵活运用。例如，有的证人可能是关键证人，但与当事人有一定的特殊关系，或者以往的证言不够稳定，公诉人就要权衡让该证人出庭的利弊,考虑是否有其他更好的证人。有的证人可能有口吃等生理缺陷,通常应避免让其出庭,但如果是目击证人,对证明案件事实能够起关键作用,也可以考虑让其出庭作证。

公诉人在庭前准备时,要根据证人以往作证的情况,分析其证言能够证明哪些案件事实、情节,前后证言是否稳定,有没有矛盾,了解他们的思想动态。对拟出庭的证人,通常要找他们谈话,做好其思想工作,打消其顾虑,向他们讲清楚如实作证是其义务,对于指控犯罪、证明犯罪具有重要意义。对当庭作证时应当注意的问题,例如,服从法庭指挥、尊重被告人和辩护人、按照所提问题作明确回答等,也应作必要的交代,以便当庭作证能顺利进行。在选择好控方出庭证人,充分研究以往证言内容和证人心理动态等情况的基础上,公诉人可以着手拟定询问提纲:一是根据总体举证计划,确定多个证人出庭作证的先后次序。二是根据证人所能证明的事实、情节,确定询问的范围、方法、内容和次序等。

公诉人在法庭上不仅要询问控方证人,也要询问辩护证人。辩方证人所提供的证言基本上是有利于被告人的辩护证据。因此,在通常情况下,公诉人在法庭上询问辩方证人,不是为了证明犯罪,而是为了发现和揭示证人证言的疑点和矛盾,为通过质证促使法庭不采信辩方证人证言做准备。在出庭前,要了解辩护方申请证人出庭的情况。如果辩方证人在侦查、审查起诉阶段提供过证言,要对其证言进行认真的分析。如果辩方证人没有提供过证言的,可以预先找其进行询问,并了解证人的背景情况,包括其人品、与当事人的关系等,以便为质证做好充分准备。在拟定询问辩方证人的提纲时,一般应根据其庭前作证的情况,抓住证言前后矛盾和不合理之处设计提问。公诉人拟在当庭质证时对证人的作证资格或者证言的证明力提出质疑的,也要在询问时将有关情况问清楚,以便为质证提供依据。

3. 询问鉴定人提纲的准备和制作

刑事案件中的鉴定意见一般是定案的主要证据之一,因为鉴定意见是运用科学技术和专门知识分析案件中一些专门性问题的结果,具有较强的证明力。根据鉴定的要求,鉴定人应当具备进行鉴定所必需的专业知识,并且与当事人及本案没有利害关系,以保证鉴定意见的科学性、可靠性。按照最高人民法院《关于适用〈中华人民共和国刑事诉讼法〉的解释》的规定,鉴定人应当出庭宣读鉴定意见,但经人民法院事先准许不出庭的除外。鉴定人到庭后,审判人员应当先核实鉴定人的身份、与当事人及本案的关系,告知鉴定人应当如实提供鉴定意见和有意作虚假鉴定要负的法律责任,而后先由要求传唤的一方发问,再由另一方发问。

提起公诉的案件,鉴定意见大多是有利于指控的证据,但有的鉴定意见也可能对被告人有利。例如，辩护方向法庭申请重新鉴定后，前后几次鉴定意见可能不尽一致甚至互相矛盾，往往需要通过在法庭上进一步调查核实后，去伪存真。公诉人作为指控犯罪依据的鉴定意见，在审查起诉阶段都进行过审查核实。一般地，公诉人对鉴定人的身份、专业水平、鉴定能力、鉴定方法的科学性以及鉴定意见的可靠性已经比较了解，鉴定意见的明显瑕疵通常已经排除。如果出现新的鉴定意见与原有的鉴定意见不一致甚至矛盾，要认真分析鉴定条件、鉴定方法有什么差别，哪一个鉴定意见更加科学、可靠，必要时向权威的专家请教。对所采信的鉴定意见和不采信的鉴定意见，询问鉴定人的内容和方法也应不同。对前一种鉴定人，询问的目的主要是展示鉴定意见的内容和鉴定方法等，说明鉴定意见的科学性、可靠性，以强化指控力度。对后一种鉴定人，询问的目的主要是发现和揭示影响鉴定意见科学性、可靠性的因素，以说服法庭不予采信。

由于在询问鉴定人之前，鉴定人已经宣读过鉴定意见，审判人员已经核实了鉴定人的身份情况，因此询问鉴定人提纲的内容主要是：

（1）除审判人员已经核实的鉴定人身份情况外，有必要进行询问的其他专业资格和身份情况；

（2）要求鉴定人对用于鉴定的材料是否全面、客观作出说明；

（3）要求鉴定人对鉴定方法的科学性、鉴定意见的可靠性进行必要的说明，如各种鉴定方法的误差率等；

（4）对与定罪量刑有关而未提出明确结论或者可能产生争议的问题作进一步询问。

对不采信的鉴定意见的鉴定人进行询问，应当详细问清鉴定人的身份情况，鉴定条件、鉴定方法以及鉴定意见中不明确之处，以便从鉴定人是否具有鉴定资格，鉴定条件和鉴定方法是否足以得出科学的鉴定意见，鉴定意见是否自相矛盾等角度，对鉴定意见的真实性、可靠性和证明力提出质疑。

4. 示证计划的准备和制作

示证计划也称示证预案、示证提纲，是公诉人为在法庭上提出充分证据证明犯罪，在庭前按照一定的标准和方法选择、组合、排列所要出示的证据而形成的提纲。广义的示证计划包括讯问、询问提纲以及宣读、出示、播放证据的计划；狭义的示证计划仅指公诉人向法庭宣读未到庭被害人陈述、证人证言、书证及鉴定意见，出示物证、现场勘查笔录及照片，播放视听资料的计划。

准备和制作示证计划一般应按照下列步骤进行：

（1）确定需要出示的具体证据。大多数刑事案件中有大量不同类型的证据，它们的证明力也各自不同。有的证据材料之间内容互相重复，没有必要都在法庭上出示，例如，同一证人的几次证言可能基本一致，对同一事实或者情节也可能有许多证人提供了相同的证言。公诉人应当从指控犯罪的需要出发，选择重要的证据出示，既要保证出示证据全面，能够证明与定罪量刑有关的各种事实、情节，又要避免不必要的重复。对证明对象相同的多个证据，应进行对比，选择证明力较强的证据出示；对内容和证明力没有明显差别的多个证据，可以选择其中一个或者一部分证据出示。

（2）对证据进行组合排列，以确定示证的顺序。法庭示证是证据的展示，但绝不是证据的简单罗列。单个证据的证明力容易受到质疑。公诉人必须认识到证据之间的互相联系，通过适当的排列组合，使各个证据的证明力互相强化，从而增进出示证据的整体效果。另外，单个证据只能证明案件事实、情节的一个方面或者一个判断。要证明全部案件事实、情节，必须运用一定的标准和方法，对证据进行排列组合，使各个证据之间紧密衔接、环环相扣，形成一个完整的证据锁链。实践中，公诉人必须根据案件的具体情况确定适当的举证顺序，具体方法将在下文"出庭支持公诉"一章介绍。

（3）拟定示证说明。所谓示证说明，是指公诉人在向法庭宣读、出示、播放物证、书证、视听资料等证据前，就该证据的来源、合法性及所要证明的问题等所作的说明性评述。根据《人民检察院刑事诉讼规则（试行）》的规定，公诉人向法庭出示物证、书证，应当对物证、书证所要证明的内容和获取情况作概括的说明，并向当事人、证人问明物证、书证的主要特征，并让其辨认。最高人民法院《关于适用〈中华人民共和国刑事诉讼法〉的解释》也规定，当庭出示的物证、书证、视听资料等证据，应当先由出示证据的一方就所出示的证据的名称、来源、拟证明的事实作必要的说明，然后由另一方进行辨认并发表意见。进行示证说明的目的，主要是表明各个证据的合法性、客观性、关联性和证明对象，使证据与所要证明的案件事实、情节联系起来，使证据体系的内在逻辑结构变得更加清楚，使全部案件事实、情节随着示证的过程一步步地得到展示和证明。

一般情况下，对各个证据应分别进行说明。如果一组证据所要证明的内容相同，也可先就所要证明的内容进行综合说明，揭示各个证据间的互相联系，再依次示证并分别说明各个证据的获取情况等。证据的获取情况包括侦查人员或者检察人员的姓名、身份，取证时间、地点，证人、被害人、鉴定人的姓名等。说明所要证明的内容时，应当说明该证据所证明的具体事实、情节，而不能涵盖该证据不能证明的其他事实、情节。例如，在盗窃案中，某证人只看到被告人撬门后进入被害人家，在进行示证说明时就不能笼统地说该证人证言证明被告人实施了入室盗窃的行为，因为该证人证言只能证明被告人撬门入室的行为，并不能证明被告人实施了盗窃。

5. 质证方案的准备和制作

质证方案，是公诉人为了在法庭上针对辩方证据发表意见、提出质疑以及对辩护方就控方证据提出的质疑进行答辩，而在庭前拟定的方案。

根据刑事诉讼法和有关司法解释的规定，一切证据都必须经过当庭出示、质证，经查证属实才能作为定案的根据。因此，质证是法庭审查核实证据的主要途径，质证的情况直接影响法庭对证据合法性、客观真实性、关联性和证明力的判断，进而影响对证据的采信。公诉人必须在庭前深入研究和精心制作质证方案，以保证在法庭质证中取得良好效果。

质证方案的内容主要包括两个方面：一是预测并列出辩护方对控方证据可能提出的质疑，并有针对性地准备简明、扼要的答辩提纲；二是预测辩护方可能在法庭上出示的证据，并根据庭前所了解的情况拟写可供提出的质疑或者意见。特别是对辩方证据，公诉人应当重视预先做好质证准备。

提出本方质疑或者预测对方质疑，都要围绕证据的合法性、客观真实性、关联性和证明力进行。公诉人在庭前对拟出示的每个证据材料都要认真分析是否存在缺陷。如果存在的缺陷足以影响证据效力，应当坚决予以排除，并及时重新取证或者补充取证。对证据存在难以弥补的弱点，虽不影响其证据效力但影响其证明力的，要做到心中有数。例如，证人与当事人有什么关系，公诉人应当在庭前了解清楚，并应预测到辩护方可能因此对证人证言的真实性或证明力提出质疑，准备好相应的答辩意见。准备答辩意见时，不应回避或者否认证人与当事人之间的关系，而要分析这种关系是否足以影响证言的真实性，并结合该证人证言与其他证据相互印证的情况，说明该证言是客观的。

（五）对可能出现证据合法性争议的，拟定证明证据合法性的提纲并准备相关材料

依法排除非法证据是刑事诉讼的基本要求，这项工作贯穿于刑事诉讼活动的整个过程。根据2012年《人民检察院刑事诉讼规则（试行）》的规定，对于非法证据的调查核实，在侦查阶段由侦查监督部门负责；在审查起诉、审判阶段由公诉部门负责；必要时，渎职侵权检察部门可以派员参加。因此，公诉人对案件进行审查起诉过程中，应当及时调查核实是否存在非法取证问题，对可能出现证据合法性争议的，拟定证明证据合法性的提纲并准备相关材料。实践中，公诉人可以采取讯问犯罪嫌疑人、询问办案人员、询问在场人员及证人，听取辩护律师意见，调取讯问笔录、讯问录音、录像，调取、查询犯罪嫌疑人出入看守所的身体检查记录及相关材料，进行伤情、病情检查或者鉴定等方式对非法取证行为进行调查核实。对存在下列情形之一的案件，可以调取讯

问犯罪嫌疑人的录音、录像，对证据收集的合法性以及犯罪嫌疑人、被告人供述的真实性进行审查：（1）认为讯问活动可能存在刑讯逼供等非法取证行为的；（2）犯罪嫌疑人、被告人或者辩护人提出犯罪嫌疑人、被告人供述系非法取得，并提供相关线索或者材料的；（3）犯罪嫌疑人、被告人对讯问活动合法性提出异议或者翻供，并提供相关线索或者材料的；（4）案情重大、疑难、复杂的。对于存在以非法方法收集证据情形的，可以书面要求侦查机关对证据收集的合法性进行说明；说明应当加盖单位公章，并由侦查人员签名。调查完毕后，应当制作调查报告，根据查明的情况提出处理意见，报请检察长决定后依法处理。公诉人对经调查核实依法排除非法证据的，应当在调查报告中予以说明。被排除的非法证据应当随案移送。对于确有以非法方法收集证据情形，尚未构成犯罪的，应当依法向被调查人所在机关提出纠正意见；对于需要补正或者作出合理解释的，应当提出明确要求。经审查，认为非法取证行为构成犯罪需要追究刑事责任的，应当依法移送立案侦查。对于提起公诉的案件，被告人及其辩护人提出审前供述系非法取得，并提供相关线索或者材料的，人民检察院可以将讯问录音、录像连同案卷材料一并移送人民法院。对于审查逮捕、审查起诉期间已经提出并经查证不存在非法取证行为的，应当通知人民法院、有关当事人和辩护人，并按照查证的情况做好庭审准备。对于新的材料或者线索，可以要求侦查机关对证据收集的合法性进行说明或者提供相关证明材料，必要时可以自行调查核实。

（六）拟定公诉意见，准备辩论提纲

公诉意见书，也称"公诉词"或者"出庭意见书"，是公诉人在法庭调查结束后、法庭辩论开始时发表的总结性意见，也是对起诉书的进一步论证和补充说明。辩论提纲，是公诉人为在法庭辩论时驳斥辩护观点、支持公诉意见，而在庭前拟定的提纲。

出庭前，公诉人应当根据阅卷、分析研究的情况事先写好公诉意见书的初稿，庭审中根据法庭调查的情况进行必要的修改、调整或补充。公诉意见书应当围绕检察机关指控的犯罪事实成立、被告人已构成犯罪、应当追究刑事责任的基本观点正面进行阐述、分析和论证。公诉意见书的结构一般分为以下几个部分：

一是对检察人员出庭支持公诉的法律依据、身份和职责进行简要说明。一般可表述为："根据《中华人民共和国刑事诉讼法》第一百八十四条、第一百九十三条、第一百九十八条和第二百零三条的规定，我（们）受×××人民检察院的指派，代表本院，以国家公诉人的身份，出席法庭支持公诉，并依法对刑事诉讼实行法律监督。现对本案证据和案件情况发表如下意见，请法庭注意。"

二是根据法庭调查情况，对本案事实、证据情况进行综述，对质证情况进行总结和评论，并运用各证据之间的逻辑关系论证被告人的犯罪事实清楚，证据确实、充分。这一部分内容的详略程度，应当根据案件具体情况确定。如果在法庭调查时对事实和证据基本没有分歧，可以作简单概括，例如："在刚才的法庭调查中，讯问了被告人，宣读了证人证言，出示了被告人作案时所使用的凶器和法医鉴定报告，对本案的有关证据进行了质证。法庭调查的情况充分表明，我院起诉书指控被告人张××犯有故意伤害罪的事实是清楚的，证据是确实、充分的。"如果被告人不供、翻供、避重就轻或者对事实、证据提出了较多异议，就应当充分论证本案事实清楚，证据确实、充分。

三是根据起诉书所指控罪名的犯罪构成要件，结合案件事实、情节，论证被告人的行为已经构成所指控的犯罪，应当负刑事责任，并根据其情节和认罪态度，提出从重、从轻、减轻处罚的意见。

四是分析被告人犯罪行为的社会危害性和依法给予法律制裁的必要性，剖析其犯罪的思想根源和社会根源，进行必要的法制宣传和教育工作。这一部分内容不应占据过多篇幅。

必须注意的是，公诉人不仅要说服法庭采纳检察机关适用法律的意见，还要先说服法庭采信公诉方提出的证据，促使法官形成犯罪事实清楚、证据确实充分的内心确信。这就要求公诉人在发表公诉意见时，必须加强对案件证据的分析，全面评判控方证据和辩方证据，向法庭说明控方的证据形成完整的证据体系，足以证明指控的罪名成立。特别是在控辩双方对证据争议较大的案件，应当着重加强证据分析，充分说明应当采纳控方证据和不应采纳辩方证据的具体意见和理由，并对控方证据所形成的证据体系的充分性、完整性进行综合性论证。当然，由于对证据的争议大多在法庭上才出现，公诉人在庭前只能就证据分析进行初步的准备，还需要在庭上根据法庭调查情况及时调整和补充。有的争议在开庭前就已经出现，公诉人在制作公诉意见书时应当预先进行必要的分析。

公诉意见书一般要在起诉书的基础上，对与定罪量刑有关的适用法律问题进行充分论证。对可能引起辩论的问题，要事先研究亮明观点的最佳时机，有的可以在公诉意见书中进行含而不露的批驳，以达到先声夺人的效果。有的则可以在公诉意见书中不涉及，等辩护人提出后再予以驳斥。如果发现起诉书确实存在失误，要在发表公诉意见书时及时予以补救。例如，案件的基本事实清楚，但是起诉书对某些次要事实的认定确实有误的，可以在发表公诉意见书时明确表示予以更正，以减少辩点、争取主动。

要拟好辩论提纲，关键是做好对辩护观点的预测。一般而言，根据案件性

公诉制度教程

质和证据材料本身存在的矛盾等问题，结合审查起诉时所听取的辩护人意见，可以大致分析辩护人是否可能提出新的证据，在法庭上会从哪个角度提出辩论观点，哪些问题可能成为辩论焦点，从而有针对性地收集好辩论素材，准备好答辩意见。预测辩论观点的方法主要有：

1. 从证据的矛盾点进行预测。证据不足是辩护律师在法庭上经常提出的辩点之一，因此，认真分析和排除证据之间的矛盾，是解决法庭辩点的关键。

2. 从犯罪的性质和罪名出发进行预测。特别是在法律规定不够明确的情况下，同一种性质的不同犯罪案件往往有共同的争议焦点，呈现一定的规律性。例如，在受贿案件中，被告人是否具有国家工作人员身份，是否利用了职务上的便利，是否为他人谋取利益，往往成为辩论的焦点。

3. 从法学界的相关研究出发进行预测。对一些法律适用问题，法学界往往有不同的见解，在司法实践中同样也会产生认识分歧，法庭上则容易成为控辩双方争议的焦点。

4. 从庭前被告人辩解和辩护人的意见出发进行预测。被告人的辩解和辩护人的意见直接表明了他们与检察机关在认定事实、证据和适用法律方面的分歧，庭上也往往会提出同样的质疑，公诉人应当有针对性地准备好答辩意见。

5. 从公安机关与检察机关、侦查部门与公诉部门的认识分歧出发进行预测。

6. 运用反向思维的方法进行预测，即公诉人从辩护的角度对案件进行研究，寻找可能出现的薄弱环节和争议点。

在预测辩护观点、明确答辩范围的基础上，要将所有需答辩的问题进行梳理和比较。对其中关键、疑难的问题要作为重点，详细准备答辩意见，把问题尽可能分析、论证透彻。对次要或者简单的问题，可以简要列明辩护观点和答辩意见。

最后，强调一下对于提起公诉的未成年人犯罪刑事案件，应当认真做好下列出席法庭的准备工作：（1）掌握未成年被告人的心理状态，并对其进行接受审判的教育，必要时，可以再次讯问被告人；（2）与未成年被告人的辩护人交换意见，共同做好教育、感化工作；（3）进一步熟悉案情，深入研究本案的有关法律政策问题，根据案件和未成年被告人的特点，拟定讯问提纲、询问被害人、证人、鉴定人提纲、答辩提纲、公诉意见书和针对未成年被告人进行法制教育的书面材料。

（七）需要对出庭证人等的保护向人民法院提出建议或者配合做好工作的，做好相关准备

根据新刑事诉讼法和2012年《人民检察院刑事诉讼规则（试行）》的规

定,对于危害国家安全犯罪、恐怖活动犯罪、黑社会性质的组织犯罪、毒品犯罪等案件,人民检察院在办理案件过程中,证人、鉴定人、被害人因在诉讼中作证,本人或者其近亲属人身安全面临危险,向人民检察院请求保护的,人民检察院应当受理并及时进行审查,对于确实存在人身安全危险的,应当立即采取必要的保护措施。人民检察院发现存在上述情形的,可以主动采取保护措施。实践中,人民检察院可以采取以下一项或者多项保护措施:(1)不公开真实姓名、住址和工作单位等个人信息;(2)建议法庭采取不暴露外貌、真实声音等出庭作证措施;(3)禁止特定的人员接触证人、鉴定人、被害人及其近亲属;(4)对人身和住宅采取专门性保护措施;(5)其他必要的保护措施。人民检察院依法决定不公开证人、鉴定人、被害人的真实姓名、住址和工作单位等个人信息的,可以在起诉书、询问笔录等法律文书、证据材料中使用化名代替证人、鉴定人、被害人的个人信息。但是应当另行书面说明使用化名的情况并标明密级。因此,公诉人出庭前应当注意对出庭证人等的保护向人民法院提出建议并配合做好工作。

(八)庭前会议

新《刑事诉讼法》第182条第2款规定,在开庭以前,审判人员可以召集公诉人、当事人和辩护人、诉讼代理人,对回避、出庭证人名单、非法证据排除等与审判相关的问题,了解情况,听取意见。根据《人民检察院刑事诉讼规则(试行)》的相关规定,人民法院通知人民检察院派员参加庭前会议的,由出席法庭的公诉人参加,必要时配备书记员担任记录;在庭前会议中,公诉人可以对案件管辖、回避、出庭证人、鉴定人、有专门知识的人的名单、辩护人提供的无罪证据、非法证据排除、不公开审理、延期审理、适用简易程序、庭审方案等与审判相关的问题提出和交换意见,了解辩护人收集的证据等情况;对辩护人收集的证据有异议的,应当提出;公诉人通过参加庭前会议,了解案件事实、证据和法律适用的争议和不同意见,解决有关程序问题,为参加法庭审理做好准备;当事人、辩护人、诉讼代理人在庭前会议中提出证据系非法取得,人民法院认为可能存在以非法方法收集证据情形的,人民检察院可以对证据收集的合法性进行证明。需要调查核实的,应当在开庭审理前进行。

第七节 公诉的变更、追加和撤回

一、变更、追加、撤回起诉的根据

变更起诉,是指人民检察院对已经向人民法院提起公诉的案件,决定改变

公诉制度教程

公诉请求的诉讼活动。追加起诉，是指人民检察院对已经向人民法院提起公诉的案件，决定增加公诉请求的诉讼活动。撤回起诉，是指人民检察院对已经向人民法院提起公诉的案件，决定撤销、收回公诉请求的诉讼活动。

刑事诉讼法中没有关于公诉案件变更、追加起诉的规定。在诉讼理论上，一般认为根据不告不理的原则，起诉人有权撤销、变更或者追加起诉。起诉、不起诉、撤销起诉、变更起诉、追加起诉，都属于起诉权不可分割的组成部分，由此构成完整、统一的起诉权。公诉权的内容，也包含对公诉进行变更、追加和撤销的权力。

在公诉案件中，法律将追诉犯罪的权力统一赋予人民检察院行使。根据刑事诉讼法的要求，人民检察院应当在犯罪事实清楚，证据确实、充分，依法应当追究被告人刑事责任的情况下，向人民法院提起公诉。人民检察院、人民法院参与刑事诉讼的根本目的是一致的。如果在提起公诉后，发现已经起诉的案件不符合法律要求的起诉条件，或者公诉请求的内容有错误，当然有权撤销或者追加起诉，人民法院原则上应当允许。如果发现有新的诉讼请求需要一并起诉和审理，从提高审判效率和有利于正确审判的角度出发，人民法院也应当允许。因此，最高人民检察院、最高人民法院均在有关司法解释中就公诉的变更、追加和撤回作了明确规定。根据有关司法解释的规定，在人民法院宣告判决前，人民检察院发现被告人的真实身份或者犯罪事实与起诉书中叙述的身份或者指控犯罪事实不符的，可以要求变更起诉；发现遗漏的同案犯罪嫌疑人或者罪行可以一并起诉和审理的，可以要求追加起诉；发现不存在犯罪事实、犯罪事实并非被告人所为或者不应当追究被告人刑事责任的，可以要求撤回起诉，宣告判决前，人民检察院要求撤回起诉的，人民法院应当审查撤回起诉的理由，作为是否准许的裁定。人民法院在审理中发现新的事实，可能影响定罪的，应当建议人民检察院补充或者变更起诉；人民检察院不同意或者7日内未回复意见的，人民法院应当就起诉指控的犯罪事实，依法作出判决、裁定。

但由于变更、追加、撤销起诉的决定毕竟是在审判阶段提出的，为了保证被告人的辩护权，避免影响人民法院审判权的行使，需要对变更、追加、撤销起诉权的行使进行必要限制，这也是多数国家刑事诉讼立法的通例：

一是变更、追加和撤回起诉权的行使要受到审判的制约。尽管变更、追加、撤回起诉权是公诉机关固有的权力，但为了保证审判的顺利进行，应当对这些权力的行使作必要的限制，主要涉及变更、追加、撤销起诉的时间，即必须在第一审人民法院宣告判决前提出。人民检察院撤回起诉的案件，要由人民法院裁定是否准许。

二是变更、追加起诉不能损害被告人的辩护权。在审判期间，如果变更、追加起诉,法庭可以根据申请或者主动决定延期审理,使辩护方有充分的时间准备,以保障辩护权的行使。根据 2012 年《人民检察院刑事诉讼规则(试行)》的有关规定,变更、追加起诉需要给予被告人、辩护人必要时间进行准备的,公诉人可以建议合议庭延期审理。

二、变更、追加、撤回起诉的条件

根据 2012 年《人民检察院刑事诉讼规则(试行)》第 458 条的规定,具有下列情形之一的,人民检察院在人民法院宣告判决前,可以要求变更起诉:(1)发现被告人的真实身份与起诉书中叙述的身份不符。在这种情况下,为了维护提起公诉的严肃性,保证审判顺利、正确进行,人民检察院应当要求对被告人的真实身份予以更正。(2)发现被告人的犯罪事实与起诉书中叙述的犯罪事实不符的,可以要求变更起诉。因为犯罪事实不符,涉及能否正确追究被告人的刑事责任,当然应当及时对起诉书指控的犯罪事实予以更正。(3)事实、证据没有变化,但发现罪名、适用法律与起诉书不一致的,可以变更起诉。

如果发现起诉书对被告人提出的适用法律意见有错误,是否需要变更起诉,《人民检察院刑事诉讼规则》中未作规定。根据 2012 年《人民检察院刑事诉讼规则(试行)》,如果在开庭审判前发现起诉书中适用法律的意见特别是定性意见有错误,应当要求变更起诉,否则将给公诉人出庭支持公诉带来很大困难。另外,由于人民法院判决时有权改变起诉书指控的罪名,如果不事先变更起诉,也不利于辩护权的充分行使,容易误导辩护。变更起诉应当是在确有必要的情况下提出。如果在开庭审判中或者庭审结束后发现起诉书适用法律的意见有错误,则一般不宜变更起诉。在指控犯罪事实没有错误的情况下,虽然起诉书适用法律的意见有错误,并不影响人民法院作出正确的判决,而且如果允许在开庭后变更起诉,将不必要地增加变更起诉的数量,影响提起公诉的严肃性和诉讼效率。因此,因起诉书适用法律意见错误而变更起诉的,一般应以庭审前发现为限。但是经过庭审,人民法院认为人民检察院的定罪意见不当,建议改变罪名,特别是将轻罪改为重罪的,如果人民检察院认为人民法院的意见正确,可以变更起诉。通过再次开庭,经控辩双方辩论后,由人民法院依法判决。

具有下列情形之一的,在人民法院宣告判决前,可以要求追加、补充起诉:(1)发现遗漏被告人的罪行,且可以一并起诉和审理。在一次审判中对被告人多项罪行进行审理的结果,与在两次审判中分别审理的结果,受刑法关于数罪并罚规定的影响,对被告人来说受到的刑罚处罚可能有所不同。而且,对同一被告人的几项罪行分别进行审判,不利于提高审判效率,将造成司法资源的浪费,应当尽量避免。(2)发现遗漏同案犯罪嫌疑人的,可以要求追加起诉。这种情况下追加、补充起诉,一方面是出于诉讼经济的需要,另一方面也有利于正确处理共同犯罪。

具有下列情形之一的,在人民法院宣告判决前,可以要求撤回起诉:(1)不存在犯罪事实的;(2)犯罪事实并非被告人所为的;(3)情节显著轻微、危害不大,不认为是犯罪的;(4)证据不足或证据发生变化,不符合起诉条件的;(5)被告人因未达到刑事责任年龄,不负刑事责任的;(6)法律、司法解释发生变化导致不应当追究被告人刑事责任的;(7)其他不应当追究被告人刑事责任的。具有上述情形,表明提起公诉的决定是根本错误的,本着"实事求是、有错必究"的原则,人民检察院应当及时撤回起诉,让被告人得以解脱,同时避免浪费司法资源。所谓发现不应当追究刑事责任,主要是两种情形:一是具有新《刑事诉讼法》第15条规定的情形之一,不应追究被告人刑事责任;二是主要犯罪事实不清,证据不足,不符合起诉条件。如果被告人的行为已构成犯罪,但是依法不需要判处刑罚或者可以免除刑罚,虽然本可以决定不起诉,但既然已经提起公诉就没有必要再撤回,应当由人民法院依法审判。

三、变更、追加、撤回起诉的程序

根据2012年《人民检察院刑事诉讼规则(试行)》第461条的规定,变更、追加或者撤回起诉的决定应当报经检察长或者检察委员会决定,并以书面方式在宣告判决前向人民法院提出。

在法庭审理中,公诉人认为需要变更、追加或者撤回起诉的,应当要求休庭。变更、追加起诉需要给予被告人、辩护人必要的时间进行辩护准备的,公诉人可以建议合议庭延期审理。

在法庭审理中,人民法院发现新的犯罪事实,可能影响定罪的,应当建议人民检察院追加或者变更起诉,人民检察院应当审查有关理由,并作出是否变更、追加起诉的决定。人民检察院不同意追加或者变更起诉的,人民法院应当就起诉指控的犯罪事实依法作出裁判。

四、撤回起诉的效力

根据有关司法解释的规定，人民检察院应当在撤回起诉后 30 日内作出不起诉决定。需要重新侦查的，应当在作出不起诉决定后将案卷材料退回公安机关，建议公安机关重新侦查并书面说明理由。对于撤回起诉的案件，没有新的事实或新的证据，人民检察院不得再行起诉。人民法院裁定准许人民检察院撤回起诉的案件，没有新的事实、证据，人民检察院重新起诉的，人民法院不予受理。作出这样的规定，符合诉讼理论和各国刑事诉讼立法惯例。

对关于撤回起诉后重新起诉的条件，应当从以下几个方面理解：

1. 再行起诉所要求的"新的事实"和"新的证据"是一种选择关系，无须二者同时具备。有了新的事实，当然就一定要求有新的证据；有了新的证据，不一定要求有新的事实。

2. 新的事实，是指原起诉书未指控的犯罪事实。该犯罪事实触犯的罪名既可以是原指控的同一罪名，也可以是其他罪名。例如，原指控诈骗罪数额不多，发现新的诈骗犯罪事实，构成犯罪。又如，原来因为没有查清被告人是否达到刑事责任年龄而撤回起诉的，在查清被告人具有刑事责任能力后，可以重新起诉。

3. 新的证据，是指撤回起诉后收集、调取的足以证明原指控犯罪事实的证据。例如，在案件审理过程中，因主要证人证言发生重大变化而撤回起诉，后证人重新作证，犯罪事实足以认定，检察机关可以有新的证据为由重新起诉。如果仅仅是取得新的次要证据，不足以消除原来据以撤回起诉的情形的，不应当重新起诉。

如果在撤回起诉后发现被告人有其他犯罪事实，而先前撤回起诉的事实和证据没有任何变化，是否可以一并起诉，司法解释规定得不够明确。按照司法解释的精神理解，只能对新的犯罪事实提起公诉，而不能对已经撤回而没有变化的部分再行起诉。

第十三章
出庭支持公诉

对于人民法院审判的公诉案件，人民检察院应当派员以国家公诉人身份出庭支持公诉。出庭支持公诉是提起公诉的继续，目的主要在于促使人民法院采纳正确的公诉意见，准确查明案件事实，使有罪的人依法公正地受到追究。

第一节 出庭支持公诉的任务

出庭支持公诉，是指人民检察院在人民法院开庭审判公诉案件时，派员出席法庭，进一步阐述和论证公诉意见，并通过举证、质证和辩论，促使人民法院采纳公诉意见，依法判决被告人有罪并处以相应刑罚的诉讼活动。

根据1996年刑事诉讼法的规定，人民检察院提起公诉的案件，如果适用简易程序依法可以不派员出庭。为加强诉讼监督，2012年刑事诉讼修改对此作出了新的规定。根据新刑事诉讼法和人民检察院组织法的规定，人民检察院对于人民法院审判的公诉案件，应当派员以国家公诉人的身份出席法庭支持公诉。公诉人应当由检察长、检察员或者经检察长批准代行检察员职务的助理检察员一人至数人担任，并配备书记员担任记录。适用简易程序审理的公诉案件，可以不配备书记员担任记录。

公诉人出席第一审法庭支持公诉，主要承担五个方面的任务：

一、代表国家指控、揭露和证实犯罪，提请人民法院对被告人依法审判

人民检察院之所以提起公诉，就是认为被告人实施的行为已经构成犯罪，应当追究刑事责任。但被告人究竟是否构成犯罪和应当给予何种处罚，依法需要由人民法院通过审判确定。为了达到追究犯罪的目的，人民检察院仅仅提出起诉书是不够的，需要在开庭审判时充分运用证据证实起诉书所指控的犯罪事实，通过法庭调查、法庭辩论等活动，帮助人民法院正确认定事实和适用法律，解决好定罪量刑的实体问题。可以说，出庭支持公诉是提起公诉在审判阶段的延伸。公诉人受检察长指派代表国家出席法庭，首要的任务就是支持公诉。

1996年刑事诉讼法修改前，法官在庭审中起主导作用，可以依职权对证据进行调查，包括讯问被告人，询问证人、被害人，主动收集和出示证据等，可以说控诉职能是由法官和公诉人共同承担的，庭审方式明显具有职权主义的特征。刑事诉讼法修改后，采取在法官主持下由控辩双方分别出示证据并展开质证、辩论的控辩式庭审方式，控诉职能基本上由公诉人承担。法官主要是诉讼的居中裁判者，负责在充分听取双方意见的基础上，决定对证据的取舍和对案情的认定，进而作出判决。庭审方式的变化，特别是在控辩对抗性方面的加强，使公诉人在法庭上的任务加重了。只有在法庭上充分运用证据揭露犯罪、证明犯罪，公诉意见才会得到人民法院的采纳，反之不但要承担败诉的后果，也将损害检察机关的形象和威信。为此，公诉人需要在法庭上进行一系列诉讼活动，包括宣读起诉书，讯问被告人，询问证人、被害人、鉴定人，出示物证，宣读书证、未到庭证人的证言笔录、鉴定人的鉴定意见、勘验、检查笔录和其他作为证据的文书，向法庭提供作为证据的视听资料，对证据和案件情况发表意见，针对被告人、辩护人的辩护意见进行答辩，全面阐述公诉意见，反驳不正确的辩护意见，等等。这些活动都围绕一个目的，就是支持公诉，使犯罪分子受到应有的惩罚。

二、提出量刑建议

促使人民法院正确定罪量刑是公诉人出庭支持公诉的重要任务，对案件的量刑向人民法院提出建议是公诉主张的一项重要内容。量刑建议有三种具体表现形式：第一种是对应当适用的法定刑幅度提出建议；第二种是从量刑情节出

发提出从重、从轻、减轻处罚的建议；第三种是对宣告刑的建议。前两种属于概括的量刑建议，后一种属于具体的量刑建议。

量刑建议作为一项提高量刑规范化水平的司法改革措施，具有一定现实意义。因为实行量刑建议，对于强化刑事诉讼监督，增强量刑的透明度，实现量刑公正具有重要意义，同时也有利于节约司法资源，提高诉讼效率。但是，开展量刑建议试点工作应当遵循下列原则慎重进行：其一是依法建议原则。量刑建议应当根据犯罪的事实、性质、情节和对社会的危害程度，依照刑法的规定提出。其二是突出重点原则。量刑建议要严格掌握案件适用范围，避免因建议过多、过滥而出现负面效应。其三是宽严相济原则。量刑建议应当贯彻国家的刑事政策，对具有从重或者从轻、减轻处罚情节的，都要依法提出建议。其四是慎重稳妥原则。量刑建议既要体现检察机关的法律监督职能，也要尊重审判权的独立行使，要掌握分寸，避免绝对化，讲求建议的最佳效果。实践中，对于具有下列情形之一，依法可能判处拘役、3年以下有期徒刑，悔罪态度较好，具备有效监护条件或者社会帮教措施、适用缓刑确实不致再危害社会的未成年被告人，人民检察院可以建议人民法院适用缓刑：（1）犯罪情节较轻，未造成严重后果的；（2）主观恶性不大的初犯或者胁从犯、从犯；（3）被害人同意和解或者被害人有明显过错的；（4）其他可以适用缓刑的情节。人民检察院提出对于未成年被告人适用缓刑建议的，应当将未成年被告人能够获得有效监护、帮教的书面材料一并于判决前移送人民法院。

根据新刑事诉讼法和有关司法解释的规定，对于公诉案件，人民检察院可以提出量刑建议。量刑建议一般应当具有一定的幅度。人民检察院提出量刑建议，一般应当制作量刑建议书，在提起公诉时，与起诉书一并移送人民法院；根据案件的具体情况，人民检察院也可以在公诉意见书中提出量刑建议。量刑建议书中一般应当载明人民检察院建议对被告人处以刑罚的种类、刑罚幅度、刑罚执行方式及理由和依据。人民检察院以量刑建议书方式提出量刑建议的，人民法院在送达起诉书副本时，将量刑建议书一并送达被告人。实践中，对于新刑事诉讼法实施以前，人民检察院不派员出席法庭适用简易程序审理的案件，可以制作书面量刑建议，与起诉书一并送达人民法院。对于出庭的公诉案件，人民检察院向人民法院提出量刑建议的，公诉人应当在发表公诉意见时提出。在庭审过程中，出现新的量刑情节致使检察机关拟定的量刑建议需要调整的，公诉人可以根据检察长的授权作出调整；对于未授权的，公诉人可以在原有量刑建议的基础上，充分考虑新的量刑情节提出概括性建议；必要时，可以建议法庭休庭后报检察长决定。被告人、辩护人对量刑建议提出异议的，公诉人应当进行答辩。检察长在列席审判委员会会议时，发现原量刑建议不当的，应当予以纠正。

三、对法庭审判活动是否合法进行监督

人民检察院是国家专门法律监督机关,负有对人民法院的审判活动是否合法进行监督的职责。法庭审理是审判的核心活动,因而对法庭审理活动进行监督是审判监督工作的重点之一。公诉人代表人民检察院出席法庭,有责任对审判程序是否合法进行监督,以保证刑事诉讼法的规定在法庭审理时切实得到执行。对法庭审理案件违反法定诉讼程序的情况,公诉人都应当记明笔录,在庭后及时向检察长报告,以人民检察院的名义向人民法院提出纠正意见。

四、维护诉讼参与人的合法权利

根据刑事诉讼法的规定,被告人、被害人和其他诉讼参与人在法庭审判中享有充分的诉讼权利,人民法院、人民检察院应当保障诉讼参与人依法享有的诉讼权利。对这些诉讼权利的保障,不仅关系到诉讼参与人的其他合法权益能否受到保护,也关系到刑事案件能否得到正确、公正、及时审判。公诉人出席法庭,是站在维护社会主义法制的立场上,代表国家和人民的利益,因而在追究犯罪的同时,也依法负有维护诉讼参与人合法权利的职责。

五、结合案情进行法制宣传和教育

对公民进行法制宣传和教育,是社会治安综合治理的重要措施。人民检察院作为公诉机关,不仅负有追究犯罪的职责,也负有积极参与社会治安综合治理、努力预防犯罪的职责。公诉人在法庭上,一方面要揭露犯罪、证实犯罪,另一方面要通过分析犯罪发生的原因、讲解法律知识,促使犯罪分子改过自新,教育其他公民引以为戒,自觉遵守法律,以达到预防犯罪的目的。例如,对未成年人犯罪案件,公诉人在出庭支持公诉过程中,除了依法指控犯罪,同时要注意剖析未成年被告人犯罪的原因、社会危害性,适时进行法制教育及人生观教育,促使其深刻反省,吸取教训。对适用简易程序审理的未成年人刑事案件,人民检察院可以派员出席法庭或者在开庭前通过移送对未成年被告人的社会调查材料等方式,协助人民法院进行法庭教育工作。

出庭支持公诉作为人民检察院一项重要的诉讼活动,具有下列意义:

1. 有利于保证人民法院准确查明犯罪事实,保障国家刑罚权的正确行使。

2. 有利于保障刑事法律的统一正确实施，维护社会主义法制的尊严。
3. 有利于保障当事人和其他诉讼参与人的合法权利。
4. 可以检验人民检察院审查起诉、提起公诉工作的质量和公诉人的业务能力，促进公诉水平和队伍素质的不断提高。

第二节 普通程序的法庭讯问和询问

一、法庭讯问、询问的概念

法庭讯问、询问，是指公诉人在法庭调查中讯问被告人，询问证人、被害人和鉴定人的诉讼活动。

侦查、审查起诉中的讯问、询问主要是为了收集证据、核实证据，以发现、确定犯罪嫌疑人和查清案件事实，而法庭讯问、询问主要是为了出示证据、核实证据，否定虚假的供述和证言，以证明起诉书认定犯罪事实的正确性。侦查、审查起诉中的讯问、询问，是法庭讯问、询问的基础。但因诉讼阶段、环境和目的不同，庭上讯问、询问的重点、策略、方法、技巧也与侦查、审查起诉中的讯问、询问不同。

公诉人在法庭上讯问被告人的结果，与侦查和审查起诉阶段讯问的结果一样，都属于被告人供述和辩解，也就是通常所说的口供。口供主要包括三个方面的内容：一是被告人承认自己犯罪事实的供述；二是被告人说明自己无罪或罪轻的辩解；三是被告人揭发、检举他人犯罪行为的陈述，包括共同犯罪案件对其他同案犯行为的陈述，也叫攀供。由其内容的复合性所决定，一般认为被告人供述和辩解具有双重的诉讼性质。其中，被告人承认自己犯罪行为的供述和检举、揭发同案犯行为的陈述是证据，具有证明案件事实的作用；而被告人说明自己无罪或罪轻的辩解具有辩护的性质，是被告人行使辩护权，提出自己无罪或罪轻的材料和意见。

公诉人在法庭上询问证人的结果，同样也是证人证言。与被告人供述和辩解不同，证人证言只具有证据的性质。但公诉人不仅要询问控方证人，也要询问辩方证人。证人当庭提供的证言可能证明被告人有罪，也可能证明被告人无罪或者罪轻。也就是说，当庭证言既可能是控诉证据，也可能是辩护证据。

因此，无论讯问被告人还是询问证人，其诉讼性质都体现为两个方面：第一，当被告人承认所指控的犯罪事实或供述其他人的犯罪事实，以及证人证言对被告人不利、具有控诉证据的性质时，公诉人讯问被告人、询问证人具有举证的性质,是通过讯问、询问证明所指控的犯罪事实的过程,也是通过讯问、询问将案件事实向法庭展示的过程。第二,当被告人不供认犯罪事实,或者证人证言对被告人有利、具有辩护证据的性质时,公诉人讯问被告人和询问证人主要是核实被告人供述和辩解、证人证言的证据效力和证明力,以便提出质证意见的过程。

讯问被告人是出庭公诉活动中最重要的活动,也是公诉人顺利完成公诉任务的基础性工作。无论被告人是否供认犯罪事实,在法庭上公诉人都是从讯问被告人开始,一步步出示控方证据,使法庭调查逐步深入,最终目的在于展示完整的证据体系,促使法庭采纳公诉主张。刑事诉讼法修改以后,法庭调查的方式主要是由控辩双方出示证据,法官基本上只听审而不像过去那样主动对证据进行调查,讯问被告人主要由公诉人进行。在这种情况下,公诉人讯问被告人的效果如何,往往对整个庭审活动的走向产生决定性的影响。如果被告人供认犯罪事实,一般说来庭审会比较顺利,公诉人可以按照预先准备的计划和方案一步步展开支持公诉活动。如果被告人在庭前和庭上都不供,公诉人一般也已经做好充分的准备,但出庭支持公诉的难度会大一些,一方面要求通过讯问审查被告人辩解的真实性,注意发现其中的疑点和矛盾;另一方面要求运用其他证据来驳斥被告人辩解并证明犯罪。如果被告人庭前供认不讳却当庭翻供,公诉人就必须及时调整讯问提纲、示证方案等,原先的计划可能被打乱,出庭支持公诉的难度通常比较大。

不论在哪种情况下,公诉人都必须认真细致地对被告人进行讯问,为后续的法庭调查活动奠定扎实的基础。当被告人供认犯罪事实时,公诉人要通过讯问展示案件事实的全貌,为支持公诉提供比较强有力的直接证据。当被告人不供认犯罪事实或者翻供时,公诉人要通过讯问问清被告人的辩解及其理由、翻供的情况和理由,以审查口供的真实性,揭示口供中的疑点和矛盾,一方面保障无罪的人不受刑事追究,另一方面为驳斥无理辩解和翻供寻找突破口,使犯罪分子受到应有的法律制裁。

刑事诉讼法修改前,证人出庭作证比较少,公诉人一般只向法庭提出书面的证人证言。在西方许多国家特别是英美法系国家,证人一般必须出庭作证,除法律特别规定的例外情形以外,检察官不能提供书面证言作为指控犯罪的依据。例如在英国,控辩双方均负有向法庭提出本方证据、传唤本方证人的义务,法律要求证人一般必须亲自出庭作证。在刑事法院对可诉罪进行审判之前,控诉方必须将正式的控诉书提交给法院,并依照传统在该控诉书的背后记载本方证人的姓名。开庭审判时,控诉方必须传唤本方的证人出庭作证,除非该证人的书面证言可能会被宣读,或者控诉方采取各种办法都无法使该证人出庭作证，或者该证人不可信赖。可以说，除法定的例外情形以外，控诉方始终负有确保那些支持其指控的证人出庭作证的义务。在法庭审判开始以后，如果某一证人没有到庭，法官有权决定休庭还是继续进行审理。但如果对方不提出任何异议，控辩双方也可以不传唤本方证人直接出庭作证，而是将其在移送审判程序中提交治安法官审查的该证人的书面证言笔录直接提交给刑事法院。[①]也有一些国家，刑事诉讼中绝对排除书面证人证言的适用。我国修改后的刑事诉讼法吸收国外刑事诉讼立法的经验，突出强调了直接、言词原则。所谓直接、言词原则，一是要求法官必须在法庭上亲自听取当事人、证人和其他诉讼参与人的陈述，亲自听取双方的辩论，从而产生对证据和案件事实的内心确信；二是要求审判程序原则上应以言词陈述的方式进行，其中包括控辩双方就事实主张和证据的可采性进行言词辩论。新的庭审方式要求尽可能安排证人出庭作证，安排鉴定人当庭宣读、说明鉴定意见并接受询问。根据2012年新刑事诉讼法的规定，公诉人、当事人或者辩护人、诉讼代理人对证人证言有异议，且该证人证言对案件定罪量刑有重大影响，人民法院认为证人有必要出庭作证的，证人应当出庭作证。人民警察就其执行职务时目击的犯罪情况作为证人出庭作证，同样适用前面规定。公诉人、当事人或者辩护人、诉讼代理人对鉴定意见有异议，人民法院认为鉴定人有必要出庭的，鉴定人应当出庭作证。经人民法院通知，鉴定人拒不出庭作证的，鉴定意见不得作为定案的根据。经人民法院通知，证人没有正当理由不出庭作证的，人民法院可以强制其到庭，但是被告人的配偶、父母、子女除外。证人没有正当理由拒绝出庭或者出庭后拒绝作证的，予以训诫，情节严重的，经院长批准，处10日以下的拘留。可见，我国刑事诉讼在强调直接言词原则的同时，并没有完全排除书面证人证言和鉴定意见的适用。强调直接言词原则，有利于对证据进行充分的质证，也有利于法官正确采信证据，最终将有利于审判的公正性、正确性。当然，证人、鉴定人出庭，意味着公诉人支持公诉的难度将进一步加大，但只要庭前认真审查证据并做好询问、质证的充分准备，就可以完成好出庭支持公诉的任务。

对证人、鉴定人的询问实行交叉询问规则。在英国、美国等国家的控辩式审判程序中，由控辩双方主导进行的交叉询问是法庭调查的核心环节。我国新《刑事诉讼法》第189条规定："公诉人、当事人和辩护人、诉讼代理人经审判长许可，可以对证人、鉴定人发问。"实践中，向证人、鉴定人发问，应当先由提请传唤的一方进行，发问完毕后，对方经审判长准许，也可以发问。对

[①] 参见陈瑞华：《在公正与效率之间——英国刑事诉讼制度的最新发展》，载《中外法学》1998年第6期。

一个证人或鉴定人的交叉询问可以多次进行。这种交叉询问既是举证的过程，也是双方进行质证的过程，对于调查核实证人证言的客观真实性具有重要作用，可以使证人证言、鉴定意见在法庭上充分接受检验，为法庭正确采信证据提供比较有效的保障。刑事诉讼中应当强调证人、鉴定人出庭，以便充分进行交叉询问，使证人证言得到充分质证。

二、法庭讯问、询问的一般规则和要求

法庭讯问、询问作为一种严肃的诉讼活动，必须符合一定的规范。公诉人代表国家出庭支持公诉，更要注意法庭讯问、询问的规范性，自觉树立和维护公正执法的良好形象。

法庭讯问、询问的一般规则，有的在法律、司法解释中有明确规定。新《刑事诉讼法》第189条规定："公诉人、当事人、辩护人、诉讼代理人经审判长许可，可以对证人、鉴定人发问。审判人员认为发问的内容与案件无关的时候，应当制止。"根据有关司法解释，询问证人应当遵循以下规则：（1）发问的内容应当与案件的事实相关；（2）不得以诱导方式提问；（3）不得威胁证人；（4）不得损害证人的人格尊严。对被告人、被害人、附带民事诉讼原告人和被告人、鉴定人的讯问、发问或者询问，也适用以上规定。根据上述规定，法庭讯问和询问应当符合下列规则：

（一）相关性规则

相关性规则，是指控辩双方讯问、询问或者发问的内容应当与案件有关。法庭审理中参与诉讼各方的活动应当紧紧围绕刑事诉讼的目的，以提高庭审效率、节约诉讼资源。如果发问的内容与案件无关，无助于审判人员和旁听人员形成对案件事实的认识，无助于刑事案件的正确处理，只能降低庭审效率甚至妨碍庭审的顺利进行。因此，公诉人提问的内容必须与案件有关。

（二）禁止诱导规则

禁止诱导规则，是指控辩双方在讯问、询问、发问中，提问的方式不得具有强烈暗示被问人按照提问人意图作出回答的性质。例如，公诉人可以问证人看见了什么，但不能问证人是不是看见被告人用菜刀砍了被害人三刀。因为后一种提问明显暗示证人按照公诉人所说的内容作出回答，具有诱导性。之所以要确立禁止诱导规则，是因为诱导性的讯问、询问、发问可能影响陈述或者证言的客观真实性，在诱导式提问下作出的供述、证言不符合证据合法性、客观性的要求。公诉人以诱导方式提问的，辩护人有权要求审判长制止和对该项陈述、证言不予采信。因此，公诉人必须避免具有诱导性质的提问方式。

（三）禁止威胁规则

被告人、被害人、证人、鉴定人有权自主决定如何回答提问。如果他们不如实供述或者陈述，一经查实将承担相应的法律后果。控辩双方都不能强求被问人按照自己的意图回答提问，更不能威胁被问人，否则，不仅无助于查明案件事实，也是严重侵犯诉讼参与人诉讼权利的行为。一般在询问被害人、证人、鉴定人前，审判人员已经向他们说明如实作证的义务和作伪证要负的法律责任。公诉人在讯问、询问时，为促使被告人、被害人、证人、鉴定人如实供述或者作证，可以进行必要的政策攻心或者法制教育，但不能采取威胁性的语言表达方式。

（四）禁止损害人格尊严规则

当事人和其他诉讼参与人的人格尊严不受侵犯，这是公民的基本权利，也是他们的诉讼权利。我国刑事诉讼法规定：人民法院、人民检察院、公安机关应当保障诉讼参与人依法享有的诉讼权利；诉讼参与人对于审判人员、检察人员、侦查人员侵犯诉讼权利和人身侮辱的行为，有权提出控告。因此，尊重和维护当事人和其他诉讼参与人的人格尊严是公诉人职责的要求。在整个庭审过程中，包括法庭讯问、询问时，公诉人都必须尊重被问人的人格尊严，不得有贬低其人格、损害其尊严的现象。

除法律、司法解释规定的上述规则以外，还有一些规则是公诉人在实践中应该遵循的。这些规则主要有：

1. 单一提问规则，即公诉人讯问、询问时应采用一问一答的形式，不宜提出许多问题让被告人一次性回答。

2. 排除假设规则，也就是不得以假设的事实为基础进行发问。例如，在因被害人反抗而强奸未遂的案件中，公诉人不宜问被告人如果被害人不反抗他会怎么做，因为这些事实并没有发生。

3. 排除意见规则，主要是在询问证人时，应当只要求证人陈述其知道的案件事实情况，而不能让证人陈述对被告人行为性质的判断、推测等意见，因为意见证据大多不具有可采性。适用这一规则的前提是区分事实和意见。一般来说，观察体验的情况为事实，推测、判断为意见。但在某些情况下，两者的界限比较模糊。实践中，对于直接基于经验事实而作出的某些常识性判断，不作为意见予以排除。

根据有关司法解释的规定，控方或者辩方讯问、询问、发问的内容与本案无关，或者讯问、询问、发问的方式不当时，审判长应当予以制止。另一方也有权以发问内容与案件无关或者发问方式不当为理由提出异议，审判长应当判明情况予以支持或者驳回。

法庭讯问、询问要取得良好效果，公诉人还必须注意以下几个方面：一是发问的目的要明确，即公诉人对自己发问要达到什么目的必须心中有数。提问的内容要与提问的目的相符，不能漫无边际、无目的的提问。二是提问应尽可能简短，避免使用反问句或多重否定句。如果被问人听不清提问的意思，公诉人将不得不重复提问，效果就很不好。三是提问的语言表达要简洁、清楚，使被问人能够正确理解发问的内容，切忌用含糊不清、模棱两可、容易产生歧义的表达方式，否则容易造成被问的人无所适从。四是发问时语气要严肃、端庄，语速应使被问人能够听清，在此基础上要注意语气、语速的适时变化。五是被问人回答的过程中，一般不宜反复打断，应先让其完整回答问题，再补充发问。当然，如果被问人的回答偏离提问或者与案件毫无关系，公诉人也要及时予以制止，并引导被问人根据提问进行回答。被问人的回答与过去的供述、证言或陈述不一致时，只要与本案有关，都要允许其充分回答，不能因其回答的内容不利于指控就予以打断或者制止。

三、讯问被告人

公诉人讯问被告人的目的、方法和策略，因被告人认罪态度的不同而不同。当被告人承认或者基本承认所指控的犯罪事实时，他的供述可以详细具体地反映所指控事实发生、发展的完整过程，一旦查证属实，就具有较强的证明力。此时，公诉人讯问被告人的目的主要是举证，并通过讯问向法庭展示案件的全貌。当被告人不供认犯罪事实或作无罪、罪轻辩解时，公诉人讯问的目的主要是问清被告人的具体辩解及其理由，以便核实其辩解是否合理，促使虚假陈述中的疑点和矛盾暴露出来，为驳斥其不合理的辩解奠定基础。

被告人在刑事诉讼中是被追究的对象，与案件处理结果有密切的利害关系。法庭审理前，被告人往往在供与不供、如何供述上经历过较长时间的思想斗争，当其处在法庭这种特殊环境下被讯问时，心态往往容易发生变化。许多案件中，被告人为了逃避法律制裁，往往要隐瞒罪行，避重就轻，或者否认犯罪事实，甚至拒不供述任何情况。即使以前做过有罪供述，庭上也可能出于侥幸心理而全部翻供或者部分翻供；也有一些被告人为了争取好的认罪态度，会如实供述和揭发、检举其他人的犯罪事实；还有的被告人可能产生绝望或者顾全他人等心理，表现出大包大揽的姿态。摸清被告人的认罪态度和心理动态，是保证法庭讯问取得良好效果的基础。

法庭调查开始时，在审判长主持下，首先由公诉人进行讯问，再由辩护人发问，而后公诉人根据情况还可以进行补充讯问。公诉人必须在熟悉案情和证据材料的基础上,根据案件和被告人的特点,有针对性地采取恰当的技巧和方法,争取良好的讯问效果。为此,要在庭前根据所掌握的被告人文化素质、认罪态度、心理动态等,结合案情、案件性质和被告人以往供述,对庭上讯问情况进行分析预测,有针对性地拟好法庭讯问提纲。法庭调查中,公诉人要认真听取被告人当庭所作的陈述,分析其当庭陈述与侦查、审查起诉阶段所作的陈述是否一致,适时对讯问提纲进行调整,变换恰当的讯问策略、方式和技巧,促使庭审趋于对指控有利。

在讯问时,应当把握以下几点:一是要明确重点,牢牢把握主动,使整个讯问过程围绕预定的目的,按照预定的计划进行;二是要紧紧围绕指控进行讯问,避免在无关的问题上纠缠;三是要避免出现重复讯问,如果被告人就起诉书指控的犯罪事实已经当庭供述清楚,就不必再重复讯问,而把讯问的重点放在被告人未供或者尚未供述清楚的问题上。

对于不同的被告人,要根据具体情况采取不同的讯问方法。实践中常用的讯问方法有:

其一,直接讯问法。如果宣读起诉书后,被告人对起诉书的指控没有异议,可以就全部犯罪事实和与定罪量刑有关的情节直接、正面发问,要求被告人作出明确的供述,通常表现为短问长答的形式。例如,在共同盗窃案中,要把案件起因、预谋情况、准备过程、作案地点、时间、分工、具体行为、犯罪对象的特点、后果、分赃情况、赃物去向等细节逐一问明。在被告人认罪态度好、比较配合讯问的情况下,被告人的供述基本上能与起诉指控的犯罪事实一致,可以简化讯问过程,提高庭审效率。对讯问内容的安排,要注意层次分明,脉络清晰。一是可以采取顺时法,按犯罪发生、发展的过程,层层递进,将每个阶段的案件事实、情节讯问清楚;二是可以采取逆时法,即首先就犯罪结果进行发问,然后讯问犯罪过程、犯罪动机和前因。实践中,也可以由被告人先就犯罪事实作比较完整的供述,而后就遗漏、交代不清和需要特别强调的问题进行讯问。

其二,引导供述法。被告人主观上愿意认罪,只是由于心理紧张或者表达能力差而难以详细供述犯罪事实、情节的,公诉人可以根据所指控的犯罪事实,采取长问短答的发问方法,引导被告人供述其犯罪事实。但在引导被告人供述的时候,要避免诱导性的提问方式。

其三,迂回讯问法。被告人认罪态度一般,虽然部分供认,但在关键情节上一直不供或者供述反复的,可以先就相关次要的问题进行迂回讯问,在问清所有相关的次要问题后,引出核心问题,使被告人无法回避和狡辩。对反讯问经验比较丰富的被告人,往往需要采取这种方法才能取得较好的讯问效果。

其四，驳斥讯问法。如果被告人认罪态度恶劣，拒供或者作假供，公诉人首先应明确告知被告人，没有其供述，证据确实充分的，也可以定罪处罚，然后先从外围和一些表面看上去并不重要的问题入手进行讯问，步步推进，使其虚假陈述中的矛盾暴露出来，结合运用所掌握的其他证据，驳斥被告人虚假的供述和辩解，逐步问清案件的真实情况。

其五，对质讯问法。共同犯罪案件，特别是事前有预谋的共同犯罪案件，案发前各被告人之间可能已订立攻守同盟，但他们之间毕竟存在因责任划分而形成的利害冲突。基于趋利避害的一般心理规律，各被告人在法庭上的心态往往不一样。有的被告人为了推卸责任会作虚假供述，有的被告人为争取从宽处理会如实供述自己和其他共犯的行为，甚至揭发、检举其他人的犯罪事实。公诉人要善于利用他们之间各自供述的矛盾，瓦解他们的攻守同盟，予以各个击破。在这种情况下，要善于运用对质讯问法，即在共同犯罪案件中选择认罪态度较好的被告人进行直接讯问后，用其口供与其他被告人的供述相印证，反驳后者的虚假供述和辩解。这种讯问方法适用于有个别被告人不供的共同犯罪案件，针对性和说服力比较强。要运用好这种方法，庭前准备时必须认真分析各被告人在共同犯罪中的地位、作用及其认罪态度、思想动态，确定讯问次序和重点讯问的被告人，力争从其中一部分被告人入手寻找证明全案事实的突破口。通常，对认罪态度好、参与犯罪比较多的被告人应优先讯问，对不承认参与犯罪的被告人应最后讯问，以便在讯问后者时用前者来进行对质。

实践中还总结出了一些具体的讯问方法，这里不一一列举，公诉人应当根据被告人和案件的特点选择适用。在对一名被告人的讯问过程中，有时候要交叉使用多种方法。要注意听取被告人供述的内容，特别是实质性内容和矛盾之处，同时要注意观察被告人供述时的表情、举动，分析其心理变化，适时调整、变换讯问方法。对一人多次作案的被告人，一般要按照起诉书排列的顺序，将每起犯罪事实讯问清楚。对涉及多个罪名的，要注意把每项罪名有关的问题集中问清楚，尽量避免混在一起讯问。

对辩护人向被告人所作的发问，公诉人一定要注意听取，因为辩护人的发问往往是为其辩护观点服务的。辩护人向被告人发问后，可能会出现一些新的问题，公诉人一方面要针对辩护人发问所反映出来的辩护方向，补充需要讯问的内容；另一方面要针对辩护人带片面性、诱导性的发问，提出明确的异议。法庭讯问中，需要特别注意的是如何处理被告人翻供。当庭翻供是每一个案件都可能发生的现象，只是因案件和被告人具体情况的不同，翻供的可能性大小不同。因此，对每一个公诉案件，公诉人庭前都有必要分析被告人翻供的可能性，以便拟定切实可行的讯问提纲。在翻供可能性较大的情况下，必须预先研究对策，以避免庭上被动。如果在侦查、审查起诉阶段讯问犯罪嫌疑人时已经录音、录像固定好口供，这些视听资料将为庭上应对翻供提供强有力的依据。

由案件处理结果与被告人有直接利害关系所决定，加上证据本身存在一定缺陷、被告人之间串供、同监人犯教唆等因素的影响，实施了犯罪行为的被告人即使庭前供认不讳，开庭审判时也可能当庭翻供。另外，公诉人也必须认识到，确实有一些案件由于侦查人员采取了指供、诱供或者刑讯逼供等手段，造成被告人在开庭前所作的供述并不符合客观实际。尽管在审查起诉阶段公诉人对包括口供在内的全部证据进行过审查，但由于各种因素的影响并不能完全排除庭前采信的口供可能是不真实的。被告人当庭陈述的一些新的情况，有时会影响庭前供述的真实性，公诉人必须高度重视。因此，一旦发生翻供，公诉人不能武断地认为被告人就是认罪态度不好，就是想逃避处罚，而要从保障公诉的正确性出发，全面地进行审查判断。首先要让被告人完整地陈述辩解意见和翻供理由，而后进一步讯问有关的细节，以审查其翻供的理由是否成立。对于被告人翻供的理由没有明显疑点和矛盾，比较合乎情理，或者反映的刑讯逼供等情况有调查核实必要的，应当向法庭申请延期审理。例如，以侦查人员刑讯逼供为由翻供的案件，如果被告人身上确有伤痕，所陈述的刑讯过程前后没有明显矛盾，刑讯手段与伤痕情况表面上相符，而且在庭前未反映、未核实过的，公诉人应当引起高度重视，及时建议法庭延期审理，并在休庭后立即核实有关的情况。如果经调查核实，侦查人员确实采取了非法手段获取口供，被告人翻供的理由成立，应当坚决将庭前被告人供述从控诉证据中排除。如果其他证据不足以证明被告人有罪，应当撤回起诉。经调查核实，发现被告人翻供的理由不能成立的，应当及时建议法庭恢复审理，并根据调查核实的情况对被告人的辩解和翻供予以驳斥。

被告人如果是基于虚假的理由翻供，往往会在陈述翻供理由时暴露出这样那样的破绽和矛盾。陈述得越具体，破绽和矛盾往往也越多。因此，公诉人应当尽可能问清有关的细节，促使破绽和矛盾充分地暴露出来。当这些破绽和矛盾明显表明被告人翻供无理时，公诉人一方面要通过展示破绽和矛盾揭露被告人供述和辩解的虚假性，另一方面可以对其进行政策攻心，用政策和法律教育被告人认罪服法、争取从宽处理，促使其消除侥幸和对抗心理。如果有讯问时的录音、录像或者其他证据证明被告人翻供显然无理，可以在梳理所发现的矛盾和破绽基础上，选择适当时机，结合宣读被告人先前有罪供述和出示视听资料等其他证据，集中予以驳斥，使被告人感到翻供已达不到目的。此时，即使被告人仍不愿意如实供述，也可以使法庭对被告人供述的真实性作出正确的判断。

四、询问证人、被害人、鉴定人

对出庭的证人,要在庭前充分了解其背景情况,包括证人的生理状况、精神状况、表达能力、思想品德、与当事人的关系、与案件的处理结果是否有利害关系、在庭前是否有异常表现等。这些背景情况不仅影响证人证言的证明力,也影响其翻证的可能性。一般而言,对拟出庭的证人也要根据上述背景情况,结合其先前作证的情况,分析其翻证的可能性,以便预先制定对策。且在法庭上,证人资格、作证能力和证言证明力往往是辩护律师对证人证言提出异议的主要问题,公诉人事先应有所准备。

被害人陈述通常对指控犯罪比较有利,但其陈述的真实可靠程度容易受较多因素的影响。被害人可能会提供一些不真实的情况,意图加重被告人的责任,也可能出于保护自身和家庭成员名誉等考虑,或者在第三者的压力下隐瞒事实真相,甚至当庭推翻原来陈述的内容。公诉人对拟出庭的被害人,应重点了解其出庭前是否有异常表现,有无受到主客观因素影响发生翻证的可能性。

鉴定人通常与案件无利害关系,但也有可能在接受聘请、指派时隐瞒其与案件的关系。对拟出庭的鉴定人,公诉人庭前应重点了解其思想品德,与当事人的关系,专业水平和经验在同行中受认可的程度等背景情况,并对鉴定依据的完整性、鉴定方法的科学性、鉴定意见的明确性和证明作用进行认真研究,注意发现鉴定意见在程序上、形式上可能存在的不符合法律规定的问题。

在上述工作基础上,公诉人应当根据证人、被害人、鉴定人的不同特点,确定需要询问的内容及其重点,以及询问的方式、方法和策略,初步拟定询问提纲,供庭上询问时使用。

证人应当由人民法院通知并负责安排作证。有多个证人出庭作证时,一般应当分别询问。因证人之间对同一事实的陈述存在矛盾需要对质的,公诉人也可以建议法庭传唤有关证人同时到庭对质。证人到庭以后,审判长有权决定是公诉人先问还是辩护人先问,一般由要求传唤的一方先问,公诉人应当按照审判长确定的次序询问。对控方证人和辩方证人,询问的方式、技巧也有所不同,因为前者的证言大多对指控有利,而后者的证言通常对辩护有利。

对控方提供的证人,如果不发生翻证,一般可以按照预定的提纲,询问需要证明的事实、情节,相对会比较顺利。公诉人要抓住先发问的有利时机,讲究策略,争取主动。一般应先要求证人对其所了解的与案件有关的事实进行连贯陈述,而后经审判长许可,对证人发问。如果证人不能连贯陈述,也可以直接发问。发问时,应当以证言中有遗漏、矛盾、模糊不清以及可能产生争议的内容为重点，并着重围绕与定罪量刑紧密相关的事实进行，强化证人证言的证明力。对辩方可能发问的内容，或是证人证言中的薄弱环节和易出错的地方，公诉人要在辩护人询问前先行发问，使证人思想上有所准备，并使证言确定化。如果证人当庭作证与以前的证言不一致，应当及时调整询问策略。证人的证言虽然有所变化，但不影响定罪量刑的，视情况也可忽略。如果当庭证言的内容影响定罪量刑，容易削弱整个证言的证明力，应当引起高度重视。首先，要宣读其原来的证言，要求证人对证言不一致的原因作出解释，以便分析其翻证理由的合理性；其次，在进行法制教育的基础上，详细询问其发生变化的证言内容，注意发现其中存在的矛盾和破绽，结合其他证据予以驳斥，促使其如实作证。如果因证言发生变化对支持公诉造成较大影响，而在庭上一时难以查清证言真实性，需要在庭外进行调查核实的，公诉人可以向法庭申请延期审理。

辩方证人作证时，由辩护人先行发问。公诉人要认真听取证人的证言，仔细分析辩方证人的证言所针对的是哪些案件事实，辩护人询问的意图是什么，证言中存在什么漏洞，前后有什么矛盾，有没有对控方有利的地方，与其他证据有什么矛盾，以便在自己询问时有针对性地问清有关情况，使疑点、矛盾和漏洞更加充分和明显地暴露出来，为质证做好准备。在询问辩方证人的过程中，可以针对已经暴露的矛盾要求证人作出解释性回答，边询问边揭示证言的虚假性。

询问被害人，一般可以采取直接询问的方法，由其就被害过程和了解的其他案件情况作连贯陈述后，再就遗漏、前后矛盾、陈述不清和有争议的情节重点询问。对被害人陈述发生变化的，也应比照证人翻证作类似处理。在询问过程中，应当注意观察被害人的心理动态，有针对性地调整询问策略和方法，保证被害人陈述的客观真实性。由于各种因素的影响，被害人的心态有时比较复杂或者较不稳定，其中一些消极的心理会影响庭审活动的顺利进行：一是恐惧心理，如担心在法庭上指证被告人会遭到被告人或其亲友的报复。二是愤怒心理，即由于遭受侵害而对被告人产生强烈的报复欲，不惜夸大犯罪事实、情节，意图使被告人受到严惩。三是抑郁心理，即被害人无法摆脱被害的阴影，对是否追究被告人态度冷淡。另外，被害人的文化素质、道德水平、表达能力、生理状况等因素也会影响被害人陈述的准确性、条理性。在法庭上，公诉人发现被害人的心理状况可能影响其陈述的客观真实性时，要采取措施促使其调整好心态，并有针对性地运用适当的询问方法，使被害人如实、顺利地进行陈述。

对鉴定人，重点是针对鉴定意见尚未说明和可能产生争议的问题进行询问，包括鉴定方法的科学性、可靠性以及鉴定意见的确定性等，要求鉴定人就有关的问题作进一步说明。

按照刑事诉讼法的规定，对出庭的证人、被害人、鉴定人，辩护律师可以与公诉人对其进行交叉询问。在交叉询问的过程中，公诉人一方面应当注意律师询问的内容，以便分析其辩护趋势；另一方面要注意律师是否提出诱导性、威胁性和损害被问人人格尊严的发问，及时要求审判长予以制止；对因律师发问方式不当而影响被问人正确表达的，应当及时询问清楚。

最后，值得注意的是2012年刑事诉讼法修改进一步完善了证人、侦查人员出庭作证、鉴定人出庭作证等证据制度。新《刑事诉讼法》第187条规定："公诉人、当事人或者辩护人、诉讼代理人对证人证言有异议，且该证人证言对案件定罪量刑有重大影响，人民法院认为证人有必要出庭作证的，证人应当出庭作证。人民警察就其执行职务时目击的犯罪情况作为证人出庭作证，适用前款规定。公诉人、当事人或者辩护人、诉讼代理人对鉴定意见有异议，人民法院认为鉴定人有必要出庭的，鉴定人应当出庭作证。经人民法院通知，鉴定人拒不出庭作证的，鉴定意见不得作为定案的根据。"第192条第2款规定："公诉人、当事人和辩护人、诉讼代理人可以申请法庭通知有专门知识的人出庭，就鉴定人作出的鉴定意见提出意见。"这些庭审程序的新规定，与人民检察院做好出庭支持公诉工作密切相关，公诉部门和办案的检察人员必须高度重视，做好相关工作。

第三节　普通程序的举证与质证

举证、质证是法庭调查的主要活动。控辩双方的证据，只有经过当庭出示、辨认、质证等法庭调查程序查证属实，才能作为定案的依据。举证的形式，包括讯问犯罪嫌疑人，询问被害人、证人、鉴定人，以及出示未到庭证人的证言、被害人的陈述、鉴定意见，出示物证、书证、勘验和检查笔录、视听资料等证据。实践中，通常把法庭讯问、询问以外出示其他证据的举证活动称为示证。

一、举证

举证，是指控辩双方在法庭调查中提出各种证据，以证明案件事实和情节的诉讼活动。公诉案件一般都有大量的证据材料，不同证据的证明对象不同，证明力也各有差异。由定罪所需要达到的证据确实、充分的标准所决定，公诉

公诉制度教程

人在法庭上举证,绝不能简单地罗列全部证据。如果那样做,就不能清楚地揭示证据之间、证据与案件事实之间的逻辑关系。案件的事实和情节不仅需要单个证据予以证明,还需要以所有相关证据之间的逻辑联系来强化证据的证明力,从而排除疑点和矛盾。公诉人在法庭上举证,必须遵循一定规律,采取适当顺序和方法,将用于证明被告人有罪的证据构筑成一个完整的体系,系统地展示在法庭上,达到证明控诉主张、强化指控的良好效果。

在法庭审理中,公诉人应当客观、全面、公正地向法庭提供证明被告人有罪、罪重或者罪轻的证据。由其诉讼地位和任务所决定,公诉人不需要也不应该提出证明被告人无罪的证据,因为人民检察院一旦提起公诉,就是认为被告人已经构成犯罪,即使案件中有证明被告人无罪的材料,也是经人民检察院审查不予采信的,因而也无须向法庭提出。

公诉人在法庭上举证,应当紧紧围绕指控的犯罪事实和情节进行,具体包括:被告人的身份;指控的犯罪事实是否存在,是否为被告人所实施;实施犯罪的时间、地点、方法、手段、结果,被告人犯罪后的表现等;犯罪集团或者其他共同犯罪案件中参与犯罪人员的各自地位和应负的责任;被告人有无责任能力,有无故意或者过失,行为的动机、目的;有无依法不应当追究刑事责任的情况,有无法定的从重或者从轻、减轻以及免除处罚的情节;犯罪工具、作案工具的主要特征,与犯罪有关的财产的来源、数量以及去向;被告人全部或者部分否认起诉书指控的犯罪事实的,否认的根据和理由能否成立;与定罪量刑有关的其他事实。一般地,与上述证明对象无关的材料,不属于举证的范围。

另外,在法庭审理中,下列事实可以通过司法认知得到认定,不必提出证据进行证明:(1)为一般人所共同知晓的常识性事实;(2)人民法院生效裁判所确认的并且未依审判监督程序重新审理的事实;(3)法律、法规的内容以及适用等属于审判人员履行职务应当知晓的事实;(4)在法庭中不存在异议的程序事实,如立案和采取强制措施的时间等;(5)法律规定的推定事实,如民法通则所规定的宣告死亡等;(6)自然规律或者定律。在法庭审理中,如果对案件的诉讼程序事实存在争议,则应当出示、宣读有关诉讼文书以及侦查或者审查起诉活动的笔录。

最后,需要强调一下对证据取得的合法性进行证明的问题。对于法庭审理过程中,被告人及其辩护人提出被告人庭前供述系非法取得,审判人员认为需要对被告人庭前供述的合法性进行法庭调查的,公诉人可以根据讯问笔录、羁押记录、出入看守所的健康检查记录、看守管教人员的谈话记录以及侦查机关对讯问过程合法性的说明等,对庭前讯问被告人的合法性进行证明,必要时可以要求法庭播放讯问录音录像。不能证明庭前讯问合法性的，公诉人可以申请法庭通知侦查人员或者其他人员出庭说明情况。审判人员认为可能存在新《刑事诉讼法》第54条规定的以非法方法收集其他证据的情形，对该证据的合法性进行法庭调查的，公诉人可以参照前面规定对证据收集的合法性进行证明。公诉人不能当庭证明证据收集的合法性，需要调查核实的，可以建议法庭延期审理。人民检察院可以要求侦查机关对证据收集的合法性进行说明或者提供相关证明，必要时可以自行调查核实。

二、示证

这里所谓示证，是指出示物证、书证、未到庭的被害人陈述、证人证言、鉴定意见以及勘验、检查笔录和视听资料等证据的诉讼活动。

提起公诉时，人民检察院已经向人民法院移送了证据目录。制作证据目录时，应当将起诉前收集的全部证据材料列入。公诉人出示的证据一般在证据目录范围内，特殊情况下也可以出示证据目录以外的证据。但如果出示证据目录以外的证据，辩护方可以提出异议，由法庭决定是否可以出示和是否休庭，从而造成不必要的被动，影响出庭公诉的效果。因此，公诉人不能故意将拟出示的证据不列入证据目录。

（一）示证的一般原则

公诉人在法庭上出示证据，应当遵循以下原则：

1. 目的明确

总体上，公诉人出示证据的目的是证明犯罪。具体而言，公诉人出示每一项证据，都应当有具体明确的目的，并应对所要证明的诉讼主张向法庭说明。为此，在出庭前，公诉人应当事先拟定示证方案，便于法庭示证按照预定目的有计划地进行。无论在选择证据、排列证据或者确定示证顺序、方法时，都应该符合预定目的。

2. 讲究策略

公诉人在出庭前，一方面要充分熟悉案情和证据情况，另一方面要了解被告人、被害人、证人的思想动态，分析辩护人的辩护意向，对庭审情况进行预测。在此基础上，要讲究示证的策略，注意运用不同的方法和技巧，力求最佳的示证效果。

3. 客观全面

证据的客观性和确实、充分的标准，要求公诉人出示证据必须坚持客观全面的原则。

一是对所有出示的证据,应当是公诉人认为真实可靠予以采信的证据,公诉人认为不真实而未采信的证据不能出示。因为公诉人在法庭上是指控的一方,所提供的证据应当都是公诉人认为具有证据效力的有罪证据,如果提出的证据互相矛盾,显然无法证明被告人有罪。当然,公诉人认为客观真实的证据,还要在法庭上经过调查核实后,法官才会采信并作为定案的依据。另外,公诉人认为不客观而未采信和出示的证据,辩护人也可以向法庭申请予以出示。

二是既要出示证明被告人有罪和罪重的证据,也要出示证明被告人罪轻的证据,以使法庭能够正确定罪量刑。公诉人代表国家出席法庭的目的,一方面在于指控犯罪,另一方面还要保障刑事案件得到公正、正确处理,其中最重要的方面就是要使被告人受到的刑罚处罚与其罪行相一致,以体现实事求是的精神和罪刑相适应原则。因此,只要有证据证明被告人具有从轻、减轻或者免除处罚的情节,都应当在法庭上出示,以保证刑罚适用的公正性。

三是对证据存在的缺陷特别是矛盾之处,不能掩饰和回避,应当作合理解释并排除矛盾。证据之中的矛盾有时是难免的,例如,由于不同证人了解案件事实时的客观环境和感知、记忆、表达能力等不同,几份证言对案件事实的陈述可能在细节上不一致,但对基本事实的陈述可以互相印证。这时,公诉人不要掩饰证言之间在细节上的矛盾,而要说明这些矛盾是合理的、正常的,突出它们在案件基本事实上的互相印证关系,论证这些证言中有关基本事实的内容是客观真实的,细节的差异不影响证据的整体效力和证明力。

四是出示证据时,切忌根据自己的主观需要断章取义,导致示证不能体现原意、原状。也就是说,公诉人在出示证据时应当使法庭、诉讼参与人和旁听观众正确了解证据的内容,绝不能误导法庭对证据的判断。实践中,公诉人根据举证的目的,对各种笔录一般只宣读其中一部分。所摘选部分的内容必须符合证言的真实含义。如果前后部分的内容与所摘选的内容有关联,对后者有说明、解释作用,如不宣读将影响他人正确理解,就必须一并宣读,必要时应当全文宣读。

五是对一项事实一般应尽量出示多个证据互相印证,综合予以证明。证据的充分性要求对同一项事实出示证据应该具有一定的量。运用多种证据证明同一事实,不仅可以强化各个证据的证明力,也有助于使法官形成内心确信。当然,如果把各种内容重复的证据不加选择地一概出示,只会降低庭审效率,损害举证效果。因此,公诉人不仅要注意把握好所出示证据的数量,也要注意把握好证据的质量。

六是对全案需要证明的事实,都要充分出示证据。要证明被告人的行为构成所指控的犯罪,并促使法庭正确定罪量刑,公诉人必须对与定罪量刑有关的事实、情节都出示证据予以证明。如果某个关键的事实或情节没有举证,将对正确定罪量刑产生严重影响。这就要求公诉人在庭前认真细致地制定示证计划,合理地排列组合证据,避免发生遗漏。

4. 突出重点

在全面示证的基础上,公诉人应当把握好重点,根据案件性质、证据情况、被告人特点和辩护意向的不同,分析对哪些事实和情节应当重点示证。实践中,对有关定罪量刑的关键事实、情节特别是可能引起争议的部分,应当作为示证的重点,组织好充分证据予以证明。

5. 形成体系

举证的目的不仅仅是简单地陈列证据,而是建立一个证明公诉主张成立的完整的证据体系。单个的证据一般只能证明案件事实的一个方面或一个片段。要完整地证明案件事实的整个过程和各个方面,就必须用逻辑推理的思维方法,对证据进行排列组合,找出它们的相互联系,使各个证据紧密衔接,环环相扣,形成一个无懈可击的证据锁链,反映案件的全貌。在证据体系中,常常是直接证据与间接证据、言词证据与实物证据、原始证据与传来证据互相印证、交叉使用,从而全面地证明犯罪从犯意产生到实施终了的全部过程和各个方面。证据链条出现缺口或证明内容反映犯罪事实不全,都属于证据体系不完整或证据不足,都将影响定罪量刑。因此,公诉人要根据不同证据之间在时间、空间和内容上的联系,认真研究先出示哪个证据,后出示哪个证据,以加强证据之间的印证,充分体现证据间的逻辑关系,使全部控诉证据形成一个完整的体系。

(二) 示证的方法

在庭前准备时,公诉人应当对需要出示的证据种类和先后顺序进行统筹安排,这是保证法庭示证取得良好效果的基础性工作。实践中,有的公诉人对合理安排举证顺序的重要性认识不足,庭前不认真准备,到法庭上只是简单地将所有的证据出示一遍。这样的举证方式虽然可以让法官和旁听群众知道控方有哪些证据,但没有将证据之间的逻辑关系清晰地展示出来,证明的效果很不好。

为了合理安排示证顺序,公诉人首先要确定需要证明哪些案件事实、情节,作为筛选证据和对证据进行分组归类的基础。其次,根据案情的繁简程度,确定是否需要分组示证。通常应按照一定的标准将证据分为若干组,确定每一组证据证明哪些诉讼主张。最后,确定同一组内的证据如何排列出示的先后顺序。一般来说,要先出示定罪证据,后出示量刑证据;先出示主要证据,

公诉制度教程

后出示次要证据；先出示重点证据，后出示一般证据；先出示可能无异议的证据，后出示可能有异议的证据。经过合理排序，使公诉人的示证活动层次分明，脉络清晰，主次有序，就能取得比较好的效果。经过长期司法实践，各级公诉部门和公诉人摸索出了许多具体示证方法。其中，实践中运用得比较多的方法有：

1. 顺时法，即按照犯罪事实发生、发展的时间顺序来排列、组织证据。一般先出示犯罪动机、犯罪预备的证据，然后出示犯罪实施过程、犯罪后果的证据，最后出示有关罪行轻重和量刑情节的证据。这种方法条理清楚，可以清晰地展示案件事实的全貌，便于法官和旁听观众了解证据、案件事实以及他们之间证明与被证明的关系，是实践中最常用的举证方法。

2. 逆时法，即先出示犯罪事实和危害后果发生的证据，然后出示犯罪事实系被告人所实施的证据，再出示犯罪动机、起因方面的证据，最后出示有关罪行轻重和量刑情节的证据。这种方法主要适用于犯罪动机、犯罪起因不明或者比较复杂的案件。

3. 时序交叉法，即在总顺序上按顺时或者逆时安排，而在每一组证据的安排上，根据情况不同，或用顺时法，或用逆时法。

4. 先易后难法，即先将控辩双方可能不会发生争议的事实、情节，分组举证予以证明，而后再就有争议的事实、情节组织证据重点出示。先易后难的方法可以避免法庭审理一开始就出现争议，而影响整个庭审的走向。先出示无争议的证据，可以为其他证据的示证、质证奠定基础，因为无争议的证据可以作为质证的依据。另外，先出示无争议的证据可以使被告人产生心理压力，有助于防止无理翻供。先易后难法经常适用于控辩双方对事实和证据存在争议的案件。一般地，如果案中各个证据的证明力有强有弱，应当先出示证明力较强的证据，后出示证明力较弱的证据；在数罪中，如果对一部分犯罪事实没有争议，而对其他犯罪事实有争议，可以先针对前者出示证据；共同犯罪案件不同被告人的认罪态度不同时，可以先就认罪态度好的被告人所犯罪行出示证据。

5. 犯罪构成法，即按照犯罪构成要件对证据分组出示，最后出示有关量刑情节的证据。这种方法在国家工作人员职务犯罪案件中运用得较多。例如，对贪污案件可以先从主体方面出示证明其具有国家工作人员身份的证据，再从客观方面出示证明其利用职务上的便利侵吞、窃取、骗取或者以其他手段非法占有国有财物的证据，然后从主观方面出示证明被告人主观上是出于故意的证据，最后出示证明被告人具有从重、从轻或者减轻处罚等情节的证据。

6. 阶段划分法，即以犯罪事实发生、发展中的自然停顿为标准，将整个案件过程划分为若干阶段，并对每个阶段要证明的问题和所需的证据材料分组出示。例如，将犯罪过程划分为犯意产生阶段、预备阶段、行为实施阶段、危害后果产生阶段、自首或抓获过程等，并以每个阶段作为一个举证单元依次分组举证。这种示证方法条理清晰、层次分明、结构合理，适用于案情复杂特别是行为实施过程比较长的案件。

7. 分类组合法，即根据证据种类组合证据。实践中，每个案件有多种证据，每一种类中又有多个证据。一般同种类的证据可以作为一组集中出示，如证人证言集中出示、被害人陈述集中出示、物证集中出示、书证集中出示。多种证据的出示，通常按照下列先后顺序依次进行：未到庭的被害人陈述，未到庭的证人证言笔录，物证，书证，鉴定意见，勘验、检查笔录，视听资料。根据案件的具体情况，也可以对出示不同种证据的顺序进行合理调整。当然，不同犯罪行为之间，不同罪名之间的同种类证据不宜集中一起出示。这种示证方法一般要与其他示证方法结合适用。例如，按照犯罪构成法分组后，可以对证明犯罪主体的多种证据，按照分类组合法进一步分组。

多罪名的案件或者一罪名多起犯罪事实的案件，一般还应按罪名和犯罪事实进行总体分组排序，每一项罪讯（询）问完毕后出示证据，或者每一起事实讯（询）问完毕后出示证据。罪名和犯罪事实的排列顺序，一般应与起诉书相同，大多按由重到轻的顺序排列。实践中，根据案件具体情况也可以有分有合。针对多个罪名或者多起事实需要证明的内容相同的，例如，主体身份都是国家工作人员的，可以一次性出示证据。如果在庭审过程中对一份证据重复出示，效果反而不好。总之，公诉人必须根据案件具体情况进行研究，灵活运用各种示证方法，切忌千篇一律。

公诉人出示证据时，要进行必要的说明。对示证的说明，旨在表明公诉人示证的顺序和目的，明确证据之间的逻辑关系，展现公诉人示证过程的脉络和层次。根据案件的具体情况，示证说明应当繁简适宜。一般地，公诉人在最初示证之前，要就示证的整体顺序进行概括说明，使法庭对公诉人将要进行的示证过程有一个总体印象。在出示一组证据之前，要对出示本组证据的目的以及有哪些证据进行说明，如"审判长，公诉人现在开始出示证明被告人王某具有伤害故意的五份证据。这五份证据分别是……"在结束出示一组证据，开始出示一组新证据时，也可以用精炼的语言先总结前一组示证，引出下一组示证，以使整个示证过程衔接有序，如"审判长，刚才公诉人向法庭出示了证明……的一组证据，下面公诉人向法庭出示证明……的四份证据……"

公诉人在出示某一项证据时，通常首先，应向法庭说明将出示的是什么证据，进而说明该证据的获取情况，并指出该证据已列入证据目录第×项，或者已作为主要证据移送了复印件、照片；其次，应概括说明该证据的基本内容，

公诉制度教程

表明其与案件事实和其他证据的联系；再次，要说明出示该证据的具体目的，也就是所出示的证据能够证明什么案件事实或者公诉主张；最后，宣读言词证据的具体内容，出示物证或者播放视听资料等。公诉人在出示证据以后，根据情况还可以就证据的真实性、关联性和所证明的内容等作进一步说明，对证据之间的关系作进一步分析，可以在出示一个证据后即进行说明，也可以在出示一组证据后集中阐述。

因各种具体证据的特点不同，示证的规范做法也有所区别：

1. 出示物证。公诉人出示物证前，应当向当事人、证人等问明该物证的主要特征，而后就该物证的来源、特征及所要证明的内容作概括说明，提请法庭同意后，交由法警让当事人、证人辨认。如果针对该物证还有刑事科学技术鉴定，可以在辨认后宣读鉴定书。公诉人出示的物证应当是原物，只有在原物不便搬运、不易保存或者依法应当先予返还被害人时，才可以出示足以反映原物外形或者内容的照片、录像。

2. 出示书证。公诉人出示书证前，应当向当事人、证人等问明该书证的主要特征，而后就该书证的来源、特征及所要证明的内容作概括说明，提请法庭同意后，交由法警让当事人、证人辨认。如果针对该书证还有刑事科学技术鉴定，可以在辨认后宣读鉴定书。公诉人出示的书证应当是原件，只有在取得原件有困难时才可以出示副本或者复制件。

3. 宣读证言、陈述、供述等笔录。证人、被害人未到庭的，公诉人可以当庭宣读证人证言笔录、被害人陈述笔录。被告人或者到庭的证人证言、被害人陈述与庭前供述、证言、陈述不一致的，公诉人应当宣读被告人、证人、被害人庭前的供述、证言和陈述笔录。宣读笔录，通常应全文宣读，也可以摘一部分宣读。宣读笔录前应当说明讯（询）问时间、地点、讯（询）问人、记录人。宣读笔录后应当概括说明该笔录的主要内容和所证明的事实，以及与其他证据的关系等。

4. 出示鉴定意见及勘验、检查等笔录。鉴定人或者负责勘验、检查的侦查人员到庭的，鉴定书和勘验、检查笔录应当由鉴定人、勘验人、检查人宣读并作说明。鉴定人、勘验人、检查人未到庭的，公诉人应当宣读鉴定书、勘验、检查、辨认、侦查实验等笔录，并进行必要的说明。对鉴定书、勘验、检查、辨认、侦查实验等笔录，一般应全文宣读，包括鉴定人、鉴定时间、勘验或检查时间、勘验人或检查人、见证人等情况。

5. 播放视听资料、电子数据。在播放视听资料前，应当先向被告人、被害人、证人问明与视听资料有关的事实情况，而后向法庭说明该视听资料的来源及所要证明的内容。在播放过程中或者播放后，应当要求被告人、被害人、

— 348 —

证人对视听资料储存的信息如场合、人物、物品、文件等进行辨认。如果针对该视听资料有技术鉴定，可以在播放后宣读鉴定书。

当庭出示的证据、宣读的书证、证人证言、鉴定意见和勘验、检查笔录等，在出示、宣读后应即交付法庭。

三、质证

质证，是指法庭审理中控辩双方互相就对方向法庭提供的证据进行质疑和质问，并就对方的质问进行答辩的诉讼活动。

质证在审判长主持下进行，是法庭审查判断证据的基本方式或途径，是司法证明的基本环节。质证的目的在于通过控辩双方就证据的客观真实性、关联性、合法性和证明力充分阐述不同意见和进行互相质问、辩论，使法庭对证据作出正确判断，确认是否应当采信作为定案的根据。举证是质证的前提，而认证即法庭对证据的确认、采信，则是质证的结果。

（一）质证的主体

质证的主体，是指有权在法庭审判中对证据提出质疑和进行质问的人。在法庭上，质证的主体与举证的主体是一致的。我国新《刑事诉讼法》第59条规定："证人证言必须在法庭上经过公诉人、被害人和被告人、辩护人双方讯问、质证，听取各方证人的证言并且经过查实以后，才能作为定案的依据。"上述规定表明，公诉人、被害人、被告人和辩护人是对证人证言进行质证的主体。另外，根据刑事诉讼法和有关司法解释的规定，被害人及其诉讼代理人、附带民事诉讼的原告人及其诉讼代理人经审判长准许，可以分别提请传唤尚未出庭作证的证人、鉴定人和勘验、检查笔录制作人出庭作证，或者出示公诉人未出示的证据，宣读未宣读的书面证人证言、鉴定意见及勘验、检查笔录，并可以向被告人和出庭的证人、鉴定人发问；被告人、辩护人、法定代理人经审判长准许，可以在公诉人举证提供证据后，分别提请传唤证人、鉴定人出庭作证，或者出示证据、宣读未到庭证人的书面证言、鉴定人的鉴定意见，可以向被告人和出庭的证人、鉴定人发问或询问。当庭出示物证、书证视听资料等证据，应当先由出示证据的一方先就所出示的证据的来源、特征作必要的说明，再由另一方进行辨认并发表意见，而后控辩双方可以互相质问、辩论。因此，广义的质证的主体包括公诉人、当事人、法定代理人、辩护人和诉讼代理人。这些主体可以划分为控方和辩方，其中公诉人属于控方，被告人及其法定代理人、辩护人属于辩方，而被害人及其法定代理人、诉讼代理人一般也属于法庭审理中的控方。在实践中，被告人一般都让辩护律师代行质证；被害人因与公诉人立场基本一致，参以质证活动相对较少。因而，质证主要是在公诉人与辩护律师之间进行。

在法庭审理中，审判人员不是举证的主体，当然也不是质证的主体。审判人员虽然也可以讯问被告人和询问证人、鉴定人，但这种活动是其直接审查核实证据的手段，不属于质证。因此，审判人员是主持、听取质证的主体，而不是质证的主体，他的任务是在听取质证的基础上认定证据，进而认定事实。

（二）质证的对象

质证的对象是指质证主体从事质证活动所指向的客体。刑事诉讼中的证据分为八类，即物证，书证，证人证言，被害人陈述，犯罪嫌疑人、被告人供述和辩解，鉴定意见，勘验、检查辨认、侦查实验等笔录，视听资料、电子数据。根据刑事诉讼法和有关司法解释的规定，一切证据都必须经过当庭出示、辨认、质证等法庭调查程序查证属实，才能作为定案的根据。因此，质证的对象应当包括控辩双方向法庭提供的全部证据以及人民法院自行收集、调取的证据。例如，人民法院根据律师申请收集、调取的证据或者合议庭休庭后自行调查取得的证据，必须经过庭审辨认、质证才能决定是否作为判决的依据。未经庭审辨认、质证直接采纳为判决依据的，人民检察院应当提出纠正意见；作出判决的，人民检察院可以依法抗诉。

当然，由于不同种类证据的特征不同，质证的方式可能有所不同。针对被告人供述和辩解、被害人陈述和证人证言，质证的基本方式是质问或交叉询问；针对物证、书证、鉴定意见、勘验、检查笔录和视听资料，质证的主要方式是对证据的内容、特征等提出疑问，以及对收集、提取、保管、提交、制作证据的人进行交叉询问。

质证是法官认证的前提。但在实践中，法官采纳证据前并非都必须进行质证程序。由于对证据进行质证是控辩双方的权利，而权利是可以放弃的，因此法官可以在双方放弃质证的情况下直接认定证据。例如，经过庭前展示和交换意见，控辩双方对某些证据均予以认可，可以直接向法官表明没有异议，此时无须进行质证。但法官必须提供质证的机会，保证各质证主体享有质证的权利，只要他们不放弃这种权利，就必须进行质证。

（三）质证的内容

质证的本质在于从对立的角度对证据提出质疑，从而使法官借助于控辩双方对抗性的活动来审查判断证据。根据刑事诉讼法的规定，法庭审理过程中，对与定罪、量刑有关的事实、证据都应当进行调查、辩论。因此，庭审中对与定罪、量刑有关的事实、证据都要进行质证。提出质疑的方式，包括对证据发表意见，也包括对提出证据的人进行质问。因疑而问，有疑有问，质疑所涉及

— 350 —

的问题就是质证的内容。一般说来，质证的内容包括证据的客观真实性、关联性、合法性和证明力。通过对这些方面进行质问和辩论，法庭可以对证据的效力和证明力进行审查，并据以确定是否采信作为定案的依据，进而认定案件事实。其中，证据的客观真实性、关联性和合法性涉及证据的效力，提出这些方面质疑的目的往往是否定证据效力，促使法官不采纳该证据。证据的证明力涉及证据的证明价值，表明证据对待证事实的证明作用大小，是由证据的自身特征以及证据与待证事实之间的关联形式和性质所决定的。不具有证据效力的材料不能作为证据采信，也谈不上证明力的问题。可以采信的证据，其证明力也各有不同。例如，在一般情况下，间接证据的证明力要比直接证据小。因此，对于真实可靠的证据，控辩双方仍然有必要就证据的证明力进行质证。对证据证明力提出质疑，目的不在于否定该证据的效力，往往在于表明该证据即使可以采纳，对待证事实的证明作用也比较小，或者说尚不足以证明待证事实。

（四）质证的顺序

所谓质证的顺序，就是在法庭审理中，控辩双方进行质疑和质问的先后顺序。

（五）公诉人进行质证的一般原则

公诉人进行法庭质证，应当坚持以下原则：

第一，要实事求是，依法质证。也就是说，公诉人无论提出质疑还是进行答辩，都要以事实和证据的实际情况为依据，以法律规定为准绳。对辩方提出的质疑，要实事求是地进行分析。不合理的质疑要给予有力的反驳，合理的质疑也要采纳。只有勇于承认并及时补救证据的缺陷和自身工作的失误，才能保证出庭公诉取得好的效果，也才能保证刑事案件得到正确处理。

第二，要全面质证，突出重点。对辩方提出的所有证据，公诉人原则上都要予以质证，表明自己的意见。在全面质证的基础上，要突出重点，抓住关键证据和关键问题充分阐明意见。

第三，要充分质证，不留尾巴。对辩方提出的证据要充分提出质疑和进行质问，对辩方的质疑和质问要充分进行答辩，力争使问题在质证阶段得到彻底解决，为后续的出庭支持公诉活动奠定良好的基础。如果该提出的质疑没有及时提出，该答辩的问题不答辩或者没有答辩清楚，势必削弱公诉的证明效果，对法官正确认定证据和事实产生消极影响。

第四，要讲究策略，灵活应变。在司法实践中，辩方对控方证据提出的质疑可能是公诉人庭前未曾预料到的，并且还可能提出公诉人庭前不掌握的新证据。公诉人一方面要在出庭前做好充分准备，拟好质证方案；另一方面要在庭上讲究策略，灵活应变，牢牢把握庭审的主动权。

（六）质证的策略和方法

在法庭上，证据主要由控方提供，辩方提供的证据相对较少，因而质证主要也是针对控方证据进行的。就控辩双方而言，因诉讼主张、举证责任不同，庭上质证的策略也明显不同。公诉人作为指控一方，不仅需要保证所出示的单个控诉证据具有足够证明力，而且要使全部控诉证据形成环环相扣的证据锁链，达到确实、充分的程度，证明所有需要认定的案件事实，才能使法庭采纳全部公诉主张。反之，辩护人只要能够打破证据锁链的任何一环，就能从根本上否定公诉主张。通俗地讲，公诉人需要全面防守才足以支持公诉，辩护人则只要突破一个或几个薄弱环节就可以实现辩护目的。因此，对每一个证据的质证，公诉人都要引起足够重视。

在庭审中，质证是举证的后续环节，没有举证就没有质证。法庭调查开始后，举证的基本顺序是先控方后辩方，因此，质证的顺序也是先控方证据后辩方证据。质证的方式，原则上应"一证一质"，也就是每举出一份证据进行一次质证。如果另一方此时不进行质证，一般视为放弃对该证据进行质证的权利。控诉证据由被告人、辩护人首先提出质疑，辩护证据将由公诉人、被害人及其诉讼代理人首先提出质疑，然后提出证据的一方进行答辩，双方再进行辩论。采用"一证一质"的方式，有利于对每一个证据进行充分审查，进而正确认定证据和事实，是司法实践中一种基本的质证方式。特别是当控辩双方对证据和事实的认识有较大分歧时，应当采用这种方式。根据案件的具体情况，也可以结合采用"一组一质"的方式，即在出示一组证据之后再进行质证。这种方式可以提高庭审效率，一般适用控辩双方对证据和事实的认识基本无分歧或者分歧较少的案件。但在被害人、证人、鉴定人出庭的情况下，对被害人当庭陈述、证人当庭证言以及鉴定意见的质证，应当采取一证一质的方式，以便控辩双方进行交叉询问。

对证据的质疑，一般都是从证据合法性、客观真实性、关联性、证明力等角度提出。提出质疑的目的，就是要否定合法性、客观真实性、关联性中的一项或者几项，否定该证据的效力，使之不能得到法庭的采信，或者削弱该证据的证明力，使对方的事实主张不能得到法庭采纳。要对证据提出质疑，势必要预先对证据的客观真实性、合法性、关联性进行审查，以发现其中的矛盾、疑点、问题。这种审查的方法与审查判断证据的一般方法是一致的。

公诉人在庭前准备质证方案，一方面要预测辩方对自己在法庭上出示的证据将提出哪些问题，应当如何进行答辩；另一方面要预测辩方在法庭上可能提出什么证据，可以从哪些角度提出质疑。对前者，可以采取换位思考、逆向思维的办法，结合自己审查判断证据的情况，寻找证据可能存在的薄弱环节，有针对性地准备适当的答辩方法。对后者，如果事先不掌握辩方证据的具体情况，也可以根据已知的辩方证人背景情况等进行预测和准备，一般还需要在法庭上临时确定质疑的内容。公诉人本着实事求是的原则，一方面要善于驳斥辩护人、被告人对指控证据提出的质疑，维护指控证据的证明力，促使法庭采纳公诉证据；另一方面要善于对辩护人、被告人提出的无罪、罪轻证据提出质疑，削弱乃至否定辩方证据的证明力，促使法庭对辩方证据不予采纳。

在法庭上，公诉人应当认真听取被告人、辩护人对证据提出的质疑，分析辩方是对证据的客观真实性提出质疑，还是对证据的合法性、关联性或证明力提出质疑，并结合庭前准备的质证方案进行答辩。任何一个证据的真实性都不能靠其自身来证明。要说明证据的真实性，往往需要用相关的证据进行佐证。答辩时，一方面要结合证据的内容、形式、特征和获取情况等进行说明，另一方面要重视运用其他已经调查核实的证据来反驳质疑。答辩时还要注意针对性，辩方质疑什么问题就答辩什么问题，没有提出质疑的问题不要涉及。一般情况下，对辩方提出的所有质疑都要进行答辩，以保证控方证据得到法庭采信。当然，根据证据和质疑的不同情况，答辩也要详略得当，做到既保证证据得到采信，又不纠缠于无关或枝节问题。如果辩护方对关键证据在质疑时提出公诉人事先不了解的情况，足以影响证据的客观真实性、合法性，而确有必要进行庭外核实的，公诉人可以向法庭要求延期审理。

庭审中，公诉人还要特别注意听取辩方证人证言，掌握辩方出示的其他证据情况，在辩方出示证据的同时迅速对该证据进行审查判断，分析其来源、收集过程是否合法，与哪些案件事实有关联，有哪些因素影响了该证据的客观真实程度，并就发现的疑点、矛盾和破绽提出质疑。例如，对辩方证人证言，要充分进行交叉询问，一般可以围绕合法性、客观真实性、关联性和证明力，从以下几个方面提出质疑：

（1）辩方提供的证人不具有证人资格，如证人生理上、精神上有缺陷或者年幼，不能辨别是非、不能正确表达；

（2）辩护人在向证人发问时，采取了诱导性、威胁性、欺骗性的提问；

（3）辩方提供的证人与被告人有亲属等特殊关系，或者与案件处理结果有其他利害关系；

（4）证人所了解的情况是其他人告诉的，因而其证言的证明力较小；

（5）证人陈述中的部分内容是推测性的陈述；

（6）证人对案件事实不能作出确定性的陈述，所用的是含糊其辞、模棱两可的语言；

（7）根据证人所陈述的了解案情时的主客观条件，如距离远近、光线好坏、证人视力、听力等情况，证人证言的全部或者一部分内容不真实或者不合理；

（8）证人证言前后存在明显矛盾；

（9）证人在庭上的证言与其庭前所作的证言不一致，而翻证的理由不合理；

（10）证人证言与其他控诉证据之间有矛盾，而后者具有很强的证明力，或者已被法庭认证；

（11）证人证言与辩方提供的其他证据相互矛盾；

（12）辩方未到庭证人的证言来源不清，或收集程序不合法，如辩护律师未经人民检察院、人民法院许可，向被害方提供的证人收集证据；

（13）辩方证人提供的证言与本案事实无关，或者不能证明辩护人的诉讼主张，等等。

第四节 多媒体法庭示证

多媒体法庭示证，是指在法庭调查中，公诉人运用计算机多媒体技术出示各种证据的示证方式。

多媒体法庭示证系统由两部分构成：一是软件部分，包括法庭示证系统软件、数据库、操作系统、应用软件等；二是硬件部分，包括电脑、投影机、投影屏幕、数码相机、红外线扫描仪、摄像机、录像机（VCD机）、视频采集盒等。运用多媒体法庭示证系统的基本方法是在庭审前，把公诉人需要在法庭上出示的各种证据材料通过扫描、照相、摄像等方法形成数据信息，借助输入设备存储到电脑中或者刻制成光盘，同时根据举证方案，借助示证软件，对各种证据材料按出示顺序进行编排。庭审中，在公诉人示证的同时，由专门人员操作电脑，将各种证据通过大屏幕同步显示出来。

多媒体法庭示证系统的运用，在公诉工作特别是出庭公诉工作中具有积极的作用，主要体现在以下几个方面：

第一，多媒体示证有利于充分公开证据。传统的举证方式具有一定缺陷。一是出示言词证据的方式以宣读为主。由于受法庭环境、公诉人口齿以及听者理解力、记忆力等因素的影响，审判人员、被告人、辩护人和旁听观众有时不能听清言词证据的内容、要点。特别是在需要出示的言词证据内容比较多、专业性比较强的情况下，采用宣读的方式示证效果往往不好。二是书证、物证需由法警分别交给有关人员进行辨认，庭审时间被人为地延长，且旁听观众无法了解书证、物证的特征，运用计算机多媒体技术，可以直观、形象、全面地将各种证据在法庭上展示出来,使法庭内的每一个人都能清楚地看到证据的细节,从而增加法庭审理和公诉指控的透明度,有利于增进公诉和审判的社会效果。

第二,多媒体示证有利于加强质证。运用多媒体法庭示证系统出示证据,不仅使辩护人、被告人可以全面掌握证据情况,也使他们能够更加准确地了解证据的内容,从而充分地、有针对性地提出质证意见,这不仅有利于保障被告人的辩护权,也有利于保证公诉案件的办案质量。

第三,多媒体示证有利于强化指控,改善出庭公诉的效果。新的庭审方式要求公诉人不仅要出示证据,而且还要通过示证、质证等活动来证明所指控的案件事实,并设法对包括旁听群众在内的所有人特别是法官产生强有力的影响,使他们接受公诉意见。只有这样,才能增强指控犯罪的力度,确保胜诉。多媒体示证具有直观、具体、形象的特点,能够突破语言的局限性,把不容易用语言表达的内容转化为可视材料,做到声像同步,使复杂的证据简单化、杂的案情清晰化,有助于吸引法官、当事人以及听众的注意力,使他们更加全面、准确地掌握指控证据的情况,从而强化指控,改善出庭公诉的效果。

第四,多媒体示证有利于规范侦查活动。多媒体示证实际上是把整个侦查活动的成果展示出来,取得的证据是否真实、取证的方式是否合法规范,都要在法庭上接受检验。出示证据公开度的加强,对侦查取证工作也提出了更高的要求。侦查机关收集证据只有严格按照法律的规定进行,所收集的证据才能经得起审查。因而,多媒体示证无疑将促进侦查活动的规范化。

第五,多媒体示证有利于固定证据,防止证据发生变化。运用多媒体法庭示证系统,需要把所有的证据材料都转化为声像资料和数据信息,与纸张、录音带、录像带等载体相比较,更有利于固定和保存证据。随着多媒体示证系统的广泛运用,实践中对讯问、询问过程进行录音、录像的做法也将越来越普遍,从而有利于防止翻供、翻证现象,弥补证人未到庭作证的不足,强化控诉证据的证明力。

第六,多媒体示证有利于提高办案效率。近年来,检察机关提起公诉的案件数量居高不下,人员少、任务重的矛盾日益突出。就个案而言,有数十名被告人、上百册案卷材料以及一人或者数人作案几十起的案件已不再鲜见。多媒体示证系统的运用,将提高公诉工作办案自动化的程度。随着多媒体示证系统的推广,公诉人从审查起诉开始,就可以将大量的证据材料录入、存储在电脑中,随时调阅,不需要反复翻阅卷宗。在庭审准备时,可以采用先进的手段编排示证顺序。在法庭审理中,可以缩短法庭调查的时间,改善出示证据的效果。可以说,运用多媒体示证系统是向科技要战斗力,缓解人员少、任务重的矛盾的有效途径。

目前，上海、江苏、天津、辽宁等省级院和军事检察院公诉部门与科研单位合作，分别开发出了多媒体法庭示证系统。总体上看，这些多媒体示证系统功能齐全，便于操作，运行稳定，符合法庭示证工作的要求，在实用性和先进技术的集成性方面达到了较高的水准，实际运用的效果也很好。一些全国性大要案，如胡长清案件、成克杰案件，运用多媒体示证系统后，直观性和感染力强，出庭公诉的效率和质量较高。

但是受经费短缺等因素的影响，目前多媒体法庭示证系统应用得还很不普遍，已经配备多媒体法庭示证系统的主要是沿海经济发达地区的一些人民检察院。即使在已经配备的人民检察院，也只是有选择地运用于部分有影响的案件。公诉人科技素质不高，也影响了多媒体示证系统的广泛运用。当前，应当尽快在全国特别是分、州、市人民检察院全面推广使用多媒体法庭示证系统，以增进公诉工作的科技含量，提高公诉工作的效率。

第五节　认罪案件简化审理和简易程序的出庭公诉

一、认罪案件简化审理与简易程序的区别

认罪案件简化审理与简易程序一样，都是为了简化法庭审理程序，提高诉讼效率。2012年刑事诉讼法修改适当扩大简易程序的适用范围，这样一来一些原来可以适用认罪案件简化审理的案件，在2013年1月1日新刑事诉讼法生效以后就应当依法适用简易程序审理。

认罪案件简化审理与简易程序，不同之处主要表现在以下几个方面：

（一）性质不同

认罪案件简化审理适用的是普通程序，简易程序是刑事诉讼法规定的特别程序。认罪案件简化审理对法庭审判程序的简化程度不如简易程序。根据刑事诉讼法的规定，适用简易程序的案件，不受第一审普通程序关于送达期限、讯问被告人、询问证人、鉴定人、出示证据、法庭辩论程序规定的限制。在普通程序简化审理中，主要是对讯问被告人、询问证人、示证、质证等程序进行简化。

（二）适用范围不同

适用简易程序的案件，必须是依法可能判处有期徒刑以下刑罚的案件；而适用简化审理案件的范围，包括可能判处无期徒刑以下刑罚的不适用简易程序的案件。

（三）审理方式不同

适用简易程序的案件，既有审判员一人独任审判，也有组成合议庭审理的形式；而在普通程序简化审理中，人民法院必须组成合议庭审理。

（四）审理期限不同

适用简易程序的案件，人民法院应当在受理后 20 日以内审结；对可能判处的有期徒刑超过 3 年的，可以延长至 1 个半月；而适用简化审理的案件，适用普通程序的期限规定，一般情况下，人民法院应当在受理后 2 个月以内宣判，至迟不得超过 3 个月。

对决定适用认罪案件简化审理和简易程序审理的案件，人民法院都应当通知人民检察院和被告人及其辩护律师，并根据刑事诉讼法的规定做好开庭前的准备。开庭审理时，审判长在公诉人宣读起诉书后，要询问被告人对起诉书的意见，表明其是否自愿认罪。人民法院根据被告人自愿认罪的表现，可以酌情予以从轻处罚。

二、认罪案件简化审理的出庭公诉

认罪案件简化审理，主要是简化举证、质证过程。由于实践中，庭审时间主要是用于法庭调查中双方举证、质证，因此对举证、质证过程的简化可以有效缩短庭审时间，提高庭审效率。

举证、质证过程究竟如何简化，应依案件的不同情况而定，总体原则是：如果被告人承认起诉书指控的全部犯罪事实，则庭审中证人可以不出庭作证，只就关键的证据举证、质证，对其他证据可出示目录并简要说明所证明的事实；如果被告人只对部分事实不承认或有异议，就对这一部分事实进行充分举证、质证。实践中，一般可以掌握下列规则：

1. 公诉人、辩护人可以根据被告人对犯罪事实的认同程度，简化或省略对被告人的讯问。在被告人承认的情况下，如果进行讯问，主要是问清犯罪发生、发展的基本过程，便于法庭和旁听观众了解案件的基本事实。

2. 控辩双方在宣读、出示证据时，除本案的关键证据外，可以仅就提取证据的时间、地点、机关和证据的名称以及所证明的事项作出说明，不必宣读、出示证据的具体内容。对关键的证据，一般要比较完整地出示。所谓关键证据，是指对定罪量刑有重要作用的主要证据，特别是证明犯罪构成要件事实和重要量刑情节的证据。例如，受贿案件的关键证据至少包括：证明被告人收受或索取了财物的证据，证明被告人利用职务便利的证据，证明被告人为行贿人谋取利益的证据。

3. 对证明同一事实或内容的多个证据，可以只出示其中一个，并就多个证据一并说明，不必逐一出示。

4. 控辩双方可以在出示一组或全部证据后，统一发表对证据的意见，不必一证一质。

5. 在被告人承认事实的情况下，有关的证人可以不出庭。

6. 对被告人或辩护人有异议的事实或情节，公诉人应当举证，并由被告人、辩护人质证。

7. 控辩双方在发表公诉意见或辩护意见时，可以省略对事实的综述以及对犯罪构成和法律适用的论证，直接提出对被告人应当认定的罪名（可概述犯罪构成的关键要素）及量刑的意见，对有争议的问题应当充分进行辩论。

在法庭审理过程中，合议庭发现以下不宜简化审理情形之一的，应当恢复普通审理程序：（1）被告人系盲、聋、哑人的；（2）可能判处死刑的；（3）外国人犯罪的；（4）有重大社会影响的；（5）被告人认罪但经审查认为可能不构成犯罪的；（6）共同犯罪案件中，有的被告人不认罪或者不同意适用简化程序审理的；（7）其他不宜适用简化程序审理的案件。公诉人发现有上述情形之一的，应当及时建议合议庭恢复普通审理程序。

恢复按普通程序审理，并非必须重新开庭，也可以只对被简化的程序予以恢复。例如，在法庭辩论阶段，如果被告人对事实和证据提出异议，或者出现翻供，公诉人应当主动向法庭申请恢复法庭调查，就有关案件事实进行充分举证和质证。

三、简易程序的出庭公诉

简易程序，就是简化法庭审理的诉讼程序，缩短诉讼时间。根据新《刑事诉讼法》第210条第2款的规定，适用简易程序审理公诉案件，人民检察院应当派员出席法庭。之所以要求人民检察院对适用简易程序审判的案件也要派员出庭，主要考虑一是更好地履行检察机关的公诉职能。这次刑事诉讼法修改将适用简易程序的范围扩大到最高可能判处25年有期徒刑的案件，为体现对被告人人身权利的重视，体现严肃公正审判，检察机关有必要派员出庭。二是更好地履行检察机关的法律监督职能。过去司法实践中，大量适用简易程序的刑事案件，由于检察机关不派员出庭，使得这些适用简易程序的案件成为法律监督的盲区。做好简易程序的出庭工作，既有利于保证简易程序的正确适用，也有利于对庭审活动及时依法进行法律监督，还有利于为保证案件质量，为是否提出抗诉了解情况做准备。

简易程序的出庭公诉应当注意以下事项：

1. 适用简易程序公诉案件一般可以分为五个阶段。一是审判人员宣布开庭及有关事项，审判人员应当询问被告人对指控的犯罪事实的意见，告知被告人适用简易程序审理的法律规定，确认被告人是否同意适用简易程序审理。二是公诉人宣读起诉书。三是互相辩论。针对证据、罪重、罪轻的一些问题，经审判人员许可，被告人及其辩护人可以同公诉人、自诉人及其诉讼代理人互相辩论。四是判决宣告前听取被告人的最后陈述意见。五是当庭或者择期宣判。

2. 适用简易程序，应当本着严格依法、该简则简的原则，在保证查清案件事实的基础上要尽量简化。不受第一审普通程序关于送达期限、讯问被告人、询问证人、鉴定人、出示证据、法庭辩论程序等规定的限制。公诉人出席简易程序法庭时，在确认被告人庭前收到起诉书并对起诉书指控的犯罪事实没有异议的，可以不再宣读起诉书，可以根据案件情况决定是否讯问被告人、询问证人、鉴定人，采取适当的方式出示证据。被告人承认指控的犯罪的，公诉人提出量刑建议后，可以主要针对量刑问题进行庭审活动。根据案件情况，公诉人可以建议法庭不再进行法庭调查和法庭辩论。

3. 适用简易程序应当注意保障被告人的诉讼权利。在判决宣告前应当听取被告人的最后陈述意见。

4. 适用简易程序审理的公诉案件，公诉人发现不宜适用简易程序审理的，应当建议法庭按照第一审普通程序重新审理。"不宜适用简易程序的情形"主要是指案件情况发生变化不再符合适用简易程序的法定条件，或者是发现有下列情形之一的，不适用简易程序：（1）被告人是盲、聋、哑人，或者是尚未完全丧失辨认或者控制自己行为能力的精神病人的；（2）有重大社会影响的；（3）共同犯罪案件中部分被告人不认罪或者对适用简易程序有异议的；（4）其他不宜适用简易程序审理的。

实践中，由简易程序出庭工作是一项新的工作。各级人民检察院要提高对简易程序出庭工作重要性的认识，既要加大对简易程序出庭公诉工作的人力、物力的投入，也要积极探索有效的简易程序审理方式和快速办案的工作机制。

第六节　法庭辩论的规律与方法

一、法庭辩论的概念

法庭辩论，是指控辩双方在法庭调查的基础上，就案件事实、证据和适用法律问题提出各自的意见并进行互相争论、辩驳的诉讼活动。

刑事诉讼法修改前，法庭辩论与法庭调查是泾渭分明的两个阶段，即在法庭调查阶段，控辩双方不进行辩论，而在法庭调查结束后就事实、证据和适用法律等问题进行集中辩论。刑事诉讼法修改后，庭审方式的变化之一，就是法庭辩论的展开提前到法庭调查阶段。在法庭调查中，双方就可以对证据的合法性、客观真实性、关联性和证明力互相提出质疑并进行辩论，而在法庭调查结束后，再就被告人的犯罪事实、情节、证据以及是否构成犯罪、所犯何罪与罪责轻重，应当如何定性处罚等方面进行互相辩论和反驳。法庭调查结束后，在审判长主持下，首先由公诉人发表公诉意见，然后依次由被害人及其诉讼代理人发言、被告人自行辩护、辩护人辩护，最后由控辩双方互相辩论。在法庭辩论中，如果发现与案情有关的新事实，法庭可以宣布停止辩论，恢复法庭调查，待查清后继续辩论。

法庭辩论的意义在于，通过控辩双方就案件事实、证据和适用法律充分发表意见和互相争论、辩驳，帮助法庭客观、全面地认定案件事实，分清责任，正确适用法律，作出公正的裁判。

二、法庭辩论的特点

辩论是观点对立的双方通过语言表达，运用一定的方法和技巧来论证己方观点的正确性，揭露和批驳对方观点中的错误的活动。法庭辩论作为一种专门的辩论活动，具有下列特点：

（一）法庭辩论的主体是刑事诉讼的控辩双方

其中参与辩论的控方包括公诉人、被害人及其诉讼代理人，辩方包括被告人、辩护人，其他诉讼参与人不得参加法庭辩论。在司法实践中，法庭辩论主要在公诉人与被告人、辩护人之间进行。

（二）法庭辩论的内容紧紧围绕起诉书指控的犯罪事实和适用法律意见进行

法庭调查阶段对证据的辩论，目的是论证对事实应当如何认定。由于在法庭调查时已经就证据进行了比较充分的质证、辩论，法庭调查结束后的辩论主要将针对如何认定事实和适用法律进行。

（三）法庭辩论的目的，是使法庭正确认定事实和适用法律，作出公正的裁判

在这一共同目的基础上，控辩双方进行辩论的出发点和角度不同，控方主要是从指控、证明犯罪出发，论证公诉意见的正确性，要求人民法院依法惩罚

犯罪；辩方主要是从维护被告人合法权益出发，对公诉意见提出质疑和反驳，要求人民法院作出公正判决。

（四）法庭辩论必须以事实、证据和法律为依据

无论是公诉人还是辩护人，只有在事实、证据和法律的基础上，运用一定策略、方法和技巧提出己方观点和批驳对方观点，意见才能得到法庭的采纳。

（五）法庭辩论必须依照法定程序进行

作为一种诉讼活动，法庭辩论必须在审判长主持下，按照法律规定的程序和方式进行。与一般的辩论相比，法庭辩论比较庄重、严肃、规范。

三、法庭辩论的一般规律和要求

法庭辩论作为一种特殊的辩论活动，具有一定内在规律性。公诉人只有掌握法庭辩论的规律，才能在庭前做好充分准备，在庭上应对自如。

一般来说，被告人因其是被刑事追究的对象，在法庭上往往会千方百计为自己辩解，对指控的犯罪事实或者全盘否定或者避重就轻。即使承认犯罪事实，也往往会寻找各种理由推卸和逃避责任。个别被告人在法庭上不顾事实、证据，甚至曲解法律强行狡辩，也是正常的现象，公诉人应当有充分的心理准备。但在多数情况下，由被告人不谙熟法律和急于为自己开脱的心态所决定，其辩论观点和依据往往有不少错误、矛盾、漏洞和破绽，公诉人应当善于抓住这些问题严正驳斥，增强控方辩论的效果。

辩护人特别是辩护律师，是受被告人的委托为其进行辩护的，本身与案件处理结果没有直接利害关系。由其身份和职责所决定，辩护律师不会站在控方的立场上，提出对被告人不利的意见和主张。另外，受其作为法律工作者的职业道德和执业纪律所约束，辩护律师大多不会故意违背事实和法律强行进行无理辩护。由于辩护律师对法律知识相对熟悉，出庭经验相对丰富，因而往往比较善于在辩论中抓住公诉的薄弱环节和失误，辩论观点比较明确、系统和有针对性，语言表达能力较强，善于运用各种辩论策略和技巧，应当作为公诉人辩论的重点对象。

辩护律师完全不顾事实、证据和法律强行辩护的现象，在实践中是比较罕见的，其辩护方法往往表现为以下几种：一是在认为案件事实清楚、证据确实充分，被告人构成所指控犯罪的情况下，作有罪辩护，就如何量刑从法律、情理、人道等各个角度提出有利于被告人的意见。二是认为案件事实清楚、证据确实充分，被告人构成犯罪，但起诉书认定罪名、适用法律不当时，作有罪辩护，提出在认定罪名和适用法律方面有利于被告人的主张。三是认为案件关键

事实不清，证据有缺陷，或者依法不构成犯罪，或者依法不应当追究刑事责任，而作无罪辩护。四是在案件涉及多罪名或者多起犯罪事实的情况下，就其中一部分作有罪辩护，另一部分作无罪辩护。五是采取进退两宜的策略，抓住案件事实、证据存在的薄弱环节，以及法律规定不明确、理论上有争议的问题，先作无罪辩护，而同时提出如果法庭认定被告人构成犯罪应当如何量刑的意见，试图在无罪辩护不能成功的情况下，通过有罪辩护意见使被告人受到较轻的处罚。

为了达到无罪辩护或者有罪辩护的目的，辩护律师往往要采取各种策略和方法推翻或者削弱指控。实践中，辩护律师的辩护方式往往体现出下列特点：

一是只要事实、证据、适用法律的任何一个环节存在问题，辩护律师都可能抓住不放，通过否定一点来否定全面。

二是为了削弱控诉证据的证明力，有的辩护律师会渲染控诉证据存在的缺陷，夸大辩护证据的证明力，特别是强调被告人翻供、证人翻证，从而对事实认定提出各种合理、不合理的怀疑。

三是在理论界对有关法律问题存在争议的情况下，辩护律师一般会运用有利于被告人的理论观点进行辩护。

四是律师提出的辩护观点因为基本上是从有利于被告人的角度出发，往往带有片面性，例如，在法和情存在一定冲突的情况下，有的辩护律师会脱离法律的明文规定，片面从情理、道德的角度提出对被告人有利的主张。

五是辩护律师提出的辩护观点未必都有充分的事实和法律依据，只要有一定依据和合理性，辩护律师都可能提出。

六是有的辩护律师为了增强辩护的效果，有时采取不合理的夸张、推测、类比等手法，语言表达可能比较激烈，甚至可能出现有损司法机关形象和威信的攻击性措辞。

公诉人要在法庭辩论中取得良好效果，应当做到以下几点：

一要实事求是。公诉人代表国家在法庭上揭露、指控、证实犯罪，要弘扬正义，展示公正执法的形象。为此，公诉人在法庭辩论中的立论、驳论和论证，应当坚持以事实、证据和法律为依据，体现公诉的客观性、合法性、公正性。另外，对于细节事实和次要事实不清而不影响定罪量刑，以及证据存在一定弱点而不影响定案的，要实事求是地对待，进行必要的分析、说明，而不能强行掩饰。如果发现认定事实、运用证据和适用法律确有错误，绝不能将错就错，应当采取适当办法妥善处置，保证案件得到正确处理。

二要把握重点。法庭辩论的第一轮，公诉人先发表公诉意见，辩护人也陈述了辩护主张，控辩双方各自亮明了基本观点。公诉人应当认真听取和分析辩护意见，把握好哪些是辩护的核心观点，是辩论的分歧焦点，对定罪量刑有重要影响，需要重点答辩；哪些是次要问题，不影响定罪量刑，可以不答辩或者作简单概括的答辩；哪些是控辩双方认识基本一致的观点，可以不答辩或者简单说明。如果不分主次，面面俱到，四面出击，必然会陷入该辩的辩不清，疲于应付、顾此失彼的被动局面。辩护方对公诉人已经清楚阐明观点的问题无理纠缠的，公诉人应当向法庭表明，对辩护方所持观点或所提问题，公诉人在发表公诉意见时和上一轮答辩中已作充分、清楚的阐述或驳斥，不再重复答辩，从而及时摆脱辩护人的纠缠，把辩论重点放在尚未辩清的问题上。

三要掌握主动。在法庭辩论中，公诉人必须能够控制好局面，牢牢掌握主动，使法庭辩论朝着有利于控诉的方向发展。为此，公诉人必须在庭前做好充分预测和准备，对辩护人显然会提出的合理意见和主张，特别是对被告人可以从轻、减轻处罚的意见，应当在发表公诉意见时先行提出，以减少辩点。对辩护人可能作无罪辩护的，必须在公诉意见书以及答辩意见中加强被告人构成犯罪的分析和论证，先发制人，以掌握主动。

四要有理有节。公诉人在辩论中，要以事实、证据和法律为根据，运用合乎逻辑的论证方法论证公诉意见，批驳辩护意见，做到观点鲜明、逻辑严密、说理充分，切忌主观推测、使用不恰当的类比和强词夺理等情况。辩护观点明显错误时，要严正驳词；辩护观点有一定合理成分时，要深入分析，反驳其错误、不合理的部分；辩护观点正确、合理的，必要时建议法庭予以考虑。在发言时，一方面要注意控制情绪，另一方面要保证表达的准确性、规范性、严肃性。公诉人如果因为紧张、考虑不周或者误解辩方观点，答辩时出现观点有误、表达不清、引用法律错误等问题，应当及时通过补充发言予以补救、纠正。

五要随机应变。公诉人在庭前准备时，不可能预测到法庭辩论中的全部情况。有时因证据发生变化，法庭辩论的焦点和走向可能与庭前预测完全不一致。这就需要公诉人有较强的心理素质和控场、应变能力，做到处变不惊、沉着冷静。要根据庭审中出现的新情况，在大脑中迅速考虑处理方法和解决途径，及时调整答辩策略和内容，靠临场发挥和随机答辩牢牢掌握庭审活动的主动权。

六要庄重得体。公诉人在法庭上要表现出刚正、严肃、庄重的气质，辩论发言要文明、规范、得体，充分体现社会正义和司法威严。在辩论发言中，还要注意适当运用语气、语调、语速、音量、手势、表情的变化唤起听众的注意，以增强发言的感染力。有时被告人、辩护人为混淆视听，可能使用引发情绪对抗的言词或者无端攻击的方式欲刺激公诉人，挑起法庭冲突。公诉人如果不能控制自己的情绪，简单粗暴地对待，既有损公诉人和检察机关的形象，也不利于庭审活动的稳定，更无助于案件的正确处理。

在出席法庭前,公诉人必须准备答辩提纲,在法庭上根据情况变化调整使用。庭前预测准确,准备充分,是法庭辩论取得良好效果的有力保障。辩护观点虽然因案而异,但都从实体和程序两个方面向无罪、罪轻或从轻、减轻、免除刑罚的方向展开,主要的、重点的辩护观点一般是可以预测的。准备答辩提纲时,要从案件事实、证据和起诉书中适用法律的意见出发,结合庭前被告人辩解和辩护人意见的情况,通过换位思考,预测辩护观点,分析辩论的焦点问题,有的放矢地做好准备。准备答辩提纲,要坚持以我为主。在针对辩护人、被告人可能提出的辩护意见进行答辩前,一定要先正面阐述指控主张的事实根据和法律根据,然后再针对辩方的观点发表意见,避免只驳斥了辩方的观点,却未充分论证指控主张,导致辩论效果不好。

四、法庭答辩的方法

基于证明犯罪的职责,法庭辩论开始时公诉人首先要发表公诉意见,在起诉书的基础上进一步论证公诉主张,确立法庭辩论的对象。在整个法庭辩论过程中,公诉人的任务就是维护正确的公诉意见。反驳辩护方的观点,也要立足于公诉意见,把反驳辩方观点与进一步论证公诉意见紧密结合起来。

在法庭辩论中,公诉人要特别注意听取辩方第一轮发言,从其大量陈词中归纳出辩方的基本观点,提炼辩护观点的核心和焦点,确定答辩的范围和重点,根据情况采取适当方法进行答辩,做到原则问题不放过,枝节问题不纠缠,无关问题不理会,避免被对方牵着鼻子走的不利局面,始终把握住辩论的主动权,一般对属于下列情况的辩护观点需要进行答辩:一是歪曲和否定事实的;二是对罪名提出异议的;三是适用法律条款有分歧的;四是曲解政策、法律、法规的;五是提出从轻、减轻、免除处罚不符合法律规定的,等等。在需要答辩的问题中,对与定罪量刑有重要关系的关键性问题要重点答辩。另外,对属于下列情况的辩护观点一般可不予答辩或仅作简单答辩:一是与本案无关的问题;二是已经答辩清楚的问题;三是不影响定罪量刑的枝节性问题。

在确定答辩范围和重点的基础上,公诉人应当结合庭前准备的答辩提纲,确定答辩要点。答辩时,一般先概括辩方主要观点,然后逐一进行答辩。

公诉人在法庭辩论中,要善于分析辩护观点,根据情况不同灵活运用各种答辩方法,努力使法庭辩论取得良好的法律效果和社会效果。公诉实践中总结出的辩论方法多种多样,运用得比较多的有:

1. 简单说明法。被告人、辩护人的观点如果与公诉人的观点一致或无原则分歧,例如,量刑情节在公诉意见中已经予以认定,辩护人又重新提出的,可以简单说明辩护人的观点与检察机关一致或基本一致，不再予以答辩。对法律规定得比较明确，而学术上对立法科学性、合理性有争议，辩护人以与法律规定不一致的学术观点作为辩护依据的，公诉人也要简单说明并予以驳回，避免纠缠。

2. 直言驳斥法。如果被告人、辩护人提出的辩护观点明显违背事实、证据和法律，公诉人就要依法据理直截了当予以驳斥，做到一针见血、切中要害，从根本上否定辩护观点，以分清是非。

3. 婉言驳回法。如果被告人、辩护人提出的辩护理由在一定程度上符合情理，但根据法律规定和本案情况不应采纳的，不能绝对地否定或者不加分析地驳回，一般是先予以合理肯定，然后经过多方论证、比较，阐明在本案中不能采纳该观点的理由和法律依据。

4. 借言驳回法。即被告人、辩护人提出辩护意见后，公诉人先不作肯定或者否定的回答，而是引用被告人或其他共犯在法庭上的供述，来反驳辩护理由。

5. 归谬引申法。即先假设辩护观点正确，然后加以引申，得出错误乃至荒谬的结论，反证辩护观点的错误。

6. 预先发言法。庭前预测辩护观点时，对被告人、辩护人可能提出的观点，认为明显正确，应当供法庭予以采纳的，就在发表公诉意见时预先提出相同的观点，使辩护人无法将该观点作为辩护的重点。

7. 合理纳言法。如果被告人、辩护人提出的辩护观点符合事实和法律规定，特别是提出应当酌定从轻的合理意见，公诉人应予以采纳，必要时适当分析其观点的合理性，建议合议庭予以考虑。

在法庭激烈的辩论过程中，公诉人应当避免出现大的失误，但细小的错误或者疏漏也是实践中难以完全避免的。公诉特别是法庭辩论，是一项遗憾的工作。即使是优秀的公诉人，也不能保证所有的辩论发言都完全正确或者论证、批驳到位。善于弥补自己在辩论中的失误和疏漏，也是公诉人素质的一项重要内容。当自己发言中的错误被辩护人发现并纠缠不放时，公诉人要适时、适当地对自己发言不完整、不准确的问题或者失误予以修正或弥补，做到既婉转地承认错误，又机智、巧妙地扭转被动的局面。在庭后及时总结法庭辩论的得失，避免以后犯类似的错误，是公诉人提高辩论水平的方法之一。

第七节　公诉人申请延期审理

延期审理，是指案件因故不能按原定时间开庭审理，人民法院决定延迟审理日期，或者在法庭审理过程中，遇到足以影响审判继续进行的情况，人民法院决定暂停法庭审理，待影响审理进行的原因消失后再恢复法庭审理的诉讼活动。

是否延期审理由人民法院决定，但是公诉人、当事人、辩护人和诉讼代理人有申请延期审理的权利。申请、决定延期审理，都是为了保障刑事审判顺利进行，保证刑事案件得到公正、正确审理。

根据新刑事诉讼法和《人民检察院刑事诉讼规则（试行）》的规定，在法庭审判过程中遇到下列情形之一的，公诉人应当要求或者建议法庭延期审理：

1. 发现事实不清、证据不足，或者遗漏罪行、遗漏同案犯罪嫌疑人，需要补充侦查或者补充提供证据的；

2. 被告人揭发他人犯罪行为或者提供重要线索，需要补充侦查进行查证的；

3. 发现遗漏罪行或者遗漏同案犯罪嫌疑人，虽不需要补充侦查和补充提供证据，但需要追加或者变更起诉的；

4. 申请人民法院通知证人、鉴定人出庭作证或者有专门知识的人出庭提出意见的；

5. 认为需要调取新的证据，重新鉴定或者勘验的；

6. 公诉人出示、宣读开庭前移送人民法院的证据以外的证据，或者变更、追加起诉，需要给予被告人、辩护人必要时间进行辩护准备的；

7. 被告人、辩护人向法庭出示公诉人不掌握的与定罪量刑有关的证据，需要调查核实的；

8. 公诉人需要对证据取得的合法性进行证明，当庭不能举证的。

在人民法院开庭审理前发现具有上述情形之一的，人民检察院可以建议人民法院推迟开庭审理。

因需要补充侦查而要求延期审理的，法庭宣布延期审理后，人民检察院应当在补充侦查的期限内提请人民法院恢复法庭审理或者撤回起诉。根据最高人民法院《关于适用〈中华人民共和国刑事诉讼法〉的解释》，审判期间，公诉人发现案件需要补交侦查，建议延期审理的，合议庭应当同意，但建议延期审理不得超过两次。补交侦查期限届满后，经法庭通知，人民检察院未将案件移送人民法院，且未说明原因的，人民法院可以决定按人民检察院撤诉处理。

第八节　公诉人的诉讼异议

一、诉讼异议的概念和特点

诉讼异议，是指法庭审理中，控辩双方认为对方的诉讼行为不当，而要求审判长予以制止或者不采纳有关的供述、陈述、证言的诉讼活动。

公诉人的诉讼异议具有下列显著特点：

一是目的性，即公诉人提出诉讼异议的目的，主要是促使审判长制止辩护人、被告人的不当诉讼行为，以保障被害人、鉴定人的诉讼权益，保证人民法院正确查明案件事实和适用法律。

二是特定性，即公诉人的诉讼异议只能针对被告人、辩护人不当的诉讼行为提出。

三是即时性，即公诉人的诉讼异议不仅要当庭提出，而且要在违法或者不当诉讼行为正在发生或者刚刚发生时提出，以便审判长及时予以制止，有效地防止不当诉讼行为影响公正审理。

四是公诉人的诉讼异议只能向审判长提出，由审判长判明情况并处理。公诉人不得试图自行制止辩护人、被告人的不当诉讼行为。

公诉人的诉讼异议不同于公诉人为履行审判监督职责而提出的纠正意见。前者针对的是被告人、辩护人的不当诉讼行为，后者针对的是法庭审理程序的违法情况；前者应当在法庭上即时提出，而后者应当在庭审后提出。

公诉人的诉讼异议也不同于质证中对辩方证据提出的质疑。质证中对辩方证据提出质疑，所针对的是辩方证据的合法性、客观真实性、关联性、证明力，并且应当在辩方出示证据后提出。例如，公诉人认为辩护人对辩方证人进行诱导性发问时，应当要求审判长予以制止，这就属于诉讼异议；公诉人认为证人的证言不真实的，应当提出质疑，要求法庭不予采纳，这就属于质证而不是诉讼异议。但质证意见也可以包括诉讼异议，例如，在质证发言时，公诉人提出辩护人的发问具有诱导性倾向，要求法庭对该项证言不予采纳，此时公诉人的发言既是质证意见也是诉讼异议。

二、诉讼异议的提出

实践中，公诉人的诉讼异议主要是针对辩护人的不当发问提出。《人民检察院刑事诉讼规则（试行）》第 438 条第 2 款规定："辩护人对被告人或者证人进行诱导性询问以及其他不当询问可能影响陈述或者证言的客观真实的，公诉人可以要求审判长制止或者要求对该项陈述或者证言不予采纳。"最高人民法院《关于适用〈中华人民共和国刑事诉讼法〉的解释》规定："控辩双方的讯问、发问方式不当或者内容与本案无关的，对方可以提出异议，申请审判长制止，审判长应当判明情况予以支持或者驳回。"这里所谓发问的方式不当，主要是指辩护人向被告人、证人、鉴定人发问的方式具有诱导性，或者欺骗、威胁证人、鉴定人，或者损害证人、鉴定人人格尊严，或者足以使被发问人不能正确理解发问内容和进行回答，等等。

公诉人的诉讼异议还可以针对辩护人、被告人的其他诉讼行为提出。例如，被告人、辩护人在陈述或者辩论发言中损害公诉人人格尊严时，公诉人有权要求审判长予以制止。

诉讼异议是双向的，辩护人也有权针对公诉人的诉讼行为提出异议。在辩护人提出诉讼异议的情况下，公诉人应当征得审判长许可，就辩护人的诉讼异议进行答辩，以便审判长正确判断和处理诉讼异议。公诉人、辩护人提出诉讼异议后，审判长有权判明情况作出相应的处理，或者支持诉讼异议，或者驳回诉讼异议。

公诉人认为审判长驳回其诉讼异议或者支持辩护人的诉讼异议不当时，不能当庭提出反对或者与审判长进行争论，但是如果认为审判长处理不当将严重影响公正、正确审判，应当设法要求审判长休庭，并在休庭后向审判长提出纠正意见。审判长驳回公诉人的诉讼异议或者支持辩护人的诉讼异议正确的，公诉人应当虚心接受，并注意防止在后续的法庭审理中再出现类似的情况。

第十四章
死刑案件的检察工作

第一节 概 述

一、死刑案件检察工作的重大意义

死刑,又称"生命刑",是以剥夺犯罪人生命为内容的最为严厉的刑罚。死刑案件相对于普通案件而言,通常是罪行极其严重的危害国家安全、公共安全和社会秩序的重大刑事案件,其社会危害性和社会影响更大。因此,各级人民检察院公诉部门和干警必须充分认识办理死刑案件和监督死刑工作的重大意义。

(一)加强死刑案件检察工作是人民检察院依法履行职责的必然要求

做好死刑案件办理和监督工作,准确、慎重地适用死刑,有利于尊重和保障人权,有利于死刑政策的贯彻实施,有利于准确打击严重刑事犯罪,强化诉讼监督,防止冤假错案。因此,各级人民检察院公诉部门和干警要充分认识加强死刑案件办理和监督工作的重要性,增强政治责任感和历史使命感,加大工作力度,提高执法水平和办案质量,切实维护国家法律的统一正确实施。

(二)加强死刑案件检察工作是适用新形势社会主义民主法治不断进步的必然要求

随着我国民主法治建设不断完善和社会经济不断发展,人民群众的法治意识、人权意识、维权意识不断增强,司法环境发生深刻变化,这些对人民检察院死刑案件办理和监督工作也提出了新的、更高的要求。因此,各级人民检察院公诉部门和干警要牢固树立社会主义法治理念，认真贯彻党和国家的刑事政策，加强死刑案件办理和监督工作，切实把好死刑案件的事实关、证据关、程序关、适用法律关，努力实现办案的法律效果、社会效果和政治效果和宣传效果的有机统一。

二、死刑案件检察工作的原则要求

死刑案件检察工作相对于普通刑事案件检察工作而言，既有相同之处，也有特殊之处。基于死刑案件的特殊性考虑，死刑案件检察工作应当遵循以下原则要求：

（一）确保死刑案件办理质量

要以极其审慎的态度，依法公正办理死刑案件，坚持以证据为核心，理顺诉侦关系，严格审查把关，认真履行出席法庭职责，使办理的每一起死刑案件真正做到事实清楚、证据确实充分，适用法律准确，办案程序合法，经得起法律和历史的检验，坚决防止冤错案件的发生。

（二）贯彻执行"保留死刑，严格控制死刑"的基本死刑政策

保留死刑是我国死刑政策的大前提，少杀、慎杀是核心思想，防错是基本要求。要完整、准确地理解死刑政策，正确处理贯彻死刑政策与严格依法办案的关系，正确处理贯彻死刑政策与维护社会治安的关系。对重大刑事案件应当依法及时提起公诉，对极少数罪行极其严重的犯罪分子，建议人民法院依法判处死刑。对于那些判处死刑可不立即执行的，应当坚持"可杀可不杀的，一律不杀"的原则，充分发挥死缓制度既能够依法严惩犯罪又能够有效减少死刑立即执行的作用。

（三）坚持打击犯罪和保障人权相结合

正确运用死刑这一刑罚手段，严厉打击严重刑事犯罪，增强人民群众的安全感。要克服重实体、轻程序，重打击、轻保护的错误观念，依法保障犯罪嫌疑人、被告人的各项诉讼权利，尊重犯罪嫌疑人、被告人的诉讼地位和人格尊严，依法维护被害人的合法权益，支持律师依法履行职责，切实保障刑事诉讼程序的正当性和合法性，有效维护社会和谐稳定。

（四）贯彻落实宽严相济的刑事政策

要综合考虑犯罪的社会危害性、犯罪人的主观恶性、案件的社会影响以及不同时期社会治安的形势，对案件依法作出处理。对于罪行极其严重的犯罪分子，要坚决依法从严处理，对于严重犯罪中具有从宽情节的，也要依法从宽，做到该严则严，当宽则宽，宽严适度，打击、孤立极少数，教育和挽救大多

数,实现办案法律效果和社会效果的有机统一。

(五) 坚持指控犯罪与诉讼监督并举

要正确把握公诉权的法律监督性质,在依法履行指控犯罪职能的同时,坚持依法、坚决、准确、有效的原则,加大对死刑案件侦查活动和审判活动的监督力度,依法纠正在诉讼活动中违反法定程序、侵犯诉讼参与人诉讼权利与合法权益的行为,对确有错误的判决、裁定依法抗诉,加强对死刑执行活动的监督,坚决查处司法不公背后的职务犯罪行为,维护法律的统一正确实施。

实践中,各级人民检察院公诉部门既要各司其职,又要上下联动,层层把关,充分发挥公诉一体化的优势,共同做好死刑案件的各项工作。地市级人民检察院公诉部门要加强与公安机关的联系,做好及时介入侦查引导取证工作,为办理死刑案件打下坚实的基础。地市级人民检察院公诉部门要进一步提高审查起诉工作标准,强化出庭公诉能力,确保指控犯罪效果。省级人民检察院公诉部门要全面履行法律监督和继续支持公诉职责,坚持办案与指导并重,指导与死刑案件相关的各项工作稳步开展。各级人民检察院公诉部门要进一步明确责任,建立完善相应工作机制,为确保死刑案件质量提供有力的制度保障。

第二节 办理死刑案件的重点工作

一、死刑政策的理解和运用

死刑政策,是由党和国家制定的对死刑的设置与适用具有普遍指定意义的行为准则,是我国刑事政策的重要内容。根据2007年最高人民法院、最高人民检察院、公安部、司法部《关于进一步严格依法办案确保办理死刑案件质量的意见》第4条的规定,"保留死刑,严格控制死刑"是我国的基本死刑政策。

"保留死刑"与"严格控制死刑"是我国死刑政策的两项基本内容,这两项内容是一个相辅相成的有机整体。"保留死刑"是由于当前严重刑罚犯罪的猖獗,社会治安形势不容乐观,我国废除死刑的社会物质文化条件尚不具备,死刑仍然是严厉打击极少数罪刑极其严重的犯罪分子的必要刑罚手段。"严格控制死刑",是由于历史经验表明,刑罚是把"双刃剑",正确运用于社会有益,用之不当则反受其害。随着人权观念的不断深入人心,原始报应观念逐渐注入人道主义的内涵,从而逐步向理性的正义报应观转化,对于本应适用死刑的代之为其他的必要刑罚,只要符合罪刑相适用原则的基本要求,则并不违背理性的报应正义观念，从而逐步减少死刑的适用，凡是可杀可不杀的，一律不杀。虽然我国"保留死刑，严格控制死刑"和"少杀、慎杀"的死刑政策一直没有变，但是自1983年以后20多年，我国刑事司法实践一直是在"严打"方针指导下适用死刑。随着2006年下半年以来死刑第二审案件全面实现开庭审理，2007年1月死刑核准权收归最高人民法院统一行使，我国死刑数量有较大幅度地减少。因此，在检察工作准确理解和运用死刑政策具有十分重要的现实意义。

死刑政策的理解和运用应当注意以下几个方面：

（一）死刑只适用于罪行极其严重的犯罪分子

要准确认定死刑案件的犯罪性质和罪数形态，坚持罪责刑相一致的原则，做到罚当其罪。要坚持客观、公正立场，充分考虑化解矛盾、维护稳定、促进和谐以及公众利益的实际需要和社会公众的接受程度，综合考察犯罪性质、犯罪情节、犯罪后果和被告人的主观恶性等因素，依法提出量刑建议以及决定是否抗诉。对那些严重危害国家安全和公共安全、严重危害公民生命权、严重危害社会秩序等罪行极其严重的被告人，坚决依法提出适用死刑的量刑建议，人民法院未判处死刑的，应当依法提出抗诉。对于其他达到死刑量刑幅度的被告人，要综合考察案件发生的时间、场所、犯罪手段、对被害人的加害程度、被告人主观恶性以及犯罪行为对国家和社会公众利益的客观危害等，决定是否提出适用死刑的量刑建议。

（二）处理好死刑政策与贯彻宽严相济刑事政策的关系

我国宽严相济刑事政策与死刑政策的精神是一致的。要注重发挥宽严相济刑事政策在严格控制死刑方面的作用；要把宽严相济刑事政策贯穿于刑事诉讼活动的全过程，不仅要体现在重罪重罚、轻罪轻罚方面，更要体现在是否适用死刑、判处死刑是否必须立即执行方面。该严则严，依法该判处重刑的要坚决判处重刑，依法该判处死刑的要坚决判处死刑；当宽则宽，该依法从轻的一律从轻处理，可杀可不杀的一律不杀。最大限度地分化瓦解犯罪分子，最大限度地减少社会对立面。对于严重危害国家安全犯罪、恐怖犯罪和黑社会性质组织犯罪，爆炸、杀人、抢劫、绑架、毒品等严重危害社会治安、严重影响群众安全感的犯罪，罪证确实充分，依法必须判处死刑立即执行的，要坚决判处死刑立即执行，绝不手软。对于具有从宽情节的，要坚持依法从宽处理；对于严重犯罪同时具有从宽情节的，也要依法从宽，做到该严则严，当宽则宽，宽严适度，打击、孤立极少数，教育和挽救大多数。

（三）准确认定法定量刑情节

要准确认定死刑案件中的法定量刑情节，对于具有法律规定从重处罚情节的被告人，依法从严处理；对于具有法律规定"应当"从轻、减轻或者免除处罚情节的被告人，依法从宽处理；对于具有法律规定"可以"从轻、减轻或者免除处罚情节的被告人，如果没有其他特殊情节，原则上依法从宽处理。对于既有法定从轻处罚情节，又有法定从重处罚情节的被告人，要客观地加以综合考虑，防止因轻废重或者以重代轻。对于犯罪分子为逃避法律制裁，经预谋采取不正当手段提供立功线索的，一般不提出从宽处理的量刑建议。

（四）全面把握酌定量刑情节

对于具有酌定处罚情节的案件，应当综合分析，依法公正处理，做到法律效果与社会效果的统一。对于因婚姻家庭、邻里纠纷等民间矛盾激化引发的案件，考虑对被告人酌情从轻处罚时，应当分析被告人的行为是否造成了公共危害、从轻处罚是否有利于化解矛盾及促进社会和谐稳定；对于因被害方的过错行为引起的案件，应当分析被害方是否确有过错行为、过错程度的大小、过错行为与矛盾激化的关系、犯罪后果的严重程度等因素；对于案发后积极赔偿被害方经济损失的案件，应当分析被告人是否真诚悔罪，全面考察被告人的实际赔偿能力、赔偿落实情况、经济赔偿改变被害方的生活状况、抚慰其精神痛苦所起的实际作用，以及是否取得被害方的谅解等因素，避免出现"以钱抵命"等新的不公正现象。对没有特定目标的故意杀人、抢劫等严重危害社会秩序和人民群众安全感，罪该处死的犯罪分子，即使犯罪后积极赔偿得到被害方谅解，原则上不能从轻处理。

（五）客观分析存在影响量刑情节的案件

对于定罪证据确实充分，但被告人犯罪时是否年满18周岁、是否具有完全刑事责任能力的证据不充分的，依法不应适用死刑；共同犯罪中证明各被告人主、从犯地位或者罪责大小的证据不充分的，一般不宜适用死刑立即执行；对于因坦白交代司法机关不掌握的重大罪行才达到适用死刑量刑标准的被告人，因亲属检举而被抓获的被告人，以及共同犯罪中首要分子或罪行最严重的主犯已判处死刑立即执行，地位作用相对较轻、主观恶性相对较小的其他主犯，应当慎重适用死刑立即执行。

二、死刑案件的证据审查

事实和证据是刑事诉讼的核心要素。"以事实为根据，以法律为准绳"是我国刑事诉讼法的基本原则，办理任何刑事案件都必须以查清事实为前提。但是，由于死刑案件人命关天，一旦出错，杀错了人，后果便无可挽回；即使是留有余地判处被告人死缓刑或无期徒刑，也使被告人遭受长期冤狱之灾，后果也是非常严重的。因此，死刑案件证据审查工作更显重要。办理死刑案件必须严把事实关、证据关，这既是检察人员办理死刑案件的重点工作，也是最基本的工作要求。

证据审查不仅是第一审案件的重要工作，同样也是第二审案件的重要工作。死刑第二审案件的审查必须坚持全面、客观的原则，并在此基础上，结合第二审案件的特点，加大证据审查力度。在审查死刑第二审案件过程中，必须讯问原审被告人，充分听取原审被告人的辩解和上诉理由，必要时可以听取辩护律师的意见。在复核主要证据的同时，要重点针对原审被告人的辩解和上诉理由开展证据审查工作。

具体来说，死刑案件的证据审查应当注重以下几个方面：

（一）从严掌握死刑案件的证据标准

坚持重证据，重调查研究，不轻信口供。对死刑案件坚持更加严格的证明标准。要通过讯问犯罪嫌疑人、被告人，听取辩护人、被害人及其诉讼代理人意见，复验、复查，调查核实案件证据等途径，对证据的客观性、关联性和合法性进行严格审查，确保证据与证据之间，证据与案件事实之间不存在矛盾或者矛盾得到合理排除，确保证据证明结论的唯一性，排除其他可能。死刑案件的办理必须建立在"事实清楚，证据确实、充分"的基础上，并且是能够排除合理怀疑得出唯一结论。这不仅有量的需要，更有质的要求，即必须满足凡属于犯罪构成要件与认定的事实均已经查清，均有相应的证据加以证明；证明犯罪事实、情节的每一个证据经查证属实、核对无误；证明证据提取的有关材料清楚表明该证据通过合法手段提取，符合相关规定；证据与证据之间能够相互印证，形成一个完整的证明体系，其是主观性证据与客观性证据之间相互印证，足以排除其他可能性；借助上述证据进行逻辑上的分析、判断、归纳、综合，得出的结论是唯一的。

（二）注重对案件证据的全面审查

要对案件的证据材料进行全面审查，既要审查有罪、罪重的证据，也要审查无罪、罪轻的证据；既要审查定罪证据，也要审查量刑证据；既要审查言词证据，也要审查物证和鉴定意见等技术性证据；既要审查犯罪嫌疑人、被告人是否具有累犯等法定从重处罚情节，也要审查是否具有自首、立功等法定从轻、减轻处罚情节；既要审查犯罪嫌疑人、被告人的犯罪动机、案发后的悔罪表现，也要审查被害人是否有明显过错或者对矛盾激化负有直接责任。此外，被告人和被害人的身份、年龄、户籍等有关情况都需要核查清楚。特别是涉及命案的，还应当审查是否通过被害人亲属辨认、DNA 鉴定、指纹鉴定等方式确定被害人身份，是否对现场遗留的痕迹、物品与犯罪嫌疑人、被告人的特证、物品作同一认定。

（三）注重对证据合法性的审查

注意审查证据材料收集的主体、程序是否合法，收集、固定、保全证据的方法是否符合法律规定，经过重新摘抄、复制的证据材料，摘抄、复制的过程是否导致内容发生变化等。对犯罪嫌疑人、被告人提出受过刑讯逼供，并提出证据佐证的，应当要求公安机关提供讯问笔录、录音录像或其他证据，对证据取得的合法性加以证明。对刑讯逼供取得的犯罪嫌疑人、被告人供述、以暴力、威胁等非法方法收集的被害人陈述、证人证言等言词证据，不能作为指控犯罪的根据。对以非法搜查、非法扣押等方式取得的物证、书证等实物证据，要结合实际情况，严格审查，认真甄别。

（四）加强对瑕疵证据的补救与完善

对于讯问犯罪嫌疑人时侦查人员不足二人或者询问证人、被害人未个别进行而收集、调取证据的，侦查人员或者犯罪嫌疑人、证人、被害人、见证人等没有在相关书面证据材料上签名或者盖章的，讯问犯罪嫌疑人、询问证人、被害人的时间、地点不符合要求或者在没有告知其法定诉讼权利的情况下获取证据的，实物证据的取证主体或者相关笔录存在一定瑕疵的等情况，均应当要求侦查人员依法重新收集、调取证据或者采取其他补救措施。对因客观条件限制确实无法重新收集、调取的证据，要采取其他补救措施证明证据的客观性、关联性。

（五）加强对证据的补充侦查工作

对犯罪事实不清、证据不足需要退回补充侦查的案件，应当提出书面意见，列出详细的补充侦查提纲，退回侦查机关补充侦查，并及时与侦查人员沟通，说明需要补充侦查的具体问题、调查取证的方向和取证目的等内容，争取理解和支持。在退回补充侦查过程中，要及时了解掌握侦查机关的补充侦查情况，促使补充侦查切实发挥补充完善证据的作用。对未按补充侦查提纲要求进行补充侦查又重新移送起诉的案件，应当要求侦查机关继续补充侦查。公诉部门也可以自行侦查，必要时可以要求侦查机关提供协助。

（六）根据证据情况依法对案件作出正确处理

对于犯罪事实已经查清，证据确实、充分，依法应当追究刑事责任的，应当作出起诉决定。对于犯罪构成要件事实缺乏必要证据予以证明的、据以定案的证据之间的矛盾不能合理排除的，以及根据现有证据得出的结论不具唯一性的案件，应当认定为事实不清、证据不足。对于因事实不清、证据不足退回补充侦查的案件，经审查仍然认为不符合起诉条件的，应当依法作出不起诉决定。对于定罪的证据确实，但影响量刑的证据尚存在一定问题又无法查清的案件，不宜发表适用死刑立即执行的量刑建议。

三、死刑案件的出庭工作

依法履行出席法庭职责，是死刑案件检察工作的一项重要任务。保证死刑案件出庭质量，对于保证和进一步提高死刑案件的办理质量具有重要意义。各级人民检察院公诉部门应当高度重视死刑案件出席法庭工作，通过出席法庭阐明观点、辨明是非，解决案件事实认定、证据采信和法律适用中的问题，增强指控犯罪效果，提高死刑案件出庭质量。

死刑案件出庭工作应当注意以下几个方面：

（一）认真做好出席法庭的准备工作

检察人员在出席法庭前应当进一步熟悉案情，掌握证据情况，深入研究与案件有关的法律政策问题，围绕案件的重点和争议焦点，结合案件特点和被告人认罪情况，充分预测法庭审理中可能出现的情况，制定周密的出庭预案，进一步细化讯问、询问提纲、举证、质证提纲、答辩提纲和出庭意见书。对于疑难复杂案件，公诉部门负责人要对出庭预案审查把关。对于社会高度关注的和敏感的案件，应当制作临庭处置方案，应对可能出现的各种复杂情况，例如，被告人庭上翻供，被告人及辩护人庭上提出新证据或者突然提出刑讯逼供、非法证据等情况。

（二）发挥出席第一审法庭的基础作用

公诉案件中被告人有罪的举证责任由人民检察院承担。一审过程中，公诉人要强化出席法庭指控犯罪、揭露犯罪、证明犯罪的职能作用，切实提高应变能力，改进庭审讯问、询问方式，科学组合、出示证据，增强法庭质证、辩论的针对性，通过讯问、询问、举证、质证、辩论，对影响定罪量刑的事实和情节予以证明。在对证据收集的合法性进行法庭调查的过程中，应当对证据收集的合法性加以证明。现有证据材料不能证明证据收集的合法性的，可以提请法庭通知有关侦查人员出庭作证或者申请通知有专门知识的人出庭就有关鉴定意见提出意见。要逐步扩大提请人民法院通知证人、鉴定人、被害人出庭的范围，将证人、鉴定人、被害人出庭作证作为第一审法庭查明犯罪事实的重要方法。要增强公诉意见的说理性和论证严谨性，稳步推进量刑建议，对于事实认定、证据采信、法律适用和定罪、量刑提出明确的意见和建议。

（三）通过出席第二审法庭解决争议焦点

切实发挥出席第二审法庭的关键作用，要围绕抗诉理由、上诉理由以及对原审判决、裁定有争议的事实进行讯问、询问、举证、质证和辩论，重点解决事实认定、证据采信、法律适用和定罪量刑方面的焦点问题，对一审判决作出综合评判，提出明确的意见和建议，防止第二审出庭走过场。对于第一审审判活动违反法律规定的诉讼程序，可能影响公正审判的，要建议第二审人民法院发回重审。

这里需要注意的是，人民检察院作为国家公诉机关，同时也是法律监督机关，检察人员要遵循客观公正原则，无论是犯罪嫌疑人、被告人有罪、罪重的证据，还是无罪、罪轻的证据都应当向人民法院提出，由人民法院根据案件的所有证据情况综合判断，认定被告人的行为是否构成犯罪。

四、死刑案件的法律监督

人民检察院作为国家法律监督机关，既要严格依法办理死刑案件，又要全面加强对死刑案件侦查、审判和执行活动的法律监督，切实纠正查处诉讼活动中的违法犯罪行为，特别是要坚决防止和纠正因刑讯逼供等违法办案行为造成冤、假、错案，对确有错误的死刑判决和裁定要依法提出抗诉。

具体来说，死刑案件的法律监督应当注意以下几个方面：

(一) 加强对死刑案件侦查活动的监督

要增强侦查监督意识，拓宽监督渠道，探索强化监督的途径和方法，通过严格执行诉讼权利告知制度，认真听取犯罪嫌疑人、被告人及其辩护人对违法侦查行为的控告，协商侦查监督、监所检察部门共同推动公安机关实行讯问犯罪嫌疑人同步录音录像、实行犯罪嫌疑人出入看守所身体检查、加强对羁押、提审程序的监督等途径，提高发现和防止非法取证行为的能力。对非法取证特别是刑讯逼供、暴力取证的，要坚决依法监督纠正。

(二) 加强对死刑案件审判活动的监督

对法庭审理活动违反法定程序，出庭检察人员可以提出异议表明立场，并记明笔录，当庭未被采纳的，应当在休庭后及时向本院检察长报告，依法提出纠正意见。对法庭审理活动违反法定程序、严重侵犯诉讼参与人的诉讼权利，可能影响公正审判的，出庭检察人员应当立即建议休庭，并在休庭后依法提出监督意见。对于进入最高人民法院死刑复核程序的案件，最高人民检察院经审查认为确有必要的，应当及时向最高人民法院提出意见。

(三) 落实列席人民法院审判委员会会议工作

检察长或者受检察长委托的副检察长依法列席审判委员会会议，公诉部门应当认真做好准备工作。公诉部门负责人或者案件承办人作为助手随同列席时，发现合议庭对影响案件定罪量刑的事实和证据认定错误，应当在征得列席会议的检察长或者副检察长同意后说明情况。

（四）加大对死刑裁判的审查力度

要严格按照裁判文书送达的有关规定，要求人民法院将裁判文书按时送达人民检察院。要及时对人民法院的判决、裁定进行审查，对应当判处死刑而未判处死刑或者不应当判处死刑而判处死刑的错误判决、裁定，要依法提出抗诉或者监督意见。各省级人民检察院对于二审法院判处或者维护被告人死刑的判决、裁定，要依法认真审查，对有不同意见或者社会影响较大的死刑案件，要及时向最高人民检察院报告。

（五）做好对执行死刑活动的监督工作

要核实负责执行死刑的人民法院是否收到核准死刑的裁判文书和执行死刑命令，以及核准死刑的裁判文书是否送达人民检察院。检察人员依法履行临场监督职责，发现存在不应当执行死刑情形的，应当建议人民法院停止执行；对违反法定执行程序，侵犯被执行人合法权益的，要及时监督纠正。

（六）确保诉讼监督工作实效

对于办案中发现的违法行为提出的监督意见，要逐件督促纠正。对于一定时期内侦查、审判活动中存在的问题，应当归纳、分析并及时提出监督意见。对于排斥监督或者经监督仍不纠正的，可以通过上级人民检察院向被监督单位的上级机关通报，必要时可以向同级人民代表大会常务委员会报告。公诉部门要与反贪污贿赂、反渎职侵权等部门加强配合，把查处司法不公背后的司法人员职务犯罪作为强化诉讼监督的有力手段，形成监督合力。对于办案中发现的司法人员职务犯罪线索，要及时移交有关反贪污贿赂、反渎职侵权等部门处理，必要时经检察长批准可以初查。

第三节 死刑案件检察工作的程序要求

死刑案件检察工作的程序要求，相对普通案件而言，既有相同之处，也有其特殊之处。相同之处在于死刑案件第一审、第二审同样适用普通程序。其中，第一审程序与其他案件的第一审程序要求相比，相同处较多；死刑案件的特殊程序要求主要反映在死刑第二审程序和死刑复核程序。

一、死刑案件第一审程序

死刑案件第一审程序，由地市一级人民检察院具体负责办理，由中级人民法院负责审理，第一审程序与其他案件相比，在法律上没有不同，但在实践中，由于是事关死刑的重大刑事案件，在公诉和审理时要特别慎重，特别认真，严格按照法定程序和法定标准适用死刑。

人民检察院公诉部门办理死刑第一审案件，应当严格依法履行审查起诉职责，严把事实关、证据关、法律适用关，依法排除非法证据，准确把握起诉的法定标准。在确保死刑案件质量的前提下，对符合起诉法定条件的，及时提起公诉；对经退回补充侦查二次，仍然不符合起诉条件的，应当依法作出不起诉决定。与此同时要注意加强法律监督，特别是要防止因刑讯逼供等暴力取证行为导致错案发生。

地市级人民检察院要注意从办理案件的源头规范取证工作，提高证据质量，进一步确保和提高案件质量。对重大、疑难、复杂的死刑案件，人民检察院认为确有必要时，可以派员适时介入侦查活动，对证据收集、法律适用提出意见。

二、死刑案件第二审程序

死刑案件第二审程序，与其他案件相比，具有许多特殊之处：一是人民检察院对死刑第二审案件办理提出明确的规范要求；二是死刑第二审案件必须开庭审理。死刑第二审案件，包括第一审判处死刑后被告人上诉、人民检察院认为不应当判处死刑而抗诉的案件，以及人民检察院认为第一审被告人应当判处死刑而抗诉的案件。

人民检察院办理死刑上诉、抗诉案件，应当在开庭前进行全面审查，重点围绕上诉理由和抗诉理由，审查第一审认定案件事实、适用法律是否正确，证据是否确实、充分，量刑是否适当，侦查、审判活动是否合法等。对抗诉和上诉案件，与第二审法院同级的人民检察院可以调取下级检察院与案件有关的材料。根据有关规定，人民检察院办理死刑上诉、抗诉案件，应当进行下列工作：（1）讯问原审被告人，听取原审被告人的上诉理由或者辩解；（2）必要时听取辩护人的意见；（3）复核主要证据，必要时询问证人；（4）对鉴定意见有疑问的，可以重新鉴定或者补充鉴定；（5）根据案件情况，可以听取被害人的意见；（6）必要时，可以补充收集证据。需要原侦查机关补充收集的，可以要求原侦查机关补充收集。被告人、辩护人提出被告人自首、立功等可能影响定罪量刑的材料和线索的，人民检察院可以依照管辖规定交侦查机关调查核实，也可以自行调查核实。发现遗漏罪行或同案犯罪嫌疑人的，应当建议侦查机关侦查。

人民检察院应当派员出席二审法庭。1996 年《刑事诉讼法》第 187 条将对上诉和抗诉案件应当开庭审理作为刑事二审的一般原则加以规定，但是近十多年的司法实践证明，有的地方人民法院审理二审上诉案件，甚至抗诉案件大多是通过书面审就作出判决。这与刑事诉讼法规定的精神不符。2006年9月，最高人民法院、最高人民检察院出台《关于死刑第二审案件开庭审理程序若干问题的规定（试行）》以来，死刑第二审案件逐步实行全面开庭审理。2012年3月刑事诉讼法修改对第二审开庭范围作出明确规定，与1996年刑事诉讼法规定的精神保持一致，但更具可操作性。新《刑事诉讼法》第223条第1款规定："第二审人民法院对于下列案件，应当组成合议庭，开庭审理：（一）被告人、自诉人及其法定代理人对第一审认定的事实、证据提出异议，可能影响定罪量刑的上诉案件；（二）被告人被判处死刑的上诉案件；（三）人民检察院抗诉的案件；（四）其他应当开庭审理的案件。"第224条规定："人民检察院提出抗诉的案件或者第二审人民法院开庭审理的公诉案件，同级人民检察院都应当派员出席法庭。第二审人民法院应当在决定开庭审理后及时通知人民检察院查阅案卷。人民检察院应当在一个月以内查阅完毕。人民检察院查阅案卷的时间不计入审理期限。"

检察人员出席死刑案件第二审法庭的任务与出席其他案件第二审法庭的任务相同。主要包括：支持抗诉或者听取上诉意见，对原审人民法院作出的错误判决或者裁定提出纠正意见；维护原审人民法院正确的判决或者裁定，建议法庭维持原判；维护诉讼参与人的合法权利；对法庭审理案件有无违反法律规定的诉讼程序的情况制作笔录；依法从事其他诉讼活动。

实践中，省级人民检察院公诉部门办理死刑第二审案件需要经过阅卷、到案发地提讯原审被告人、复核主要证据、制作审查报告和出庭意见书、研究讨论审批、出席第二审法庭、列席审判委员会和审查判决裁定八个主要工作环节。其中，复核主要证据，又包括必要时听取辩护人的意见、听取被害人的意见、询问证人、重新鉴定或者补充鉴定等工作。

各级公诉部门办案人员必须重视每一个环节的工作，不得省略任一必要的工作环节，必须严格按照死刑第二审程序的要求办理案件，确保死刑案件质量。

三、死刑复核程序

为确保死刑正确适用，少杀、慎杀，防止错杀，我国刑事诉讼法对死刑案件规定了死刑复核程序。死刑复核程序既是一种特殊程序，也是我国四级二审终审制度的一种例外。

根据我国刑法和刑事诉讼法的规定，"死刑"包括判处死刑和判处死刑缓期二年执行。(1) 判处死刑。死刑除依法由最高人民法院判决的以外，都应当报请最高人民法院核准。中级人民法院判处死刑的第一审案件，被告人不上诉的，应当由高级人民法院复核后，报请最高人民法院核准。高级人民法院不同意判处死刑的，可以提审或者发回重新审判。高级人民法院判处死刑的第一审案件被告人不上诉的，和判处死刑的第二审案件，都应当报请最高人民法院核准。(2) 判处死刑缓期二年执行。中级人民法院判处死刑缓期二年执行的案件，由高级人民法院核准。最高人民法院复核死刑案件，高级人民法院复核死刑缓期执行的案件，都应当由审判员三人组成合议庭进行复核。

死刑复核程序的性质究竟属于刑事诉讼程序，还是属于人民法院内部的行政审批程序，在实践中一直存在不同认识。2012年刑事诉讼法修改对死刑复核程序作了进一步的补充完善。新《刑事诉讼法》第239条规定："最高人民法院复核死刑案件，应当作出核准或者不核准死刑的裁定。对于不核准死刑的，最高人民法院可以发回重新审判或者予以改判。"新《刑事诉讼法》第240条规定："最高人民法院复核死刑案件，应当讯问被告人，辩护律师提出要求的，应当听取辩护律师的意见。在复核死刑案件过程中，最高人民检察院可以向最高人民法院提出意见。最高人民法院应当将死刑复核结果通报最高人民检察院。"从以上规定可见，死刑复核程序是刑事诉讼程序的一个重要环节，死刑复核的诉讼活动同样应当受到最高人民检察院的监督。

根据2012年《人民检察院刑事诉讼规则（试行）》的规定，最高人民检察院依法对最高人民法院的死刑复核活动实行法律监督。最高人民检察院死刑复核检察部门负责承办死刑复核法律监督工作。最高人民检察院死刑复核检察部门对死刑复核监督案件的审查可以采取下列方式进行：（1）书面审查最高人民法院移送的材料、省级人民检察院报送的相关案件材料、当事人及其近亲属或者受委托的律师提交的申诉材料；（2）听取原承办案件的省级人民检察院的意见，也可以要求省级人民检察院报送相关案件材料；（3）必要时可以审阅案卷、讯问被告人、复核主要证据。省级人民检察院对于进入最高人民法院死刑复核程序的下列案件，应当制作提请监督报告并连同案件有关材料及时报送最高人民检察院：（1）案件事实不清、证据不足，依法应当发回重新审判，高级人民法院二审裁定维持死刑立即执行确有错误的；（2）被告人具有从轻、减轻处罚情节，依法不应当判处死刑，高级人民法院二审裁定维持死刑立即执行确有错误的；（3）严重违反法律规定的诉讼程序，可能影响公正审判的；（4）最高人民法院受理案件后一年以内未能审结的；（5）最高人民法院不核准死刑发回重审不当的；（6）其他需要监督的情形。省级人民检察院发现死刑复核案件被告人自首、立功、达成赔偿协议取得被害方谅解等新的证据材料和有关情况，可能影响死刑适用的，应当及时向最高人民检察院报告。死刑复核期间当事人及其近亲属或者受委托的律师向最高人民检察院提出的不服死刑裁判的申诉，由最高人民检察院死刑复核检察部门审查。

最高人民检察院发现在死刑复核期间的案件具有下列情形之一，经审查认为确有必要的，应当向最高人民法院提出意见：(1)认为死刑二审裁判确有错误，依法不应当核准死刑的；(2)发现新情况、新证据，可能影响被告人定罪量刑的；(3)严重违反法律规定的诉讼程序，可能影响公正审判的；(4)司法工作人员在办理案件时，有贪污受贿，徇私舞弊，枉法裁判等行为的；(5)其他需要提出意见的。

最高人民检察院死刑复核检察部门拟就死刑复核案件提出检察意见的，应当报请检察长或者检察委员会决定。检察委员会讨论死刑复核案件，可以通知原承办案件的省级人民检察院有关检察人员列席。最高人民检察院对于死刑复核监督案件，经审查认为确有必要向最高人民法院提出意见的，应当以死刑复核案件意见书的形式提出。死刑复核案件意见书应当提出明确的意见或者建议，并说明理由和法律依据。最高人民检察院对于受理的死刑复核监督案件，应当在一个月以内作出决定；因案件重大、疑难、复杂，需要延长审查期限的，应当报请检察长批准，适当延长办理期限。最高人民检察院对于最高人民法院通报的死刑复核案件，认为确有必要的，应当在最高人民法院裁判文书下发前提出意见。对于最高人民检察院提出应当核准死刑意见的案件，最高人民法院经审查仍拟不核准死刑，决定将案件提交审判委员会会议讨论并通知最高人民检察院派员列席的，最高人民检察院检察长或者受检察长委托的副检察长应当列席审判委员会会议。

最后，还需要强调的是，各级人民检察院公诉部门要站在维护稳定、促进和谐以及落实检察工作主题的高度，提高认识，强化措施，全面加强死刑案件办理和监督工作。要准确理解和运用死刑政策，实现办案的最佳效果；要坚持以事实和证据为核心，建立健全保证死刑案件质量的各项工作机制和措施，抓好落实；要认真落实各级人民检察院公诉部门在死刑案件办理和监督工作中的责任，分工负责、各司其职、层层把关，确保死刑案件质量，严防冤错案件。

第十五章
刑事抗诉

人民检察院是国家的法律监督机关,依法有权对人民法院的审判活动进行监督。刑事抗诉作为人民检察院进行审判监督的主要手段,必须以刑事判决或裁定确有错误为适用条件。在刑事抗诉工作中,必须贯彻"慎重、准确、及时"的方针,坚持依法履行审判监督职能与诉讼经济相结合的原则,努力实现法律效果和社会效果的有机统一。

第一节 刑事抗诉的概念

一、刑事抗诉的概念和特征

刑事抗诉,是指人民检察院认为刑事判决或裁定确有错误,按照法定诉讼程序,要求人民法院对案件进行重新审理并作出改判的法律监督活动。

刑事抗诉具有下列特征:

第一,监督性。这是刑事抗诉的本质特征。根据宪法、人民检察院组织法等法律的规定,人民检察院是国家的法律监督机关,有权依法对人民法院的审判活动进行监督。这种监督包括两个方面的内容:一是对刑事审判程序是否合法进行监督;二是对刑事判决、裁定是否公正、正确进行监督。刑事抗诉的目的,就在于通过对刑事判决、裁定进行审查,对其中确有错误的判决、裁定依法要求人民法院重新审理,从而使审判受到监督,使司法公正得到保障。

第二,专门性。根据法律规定,人民检察院是行使刑事抗诉职权的专门机关,其他任何机关、团体和个人都无权行使。这种专门性，是由人民检察院在国家机构体系中作为专门法律监督机关的地位所决定的。人民代表大会及其常务委员会虽然有权对人民法院的工作进行监督，但其监督的方式与人民检察院的监督有较大差别，体现相互间法律地位的不同：人民代表大会是权力机关，人民法院和人民检察院都由人民代表大会产生，对它负责，受它监督。由这种地位差别所决定，人民代表大会及其常务委员会对人民法院工作的监督，主要通过审议其工作报告、提出质询案等方式进行，不能采用刑事抗诉的手段。人民检察院对人民法院的监督则比较具体，并需严格依照法定程序进行，既体现检察机关与审判机关地位平行的关系，也反映了制约审判权的需要。对刑事判决、裁定进行监督的权力集中由人民检察院行使，既与人民检察院的法律地位相适应，也可以在制约审判权的同时防止不适当地损害审判的权威，同时也符合这种监督工作所具有的专业性特点。

第三，特定性。根据刑事诉讼法的规定，人民检察院的刑事抗诉只能针对人民法院"确有错误"的判决和裁定提出，有其特定的对象和适用条件，并不能任意提出。另外，刑事抗诉必须一案一抗，即针对特定案件的判决或裁定提出抗诉，不能同时针对几个案件提出一次抗诉。

第四，程序性。刑事抗诉是人民检察院参与刑事诉讼的一项重要活动，具有明显的程序性：一是刑事抗诉活动，包括审查决定抗诉、提出抗诉、支持抗诉等，都必须严格依照法定诉讼程序进行，否则不发生法律效力；二是刑事抗诉的法律效力体现为启动再审，只具有程序的意义，诉讼涉及的实体问题需要人民法院进行重新审理后才能解决。

第五，有效性。人民检察院依法提出的刑事抗诉具有法律效力，主要体现在以下几个方面：一是对人民法院具有约束力，必然引起人民法院对刑事判决、裁定进行重新审理，这是刑事抗诉基本的法律效力；二是人民检察院对尚未发生法律效力的刑事判决、裁定提出的抗诉，具有阻止其生效执行的效力；三是具有使当事人、证人、鉴定人等诉讼参与人继续或重新参加诉讼的效力；四是对人民检察院自身也产生约束力，除非撤回抗诉，人民检察院就必须依法履行职责，参与后续的诉讼活动，包括派员出席法庭支持抗诉等。

二、刑事抗诉的意义

刑事抗诉作为人民检察院履行审判监督职责的重要方式和途径，其意义主要体现在以下几个方面：

一是保证刑法的统一正确实施。人民法院的刑事判决、裁定是适用刑法解决案件实体问题的结果，决定被告人是否负刑事责任，是否适用刑罚，以及如何适用刑罚。刑事判决、裁定是否正确，直接关系到刑罚权的行使是否正当、合理，也关系到刑罚的目的能否实现。人民检察院通过对确有错误的判决、裁定提出抗诉，促使适用刑法错误的情形得到纠正，从而保障了刑法的统一正确实施和国家刑罚权的正确行使。

二是保证刑事诉讼法的统一正确实施。程序法虽然是为实体法服务的，但诉讼程序是否严格依法进行，直接关系到案件的实体问题能否得到公正、正确处理，也关系到司法的权威。人民检察院对严重违反法定诉讼程序、足以影响案件公正审判的案件提出抗诉，既可以防止在案件实体处理上发生错误，也可以促使人民法院严格依照法定程序开展刑事审判工作，从而使国家法律的严肃性、权威性得到维护。

三是维护被告人、被害人的合法权益和社会公共利益。刑法和刑事诉讼法的任务不仅在于惩罚犯罪，也在于保护人民。错误的刑事判决或裁定不仅损害社会公共利益，也会损害被告人或被害人的合法权益。因此，人民检察院依法提出的抗诉虽然所针对的是人民法院确有错误的判决、裁定，但与被害人、被告人的权益和社会公共利益息息相关。通过刑事抗诉及时纠正错误裁判，有利于保障无罪的人不受刑事追究，使犯罪的人受到应有的惩罚，以公正的司法平衡地维护被告人、被害人的合法权益和社会公共利益。

四是防止司法腐败，促进司法公正。错误的刑事判决、裁定，有的是由于审判人员业务水平不高、责任心不强造成的，有的与司法腐败有关。人民检察院对确有错误的刑事判决、裁定提出抗诉，有利于发现和处理审判活动中可能存在的徇私舞弊、贪赃枉法等司法腐败现象，也有利于促使审判人员自觉提高执法水平，严格依法办案，从而促进司法公正。

三、刑事抗诉的种类

根据刑事诉讼法的规定，刑事抗诉包括两种形式：一种是第二审程序的抗诉，即根据新《刑事诉讼法》第217条的规定，地方各级人民检察院认为本级人民法院第一审的判决、裁定确有错误时，向上一级人民法院提出的抗诉；另一种是审判监督程序抗诉，即根据新《刑事诉讼法》第243条第3款的规定，最高人民检察院对各级人民法院已经发生法律效力的判决和裁定，上级人民法院对下级人民法院已经发生法律效力的判决和裁定，发现确有错误时，按照审判监督程序向同级人民法院提出抗诉。

第二审程序抗诉和审判监督程序抗诉都体现了人民检察院对刑事审判活动的监督，适用的对象均为确有错误的刑事判决或裁定。两者也有明显区别，体现在适用主体、适用对象、审理程序、提出抗诉的期限要求以及法律效力等许多方面。

第二节　第二审程序抗诉的条件和程序

一、第二审程序抗诉的概念

第二审程序抗诉，是指地方各级人民检察院对于本级人民法院第一审尚未发生法律效力的刑事判决或裁定，认为确有错误，在法定期限内向上一级人民法院提出的抗诉。这种抗诉是按照上诉程序提出的，因而也称为上诉程序的抗诉。

第二审程序抗诉只能针对本级人民法院尚未发生法律效力的确有错误的刑事判决、裁定提出。在理解第二审程序抗诉的对象时，要注意以下问题：

1. 上级人民检察院不能针对下级人民法院尚未发生法律效力的刑事判决、裁定提出抗诉，但是，人民检察院提出第二审程序抗诉后，将由上一级人民检察院决定是否支持抗诉，上一级人民检察院有权决定撤回抗诉。

2. 第二审程序抗诉只能针对公诉案件第一审尚未发生法律效力的刑事判决、裁定提出，如果是自诉案件尚未发生法律效力的判决、裁定，即使发现确有错误，也应当由自诉人、被告人自行决定是否提出上诉，人民检察院不应在判决生效前提出抗诉。

3. 根据刑事诉讼法的规定，对人民法院作出的公诉案件第一审刑事判决、裁定，被告人及其法定代理人有权在法定期限内提出上诉，人民检察院有权在法定期限内提出抗诉。在法定期限届满前，判决、裁定不发生法律效力，不能交付执行。如果期限届满时，被告人及其法定代理人没有提出上诉，人民检察院也没有提出抗诉，刑事判决、裁定即发生法律效力。

对人民法院作出的裁定，人民检察院认为确有错误时是否都可以抗诉，刑事诉讼法和相关司法解释均未作规定，理论界和司法实践中认识也不尽一致。虽然法律没有规定对哪一种裁定不能抗诉，但一般认为，并不是对所有裁定认为有错误时，都有必要提出抗诉，应当根据作出裁定的不同情况区别处理。公诉案件第一审程序中，人民法院所作的刑事裁定主要有两类：一类是终止审理的裁定。对于犯罪已过追诉时效期限并且不是必须追诉的、经特赦令免除刑罚的、被告人死亡的以及其他法律规定免予追究刑事责任的，人民法院应当裁定终止审理。这些裁定涉及是否追究刑事责任的实体问题，人民检察院认为确有错误时，有权提出抗诉。另一类是中止审理的裁定。在审判过程中，被告人患精神病或者其他严重疾病以及案件起诉到人民法院后被告人脱逃，致使案件在较长时间内无法继续审理的，或者由于其他不能抗拒的原因，致使案件无法继续审理的，人民法院应当裁定中止审理。中止审理的裁定只具有暂缓审理的程序效力，并不影响案件的实体处理，一旦中止审理的原因消失后，人民法院即恢复对案件的审理。人民检察院如果发现中止审理的原因不存在，例如，被告人并没有患精神病，可以向人民法院提出，要求恢复审理，没有必要提出抗诉。此外，根据新《刑事诉讼法》第104条的规定，当事人由于不能抗拒的原因或者有其他正当理由而耽误期限的，在障碍消除后5日以内，可以申请继续进行应当在期满以前完成的诉讼活动；申请是否准许，由人民法院裁定。上述情形主要发生在自诉案件中，公诉案件第一审程序基本上不会出现需要作出这种裁定的情形。实践中，还可能出现人民法院违反法律规定，对提起公诉的案件裁定驳回起诉的情况，对这种裁定人民检察院当然有权提出抗诉。

第二审程序抗诉的作用，主要是阻断第一审刑事判决、裁定生效并交付执行，从而及时纠正判决、裁定中的错误。

二、第二审程序抗诉的条件

人民检察院提出抗诉的理由，是要求人民法院必须对案件进行重新审理的依据，也是抗诉的实质条件。实践证明，抗诉理由是否正确，是抗诉成败的关键所在。

根据刑事诉讼法的规定，抗诉只能针对确有错误的判决、裁定提出，因此，抗诉的理由归结起来就是判决、裁定确有错误。这种错误一般是指实质性的错误，即导致判决、裁定丧失客观公正性，在实体处理上发生了错误。判决、裁定的错误也可以是适用程序上发生错误，足以影响实体问题的正确处理，使实体处理具有发生错误的较大可能性。最高人民检察院制定的《人民检察院刑事诉讼规则（试行）》和《关于刑事抗诉工作的若干意见》，就哪些情况属于人民法院判决、裁定确有错误、人民检察院应当提出抗诉都作了明确规定。需要注意的是，《人民检察院刑事诉讼规则（试行）》与《关于刑事抗诉工作的若干意见》相比，对抗诉条件的规定有所不同，后者更为强调依法履行审判监督职能与诉讼经济相结合，纠正确有错误的刑事裁判与维护刑事裁判的稳定性相结合。

这里涉及一个比较重大的理论问题，就是对人民法院确有错误的刑事判决、裁定，人民检察院是有权根据情况裁量是否抗诉，还是一概必须提出抗诉。《人民检察院组织法》第17条规定："地方各级人民检察院对于本级人民法院第一审案件的判决或裁定，认为确有错误时，应当按照上诉程序提出抗诉。"新《刑事诉讼法》第217条针对刑事案件抗诉的规定与之基本相同。另外，《人民检察院组织法》第18条规定："最高人民检察院对于各级人民法院已经发生法律效力的判决和裁定，上级人民检察院对于下级人民法院已经发生法律效力的判决和裁定，如果发现确有错误，应当按照审判监督程序提出抗诉。"这些规定充分反映了检察机关刑事抗诉的职责性，要求人民检察院对于确有错误的刑事判决或裁定，必须切实承担起监督职责，积极、主动、合法地开展刑事抗诉活动。上述法律条文规定的是"应当"抗诉而不是"可以"抗诉，根据其字面含义，检察机关似乎不能就是否抗诉进行裁量。因此，有的同志认为，只要判决、裁定确有错误，人民检察院就必须提出抗诉，不能明知错误却不抗诉，不存在追求诉讼经济的基础。因为诉讼经济原则必然要求对一部分应当抗诉的案件经过裁量后决定不提出抗诉，与刑事诉讼法和人民检察院组织法的规定不符，也与检察机关的职责相悖。

　　现代刑事诉讼不仅要考虑公平、正义的价值，还必须考虑经济效益价值。不仅在程序和制度的设计上要考虑经济效益，在程序和制度的实际运作过程中也要考虑是否符合经济效益的要求，目的是使刑事诉讼的成本效益关系达到理想状态。就现状而言，我国正面临犯罪数量不断上升的态势，而司法资源相对短缺的问题在短时间内很难得到根本解决，更需要通过合理配置司法资源，集中主要力量处理刑事大要案，来最大限度地改善犯罪控制的效果。在刑事诉讼的每一个环节都有必要贯彻诉讼经济的原则，刑事抗诉这个环节也不应成为例外。

　　对刑事判决、裁定中存在的任何错误，人民检察院都要进行监督，但监督的方式应当与错误的性质和严重程度相适应。判决、裁定的错误，可能是实体性错误，可能是程序性错误，也可能是技术性差错。在司法实践中，检察机关不可能对所有存在错误的判决或裁定都提出抗诉，否则不仅难以承受繁重的工作量，社会效果也不好。有的判决、裁定尽管在认定事实、适用法律等方面存在这样或者那样的错误，但是这些错误的存在可能对案件的实质性结论并没有影响，在实体问题已经基本正确地得到解决的情况下，如果一概提出抗诉，将会增加讼累，实践中应允许检察机关根据具体情况斟酌是否抗诉。因此，有必要区分情况，对一些严重的错误以抗诉的方式进行监督，对其他错误采取发送纠正违法通知书、提出口头纠正意见等方式进行监督。

　　司法实践中，应当从两个方面把握刑事抗诉的条件：一是判决、裁定确有错误；二是确有抗诉必要。目前法律只规定了上述第一个条件。抗诉必要性作为刑事抗诉的条件虽然尚未被法律明文规定，但长期司法实践表明，刑事抗诉不能不考虑必要性，把确有错误和确有抗诉必要两个条件结合起来，符合刑事抗诉工作的规律和特点。也只有这样，检察机关才能在刑事抗诉工作中充分贯彻国家的刑事政策，实现法律效果和社会效果的统一。另外，如果把刑事抗诉的条件确定为判决、裁定确有错误和确有抗诉必要，那么，依法履行审判监督职能与诉讼经济这两个价值目标就可以在实践中找到较好的结合点。依法履行审判监督职能，要求对符合抗诉条件的案件应当依法提出抗诉。贯彻诉讼经济原则，则要求检察机关在刑事抗诉工作中要把握好抗诉的范围，减少盲目性。要把两者有机地结合起来，关键在于科学确定刑事抗诉的具体标准，合理确定哪些案件属于确有错误和确有必要抗诉的案件，哪些案件属于虽有错误但是不宜抗诉的案件。

根据《人民检察院刑事诉讼规则（试行）》第584条的规定，人民检察院认为同级人民法院第一审判决、裁定有下列情形之一的，应当提出抗诉：(1) 认定事实不清、证据不足的；(2) 有确实、充分证据证明有罪而判无罪，或者无罪判有罪的；(3) 重罪轻判，轻罪重判，适用刑罚明显不当的；(4) 认定罪名不正确，一罪判数罪、数罪判一罪，影响量刑或者造成严重社会影响的；(5) 免除刑事处罚或者适用缓刑、禁止令、限制减刑错误的；(6) 人民法院在审理过程中严重违反法律规定的诉讼程序的。根据《关于刑事抗诉工作的若干意见》有关规定，其将刑事抗诉分为应当抗诉和不宜抗诉两种情形。比较而言，《人民检察院刑事诉讼规则（试行）》与《关于刑事抗诉工作的若干意见》关于抗诉条件的规定精神是一致的，即人民法院判决、裁定"确有错误"，主要包括事实、证据、法律适用以及程序是否公正等方面。《关于刑事抗诉工作的若干意见》更明确强调依法履行法律监督职能与诉讼经济相结合，纠正确有错误的刑事裁判与维护刑事裁判的稳定性相结合，即抗诉的必要性问题。这里，我们结合《人民检察院刑事诉讼规则（试行）》与《关于刑事抗诉工作的若干意见》的有关规定，将应当抗诉的情形分为以下几类：

（一）原判决和裁定认定事实和采信证据确有错误

这种错误又可以分为两类：

1. 刑事判决或裁定认定事实有错误，导致定性或者量刑明显不当

这一类错误主要包括下列情况：一是刑事判决或裁定认定的事实与证据不一致，即法院所采信的证据不能证明所认定的案件事实，或者所认定的案件事实没有确实充分的证据予以证明；二是认定的事实与裁判结论有重大矛盾，即根据所认定的案件事实不能依法得出所作的裁判结论，如认定被告人只有伤害的故意却以故意杀人罪定罪处罚；三是有新的证据证明刑事判决或裁定认定事

实确有错误。

司法实践中，人民法院根据检察机关提出的证据对事实进行认定并作出裁判以后，可能发现新的证据，证明原判决、裁定认定事实与客观实际不符。基于实事求是的原则，原来的判决或裁定既然认定事实有误，就应当予以纠正。但对纠正这种错误应当采取什么方式，理论上和实践中均存在争议。一种观点认为，原判决、裁定是根据当时的证据情况作出的，后来出现的新证据不能否定当时所作判决、裁定的正确性，因而检察机关不能提出抗诉。但就提出抗诉的条件而言，所谓"确有错误"应包括原判决、裁定认定事实不符合客观实际。也就是说，原判决、裁定的根据虽然没有错误，但是结果错误。不论是根据错误还是结果错误，人民检察院都有权提出抗诉。在这种情况下，抗诉并不否定当时人民法院所作判决、裁定的正确性，而是基于新的情况要求人民法院纠正不符合客观实际的判决、裁定。对于"新的证据"，一般认为是原来没有而新取得的可以作为定案依据的证据，例如，发现新的证人能够提供证明案件事实的关键性证言。证据发生的变化也可以导致新的证据出现，例如，被告人、证人改变原来的供述、证言，新的供述和证言就是"新的证据"。

2. 刑事判决或裁定采信证据有错误，导致定性或者量刑明显不当的

这主要包括：刑事判决或裁定据以认定案件事实的证据不确实的；据以定案的证据不足以认定案件事实，或者所证明的案件事实与裁判结论之间缺乏必然联系的；据以定案的证据之间存在矛盾的；经审查犯罪事实清楚、证据确实充分，人民法院以证据不足为由判决无罪错误的。

对于人民法院以证据不足为由判决无罪的案件，人民检察院认为确有错误时，应当根据情况不同采取适当的处理方式。如果认为原审判决在采信证据方面确有错误，该采信的证据没有采信，不该采信的证据却采信了，检察机关认为案件事实清楚、证据确实充分，而人民法院认为事实不清、证据不足，因而判决无罪的，检察机关应当依法提出抗诉。如果人民检察院对原判没有异议，但后来又发现新的证据，足以证明被告人有罪，实践中应当重新起诉，不能提出抗诉。

认定事实是否清楚，证据是否确实、充分，是正确确定被告人刑事责任和定罪量刑的基础。如果认定事实和采信证据发生错误，导致定性或者量刑明显不当，人民检察院应当提出抗诉。如果判决、裁定在认定事实、采信证据方面存在错误，但是定性和量刑无明显不当的，从诉讼经济考虑，检察机关一般应不抗诉，根据案件具体情况也可以抗诉。

提出刑事抗诉，不仅要求判决、裁定本身确有错误，还要求人民检察院据以支持抗诉主张的证据确实、充分，表明判决、裁定确实发生了错误。如果支

持抗诉主张的证据不确实、不充分，就无法证明判决、裁定是不是有错误、有什么错误，人民法院也不可能作出改判。因此，原审刑事判决或裁定认定事实、采信证据有下列情形之一的，一般不宜提出抗诉：

（1）判决或裁定采信的证据不确实、不充分，或者证据之间存有矛盾，但是支持抗诉主张的证据也不确实、不充分，或者不能合理排除证据之间的矛盾的。也就是说，人民检察院虽然认为原审判决采信证据错误或者采信的证据不确实、充分，但也缺乏足够的证据支持自己的抗诉主张，案件实际上处于存疑的状态。在这种情况下，人民检察院即使提出抗诉，也难以说服人民法院改判。

（2）被告人提出罪轻、无罪辩解或者翻供后，有罪证据之间的矛盾无法排除，导致起诉书、判决书对事实的认定分歧较大的。

（3）刑事判决改变起诉定性，导致量刑差异较大，但没有足够证据证明人民法院改变定性错误的。

（4）案件基本事实清楚，因有关量刑情节难以查清，人民法院从轻处罚的。

（二）刑事判决或裁定在适用法律方面确有错误

这种错误又可以分为三类：

1. 定性错误，即对案件进行实体评判时发生错误，导致有罪判无罪，无罪判有罪，或者混淆此罪与彼罪、一罪与数罪的界限，造成适用法律错误，罪刑不相适应的。

2. 量刑错误，即重罪轻判或者轻罪重判，量刑明显不当的。主要包括下列情形：一是未认定有法定量刑情节而超出法定刑幅度量刑，即原审判决、裁定中没有认定被告人有从重、从轻、减轻、免除处罚的法定情节，而在法定最高刑以上判处刑罚，或者在没有认定法定量刑情节且没有依法报请最高人民法院核准的情况下，在法定最低刑以下判处刑罚；二是认定法定量刑情节错误，导致未在法定刑幅度内量刑或者量刑明显不当，例如，不应当认定为避险过当而予以认定并减轻处罚，或者应当认定为紧急避险而没有认定并在法定刑幅度内量刑；三是适用主刑刑种错误，例如，法定最高刑为15年有期徒刑而判处无期徒刑；四是应当判处死刑立即执行而未判处，或者不应当判处死刑立即执行而判处；五是应当并处附加刑而没有并处，或者不应当并处附加刑而并处；六是适用免除刑事处罚或者适用缓刑、禁止令、限制减刑错误的。例如，2012年8月"两高"《关于办理职务犯罪案件严格适用缓刑、免予刑事处罚若干问题的意见》第2条规定，对于具体下列情形之一的职务犯罪分子，一般不适用缓刑或者免予刑事处罚：（1）不如实供述罪行的；（2）不予退缴赃款赃物或者将赃款赃物用于非法活动的；（3）属于共同犯罪中情节严重的主犯的；

(4) 犯有数个职务犯罪依法实行并罚或者以一罪处罚的；(5) 曾因职务违纪违法行为受过行政处分的；(6) 犯罪涉及的财物属于救灾、抢险、防汛、优抚、扶贫、移民、救济、防疫等特定款物的；(7) 受贿犯罪中具有索贿情节的；(8) 渎职犯罪中徇私舞弊情节或者滥用职权情节恶劣的；(9) 其他不应适用缓刑、免予刑事处罚的情形。如果对具有上述情形之一的职务犯罪适用缓、免刑的，就应当重点审查判断是否属于适用缓刑、免予刑事处罚错误，量刑明显不当。

3. 对人民检察院提出的附带民事诉讼部分所作判决、裁定明显不当的。在被害人及其法定代理人、近亲属提出附带民事诉讼的情况下，由于当事人有权处分自己的民事权利，即使判决有错误，一般也以附带民事诉讼原告人自行提起上诉为宜。检察机关在审查判决、裁定的过程中，发现附带民事诉讼部分明显不当的，可以将情况和意见告知附带民事诉讼原告人，由其自行决定是否上诉，不宜直接提出抗诉。

所谓适用法律，不仅包括对法律条文的引用和解释，也包括人民法院运用法律解决案件实体问题的过程。从这个意义上讲，定性、量刑都是适用法律的结果，因此定性错误和量刑错误都是适用法律错误的具体表现。

适用法律错误可以表现为引用法律条文错误或者解释法律不当，但如果定性、量刑没有错误，从诉讼经济的角度出发，检察机关一般应不抗诉，而对引用法律条文或者解释法律不当的错误，以检察建议的形式向人民法院提出。特别是引用法律条文错误，有时只是文书制作过程中的疏忽造成的技术性差错，应当建议人民法院予以更正。

具有下列情形之一的，一般不宜提出抗诉：

(1) 法律规定不明确、存有争议，抗诉的法律依据不充分的。对法律规定在理解上发生分歧，是司法实践中经常发生的现象。人民检察院提出抗诉，一般应有充分的法律依据，否则人民法院也不会采纳抗诉意见。在依据不充分的情况下贸然提出抗诉，也有悖刑事抗诉的严肃性、权威性。但如果案情重大，原审判决、裁定在适用法律上与司法实践中对法律理解的倾向性意见相悖，确有必要提出抗诉的，也可以抗诉。

(2) 刑事判决或裁定认定罪名不当，但量刑基本适当的。这种情况下，虽然判决、裁定在定性上发生了错误，但量刑基本适当，没有影响国家刑罚权的正确行使，属于可抗可不抗的情形，由人民检察院根据案件具体情况决定是否抗诉。从诉讼经济出发，一般可以不抗诉。如果原审判决、裁定在定性上发生的错误有可能严重误导下级法院或者其他法院的刑事审判工作，检察机关也可以提出抗诉，以维护法律的统一、正确实施。

（3）具有法定从轻或者减轻处罚情节，量刑偏轻的。也就是说，只要具备法定从轻或者减轻情节，即使法院从轻或者减轻的幅度比较大，有悖罪刑相适应原则，一般情况下以不抗诉为宜。

（4）未成年人犯罪案件量刑偏轻的。本着"教育、感化、挽救"的方针，对于犯罪的未成年人应当从宽处理。即使法院从轻或者减轻处罚的幅度比较大，一般情况下以不抗诉为宜。

（5）被告人积极赔偿损失，人民法院适当从轻处罚的。被告人赔偿损失，虽然不是法定的量刑情节，但反映了被告人的悔罪态度，或者反映被告人家属为其弥补损失以求从宽处理的态度，人民法院可以作为酌定情节考虑，予以从轻处罚。只要没有明显违背罪刑相适应的原则，检察机关不应提出抗诉。

总而言之，人民检察院针对量刑错误提出抗诉，一般要求是量刑方面存在畸轻畸重，明显违背罪刑相适应原则，超出法官自由裁量的幅度的情形。对量刑偏轻或者偏重，但是没有超出法定量刑幅度的，应视为在法官自由裁量的范围之内，一般不宜提出抗诉。这样做一方面符合诉讼经济原则，另一方面也有利于维护判决、裁定的稳定性和审判的权威。

（三）人民法院在审判过程中严重违反法定诉讼程序

具有下列情形之一，可能影响公正审判的，人民检察院应当提出抗诉和支持抗诉：

1. 违反有关回避规定的；
2. 审判组织的组成严重不合法的；
3. 除另有规定的以外，证人证言未经庭审质证直接作为定案根据，或者人民法院根据律师申请收集、调取的证据材料和合议庭休庭后自行调查取得的证据材料没有经过庭审辨认、质证直接采纳为定案根据的；
4. 剥夺或者限制当事人法定诉讼权利的；
5. 具备应当中止审理的情形而作出有罪判决的；
6. 当庭宣判的案件，合议庭不经过评议直接宣判的；
7. 其他严重违反法律规定的诉讼程序，影响公正判决或裁定的。

人民法院审判活动虽然违反法定诉讼程序，但是未达到严重程度，不足以影响公正裁判的，一般不宜提出抗诉，必要时可以以检察建议书、纠正违法通知书等形式向人民法院提出纠正意见。

（四）审判人员在案件审理期间有贪污受贿、徇私舞弊、枉法裁判行为

审判人员在案件审理期间，有贪污受贿、徇私舞弊、枉法裁判行为，影响公正判决或裁定，造成上述第（一）、（二）、（三）项应当抗诉的情形的，人民检察院应当提出抗诉和支持抗诉。必须明确，审判人员在审理案件时有贪污

受贿、徇私舞弊、枉法裁判等行为，一般来说会影响判决、裁定的公正性、正确性，但两者之间也并非具有必然的联系，仅以审判人员有贪污受贿、徇私舞弊、枉法裁判行为为理由提出抗诉，还不够慎重，应当对判决、裁定本身是否正确进行审查。如果判决、裁定没有错误，就没有必要提出抗诉，避免增加讼累，而且人民法院也不可能作出改判，抗诉的意义不大。如果判决、裁定确有错误，或者有发生错误的较大可能性，就应当提出抗诉。

三、第二审程序抗诉的程序

（一）有权提出第二审程序抗诉的机关

根据新《刑事诉讼法》第217条的规定，有权对人民法院尚未发生法律效力的一审判决、裁定提出抗诉的，只能是同级地方人民检察院。最高人民法院的判决、裁定都是终审的判决、裁定，所以，最高人民检察院不能提出第二审程序抗诉。

另外，新《刑事诉讼法》第218条规定："被害人及其法定代理人不服地方各级人民法院第一审的判决的，自收到判决书后五日以内，有权请求人民检察院提出抗诉。"也就是说，被害人及其法定代理人享有请求抗诉权，人民检察院依法必须对被害人及其法定代理人的请求在规定期限内审查并给予答复，但是否抗诉仍然由人民检察院决定，并不受被害人及其法定代理人意见的制约。

提出抗诉的人民检察院必须将抗诉书抄送上一级人民检察院。上一级人民检察院如果认为抗诉不当，可以向同级人民法院撤回抗诉，并且通知下级人民检察院。如果上一级人民检察院认为抗诉正确，则应当予以支持。法律之所以这样规定，首先是与我国检察机关的领导体制相适应的。根据人民检察院组织法的规定，上下级人民检察院之间是领导与被领导的关系，上级人民检察院有权审查下级人民检察院所作的任何决定，并有权撤销其认为有错误的决定。其次，根据新《刑事诉讼法》第224条的规定，第二审人民法院开庭审理抗诉案件时，将由同级人民检察院派员出庭支持抗诉，而不是由提出抗诉的人民检察院派员出庭，因此，上一级人民检察院必须对抗诉进行审查。另外，由上一级人民检察院审查下级人民检察院提出的抗诉，也有利于保证刑事抗诉的准确性、严肃性和权威性。

根据《人民检察院刑事诉讼规则（试行）》的规定，提出抗诉的人民检察院对上一级人民检察院撤回抗诉的决定有提请复议权，如果认为上一级人民检察院撤回抗诉不当，则可以提请复议。上一级人民检察院应当复议，并将复议结果通知下级人民检察院。

(二) 提出第二审程序抗诉的期限

所谓抗诉期限，是指刑事诉讼法规定的人民检察院提出第二审程序抗诉的时间限制。规定第二审程序抗诉期限的目的，主要是促使检察机关及时对判决、裁定进行审查，防止诉讼的过分延迟。

根据新《刑事诉讼法》第219条的规定，不服判决的抗诉期限为10日，不服裁定的抗诉期限为5日，从接到判决书、裁定书的第2日起算。如果期限届满未提出上诉、抗诉，刑事判决、裁定便发生法律效力。此后即使发现确有错误，同级人民检察院也不能提出第二审程序抗诉，只能提请上级人民检察院按照审判监督程序提出抗诉。

(三) 审查提出抗诉的程序

1. 审查刑事判决书、裁定书

人民检察院收到同级人民法院第一审刑事判决书或者裁定书后，应当及时指定专人（通常是本案的公诉人）进行审查，并在法定抗诉期限内决定是否提出抗诉。审查判决书、裁定书是人民检察院刑事抗诉工作的重要基础。只有通过认真审查，才能及时发现判决、裁定中存在的错误，才有可能进行监督。

被害人及其法定代理人不服判决，在收到判决书后5日以内请求人民检察院提出抗诉的，人民检察院必须立即进行审查，在收到请求后5日内作出是否抗诉的决定，并且答复请求人。被害人及其法定代理人在收到判决书5日以后请求人民检察院提出抗诉的，人民检察院可以决定受理，也可以决定不受理。决定不受理的情况，一般是因为人民检察院已经对判决进行审查并作出了决定，没有必要再受理被害人及其法定代理人的请求。

审查判决书、裁定书，一要做到"及时"。由于法定的抗诉期限比较短，而审查决定抗诉往往需要做大量的工作，如果不及时进行审查，就可能在规定期限内发现不了判决、裁定中的错误，或者无法对有关问题进行认真细致的研究，影响抗诉决定的作出和办案质量，甚至可能来不及制作抗诉书。虽然在法定期限内未提出抗诉的案件，还可以由上级人民检察院按照审判监督程序提出抗诉，但后者程序比较复杂，并且与第二审程序抗诉具有阻止错误裁判生效执行的作用相比，提出审判监督程序抗诉的法律效果和社会效果都要差一些。二要做到"全面"，即要对判决书、裁定书的内容进行全面细致的审查，**避免遗漏**。不仅要审查刑事部分是否正确，也要审查附带民事诉讼部分是否正确；不仅要审查针对主犯所作的判决、裁定内容是否正确，也要审查针对其他被告人所作的判决、裁定内容是否正确；不仅要审查对实体问题的处理是否正确，也要审查人民法院是否有严重违反法定诉讼程序、影响公正审判的情形。对刑事部分，应当重点围绕认定事实是否清楚，证据是否确实、充分，适用法律是否正确，定罪量刑是否恰当，诉讼程序是否合法进行审查。发现判决、裁定确有错误时，还要进一步分析出现错误的原因。

对刑事抗诉案件的事实，应当重点从以下几个方面进行审查：（1）犯罪的动机、目的是否明确；（2）犯罪的手段是否清楚；（3）与定罪量刑有关的情节是否具备；（4）犯罪的危害后果是否查明；（5）行为和结果之间是否存在刑法上的因果关系。

对刑事抗诉案件的证据，应当重点从以下几个方面进行审查：（1）认定主体的证据是否确实充分；（2）认定犯罪行为和证明犯罪要素的证据是否确实充分；（3）涉及犯罪性质、决定罪名的证据是否确实充分；（4）涉及量刑情节的相关证据是否确实充分。提出抗诉的刑事案件，支持抗诉主张的证据是否具备合法性、客观性和关联性；抗诉主张的每一环节是否均有相应的证据予以证实；抗诉主张与抗诉证据之间、抗诉证据与抗诉证据之间是否存在矛盾；支持抗诉主张的证据是否形成完整的锁链。

对刑事抗诉案件的适用法律，应当重点从以下几个方面进行审查：（1）适用的法律和法律条文是否正确；（2）罪与非罪、此罪与彼罪、一罪与数罪的认定是否正确；（3）具有法定从重、从轻、减轻、免除处罚情节的，适用法律是否正确；（4）适用刑种和量刑幅度是否正确；（5）对人民检察院提出的附带民事诉讼部分的判决或裁定是否符合法律规定。

审查判决书的一般方法是将判决书与起诉书相对照，结合法庭审理情况，分析两者在认定事实、适用法律等方面的差异，弄清起诉书的哪些意见人民法院没有采纳以及不采纳的理由，判决书的哪些内容不符合法律规定或者明显不当。在此基础上，还可以根据情况审阅卷宗，作进一步核查，确定是否存在错误。

2. 决定是否抗诉

承办案件的检察官经过审查，应当填写对法院刑事判决、裁定审查表，提出同意判决或抗诉等具体意见，报公诉部门负责人审核。对拟提出抗诉的案件，还应写出刑事抗诉案件审查报告一并报经公诉部门负责人审核。对于需要提出抗诉的案件，公诉部门应当报请检察长决定；案情重大、疑难、复杂的案件，由检察长提交检察委员会讨论决定。实践中，在决定抗诉前，如果时间允许或者是重大、疑难、复杂的案件，可以事先征求上一级人民检察院的意见。

对于被害人及其法定代理人的抗诉请求，经审查决定，应填写请求抗诉答复书，在收到请求的5日内答复请求人。

3. 提出抗诉、支持抗诉和撤回抗诉

对作出抗诉决定的案件，必须在法定期限内制作刑事抗诉书，通过原审人民法院向上一级人民法院提出抗诉，并且将抗诉书副本连同检察内卷材料报送上一级人民检察院。原审人民法院应当在3日内将抗诉书连同案卷、证据材料移送上一级人民法院，并且将抗诉书副本送达有关当事人。根据最高人民检察院的规定，提出抗诉的人民检察院应当将抗诉书副本报送同级人大常委会。

上一级人民检察院收到下级人民检察院刑事抗诉书副本后，经指定专人阅卷审查，认为抗诉正确或者部分正确的，应当做好派员出席第二审法庭的准备；认为抗诉不当的，应当制作撤回抗诉决定书，向同级人民法院撤回抗诉，同时通知提出抗诉的下级人民检察院。下级人民检察院认为撤回抗诉不当的，可以提请复议。上一级人民检察院应当进行复议，并将复议结果通知下级人民检察院。

上一级人民检察院在上诉、抗诉期限内，发现下级人民检察院对应当抗诉的案件没有提出抗诉的，可以指令下级人民检察院依法提出抗诉。第二审人民法院发回原审人民法院重新按照第一审程序审理的案件，如果人民检察院认为审理后的判决、裁定确有错误，仍然可以按照第二审程序提出抗诉。

这里需注意的是，最高人民检察院对职务犯罪案件的法律监督作出了特别规定。根据有关规定，人民检察院直接立案侦查案件的第一审判决，由上下两级人民检察院同步进行审查。提起公诉的人民检察院应当在一审庭审后，将案件审查报告、起诉书、出庭意见书、量刑建议书报送上一级人民检察院。收到人民法院作出的第一审判决书后，应当在2日内报送上一级人民检察院。下级人民检察院经审查，认为第一审判决确有错误，且有抗诉必要的，应当在法定时限内依法提出抗诉，并且报告上一级人民检察院。上一级人民检察院公诉部门经审查，认为应当抗诉的，应当及时通知下级人民检察院。上一级人民检察院公诉部门认为应当抗诉，下级人民检察院认为不应当抗诉的，下级人民检察院应当将不抗诉的意见报上一级人民检察院公诉部门。上一级人民检察院公诉部门经审查认为确有抗诉必要的，报请检察长提交检察委员会讨论决定。上一级人民检察院作出的抗诉决定，下级人民检察院应当执行。

第三节 审判监督程序抗诉的条件和程序

一、审判监督程序抗诉的概念

审判监督程序抗诉，是指最高人民检察院对地方各级人民法院已经发生法律效力的刑事判决、裁定，上级人民检察院对下级人民检察院已经发生法律效力的刑事判决、裁定，认为确有错误时，向同级人民法院提出的抗诉。由于这种抗诉必然引起人民法院的再审，因而也称为再审程序的抗诉。

审判监督程序抗诉的对象是已经发生法律效力的刑事判决或裁定，既包括公诉案件的判决、裁定，也包括自诉案件的判决、裁定。这里所谓已经发生法律效力的刑事判决、裁定，包括：（1）已经超过法定上诉、抗诉期限的第一审刑事判决、裁定；（2）经第二审终审的刑事判决、裁定；（3）最高人民法院所作的刑事判决、裁定；（4）经最高人民法院核准死刑的判决；（5）经高级人民法院核准判处死刑缓期二年执行的判决。这里需要注意，死刑、死缓案件的二审判决、裁定作出后，不能立即提请或者提出抗诉，应当待死刑复核程序结束后，再提请抗诉和提出抗诉。

二、审判监督程序抗诉的条件

审判监督程序抗诉的条件基本上与第二审程序抗诉的条件相同。但由于所针对的是已经发生法律效力的判决、裁定，最高人民检察院《关于刑事抗诉工作的若干意见》规定，按照审判监督程序提出抗诉的案件，应当比照第二审程序抗诉案件的标准从严掌握。实践中，特别是对支持抗诉的证据，应当要求得更为严格，同时要充分考虑抗诉的法律效果和社会效果，注意维护刑事裁判的稳定性和刑事抗诉的权威性。

《关于刑事抗诉工作的若干意见》就人民检察院对判处死刑缓期二年执行的案件如何适用审判监督程序抗诉作了专门规定，即人民检察院认为应当判处死刑立即执行而人民法院判处死刑缓期二年执行的案件，具有下列情形之一的，除原判认定事实、适用法律有严重错误或者罪行极其严重、必须判处死刑立即执行，而判处死刑缓期二年执行明显不当的以外，一般不宜提出抗诉：

1. 因被告人有自首、立功等法定从轻、减轻处罚情节而判处其死刑缓期二年执行的；

2. 因婚姻家庭、邻里纠纷等民间矛盾激化引发的故意杀人案件，由于被害人一方有明显过错或者对矛盾激化负有直接责任，人民法院根据案件具体情况，判处被告人死刑缓期二年执行的；

3. 被判处死刑缓期二年执行的罪犯入监劳动改造后，考验期将满，认罪伏法，狱中表现较好的。

根据《人民检察院刑事诉讼规则（试行）》的规定，人民检察院认为人民法院已经发生法律效力的判决、裁定确有错误，具有下列情形之一的，应当按照审判监督程序向人民法院提出抗诉：（1）有新的证据证明原判决、裁定认定的事实确有错误，可能影响定罪量刑的；（2）据以定罪量刑的证据不确实、不充分的；（3）据以定罪量刑的证据依法应当予以排除的；（4）据以定罪量刑的主要证据之间存在矛盾的；（5）原判决、裁定的主要事实依据被依法变更或者撤销的；（6）认定罪名错误且明显影响量刑的；（7）违反法律关于追诉时效期限的规定的；（8）量刑明显不当的；（9）违反法律规定的诉讼程序，可能影响公正审判的；（10）审判人员在审理案件的时候有贪污受贿、徇私舞弊、枉法裁判行为的。此外，对于高级人民法院判处死刑缓期二年执行的案件，省级人民检察院认为确有错误提请抗诉的，一般应当在收到生效判决、裁定后3个月以内提出，至迟不得超过6个月。

三、审判监督程序抗诉的程序

（一）有权提出审判监督程序抗诉的机关

根据新《刑事诉讼法》第243条的规定，有权对已经发生法律效力的刑事判决、裁定提出抗诉的，只能是原审人民法院的上级人民检察院。也就是说，地方各级人民检察院对同级人民法院的刑事判决、裁定，认为确有错误时，不能按审判监督程序抗诉，只能提请上级人民检察院抗诉。例如，基层人民检察院无权提出审判监督程序抗诉，认为同级人民法院已经发生法律效力的刑事判决或裁定确有错误时，只能提请分、州、市级人民检察院按照审判监督程序提出抗诉。

最高人民检察院、省级人民检察院认为下级人民法院刑事判决、裁定确有错误时，可以直接向同级人民法院提出抗诉，也可以指令作出生效判决、裁定的人民法院的上一级人民检察院向同级人民法院提出抗诉。

（二）提出审判监督程序抗诉的期限

按照审判监督程序提出的抗诉，法律没有规定期限，只要发现已经发生法律效力的判决或裁定确有错误，任何时候都有权提出抗诉，包括终审判决、裁定刚刚生效，原审被告人正在服刑期间，或者原判已经执行完毕。这是与"实事求是、有错必纠"的原则相适应的。

（三）审查提出抗诉的程序

1. 审查生效判决书、裁定书

在审判监督程序抗诉案件中，主要通过下列途径发现判决、裁定的错误：一是收到人民法院生效判决书、裁定书后，人民检察院通过指定专人审查发现错误；二是根据当事人及其法定代理人、近亲属的申诉，对判决、裁定审查后发现错误;三是根据社会各界和有关部门转送的材料和反映的意见,对判决、裁定审查后发现错误;四是在办案质量检查和案件复查等工作中,发现有的判决、裁定确有错误。

无论通过什么途径,都必须经过认真、细致、全面的审查才能确定生效判决、裁定是否确有错误。办理审判监督程序抗诉案件,虽然法律没有规定期限限制,但也不能过分拖延。最高人民检察院《关于刑事抗诉工作的若干意见》规定:"人民检察院审查适用审判监督程序的抗诉案件,应当在六个月以内审结;重大、复杂的案件,应当在十个月以内审结。"

如果是生效的一审判决、裁定,审查方法与按照第二审程序抗诉前审查判决书、裁定书的方法相同。如果是经过上诉、抗诉而生效的第二审判决、裁定,一般应将判决书、裁定书与一审判决书、裁定书以及引起二审的抗诉书或上诉状对照起来进行审查。主要审查终审判决、裁定在认定事实、采信证据、适用法律、定罪量刑和诉讼程序等方面是否正确、合法,是否采纳了检察机关正确的抗诉意见和上诉人的合理要求,对无理的上诉是否驳回。在审查过程中,承办案件的检察官应当审阅案卷材料,提讯在押的原审被告人,复核主要证据,了解原审被告人服刑期间的表现和社会各界对原审判决、裁定的反映,必要时针对尚不清楚的事实和情节收集新的证据。

2. 提请抗诉

提请抗诉不是办理审判监督程序抗诉案件的必经程序。凡是本院有权按照审判监督程序提出抗诉的,可以根据下级人民检察院的提请作出抗诉决定,也可以不经提请直接作出抗诉决定;凡是本院不能按照审判监督程序提出抗诉的,应当审查决定是否提请上级人民检察院抗诉。

需要由上一级人民检察院按照审判监督程序提出抗诉的案件,承办案件的检察官经过审查判决书(裁定书)、审阅案卷材料、提讯原审被告人、复核主要证据等工作,承办人员应当填写刑事判决、裁定审查表,提出处理意见,报公诉部门负责人审核。对于需要提出抗诉的案件,公诉部门应当报请检察长决定;案发重大、疑难、复杂的案件,由检察长提交检察委员会讨论决定。

经检察委员会决定提请上一级人民检察院抗诉的案件,应当制作提请抗诉报告书,连同侦查、检察、审判卷宗一并报送上一级人民检察院审查决定。提请抗诉报告书应当依次写明原审被告人的基本情况,犯罪事实,一审和二审法院审判的情况,判决、裁定的错误之处,提请抗诉的理由、法律根据以及本院检察委员会讨论情况。

对终审判处被告人死刑、死刑缓期二年执行的案件,省级人民检察院认为应当判处死刑立即执行的,应当在收到终审判决书后3个月内提请最高人民检察院审查。

3. 决定抗诉

最高人民检察院、上级人民检察院在接到提请抗诉报告书后，应当及时指定检察人员进行审查。特别是对认为判处死刑缓期二年执行不当，拟要求改判死刑立即执行的案件，应当尽快审查决定是否抗诉。承办案件的检察人员应当制作阅卷笔录，必要时应当复核主要证据、提讯被告人或提取新的证据。经过审查，应当写出刑事抗诉案件审查报告，依次写明原审被告人基本情况、诉讼经过、犯罪事实、原审判决、裁定情况、提请抗诉的理由和法律根据以及下一级人民检察院检察委员会讨论情况，最后提出具体的审查意见，经公诉部门负责人审核，报主管检察长审批。如果认为已经生效的判决、裁定确有错误，需要提出抗诉的，由主管检察长提交检察委员会讨论决定。

决定抗诉后，应当制作刑事抗诉书，向同级人民法院提出抗诉。如果是以有新的证据证明原判决、裁定认定的事实确有错误为由提出抗诉，提出抗诉时应随附新的证据目录、证人名单和主要证据复印件或者照片。分、州、市级人民检察院和省级人民检察院提出抗诉的案件，应当将抗诉书副本报送上一级人民检察院和同级人大常委会备案。

人民检察院抗诉以后，因原审被告人被法院宣告无罪后去向不明、不能到案的，应由人民法院中止审理，待被告人到案后再恢复审理，不能将案件退回检察机关。

人民检察院按照审判监督程序提出抗诉的案件，接受抗诉的人民法院应当组成合议庭重新审理。经重新审理作出的判决、裁定仍然确有错误时，如果是按照第一审程序审判的，同级人民检察院应当按照第二审程序向上一级人民法院提出抗诉；如果是按照第二审程序审判的，上级人民检察院应当按照审判监督程序向同级人民法院提出抗诉。

实践中，人民检察院根据2012年新刑事诉讼法适用审判监督程序抗诉，需要强调以下三点：

一是严格把握审判监督程序抗诉的条件。根据新刑事诉讼法和《人民检察院刑事诉讼规则（试行）》的规定，人民检察院认为人民法院已经发生法律效力的判决、裁定确有错误，具有下列情形之一的，应当按照审判监督程序向人民法院提出抗诉：有新的证据证明原判决、裁定认定的事实确有错误，可能影响定罪量刑的；据以定罪量刑的证据不确实、不充分、依法应当予以排除，或者证明案件事实的主要证据之间存在矛盾的；原判决、裁定适用法律确有错误明显影响量刑；量刑明显不当的；违反法律规定的诉讼程序，可能影响公正审判的；审判人员在审理该案件的时候，有贪污受贿、徇私舞弊、枉法裁判行为的等。

二是对原审被告人采取强制措施。根据新刑事诉讼法的规定，人民检察院提出抗诉的再审案件，需要对被告人采取强制措施的，由人民检察院依法决定。根据2012年《人民检察院刑事诉讼规则（试行）》的规定，人民检察院公诉部门办理按照审判监督程序抗诉案件，认为需要对被告人采取逮捕措施的，应当提出意见，移送本院侦查监督部门办理；认为需要对被告人采取取保候审、监视居住措施的，由办案人员提出意见，部门负责人审核后，报检察长决定。

三是通过申诉途径提起的审判监督程序抗诉由申诉部门办理并出庭。根据2012年《人民检察院刑事诉讼规则（试行）》的规定，对刑事判决、裁定的监督由公诉部门和刑事申诉检察部门承办。当事人及其法定代理人、近亲属认为人民法院已经发生法律效力的刑事判决、裁定确有错误，向人民检察院申诉的，由作出生效判决、裁定的人民法院的同级人民检察院刑事申诉检察部门依法办理。人民检察院刑事申诉检察部门对已经发生法律效力的刑事判决、裁定的申诉复查后，认为需要提出抗诉的，报请检察长或者检察委员会讨论决定。地方各级人民检察院刑事申诉检察部门对不服同级人民法院已经发生法律效力的刑事判决、裁定的申诉复查后，认为需要提出抗诉的，报请检察长或者检察委员会讨论决定。认为需要提出抗诉的，应当提请上一级人民检察院抗诉。上级人民检察院刑事申诉检察部门对下一级人民检察院提请抗诉的申诉案件审查后，认为需要提出抗诉的，报请检察长或者检察委员会决定。人民法院开庭审理时，由同级人民检察院刑事申诉检察部门派员出席法庭。

第四节　出席抗诉案件法庭

一、出席抗诉案件法庭的概念和范围

出席抗诉案件法庭，是指人民检察院派员出席同级人民法院按照第二审程序或者审判监督程序开庭审理刑事抗诉案件的一种诉讼活动。

根据新《刑事诉讼法》第223条规定，第二审人民法院对于人民检察院抗诉的案件，应当组成合议庭，开庭审理。同时新《刑事诉讼法》第224条进一步明确规定，人民检察院提出抗诉的案件或者第二审人民法院开庭审理的公诉案件，同级人民检察院都应当派员出席法庭。根据这些规定，人民法院对第二审程序抗诉的案件必须开庭审理，与二审人民法院的同级人民检察院应当

派员出席法庭。

按照审判监督程序提出抗诉的案件,人民法院是否必须开庭审理,刑事诉讼法没有明文规定。新《刑事诉讼法》第245条第2款只是规定"人民法院开庭审理的再审案件,同级人民检察院应当派员出席法庭"。但一般认为,既然刑事诉讼法规定第二审程序抗诉案件必须开庭审理,那么按照审判监督程序抗诉的案件,人民法院原则上也应该开庭审理,这与刑事诉讼法的立法精神相符。《人民检察院组织法》第18条第2款规定:"按照审判监督程序审理的案件,人民检察院必须派人出席法庭。"这一规定虽然是对人民检察院的要求,但如果人民法院不开庭审理,人民检察院也无法执行,反过来说明人民法院对审判监督程序抗诉案件开庭审理也是法律的要求。最高人民法院在进行再审案件审判方式改革时,研究了刑事再审案件开庭审理的范围。目前的意见是,人民检察院按照审判监督程序提出抗诉的案件,有下列情形之一的,可以不开庭审理:(1)1979年刑事诉讼法施行以前裁判的;(2)原审被告人已经死亡、下落不明或者丧失刑事责任能力的;(3)原审被告人在其他省、自治区、直辖市监狱服刑,提押到庭确有困难的;(4)决定指令下级人民法院再审的;(5)其他不具备开庭审理条件的。

第二审程序抗诉案件的法庭和审判监督程序抗诉案件的法庭相比,主要有下列区别:(1)审理的对象不同。对第二审程序抗诉案件,法庭审理的是尚未发生法律效力的刑事判决、裁定;对审判监督程序抗诉案件,法庭审理的是已经发生法律效力的刑事判决、裁定。(2)审理的程序不同。第二审程序抗诉案件的法庭是按照刑事诉讼法规定的第二审程序进行审理的;审判监督程序抗诉案件的法庭,则按照审判监督程序进行审理,原来是一审的适用第一审程序,原来是二审的适用第二审程序。(3)审判结果的效力不同。第二审程序抗诉案件的审判结果是终审的判决、裁定,同级人民检察院不能再提出第二审程序抗诉,认为确有错误时,只能提请上一级人民检察院按照审判监督程序提出抗诉。审判监督程序抗诉案件的审判结果依所适用的审判程序而定:如果是按照第一审程序进行审理的,所作的判决或裁定,可以按照第二审程序提出抗诉;如果是按照第二审程序进行审理的,不能按照第二审程序提出抗诉。(4)审理的期限不同。对第二审程序抗诉的案件,人民法院应当在一个月以内审结,至迟不得超过一个半月;遇有法律规定的特殊情形,经省、自治区、直辖市高级人民法院批准或决定,可以延长一个月。对审判监督程序抗诉的案件,人民法院应当在3个月以内审结,必要时可以延长至6个月。

出庭支持抗诉与第一审案件出庭支持公诉也有较大差别:(1)出庭的主体不同。各级人民检察院都有权按照管辖分工对刑事案件提起公诉,并对本院起诉的案件派员出庭支持公诉。有权派员出庭支持抗诉的只能是分、州、市级以上人民检察院，基层人民检察院可以按照第二审程序抗诉，但不能派员出席抗诉案件法庭，需要由上一级人民检察院派员出庭支持抗诉。（2）出庭的目的不同。出庭支持公诉的主要目的是揭露犯罪、证实犯罪，追究被告人的刑事责任；出庭支持抗诉的主要目的是纠正确有错误的刑事判决、裁定。（3）出庭检察人员的身份和职责不同。检察官代表人民检察院出庭支持公诉，其身份是国家公诉人，主要履行指控犯罪的职责，也负有监督审判程序是否合法的职责；检察官代表人民检察院出庭支持抗诉，其身份是检察员而不是公诉人，主要履行审判监督职责。

二、出席抗诉案件法庭的任务

根据2012年《人民检察院刑事诉讼规则（试行）》的规定，人民检察院派员出席法庭的任务包括三个方面：

（一）支持抗诉

支持抗诉是人民检察院派员出席法庭的首要任务，也是出庭的基本目的。因为人民法院是根据人民检察院的抗诉决定开庭审理，并将重点围绕抗诉意见进行审理活动，法庭审理的情况与人民检察院的抗诉意见能否得到采纳有直接关系，最终对错误裁判能否得到纠正起关键和决定性的作用。因此，人民检察院派员出席法庭，首要任务就是通过讯问被告人、询问被害人、询问证人、示证、质证、参与辩论等活动，进一步论证原审判决、裁定的错误，促使人民法院采纳人民检察院的抗诉意见。

（二）维护诉讼参与人的合法权利

人民检察院作为国家法律监督机关参与刑事诉讼，在任何时候都必须维护诉讼参与人的合法权利，这是人民检察院的基本职责之一。检察人员在出庭支持抗诉工作中，当然也必须依法维护诉讼参与人的合法权利，特别要注意维护被告人和被害人的合法权利。

（三）监督审判活动依法进行

这里的监督，是指对人民法院审判抗诉案件的程序进行监督。人民检察院作为国家法律监督机关，负有对人民法院的审判活动是否合法进行监督的职责，因此出席抗诉案件法庭的检察员应当代表人民检察院对抗诉案件的审理程序是否合法进行监督。具体而言，主要是监督人民法院审理案件是否遵守法律规定的送达期限和审理期限，法庭的组成是否合法，庭审活动是否按照法律规定的程序进行，对应当延期审理、中止审理的案件是否作出正确决定，是否有其他违反法律规定的情形，等等。

三、出席抗诉案件法庭的活动

(一) 庭前准备

刑事抗诉是人民检察院履行法律监督职责的一项十分严肃的活动，案件本身也往往具有较大的社会影响。检察人员出庭支持抗诉的效果，对于人民法院是否采纳抗诉意见、错误裁判能否得到纠正，具有十分重要的意义。因此，出庭的检察人员应当本着认真负责的态度，在出庭前做好充分准备。

收到刑事抗诉案件开庭通知书后，出席法庭的检察人员应当做好以下准备工作：

1. 熟悉案情和证据情况，了解证人证言、被告人供述等证据材料是否发生变化

要熟悉案件和证据，吃透案情，首先必须认真、全面地审查阅卷，既要审查公安机关的侦查卷，又要审查下级人民检察院的检察卷和原审人民法院的审判卷，通过阅卷熟悉案件事实、诉讼过程、证据情况和审判情况等。在全面审阅案卷的基础上，要重点审查原审判决书、裁定书与抗诉书在认定事实、适用法律等方面的分歧，着重熟悉相关的证据情况。审阅案卷时，应当制作阅卷笔录以备出庭时使用。阅卷笔录不是案卷材料的简单摘抄，应当根据不同情况，突出重点，有详有略地予以摘录。阅卷笔录的主要内容包括：(1) 原审被告人基本情况。(2) 原审被告人历次供述时间、内容，重点摘录供述变化的情况以及矛盾之处。(3) 证人证言、鉴定意见、勘验笔录等其他证据的来源、取证时间、主要内容和变化情况，并记录各证据之间存在的矛盾。对作为定案依据的主要证据，应准确、详细摘录。(4) 一、二审法庭争论的焦点，被告人辩解理由和主要辩护意见。对于所摘录的各种证据，均应注明所在卷宗及其页码，以便庭上查阅和出示。

出庭的检察人员要通过审阅案卷材料了解证人证言、被告人供述的稳定程度。一般在审查决定是否抗诉期间已经提讯过被告人、询问过部分证人，出庭前往往还有必要再次讯问被告人、询问证人。讯(询)问前应有针对性地拟定提纲。讯问被告人时，着重讯问其对抗诉书和原审判决书、裁定书的辩解意见，重视其提出的新的证据和证人，摸清其思想动态特别是供述发生变化的可能性。对证人的询问，要着重就以前尚未问清的事实进行，并且要了解证人证言是否有发生变化的可能性。庭前了解被告人供述和证人证言是否发生变化，有利于提前研究对策，争取庭上主动。

2. 深入研究与本案有关的法律、政策问题，充实相关的专业知识

抗诉案件往往涉及对法律理解上的分歧，有的涉及科技、经济和行业管理等方面的专业知识。出庭的检察人员必须根据案件具体情况，熟悉与案件有关的法律规定、司法解释和法学理论，重点研究抗诉焦点涉及的法律、政策问题，必要时可以在公诉部门内部组织讨论，或者向专家教授咨询，以便在法庭上能够论证充分、有力。另外，检察人员还必须充实相关的专业知识，必要时应向有关行业管理部门或者专家咨询。

3. 拟定出席抗诉法庭提纲和出庭意见书

拟定出席抗诉法庭提纲的目的是提前对出庭支持抗诉的活动制作计划，使检察人员明确自己在法庭上需要做什么、怎么做以及应当注意哪些问题，有利于保证出庭支持抗诉的顺利进行。

出席抗诉法庭提纲一般应当包括：（1）讯问原审被告人提纲；（2）询问证人、被害人、鉴定人提纲；（3）出示物证，宣读书证、证人证言、被害人陈述、被告人供述、勘验检查笔录，播放视听资料的举证和质证方案；（4）支持抗诉的事实、证据和法律意见；（5）对原审被告人、辩护人辩护内容的预测和答辩要点；（6）对庭审中可能出现的其他情况，如翻供、翻证等的预测和相应的对策。

检察人员需要在法庭上就支持抗诉的意见作综合发言，因此，必须在庭前拟写抗诉案件出庭检察员意见书。出庭意见书应当按照最高人民检察院规定的文书格式制作，内容主要包括：（1）对人民检察院出席抗诉案件法庭的法律依据和职责任务的陈述。例如，第二审程序抗诉案件，一般以"审判长、审判员："开头后，表述为："根据《中华人民共和国刑事诉讼法》第二百二十四条的规定，我（们）受×××人民检察院指派，代表本院，出席法庭，依法执行职务。现对本案事实、证据、程序和原审人民法院判决（裁定）发表如下意见，请法庭注意。"（2）对原审判决、裁定认定的事实、证据及当庭质证情况进行概括，论证原审判决、裁定认定事实是否清楚，证据是否确实充分，认定事实、采信证据方面存在哪些错误。（3）分析原判适用法律、定罪量刑错误之处，揭露被告人犯罪行为的性质和危害程度，论证正确意见，明确表明支持抗诉的意见。出庭意见书应当做到重点突出，逻辑清晰，观点明确，论证有理、有据、有节，语言规范、简练。

4. 上级人民检察院对下级人民检察院按照第二审程序提出抗诉的案件决定支持抗诉的，应当制作支持抗诉意见书，并在开庭前送达同级人民法院

上级人民检察院支持下级人民检察院提出的抗诉意见和理由的，支持抗诉意见书应当叙述支持的意见和理由。部分支持下级人民检察院提出的抗诉意见

和理由的，支持抗诉意见书应当叙述部分支持的意见和理由，其他部分不予支持的部分只表明意见，不需要说明理由。

上级人民检察院不支持下级人民检察院提出的抗诉意见和理由，但认为原审判决、裁定确有其他错误的，应当在支持抗诉意见书中表明不同意刑事抗诉书的抗诉意见和理由，并且提出新的抗诉意见和理由。

（二）庭审开始前的预备工作

法庭审理开始前，出席法庭的检察人员应当做好如下预备工作：

1. 核对被告人及其辩护人、附带民事诉讼的原告人及其诉讼代理人，以及其他应当到庭的诉讼参与人是否已经到庭。

2. 审查合议庭的组成是否合法；刑事抗诉书副本等诉讼文书的送达期限是否符合法律规定；被告人是盲、聋、哑、未成年人或者可能被判处死刑而没有委托辩护人的，人民法院是否指定律师为其提供辩护。

3. 审查到庭被告人的身份材料与刑事抗诉书中原审被告人的情况是否相符；审判长告知诉讼参与人的诉讼权利是否清楚、完整；审判长对回避申请的处理是否正确、合法。

法庭准备工作结束，审判长征求检察人员对法庭准备工作有无意见时，出庭的检察人员应当就存在的问题提出意见，请审判长予以纠正，或者表明没有意见。

做好庭审开始前的预备工作，一方面是为了对审判活动进行监督，另一方面也是为了保证庭审依法顺利进行。

（三）宣读抗诉书和支持抗诉意见书

审判长或者审判员宣读原审判决书或者裁定书后，由检察人员宣读刑事抗诉书。无论全部支持还是部分支持抗诉，都必须照本宣读。宣读刑事抗诉书时应当起立，文号及正文括号内的内容不宣读，结尾读至"此致某某人民法院"止。

按照第二审程序提出抗诉的案件，出庭的检察人员应当在宣读刑事抗诉书后接着宣读支持抗诉意见书。这是由于抗诉是原审人民法院的同级人民检察院提出的，其上一级人民检察院可能全部支持抗诉，也可能部分支持抗诉。如果只宣读抗诉书，法庭和诉讼当事人就无法了解支持抗诉的人民检察院及出庭检察人员的意见，从而使法庭审理偏离正确的轨道，纠缠一些事实上不存在争议的问题。因此，出庭检察员有必要在宣读抗诉书后接着宣读支持抗诉意见书，表明本院支持或者部分支持抗诉的意见和理由，引导法庭调查、法庭辩论围绕本院支持抗诉的部分进行。

（四）参加法庭调查和法庭辩论

通常在宣读抗诉书、支持抗诉意见书后，审判人员应当征得审判长同意或在审判长主持下，进行讯问原审被告人，询问被害人、证人、鉴定人，出示、宣读证据，以及进行质证、辩论等活动。检察人员参与法庭调查，应当重点围绕下列事实和证据进行：一是抗诉书中提出异议的事实和证据；二是与抗诉理由有关的事实和证据；三是新的证据，特别是新的证据必须经过示证、质证才能作为定案的依据。

审判长宣布法庭调查结束，开始进行法庭辩论时，检察人员应当发表支持抗诉的意见，即宣读抗诉案件出庭检察员意见书。对庭前拟写的意见书的内容，应当根据法庭调查情况作必要的调整。不论是只有抗诉，还是既有上诉又有抗诉，都应当先由检察人员发言，再由上诉人及其辩护人发言，双方进而针对抗诉理由和分歧焦点依次进行辩论发言。

法庭辩论结束后，检察人员应当认真听取原审被告人的最后陈述。法庭审理过程中，如果对证据有疑问需要调查核实，或者需要补充新的证据、重新鉴定或者勘验，检察人员可以向审判长提出延期审理的建议。

四、出席抗诉案件法庭应当注意的问题

（一）示证、质证应注意的问题

第一审案件中，公诉人需要就案件事实、情节进行比较全面、充分的举证，以揭露犯罪和证明犯罪。在抗诉案件法庭中，由于已经经过第一审甚至多次开庭审判，就没有必要再全面举证，应当重点针对与抗诉意见和理由有关、双方发生分歧的事实、情节进行举证。根据案件具体情况的不同，举证方式也应当灵活变化。

1. 对于事实清楚，证据确实、充分，只是由于原审判决、裁定定性不准、适用法律错误导致量刑明显不当，或者因人民法院审判活动严重违反法定诉讼程序而提起抗诉的案件，如果原审事实、证据没有变化，在宣读支持抗诉意见书后，由检察人员提请，并经审判长许可和辩护方同意，除了对新的辩论观点所依据的证据应当进行举证、质证以外，可以直接进入法庭辩论。

2. 对于因原审判决、裁定认定部分事实不清、运用部分证据错误，导致定性不准、量刑明显不当而抗诉的案件，出庭的检察人员对经过原审举证、质证并成为判决、裁定依据，且诉讼双方没有异议的证据，不必逐一举证、质证，应当将法庭调查、辩论的焦点放在检察机关认为原审判决、裁定认定错误的事实和运用错误的证据上，并就有关事实和证据进行详细举证和质证。对原审未质证清楚，二审、再审对犯罪事实又有争议的证据，或者在二审、再审期间收集的新的证据，应当举证、质证。

3. 对于因原审判决、裁定认定事实不清、证据不足，导致定性不准、量刑明显不当而抗诉的案件，出庭的检察人员应当比较全面地举证。庭审中应当注意围绕抗诉观点重点举证、质证、答辩，翔实、透彻地论证抗诉理由及其法律依据。

检察人员在举证前，应当说明取证主体、取证对象以及取证时间和地点，并表明取证程序合法。二审期间审判人员通过调查核实取得的新证据，应当由审判人员在法庭上出示，检察人员应当进行质证。对辩护人在法庭上出示的证据材料，无论是新的证据材料还是原审庭审时已经举证、质证的证据材料，均应积极参与质证。既要对辩护人所出示证据材料的客观真实性、合法性、关联性等发表意见，也要注意分析辩护人的举证意图。如果辩护人运用该证据材料所说明的观点不能成立，应当及时予以反驳。

（二）讯问被告人应注意的问题

检察人员在审判长的主持下讯问被告人，应当紧紧围绕抗诉理由以及对原审判决、裁定认定事实有争议的部分进行。对没有争议的事实，除保持讯问连续性所需的以外，一般不必讯问。

按照出庭的要求，检察人员在庭前准备时必须制定讯问被告人提纲。庭上讯问被告人时大体可以按照提纲所列的问题和顺序进行讯问，但要注意根据情况变化适时调整讯问内容和方法。讯问前应当先问原审被告人过去所作的供述是否属实。如果被告人回答不属实，应当讯问哪些不属实。针对翻供，可以进行政策攻心和法制教育，或者利用被告人供述的前后矛盾进行讯问，或者适时举出相关证据予以反驳。

讯问时应当有针对性，语言准确、简练、严密，注意方式、方法，讲究技巧和策略。对被告人以往供述不清、不全，前后矛盾，明显不合情理，或者供述与已查证属实的证据相矛盾的问题，应当讯问。与案件无关、被告人已经供述清楚或者无争议的问题，不应当讯问。

对辩护人已经提问而被告人作出客观回答的问题，一般不进行重复讯问。辩护人提问后，被告人翻供或者回答含混不清的，如果涉及案件事实、性质的认定或者影响量刑，检察人员必须有针对性地再次讯问。辩护人提问的内容与案件无关，或者采取不适当的发问语言和态度的，检察人员应当及时提出异议，申请合议庭予以制止。

在法庭调查结束前，检察人员可以根据辩护人、诉讼代理人、审判长（审判员）发问的情况，进行补充讯问。

（三）询问证人应注意的问题

控辩双方申请出庭作证的证人、鉴定人，应当由人民法院通知并负责安排

公诉制度教程

出庭作证。对证人的询问,应当按照新《刑事诉讼法》第189条规定的顺序进行。

检察人员对证人发问,应当针对证言中有遗漏、矛盾、模糊不清和有争议的内容,并着重围绕与定罪量刑紧密相关的事实进行。发问应当采取一问一答的形式,做到简洁、清楚。证人进行虚假陈述的,应当通过发问澄清事实,必要时还应当出示、宣读证据配合发问。

(四) 法庭辩论应注意的问题

出庭的检察人员应当紧紧围绕抗诉理由和依据进行答辩和辩论,抓住重点,分清主次,切不可纠缠细枝末节。对与案件无关或者已经辩论过的观点和内容,可以简单说明与案件无关或者已经提出明确的论证意见,不再重复答辩。

开庭审理前,出庭的检察人员应准备好答辩提纲。庭前准备的答辩提纲往往是检察人员根据对庭审情况和辩护观点的预测拟定的,有时与庭审实际情况和辩护观点并不一致。检察人员应当一边听取辩护意见,一边对照答辩提纲准备辩论发言。遇到事先没有准备的问题时,应当沉着冷静,认真听取和分析被告人及其辩护人的意见,即使在短时间内无法全面反驳,也要抓住辩护观点中明显和实质性的错误,简明扼要地予以反驳。

(五) 对审判活动进行监督应注意的问题

人民检察院依法对人民法院的审判活动是否合法实行监督,在审判活动监督中,如果发现人民法院或者审判人员审理案件违反法律规定的诉讼程序,应当向人民法院提出纠正意见。人民检察院依法履行审判活动监督职责,主要发现和纠正以下违法行为:(1)人民法院对刑事案件的受理违反管辖规定的;(2)人民法院审理案件违反法定审理和送达期限的;(3)法庭组成人员不符合法律规定,或者违反规定应当回避而不回避的;(4)法庭审理案件违反法定程序的;(5)侵犯当事人和其他诉讼参与人的诉讼权利和其他合法权利的;(6)法庭审理时对有关程序问题所作的决定违反法律规定的;(7)二审法院违反法律规定裁定发回重审的;(8)故意毁弃、篡改、隐匿、伪造、偷换证据或者其他诉讼材料,或者依据未经法定程序调查、质证的证据定案的;(9)依法应当调查收集相关证据而不收集的;(10)徇私枉法,故意违背事实和法律作枉法裁判的;(11)收受、索取当事人及其近亲属或者其委托的律师等人财物或者其他利益的;(12)违反法律规定采取强制措施或者采取强制措施法定期限届满,不予释放、解除或者变更的;(13)应当退还取保候审保证金不退还的;(14)对与案件无关的财物采取查封、扣押、冻结措施,或者应当解除查封、扣押、冻结不解除的;(15)贪污、挪用、私分、掉换、违反规定使用查封、扣押、冻结的财物及其孳息的；（16）其他违反法律规定的审理程序的行为。

　　这里值得注意的是，出席法庭的检察人员发现法庭审判违反法律规定的诉讼程序，应当记录有关情况，在休庭后及时向检察长报告。以人民检察院名义对违反程序的庭审活动提出纠正意见的，不宜当庭提出纠正意见，应当由人民检察院在庭审后提出。

第十六章
公诉的特别程序

第一节　未成年人刑事案件诉讼程序

一、概述

未成年人刑事案件诉讼程序，是指司法机关办理未成年人涉嫌犯罪案件的一种刑事诉讼特别程序。未成年人刑事案件，是指犯罪嫌疑人实施涉嫌犯罪行为时已满14周岁、未满18周岁的刑事案件。对于犯罪嫌疑人实施犯罪行为时未满18周岁，在诉讼过程中已满18周岁的，一般情况下应当运用未成年人刑事案件诉讼程序。

我国向来十分重视青少年健康成长和未成年人的保护问题，并站在促进国家兴旺发达、维护社会长治久安的高度，认识和对待青少年违法犯罪问题。自1979年党中央首次提出对违法犯罪的未成年人实行"教育、挽救、改造"的方针以来，我国颁行了一系列的规范文件，明确要求对青少年违法犯罪要立足于教育、保护和预防；要贯彻落实依法治国，加强青少年思想道德教育、法制教育、纪律教育；要着眼于基层，在街道和社区建立预防青少年违法犯罪组织机构和工作机制，加强青少年事务的管理；要完善青少年服务内容，开展青少年文化活动、心理健康服务、青少年维权服务等，满足青少年成长的基本需求；要针对社会上青少年成长环境的突出问题，建立评估体系和预警机制，着眼于消除青少年违法犯罪的诱因；要整合资源，加大投入，加快青少年活动场所的建设。但是，1979年刑事诉讼法和1996年修改后的刑事诉讼法都没有对未成年人刑事案件诉讼程序作集中规定，有关办案要求主要散见于刑事诉讼法、未成年人保护法、预防未成年人犯罪法以及相关的司法解释之中。

近年来，根据中央司改的要求和精神，各地司法机关在严格执行刑法、刑事诉讼法的基础上，结合未成年人保护法、预防未成年人犯罪法以及《人民检察院办理未成年人刑事案件的规定》，针对青少年身心特点，立足于教育挽救涉嫌违法犯罪的未成年人，不断完善办理未成年人刑事案件的方式方法，取得了很好的社会效果。其中，各地开展的未成年人案件公诉改革主要有：适当放宽未成年人犯罪的不起诉标准；对未成年犯罪嫌疑人先予诉前取保；试行未成年人不起诉案件听证程序；试行不起诉前的心理测试；建立不起诉后的帮教制度；试行"温情起诉书"，即为体现教育为主、惩罚为辅的原则，在起诉书中不仅就案件事实和适用法律进行论述，还在起诉书的结论部分之后引入"温情分析"，具体包括对未成年人犯罪原因的分析，对被害人及其法定代理人的意见、被告人法定代理人及其所在学校态度以及酌定情节的把握等内容，对未成年犯罪嫌疑人以一定的心理疏导、情感教育及价值引导。此外，还有试行未成年人认罪案件简化审、实行捕诉防一体化等改革举措。

2012年新刑事诉讼法修改总结以往立法和司法改革实践经验，对办理未成年人刑事案件诉讼程序作出了专章规定。未成年人刑事案件诉讼程序作为刑事诉讼法第五编特别程序第一章，共11个条文，内容包括对未成年人刑事案件的办案方针、原则及总体要求；对未成年犯罪嫌疑人、被告人实行强制辩护，由法律援助机构指派辩护律师；对未成年人犯罪嫌疑人、被告人的社会情况调查；严格限制适用逮捕措施；与成年人分别关押、管理和教育；讯问和审判未成年人特定人员在场制度；附条件不起诉未成年犯罪嫌疑人的监督考察；附条件不起诉的撤销与不起诉决定；不公开审理原则；犯罪记录封存制度；未成年刑事案件关于适用普通程序的规定。这些特别程序规定和要求，既是我国刑事诉讼法所作出的重大修改之处，也是我国司法改革成果的重要体现之一，为更好地保障未成年人的诉讼权利和其他合法权益提供了法律根据，有利于进一步加强对未成年人的保护。

二、办理未成年人刑事案件的特别要求

根据2012年新刑事诉讼法的规定，办理未成年人刑事案件的特别要求主要有：

（一）办理未成年人刑事案件的方针、原则

新《刑事诉讼法》第266条规定："对犯罪的未成年人实行教育、感化、

挽救的方针,坚持教育为主、惩罚为辅的原则。人民法院、人民检察院和公安机关办理未成年人刑事案件,应当保障未成年人行使其诉讼权利,保障未成年人得到法律帮助,并由熟悉未成年人身心特点的审判人员、检察人员、侦查人员承办。"

根据这一条规定,人民检察院公诉部门和检察人员在办理未成年人刑事案件时应当注意两点:一是对犯罪的未成年人实行"教育、感化、挽救"的方针,坚持"教育为主、惩罚为辅"的原则;二是人民检察院应当指定熟悉未成年人身心特点的检察人员办理未成年人刑事案件,有条件的还可以设立专门的工作机构办理。

(二)对未成年犯罪嫌疑人、被告人实行强制辩护

新《刑事诉讼法》第267条规定:"未成年犯罪嫌疑人、被告人没有委托辩护人的,人民法院、人民检察院、公安机关应当通知法律援助机构指派律师为其提供辩护。"

由于年龄、智力发育程度的限制和法律知识的欠缺,很多未成年犯罪嫌疑人、被告人不知道如何行使诉讼权利。有辩护人的参与,能为其及时提供需要的法律帮助,有效保护其合法权益。根据这条规定,人民检察院受理案件后,应当向未成年犯罪嫌疑人及其法定代理人了解其委托辩护人的情况,并及时告知其有权委托辩护人。对于未成年犯罪嫌疑人没有委托辩护人的,人民检察院和应当通知法律援助机构指派律师为其提供辩护。

(三)办理未成年人刑事案件的社会调查

新《刑事诉讼法》第268条规定:"公安机关、人民检察院、人民法院办理未成年人刑事案件,根据情况可以对未成年犯罪嫌疑人、被告人的成长经历、犯罪原因、监护教育等情况进行调查。"

社会调查,是指在侦查、起诉、庭审和执行阶段对未成年人犯罪嫌疑人、被告人的成长经历、犯罪原因、教育改造条件进行调查了解。社会调查是未成年人刑事诉讼程序贯彻刑罚个别化和全面调查原则的具体表现,进行社会调查不仅可以有针对性地对违法犯罪的未成年人进行教育挽救,还可以促使其认罪悔改。社会调查的有关报告,可以作为侦查机关对涉罪未成年人采取取保候审,检察机关决定逮捕、起诉,法院定罪量刑以及刑罚执行和社区矫正的考量依据。

根据这条规定,人民检察院公诉部门办案时根据案件情况可以对未成年犯罪嫌疑人的家庭环境、成长经历、所受教育、性格特点、社会交往、犯罪原因、是否具备有效监护条件或者社会帮教措施,以及平时表现等情况进行调查,并制作社会调查报告,作为办案和教育的参考。对公安机关随案移送的未

成年人社会调查报告，审查起诉时应当认真审查，必要时可以进行补充调查。人民检察院开展社会调查，可以自行调查，也可以委托有关组织和机构调查。

（四）对犯罪嫌疑人、被告人严格适用逮捕措施和分案处理

新《刑事诉讼法》第269条规定："对未成年犯罪嫌疑人、被告人应当严格限制适用逮捕措施。人民检察院审查批准逮捕和人民法院决定逮捕，应当讯问未成年犯罪嫌疑人、被告人，听取辩护律师的意见。对被拘留、逮捕和执行刑罚的未成年人与成年人应当分别关押、分别管理、分别教育。"

这条规定包括两层意思：一是对未成年犯罪嫌疑人、被告人应当严格限制适用逮捕措施。对未成年犯罪嫌疑人、被告人根据案件具体情况，尽量少捕、少押，对于可捕可不捕的不捕。二是对未成年人犯罪嫌疑人、被告人一般情况下应当采取分案处理、分类关押、分别管理、分别教育，减少关押带来的羁押场所"交叉感染"弊端。

人民检察院公诉部门在办理未成年人刑事案件时，应当注意审查对未成年犯罪嫌疑人、被告人采取强制措施的必要性。对涉嫌犯罪的未成年人要慎诉，要认真听取相关诉讼参与人的意见，及时消除双方的隔阂。特别是对社会关注的敏感案件，更应注意了解各方的态度，按照要求认真做好办案风险预警评估工作，并以适当的方式予以公开回应或说明，妥善加以处理，以最大限度地增加社会和谐因素。对于有明确被害人的案件，在保障他们合法权益的同时，要做好释法说理、疏导工作，宣讲法律的相关规定和对未成年犯罪嫌疑人少捕、慎诉、少监禁，进行教育、感化、挽救的意义，争取被害方对公诉工作的理解和支持。对于符合条件的案件，要发挥检调对接平台作用，积极促进双方当事人达成和解，化解矛盾，修复社会关系。同时，要注意对未成年人刑事案件进行分案处理，确保涉嫌犯罪的未成年人与成年人分别关押、分别管理、分别教育。

（五）讯问和审判未成年人特定人员在场制度

新《刑事诉讼法》第270条前4款规定："对于未成年人刑事案件，在讯问和审判的时候，应当通知未成年犯罪嫌疑人、被告人的法定代理人到场。无法通知、法定代理人不能到场或者法定代理人是共犯的，也可以通知未成年犯罪嫌疑人、被告人的其他成年亲属，所在学校、单位、居住地基层组织或者未成年人保护组织的代表到场，并将有关情况记录在案。到场的法定代理人可以代为行使未成年犯罪嫌疑人、被告人的诉讼权利。到场的法定代理人或者其他人员认为办案人员在讯问、审判中侵犯未成年人合法权益的，可以提出意见。讯问笔录、法庭笔录应当交给到场的法定代理人或者其他人员阅读或者向他宣读。讯问女性未成年犯罪嫌疑人，应当有女工作人员

在场。审判未成年人刑事案件，未成年被告人最后陈述后，其法定代理人可以进行补充陈述。"

由于未成年人的认知能力和表达能力受到年龄的局限，为保障未成年犯罪嫌疑人、被告人的诉讼权利，刑事诉讼法修改针对未成年人的这种特点，确立特定人员在场制度，代为行使未成年人的诉讼权利。人民检察院公诉部门办理未成年人刑事案件时，依法应当进行讯问，听取辩护人意见，并记录在案。讯问工作应当注意以下事项：一是要及时通知未成年犯罪嫌疑人、被告人的法定代理人到场；无通知其法定代理人到场的情况下，应当及时通知其他成年亲属，所在学校、单位、居住地基层组织或者未成年人保护组织的代表到场，并将有关情况记录在案。二是讯问女性未成年犯罪嫌疑人、被告人，要有女检察人员在场。三是讯问未成年犯罪嫌疑人、被告人一般不得使用械具。对于具有现实人身危险性确有必要使用械具的，在现实危险消除后，应当及时停止使用械具。四是要充分保证未成年犯罪嫌疑人、被告人及其有关代为行使诉讼权利的特定人员的合法权利。

（六）保障未成年被害人、证人的合法权利

新《刑事诉讼法》第270条第5款规定："询问未成年被害人、证人，适用第一款、第二款、第三款的规定。"

实践中，未成年人刑事案件的被害人、证人在很多情况下也是未成年人。多数未成年被害人是无辜没有过错的，而且遭受犯罪侵害对他们身心造成的伤害及影响程度较之成年人更大。而未成年的证人年龄小、心智不成熟，一些恶性案件对其身心也造成很大负面影响。从某种意义上来说，维护未成年被害人、证人的权益比维护涉嫌犯罪未成年人权益更加重要。因此，人民检察院公诉部门办理包括未成年人案件在内的各种刑事案件，要注意保护未成年被害人、证人的合法权益，对未成年犯罪嫌疑人、被告人适用的特别程序规定和一些保护措施，理当适用于未成年被害人、证人。

三、未成年人刑事案件的附条件不起诉制度

未成年人刑事案件的附条件不起诉制度，是指根据我国刑事诉讼法规定，检察机关对于某些虽然已达到提起公诉标准的未成年人轻微刑事犯罪案件，基于犯罪嫌疑人的年龄特征、对犯罪的未成年人实行教育、感化、挽救的方针和有关刑事政策以及诉讼经济的考虑，决定对犯罪嫌疑人附加一定条件暂缓起诉，如果犯罪嫌疑人在考验期内履行了法定的义务，则作出终止诉讼决定的起诉裁量制度；如果犯罪嫌疑人在考验期间违反了有关监督管理规定或没有履行

法定义务，检察机关撤销不起诉的决定，对其依法提起公诉。我国附条件不起诉制度对于加强对未成年人轻微犯罪实行教育感化挽救政策，化解缓和社会矛盾，构建和谐社会具有重要意义。

（一）附条件不起诉的适用条件

新《刑事诉讼法》第271条第1款规定："对于未成年人涉嫌刑法分则第四章、第五章、第六章规定的犯罪，可能判处一年有期徒刑以下刑罚，符合起诉条件，但有悔罪表现的，人民检察院可以作出附条件不起诉的决定。人民检察院在作出附条件不起诉的决定以前，应当听取公安机关、被害人的意见。"

根据上述规定，附条件不起诉仅适用于涉嫌犯罪的未成年人，并且应当同时符合以下四个条件：

1. 未成年人涉嫌犯罪的罪名为刑法分则第四章侵犯公民人身权利、民主权利罪、第五章侵犯财产罪、第六章妨害社会管理秩序罪中规定的罪名，在此范围之外的其他罪名，不得适用附条件不起诉。

2. 涉嫌犯罪的罪行可能会被判处一年有期徒刑以下刑罚。这里的"一年有期徒刑以下刑罚"，是指对该未成年人一旦交付审判，人民法院对其可能判处的刑罚，而不是指其所犯罪的法定最高刑。

3. 犯罪事实已经查清，证据确实、充分，符合起诉条件。对于事实不清、证据不够确实充分的，应当通过补充侦查查明犯罪事实；在犯罪事实查明之前，不得适用附条件不起诉；如果其犯罪情节轻微，依照刑法规定不需要判处刑罚或者免除刑罚的，人民检察院可以直接作出不起诉决定。

4. 未成年人具有悔罪表现。一般来说，"悔罪表现"在行动上可以具体表现为认罪态度好、向被害人赔礼道歉、对被害人积极赔偿等。

人民检察院在作出附条件不起诉的决定以前，应当听取公安机关、被害人、未成年犯罪嫌疑人及其法定代理人、辩护人的意见，并记录在案。对于同时符合上述条件的未成年人刑事案件，人民检察院可以作出附条件不起诉的决定。人民检察院依法作出附条件不起诉的决定后，应当制作附条件不起诉决定书，并在3日内送达公安机关、被害人、未成年犯罪嫌疑人及其法定代理人。

（二）附条件不起诉的救济程序

新《刑事诉讼法》第271条第2款、第3款规定："对附条件不起诉的决定，公安机关要求复议、提请复核或者被害人申诉的，适用本法第175条、第176条的规定。未成年犯罪嫌疑人及其法定代理人对人民检察院决定附条件不起诉有异议的，人民检察院应当作出起诉的决定。"

根据上述规定，对于公安机关移送起诉未成年人刑事案件，人民检察院决定附条件不起诉的，应当将不起诉决定书送达公安机关。公安机关认为不起诉

公诉制度教程

的决定有错误的时候,可以要求复议,如果意见不被接受,可以向上一级人民检察院提请复核。对于有被害人的案件,决定不起诉的,人民检察院应当将不起诉决定书送达被害人。被害人如果不服,可以自收到决定书后7日内向上一级人民检察院申诉,请求提起公诉。人民检察院应当将复查决定告知被害人。对人民检察院维持不起诉决定的,被害人可以向人民法院起诉。被害人也可以不经申诉,直接向人民法院起诉。人民法院受理案件后,人民检察院应当将有关案件材料移送人民法院。

(三)附条件不起诉的考验

人民检察院作出附条件不起诉的决定后,应由公诉部门检察人员当面向未成年人及其法定代理人宣布附条件不起诉决定,并告知考验期限、在考验期内应当遵守的有关规定以及违反规定带来的法律责任和后果,并制作宣布笔录。

1. 考验机关

根据新《刑事诉讼法》第272条第1款的规定,在附条件不起诉的考验期内,由人民检察院对被附条件不起诉的未成年犯罪嫌疑人进行监督考察。未成年犯罪嫌疑人的监护人,应当对未成年犯罪嫌疑人加强管教,配合人民检察院做好监督考察工作。此外,人民检察院可以会同未成年犯罪嫌疑人的监护人、所在学校、单位、居住地的村民委员会、居民委员会、未成年人保护组织等的有关人员建立考察小组,对其进行考察和教育,实行跟踪帮教。

2. 考验期限

根据新《刑事诉讼法》第272条第2款的规定,附条件不起诉的考验期为6个月以上一年以下,从人民检察院作出附条件不起诉的决定之日起计算。

3. 考验期内应当遵守的有关规定

根据新《刑事诉讼法》第272条第3款的规定,被附条件不起诉的未成年犯罪嫌疑人,应当遵守下列规定:(1)遵守法律法规,服从监督;(2)按照考察机关的规定报告自己的活动情况;(3)离开所居住的市、县或者迁居,应当报经考察机关批准;(4)按照考察机关的要求接受矫治和教育。

考察机关根据具体情况,可以要求被附条件不起诉的未成年犯罪嫌疑人接受下列矫治和教育:(1)完成戒瘾治疗、心理辅导或者其他适当的处遇措施;(2)向社区或者公益团体提供公益劳动;(3)不得进入特定场所,不得接触特定人员,不得从事特定活动;(4)向被害人赔礼道歉,赔偿损失等;(5)接受相关教育;(6)遵守其他保护被害人安全以及预防再次违法犯罪的禁止性规定。

(四)附条件不起诉的法律后果

根据新《刑事诉讼法》第273条的规定,附条件不起诉的法律后果有两种:作出起诉或者不起诉的决定。

1. 作出起诉决定

被附条件不起诉的未成年犯罪嫌疑人，在考验期内有下列情形之一的，人民检察院应当撤销附条件不起诉的决定，提起公诉：（1）实施新的犯罪；（2）发现决定附条件不起诉以前还有其他犯罪需要追诉的；（3）违反治安管理规定，情节严重的；（4）违反考察机关有关附条件不起诉的监督管理规定，情节严重的。

这里要注意两点：一是治安管理规定和考察机关有关附条件不起诉的监督管理规定的内容比较广泛，违反的情节轻重也有很大差别，因此，对于违反治安管理规定或者考察机关有关附条件不起诉的监督管理规定的行为要做具体分析，不能只要违反有关管理规定就都撤销附条件不起诉决定，一律提起公诉，应当有"情节严重"的限制。"情节严重"一般是指造成严重后果，或者多次违反相关规定。二是对于提起公诉进入审判程序的未成年案件，原则上不公开审理。但是，经未成年被告人及其法定代理人同意，未成年被告人所在学校和未成年人保护组织可以派代表到场。

2. 作出不起诉决定

被附条件不起诉的未成年犯罪嫌疑人，在考验期内没有上述应当撤销附条件不起诉的情形，即被附条件不起诉的未成年犯罪嫌疑人履行了法律规定的义务，且没有发现决定附条件不起诉前还有其他犯罪需要追诉的，当考验期满时，人民检察院应当依法作出不起诉的决定。

四、未成年人犯罪记录封存制度

未成年人犯罪记录封存制度，是指司法机关对未成人的犯罪记录进行封存，除特殊情况以外，不得向任何单位和个人提供未成年人的犯罪信息。未成年人犯罪记录封存制度不仅有效巩固了刑事诉讼过程中已经实现的对未成年人的教育功能，同时还体现了刑事司法制度对未成年人的人文关怀，也是贯彻落实宽严相济刑事政策的应有之义。犯罪记录会给被判处刑罚的未成年人在升学、就业、生活等方面带来一些消极影响，甚至为他们重新犯罪埋下隐患。未成年人犯罪记录封存制度有利于保护有过犯罪记录的未成年人，避免他们因犯罪前科给以后的生活带来负面影响，能够平等享有与其他正常人一样的权利，使他们能够更好地改过自新，顺利回归社会。

我国《刑法》第100条规定，依法受过刑事处罚的人，在入伍、就业的时候，应当如实向有关单位报告自己曾受过刑事处罚，不得隐瞒。犯罪的时候不满18周岁被判处5年有期徒刑以下刑罚的人，免除上述报告义务。这次刑事诉讼法的修改进一步体现了这一精神，明确了未成年人犯罪记录封存制度。新《刑事诉讼法》第275条规定："犯罪的时候不满18周岁，被判处五年有期徒刑以下刑罚的，应当对相关犯罪记录予以封存。犯罪记录被封存的，不得向任何单位和个人提供，但司法机关为办案需要或者有关单位根据国家规定进行查询的除外。依法进行查询的单位，应当对被封存的犯罪记录的情况予以保密。"

关于未成年人犯罪记录封存制度，人民检察院公诉部门办理有关案件时应当注意以下几点：

1. 犯罪记录封存的范围。犯罪记录封存的范围，不仅包括犯罪时不满18周岁，被判处5年有期徒刑以下刑罚的记录，还包括在侦查、审查起诉和审理过程中形成的与未成年人犯罪相关的各种材料。依照新《刑事诉讼法》第15条的规定，免予追究刑事责任的未成年人刑事案件记录和不起诉决定的相关记录，也应当予以封存。

2. 犯罪记录封存的措施。人民检察院封存符合条件的未成年人犯罪记录，应当采取保密措施，妥善保存，非因法定事由不得向任何单位和个人提供封存的犯罪记录。在有关方面要求为未成年人出具有无犯罪记录证明时，人民检察院不应当提供有犯罪记录的证明。

3. 犯罪记录封存的例外。我国刑事诉讼法在确立未成年人犯罪记录封存制度时，为合理的司法需求留有一定余地。司法机关为办案需要或者有关单位根据国家规定进行查询的，可以查询未成年犯罪嫌疑人、被告人的犯罪记录，获取有关线索、信息，但是，应当对被封存的犯罪记录的情况予以严格保密。

最后，需要说明的是，2012年新刑事诉讼法规定未成年人刑事案件诉讼程序是出于对未成年人的特殊保护。但是，办理未成年人刑事案件除了执行有关特别程序要求之外，其他办案程序要求（如事实认定、证据审查等）与普通刑事案件的办理程序要求并无不同。因此，人民检察院办理未成年人刑事案件时，除第五编特别程序已有规定的以外，按照刑事诉讼法的其他规定执行。

第二节 当事人和解的公诉案件诉讼程序

一、概述

当事人和解的公诉案件诉讼程序，是刑事和解的特别程序规定，是根据我国刑事诉讼法规定，对公诉案件中犯罪嫌疑人、被告人真诚悔罪，通过向被害人赔偿损失、赔礼道歉等方式获得被害人谅解，司法机关鉴于被害人与犯罪嫌疑人、被告人自愿达到和解，依法对犯罪嫌疑人、被告人不追究刑事责任、免除处罚或者从宽处理的制度。

长期以来，我国的刑事诉讼以解决犯罪嫌疑人、被告人的刑事责任为主，刑事诉讼最后结果通常是对被告人定罪并判处刑罚，对被害人的关注不够，特别是国家对被害人救助措施跟不上，社会矛盾难以很好化解，影响社会和谐和稳定。因此，司法改革意见明确提出，对自诉案件和其他轻微刑事犯罪案件探索建立刑事和解制度。近些年，在加强和创新社会管理、构建和谐社会的实践中，一些地方司法机关积极探索建立刑事和解制度，在保证依法追诉犯罪的前提下，允许加害人通过向被害人悔罪、赔礼道歉、赔偿等方式取得被害人谅解后，司法机关对有关犯罪嫌疑人、被告人从宽处理。各地刑事和解的一些做法主要适用于轻伤害案件、交通肇事案件，以及其他轻微刑事案件和未成年人刑事案件。实践证明，对轻微刑事案件适用刑事和解，既可以节约一定司法资源，同时具有与传统刑事案件处理方式所不具有的优势。为此，这次刑事诉讼法修改在第五编特别程序规定了当事人和解的公诉案件诉讼程序。

新刑事诉讼法第五编特别程序第二章当事人和解的公诉案件诉讼程序，有3个条文。内容包括和解程序的适用范围；当事人和解的司法审查；和解程序的适用和法律后果。在刑事诉讼法中明确规定当事人和解的公诉案件诉讼程序，将以往司法改革中刑事和解一些做法的成功经验上升为刑事立法，具有重要现实意义。这一程序规定，既有利于统一刑事执法，有利于节约国家司法资源，也有利于提升被害人在刑事诉讼中地位，更好维护被害人合法权益，有利于缓和被害人和犯罪人之间的紧张对立情绪，促进双方的谅解，并在相互磨合中化解矛盾，减少社会冲突，增进社会和谐。

二、当事人和解的公诉案件诉讼程序的具体适用

（一）和解程序的适用范围和条件

新《刑事诉讼法》第277条规定："下列公诉案件，犯罪嫌疑人、被告人真诚悔罪，通过向被害人赔偿损失、赔礼道歉等方式获得被害人谅解，被害人自愿和解的，双方当事人可以和解：（一）因民间纠纷引起，涉嫌刑法分则第四章、第五章规定的犯罪案件，可能判处三年有期徒刑以下刑罚的；（二）除渎职犯罪以外的可能判处七年有期徒刑以下刑罚的过失犯罪案件。犯罪嫌疑人、被告人在五年以内曾经故意犯罪的，不适用本章规定的程序。"

根据上述法律规定，当事人和解的公诉案件的适用范围主要包括两类案

件：一是属于因民间纠纷引起的，涉嫌侵犯公民人身权利、民主权利罪和侵犯财产罪，可能判处3年有期徒刑以下刑罚的案件。二是属于除渎职犯罪以外可能判处7年有期徒刑以下刑罚的过失犯罪的案件。

属于上述范围的公诉案件，还必须同时符合以下几个条件，才能适用和解程序：（1）案件事实清楚，证据确实、充分；（2）犯罪嫌疑人、被告人真诚悔罪，向被害人赔偿损失、赔礼道歉等；（3）被害人明确表示对犯罪嫌疑人予以谅解；（4）双方当事人自愿和解，符合有关法律规定；（5）属于侵害特定被害人的故意犯罪或者有直接被害人的过失犯罪；（6）犯罪嫌疑人、被告人在犯新《刑事诉讼法》第277条第1款规定的犯罪前在5年以内没有故意犯罪。无论该故意犯罪是否已经追究，均应当认定为5年以内曾经故意犯罪。

双方当事人可以就赔偿损失、赔礼道歉等民事责任事项进行和解，并且可以就被害人及其法定代理人或者近亲属是否要求或者同意公安机关、人民检察院、人民法院对犯罪嫌疑人依法从宽处理进行协商，但不得对案件的事实认定、证据采信、法律适用和定罪量刑等依法属于公安机关、人民检察院、人民法院职权范围的事宜进行协商。被害人死亡的，其法定代理人、近亲属可以与犯罪嫌疑人和解。被害人系无行为能力或者限制行为能力人的，其法定代理人可以代为和解。犯罪嫌疑人系限制行为能力人的，其法定代理人可以代为和解。犯罪嫌疑人在押的，经犯罪嫌疑人同意，其法定代理人、近亲属可以代为和解。

（二）和解程序的司法审查与和解协议

新《刑事诉讼法》第278条规定："双方当事人和解的，公安机关、人民检察院、人民法院应当听取当事人和其他有关人员的意见，对和解的自愿性、合法性进行审查，并主持制作和解协议书。"

1996年刑事诉讼法规定了自诉案件的和解程序。但是，公诉案件不同于自诉案件。公诉案件涉及国家公权力行使和法律权威，原则上不允许双方当事人之间"私了"。为平衡国家、社会、犯罪人和被害人之间的利益关系，2012年刑事诉讼法修改增加了公诉案件的刑事和解特别程序规定，即在对符合一定条件的当事人和解公诉案件，国家公权力对个人权利进行有限让渡。根据上述法律规定，当事人和解的公诉案件诉讼程序，必须有司法机关的参与。公安机关、人民检察院、人民法院办理当事人和解的公诉案件时，应当通过听取当事人和其他有关人员的意见等方式，对当事人和解的自愿性、达成和解协议内容的合法性进行司法审查，并且当事人应当在公安机关、人民检察院、人民法院的主持下，制作书面的和解协议。

经审查认为双方自愿和解，内容合法，司法机关应当主持制作和解协议书。和解协议书的主要内容包括：（1）双方当事人的基本情况；（2）案件的主要事实；（3）犯罪嫌疑人真诚悔罪，承认自己所犯罪行，对指控的犯罪没有异议，向被害人赔偿损失、赔礼道歉等；赔偿损失的，应当写明赔偿的数额、履行的方式、期限等；（4）被害人及其法定代理人或者近亲属对犯罪嫌疑人予以谅解，并要求或者同意公安机关、人民检察院、人民法院对犯罪嫌疑人依法从宽处理。和解协议书应当由双方当事人签字，可写明和解协议书系在司法机关主持下制作。办案人员不在当事人和解协议书上签字，也不加盖公章。和解协议书一式三份，双方当事人各持一份，另一份交主持和解的司法机关附卷备查。和解协议书约定的赔偿损失内容，应当在双方签署协议后立即履行；确实难以一次性履行的，在被害人同意并提供有效担保的情况下，也可以分次履行。

（三）和解程序的处理和法律后果

新《刑事诉讼法》第279条规定："对于达成和解协议的案件，公安机关可以向人民检察院提出从宽处理的建议。人民检察院可以向人民法院提出从宽处罚的建议；对于犯罪情节轻微，不需要判处刑罚的，可以作出不起诉的决定。人民法院可以依法对被告人从宽处罚。"

根据此条规定，一定范围内的公诉案件在侦查、审查起诉和审判三个诉讼阶段，双方当事人都可以进行和解，但办案机关对和解案件处理的权限和方式，应当根据分工负责、互相配合、互相制约的原则，不同诉讼阶段有所区别。一是对于在侦查阶段虽然和解但已经构成犯罪的案件，刑事诉讼法没有规定公安机关可以作撤销案件处理，公安机关应当依法将案件材料移送人民检察院。但是，可以根据当事人双方达成和解协议和案件情况向人民检察院提出从宽处理的建议。二是对于审查起诉阶段当事人和解的有关公诉案件，人民检察院也应当以起诉为一般原则，以不起诉为少数情况。其中，对于提起公诉的案件可以向人民法院提出从宽处罚的建议；对于犯罪情节轻微，不需要判处刑罚的，可以依法作出不起诉的决定。三是对于审判阶段的当事人和解的公诉案件，人民法院可以对被告人依法作出从宽处理。

三、适用公诉案件刑事和解程序应当注意的问题

人民检察院公诉部门办理公诉案件适用刑事和解程序应当注意以下问题：

（一）关于刑事和解的内容

在犯罪嫌疑人、被告人真诚悔罪的基础上，当事人双方可以就损失的赔偿、损坏财物的恢复原状、赔礼道歉、精神赔偿等民事责任事项进行协商，达

成和解协议。但是,当事人双方不得就刑事案件的犯罪事实认定、证据以及法律适用问题进行协商。和解协议对于公诉案件中犯罪嫌疑人、被告人刑事责任的承担和处理不具有决定性意义。和解协议中可以包含被害人表示不追究犯罪嫌疑人、被告人刑事责任意愿的内容,但是对司法机关没有约束力,刑事责任最终取决于公安机关、人民检察院、人民法院根据刑法和刑事诉讼法对犯罪嫌疑人、被告人作出的处理。犯罪嫌疑人、被告人不得以和解协议对抗刑事制裁,也不得因为判处刑罚而以此作为不履行先前与被害人达成和解协议的理由。

(二)关于刑事和解的方式

刑事和解的具体方式,可以是双方当事人自行和解,也可以由人民调解委员会、基层自治组织、当事人所在单位、同事、亲友、律师等组织或者个人调解后自愿达成和解。人民检察院对于适用当事人刑事和解程序的公诉案件,可以建议当事人进行和解,并告知相应的权利义务,必要时可以提供法律咨询。

(三)关于刑事和解的审查

人民检察院公诉部门办案中,适用当事人和解程序应当重点对和解的自愿性、合法性进行审查,重点从以下几个方面进行审查:(1)双方当事人是否自愿;(2)犯罪嫌疑人、被告人是否真诚悔罪,是否向被害人赔礼道歉,经济赔偿数额是否与其侵害行为所造成的损害和赔偿能力相适应;(3)被害人及其法定代理人或者近亲属是否明确表示对犯罪嫌疑人、被告人予以谅解;(4)是否符合法律规定;(5)是否损害公共利益或他人的合法权益;(6)是否符合社会公德。审查时,充分听取意见,告知权利义务,并制作笔录附卷。

(四)关于刑事和解协议书的制作

对人民检察院主持当事人和解达成和解协议的,经审查认为和解是在双方自愿的前提下达成,内容合法且符合刑事诉讼法适用条件的,人民检察院应当主持制作和解协议书,作为履行和解协议和依法从宽处理的依据。和解协议应当一式三份,由双方当事人签字,双方当事人和人民检察院各持一份。

(五)关于刑事和解和"检调对接"的关系

2011年最高人民检察院下发了《最高人民检察院关于开展检调对接试点工作的意见》。"检调对接",是指人民检察院在办理轻微刑事案件、民事申诉案件过程中,将执法办案与深入化解社会矛盾相结合,依托人民调解组织等各类矛盾纠纷调处工作平台,密切配合,各司其职,共同促进当事人就案件中的民事责任和解息诉,有效化解社会矛盾,促进社会和谐稳定的工作机制。可见,公诉案件刑事和解程序与"检调对接"有相同之处。两者都可以发生在刑事诉讼的某一个诉讼阶段;两者都必须以自愿、协商为前提;检察机关在当事人和解和有关调解工作中都发挥了一定作用。但两者侧重点有所不同：当事人和解的公诉案件程序侧重于当事人双方以自愿、协商的方式达成解决纠纷的合意，在司法机关监督和审查后，和解协议得到确认。"检调对接"工作侧重点是检察机关积极协助人民调解等组织开展调解工作，及时提供案件相关材料，为当事人提供法律咨询，帮助调解组织做好当事人双方工作，促进矛盾化解。实践中，要充分发挥检调对接工作机制的积极作用，积极协调由人民调解员先行做好相关工作，再由检察人员主持制作调解书，并认真审查达成和解的自愿性、合法性，切实通过刑事和解程序化解犯罪引发的社会矛盾，实现最佳的办案效果。

（六）关于刑事和解程序的建议权

检察机关公诉部门和检察人员办案中，应当注意审查案件能否适用当事人和解程序、当事人之间是否有和解协议、公安机关有关从宽处罚的建议等，尽可能适用和解程序。对于符合和解程序要求的案件，可以建议当事人进行和解，同时应当及时告知当事人及其辩护人、代理人有关权利。对于当事人双方就经济赔偿、赔礼道歉等民事责任事项没有自行达成和解协议的，可以适用检调对接机制办理。当事人达成调解协议，人民检察院认为协议系当事人双方自愿、不违反法律规定、不损害国家、集体、社会公共利益和他人合法权益、不违背社会公德的，公诉部门也可以依法作出不起诉、变更强制措施等决定，或者提起公诉时向人民法院提出在法定幅度范围内从宽处理的量刑建议。

（七）关于刑事和解的自愿性问题

刑事和解以保护被害人的合法权益为核心，刑事和解制度必须遵循平等自愿原则。审查当事人和解协议，以及人民检察院拟作出不起诉决定时，人民检察院检察人员都应当听取双方当事人和其他有关人员对刑事和解的意见，告知被害人从轻处理的法律后果和双方的权利义务，并记录在案。对于犯罪嫌疑人或者其亲友、辩护人以暴力、威胁、欺骗或者其他协议履行完结之后威胁、报复被害人的，应当认定和解协议无效；对已作出不起诉决定的，人民检察院应当撤销原决定，符合起诉条件的，依法提起公诉；对已向人民法院提出从轻处理量刑建议的，应当及时向人民法院反映当事人和解协议无效的有关情况。

第三节 违法所得的没收程序

一、概述

违法所得的没收程序，是指对于贪污贿赂犯罪、恐怖活动犯罪等特定范围的重大刑事案件，当犯罪嫌疑人、被告人逃匿，或者犯罪嫌疑人、被告人死亡的，依法追缴其违法所得及其他涉案财产的特别程序。

改革开放以来，我国社会经济快速发展，但是贪污贿赂等违法犯罪活动也呈增长趋势。国家加大对犯罪打击的过程中，暴露出一些问题急需解决。在查处犯罪过程中，常常遇到犯罪嫌疑人、被告人为逃避法律惩罚在作案后或者事发前潜逃。特别是一些贪污贿赂的职务犯罪分子，或是携款潜逃、藏身国内，或是逃往境外，将犯罪所得财产转移到境外；或是在案件查处过程中或者归案后畏罪自杀。由于我国刑事诉讼法没有规定缺席审判制度，如果出现犯罪嫌疑人、被告人一旦逃跑或者死亡的情况，即使案件事实已查清，刑事诉讼程序也无法启动或进行下去。因为依照新《刑事诉讼法》第15条的规定，如果犯罪嫌疑人、被告人死亡的，就应当撤销案件或者不起诉，或者终止审理。2005年，我国加入并批准了《联合国反腐败公约》，该公约要求各成员国根据本国法律可对腐败犯罪人失踪、逃跑、死亡或者缺席无法起诉的情况下采取必要的措施。我国可以向其他公约缔约国请求返还贪官转移至国外的资产。由于我国没有相应的刑事立法，有些国家在协助我国返还贪官转移的财产时要求我方提供法院针对财产的没收令或追缴的法律文书，我方无法提供相应的法律文书造成司法协助工作的困难。实践中，亟待有关刑事立法。

为此，新刑事诉讼法新增加第五编特别程序第三章规定了犯罪嫌疑人、被告人逃匿、死亡案件违法所得的没收程序，共有4条。内容包括：违法所得没收程序的适用条件、申请程序、保全措施、对没收违法所得及其他涉案财产的审理程序、刑事裁定和救济途径，以及违法所得没收程序的终止和错误没收财产的返还与赔偿。刑事诉讼法增加规定违法所得的没收程序，符合《联合国反腐败公约》要求，有利于我国司法机关依法加大打击腐败犯罪力度，有效追缴贪官境外资产，有利于打击和预防恐怖活动犯罪等重大犯罪案件。

二、违法所得没收程序的具体适用

（一）适用条件

新《刑事诉讼法》第 280 条第 1 款规定："对于贪污贿赂犯罪、恐怖活动犯罪等重大犯罪案件，犯罪嫌疑人、被告人逃匿，在通缉一年后不能到案，或者犯罪嫌疑人、被告人死亡，依照刑法规定应当追缴其违法所得及其他涉案财产的，人民检察院可以向人民法院提出没收违法所得的申请。"

根据本款规定，适用违法所得没收程序应当具备以下几个条件：

一是这一特别程序只适用于贪污贿赂犯罪、恐怖活动犯罪等重大犯罪案件。首先，适用罪名有限制。这里的"贪污贿赂犯罪"，是指由人民检察院立案侦查的刑法第八章规定的国家工作人员贪污罪和贿赂犯罪。"恐怖活动犯罪"，是指以制造社会恐慌、危害公共安全或者威胁国家机关、国际组织为目的，以暴力、破坏、恐吓等手段，造成或者意图造成人员伤亡、重大财产损失、公共设施损坏、社会秩序混乱等具有严重社会危害的犯罪行为，包括组织、领导、参加恐怖活动组织罪、资助恐怖活动罪以及其他实施恐怖活动犯罪。其次，犯罪危害程度有限制。违法所得没收程序限于"重大犯罪案件"，不适用普通刑事案件。犯罪情节一般或者较轻的贪污贿赂犯罪、恐怖活动犯罪案件，也不能适用违法所得没收程序。

二是犯罪嫌疑人、被告人必须是逃匿后在通缉一年后不能到案件的，或者犯罪嫌疑人、被告人死亡的。实践中，对于犯罪嫌疑人、被告人逃匿的，司法机关应当尽力抓捕依法追诉，确保有对于那些确实是逃匿后在通缉一年后不能到案件的，或者犯罪嫌疑人、被告人死亡的，才能依法适用这一特别程序。

三是存在犯罪嫌疑人、被告人有违法所得及其他涉案财产。这里的"违法所得"，是指犯罪嫌疑人、被告人实施犯罪行为而获取的全部财产，包括金钱、物品或者有关物质性权利凭证等。"其他涉案财产"，是指除违法所得以外的与犯罪有关的赃物、作案工具和非法持有违禁品等财物。根据《刑法》第 64 条和新《刑事诉讼法》第 280 条的规定，犯罪分子违法所得的一切财物，应当依法强制收缴。

（二）程序启动

新《刑事诉讼法》第 280 条规定："人民检察院可以向人民法院提出没收违法所得的申请。公安机关认为有前款规定情形的，应当写出没收违法所得意见书，移送人民检察院。没收违法所得的申请应当提供与犯罪事实、违法所得相关的证据材料，并列明财产的种类、数量、所在地及查封、扣押、冻结的情况。人民法院在必要的时候，可以查封、扣押、冻结申请没收的财产。"

根据此条规定，违法所得没收程序的启动具有以下特点：

1. 公安机关可以提出没收违法所得意见书并移送人民检察院。公安机关不具有对刑事犯罪案件中违法所得及其他涉案财产进行处理的权力。侦查机关（部门）案件侦查过程中，如果发现犯罪嫌疑人逃匿或者死亡，无论是对于已经采取强制措施被查封、扣押、冻结的财产，还是尚未采取强制措施的违法所得及涉案财物，都无权作出实质性的处理决定。只能根据案件情况，写出没收违法所得意见书，移送人民检察院，由检察机关审查起诉部门负责审查。侦查机关对于已经采取查封、扣押、冻结等侦查措施的财物，应当妥善保管，并制作财物清单随案移送，最终根据人民法院的裁判进行处理。

2. 人民检察院向人民法院提出没收违法所得的申请。对于符合违法所得没收程序的案件，需要对犯罪嫌疑人、被告人违法所得及其他涉案财产予以没收的，应当由人民检察院向人民法院提出没收违法所得的申请。适用没收违法所得程序的前提条件是追究犯罪嫌疑人、被告人的刑事诉讼已无法正常进行，但又不能放弃对违法所得的处理。所以，必须适用特别的起诉程序。既然是起诉程序，按照各司法机关的职能分工，理当是检察机关提起违法所得没收程序诉讼。

3. 人民检察院没收违法所得的申请内容应当具体、明确。根据修改后的刑事诉讼法规定，没收违法所得申请应当提供与犯罪事实、违法所得相关的证据材料，并列明财产的种类、数量、所在地及查封、扣押、冻结的情况。因此，人民检察院向人民法院提出违法所得没收程序申请时，必须提供犯罪嫌疑人、被告人违法所得及其他涉及案财产具体情况和材料。这样既有利于人民法院在被告人缺席法庭时可以依法作出正确裁定，也有利于人民法院采取财产保全措施和保证裁定的执行。

4. 人民法院在必要时，可以查封、扣押、冻结申请没收的财产。根据刑事诉讼法的规定，人民法院在受理没收违法所得案件申请时，可以根据案件具体情况和审判的需要对犯罪嫌疑人、被告人的财产采取查封、扣押、冻结的保全措施。

（三）办理程序

根据 2012 年《人民检察院刑事诉讼规则（试行）》的有关规定，人民检察院审查侦查机关移送的没收违法所得意见书，向人民法院提出没收违法所得的申请以及对违法所得没收程序中调查活动、审判活动的监督，由公诉部门办理。人民检察院审查公安机关移送的没收违法所得意见书，应当查明：（1）是否属于本院管辖；（2）是否符合新《刑事诉讼法》第 280 条第 1 款规定的条件；（3）犯罪嫌疑人身份状况，包括姓名、性别、国籍、出生年月日、职业和单位等；（4）犯罪嫌疑人涉嫌犯罪的情况；（5）犯罪嫌疑人逃匿、被通缉或者死亡的情况；（6）违法所得及其他涉案财产的种类、数量、所在地，以及查封、扣押、冻结的情况；（7）与犯罪事实、违法所得相关的证据材料是否随案移送，不宜移送的证据的清单、复制件、照片或者其他证明文件是否随案移送；（8）证据是否确实、充分；（9）相关利害关系人的情况。人民检察院应当在接到公安机关移送的没收违法所得意见书后30日以内作出是否提出没收违法所得申请的决定。30日以内不能作出决定的，经检察长批准，可以延长15日。

对于公安机关移送的没收违法所得案件，经审查认为不符合新《刑事诉讼法》第280条第1款规定条件的，应当作出不提出没收违法所得申请的决定，并向公安机关书面说明理由；认为需要补充证据的，应当书面要求公安机关补充证据，必要时也可以自行调查。公安机关补充证据的时间不计入人民检察院办案期限。人民检察院发现公安机关应当启动违法所得没收程序而不启动的，可以要求公安机关在7日以内书面说明不启动的理由。经审查，认为公安机关不启动理由不能成立的，应当通知公安机关启动程序。在审查公安机关移送的没收违法所得意见书的过程中，在逃的犯罪嫌疑人、被告人自动投案或者被抓获的，人民检察院应当终止审查，并将案卷退回公安机关处理。人民检察院直接受理立案侦查的案件，犯罪嫌疑人逃匿或者犯罪嫌疑人死亡而撤销案件，符合新《刑事诉讼法》第280条第1款规定条件的，侦查部门应当启动违法所得没收程序进行调查。侦查部门进行调查应当查明犯罪嫌疑人涉嫌的犯罪事实，犯罪嫌疑人逃匿、被通缉或者死亡的情况，以及犯罪嫌疑人的违法所得及其他涉案财产的情况，并可以对违法所得及其他涉案财产依法进行查封、扣押、查询、冻结。侦查部门认为符合新《刑事诉讼法》第280条第1款规定条件的，应当写出没收违法所得意见书，连同案卷材料一并移送有管辖权的人民检察院侦查部门，并由有管辖权的人民检察院侦查部门移送本院公诉部门。在人民检察院审查起诉过程中，犯罪嫌疑人死亡，或者贪污贿赂犯罪、恐怖活动犯罪等重大犯罪案件的犯罪嫌疑人逃匿，在通缉一年后不能到案，依照刑法规定应当追缴其违法所得及其他涉案财产的，人民检察院可以直接提出没收违法所得的申请。人民法院在审理过程中，被告人死亡而裁定终止审理，或者被告人脱逃而裁定中止审理，人民检察院可以依法另行向人民法院提出没收违法所得的申请。

（四）审理程序

新《刑事诉讼法》第281条规定："没收违法所得的申请，由犯罪地或者犯罪嫌疑人、被告人居住地的中级人民法院组成合议庭进行审理。人民法院受理没收违法所得的申请后，应当发出公告。公告期间为六个月。犯罪嫌疑人、被告人的近亲属和其他利害关系人有权申请参加诉讼，也可以委托诉讼代理人参加诉讼。人民法院在公告期满后对没收违法所得的申请进行审理。利害关系人参加诉讼的，人民法院应当开庭审理。"

根据法律和有关规定，没收违法所得的审理程序具有以下特点：

1. 违法所得没收不是一种刑事缺席审判制度，而是一种独立的没收违法所得的特别刑事诉讼程序。人民法院对犯罪嫌疑人、被告人逃匿、死亡案件适用违法所得的没收程序，不涉及有关犯罪嫌疑人、被告人的定罪量刑问题，只审理和裁定违法所得财产的处置问题。

2. 受理没收违法所得申请刑事案件的人民法院，必须是犯罪地或者犯罪嫌疑人、被告人居住地的中级人民法院管辖。与之对应，人民检察院提出没收违法所得申请，应当由有管辖权的中级人民法院的同级人民检察院提出。对于上级人民检察院指定管辖的案件，应当由被指定的人民检察院向同级人民法院提出没收违法所得的申请。

3. 由于犯罪嫌疑人、被告人因为客观原因不能出庭，人民法院审理申请没收违法所得的案件应当遵守严格的程序要求：一是必须经过6个月的公告期间后才能开庭审理；二是必须组成合议庭审理，不允许独任审判；三是犯罪嫌疑人、被告人的近亲属和其他利害关系人有权申请参加诉讼等；四是利害关系人参加诉讼的，人民法院应当开庭审理。人民法院对没收违法所得的申请审理，人民检察院应当承担举证责任。人民法院对没收违法所得的申请进行开庭审理的，人民检察院应当派员出席法庭。

（五）刑事裁定和救济途径

新《刑事诉讼法》第282条规定："人民法院经审理，对经查证属于违法所得及其他涉案财产，除依法返还被害人的以外，应当裁定予以没收；对不属于应当追缴的财产的，应当裁定驳回申请，解除查封、扣押、冻结措施。对于人民法院依照前款规定作出的裁定，犯罪嫌疑人、被告人的近亲属和其他利害关系人或者人民检察院可以提出上诉、抗诉。"

这条规定主要包括下述内容：

1. 没收程序适用裁定形式。适用犯罪嫌疑人、被告人逃匿、死亡案件违法所得没收程序，人民法院经审理后应当依法作出裁定，或是裁定予以没收，或是裁定驳回申请。

2. 区分情况裁定处置财产。在裁定没收违法所得的财产时，对于确属于被害人的财产，应当返还被害人；对于经审理不属于应当追缴的犯罪嫌疑人、被告人的财产，应当裁定驳回申请，解除查封、扣押、冻结措施；对于确属违法所得及其他涉案财产，应当裁定予以没收。

3. 保证上诉权和抗诉权。为保证公正审理，使确有错误的没收违法所得的裁定在发生法律效力前能够得到及时纠正，使对不服裁定的利害关系人有获得法律救济的机会，同时为保障办案质量和加强人民检察院的法律监督职责，对于人民法院作出的没收违法所得的裁定，根据新刑事诉讼法规定，犯罪嫌疑人、被告人的近亲属和其他利害关系人依法有上诉权；人民检察院依法有抗诉权。

（六）程序终止

新《刑事诉讼法》第283条规定："在审理过程中，在逃的犯罪嫌疑人、被告人自动投案或者被抓获的，人民法院应当终止审理。没收犯罪嫌疑人、被告人财产确有错误的，应当予以返还、赔偿。"

根据上述规定，一旦犯罪嫌疑人、被告人无论是自动投案，还是被抓获归案，违法所得没收程序即应当终止，相应案件应当转入普通的刑事诉讼程序审理。对于经过相关程序，最终确认没收犯罪嫌疑人、被告人财产确有错误的，应当依法予以返还或者赔偿。

三、适用违法所得没收程序应当注意的问题

人民检察院公诉部门办理没收程序案件应当注意以下几个问题：

第一，对于公安机关移送的没收违法所得申请书的案件，经审查认为不符合法定没收程序条件的，应当作出不提出没收违法所得申请的决定，并向公安机关书面说明理由，公安机关认为决定错误的，可以依法提出复议、复核；对于不属于本院管辖的案件，应当将案卷退回公安机关，并告知有管辖权的人民检察院；认为需要补充证据的，应当书面要求公安机关补充证据，必要时也可以自行调查。对检察机关自侦部门移送公诉部门审查的没收违法所得申请的案件，可以参照审查公安机关移送案件的做法进行处理。

第二，没收违法所得的申请，应当由与有管辖权的中级人民法院相对的人民检察院提出。人民检察院向人民法院提出没收违法所得的申请，应当制作没收违法所得申请书。没收违法所得申请书的主要内容，一般应当包括以下内容：（1）犯罪嫌疑人、被告人的基本情况，包括姓名、性别、出生日期、出生地、身份证号码、民族、文化程度、职业、工作单位及职务、住址等；（2）案件来源；（3）犯罪嫌疑人、被告人贪污贿赂犯罪、恐怖活动犯罪等重大犯罪的案件事实；（4）犯罪嫌疑人、被告人逃匿、死亡的情况，包括被通缉、宣告死亡等情况；（5）提出没收违法所申请的理由和法律依据；（6）犯罪嫌疑

人、被告人的违法所得及其他涉案财物的种类、数量和所在地;(7)查封、扣押、冻结的涉案财物的存放地点、处理情况;(8)犯罪嫌疑人、被告人近亲属和其他利害关系人的联系方式及相关情况等。

第三,检察机关是启动违法所得没收程序的唯一合法主体。无论案件在侦查阶段、审查起诉阶段,还是在审判阶段,对犯罪嫌疑人、被告人逃匿或者死亡,符合没收违法所得的条件的,都应当由人民检察院向人民法院提出没收违法所得的申请。特别要注意的是如果在审判阶段,被告人患有严重疾病无法出庭或者脱逃的,人民法院应当根据新《刑事诉讼法》第200条的规定中止审理;如果被告人因病死亡的,人民法院应当根据新《刑事诉讼法》第15条的规定终止审理。此时案件符合违法所得没收程序条件的,应当由人民检察院另行提出没收违法所得程序的申请,人民法院不能自行直接作出没收违法所得的裁定。

第四,注重对当事人合法权益的保护。我国刑事诉讼法规定的违法所得没收程序是一种特别程序,虽然犯罪嫌疑人、被告人缺席审理,但不是刑事缺席审判制度。因此,适用没收程序应当特别慎重,既要注意保护被害人和有关利益关系人的合法权利,也要注意保护犯罪嫌疑人、被告人的合法权利。犯罪嫌疑人、被告人一旦归案,即应当终止特别程序,转入普通刑事程序。人民检察院公诉部门应当将案卷退回本院侦查部门或者公安机关依法办理。

第五,依法履行法律监督职能,正确行使抗诉权。人民检察院发现公安机关在没收违法所得程序的调查活动中有违法情形的,或者发现人民法院或者审判人员审理没收违法所得案件违反法律规定的诉讼程序的,应当向公安机关人民法院提出纠正意见。对于人民法院作出没收违法所得的裁定确有错误的,人民检察院应当在接到有关裁定书5日以内,向上一级人民法院提出抗诉,同时将抗诉书抄送上一级人民检察院。最高人民检察院、省级人民检察院认为下级人民法院按照违法所得没收程序所作的已经发生法律效力的裁定确有错误的,应当按照审判监督程序向同级人民法院提出抗诉。

第四节 精神病人的强制医疗程序

一、概述

精神病人的强制医疗程序,是指根据我国刑事诉讼法,对于实施暴力行为,危害公共安全或者严重危害公民人身安全,并且有继续危害社会可能,但经法定程序鉴定依法不负刑事责任的精神病人,依法予以强制医疗的一种特别刑事诉讼程序。

从保护社会和对精神病人的关心、照顾和治疗的目的出发,我国《刑法》第18条规定,精神病人在不能辨认或者不能控制自己行为的时候造成危害结果,经法定程序鉴定确认的,不负刑事责任,但是应当责令他的家属或者监护人严加看管和医疗;在必要的时候,由政府强制医疗。由于刑法这一规定比较原则,1979年刑事诉讼法和1996年刑事诉讼法都没有相应具体程序的法律规定,实践中一般由公安机关根据情况自由裁量,造成各地强制医疗执法标准不统一。

2012年刑事诉讼法修改在第五编特别程序中设章规定精神病人强制医疗程序。该章有6个条文,内容包括强制医疗的适用范围、强制医疗的决定程序、临时保护性约束措施、强制医疗的审理及诉讼权利保障、强制医疗决定的作出和复议、定期评估与强制医疗的解除、检察机关对强制医疗程序的法律监督等内容。刑事诉讼法中规定强制医疗特别程序具有重要的现实意义,其既有利于对精神病人的关怀和保护,同时避免他们继续危害社会,也有利于规范执法,避免各地强制医疗执法标准不统一,同时还有利于人权保护,防止具有强制性对精神病人强制医疗措施的滥用。

二、精神病人的强制医疗程序的具体适用

(一) 适用条件

新《刑事诉讼法》第284条规定:"实施暴力行为,危害公共安全或者严重危害公民人身安全,经法定程序鉴定依法不负刑事责任的精神病人,有继续危害社会可能的,可以予以强制医疗。"

根据本条规定,强制医疗的适用必须同时符合以下几个条件:(1)必须是实施了暴力行为的精神病人,而且已危害到公共安全或者严重危害公民人身安全,达到犯罪程度。(2)必须经法定程序鉴定是依法不负刑事责任的精神病人。(3)必须有继续危害社会可能的。这里强调的是暴力的现实危险性,不一定要求必须造成人员死亡、重伤等严重后果。

(二) 各司法机关职责分工

新《刑事诉讼法》第285条规定:"根据本章规定对精神病人强制医疗的,由人民法院决定。公安机关发现精神病人符合强制医疗条件的,应当写出强制医疗意见书,移送人民检察院。对于公安机关移送的或者在审查起诉过程中发现的精神病人符合强制医疗条件的,人民检察院应当向人民法院提出强制

医疗的申请。人民法院在审理案件过程中发现被告人符合强制医疗条件的，可以作出强制医疗的决定。对实施暴力行为的精神病人，在人民法院决定强制医疗前，公安机关可以采取临时的保护性约束措施。"

根据这条规定，各司法机关适用强制医疗程序时具有不同分工：

1. 公安机关只有强制医疗的建议权和对实施暴力行为的精神病人采取临时的保护性约束措施的权力。侦查阶段经鉴定证明犯罪嫌疑人是精神病人的，公安机关应当将相关材料移送人民检察院，由人民检察院对材料审核把关后，再向人民法院提出强制医疗的申请。对于实施暴力行为的精神病人，在人民法院决定强制医疗之前，公安机关只能采取临时的保护性约束措施。

2. 人民检察院依法具有对精神病人提出强制医疗的申请权。强制医疗案件的申请分为两种情形：第一种情形是公安机关在侦查阶段发现犯罪嫌疑人可能是精神病人，应当按照有关法律规定进行鉴定，经鉴定确认犯罪嫌疑人是精神病人，且是在不能辨认或者不能控制自己行为的时候造成危害结果的，应当撤销案件，但对于符合强制医疗条件的，应当提出强制医疗意见书，并移送人民检察院审查。人民检察院审查认为公安机关移送的精神病人符合强制医疗条件的，依法向人民法院提出强制医疗的申请。第二种情形是人民检察院自己在审查起诉过程中发现的精神病人符合强制医疗条件的，应当向人民法院提出强制医疗的申请。检察机关在提交申请时，应当提交申请书，说明申请理由，并附司法精神病鉴定报告书和其他证据材料。

3. 人民法院依法具有对精神病人强制医疗的决定权。强制医疗是一种限制公民人身自由的措施，通过严格刑事诉讼程序，由人民法院来决定更为慎重。这里需要注意，对于人民检察院没有提出强制医疗申请，人民法院在案件审理过程中发现认为不负刑事责任的精神病人符合强制医疗条件的，可以直接作出强制医疗的决定。

（三）办理程序

根据2012年《人民检察院刑事诉讼规则（试行）》的有关规定，人民检察院审查公安机关移送的强制医疗意见书，向人民法院提出强制医疗的申请以及对强制医疗决定的监督，由公诉部门办理。

人民检察院应当在接到公安机关移送的强制医疗意见书后30日以内作出是否提出强制医疗申请的决定。对于公安机关移送的强制医疗案件，经审查认为不符合新《刑事诉讼法》第284条规定条件的，应当作出不提出强制医疗申请的决定，并向公安机关书面说明理由；认为需要补充证据的，应当书面要求公安机关补充证据，必要时也可以自行调查。公安机关补充证据的时间不计入人民检察院办案期限。人民检察院发现公安机关应当启动强制医疗程序而不启动的，可以要求公安机关在 7 日以内书面说明不启动的理由。经审查，认为公安机关不启动理由不能成立的，应当通知公安机关启动程序。在审查起诉中，犯罪嫌疑人经鉴定系依法不负刑事责任的精神病人的，人民检察院应当作出不起诉决定。认为符合新《刑事诉讼法》第 284 条规定条件的，应当向人民法院提出强制医疗的申请。人民法院在审理案件过程中发现被告人符合强制医疗条件，作出被告人不负刑事责任的判决后，拟作出强制医疗决定的，人民检察院应当在庭审中发表意见。

（四）审理程序

新《刑事诉讼法》第 286 条规定："人民法院受理强制医疗的申请后，应当组成合议庭进行审理。""人民法院审理强制医疗案件，应当通知被申请人或者被告人的法定代理人到场。被申请人或者被告人没有委托诉讼代理人的，人民法院应当通知法律援助机构指派律师为其提供法律帮助。"第 287 条第 1 款规定："人民法院经审理，对于被申请人或者被告人符合强制医疗条件的，应当在一个月以内作出强制医疗的决定。"

根据以上条款规定，强制医疗的审理程序具有以下特点：

1. 必须采取合议庭进行审理形式。由于强制医疗直接关系公民的人身自由、社会安全和公共秩序，且判断一个人的精神状况，以及是否符合强制医疗的条件，情况比较复杂、专业性强，因此，法律规定人民法院适用强制医疗程序，应当组成合议庭进行审理。人民法院开庭审理的，人民检察院应当派员出席法庭。

2. 切实保障被申请人或被告人的诉讼权利。由于精神病人不能正确辨认或者控制自己的行为，有必要通知其法定代理人到场，代行其诉讼权利；如果被申请人或者被告人没有委托诉讼代理人的，有必要为其提供法律援助，因此，法律规定人民法院审理强制医疗案件，应当通知被申请人或者被告人的法定代理人到场。被申请人或者被告人没有委托诉讼代理人的，人民法院应当通知法律援助机构指派律师为其提供法律帮助。

3. 审理期限为一个月。人民法院经审理，对于被申请人或者被告人符合强制医疗条件的，应当在一个月以内作出强制医疗的决定。

（五）强制医疗程序的救济和解除

新《刑事诉讼法》第 287 条第 2 款规定："被决定强制医疗的人、被害人及其法定代理人、近亲属对强制医疗决定不服的，可以向上一级人民法院申请复议。"第 288 条规定："强制医疗机构应当定期对被强制医疗的人进行诊断评估。对于已不具有人身危险性，不需要继续强制医疗的，应当及时提出解除意见，报决定强制医疗的人民法院批准。被强制医疗的人及其近亲属有权申请解除强制医疗。"

根据上述条款规定,强制医疗的救济途径主要有:

1. 申请复议。为了保障被决定强制医疗人、被害人的诉讼权利,及时纠正错误的强制医疗决定,法律还规定被决定强制医疗的人、被害人及其法定代理人、近亲属对强制医疗决定不服的,可以向上一级人民法院申请复议。

2. 定期评估。强制医疗并不是对实施暴力行为的被强制医疗人的惩戒和制裁,而是对被强制医疗的人采取的保护性措施并给予其必要的治疗,使其尽快解除痛苦,恢复健康,同时避免继续危害社会。因此,法律规定强制医疗机构应当定期对被强制医疗的人进行诊断评估。对于已不具有人身危险性,不需要继续强制医疗的,应当及时提出解除意见,报决定强制医疗的人民法院批准。

3. 申请解除。为了保障被强制医疗的人的合法权益,防止强制医疗措施被滥用或者不必要的延长强制医疗时间,法律规定被强制医疗的人及其近亲属有权申请解除强制医疗。但是,是否能够解除强制医疗措施,由人民法院根据客观情况予以批准决定。

(六)人民检察院的法律监督

新《刑事诉讼法》第289条规定:"人民检察院对强制医疗的决定和执行实行监督。"

根据本条规定,人民检察院依法对适用强制医疗程序的有关诉讼活动实行法律监督。监督主要包括两个方面:一是对强制医疗的决定实行监督。在强制医疗的决定程序中,既包括公安机关的侦查活动,也包括人民法院的审理活动。人民检察院对公安机关在侦查阶段的监督,主要是通过审查公安机关提出的强制医疗意见及相关办案工作来实现监督的,包括侦查机关在收集精神病人实施暴力行为的证据材料,对精神病人进行鉴定的程序,对实施暴力行为的精神病人采取临时的保护性约束措施等是否合法等。人民检察院对人民法院在审理阶段的监督主要通过审查人民法院审理强制医疗是否符合法律规定的程序,对强制医疗的决定是否正确、合法等来实现的。二是对强制医疗的执行实行监督,包括强制医疗机构的执行活动,也包括人民法院解除强制医疗的批准活动。人民检察院对强制医疗机构的执行活动进行监督,主要审查强制医疗机构是否对被强制医疗的人实施必要的治疗,是否按照要求定期对被强制医疗的人进行诊断评估,是否按照要求提出解除强制医疗的申请,是否保障被强制医疗的人合法权利等。人民检察院对人民法院批准解除强制医疗的监督,主要体现在人民法院解除强制医疗的批准程序和批准决定是否合法,是否存在徇私舞弊行为等。

三、适用精神病人的强制医疗程序应当注意的问题

人民检察院公诉部门办理强制医疗案件时应当注意以下几个问题：

(一) *严格依法适用强制医疗程序*

虽然强制医疗与刑法中规定的刑罚和刑事诉讼法中规定的拘传、拘留、取保候审、监视居住、逮捕五种刑事强制措施有本质区别。强制医疗并不是对实施暴力行为的被强制医疗人的惩戒和制裁，而是对被强制医疗的人采取的保护性措施。但强制医疗客观上限制了被强制医疗的人的自由，带有较强的强制性，因此，必须严格依法适用，充分发挥和实现其防卫社会、治疗疾病和保护人权的功能。

(二) *准确把握强制医疗程序的适用条件*

根据我国刑事诉讼法的规定，强制医疗程序是一种特别的刑事诉讼程序。强制医疗程序的适用必须以司法精神病鉴定为前提，司法精神病鉴定应当是在立案以后进行。精神病人的确认应当包括两方面：一方面是医疗判断，即要求通过法定的鉴定程序得出司法精神病鉴定意见，作为是否适用强制医疗程序的重要依据；另一方面是司法判断，即经过法定的程序，由司法机关综合全案证据情况对行为人的刑事责任能力进行判断。在审查起诉中，犯罪嫌疑人经鉴定是依法不负刑事责任的精神病人的，人民检察院应当作出不起诉决定；认为涉案精神病人符合刑事诉讼法关于强制医疗程序适用条件的，应当启动强制医疗程序。

(三) *对于公安机关移送强制医疗意见书的案件进行审查*

该类案件应当重点审查以下内容：强制医疗意见书及案卷材料是否齐全；涉案精神病人是否实施了危害公共安全或者严重危害公民人身安全的暴力行为；公安机关有关司法精神病鉴定程序是否合法；涉案精神病人是否依法不负刑事责任；涉案精神病人的现实危险性。经审查，认为案件不符合强制医疗程序法定条件的，应当作出不提出强制医疗申请的决定，并向公安机关书面说明理由，公安机关认为决定错误的，可以依法提出复议、复核；认为需要补充证据的，应当书面要求公安机关补充证据，必要时也可以自行调查。

(四) *人民检察院向人民法院提出强制医疗的申请，应当制作强制医疗申请书*

申请书的主要内容，一般应当包括以下内容：犯罪嫌疑人、被告人的基本情况，包括姓名、性别、出生日期、出生地、身份证号码、民族、文化程度、职业、工作单位及职务，采取临时保护性约束措施的情况及地点等；案件来

源；涉案精神病人实施危害公共安全或严重危害公民人身安全的暴力行为的事实；涉案精神病人不负刑事责任的情况和证据材料；提出强制医疗申请的根据和理由等。

(五) 加强对强制医疗程序的法律监督

根据刑事诉讼法有关规定和检察机关各部门的职能分工，强制医疗特别诉讼程序活动中，人民检察院公诉部门主要是负责对强制医疗申请、强制医疗决定的监督。发现公安机关对涉案精神病人进行鉴定的程序违反法律或者采取临时保护性约束措施不当的，应当提出纠正意见。对强制医疗案件开庭审理的，人民检察院应当派员出席法庭。对于未经人民检察院申请，由人民法院直接决定强制医疗的，如果认为被强制医疗的人没有精神病或者虽然患有精神病但没有达到无刑事责任能力的程度的，可以要求作出决定的人民法院说明理由并提供相关的司法精神病鉴定意见。对于人民法院审理强制医疗案件违反法律规定的诉讼程序，或者作出的强制医疗决定或者驳回强制医疗申请的决定不当，应当在收到决定书副本后20日以内向人民法院提出书面纠正意见。

第十七章
公诉文书

公诉文书是在公诉活动中对案件的程序和实体问题适用法律的结果,是人民检察院行使公诉权的表征,在诉讼中具有重要的意义。检察人员必须按照规定的格式和要求制作和适用公诉文书。公诉文书的制作水平,直接反映公诉的水平,关系到公诉活动的合法性、规范性和严肃性。

第一节　制作公诉文书的基本要求

一、公诉文书的概念和特征

公诉文书是检察文书的重要组成部分,是人民检察院为行使公诉权,依照法律规定制作的具有法律效力的各种诉讼文书。

这里的公诉文书是就狭义而言的,指专门适用于公诉工作的检察诉讼文书,不仅包括各项检察工作通用的诉讼文书、证据文书,也包括公诉工作文书。前者如讯问犯罪嫌疑人笔录、询问证人笔录、检察建议书、纠正违法通知书、送达回证等,不仅可以在公诉工作中使用,也可以在侦查、审查逮捕等其他检察业务工作中使用。公诉工作文书,是人民检察院公诉工作的内部环节和决定过程中制作、使用的文书,目的是记载公诉活动的情况,或者保证公诉活动按照规定的内部工作程序进行,不对外发生法律效力,不向公安机关、人民法院和诉讼参与人送达,与诉讼文书具有明显不同的特征,如受理审查起诉案件登记表、补充侦查审批表、移送审查起诉案件审查报告、提请抗诉报告书,等等。广义的公诉文书，则是人民检察院在公诉工作中制作的检察文书的总和。

公诉文书具有下列特征：

（一）制作主体的专门性

公诉文书只能由人民检察院在公诉工作中依照法律和有关规定制作、使用，其他行政机关、司法机关、团体或者个人都无权制作。在人民检察院内部，根据职责分工，公诉文书主要由公诉部门在审查起诉、出庭公诉、抗诉等公诉活动中具体负责制作。

（二）制作的合法性

一是人民检察院制作公诉文书必须有法律或者有关司法解释、规定作为依据，否则是违法和无效的。例如，新《刑事诉讼法》第171条第1款规定："人民检察院审查案件，可以要求公安机关提供法庭审判所必需的证据材料。"第2款规定："人民检察院审查案件，对于需要补充侦查的，可以退回公安机关补充侦查，也可以自行侦查。"上述规定就是人民检察院制作提供法庭审判所需证据材料通知书和补充侦查决定书的法律依据。二是公诉文书的制作程序必须合法。一般地，公诉文书的制作应当履行拟稿、核稿、签发手续。在主诉检察官办案责任制下，有的公诉文书可以由主诉检察官直接签发，有的必须呈报检察长签发。重大案件或重要事项须经检察委员会讨论决定后，再由检察长签发。未经检察长签发或者授权签发，不得加盖检察长印或者人民检察院院印。

（三）形式和内容的规范性

公诉文书是一种国家公文和法律文书，不仅制作要合法，而且在形式和内容上都必须规范，以体现执法的统一性、严肃性。形式的规范性主要体现在以下几个方面：一是格式划一。公诉文书的大小、格式、名称、文号、事由、法律依据、送达对象等都必须统一，符合最高人民检察院印发的《人民检察院刑事诉讼法律文书格式》所确定的标准。二是结构固定。例如，叙述式公诉文书都可以划分为首部、正文、尾部三大部分。首部一般包括制作机关、文书名称、文号、当事人（单位）基本情况、事由和来源等。正文一般包括事实和证据、认定的理由和法律依据、认定的结论和处理意见等。尾部一般包括送达对象、签署日期、印鉴、附注说明事项等。三是用语规范。经过长期的公诉工作实践，公诉文书的用语逐步规范化。制作公诉文书时应当使用规范的用语，以保证表述准确、统一、简明。内容的规范性，主要是指在制作公诉文书时，必须按照规定的格式和要求把应当具备的要素叙写清楚。例如，在叙写起诉书中被告人的身份情况时，应当写清姓名、性别、出生年月日、身份证号码、民族、文化程度、职业或工作单位及职务、住址；受过刑罚处罚的，应写明时间、原因、种类、决定机关、释放或脱逃的时间，等等。

（四）使用的对应性

使用公诉文书的目的，是与公安机关、人民法院和有关诉讼参与人联系。具体而言，可以是向其他司法机关提出某种要求，可以是向其他司法机关通报情况，可以是告知当事人及其他诉讼参与人案件有关情况和他们的诉讼权利，也可以是将人民检察院的决定告知当事人和诉讼参与人。每一份公诉文书都有其特定的使用对象，有的还要求对方作出回应，例如，人民检察院向公安机关发出补充侦查决定书后，公安机关必须在法定期限内进行补充侦查，并将新的证据材料或有关说明移送检察机关。人民检察院向其他司法机关发送的公诉文书，往往是其他司法机关进行诉讼活动的依据或者前提，例如，起诉书就是人民法院对公诉案件开庭审判的依据，没有起诉书就不能进行审判。

（五）法定的强制性

公诉文书是依法制作的国家公文，具有法律效力，由国家强制力保证执行，可以引起刑事诉讼活动的启动、递进和终止。例如，不起诉决定书具有终止刑事诉讼的法律效力，起诉书具有代表国家对犯罪嫌疑人提起公诉、交付人民法院审判的效力。如果公诉文书的内容是人民检察院依照法律规定要求其他司法机关履行某种职责，其他司法机关就必须执行，例如，人民检察院向公安机关发出提供法庭审判所需证据材料通知书后，公安机关应当收集并提供有关的证据材料；如果无法收集，也要向人民检察院说明。

二、公诉文书的种类

公诉文书主要有起诉书、不起诉决定书、刑事抗诉书、提供法庭审判所需证据材料通知书、补充侦查决定书、补充移送起诉通知书、检察意见书、撤销不起诉决定书、适用简易程序建议书、适用简易程序意见书、派员出席法庭通知书、撤回起诉决定书、延期审理建议书、抗诉请求答复书、撤回抗诉决定书等。

这些公诉文书根据制作方法的不同，可以分为填充式文书和叙述式文书。填充式文书是项目固定，以统一的标准格式印刷的文书，均采用联单形式，由存根、副本、正本等多联组成。固定项目已印制妥当，使用时根据案件的具体情况在空白栏填写有关内容，加盖相应印章即可。叙述式文书是根据法律规定汇总案件情况，包括当事人情况、办案情况、案件事实、证据、法律依据和结论等的文书，一般在作出某项处理决定时使用，如各种通知书。叙述式文书不需要印制固定格式，但项目、内容框架和基本格式有固定的标准，一般由首部、正文、尾部三部分构成，内容应当根据案件具体情况撰写。不同的案件，

公诉制度教程

文书长短不同，内容差别较大，需要一书一稿，一书一印制。起诉书、不起诉决定书、刑事抗诉书都属于叙述式文书。

三、制作公诉文书的基本要求

公诉文书是人民检察院行使公诉权，在公诉活动中对案件的程序和实体问题适用法律的结果，是具有法律效力的司法公文，需要向诉讼参与人和其他司法机关送达。公诉文书制作得如何，不仅关系到检察机关公正执法的形象，也关系到刑事案件能否得到依法正确处理，关系到当事人和其他诉讼参与人的诉讼权利和其他合法权益是否得到依法保障，因此，对公诉文书的制作应有严格要求。

不同的公诉文书，制作要求也不同。填充式的公诉文书，因固定项目已经印制妥当，需要填写的内容较少，制作比较容易，《人民检察院刑事诉讼法律文书格式》中的要求也相当明确，只要本着认真负责的态度填写，就能保证文书的质量。叙述式的公诉文书只对项目、内容框架和基本格式作出统一规定，必须根据案件的具体情况撰写，因而制作要求比填充式文书高。在制作叙述式公诉文书时，应当符合下列基本要求：

（一）必须坚持"以事实为根据，以法律为准绳"的原则

制作公诉文书时，必须根据证据的情况，实事求是地认定案件事实，严格按照法律规定作出诉讼决定，从而使公诉文书在形式和内容上，不仅符合程序法的规定，也符合实体法的规定，体现公诉活动的合法性、公正性、严肃性和权威性。

（二）必须准确无误

公诉文书作为具有法律效力的司法文书，应当在形式上和内容上都准确无误，以保证案件得到正确、及时处理。如果在公诉文书出现差错后再行纠正，不仅影响诉讼活动的顺利进行，也会影响公诉的严肃性，损害人民检察院的形象。对公诉文书准确性的要求主要体现在以下几个方面：（1）文书种类准确。依法该用什么文书，就必须使用什么文书，不能互相替代。（2）文书的格式准确，不能出现项目短缺或者叙写顺序颠倒的情况。（3）内容准确。文书涉及的内容，包括被告人基本情况、诉讼过程、作出决定的理由和引用法律条款等，都必须准确无误。（4）文字表述准确，标点符号的运用正确，没有错别字，不至于含混不清或产生歧义。

（三）文字庄重、严肃、简练，逻辑清晰

制作公诉文书主要采用记叙、说明、说理三种文体，务求如实地记载事实、

证据和意见，不采用描写、抒情等文学写作手法。在语言表达上，一要文字朴实无华，语言严谨精炼，切忌使用描绘渲染、铺陈比喻、夸张修饰等手法；二要使用庄重的书面语言，除必要的情况外，不使用方言俚语、污言秽语和行话、黑话；三要使用法律专业术语和公诉工作规范用语。文书的事实、证据、理由和结论之间，应当结构明确，层次分明，逻辑关系清楚，这样才能有说服力。

要制作出符合规范要求的高质量的公诉文书，要求检察人员必须有较高的政治素质和业务素质，不仅要有高度的责任心，严肃认真的工作态度，而且要有比较扎实的法律专业功底，良好的文字写作能力，以及一定的社会常识和实践经验。

第二节 起诉书的制作

起诉书是人民检察院对公诉案件经过审查，认为案件事实清楚，证据确实充分，应当追究犯罪嫌疑人的刑事责任，决定提起公诉、交付人民法院审判所制作的公诉文书。起诉书是人民检察院行使公诉权的重要体现，是人民法院进行刑事审判的前提和依据，是刑事诉讼中最重要的法律文书之一。提起公诉的案件，人民检察院必须向法院移送起诉书。

一、起诉书制作的一般要求

起诉书的制作应当符合下列一般要求：

第一，起诉书应当明确记载所指控的犯罪事实，这是对起诉书制作的基本要求。与抗辩式庭审方式及起诉状一本主义相适应，英美法系普遍确立了诉因制度。所谓诉因，一般是指构成犯罪事实的主张。为了使辩护方充分行使辩护权，检察官在起诉书中，必须明示诉因，具体指定所起诉的犯罪事实，法院只能就其诉因加以审判。简言之，诉因是诉讼的对象。在十七八世纪，英国对诉因的记载要求十分严格，在起诉书中对犯罪事实的细节都需记载，并且也要求记载明显成为证据的事实。如果对犯罪事实的记载与被证事实不同，法官将宣判被告人无罪。日本《刑事诉讼法》第256条也确立了诉因制度，主要规定起诉书应记载被告人的姓名及其他足资辨认之事项、公诉事实、罪名等，其中公诉事实应载明诉因，并应尽可能记载构成诉因的时日、场所、方法等成立犯罪之特定事实。诉因制度集中体现了当事人主义刑事诉讼的价值理念，同时也是起诉状一本主义的保障机制，其法律功能主要体现为明确检察机关起诉、求刑的依据，严格限制审判的对象和范围，并使被告人充分了解指控的内容，有利于被告人有效地行使辩护权。

在我国，起诉书同样必须明确记载诉因，以实现上述法律功能。因而在制作起诉书时，应当明确记载犯罪事实的基本要素，如时间、地点、目的、动机、手段、经过、结果等，必要的事实不能出现遗漏，以使指控具体化、明确化。当然，这些事实都必须是有确实、充分证据予以证明的事实，无证据证明或者证据不充分的事实都不应当记载。

第二，除记载属于诉因的事实以外，起诉书还应记载指控的罪名和适用的法条。指控的罪名和适用的法条体现了检察机关追究被告人刑事责任的意见和理由，也是法院审理的重要内容。在一些国家，法官严格按起诉书指控的罪名进行审理，只要指控的罪名不成立，即便被告人构成其他罪名，因检察官没有指控该罪名，也不得定罪处罚。在我国刑事诉讼中，审判的对象主要是犯罪事实即诉因，起诉书中有关罪名和适用法律的意见对法院没有约束力，法院有权根据审判后判明的情况决定被告人构成什么罪名和适用什么法条。但起诉书记载罪名或适用法条错误，势必影响被告人辩护权的行使，从而妨碍审判的公正进行，也损害公诉的社会效果。因此，在制作起诉书时，应当准确确定并记载罪名和适用的法条。

第三，为了防止法官在审判前产生预断，起诉书对犯罪事实应当只进行客观的表述，不应对证据情况进行详细记载，也不应对指控的意见和理由进行充分论证。证据的出示和对指控的论证，都应当在法庭审理中进行。

第四，起诉书中不应提出具体的量刑请求。当然，起诉书中记载罪名、适用的法条，也意味着对量刑提出建议，但这种量刑建议是概括的，而不是对宣告刑的具体建议。

第五，起诉书中一般不需要全面记载对被告人从重、从轻、减轻处罚的量刑情节和意见。虽然检察机关可以根据审查起诉的情况对被告人是否具有量刑情节提出认定意见，但有许多量刑情节只能作出阶段性的认定，在审判阶段还可能发生变化。例如，被告人自动投案后，尽管在提起公诉前如实供述犯罪事实，但在法庭审理中可能翻供。如果起诉书认定被告人构成自首，一旦被告人在法庭上翻供，又将不成立自首，公诉人在庭审中势必处于被动。另外，审判机关对量刑情节的认定往往与检察机关不一致，如是否属于立功，是一般立功还是重大立功，是否构成累犯，等等。司法实践中，量刑主要应交由法院依法进行，公诉人可以在当庭发表公诉意见时，根据案件事实和庭审情况提出从重、从轻、减轻处罚的意见。在起诉书中，只需就有关量刑的事实作客观表述，不需要提出认定意见，但对适用简易程序的案件，如果不派员出席法庭，起诉书中应当写明对量刑情节的认定意见。

二、起诉书的基本格式

（一）适用于普通程序案件的起诉书格式

适用普通程序的案件，起诉书的格式如下：

××××人民检察院
起 诉 书

××检××刑诉〔 〕×号

被告人……（写明姓名、性别、出生年月日、身份证号码、民族、文化程度、职业或者工作单位及职务、出生地、户籍地、住址、曾受到刑事处罚以及与本案定罪量刑相关的行政处罚的情况和因本案采取强制措施的情况等）

本案由×××（侦查机关）侦查终结，以被告人×××涉嫌××罪，于××××年××月××日向本院移送审查起诉。本院受理后，于××××年××月××日已告知被告人有权委托辩护人，××××年××月××日已告知被害人及其法定代理人（近亲属）、附带民事诉讼的当事人及其法定代理人有权委托诉讼代理人，依法讯问了被告人，听取了辩护人×××、被害人×××及其诉讼代理人×××的意见，审查了全部案件材料……（写明退回补充侦查、延长审查起诉期限等情况）。

〔对于侦查机关移送审查起诉的需变更管辖权的案件，表述为："本案由×××（侦查机关）侦查终结，以被告人×××涉嫌××罪，于××××年××月××日向×××人民检察院移送审查起诉。×××人民检察院于××××年××月××日转至（交由）本院审查起诉。本院受理后，于××××年××月××日已告知被告人有权……"。

对于本院侦查终结并移送审查起诉的案件，表述为："被告人×××涉嫌××罪一案，由本院侦查终结，于××××年××月××日移送审查起诉。本院于××××年××月××日已告知被告人有权……"。

对于其他人民检察院侦查终结的需变更管辖权的案件，表述为："本案由×××人民检察院侦查终结，以被告人×××涉嫌××罪移送审查起诉，×××人民检察院于××××年××月××日转至（交由）本院审查起诉。本院受理后，于××××年××月××日已告知被告人有权……"〕

经依法审查查明：……（写明经检察机关审查认定的犯罪事实包括犯罪时间、地点、经过、手段、目的、动机、危害后果等与定罪、量刑有关的事实要素。应当根据具体案件情况，围绕刑法规定的该罪的构成要件叙写。）

（对于只有一个犯罪嫌疑人的案件，犯罪嫌疑人实施多次犯罪的，犯罪事实应逐一列举；同时触犯数个罪名的犯罪嫌疑人的犯罪事实应该按照主次顺序分类列举。对于共同犯罪的案件，写明犯罪嫌疑人的共同犯罪事实及各自在共同犯罪中的地位和作用后，按照犯罪嫌疑人的主次顺序，分别叙明各个犯罪嫌疑人的单独犯罪事实。）

认定上述事实的证据如下：

……（针对上述犯罪事实，分别列举证据）

本院认为，……（概述被告人行为的性质、危害程度、情节轻重），其行为触犯了《中华人民共和国刑法》第××条（引用罪状、法定刑条款），犯罪事实清楚，证据确实、充分，应当以××罪追究其刑事责任。根据《中华人民共和国刑事诉讼法》第一百七十二条的规定，提起公诉，请依法判处。

此致

×××人民法院

检察员：×××

（院印）

××年×月×日

附：

1. 被告人现在处所。具体包括在押被告人的羁押场所或监视居住、取保候审的处所。

2. 案卷材料和证据××册××页。

3. 证人、鉴定人、需要出庭的专门知识的人的名单，需要保护的被害人、证人、鉴定人的名单。

4. 有关涉案款物情况。

5. 被害人（单位）附带民事诉讼情况。

6. 其他需要附注的事项。

（二）适用于单位犯罪案件的起诉书格式

被告人为单位时，起诉书格式有所不同。被告单位和被告人基本情况一项，应当写明被告单位的名称、住所地及其法定代表人的姓名、性别、职务等，诉讼代表人的姓名、年龄、工作单位、职务，以及作为被告人的直接负责的主管人员和其他直接责任人员的基本情况。对于被起诉的单位，应称为"被告单位"而不称"被告人"。其他部分的叙写，也要与单位犯罪案件的特点相适应。

例如，在案由和案件审查过程部分，一般应写为："本案由×××（侦查机关）侦查终结，以被告单位×××涉嫌××罪，被告人×××涉嫌××罪，于××××年××月××日向本院移送审查起诉。本院受理后，于××××年××月××日已告知被告单位和被告人有权委托辩护人，××××年××月××日已告知被害人及其法定代理人（近亲属）（被害单位及其诉讼代表人）、附带民事诉讼的当事人及其法定代理人有权委托诉讼代理人，依法讯问了被告人，听取了被告单位的辩护人×××、被告人的辩护人×××、被害人×××及其诉讼代理人×××的意见，审查了全部案件材料。……"

（三）适用于简易程序案件的起诉书格式

适用简易程序的案件，起诉书的写法与适用普通程序案件的起诉书基本相同。

（四）适用于刑事附带民事诉讼案件的附带民事起诉书

附带民事起诉书的格式如下：

××××人民检察院
刑事附带民事起诉书

××检××刑附民诉〔　〕×号

被告人……（写明姓名、性别、年龄、民族、文化程度、职业、工作单位及职务、住址、是否刑事案件被告人等）

（对于被告单位，写明单位名称、住所地、是否刑事案件被告单位、法定代表人姓名、职务等）

被害单位……（写明单位名称、所有制性质、住所地、法定代表人姓名、职务等）

诉讼请求：

……（写明具体的诉讼请求）

事实证据和理由：

……（写明检察机关审查认定的导致国家、集体财产损失的犯罪事实及有关证据）

本院认为，……（概述被告人应承担民事责任的理由），根据……（引用被告人应承担民事责任的法律条款）的规定，应承担赔偿责任。因被告人×××的上述行为构成××罪，依法应当追究刑事责任，本院已于×年×月×日以××号起诉书向你院提起公诉。现根据《中华人民共和国刑事诉讼法》第九十九条第二款的规定，提起附带民事诉讼，请依法裁判。

此致

×××人民法院

> 检察员：×××
> （院印）
> ××年×月×日

附：
1. 刑事附带民事起诉书副本一式×份。
2. 其他需要附注的事项。

三、起诉书制作和适用中应当注意的问题

制作起诉书，应当符合前文关于公诉文书制作的基本要求。起诉书各部分内容的制作应与控辩式诉讼机制相适应，详略得当，从而既足以明确人民检察院指控的意见和范围，为法庭审理提供必要的基础，又避免过多的信息使法官对案件的处理产生预断，进一步的分析、论证应主要由公诉意见书来完成。

起诉书的格式均由首部、被告人（被告单位）的基本情况、案由和案件的审查过程、案件事实、证据、起诉要求和根据、尾部七部分组成。在制作起诉书的过程中，主要应注意下列问题：

（一）首部

制作起诉书的人民检察院名称应当用全称，一般应与院印上的名称一致。除最高人民检察院外，各地方人民检察院的名称前应写明省、自治区、直辖市的名称。对涉外案件提起公诉时，各级人民检察院名称前均应注明"中华人民共和国"字样，例如"中华人民共和国北京市海淀区人民检察院"。文号由制作起诉书的人民检察院的简称、案件性质（即刑诉）、起诉年度、案件顺序号组成。其中，年度须用4位数字表述；文号写在该行的最右端，上下各空一行。

（二）被告人的基本情况

1. 一案有两名以上被告人的，应当按照先主犯后从犯、胁从犯的顺序排列。不分主从犯的，应当按各被告人在犯罪中的作用由大到小进行排列。单位犯罪案件，应先写被告单位，紧接着按上述顺序排列作为被告人的直接负责的主管人员和其他责任人员。当自然人犯罪、单位犯罪并存时，应先叙述被告单位、法定代表人及有关属于责任人员的被告人的情况，再叙述自然人被告人情况；同时，在起诉的理由和根据部分，也按照先单位犯罪、后自然人犯罪的顺序叙写。

2. 被告人的姓名，应当使用身份证等法定身份文件中使用的正式姓名。如果被告人有与案情有关的别名、化名或者绰号的，应当在其姓名后加括号注

明。被告人是外国人的，应当在其中文译名后面用括号注明外文姓名。被告人的真实姓名、年龄、住址无法查清的，应当按其绰号或者自报的姓名、自报的年龄、住址制作起诉书，并在起诉书中注明。被告人自报的姓名可能造成损害他人名誉、败坏道德风俗等不良影响的，可以对被告人编号并按编号制作起诉书，并在起诉书中附具被告人的照片。单位的名称，应写其依法成立时上级批准的或者登记注册的全称。

3. 被告人的出生日期一般应以公历为准。除未成年人外，如果确实查不清出生日期的，可以只注明年龄。对尚未办理身份证的，应当注明。民族应写全称，如"维吾尔族"，不宜简写为"维族"。

4. 文化程度应写经正规教育所达到的教育程度。不识字的，写为"文盲"。略识一些字的，写为"初识字"。小学文化以上的，写为"××文化程度"。

5. 被告人在企事业单位、机关、团体工作的，应当写明具体工作单位和职务。制作起诉书时已被免职的，应当在工作单位和职务前注明"原任"；从事农业生产或个体经营的，写为"务农"或从事个体经营；城镇无业者，写为"无业"。

6. 被告人的住址应写被告人的经常居住地，但当其与户籍所在地不一致时，应当在其后用括号注明户籍所在地。对流窜犯，无固定住所，户籍所在地、经常居住地不明的，写其暂住地或自报的住址。住址应尽可能具体、明确。农村的住址应具体到自然村。城镇的住址应具体到门牌号。单位所在地址，应写其主要机构所在地址。

7. 被告人是外国人时，应注明国籍、护照号码、国外居所。

8. 被告人受过刑罚处罚的，应写明时间、原因、种类、决定机关、释放或脱逃的时间。被告人曾受过的行政处罚对定罪量刑有影响的，也应写明处罚的时间、种类、处罚单位。一般应先写受到行政处罚的情况，再写受到刑事处罚的情况。

9. 对采取强制措施情况的叙写，必须注明原因、种类、批准或者决定的机关和时间、执行的机关和时间。被告人被采取过多种强制措施的，应依照执行时间的先后分别叙写。

（三）案由和案件的审查过程

1. 案件经撤回起诉后又起诉的，一律不写。

2. 叙写退回补充侦查、延长审查起诉期限时，应注明日期、缘由。

（四）案件事实

1. 在具体叙写案件事实时，应当围绕犯罪构成详细写明案件发生的时间、地点、犯罪动机、目的、手段、行为过程、危害后果和被告人的认罪态度以及有关的人和事等与定罪量刑有关的事实要素。起诉书叙述的指控犯罪事实的必备要素应当明确、准确、完整，既要避免发生遗漏，也要避免将没有证据证明或者证据不足，以及与定罪量刑无关的事项写进起诉书。

2. 对起诉书所指控的所有犯罪事实，无论是一人一罪、多人一罪，还是一人多罪、多人多罪，都必须逐一列举。一般可按照时间先后顺序叙写；一人多罪的，应当按照各种犯罪的轻重顺序叙述，把重罪放在前面，把次罪、轻罪放在后面；多人多罪的，应当按照主犯、从犯或者重罪、轻罪的顺序叙述，突出主犯、重罪。

3. 对重大案件、具有较大影响的案件、检察机关直接受理立案侦查的案件，都必须详细写明具体犯罪事实的时间、地点，实施行为的经过、手段、目的、动机、危害后果和被告人案发后的表现及认罪态度等内容，特别要将属于犯罪构成要件或者与定罪量刑有关的事实要素列为重点。既要避免发生遗漏，也要避免将没有证据证明或者证据不足以及与定罪量刑无关的事项写入起诉书，做到层次清楚、重点突出。对一般刑事案件，通常也应当详细写明案件事实，但对其中作案多起但犯罪手段、危害后果等方面相同的案件事实，可以先对相同的情节进行概括叙述，然后再逐一列举出每起事实的具体时间、结果等情况，而不必详细叙述每一起犯罪事实的过程。

4. 对共同犯罪案件中有同案犯在逃的，应在其姓名后写明"另案处理"字样。

（五）证据

应当在起诉书中指明证据的名称、种类，但不必对证据与事实、证据与证据之间的关系进行具体的分析、论证。叙写证据时，一般应当采取"一事一证"的方式，即在每一起案件事实后，写明据以认定的主要证据。对于作案多起的一般刑事案件，如果案件事实是概括叙述的，证据的叙写也可以采取"一罪一证"的方式，即在该种犯罪后概括写明主要证据的种类，而不再指出认定每一起案件事实的证据。

（六）起诉的要求和根据

1. 对行为的性质、危害程度、情节轻重，要结合犯罪的各构成要件进行概括性的表述，突出本罪的特征，语言要精炼、准确。

2. 引用法律条文应当准确、完整、具体。所依据的刑法规定应当全部引用，且引出条文中外延最小的款或者项。一人犯数罪的，应当逐罪引用分则条文。共同犯罪案件多人触犯同一罪名的，可以集中引用法律条文。不同被告人罪名不同的，应当分别引用。

3. 适用简易程序的案件，对于量刑情节的认定，应当遵循如下原则：

（1）对于具备轻重不同的法定量刑情节的，应当在起诉书中作出认定。
（2）对于酌定量刑情节，可以根据案件的具体情况，从有利于出庭支持公诉的角度出发，决定是否在起诉书中作出认定。

4. 适用普通程序的案件，对于涉及量刑情节的事实，可在案件事实之后作客观表述。

（七）尾部

起诉书应当署具体承办案件公诉人的法律职务和姓名。起诉书的年月日，为签发起诉书的日期。

（八）其他要求

1. 根据国家有关公文制作的规定，除文书编号、顺序号、年月日、身份证号码、门牌号、机械型号、材料目录、医疗鉴定、百分比等专业术语和其他使用阿拉伯数码比较适当的情况外，一般应以汉字数目表达。在同一文书中，数字的使用应当前后一致。引用法律中条、款、项数字时，应当与法律原文中用字相同。

2. 根据《中华人民共和国计量法》的规定，需要计量时，应以法定计量单位为准。

3. 起诉书一般使用汉字。根据各民族公民都有权使用本民族语言文字进行诉讼的权利的原则，在少数民族聚居或者各民族共同居住的地区，被告人是少数民族的，应当用当地通用的文字制作。如果共同犯罪案件中，数名被告人分别属于数个民族，则用当地通用文字或分别以其所属民族的文字制作起诉书。如果该少数民族没有本民族通用文字，则应按照该民族语言文字习惯，使用该民族通常使用的文字制作起诉书。对于外国人犯罪的案件，应使用汉字制作起诉书正本和若干副本（加盖院印），并用被告人所在国官方语言文字制作若干起诉书翻译件（不盖院印），同时送达有关方面。起诉书的中文本与翻译本具有同等效力，发生歧义时以中文正本为准。

4. 起诉书应在尾部年月日的左下角加盖"本件与原件核对无异"字样图章。起诉书为多页的，应在各页的一侧边沿与其相邻页合盖"××人民检察院骑缝章"。起诉书中对文字作少量删改的，要在删改处加盖"核对章"。

5. 起诉书发出后，在法院开庭审理前或者审理期间，如果发现被告人的真实身份或者犯罪事实与起诉书中叙述的身份或者犯罪事实不符的，可以要求变更起诉；发现遗漏罪行、遗漏同案犯罪嫌疑人需要一并起诉的，可以要求追加起诉。遇有上述情形，应经检察长或者检察委员会决定，在人民法院作出判决前发函收回起诉书，使用原文号重新制作，在原文号后加"—2"以示与原起诉书的区别，不宜采用"补充起诉书"的形式。

6. 起诉书应当一式八份，每增加一名被告人增加起诉书五份。

第三节 不起诉决定书的制作

不起诉决定书，是人民检察院经过审查起诉，认为案件不符合刑事诉讼法所规定的起诉条件，决定不将案件移送人民法院审判而终止诉讼所制作的公诉文书。

不起诉分为三种：一是法定不起诉，即根据新《刑事诉讼法》第173条第1款的规定，"犯罪嫌疑人有本法第十五条规定的情形之一的，人民检察院应当作出不起诉决定"。二是酌定不起诉，即根据新《刑事诉讼法》第173条第2款的规定，"对于犯罪情节轻微，依照刑法规定不需要判处刑罚或者免除刑罚的，人民检察院可以作出不起诉决定"。三是证据不足不起诉，即根据新《刑事诉讼法》第171条第4款的规定，"对于补充侦查的案件，人民检察院仍然认为证据不足，不符合起诉条件的，可以作出不起诉决定"。适用于上述三种不起诉的不起诉决定书在格式和内容上有一定差别。

由于不起诉决定书的效力在于终止诉讼，因而制作不起诉决定书在记载案件事实方面，不要求像起诉书那么具体，主要应记载据以作出不起诉决定的事实。需要注意的是，由于证据不足不起诉还具有查清事实再起诉的可能性，因而需特别注意表述方式，为将来可能再起诉留下余地。

一、不起诉决定书的基本格式

（一）法定不起诉的不起诉决定书基本格式

根据新《刑事诉讼法》第173条第1款决定的不起诉是法定不起诉。其格式如下：

×××× **人民检察院**
不起诉决定书

××检××刑不诉〔　〕×号

被不起诉人……〔写明姓名、性别、出生年月日、身份证号码、民族、文化程度、职业或工作单位及职务（国家机关工作人员利用职权实施的犯罪，应当写明犯罪期间在何单位任何职）、户籍地、住址（被不起诉人住址写居住地，如果户籍所在地与暂住地不一致的，应当写明户籍所在地和暂住地），是

否受过刑事处罚,采取强制措施的种类、时间、决定机关等。〕

（如系被不起诉单位,则应写明名称、住所地等）

辩护人……（写姓名、单位）。

本案由×××（侦查机关名称）侦查终结,以被不起诉人×××涉嫌××罪,于×年×月×日向本院移送审查起诉。

（如果是自侦案件,此处写"被不起诉人×××涉嫌××一案,由本院侦查终结,于×年×月×日移送审查起诉或不起诉。"如果案件是其他人民检察院移送的,此处应当将指定管辖、移送单位以及移送时间等写清楚。）

（如果案件曾经退回补充侦查,应当写明退回补充侦查的日期、次数以及再次移送审查起诉时间。）

经本院依法审查查明：

〔如果是根据刑事诉讼法第十五条第（一）项即侦查机关移送起诉认为行为构成犯罪,经检察机关审查后认定行为情节显著轻微、危害不大,不认为是犯罪而决定不起诉的,则不起诉决定书应当先概述公安机关移送审查起诉意见书认定的犯罪事实（如果是检察机关的自侦案件,则这部分不写）,然后叙写检察机关审查认定的事实及证据,重点反映显著轻微的情节和危害程度较小的结果。如果是行为已构成犯罪,本应当追究刑事责任,但审查过程中有刑事诉讼法第十五条第（二）至（六）项法定不追究刑事责任的情形,因而决定不起诉的,应当重点叙明符合法定不追究刑事责任的事实和证据,充分反映出法律规定的内容。如果是根据刑事诉讼法第一百七十三条第一款中的没有犯罪事实而决定不起诉的,应当重点叙明不存在犯罪事实或者犯罪事实并非被不起诉人所为。〕

本院认为,×××（被不起诉人的姓名）的上述行为,情节显著轻微、危害不大,不构成犯罪。依照《中华人民共和国刑事诉讼法》第十五条第（一）项和第一百七十三条第一款的规定,决定对×××（被不起诉人的姓名）不起诉。

（如果是根据刑事诉讼法第十五条第（二）至（六）项法定不追究刑事责任的情形而决定的不起诉,重点阐明不追究被不起诉人刑事责任的理由及法律依据,最后写不起诉的法律依据。如果是根据刑事诉讼法第一百七十三条第一款中的没有犯罪事实而决定不起诉的,指出被不起诉人没有犯罪事实,再写不起诉的法律依据。）

查封、扣押、冻结的涉案款物的处理情况。

被不起诉人如不服本决定,可以自收到本决定书后七日内向本院申诉。

被害人如果不服本决定,可以自收到本决定书后七日以内向×××人民检察院申诉，请求提起公诉；也可以不经申诉，直接向×××人民法院提起自诉。

×××人民检察院

（院印）

××年×月×日

（二）酌定不起诉的不起诉决定书基本格式

根据新《刑事诉讼法》第173条第2款规定决定的不起诉是酌定不起诉。其基本格式如下：

××××人民检察院
不起诉决定书

×××检××刑不诉〔　〕×号

被不起诉人……〔写明姓名、性别、出生年月日、身份证号码、民族、文化程度、职业或工作单位及职务（国家机关工作人员利用职权实施的犯罪，应当写明犯罪期间在何单位任何职）和户籍地、住址（被不起诉人住址写居住地，如果户籍所在地与暂住地不一致的，应当写明户籍所在地和暂住地），是否受过刑事处罚，采取强制措施的种类、时间、决定机关等。〕

（如系被不起诉单位，则应写明名称、住所地等）

辩护人…….（写姓名、单位）。

本案由×××（侦查机关名称）侦查终结，以被不起诉人×××涉嫌××罪，于×年×月×日向本院移送审查起诉。

（如果是自侦案件，此处写"被不起诉人×××涉嫌××一案，由本院侦查终结，于×年×月×日移送审查起诉或不起诉。"如果案件是其他人民检察院移送的，此处应当将指定管辖、移送单位以及移送时间等写清楚。）

（如果案件曾经退回补充侦查，应当写明退回补充侦查的日期、次数以及再次移送审查起诉时间。）

经本院依法审查查明：

……

（概括叙写案件事实，其重点内容是有关被不起诉人具有的法定情节和检察机关酌情作出不起诉决定的具体理由的事实。要将检察机关审查后认定的事实和证据写清楚，不必叙写侦查机关移送审查时认定的事实和证据。对于证据不足的事实，不能写入不起诉决定书中。在事实部分中表述犯罪情节时应当以

— 454 —

犯罪构成要件为标准，还要将体现其情节轻微的事实及符合不起诉条件的特征叙述清楚。叙述事实之后，应当将证明"犯罪情节"的各项证据一一列举，以阐明犯罪情节如何轻微。）

本院认为，×××实施了《中华人民共和国刑法》第××条规定的行为，但犯罪情节轻微，具有×××情节（此处写明从轻、减轻或者免除刑事处罚具体情节的表现），根据《中华人民共和国刑法》第××条的规定，不需要判处刑罚（或者免除刑罚）。依据《中华人民共和国刑事诉讼法》第一百七十三条第二款的规定，决定对×××（被不起诉人的姓名）不起诉。

查封、扣押、冻结的涉案款物的处理情况。

被不起诉人如不服本决定，可以自收到本决定书后七日内向本院申诉。

被害人如不服本决定，可以自收到本决定书后七日以内向×××人民检察院申诉，请求提起公诉；也可以不经申诉，直接向×××人民法院提起自诉。

×××人民检察院
（院印）
××年×月×日

（三）证据不足不起诉的不起诉决定书基本格式

根据新《刑事诉讼法》第171条第4款规定决定的不起诉是证据不足不起诉。其基本格式如下：

××××人民检察院
不起诉决定书

××检××刑不诉〔　〕×号

被不起诉人……〔写明姓名、性别、出生年月日、身份证号码、民族、文化程度、职业或工作单位及职务（国家机关工作人员利用职权实施的犯罪，应当写明犯罪期间在何单位任何职）和户籍地、住址（被不起诉人住址写居住地，如果户籍所在地与暂住地不一致的，应当写明户籍所在地和暂住地），是否受过刑事处罚，采取强制措施的种类、时间、决定机关等。〕

（如系被不起诉单位，则应写明名称、住所地等）

辩护人……（写姓名、单位）。

本案由×××（侦查机关名称）侦查终结，以被不起诉人×××涉嫌××罪，于×年×月×日移送本院审查起诉。

公诉制度教程

（如果是自侦案件，此处写"被不起诉人×××涉嫌××一案，由本院侦查终结，于×年×月×日移送审查起诉或不起诉。"如果案件是其他人民检察院移送的，此处应当将指定管辖、移送单位以及移送时间等写清楚。）

（如果案件曾经退回补充侦查，应当写明退回补充侦查的日期、次数以及再次移送审查起诉时间。）

×××（侦查机关名称）移送审查起诉认定……（概括叙述侦查机关认定的事实），经本院审查并退回补充侦查，本院仍然认为×××（侦查机关名称）认定的犯罪事实不清、证据不足（或本案证据不足）（应当概括写明事实不清、证据不足的具体情况），不符合起诉条件。依照《中华人民共和国刑事诉讼法》第一百七十一条第四款的规定，决定对×××（被不起诉人的姓名）不起诉。

（如系检察机关直接受理案件，则写为：本案经本院侦查终结后，在审查起诉期间，经两次补充侦查，本院仍认为本案证据不足，不符合起诉条件。依照《中华人民共和国刑事诉讼法》第一百七十一条第四款的规定，决定对×××不起诉。）

查封、扣押、冻结的涉案款物的处理情况。

被不起诉人如不服本决定，可以自收到本决定书后七日内向本院申诉。

被害人如不服本决定，可以自收到本决定书后七日以内向××人民检察院申诉，请求提起公诉；也可以不经申诉，直接向××人民法院提起自诉。

×××人民检察院
（院印）
××年×月×日

二、不起诉决定书制作和适用中应当注意的问题

1. 不起诉决定书的首部由制作文书的人民检察院名称、文书名称和文号组成。其中文书名称为"不起诉决定书"；文号格式为××检××刑不诉〔　〕×号。

2. 在不起诉决定书中，不起诉的对象被称为"被不起诉人"，而不是"犯罪嫌疑人"或"被告人"。如系被不起诉单位，则应写明名称、住所地，并以"被不起诉单位"替代不起诉书格式中的"被不起诉人"。

3. "案由"应当写移送审查起诉时或者侦查终结时认定的行为性质，而不是公诉部门认定的行为性质。"案件来源"包括公安、安全机关移送、本院侦查终结、其他人民检察院移送等情况。此外，应当写明移送审查起诉的时间和退回补充侦查的情况，包括退回补充侦查日期、次数和再次移送日期，写明

本院受理日期。

4. 案件事实情况部分包括否定或者指控被不起诉人构成犯罪的事实及作为不起诉决定根据的事实。应当根据三种不起诉的性质、内容和特点，针对案件具体情况各有侧重点地叙写。

5. 在引用法律时，应当引法律全称，所引用的法律条款要用汉字将条、款、项引全。

6. 凡是有被害人的案件，不起诉决定书应当写明被害人享有申诉权及起诉权；根据新《刑事诉讼法》第 173 条第 2 款作出的不起诉决定，还应当写明被不起诉人享有申诉权；不起诉决定同时具有新《刑事诉讼法》第 176 条和第 177 条所规定的情形，不起诉决定书应当统一按被不起诉人、被害人的顺序分别写明其享有的申诉权及起诉权。

7. 不起诉决定书的尾部应当统一署检察院院名，具文日期应当是签发日期。

8. 对于经审查认为犯罪嫌疑人没有犯罪事实，或者犯罪行为不是犯罪嫌疑人所为的案件，人民检察院一般应当将案件退回侦查机关、侦查部门作撤案处理。

9. 不起诉决定书是针对被不起诉人而作出的，应当以人为单位制作。对同一案件多个被告人决定不起诉时，应当针对每一个被不起诉人制作不起诉决定书。

10. 根据不起诉案件的特点，不起诉决定书统一规定不写附注。

11. 不起诉决定书应当有正本、副本之分，其中正本一份归入正卷，副本发送被不起诉人、辩护人及其所在单位、被害人或者近亲属及其诉讼代理人、侦查机关（部门）。

第四节　刑事抗诉书的制作

刑事抗诉书，是指人民检察院对人民法院确有错误的刑事判决或裁定依法提出抗诉时所制作的公诉文书。

不论是按照第二审程序还是按照审判监督程序提出抗诉的案件，人民检察院都必须制作刑事抗诉书，送达有关的人民法院。刑事抗诉书集中反映了人民检察院对刑事判决、裁定进行监督后的意见和理由，一旦送达人民法院，除非撤回抗诉，人民法院就必须对案件按照第二审程序或者审判监督程序重新进行审理。刑事抗诉书中的抗诉意见和理由也将成为审判的焦点。可见，刑事抗诉书作为检察机关履行法律监督职能的主要工具之一，对于纠正人民法院确有错误的刑事判决、裁定，保证刑事法律统一正确实施，具有重要的作用。

一、刑事抗诉书的基本格式

(一) 第二审程序抗诉适用的刑事抗诉书格式

第二审程序刑事抗诉书的具体格式如下：

××××人民检察院
刑事抗诉书
(二审程序适用)

××检××诉刑抗〔 〕×号

×××人民法院以××号刑事判决（裁定）书对被告人×××（姓名）××（案由）一案判决（裁定）……（判决、裁定结果）。本院依法审查后认为（如果是被害人及其法定代理人不服地方各级人民法院第一审的判决而请求人民检察院提出抗诉的，应当写明这一程序，然后再写"本院依法审查后认为"），该判决（裁定）确有错误（包括认定事实有误、适用法律不当、审判程序严重违法），理由如下：

……（根据不同情况，理由从认定事实错误、适用法律不当和审判程序严重违法等几个方面阐述。）

综上所述……（概括上述理由），为维护司法公正，准确惩治犯罪，依照《中华人民共和国刑事诉讼法》第二百一十七条的规定，特提出抗诉，请依法判处。

此致
×××人民法院

××人民检察院（院印）
××年×月×日

附：
1. 被告人×××现羁押于×××（或者现住×××）。
2. 其他有关材料。

可见，适用于第二审程序抗诉的刑事抗诉书由首部、原审判决（裁定）情况、检察院审查意见和抗诉理由、结论意见和要求、尾部、附注组成。

1. 首部

首部包括制作单位、文书名称和文书编号。文书编号由制作刑事抗诉书的人民检察院代号、业务部门代号、年度号和抗诉书号构成,如"津检刑抗〔1998〕3号"。制作单位应注明所在省(自治区、直辖市)的名称,不能只写地区级市、县、区院名。如果是涉外案件,要冠以"中华人民共和国"字样。

2. 原审判决、裁定情况

这种刑事抗诉书不写被告人的基本情况,在首部后直接依次写明原审被告人姓名、案由,一、二审法院名称,作出判决或裁定的时间,裁判文书的文号和裁判结果等。关于案由,如果检法两家认定罪名不一致,应该分别表述清楚。如果侦查、起诉、审判阶段没有超时限等程序违法现象,不必写明公安机关、人民检察院和人民法院的办案经过,只需简要写明人民法院判决、裁定的结果。

3. 审查意见

这一部分的内容是检察机关对原判决(裁定)的审查意见,目的是明确指出原判决(裁定)的错误所在,告知第二审人民法院人民检察院抗诉的重点是什么。这部分要观点鲜明,简明扼要。

4. 抗诉理由

针对事实确有错误、适用法律不当或者审判程序严重违法等不同情况,述写抗诉理由,可以分段、分项。叙写抗诉理由时,应当强调说理性,对判决、裁定存在的错误进行具体、充分的评论。只有充分论证,才能表明观点、分清是非,促使人民法院采纳人民检察院的抗诉意见,纠正确有错误的刑事判决和裁定。但在论证原审判决书、起诉书的错误时,也要强调简明扼要、条理清晰,避免文字累赘、冗长。对案件事实的分析论证,必须结合证据进行,切忌脱离证据谈事实,使抗诉意见给人以主观色彩浓重的印象。

(1) 如果法院认定的事实有误,则要针对原审裁判的错误之处,提出纠正意见,强调抗诉的针对性。对于有多起"犯罪事实"的抗诉案件,只叙述原判决(裁定)认定事实不当的部分,认定没有错误的,可以只肯定一句"对……事实的认定无异议"即可,突出检法两家的争议焦点,体现抗诉的针对性。对于共同犯罪案件,也可以类似地处理,即只对原判决(裁定)漏定或错定的部分被告人犯罪事实作重点叙述,对其他被告人的犯罪事实可简写或者不写。刑事抗诉书中不能追诉起诉书中没有指控的犯罪事实。

关于"证据部分",应该在论述事实时有针对性地列举证据,说明证据的内容要点及其与犯罪事实的联系。如有自首、立功等情节,应在抗诉书中予以论述。

(2) 如果原审判决、裁定适用法律有误,主要针对犯罪行为的本质特征,论述应该如何认定行为性质,从而正确适用法律。要从引用罪状、量刑情节等方面分别论述。

(3) 如果原审人民法院审判程序严重违法,抗诉书应该主要根据刑事诉讼法及有关司法解释，逐个论述原审人民法院违反法定诉讼程序的事实表现，再写明影响公正判决的现实情况或者可能性，最后阐述法律规定的正确诉讼程序。

抗诉理由的论证方法因案而异，关键是要把人民检察院认为判决、裁定确有错误的理由写清楚，做到逻辑清晰、观点明确、依据充分、文字简练。

5. 结论意见和要求

刑事抗诉书中结论性意见应当简洁、明确。人民检察院按照第二审程序向人民法院提出抗诉的法律依据是新《刑事诉讼法》第217条，应当在抗诉书中引用。在要求事项部分，应写明"特提出抗诉，请依法判决"。

6. 尾部

署检察院名称并盖院印。

7. 附注

对于未被羁押的原审被告人，应写明住所或居所。人民检察院按照第二审程序提出抗诉时，案卷、证据材料已经按照有关规定，在一审开庭后移送给人民法院，如果没有新的证据材料需要移送，证据目录和证人名单可不另附。

（二）审判监督程序抗诉适用的刑事抗诉书格式

审判监督程序适用的刑事抗诉书的格式如下：

××××人民检察院
刑事抗诉书
（审判监督程序适用）

××检××审刑抗〔　　〕×号

原审被告人……（依次写明姓名、性别、出生年月日、民族、职业、单位及职务、住址、服刑情况。有数名被告人的，依犯罪事实情节由重至轻的顺序分别列出）。

×××人民法院以×××号刑事判决书（裁定书）对被告人×××（姓名）×××（案由）一案判决（裁定）……（写明生效的一审判决、裁定或者一审及二审判决、裁定情况）。经依法审查（如果是被告人及其法定代理人不服地方各级人民法院的生效判决、裁定而请求人民检察院提出抗诉的，或者有关人民检察院提请抗诉的，应当写明这一程序，然后再写"经依法审查"），本案的事实如下：

……（概括叙述检察机关认定的事实、情节。应当根据具体案件事实、证据情况，围绕刑法规定该罪构成要件特别是争议问题，简明扼要地叙述案件事实、情节。一般应当具备时间、地点、动机、目的、关键行为情节、数额、危害结果、作案后表现等有关定罪量刑的事实、情节要素。一案有数罪、各罪有数次作案的，应当依由重至轻或者时间顺序叙述。）

本院认为，该判决（裁定）确有错误（包括认定事实有误、适用法律不当、审判程序严重违法），理由如下：

……（根据情况，理由可以从认定事实错误、适用法律不当和审判程序严重违法等几方面分别论述。）

综上所述……（概括上述理由），为维护司法公正，准确惩治犯罪，依照《中华人民共和国刑事诉讼法》第二百四十三条第三款的规定，对×××法院×××号刑事判决（裁定）书，提出抗诉，请依法判处。

此致
×××人民法院

×××人民检察院
（院印）
××年××月××日

附：
1. 被告人×××现服刑于×××（或者现住×××）。
2. 其他有关材料。

可见，审判监督程序适用的刑事抗诉书与第二审程序适用的刑事抗诉书相比，在结构上有一些区别，由首部、原审被告人基本情况、生效判决或裁定概况、对生效判决或裁定的审查意见（含事实认定）、抗诉理由、抗诉决定、尾部、附注组成。

这种刑事抗诉书应当写明原审被告人基本情况。特别是原审被告人姓名要与原审文书中的姓名一致。如果原审文书有误，应当在抗诉书中注明。

在生效判决或裁定概况部分，应将有关的诉讼经过叙写清楚。如果是一审生效判决或裁定，不仅要写明一审判决或裁定的主要内容，还要写明一审判决或裁定的生效时间。如果是二审终审的判决或裁定，应该分别写明一审和二审判决或裁定的主要内容。此外，还应该写明提起审判监督程序抗诉的原因，例如，是否当事人不服判决而请求抗诉。

在生效判决或裁定的审查意见部分，应当叙述抗诉所认定的案件事实。对于原审判决、裁定中认定的事实或者新发现的事实、证据，应该作比较详细的介绍，着重写清抗诉机关对争议的事实如何认定。证据的情况，也可以在这一部分概括列举，而在抗诉理由部分结合论证具体列举。

按照审判监督程序提出抗诉的案件，由于案卷、证据是人民检察院向有关人民法院调取或借阅的，提出抗诉时要向人民法院移送，在抗诉书附项中需要如实注明移送的材料名称和数量等情况。

其他方面的叙写要求，与第二审程序刑事抗诉书基本相同。

二、刑事抗诉书制作和适用中应当注意的问题

1. 按照第二审程序抗诉和按照审判监督程序抗诉的案件，其刑事抗诉书文号结构相同，统一编排序号。

2. 刑事抗诉书以案件为单位制作。其制作份数按实际需要确定。正本送达主送的人民法院，副本通过法院送达被告人及其辩护人，并附检察内卷一份。按照第二审程序提出抗诉的，抗诉书要抄报上一级人民检察院；按照审判监督程序提出抗诉的，要抄送原提起公诉和提请抗诉的下级人民检察院。根据最高人民检察院有关规定，刑事抗诉书还应抄报同级人大常委会。

3. 按照第二审程序提出抗诉的案件，提起公诉的人民检察院应当在法定期限内将抗诉书正本和需要送达被告人及其辩护人的副本，一并送达原审人民法院，由其再分别向上一级人民法院移送和向被告人及其辩护人送达。按照审判监督程序提出抗诉的案件，提出抗诉的人民检察院应当将抗诉书正本和需要送达被告人及其辩护人的副本一并送达接受抗诉的人民法院。

后　记

国家检察官学院决定编写一套高级检察官资格培训教材，将《公诉制度教程》交由我撰写，这是对我的鼓励与信任。

基于我的工作岗位，我与公诉干部接触得比较多，对公诉工作中存在的问题也有较深的感受。如何完善我国的公诉制度，如何进行公诉工作的改革，如何提高公诉干部的法律素养、政策水平、专业技能，都是我经常思考的问题。有机会撰写《公诉制度教程》，可以系统地研究国内外的公诉制度，广泛地分享诉讼理论学界的研究成果，全面地清理公诉实践中的各种问题，理性地应对庭审改革引发的执法观念的变化、工作机制的变化、办案方式的变化，于我是一个学习的过程，也是一个研究的过程，更是一个提高的过程。

我认为，高级检察官的资格培训教材应注重公诉原理、公诉制度、公诉实务之间有机的结合。公诉原理解决检察官的思想观念问题、政策水平问题，公诉制度解决检察官的法律素养问题、执法意识问题，公诉实务解决检察官办案技能问题、工作策略问题。为体现信息量大、理论性强、应用性好的特点，我反复修改，勾勒出公诉原理占据较大比重的教程编写提纲。也许这是《公诉制度教程》的一个特色。

因工作较忙，交稿时间甚紧，我个人无暇按期完成撰写任务。经征得编委会同意，公诉厅的钱舫博士和国家检察官学院的徐鹤喃副教授与我共同编写本教程。具体分工如下：

姜伟：第一章、第四章、第五章、第六章、第七章、第九章、第十二章、第十三章；

钱舫：第二章第一节与第四节、第七章、第八章第一节与第三节、第九章、第十章、第十一章、第十二章、第十三章、第十四章、第十五章；

徐鹤喃：第二章第二节与第三节、第三章、第八章第二节、第九章第四节。

全书由我统改定稿。

张穹副检察长亲自主持编委会,对本教程的编写提出非常具体的要求;评审专家江礼华教授、卞建林教授、宋英辉教授对本教程的修改提供了很多中肯的意见;孙谦院长的鼓励与督促才使得本教程作为第一批教材出版;公诉厅孙铁成同志也做了不少辅助工作,在此一并表示敬意和感谢。

书中存在的疏漏,请读者批评指正。

姜 伟
2001 年 11 月 29 日

修订版后记

《公诉制度教程》作为我国第一部全面、系统阐述公诉原理、公诉制度与公诉实务的教材，已经出版五年了。受国家检察官学院的委托，由我主持这部教程的撰写，感到非常荣幸！更幸运的是，中国检察出版社社长袁其国先生几次商我，希望再版《公诉制度教程》。

我国正处于社会转型时期，随着改革、发展的进程，检察理念、检察制度，包括公诉制度也发生了一定的变化。如果仅仅再版教程，可能有些内容不合时宜，而且，公诉实践的机制创新也在教程中得不到反映。于是，我们决定修订《公诉制度教程》。

遗憾的是，教程的作者均已不在公诉工作岗位，且无暇系统调研公诉制度的演化情况。征得出版社的同意，我们邀请最高人民检察院公诉厅的卢宇蓉博士参与教程修订。根据社会主义法治理念的要求，我们尽量将近年来经过公诉实践检验比较成熟的机制、制度加以总结，在教程中进行介绍。

在教程原作者分工的基础上，卢宇蓉博士撰写或修订了第三章及第十一章的人民监督员制度、第五章的宽严相济政策、第十章的公诉案件审查报告、第十一章的附条件不起诉、第十二章的认罪案件简化审理的选择等。修订内容经我统改定稿。

感谢中国检察出版社社长袁其国先生、责任编辑庞建兵为本教程的出版所作的努力！

书中存在的疏漏和错误，请读者批评指正。

姜 伟
2007 年 2 月 13 日

第三版后记

2012年3月14日，十一届全国人民代表大会第五次会议审议通过了《关于修改〈中华人民共和国刑事诉讼法〉的决定》。该决定共111条，对原刑事诉讼法修改和增加共140多处，是我国刑事诉讼法一次全面、重大的修改。新刑事诉讼法自2013年1月1日起施行。为确保刑事诉讼法正确统一实施，"两高三部"和法工委出台了《关于实施刑事诉讼法若干问题的规定》，最高人民检察院出台了《人民检察院刑事诉讼规则（试行）》，最高人民法院出台了《关于适用〈中华人民共和国刑事诉讼法〉的解释》。检察机关公诉部门必须依照法律和司法解释，严格规范执法，确保办案质量和效果。

《公诉制度教程》本次修订在基本保持原体例的基础上，补充、修改和完善了有关内容。增加的主要有尊重和保障人权原则、死刑案件的检察工作、特别程序等；修改和完善的主要有证据审查和非法证据排除、审查起诉、不起诉制度、简易程序以及公诉法律文书等。

此次修订，经作者集体研究，由卢宇蓉同志具体执笔，由我审定。修订过程中，最高人民检察院公诉厅吕卫华博士和中国检察出版社庞建兵、俞骊编辑提出了许多宝贵意见和建议，在此一并表示感谢。书中可能存在疏漏和错误之处，敬请批评指正。

姜 伟
2013年12月